黄彦 主编

孙文全集

杂著 译著 遗嘱 文告

第四册

SPM
南方出版传媒
广东人民出版社
·广州·

孙文全集编辑委员会

主　　编：黄　彦

学术顾问（以姓氏笔画为序）：

张　磊　张海鹏　金冲及　章开沅　魏宏运

编辑委员（按姓氏笔画为序）：

丁旭光　王　杰　刘路生　李玉贞　李兰萍

李吉奎　李廷江　李振武　张金超　赵　军

柏　峰　莫世祥　倪俊明　高文平　黄健敏

萧润君　蒋海波

本册编纂：黄　彦（刘望龄提供文告一部分初稿）

一九一七年七月，孙文由沪赴粤倡导护法，九月当选中华民国海陆军大元帅，宣言戡定内乱，恢复约法。图为一九一七年九月十日，孙文就任中华民国海陆军大元帅时留影。

余致力國民革命凡四十年，其目的在求中國之自由平等。積四十年之經驗，深知欲達到此目的，必須喚起民眾，及聯合世界上以平等待我之民族，共同奮鬥。

現在革命尚未成功。凡我同志，務須依照余所著建國方略、建國大綱、三民主義及第一次全國代表大會宣言，繼續努力，以求貫徹。最近主張開國民會議及廢除不平等條約，尤須於最短期間，促其實現。是所至囑！

孫文

中華民國十四年二月廿四日補簽

圖為孫文《國事遺囑》。

明治四十年二月十四日印刷
明治四十年二月十七日發行

定價大洋三角

譯者　　孫　文

發行者　章　炳　麟
　　　　日本東京市牛込區新小川町二丁目八番地

印刷者　藤澤外吉
　　　　日本東京市神田區中猿樂町四番地

印刷所　秀光社
　　　　日本東京市神田區中猿樂町四番地

發行所　民報社
　　　　日本東京府下豐多摩郡內藤新宿字番衆町三十四番地

西歷一千八百九十七年　倫敦赤十字會當版
中歷歲次丁未年　東京民報社再版

赤十字會救傷第一法

〔一〕

赤十字救傷第一法再版序

古之良將與士卒同甘苦軍有瘠瘵爲之裹傷吮纏附藥此謂父子之兵斯道少衰而幕府文書日不暇給於是始有軍醫有衛生隊以司扶傷治疾之事要之通國治軍藝士衆多故纖悉足以備舉非奮起草澤者所能爲也余友孫君少習醫事譯柯士賓赤十字會救傷第一法用之輒應既奔走國事醫術亦復尋廢閣革命軍起君則持故書示余曰兵者所以威不若固非得已攘胡之師爲民請命庶幾前歌後舞而彊寇桀逆未遠到戈傷痍者猶不得免義師之中庶事草創固不暇編衛生隊良醫又不可得一受創傷則能全活者果寡矣其以簡易之術日訓將士使人人知醫治庶幾有濟是書文略易明以之講解不過數日而能通知其意其爲我宣行之余念上世善治兵者若神農軒轅和威謀孟德諸公皆以善解醫方捫循其衆故其士氣壯盛而無天札師旅輯和威謀

〔二〕

廉元今天下更始之際軍人藝人未暇分業宜求所以自衛舍是而求良工則猶十年之病求千年之艾必不活矣抑中國略識醫方者所在多有然所守不過傷寒金匱以至世俗金瘡之法獨不適用柯氏是書誠所謂急救者哉並世豪駿之士期於見危授命而不欲宛轉啼號於生死之際者於是當籙之重之也乃付印刷人爲治再版且志其始末云丙午十一月章炳麟序

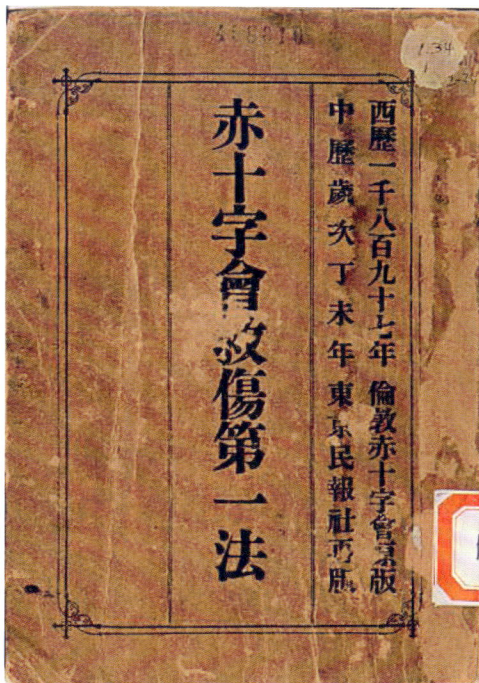

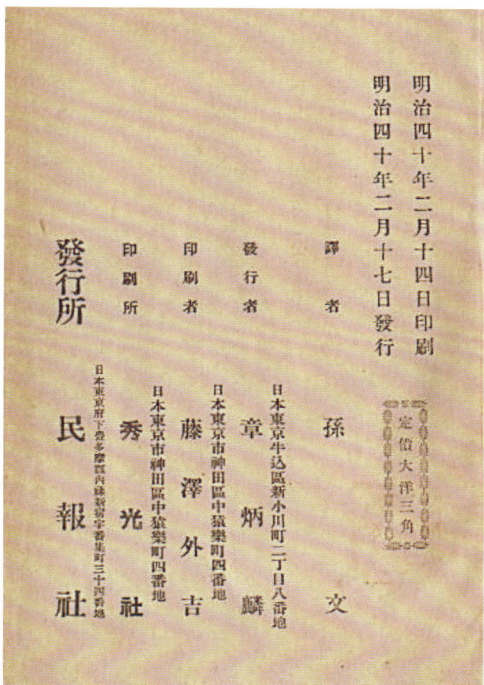

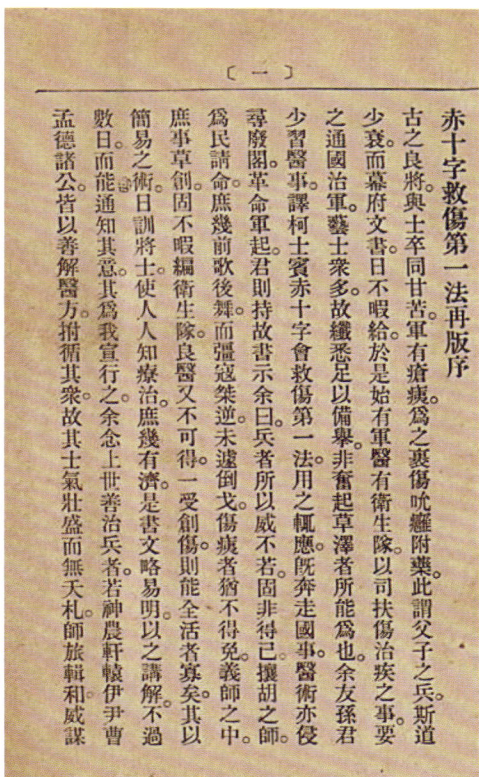

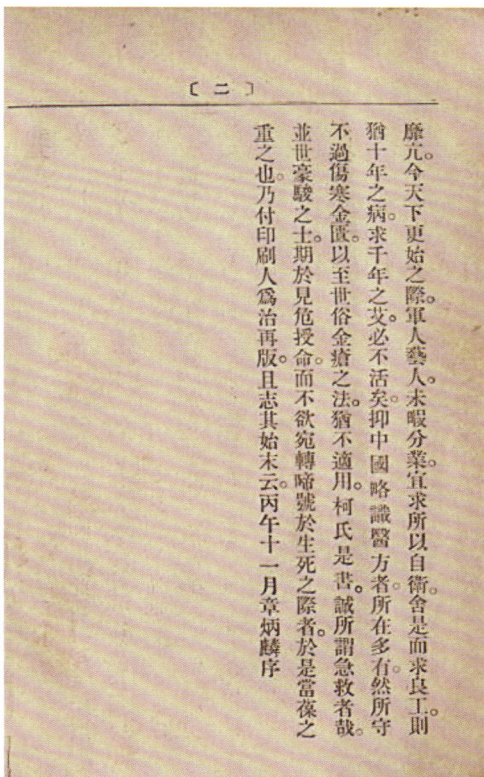

図为孙文于一九〇七年在东京发行中文再版本《赤十字会救伤第一法》的封面、扉页及所写的译序。（广东省立中山图书馆藏）

3

【孫文全集】第四册

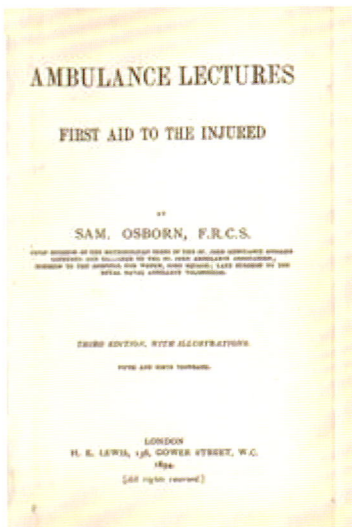

PREFACE.

THE kind reception which this little book has met with from the general public necessitates my issuing a third edition, as the previous editions are out of print.

In the hope of the knowledge of how to render "First Aid to the Injured" becoming universal, this book has been translated into French, Italian, German, and Japanese.

The syllabus of the St. John Ambulance Association has been strictly adhered to, these pages being in fact Lectures given to classes organized under the control of the Order of John of Jerusalem.

The time of one hour, which is allowed for each lecture, necessitates that a large amount of instruction has to be "crammed" into each lecture, but for this I am not responsible. In fact, according to the syllabus, the function of the circulation is placed in the first lecture, but finding it quite impossible in the time to introduce it there, I have transferred it to the second lecture, where it comes more appropriately under the circulatory system.

SAM. OSBORN.

"Maisonnette,"
Datchet, near Windsor
October, 1894.

图为原作者柯士宾一八九四年版英文著作的封面、扉页、序言。（日本神户孙文纪念馆藏）

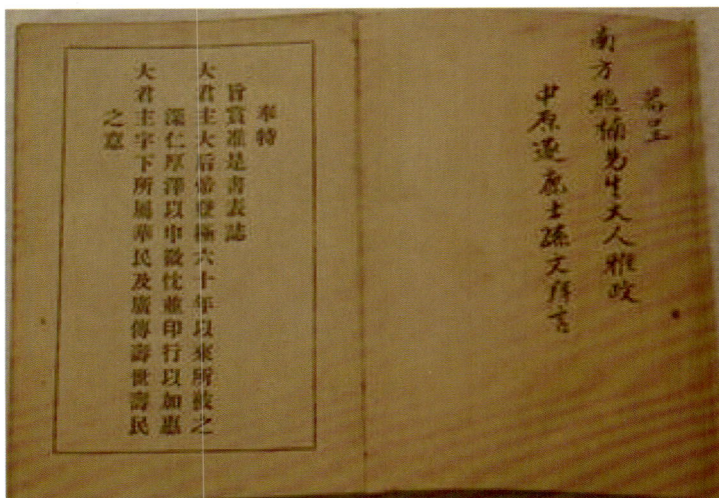

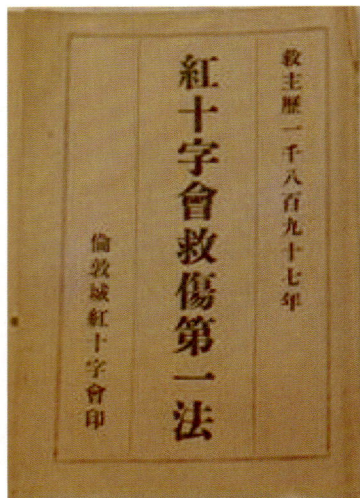

孙文原为医生出身，一八九七年曾在伦敦出版英文译著《红十字会救伤第一法》一书，图为他当时亲笔题赠日本友人南方熊楠的中文初版本。（日本和歌山南方熊楠纪念馆藏）

孙文在美国发行的筹款债券。（翠亨孙中山故居纪念馆藏）

一九一六年一月十九日中华革命党发行的拾圆债券。（翠亨孙中山故居纪念馆藏）

本 册 目 录

杂 著

译　著

遗　嘱

文　告

杂

著

解剖学测验答卷^①

（英 译 中）

（一八八七年十二月九日）

第一页

封面 Sun Yat-sen （孙逸仙）

侧边 Anatomy （解剖学）

Sun Yat-sen （孙逸仙）

第二页

1. In the middle of the abdomen is the umbilicus. In dissection, first we met the skin, next the subcutaneous fascia, then we get the aponeurosis upon which the linea alba runs vertically into middle, and the linea transverse, and linea semilunaris in the two sides. There are several muscles we must after cut off the skin, these are aponeurosis oblique, transverse, and rectus nethus, under these muscle is serous membrane.

在腹部的中央是脐区。在解剖过程中，首先我们将割开皮肤，接着是皮下筋膜。随后是腹白线腱膜垂直位于中央，深面是腹横筋膜，两边可见腹白线。同时我们能观察到几块肌肉，如腹外、内斜肌腱膜、腹横肌腱膜和腹直肌。在这些肌的下方是浆膜（腹膜）。

2. 绘图一：

liver （肝脏） gallbladder （胆囊）

stomach （胃） small intestine （小肠）

pancreas （胰腺） spleen （脾脏）

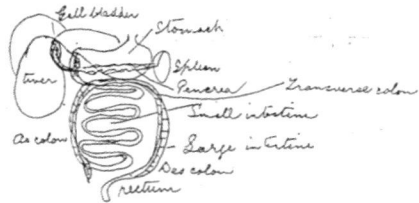

---

① 一八八七年十月，正值香港西医书院（The College of Medicine for Chinese, Hongkong）创办之际，孙文进院就读，长达五个学年。这是孙文入学不久进行解剖学测试的亲笔英文答卷，为了更能反映他当时的专业水准，此处采用"中西合璧"的方式（即英文部分由孙文根据试题要求所书写的用印刷体，其中两个绘图影印件系他亲笔用草体书写，而中文部分则为本篇译者所加）。这也是孙文得以流传下来的唯一一篇学生作业，弥足珍贵。

large intestine（大肠）colon（结肠）

rectum（直肠）

3. The appearance of the lung is like cone, it has two lobes in the left and three lobes in the right, each part is separated by pleura, it has 2 surfaces and 2 borders, the front surface concave, posterior convex, the front border shape thin the posterior round.

肺的外形像一个圆锥体，其左肺二叶，右肺三叶，肺叶被胸膜包绕分开。肺有二面和二缘，前面凹，后面凸；前缘锐利而后缘粗钝。

4. 绘图二：

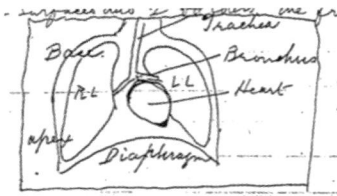

Base（肺底）apex（肺尖）

trachea（气管）Bronchus（支气管）

Heart（心脏）LL（左肺）

RL（右肺）Diaphragm（膈）

5. The peritoneum and pleura are serous membrane, the omentum is serous membrane, connective tissue and fat, the linea alba is fibrous tissue.

腹膜和胸膜是浆膜，网膜也是浆膜。而结缔组织、脂肪和腹白线是纤维组织。

第二页背面

Sun Yat Sen（孙逸仙）

9th Dec, 1887（一八八七年十二月九日）

第三页

I

The clavicle is situated in the anterior superior of the thorax some what like an italic letter f, it is triangle in inner 2/3 and flat in the external 1/3 has a tubercle and a oblique line; articulate with the sternum at the internal end and the acromion process at the external end: placed horizontal before the inlet convexed in the internal end.

锁骨位于胸廓的前上部，好似一个斜体的字母 f 水平位于胸廓入口。它的内侧 2/3 向前凸出呈三角形，并与胸骨相关节；外侧 1/3 是肩峰，其扁平并有一结节和一斜线。

II

1．Olecranon process is upper most portion of the ulna which attached to the olecranon fossa of the humerus when extension.

鹰嘴位于尺骨上部，当肘部伸直时可被肱骨的鹰嘴窝容纳。

2．The coronoid process is the process next before the olecranon process which attached to coronoid fossa of the humerus when flexion.

冠突是鹰嘴下方的一突起，当肘部屈曲时与肱骨的冠突窝相关节。

3．Epicondyle tuberosity is the tuberosity in the superior and anterior of radius.

桡骨粗隆是桡骨的前上部的突起。

4．Foramen magnum is the middle one of the meatus now of the occipital bone.

枕骨大孔是枕骨中部的一通道。

III

The seventh cervical vertebra is resemble to the T1, has a body in front and a bone ring processing by two pedicles and two laminas in behind and seventh processes that is of articular one two transverse and one spinous, on each side has two half facet for articulated with the rib.

第七颈椎很像 T1，前方有椎体，后方有两个椎弓根和椎弓板，两侧有横突，椎弓的后面正中是棘突。胸椎椎体的后面都有关节面与肋相关节。

IV

1．The acetabulum is cup shape like hole forming by the ilium 2/5, ischium 2/5, pubis 1/5, for support the head the femur.

髋臼呈杯状，由髂骨、耻骨和坐骨共同组成，并支撑股骨头。

2．The tuberosity of the ischium is the lower portion of pubis which we set on.

当我们坐着时，坐骨结节位于耻骨的下部。

3．The obturator foramen is the foramen formed by the ischium and pubis.

闭孔是髂骨和耻骨共同组成的。

4．The boundary of the lesser pelvis is the inlet-boundary formed by the prominence of the sacrum, sacrum ilium acetabulum, ilium pectineal line and the pubic crest.

小骨盆的入口境界是由骶岬、弓状线、耻骨梳和耻骨结节共同围成。

Sun Yat-sen（孙逸仙）

据 *Anatomy*，by Sun Yat Sen（the manuscript of examination paper），Wellcome Library，London［孙逸仙：《解剖学》试卷手稿，伦敦、韦尔科姆图书馆①藏］（陈汝筑译）

教友少年会纪事②

（一八九一年六月）

辛卯之春二月十八，同人创少年会于香港，颜其处曰"培道书室"。中设图书、玩器、讲席、琴台，为公暇茶余谈道论文之地，又复延集西友于晚间在此讲授专门之学。盖以联络教中子弟，使毋荒其道心，免渐堕乎流俗，而措吾教于磐石之固也。

溯夫圣道之传诸我邦，始于唐代。当时风行海内，上下尊崇，帝皇敕以建寺，庶士乐而朝宗，固不可谓不盛矣！乃竟如种之播乎硗地，苗之长于棘中，一时即英华发外，浸假而本实销磨，奕祀而后泯灭无存，此岂非人心之未植、道种之失培者乎？尝读景教残碑，辄为之唏嘘不已。方今中西辑睦，圣道昌明，欧洲教士航海而来，复传圣道于我邦，印书建堂遍于直省，数十年来日见兴盛。然而人心不一，硗沃无常，习俗移人，邪僻易染，世情奸恶，窄路难循。始非不虔心恪守，及乎与世周旋，多为所诱。趋势利，慕声名，竟致讳道媚人，猥投时尚，此真为吾教之大可忧也。

日③自出山中，游学海徼，每询教会兴衰。当闻某文人，某职道，其幼固从游于教中而虔心向道者，乃一旦显达，则随俗毁誉，忌道如仇。呜呼！是岂道之

---

①　亦译惠康图书馆，该馆以收藏医学历史资料而著称。

②　本文作者署名"孙日新"。早在一八八三年，孙文曾以"孙日新"的名字在香港加入基督教，后又以"孙逸仙"（Sun Yat-sen 或 Sun Yat Sen）为英文名。撰写本文时间，在他就读香港西医书院第四学年下学期。

③　"日"为孙日新自称。下同。

不足重哉，亦适以见其人之可羞耳。又每见教中子弟与恶少交游，以致流入邪途而不悟。父兄虽作道干城，而子弟之邪淫莫挽，斯可慨矣。夫人不能无交游也，朱赤墨黑默移于不觉，习焉成性，善恶斯分，少年交游，讵可不慎哉！此培道会之所由设也。甚矣！道之不可无培也。一人所守之道，固可由渐而失；一代所尊之道，亦莫不由渐而亡，景教其足鉴已。况人心惟危，道心惟微，不有善机以诱掖、良法以奋兴，安望其固守而毋替也哉！此会之设，所以杜渐防微，消邪伪于无形，培道德于有基。集俊秀于一室，交游尽属淳良；备琴书于座右，器玩都成雅艺。从此耳濡目染，有不潜移默化，油焉奋兴，发其苗于沃壤，结实以百倍者乎！

是晚为开创之夕，同贺盛举，一时集者四十余人，皆教中俊秀。日昭从其列，喜逢千古未有之盛事。又知此会为教中少年之不可少者，望各省少年教友，亦有仿而行之。故不辞谫陋，谨书之以告同道。

据孙日新稿：《教友少年会纪事》，载上海《中西教会报》第五册，一八九一年六月印行

揭本生息赠药单[①]

（一八九二年十二月十八日）

立领揭银人孙逸仙：

缘逸仙订议在澳门大街开创中西药店一间，需银寄办西国药料，今托吴节薇兄担保，揭到镜湖医院药局本银贰千大员，七二兑[②]，重壹千四百四拾两正。言明每百员每月行息壹员算，其息仍托逸仙代办西药赠送，逸仙自愿赠医不受谢步。此本限用五年为期，到期如数清还；或过期不测，无力填还，担保人吴节薇兄自

① 一八九二年七月孙文从香港西医书院毕业，是年秋被聘为澳门镜湖医院唯一的西医师，向病者赠医赠药。其后筹款自办中西药局，此件系镜湖医院诸值理所订"揭银单"（即借款单据），担保人吴节薇乃澳门殷商、孙文同乡好友杨鹤龄之妹夫。

② "七二兑"原写作"㐅〢兑"。意指银圆以七成二的比率换算白银，如文中拟借二千两银圆，按此比率，可兑得一千四百四十两白银。

愿填足，毋得异论。欲后有凭，立明领揭银单一纸，当众签名，担保人亦的笔签名，交与镜湖医院药局收执存据。

担保还银人：吴节薇的笔

知见人：黎晓生 黎若彭 张桢伯

曹渭泉 阮建堂 宋子衡

立领揭银人：孙逸仙的笔

光绪十八年十月三十日

据广东文物展览会编：《广东文物》上册，影印吴锦钿（吴节薇之女）藏原件，香港，中国文化协进会一九四一年一月印行

店伴借银赊货须经本医生亲笔签名启事

（一八九三年七月二十五日）

启者：本医生写字楼及中西药局各伴，如有在外揭借银两、赊取货物，倘无本医生亲笔签名，不得作数，一惟经手人是问，本医生概不干涉。恐有冒托本医生之名向人揭借银两、赊取货物等事，特此声明，以免后论。

孙医生谨启

据《声明告白》，载一八九三年七月二十五日澳门《镜海丛报》（葡文版）第四页①

---

① 一八九三年七月，孙文之友、葡萄牙人飞南第（Franciscoh H. Fernandes）在澳门创办《镜海丛报》（报纸型中文周刊），同时发行葡文版 *Echo Macaense*（直译可作《澳门回声报》，刊名之下加中文"镜海丛报"四字），惟所载内容不尽相同。孙文的中文行医广告，多登载于葡文版。

附载：魏恒赞誉孙逸仙医术启事①

（一八九三年七月二十五日）

人身似病而非病，虽不致命，而为终生之累者，其惟痔乎？西医专以济人为心，故特于此疾不厌精求而考之，设法以治之，瘳者无算。余患此疾廿余年，愈治而愈甚，去春痔大发，每晨必大解，每大解必卧数时而后起，其苦已甚，其累日深。

友人何瑞〔穗〕田闻之见访，力陈孙逸仙之人品、学问及所习欧洲医法，坚属延其施治。予久闻孙逸仙之名，亦知其医法，无论内外、奇难杂症，莫不应手回春，奏效神速，且非以此谋利者。及经何瑞〔穗〕田力荐，予愈信之不疑，遂于去岁腊月封篆后延聘孙逸仙诊视。

据云：医有数法，或刀、或剪、或烧、或线扎、或药水激，愿用何法治之，听裁。予请以药水激。又云：此痔甚老，激一次恐不能除根，姑试治之。遂用水激之法，略与针刺相似，并无甚苦，约五六秒之久，离针便照常矣。次日又激，兼服药丸，每泻一次其痔略枯，数次后枯缩过半。不过七日之功，其痔遂脱，毫无他害。

廿余年痼疾一旦顿除，因之家内男女老幼、上下人等亦皆信之不疑，请其医治，或十数年之肝风，或数十年之脑患，或六十余岁之咯血，均各奏效神速。

予受人之益，不敢藏人之善，谨登日报以告四方之同抱是病者。

濠镜榷舍主人、前山军民府魏恒谨识

据《神乎其技》，载一八九三年七月二十
五日澳门《镜海丛报》（葡文版）第四页

---

① 驻守前山寨的广州海防同知魏恒，以其切身感受向读者介绍孙文的精湛医术，并得此机缘，约在半年后孙文北上投书李鸿章之际，特修函盛宣怀予以举荐。

附载：武泌赞誉孙逸仙先生医学人品启事

（一八九三年七月二十五日）①

　　孙逸仙先生学宗孔孟，业绍岐黄②，合卢扁③而擅专门，内治与外施并美；统中西而探奥旨，针砭并刀割兼长。其平生医学精纯，业经大绅诸公合词称颂，登诸岭南诸报矣。

　　余也不敏，质朴无文，偶罹牙齿之灾，竟彻晨宵之痛，疾俨不伸之指，秦楚寻医；患同如捣之心，星霜屡易。诸医罔效，累月经时。幸遇先生略施小技，刀圭调合，著手成春，数月病源，一朝顿失。复荷先生济世为怀，轻财重义，药金不受，礼物仍辞。耿耿私心，无以图报，谨将颠末爰录报端，用志不忘，聊摅微悃。不特见先生医学之良，抑以表先生人品之雅云尔。

武泌谨启

据《孙总理行医广告》所附广州《中西日报》
原件影印，载冯自由：《革命逸史》初集④，
长沙，商务印书馆一九三九年六月初版

中西药局制售良药启事⑤

（一八九三年八月一日）

　　本局拣选中西地道良药，各按中西制法，分配成方。中药则膏、丹、丸、散，

---

　　①　此为刊登该启事的广州《中西日报》发行日期。底本误作上年阴历十二月，今据广州《文明之路》第二十六期（一九三六年二月出版）所载邓慕韩编《总理之医学时代》一文订正为光绪十九年六月十三日，即一八九三年七月二十五日。

　　②　即黄帝及其臣子岐伯，相传为医家之祖，又泛指中医医术。

　　③　即古代名医扁鹊。据传扁鹊乃卢国（春秋齐地）人，故后人别称之为"卢扁"。

　　④　该书初版本名为《革命逸史》，一九四四年二月在重庆再版时始改称《革命逸史》初集。

　　⑤　其后半年内，此广告在澳门《镜海丛报》上几乎每周刊登一次，合计二十多期。

色色俱备，并择上品药料监工督制。每日所发汤剂，皆系鲜明饮片。参蓍、桂术，不惜重资购储极品，以待士商惠顾，冀惠传播。所制西药，早已功效昭昭，遍闻远近，无烦赘述焉。中西各药，取价从廉，已于十七日①开市。

中西药局谨启

据《中西圣药》，载一八九三年八月一
日澳门《镜海丛报》（葡文版）第四页

中西药局事务由陈孔屏代理启事

（一八九三年九月二十五日）

启者：本医生晋省②有事，所有中西药局事务，统交陈孔屏兄代理。一切出入银两、揭借、汇兑等件，陈孔屏兄签名即算为实，别无异言。

光绪十九年八月十六日

孙逸仙谨启

据《声明告白》，载一八九三年九月二十
六日澳门《镜海丛报》（葡文版）第四页

附载：卢焯之等为孙逸仙医生厘订行医规条启事

（一八九三年九月二十六日）

大国手孙逸仙先生，我华人而业西医者也，性情和厚，学识精明，向从英美名师游，洞窥秘奥。现在镜湖医院赠医数月，甚著功效。但每日除赠医外，尚有诊症余闲。在先生原不欲酌定医金，过为计较，然而称情致送，义所应然。今我同人为之厘订规条，著明刻候：每日由十点钟起至十二点钟止在镜湖医院赠医，不受分文，以惠贫乏；复由一点钟至三点钟止在写字楼候诊，三点钟以后出门就

---

① 此指光绪十九年六月十七日，即一八九三年七月二十九日。

② 指广东省城广州。

诊，其所订医金，俱系减赠。他如未订各款，要必审视其人其症，不事奢求，务祈相与有成，俾尽利物济人之初志而已。下列条目于左：

一、凡到草堆街中西药局诊症者，无论男女，送医金二毫，晨早七点钟起至九点钟止。

一、凡亲自到仁慈堂右邻写字楼诊症者，送医金一元。

一、凡延往外诊者，本澳街道送医金二元，各乡市镇远近随酌。

一、凡难产及吞服毒药延往救治者，按人之贫富酌议。

一、凡成年包订，每人岁送医金五十元；全家眷口不逾五人者，岁送医金百元。

一、凡遇礼拜日十点钟至十二点钟，在写字楼种牛痘，每人收银一元；上门种者，每人收银三元。

一、凡补崩口、崩耳，割眼膜、痈疮、疬瘤、淋结等症，届时酌议。

一、凡奇难怪症延请包医者，见症再酌。

一、凡外间延请，报明急症，随时速往，决无迁延。

一、凡延往别处诊症，每日送医金三十元，从动身之日起计。

乡愚弟卢焯之　陈席儒　吴节薇

宋子衡　何穗田　曹子基　同启

据《春满镜湖》，载一八九三年九月二十六日澳门《镜海丛报》（葡文版）第四页

东西药局聘请尹文楷医生启事[①]

（一八九三年十二月二十五日）

敬启者：本东西药局自敦请孙医生逸仙来省济世以来，甚著成效，以故四乡延聘日不暇给，本城求诊者反觉向隅。今特并请尹医生文楷来局合办。尹君向在

---

　　①　一八九三年，孙文渐次移至广州行医，创办东西药局。早年曾与尹文楷同读中央书院（香港官立中学），随后各入医学院深造，此时俱以西医为业。因有尹文楷加入，孙文获得更多政治活动的时间，东西药局亦随之变为合股医药机构。

北洋李爵相①所设医学堂肄业有年，穷窥阃奥，屡试前茅。嗣派在海军兵舰医院充当医官，旋以亲老请假归粤，为博济医局敦聘襄办局务，教授医学，并辑译医书，所著有《割症全书》、《医理略述》、《病理撮要》、《儿科撮要》、《胎产举要》等书，皆不胫而走，早为海内所推重，其医学湛深有足征者。本局乘其公余之暇，敦请在局赠医，每晨从八点钟起至十点钟止。午后出轿外诊，西关、新城、河南等处步金一元，老城、西门、东关、南关等处步金二元，轿资远近例给。凡延请者，祈预到挂号。尹君与孙君并驾齐驱，皆称国手，久为中外所闻矣。

　　谨此布闻。

冼基②东西药局谨启

据《杏林双帜》，载一八九三年十二月二十
五日澳门《镜海丛报》（葡文版）第四页

由澳回省开诊启事

（一八九四年二月二十七日）③

　　敬启者：本局敦请大医生孙君逸仙来省济世，旧岁底因事返澳度年，今已由澳回省，谨择于月之初十④开办。所有赠医出轿规矩，一律如前。每日十点钟至十二点钟在局赠诊，不受分文，以惠贫乏。求医者须在十点钟以前来局挂号。午后出外诊症，西关收轿金一元，城内南关、西门、河南等处轿金二元，早轿加倍，谢步随意致送。凡延诊者，预早到局挂号。先生素以济人利物为心，若有意外与夫难产、服毒等症，报明危急，无论贫富俱可立时邀致，设法施救。幸毋观

---

　　①　指李鸿章，因其为内阁首席大学士，又授太子太傅、封一等肃毅伯，故被尊称为傅相、爵相等。

　　②　一八九三年孙文渐移至广州行医，在城西冼基开设的东西药局于翌年二月正式开业。该药局位于今荔湾区西关十八甫南路，其遗址现已荡然无存，在原地段建有"冼基社区"。

　　③　此为刊登该启事的广州《中西日报》发行日期。底本误作癸巳（光绪十九年）十二月，今据广州《文明之路》第二十六期（一九三六年二月出版）所载邓慕韩编《国父之医学传记》一文订正为光绪二十年正月二十二日，即一八九四年二月二十七日。

　　④　正月初十日，即阳历二月十五日。

望，以免贻误。

　　此布。

冼基东西药局谨启

据《孙总理行医广告》所附广州《中西日报》
"春盎仙域"原文影印，载冯自由：《革命逸史》
初集，长沙，商务印书馆一九三九年六月初版

中国商务公会股券^①

（英 译 中）

（一八九五年一月二十二日）

　　中国商务公会第一号　壹股

　　兹证明李多马持有已付中国商务公会股金壹份。凭于此背书并转让该股券，可过户列入本会总账。

司库　刘　祥（签名）
总理　孙逸仙（签名）
夏威夷岛火奴鲁鲁
一八九五年一月二十二日
火奴鲁鲁孖毡街二〇九号格里夫承印

据英文原件照片，台北、中国国民党
文化传播委员会党史馆藏（黄彦译）

英文原文见本册第 607 页

---

　　① 孙文于一八九四年十一月在檀香山建立兴中会，次年一月下旬往香港筹划反清起义，行前以发行"中国商务公会"股券方式募集起义经费，每股一百美元。司库刘祥时任檀香山兴中会主席，股券购买人李多马为兴中会理事。按：当年华人通称夏威夷群岛（Hawaii Islands）为檀香山（简称檀山），它原是君主立宪国家，至一八九八年始成为美国属地。其首府火奴鲁鲁（Honolulu），又译火纳鲁鲁、汉那鲁炉，华人称为檀香山正埠或檀香山大埠（简称檀山正埠或檀山大埠）；现今的"檀香山"一词则通常专指火奴鲁鲁。

我们的计划与目标

在东京递交法国驻日公使阿尔芒的意见书①

（法 译 中）

（一九〇一年三月二十五日）

我们的计划与目标：

（一）在中国南方消灭满洲皇朝；

（二）在广东、广西、云南、贵州、四川、湖南、江西及福建成立共和政府；

（三）传播西方文明及现代教育于人民；

（四）全境开放对外贸易；

（五）取消厘金及出口税；

（六）吸引外资以开发境内自然资源；

（七）聘用外籍技师作为政府各部门顾问及指导者；

（八）对于旧政府之外债及赔款一律予以承认，依新共和国和满洲政府之收入比例分摊；

（九）尊重各国已订定之条约所取得的权利。

为使计划得以实现，我们必须取得一友好强国的支持。在详细检讨计划后，我们认为法国是列强中唯一应该寻求其协助和支持的国家，不仅因为其政府形式可供模仿，也由于其领土②紧邻，从各方面观点而言，对我方最为有利。

因此，经由您善意的媒介，我们谦卑地请求贵国政府慨然同意给予支持，提供达成目标所需的款项。一旦目标达成，我方为表达感谢及回馈法国，将同意给

---

① 早在筹备惠州起义期间，孙文曾于一九〇〇年六月在东京走访阿尔芒（François Jules Harmand），提出援助武器及派遣军事顾问的请求。一九〇一年一月四日再次会晤阿尔芒，为重组起义军提出类似要求。是日又一次访问法国使馆，将这份意见书递交阿尔芒。此件原为英文，由阿尔芒译成法文，于同年五月三十日在巴黎将法译文手稿送交法国外交部政务司。

② 指越南，时为法国殖民地。

予我们的保护者以如下特权：

（一）境内铁路、矿产之特许建筑及开矿权；

（二）在一定期限内废除自法国殖民地陆路进入之所有货物进口税，以鼓励两国之商贸关系；

（三）我方同意未来法国政府提出的任何对于双方有利之要求。

据 Sun Yat-sen, "Nos Projets et Notre But", *Archives du Ministère des Affaires Étrangères*, Paris［巴黎、法国外交部档案：孙逸仙《我们的计划与目标》］（许文堂译，陈三井校）

宫崎寅藏君乃今之侠客

宫崎寅藏著《三十三年之夢》序[①]

（一九○二年八月）[②]

世传隋时有东海侠客号虬髯公者，尝游中华，遍访豪杰，遇李靖于灵石，识世民于太原。相与谈天下大事，许世民为天人之资，勖靖助之以建大业。后世民起义师，除隋乱，果兴唐室，称为太宗。说者谓初多〈藉〉侠客之功，有以成其志云。

宫崎寅藏君者，今之侠客也。识见高远，抱负不凡，具怀仁慕义之心，发拯危扶倾之志。日忧黄种凌夷，悯支那[③]削弱，数游汉土以访英贤，欲共建不世之

---

① 日人宫崎寅藏平素关心中国革新事业，曾于一八九六年在香港加入兴中会。次年秋与来日本的孙文结识，从此成为至交。《三十三年之梦》系宫崎自传体著作，其中记叙他与孙文及中国革命的关系占有大量篇幅。最初以同一题目在一九○二年一月三十日至六月十四日的东京《二六新报》上连载（署名白浪庵滔天）。单行本发行不久又出现了两种中文节译本，即一九○三年十月的黄中黄（章士钊）《孙逸仙》和一九○四年一月的金一（金天翮）《三十三年落花梦》。

② 日本明治维新时期进行历法改革，以明治五年十二月三日为公元一八七三年一月一日，此后不论采取何种纪年方式，月日均须用阳历。如孙文在序末署"壬寅八月"，其月份乃是仿照当时日人用阳历的习惯；而本书初版本标"明治三十五年八月二十日"，其月日亦皆为阳历。

③ 当时日本人多以"清国"或"支那"指称中国，不少旅日华人亦随之采用"支那"一词。该词源于古印度梵文 Cīna，其后西方各国对中国国名的拼写多据此演化而来。有史料称，汉代高僧将梵文佛经中的 Chini 音译为"支那"，唐代来华的日本僧侣又将这一汉译名词移植到日本。

奇勋，襄成兴亚之大业。闻吾人有再造支那之谋，创兴共和之志，不远千里，相来订交，期许甚深，勖励极挚。方之虬髯，诚有过之。惟愧吾人无太宗之资，乏卫公①之略，驰驱数载，一事无成，实多负君之厚望也。

君近以倦游归国，将其所历笔之于书，以为关心亚局兴衰、筹保黄种生存者有所取资焉。吾喜其用意之良、为心之苦，特序此以表扬之。

壬寅八月

孙文逸仙拜序

据宫崎寅藏：《三十三年之梦》，孙文中文序，东京，国光书房一九〇二年八月二十日日文发行

附：另一序稿②

世传隋时有东海侠客号虬髯公者，尝西游禹域，遍访豪杰，遇李靖于灵石，识世民于太原。相与谈天下事，许世民为天人资，勖靖助之以建大业。后世民起义师，拨隋乱，卒兴唐室，称为太宗。说者谓多藉侠客之力，有以成其志云。

宫崎寅藏君者，日本之侠客也。尝游汉土，诹访豪骏，欲共图兴亚之大业。闻余有再造支那、创兴共和之志，不远千里，踵门订交，所以期许□勖者甚厚且挚，方之虬髯，诚有过之。独愧余无太宗之资、卫公之略，奔驰数载，鲜所成就，有孤君之厚望耳！

君往返支那、日本间凡十岁，今倦游归国，欲举见闻所及，笔之于书，以为留心东亚兴衰、黄种存灭者有所取资焉。吾喜其意之恳恻、心之坚苦，特序此彰之。于君素志，必未能得什一也。

孙文逸仙谨序

据手稿影印，载高桥正雄监修：《日本近代化と九州》，东京，平凡社一九七二年七月出版

---

① 即上文提及的唐初卫国公李靖，撰有军事著作《卫公兵法》饮誉于世。

② 此与上篇文字有出入，来源不详。原印本所载序文，似据此修订而成。

中华革命军军需债券①

（一九〇四年一月二十八日）②

军需债券 NO.414 ＄ 100.00

此券实收到美金拾圆正。本军成功之日，见券即还本息百圆。

西廿纪四年　月　日发

Sun Yat Sen（孙逸仙的英文签名）

据《檀香山兴中会》所附原件影印，载冯自由：《革命逸史》初集，长沙，商务印书馆一九三九年六月初版

出生于檀香山的证词③

（英 译 中）

（一九〇四年三月九日）

成年人第二十五号

————————————————

① 孙文于一九〇三年十一二月间在檀香山希炉、火奴鲁鲁二埠成立名为"中华革命军"的组织，随后发行一元和十元两种军需债券。券中文字除了孙逸仙的英文签名外全部用中文印刷，"本军"即指中华革命军。据当年旧金山《中西日报》司理伍于衍后来致函冯自由称，第四一四号本券乃由他购得。除此之外，编者还曾见到一元券多张，均系四千余号者，最早填发时间为一九〇四年一月。其中编号为 NO.4915 的一元券，来源于杨刚存《中国革命党在檀小史》（影印杨广旭藏原件），载郑东梦主编：《檀山华侨》，火奴鲁鲁，檀山华侨编印社一九二九年九月印行。

② 按底本所附原件未填月日，但抄录文字则书"西廿纪〇四年一月二十八日发"，兹据此标出。

③ 根据美国法律规定，一八九八年夏威夷成为美国属地以前，凡是在夏威夷出生的人都被承认为美国公民。孙文因计划前往美国大陆从事革命活动，而当时美国政府正加紧排华，故为易于入境并获得居留权，便设法签领了这个内容虚构的身份证书。此件中译文采自马宠生书（见底本注），但编者另据英文底本稍作校译，并加注释及附若干专名原文。

夏威夷准州

柯湖岛①

本人孙逸仙，郑重宣誓声明，根据我所知的事实，我于一八七〇年十一月二十四日在柯湖岛衣华（Ewa）镇之位问奴（Waimanu）出生②。

我是一个医生，现在茂宜（Maui）岛的姑刺（Kula）③ 行医。我住在姑刺。我的父亲名孙达成，于一八七四年左右回中国，约八年后在中国去世。此宣誓书旨在说明我的身份，并进一步证实我在夏威夷出生。所附照片是我的最近照片。

孙逸仙（Sun Yat Sen）（签字）

一九〇四年三月九日在我面前宣誓并签署。

〈夏威夷准州第一司法巡回处公证人：〉

〈凯利（Kate Kelly）（签字）（盖章）〉④

兹证明，经审查上列声明所述属实，所附照片系签署人的近照，签字由申请人签署。

〈夏威夷准州秘书：〉

〈阿特金森（A. L. C. Atkinson）（签字）〉⑤

据 Sun Yat-sen file，kept in the INS（Immigration and Naturalization Service）File of the National Archives-Pacific Sierra Region，San Bruno，California，U. S. A. ［美国加利福尼亚州圣布鲁诺的太平洋谢拉地区国立档案馆所藏移民归化局档案：孙逸仙档案］英文原件，中译文采自马兖生《孙中山在夏威夷：活动和追随者》（北京，世界知识出版社二〇〇三年九月出版）附件十三

英文原文见本册第 607—610 页

---

① 当时华侨对夏威夷准州亦习称"夏威夷疆省"；原译 Oahu 为奥阿胡，今改时人所译之柯湖。

② 以上原译"奥阿胡岛的爱瓦区外玛诺出生"，今改时人译名的"柯湖岛衣华（Ewa）镇之位问奴（Waimanu）出生"。

③ 原译库拉，今改时人所译之姑刺（下同）。

④ 以上两行，原译者未译（仅用"公证人签字"五字代替），由编者补译。

⑤ 以上两行，原译者未译（仅用"夏威夷部长签字"七字代替），由编者补译。补译首行的 secretary 时，将"部长"改译为"秘书"。

递交美国移民归化局专员署的证词①

（英 译 中）

（一九○四年四月十四日）

我的名字是孙逸仙。我在火奴鲁鲁出生，后来回到中国。在一八九五年末或一八九六年初我从香港到火奴鲁鲁，在火奴鲁鲁停留四至五个月。然后我在七月前数日到旧金山。我所持证件，是我在上海拿到的学生和旅游第六款证件。我以中国臣民身份进入美国。我从旧金山经纽约到伦敦。从伦敦又经加拿大到日本。从日本我又回到火奴鲁鲁。

约在一九○一年二月，我抵达火奴鲁鲁。他们询问了几个见证人，把我当作一个土生的公民，允许我入境。我没有任何证件。我到火奴鲁鲁从来不带证件。自从我于一八九六年作为一个中国臣民进入这里后，就没有再去申请做美国公民。只有在今年三月我从夏威夷政府取得我的护照时，我宣誓效忠美国，放弃除美国外其他国家的公民籍。

孙逸仙（Sun Yat Sen）（签字）

汤普森（Ward E. Thompson）（签字）

已于一九○四年四月十四日在我面前宣誓。

汤普森（Ward E. Thompson）（签字）

> 据 Sun Yat-sen file, kept in the INS（Immigration and Naturalization Service）File of the National Archives-Pacific Sierra Region, San Bruno, California, U. S. A. ［美国加利福尼亚州圣布鲁诺的太平洋谢拉地区国立档案馆所藏移民归化局档案：孙逸仙档案］英文原件，中译文采自马充生《孙中山在夏威夷：活动和追随者》（北京，世界知识出版社二○○三年九月出版）附件十四②
>
> 英文原文见本册第611页

---

①　孙文于一九○四年四月六日抵达旧金山，被美国移民归化局拘押二十余天。此为拘押期间对该局专员署官员汤普森所作的一次证词。

②　编者另据英文底本稍作校译。

上诉有权入美境理由书

（英 译 中）

（一九〇四年四月二十一日）

为了进一步证明本人作为檀香山出生的公民，有权进入美国国境，且从未放弃效忠本国政府，本人特此连同其他相关文书，向华盛顿移民署提出上诉，提交以下增补声明：

在夏威夷群岛并入美国后不久，为了确认当地居民的国籍与出生地，所有居民均曾登记相关信息。本人于一九〇一年三四月间，以檀香山出生的华人身份，在茂宜岛姑刺地区登记为美国公民。以上便是本人自夏威夷群岛成为美国属地后，为证明个人的公民身份所做出的第一件事。而在今年三月间，亦即离开夏威夷启程前往美国本土前不久，本人获得了由夏威夷准州州长所颁发的护照，而这则是本人为了证明公民身份所做的第二件事。尽管血缘上本人是中国人，但本人从未宣称自己是中国公民，亦未以任何方式向中国政府寻求庇护。相反，本人所持的政治观点历来与中国政府相左，本人亦被中国政府视作敌人。为了顺利进入美国，上海之政府官员曾为本人开具学生身份证明，然而这仅仅是出于私交，而绝非源于本人对于中国政府的忠诚。该政府官员与本人是朋友，为确保我能顺利进入美国领土，故开具相关身份证明。

孙逸仙（签名）

一九〇四年四月二十一日宣誓

在发现申请人的身份证明尚未提交至移民署后，他增补了上述声明。应其请求，特将该声明送呈移民署。

检查员：麦克唐纳先生（签名）

据"Detention Sheds, Pacific Mail Dock"（《拘留所——太平洋邮件码头》），April 21, 1904，原件打字照片，广州、广东省社会科学院图书馆藏（方露译，邹尚恒校）

英文原文见本册第611—612页

汉家谋恢复者不可谓无人

汉公编著《太平天国战史》序①

（一九〇四年春）②

朱元璋、洪秀全各起自布衣，提三尺剑，驱逐异胡，即位于南京。朱明不数年，奄有汉家故土，传世数百，而皇祀弗衰；洪朝不十余年，及身而亡。无识者特唱种种谬说，是朱非洪，是盖以成功论豪杰也。

胡元亡汉，运不及百年，去古未远，衣冠制度仍用汉官仪。加以当时士君子，半师承赵江汉、刘因诸贤学说，华夷之辨，多能道者。故李思齐等拥兵关陕不出，刘基、徐达、常遇春、胡深诸人皆徒步从明祖，群起亡胡，则大事易举也。

满清窃国二百余年，明逸老之流风遗韵，荡然无存。士大夫又久处异族笼络压抑之下，习与相忘，廉耻道丧，莫此为甚。虽以罗、曾、左、郭③号称学者，终不明春秋大义，日陷于以汉攻汉之策，太平天国遂底于亡。岂天未厌胡运欤？汉孙子〔子孙〕不肖应使然欤？抑当时战略失宜有以致之欤？

洪朝亡国距今四十年，一代典章伟绩概付焚如，即洪门子弟亦不详其事实，是可忧也。汉公搜辑东西太平遗书，钞译成册，中土秘本考证者不下数十种，虽当年遗老所见所闻异辞，文献足征大备，史料官书可据者录之，题曰《太平天国战史》，洵洪朝十三年一代信史也。太平一朝与战相终始，其他文艺官制诸典不能蔚然成帙；又近时官书伪本流行，关于太平战绩每多隐讳。汉公是编，可谓扬

---

① 兴中会员刘成禺（笔名汉公）一九〇二年在东京受孙文嘱托，拟写一太平天国史书充作反清宣传品。次年完成书稿共十六卷，以其前六卷名为《太平天国战史》前编在东京发行。出版前请孙文作序。

② 底本为初版本，却未说明其具体出版时间。时人有出版于癸卯或甲辰（即一九〇三或一九〇四年）二说。下篇系未经正式发表的另一序稿，署为"甲辰年春"所撰，此处乃从一九〇四年之说。

③ 罗泽南、曾国藩、左宗棠、郭嵩焘。

皇汉之武功，举从前秽史一澄清其奸，俾读者识太平朝之所以异于朱明，汉家谋恢复者不可谓无人。

洪门诸君子手此一编，亦足征高曾矩矱①之遗，当世守其志而勿替也，予亦有光荣焉。

此序。

孙逸仙拜撰

据汉公（刘成禺）编著：《太平天国战史》前编，东京，祖国杂志社一九〇四年出版（上海，作新社印刷）

附：另一序稿

庚子②岁，予归横滨山月寓楼，时兴中会同志江夏刘偶君（即成禺）持陈少白书由港适至。会犬养木堂③、曾根俊虎宴谈中国兴亡之迹，偶君亦有志纂《太平天国战史》。曾根出所著《中国近世乱纪》④，予亦出美人伶俐⑤所著《太平天国》两巨函，付偶君著译行之。

嗟乎！洪氏之覆亡，知有民族而不知有民权，知有君主而不知有民主，此曾国藩诸人所以得奏满清中兴之绩也。予常论革命之程序：曰军政时期，主权在军府对人民行颁定之约；曰训政时期，主权在政府与人民立共同议定之约；曰宪政时期，主权还诸人民，人民组织完全宪法之国家。惜乎洪氏未闻此道也！

前事之不忘，后事之师。偶君此作，宏我汉京，予亦有光荣云。

---

①　意谓祖先传下的规矩不可忘。

②　即一九〇〇年，以下叙事有误。按：刘成禺系于是年在香港经陈少白介绍加入兴中会，辛丑即一九〇一年首次赴日留学，壬寅即一九〇二年与孙文等在东京红叶馆晤谈写太平天国史之事。

③　犬养毅，号木堂。

④　原书名应为《清国近世乱志》（后改名《支那近世乱志》），是一部阐述太平天国史的日文著作，发行于一八七九年。

⑤　伶俐（Augustus Frederick Lindley），通常译为吟唎，英国海员，曾加入太平军对清作战。太平天国失败后，于一八六六年在伦敦出版英文著作 *Ti-Ping Tien-Kwoh；The History of the Ti-Ping Revolution，Including A Narrative of the Author's Personal Adventures* 两卷，今有中译本《太平天国革命亲历记》。

天运甲辰年春

眷弟孙文拜撰

据《孙中山先生论太平天国（一）——刘成禺著〈太平天国战史〉序》，载上海《逸经》第十七期，一九三六年十一月出版

中华民务兴利公司债券[①]

（一九〇五年十二月十一日）[②]

正 面

中华民务兴利公司债券　公债本利壹仟圆券

第壹回黄字第壹百卅五号　广东募债总局五年内清还

总理经手收银人孙　文（签名）

天运岁次乙巳年十一月十五日发

背 面

中华民务兴利公司今议立新章，兴创大利，以期利益均沾，特向外募集公债贰百万圆，以充资本。

自本公司开办生意之日始，每年清还本利五份之一，限期五年之内本利清还。如到五年期满，有不愿收回本利者，以后则照本利之数，每年算回周息五厘，每年派息一次。

特立此券，收执为凭。

广东募债总局立约

据《乙丙两年印行之革命军债票》所附原件影印，载冯自由：《革命逸史》初集，长沙，商务印书馆一九三九年六月初版

---

①　孙文于一九〇五年八月在日本东京成立中国同盟会，十月赴越南募集革命基金。他假借广东募债总局和中华民务兴利公司的名义，在横滨印制一批千元票面的债券。抵越后，在西贡、堤岸等埠建立同盟会分会之时发行该债券，其编号及发行日期是临时填上的。

②　此据文内"乙巳年十一月十五日"折算为公历。

中华革命军义饷凭单

（一九〇五年）

一九〇五年中国革命同盟会在东京成立，由于当时要密派同志返国，发动各省革命起义，所需经费甚多。犬塚衷心敬仰国父，故对中国革命常有资助。那时同盟会总部，曾发行义饷凭单，他亦参与计划。这个凭单是横式，中央印有"中华革命军义饷凭单"九字，正下有青天白日满地红国旗交插其中，再下为"拾圆"两大字，右上有"中国同盟会本部发行"九字，左下即有"黄帝纪元四千六百零九年月日押"，背面有要则原文如下：

"①本部为接济各地义军军需起见，特发行此义饷凭单，分百圆、伍拾圆、拾圆、伍圆四种。②新政府成立后，持有此凭单者，可向新政府银行照数取换国币。③本凭单发行时，盖有三印为据，如末盖印，及印迹不符者，作为废纸。"

据陈固亭：《国父与日本友人》，台北，
幼狮文化事业公司一九六五年九月出版

中国革命政府债券[①]

（英　译　中）

（一九〇六年一月一日）

中国革命政府　承诺支付持券人壹百美元

俟本政府在中国建立一年之后，由广东政府官库或其海外代理机构付给此款。

总理　孙文（英文签名）

一九〇六年一月一日

---

①　据底本说明：孙文委托法国友人李安利（Z. Leoni，今译莱奥尼）在西贡印刷该债券多箱，曾用于潮梅两属军务，后受英法殖民当局阻梗，大部分焚毁。

编号：079，002

据《乙丙两年印行之革命军债票》所附原件影印，载冯自由：《革命逸史》初集，长沙，商务印书馆一九三九年六月初版。该件正反面分别用英法文印刷，内容基本相同，此据英文一面译出（何靖宇译）①

英文原文见本册第 613 页

挽刘道一诗②

（一九〇七年二月三日）③

半壁东南三楚雄④，刘郎死去霸图空。
尚余遗孽⑤艰难甚，谁与斯人慷慨同？
塞上秋风嘶⑥战马，神州落日泣哀鸿。
几时痛饮黄龙酒⑦，横揽江流一奠公！

据《孙大总统旧作〈吊刘道一〉》，载一九一二年一月一日上海《民立报》第七页

---

①　另见（1）冯自由：《中华民国开国前革命史》上编（上海，革命史编辑社一九二八年十一月初版），卷首债券原件影印，内容同底本，编号为071，305；（2）张永福编：《南洋与创立民国》（上海，中华书局一九三三年十月出版），卷首债券英法文原件影印，内容同底本，编号为073，728；（3）广东省立中山图书馆藏债券原件，为购券者新加坡华侨陈质亮后人所赠，内容同底本，编号为083，786。

②　一九〇六年十二月，同盟会员刘道一在湖南、江西二省边境发动萍浏醴起义，兵败被捕，在长沙遭清廷杀害。同盟会本部在东京为刘道一举行追悼会，孙文挽诗即为此而作。此诗系由当时同盟会机关刊物《民报》的编辑汤增璧代笔。

③　底本未说明写作时间，今据东京追悼会的举行日期标出。

④　三楚原指战国楚地，今湖南、湖北一带；此处则指五代时有三雄割地为王，即马殷据长沙、高季兴据江陵、周行逢据武陵，亦称"三楚"。

⑤　另见有两种版本于此处文字与底本不同：一是刘揆一编《衡山正气集》（纪念刘道一烈士题词集，一九一二年十二月刻本），"遗孽"别作"遗业"，按："业"字如用于恶业，此二者同义；二是一九一七年一月章士钊笔录孙文挽诗（湘潭刘烈士祠藏原件照片），"遗孽"别作"残局"。

⑥　在章士钊笔录孙文挽诗中，此处"嘶"字另作"悲"。

⑦　据《宋史》"岳飞传"载，岳飞抗金时曾与诸将相约："直抵黄龙府，与诸君痛饮尔！"按：黄龙府为当时金国都城，此处乃预言清朝必亡。

捐助中华革命军军需银凭据^①

（一九〇八年四月二十三日）②

凭　据

中华革命军发起人孙文（签名），收到庇朥③同志各君捐助中华革命军军需银壹仟大元。军政府成立之后，本利四倍偿还，并给以各项路矿商业优先利权。

此据。

经手收银人　孙文（签名）
中华革命军发起人之印（骑缝章）
天运戊申年三月廿三日发给

据原件照片，广州、广东省立中山图书馆藏

附：另一版本

（一九〇八年十月六日）④

凭　据

中华革命军发起人孙文（签名），收到潘受之君⑤捐助中华革命军军需银拾盾⑥

---

① 孙文于一九〇七年春离日赴越南领导组织西南边境起义，次年三月被法国殖民当局驱逐出境而到新加坡，工作重心转为在南洋华侨中发展革命力量和筹款，制发"凭据"即其筹款方式之一。编者所见多件"凭据"俱使用于一九〇八年，"经手收银人"除孙文本人以外，尚有胡汉民、汪精卫、邓子瑜等，下篇即为胡汉民经手者。

② 此据文内"戊申年三月廿三日"折算为公历标出。

③ 庇朥是掛罗庇朥简称，掛罗庇朥（Kuala Pilah，又译瓜剌比朥、瓜拉比拉）当时隶于英属马来联邦（The Federated Malay States）森美兰邦（The State of Negri Sembilan），著名侨商邓泽如为该埠同盟会分会会长。

④ 此据文内"戊申年九月十二日"折算为公历标出。

⑤ 潘受之，原侨居新加坡医生，以其医术、医德兼优而饮誉英荷殖民地。一九〇七年加入同盟会，至各埠募款，并办报办学宣传反清思想，本人多次慷慨解囊认购孙文发行的债券资助革命。民国成立后，孙文对潘颁发旌义状表彰之，并赠荷属东印度（Dutch East Indies）名产坤甸（Pontianak）精制拐杖以表情谊。

⑥ 盾（Guilder），荷兰及其殖民地货币单位。

元。军政府成立之后，本利四倍偿还，并给以各项路矿商业优先利权。

此据。

经手收银人　汉民（签名）

中华革命军发起人之印（骑缝章）

天运戊申年九月十二日发给

据原件照片，英国黄中行藏①

历观前事足以气壮

池亨吉著《支那革命实见记》序②

（一九○八年六月）③

良友池君近以书来言，著《支那革命实见记》已成，属余为序。余虽未见其所著，然以君之为人决之，而知其书必足以传世也。

君优于文学，操行高洁，能卓然自立，以才名闻于时。顾君平日尚公理，重实行，不拘墟于流俗之功名，见有戾于人道、反于正义者，辄奋然思扫除之。其抱负英侠如是，故能决弃其平生际遇，而与吾党之士共勠力以从事于支那革命，艰苦危险，处之恬如也。

客岁吾党将有事于潮州，君毅然以身赴之，思大与以裨助。迨潮事一起即蹶，君郁郁不得展其志。暮秋，造余所居，相与讨论擘划天下事。及我军占领镇南关，余驰往督师。余自乙未广州失败以来，历十有四年，至是始得履故国之土地，与将士宣力行阵间。而君亦于斯时与余偕行，冒锋镝，犯矢石，同志咸感其义。今君以其亲历者著之于书，余知君必能明揭吾党得失利钝之迹，以示天下也。余尤

---

① 按：本件内含一九三六年间国民党中央党部调查清理辛亥革命债务的有关附加文字及印章，一概未录。

② 文学家池亨吉，日籍同盟会员，兼任孙文之英文秘书。一九○七年一月孙文至其东京寓所造访，建议他作为中国革命的见证人参与反清起义活动，并以亲身经历著书褒扬策励之。所著日文《支那革命实见记》一书初于是年五、六月《大阪朝日新闻》上连载，至一九一一年始在东京出版单行本。

③ 此序作于戊申六月，月份为阳历或阴历未详，现作阳历编次。

企君不徒叙述吾党得意之事而已，必详举其困厄与失败之原因，俾吾党之士得以自儆，抑亦将使天下之人恤其孤厄而为之助焉。

客岁以来，吾党凡五举事矣：潮州之军，不旋踵而蹶；惠州继起，视前为劲；至于钦廉，则又进矣；镇南关之役，其势倍于钦廉；最近河口之师，则又足掩前者。由斯以言，吾党经一次失败，即多一次进步。然则失败者，进步之原因也。盖失败而颓然气尽，其不摇落者几希矣；惟失败之后，谨慎戒惧，集思补过，折而愈劲，道阻且长，期以必达，则党力庶有充实之时。历观前事，足以气壮，此固吾党之士所宜以自策励，即池君作书之本恉亦不外是。故书此以质池君，并以质读池君之书者。

> 戊申六月
>
> 孙文逸仙拜撰
>
> 属汪锜精卫书

据池亨吉：《支那革命实见记》，孙文中文原序，东京，金尾文渊堂一九一一年十一月十日发行

准备反清起义的长滩计划[①]

（一九一〇年三月十日至十四日）

（一）中国革命党暂行中止长江流域及华南地区准备未周的起义，改为厚蓄实力，充分准备，集中人力、财力，发动大规模起义的策略。

（二）由中山先生以"中国同盟会总理"的名义，委任布思先生为"海外财务代办"（Foreign Financial Agent），赋以全权，俾向纽约财团洽商贷款，供应大规模革命起义的需要[②]。并由中山先生准备一项中国国内各省革命代表签署的文

---

① 一九一〇年三月十日至十四日，孙文与美国军事学家咸马里（Homer Lea）、退休银行家布思（Charles B. Boothe）在加州南部城市长滩（Long Beach，又译长堤）多次举行秘密会谈，地点在一幢临时租赁的小屋（或作一家旅馆）。会议确定反清起义的规模和步骤，义军队伍的集结和训练，装备义军和购买军火，以及筹措经费和制订财务预算等等。这项计划虽有不切实际之处，但其周详程度及规模之宏大，实为孙文投身革命以来不多见。可惜的是，这项计划后来因纽约财团拒绝提供贷款而流产。

② 会议最后一天即三月十四日，孙文将一份聘请布思担任同盟会"海外财务代办"的英文签名委任状交给他。

件，以为贷款的依据。

（三）运送在美训练的中国军官若干人，为中国内充实革命武力，筹组临时政府。

（四）贷款总额共计三百五十万美元，分下列四次支付：

（甲）第一次支付款项

一、整理各种革命团体——华中区、华北区各一万五千元，作为一百名工作人员的用费。

二、沿东京湾（在南中国海）①边界组织军队，并设军火调配站——六万元。

三、租地建立一千人的驻所——十万元。

四、成立广东及东京办事处——各二万元。

五、购买毛瑟步枪一万支，子弹二百五十万发，大炮三十六尊，炮弹一万四千四百枚——先付三分之一，计十六万元。

六、获取北京附近清军五镇的控制——五万元。

七、获取清廷海军四艘巡洋舰的控制——四万元。

八、设立军事总部——一万元。

九、同盟会会长总部——二万元。

十、准备金——十五万元。

以上合计应为六十六万美元②。

（乙）第二次支付款项

一、动员及支援五千人的六个月费用——二十二万元。

二、美国军官运送费与六个月维持费及薪给——十七万五千元。

三、中国翻译人员运送费及维持费——一万元。

四、作战军火的最后付款——三十五万元。

五、五千人与军官的全副装备——十万元。

六、工程人员药品与运输给养——十万元。

七、马匹、参谋人员与总部的装备——十万元。

八、军火及给养的运输——十万元。

九、准备金——五万元。

以上合计应为一百二十万五千美元③。

––––––––––––––

① 东京湾（Gulf of Tonking），亦名北部湾，位于中国南端与越南之间。

② 一说为六十八万美元。

③ 一说为一百万零五千美元。

（丙）第三次支付款项

一、额外五千人的动员及装备——十五万元。

二、担任运输五千人的劳工的动员及装备——五万元。

三、一万五千人的三个月维持费——二十万元。

四、（原文缺）。

五、准备金——十万元。

六、外交用途——二十五万元。

七、美国军官的三个月薪给——五万元。

八、步枪弹药七百七十五万发——十七万五千元。

以上合计应为九十七万五千美元。

（丁）第四次支付款项

战役基金——七十九万五千美元。

〈以上各次支款合计应为三百六十三万五千美元①。〉

据美国斯坦福大学胡佛研究中心（The Hoover Institution of Stanford University, U. S. A.）所藏英文原始资料，由黄季陆《国父军事顾问——荷马李将军》初稿（台北，"国史馆"一九六九年出版）、项定荣《国父七访美檀考述》（台北，时报文化出版事业公司一九八二年出版）二书编译合并而成

赠别唐群英诗②

（一九一〇年六月中下旬）③

此去浪滔天，应知身在船。

---

① 按：这是项定荣统计的本计划所列各项实际支款之总和，超过贷款总额三百五十万美元的预算。

② 唐群英两度留学日本，一九〇五年成立同盟会时是最早加盟的中国女革命者，曾任留日女学生会会长，创办《留日女学会杂志》等。此诗长期湮没，二十世纪五十年代初土地改革运动中，自同隶湖南籍已故同盟会员王祺（字淮君，别号醲散居士）的手抄本中发现，一九八二年始公诸于世。

③ 作诗时间不详，待考。按：此乃赠别诗，唐群英曾于一九〇八年、一九一一年分别两次自日归国，其时孙文均未在日本。惟一九一〇年六月唐群英再次东渡，孙文亦适自檀香山而至，于是月十日至二十五日在横滨、东京逗留并会晤同志，向唐赠诗有可能在此期间，故暂定为该年六月中下旬。

若返潇湘日，为我问陈癫①。

据曾昭桓：《辛亥革命女战士唐群英》，载长沙《湖
南文史资料选辑》第十五辑，一九八二年七月出版

中华民国金币票②

（一九一一年春）③

中华民国金币　壹百员④

中华民国成立之日，此票作为国宝通用，交纳税课，并随时如数向国库交换
实银。⑤

中华革命党本部总理孙文

---

① 陈树人，绰号陈癫、陈九癫子，曾随孙文、黄兴参加西南边境反清起义，后至湖南从
事革命活动。

② 金币票之正面系中文印刷，背面系英文印刷，内容基本相同，由孙文亲自参与制作，
正面所印青天白日满地红旗及反面所印青天白日旗据说均为其手绘。编者须说明者，所收本件
骑缝裁根处尚盖有"总理"圆形章及"中华革命军筹饷局印"长形章，不录；其字迹模糊难
辨，亦不录。底本还说明，发行金币票时各附中华革命军筹饷局之"凭照"一纸（其内容与稍
后成立的洪门筹饷局所订章程之一项相同），一些文博单位如广东省博物馆等亦收藏有该凭照
复制品，全文如下："凭照：中华民国成立之日，准列名为优先国民，概免军政府条件之约束
而入国籍，此给原人收执为据。中华革命军筹饷局发。经手收银人李公侠。天运辛亥年　月
日。"（按：此件及下文提及之李公侠即李是男，公侠为其别号。）

③ 底本未提供发行金币票的确切时间，但作如下说明："辛亥三月黄花岗一役之前，总理
到美洲筹募饷糈，尝用中华革命党本部总理孙文之名，由旧金山筹饷局发行中华民国金币票。"
按：一九一一年一月底，黄兴、赵声在香港成立统筹部开始起义准备工作，孙文则自纽约至旧
金山筹款；四月下旬起义失败。据此酌为是年春。

④ 据冯自由《中华民国开国前革命史》上编（上海，革命史编辑社一九二八年十一月初
版）卷首原件影印，此金币票额共分十元、一百元、一千元三种，印出者系十元之件，其用途
说明与底本同。

⑤ 据不完全统计，自一九一一年七月美洲洪门筹饷局成立至十一月上旬广东光复的三个
多月内，在美加募款并汇回国充当革命经费共十四万余美元。民国成立后孙文兑现诺言，将一
部分募得之款退回。但本项及其他多项债券因各种原因未能完全偿还者，则于孙文逝世后，在
一九三五年至一九三六年间由国民党中央党部建立"辛亥革命债务调查清理委员会"（李是男
系主任人之一），负责登记和办理清退，后因中日战争爆发而中辍。

中华革命军筹饷局会计李公侠发

据《中华民国旗之历史》所附原件影印
（正面中文部分），载冯自由：《革命逸史》初
集，长沙，商务印书馆一九三九年六月初版

在纽约草拟当前进行方略

（一九一一年十月下旬）①

当时革命进行，其方略大要如下：

一、关于武昌革命之进行，由黄克强率领同志前进。

二、关于广东反正之进行，由胡汉民、朱执信等相机而发。

三、对华侨演说共和政治，以固民国之基础。

四、对外宣扬中国革命，以博美国朝野上下之同情。

五、谋借外款以为军事及建设之用途。

据张蔼蕴：《辛亥前美洲华侨革命运动纪事》，载中国人民政治
协商会议广东省委员会文史资料研究委员会编：《孙中山与辛亥
革命史料专辑》，广州，广东人民出版社一九八一年八月出版

附载：湖北军政府的加盖银票二种②

（一九一一年秋冬间）③

（一）

中华国商民银票　壹百元

---

① 时间不详。按：孙文于一九一一年十月二十日自华盛顿抵纽约，曾召集旅美同盟会员
黄芸苏等商议当时进行方略，旋于十一月二日离纽约赴英国，据此酌为十月下旬。

② 此二种银票系武昌起义后不久，湖北军政府亟须使用军钞，利用一九〇六年元旦孙文
发行的《中国革命政府债券》英文版面加以改制，即在中间位置加盖长方形章说明银票名称及
其银额，另在其他位置增添个别文字或印章（均于内文录出），特许公开流通。值得注意的是，
改制后的英文版面仍明显保留以下字样：The Chinese Revolutionary Government（中国革命政
府）、The President Sunwen（总理孙文），似属有意为之。

③ 印制时间不详，今据上注酌定。

任由通行，兑换银钱货物。

（孙文之章）

（二）

中华革命军银票　壹百元

（孙文之章）

据原件照片，武汉、湖北省博物馆藏

附载：中华民国军用钞票①

（一九一一年十一月二十一日）②

中华民国军用钞票　壹元　No. 000997

上海通用银圆，凭票即付；只认票不认人，执此为照。

黄帝纪元四千六百零九年九月吉日（沪军都督印）

中华银行经理（财政总长印）③

据原件照片，广州、广东省社会科学院图书馆藏

---

① 此系上海光复后沪军都督府发行的军用钞票，正面是中文，背面是英文，共分十元、五元、一元、五角四种票额。有关情况可供参阅。

② 本件系以"黄帝纪元四千六百零九年九月"填发。而据有关史料记载，一九一一年十一月二十一日，负责发行该军钞的中华银行在上海南市吉祥弄正式开幕，在首次兑购该票时出现争先恐后的盛况，其结果，四种票额的第一号均被高价购走。此处所标者即为首次兑购日期。

③ 中华银行号称"民国第一银行"，由沪军都督府财政总长沈缦云创办，董事为黄兴、陈其美、沈缦云等。

中华革命军义饷凭单

（一九一一年）①

正　面

中华革命军义饷凭单　五圆

同盟会本部发行

黄帝纪元四千六百零九年　月　日押

背　面

要　则

一、本部为接济各地义军军需起见，特发行此义饷凭单，分百圆、伍拾圆、拾圆、伍圆四种。

一、新政府成立后，持有此凭单者，可向新政府银行照数取换国币。

一、新政府成立后，持有此凭单者，在本国内无论何处均可通用。

一、本凭单得由所有者转让与他人。

一、本凭单发行时盖有三印为据，如未盖印及印迹不符者，作为废纸。

据原件照片，广州、广东省社会科学院图书馆藏

---

① 本件正面印有孙文历来提倡的青天白日旗及青天白日满地红旗，当于一九○五年八月中国同盟会成立后至一九一一年之间在日本发行。本件系以"黄帝纪元四千六百零九年"填发，当时一些革命党人喜用黄帝纪元（黄帝诞生起算）。按：公历一九一二年元旦即为黄帝纪元四千六百零九年十一月十三日，因该年大多数月日仍属一九一一年，故作此标示。

当前时局的方针

（日　译　中）

（一九一二年一月初）①

据传，大总统孙逸仙对时局所持的方针如下：

一、如以武力攻取北京，非彻底攻克不可。如此，则军队不得不进驻北京。有人提倡所谓"天下二分"之说，其要点乃姑息之策，恐天下更将大乱。

二、当前急务为取得各国之承认，迅速建立中央政府。其政府组织形式应为共和政体。如今并非谋取个人功名之时，而是应尽早解决时局问题。

三、须大借外债。不得不承认，当前各省特别是像云南等那样，面临严重的财政困难，而救济金的获得亦极其艰难。一旦共和国建立，举借外债则可得解救之法。以四分五厘之利息，无疑不难借到所需资金。然此时国人大多反对向外国借款，盖基于以下前车之鉴：（1）清朝以牺牲中国国力为条件举借外债；（2）所借外债后未能取得良好结果，徒以浪费为事；（3）清朝债务大多需要抵押。

如今共和政府新建，即使借外债亦不会削弱势力，且无抵押之必要。试举实例以证明：埃及曾借外债而亡国，乃因以牺牲国力而为之；然美利坚自宣布独立以来，借外债仍能保持其势力，是因不以牺牲国力而为之。又如日俄战争之时，两国皆借外债亦可明证。故此时须先以借外债建设铁路，再仗交通之便发展工业为主要方针。敷设铁路后的结果是带来沿线地价上涨，如此虽加重人民纳税负担，然以此税收偿还外债之途径一旦开启，则必无困难。由此可用六年时间在全国敷设铁路，并将铁路收归国有。

据《孫逸仙の方針》，载一九一二年一月九日
《大阪每日新闻》（一）（关伟译，蒋海波校）
日文原文见本册第 613—614 页

---

① 一九一二年元旦中华民国在南京成立，孙文就临时大总统之职。他于何时及何等情况下发表此方针未详。据文中内容，当在初建民国临时政府的数日内。

尚非谈议会之时

对中华民国联合会的回应①

（英　译　中）

（一九一二年一月十四日）

诸位意见已获充分重视。贵联合会主张通过人民投票选举代表组织议会，实为创立一完整意义上的共和国之最佳方法，无议会则无民国之实质。然而，不管亟待处理与否，总归仍有待处理事项。目前我们有各省都督府代表联合会②，仅为暂时方案，并无可能成为固定设施。然趋向共和各省之军政府尚无适当之地方行政机构可召开省议会，此时无法有效选举议会代表。

唯有形成以人民选举代表产生之正式议会后，我们方能创建正式立法机关。现临时政府绝不会实行任何固定措施。关于北伐问题，我们别无他途唯有推进。江苏及淮河地区屡现危机，湖北方面传来的消息亦需留意。因此，临时政府须得注意此等重大警情，我们致力于打垮北方敌人，此目标达成后我们或能得以讨论由人民选举代表组织议会之问题。若不能达成此目标，则一切无从谈起。

当大局既定，中国再无战事，我们或可讨论正式议会并组织正式政府。当前急欲吾等民党处理之事，一方面为监管临时政府及军方执政，另一方面为竭力维护秩序以培养人民成为民国良好公民之能力。吾等民党前有甚多艰难险阻，我仅

----

① 一九一一年十二月二十九日，各省都督府代表联合会开会选举孙文为中华民国临时大总统，并于一九一二年元旦在南京就职，宣告民国临时政府成立。际此历史时刻，向来在同盟会中地位重要的章炳麟却于一月三日宣布退出同盟会，笼络一些同盟会员及立宪派、旧官僚组成自为会长的中华民国联合会，提出即时组织议会等政治主张。孙文乃在上海一家美国人所办英文报纸《大陆报》上著文，作出回应。

② 各省都督府代表联合会成立于一九一一年十一月十五日，是自武昌起义后业已宣布独立及有意脱离清廷统治的各省都督，为筹组临时中央政府而派代表聚商（相继在上海、汉口、南京开会）所组成的过渡性议政权力机构，当时已有十七个行省加入。中华民国临时参议院于一月二十八日在南京正式成立之前，其一切职权均由该会代行。

提出个人想法以供参考。冀贵联合会如有高见，不吝赐教。

贵方言及我们称警卫为"禁卫军"（皇城护卫），实为"警卫军"（警察守卫）之误，敬请明察。在公共事务上我们不会使用贬义旧名。

据"This is Not Time to Talk of A Parliament：Sun Yat Sen"，
The China Press（Shanghai），January 14，1912，Page 2
［《孙逸仙：尚非谈议会之时》，载一九一二年一月十四日上海《大陆报》第二页］（许瑾瑜译，高文平校）

英文原文见本册第 614—615 页

建设之难自今日始

临时参议院成立祝辞①

（一九一二年一月二十八日）

中华民国既建，越二十有八日，参议机关乃得正式成立；文诚忻喜庆慰，谨掬中怀之希望，告诸参议诸君子之前而为之辞曰：

人有恒言：革命之事，破坏难，建设尤难。夫破坏云者，仁人志士，任侠勇夫，苦心焦虑于隐奥之中，而丧元断脰于危难之际，此其艰难困苦之状，诚有人所不及知者。及一旦事机成熟，倏然而发，若洪波之决危堤，一泻千里，虽欲御之而不可得，然后知其事似难而实易也。

若夫建设之事则不然。建一议，赞助者居其前，则反对者居其后矣；立一法，今日见为利，则明日见为弊矣。又况所议者国家无穷之基，所创者亘古未有之制。其得也，五族之人受其福；其失也，五族之人受其祸。

呜呼！破坏之难，各省志士先之矣；建设之难，则自今日以往，诸君子与文所黾勉仔肩而弗敢推谢者也。矧为北虏未灭，战云方急，立法事业，在在与戎机相待为用，破坏、建设之二难，毕萃于兹。诸君子勉哉！各尽乃智，竭乃力，以

---

① 一月二十八日上午，中华民国临时参议院在南京举行正式成立会，孙文率同临时政府各部总次长莅会，并致祝辞。截至是日为止统计，临时参议院由十七省都督府派出代表共四十二人组成（原规定每省三人），而该日议员实际到会者仅三十一人。

固民国之始基，以扬我族之大烈，则不徒文一人之颂祷，其四万万人实嘉赖之。

据临时大总统令示《祝参议院开院文》，载南京《临
时政府公报》第一号，一九一二年一月二十九日

祭明太祖陵昭告光复成功民国统一文[1]

（一九一二年二月十五日）

中华民国元年二月十五日辛酉，临时总统孙文谨昭告于明太祖开天行道、肇纪立极、大圣至神、仁文义武、俊德成功高皇帝之灵曰：

呜呼！国家外患，振古有闻，赵宋末造，代于蒙古，神州陆沉，几及百年。我高皇帝应时崛起，廓清中土，日月重光，河山再造，光复大义，昭示来兹。不幸季世俶扰，国力罢疲。满清乘间入据中夏，嗟我邦人诸父兄弟，迭起迭踣，至于二百六十有八年。呜呼！我高皇帝时怨时恫，亦二百六十有八年也。

岁在辛亥八月，武汉军兴，建立民国。义声所播，天下响应，越八十有七日，既光复十有七省，国民公议立临时政府于南京，文以薄德，被推为临时总统。瞻顾西北，未尽昭苏，负疚在躬，尚无以对我高皇帝在天之灵。迩者以全国军人之同心，士大夫之正议，卒使清室幡然悔悟，于本月十二日宣告退位，从此中华民国完全统一，邦人诸友享自由之幸福，永永无已。实维我高皇帝光复大义，有以牖启后人，成兹鸿业。文与全国同胞至于今日始敢告无罪于我高皇帝，敬于文奉身引退之前，代表国民贡其欢欣鼓舞之公意，惟我高皇帝实鉴临之。敬告。

据《祭明太祖文》（民国元年），载胡汉民编：《总理
全集》第一集，上海，民智书局一九三〇年二月初版

---

① 《民立报》一九一二年二月十七日载："谒孝陵礼节如下：（一）奏军乐；（二）总统率军民人等恭谒明太祖陵祝告光复成功民国统一；（三）宣读谒陵文……"此件为祝告文。下篇为所宣读的谒陵文。

谒明太祖陵敬陈颠覆清廷创建共和文

（一九一二年二月十五日）

　　维有名〔明〕失祀之二百六十有七年，中华民国始建。越四十有二日，清帝退位，共和巩立，民国统一，永无僭乱。越三日，国民公仆、临时大总统孙文谨率国务卿士、文武将吏祗谒大明太祖高皇帝之陵而祝以文曰：

　　昔宋政不纲，辽元乘运，扰乱中夏，神人共愤。惟我太祖，奋起草野，攘除奸凶，光复旧物，十有二年，遂定大业，禹域清明，污涤膻绝。盖中夏见制于边境小夷者数矣，其驱除光复之勋，未有能及太祖之伟邵〔硕〕者也。后世子孙不肖，不能继厥武，委政小人，为犹不远，卵翼东胡，坐滋强大，因缘盗乱，入据神京。凭肆淫威，宰制赤县，山川被其瑕秽，人民供其刀坫。虽义士逸民跋涉岭海，冀拯冠裳之沉沦，续祚胤于一线，前仆后起，相继不绝。而天未悔祸，人谋无权，徒使历史编末添一伤心旧事而已。自时厥后，法令益严，罪罟益密。嗟我汉人，有重足倾耳、嵌〔箝〕口结舌以葆性命不给。而又假借名教，盗窃仁义，锢蔽天下，使无异志。帝制之计既周且备，将藉奸术，长保不义。然而张曾画策于私室，林清焱起于京畿，张李①倡教于川陇，洪杨②发迹于金田，虽义旗不免终蹶，亦足以见人心之祈向矣。降及近世，真理昌明，民族民权，盎然人心。加以虏氛不竞，强敌四陵，不宝我土，富以其邻。国人虽不肖，犹是神明之胄，岂能忍此终古，以忝先人之灵乎？

　　于是俊杰之士飚发云起，东南厥始发难，吴樾震以一击，徐锡麟注弹丸于满酋之腹，熊成基举烽燧于大江之涘，以及萍乡之役、镇南关之役、最近北京暗杀之役、羊城起义之役，屡起屡踬，再接再厉，天下为之昭苏，虏廷为之色悸，蕴酿蝉蜕，以成兹盛。武汉首义，天人合同，四方向风，海隅景从，遂定长江，淹〔奄〕有河淮。北方既协，携手归来，虏廷震惧，莫知所为，奉兹大柄，还我国

---

　　① 张献忠、李自成。
　　② 洪秀全、杨秀清。

人，五大民族，一体无猜。呜乎休哉！非我太祖在天之灵，何以及此？昔尝闻之，夷狄之运不过百年，满清历年乃倍而三，非天无常，事会则然。共和之制，亚东首出，事兼创造，时异迟速。求仁得仁，焉用怨讟。又闻在昔救时之士，尝跻斯丘，勖励军志，俯仰山川，欷歔流涕。昔之所悲，今也则乐。郁郁金陵，龙蟠虎踞，宅是旧都，海宇无吪。有旆肃肃，有旅振振，我民来斯，言告厥成。乔木高城，后先有辉，长仰先型，以式来昆。伏维尚飨！

据《大总统谒陵文》，载南京《临时政府公报》第十七号，一九一二年二月二十日

祭蜀中死义诸烈士文

（一九一二年二月二十二日）

维民国纪元之二月二十有二日，蜀都人士以民国新成，大功底定，乃为其乡先烈士开追悼大会于新京，以慰忠魂。文既获与斯盛，谨以芜辞致祭于诸烈士之灵曰：

呜呼！昔在虏清，恣淫肆虐，天厌其德，豪俊奋发，共谋倾圮，以清禹域。惟蜀有材，奇瑰磊落，自邹①迄彭②，一仆百作，宣力民国，厥功允多。岷江泱泱，蜀山峨峨，奔放磅礴，导江干岳，俊哲挺生，厥为世率。虏祚既斩，国徽矻建，四亿兆众，同兹歆羡，魂兮归来，瞑目九原。呜呼哀哉！尚飨！

据《大总统祭蜀中死义诸烈士文》，载南京《临时政府公报》第二十二号，一九一二年二月二十五日

---

① 邹容。
② 彭家珍。

遣使探问废帝溥仪函

（一九一二年二月二十七日对方收到）①

中华民国大总统聘问大清皇帝好。皇帝安居民国之内，吾中华人民皆以宾礼相待。

据《大总统聘问废帝文》，载一九一二
年二月二十八日上海《民立报》第三页

与胡汉民等联名发起粤中倡义
诸烈士追悼会通告

（一九一二年二月）②

呜呼！今而后我神州大国民其长饮共和之幸乐乎？抑亦思其构是幸乐之代价为何物质耶？夫非我最可亲爱、可崇敬、可呜悒的一般有名无名之鼎鼎济济诸先烈之头、之血、之心腑、〈之〉肤肉所交易而得。而默然肃其灵魂，以拱授于我生存之同胞者邪？抑思乎百粤山川，风雪〔云〕潏然而起革命之初潮也。

潮音怒兴，烈魄随泪。甲午而后，青天白日，汉帜儵敹，我陆皓东烈士实首殉焉，而朱、邱二烈③同痛于槁阶，二程④遭惨于狴狱。自时厥后，不甘前仆，继起发奋者则庚子惠州之役。二百从亡，挫衄而还，我史烈士坚如遂以身殉一击，以云先河，此其最古。殆因缘被难，株累重牢，若杨烈蘧〔衢〕云、郑烈弼臣⑤、陈烈孔屏，洎辛丑省役之梁烈慕义、洪烈全福诸贤，暨所有名不具详之诸志士者，咸负

---

①　孙文之函委托专使蔡元培在北京递交，此系送达日期。

②　该件时间不详。按文内称追悼会于三月五日在南京举行，而开会通告则迟至十天后始见报，于理不合。现将发出通告的时间提前，酌为二月。

③　朱贵全、邱四。

④　程奎光、程耀宸。

⑤　郑士良，号弼臣。

知觉之先，耆义如饴，真岭海之蒸民哉！英风巅扬，新局斯造，薄海义烈，群萃穗城。甘白刃而成仁者，固匪限于粤峤之钟灵，如葛谦诸烈士之就义于前，倪暎〔映〕典、谢明星诸烈士之被祸于后；温生财〔才〕烈士起，黄花冈之七十二贤及殿以陈敬岳、林冠慈二公，其瘁衅一身、祍席两道之诚，固皆内外合符、后先同揆矣。

今者民国殆大定矣，追维既往，天道未张，人事参迕之时，我诸烈士或奔而踬，或植而蹶，心苦而功高。《记》曰"君子听磬声而思死封疆之臣"，仲尼以"能执干戈卫社稷"且勿殇童①，古人故恒有刻木而祭、结蒲而葬者。旅人等爰本古礼，掬群诚，订于中华民国元年三月五日下午一时在南京中正街开会，为粤中后先诸义烈追悼其在天之灵，用敢传告全国，敬乞各界同胞届时惠临襄礼，并望锡以悼辞挽章，以彰盛烈，不胜公绉之至。谨此奉布。

发起人：孙　文　胡汉民　王宠惠　徐绍桢　陈锦涛　王之瑞

朱卓文　黄晋三　李达贤　王　棠　陆　平　梁秩文

饶如焚　冯裕芳　林朝汉　杨镇麟　黄慕松　蓝任大

金溥崇　伍冠球　郑宪武　邝　灼　刘元桦　谢　敦

卢仲博　张国元　黄士龙　卢极辉　李性民　杨仕东

黎铁魂　李应生　徐百容　徐尚忠　徐少秋　徐申伯

邓展鹏　孙幹昆　孙廷撰　王峻仙　吴　涵　梁钜屏

毕　礽　吴　镇　任鸿隽　但　焘　萧友梅　陈治安

罗文庄　关　霁　关应麟　冯自由　夏百子　余森郎

雷祝三　朱本富　余　夔　陈铁五　卢炽南　陆文辉

徐　田　梁　宓　赵士北　钱树芬　伍宗珏　易廷熹

林直勉　黄应忠　徐峙嵩　孙仙霞　张超神　董　润

孙　琬　孙　珽　陈粹芬　卢慕贞　孙　科　黄杰亭

李日生　陈武昌　谢坤林　朱资生　邱文绍　梁炎郎

吴成满　梅乔林　李晓生　陈兴汉　欧阳荣之

刘素英　李伯眉　伍宏汉　邝　桓

据《追悼粤中倡义死事诸烈士通告》，载一九一二年三月十五日上海《民立报》第十二页

---

① 以上援引《礼记》的两句话，一句出自"乐记第十九"，内有一字出入，系子夏答魏文侯之问所言，原作"君子听磬声则思死封疆之臣"；另一句出自"檀弓下第四"，内称鲁人欲勿殇童汪踦死于战事，孔子所答原文是："能执干戈以卫社稷，虽欲勿殇也，不亦可乎！"

与黄兴等联名襄助义农会公启①

（一九一二年二三月间）②

金陵大学堂算学教习裴义理君创办义农会，专为中国贫民种植荒地，自谋生计，办法甚善，至公无私。赞成诸君均愿竭力襄助，速观厥成，兹特书名于后：

孙　文（印）　黄　兴（印）　陈贻范　张　謇（印）　黎元洪

袁世凯（印）　蔡元培（印）　吴景濂（印）　刘冠雄（印）　王宠惠（印）

冯元鼎　唐元湛（印）　柏文蔚（印）　韩国钧（印）　应德闳（印）

唐绍仪　程德全（印）　温宗尧（印）　伍廷芳（印）　熊希龄

宋教仁（印）　陈振先（印）　赵秉钧（印）　施肇基　段祺瑞

徐绍桢（印）　吴介璋　吴　贤（印）　郁屏翰（印）　朱　端（印）

（华洋义振会）③

据原稿，南京大学校史博物馆藏

---

① 裴义理（Joseph Bailie），美国北长老会（American Presbyterian Mission，North）教士，一八九〇年来华传教。民国初年在金陵大学堂（南京大学前身）任教授时创办义农会，请南京临时政府实业总长张謇陪往晋见临时大总统孙文，获孙文领衔签名支持，签名襄助者共有政要三十人，其中二十二人加盖私章以示重视。临时政府随后将紫金山、青龙山官荒土地四千亩拨给义农会，裴义理乃用以工代赈之法，招募中国贫民在该地大规模垦荒造林，并开办灾民子弟学校和出版科普读物，传授农林种植技术。一九一四年裴义理又在金陵大学堂创设农科（后改名南京大学农学院），是为中国高等农业教育的肇端。

② 时间不详，兹据有袁世凯、唐绍仪等人联署的情况酌定。

③ 义农会亦称"华洋义振会"，后来多写作"华洋义赈会"，其英文名为 China Internation Famine Relief Commission。该会名称初见于一九〇六年，原是一种由中外慈善人士合作设立而以外国人士为主导、国外捐款为主要财源的临时性赈灾机构，后来才逐渐具有常设功能，加强了各地类似机构的协调性。

祭革命死义诸烈士文

（一九一二年三月一日）

中华民国元年三月朔，临时大总统孙文率国务卿士、文武将吏，以清酌致奠于近二十载以迄今兹革命死义诸烈士之灵：

呜呼！古有死重泰山，宝逾尺璧。或号百夫之防，或作万人之敌，竞雄角秀，同归共迹。企阅水于千龄，眘冲飙于一息。有明庇天下之大赐，而不尸其功；有阴定社稷之大绪，而不露其迹。先改弦易辙之会，而涤其苛网，去其螟螣，还国家几顿未顿之元气，开中外欲泄未泄之胸臆。吁嗟群灵，宁或痌之。维灵从容，尚鉴在兹。日月烨烨，不谓无眚，前仆后继，不谓无基。孰闵厥积而诎之施，孰丰厥遇而促之期，孰为成而孰为毁，羌维灵其知之。

粤以畴曩，甲乙岁纪，外侮内讧，丝纷丛委，尤有蟊贼，拊心为疣。狷狄群灵，南服崛起，灼烁其晔，龙麟其趾。辟彼太阿，一出刬凶；朱、陆、邱、程①，竭蹶支挤。万古晨昏，山岳蝼蚁，白日青天，寸衷可指。奈一绁而妒窄，冢万载之交毁，拮据匍匐，顿成痏痕。当道豺狼，毒蜮封豕。呜呼群灵，何为罹此，失意伤心，魂魄遂褫。怀抱冤阻，天崩地圮。此岂犹曰天道不远而伊迩邪？又孰知乎精神洞契，而成合乎千古之知己邪？

嗣乎筚路蓝缕，草莱以修，人亦有言，声应气求。去秕与蠹，不尽不休，嘘枯植弱，俾之出幽。联袂翩翻，异地同舟。轰轰杨、禹②，煌煌史、邹③。滟滟沪江，隆隆惠州。梁、洪④影影于岭海，吴⑤弹烻烻于燕幽。奚皆天阍未膺，天听无繇。呜呼彼苍！念兹悠悠。云何群烈，为国宣猷，而乃美弗终逮，果靡与收，殁

---

① 朱贵全、陆皓东、邱四、程奎光。
② 杨衢云、禹之谟。
③ 史坚如、邹容。
④ 梁慕光、洪全福。
⑤ 吴樾。

不牖下，殁不安辀。岂真不牖我衷，而卒值其尤。乃有徐、熊①竞兴，联缥袭紫，冠佩珊锵，烽燧煌弥。厥槟如机，轧轧寸累，锋颖芒寒，敛以越砥；茎竟不须，瞑不视只。繇是四海遥听，颈延踵企。萍乡标蠹，钦廉猋起，雄飞镇南之关，鹘突珠江之浍。赫矣温侯，雠揄悠扬，而何先驱乎黄花之冈之七十有二也。

虽然，爝艳武汉，影绷聿渲，漫弥大江，漩漩来还。南部陆离，旬月之间，而我老彭，收功弹丸。翳夫战云暧濛，起于江关，我师我旅，驱遘骈阗，熊罴虎貔，以逮禆偏。其血瞥雪，赤心烁金，坚者又何可胜觊缕也。今也，言合南朔，相与噢熏，殷念群灵，进予一言。

呜呼！此日何日，此恩何恩，殷念群灵，生死骨肉。岂惟凉温，抚我芸芸。微灵其何以朝饔而夕飧，何灵之去，而无与解簪赠珮，以佐其辌绋之辕。大年何斳，大化何旋。呜呼！剗剔固艰，孤特尚焉。彼论者或犹求全，曾不知匪劳岂爱，有缺斯圆。兹也既生既育，苟合苟完，夫孰非我灵之所延。呜呼！可谓贤矣。第化莫巧于推迁，物不逃乎机缘。值其泰，虽凡卉其昭苏；比其屯，虽芳华而颠连。夫安谂宙合，轧阴阳荡，孰使之然而自然。余愿灵之衍衍，偕物化其连蜷。余弗获拥灵而执鞭，而拂鞚，乃徒修芜词而祝豆笾。呜呼！謇矣惟然，灵有知乎？岂其无鉴乎余之拳拳。尚飨！

据《大总统追悼革命死义诸烈士文》，载南京《临时政府公报》第二十八号，一九一二年三月三日

附载：总统府秘书处设立揭示处之广告

（一九一二年三月十日刊载）

现于本府东西栅门外设立揭示处，凡来本府投递呈件者，分别事项量予批答。揭示处以三日为限，过期揭去。嗣后凡来本府投递，呈件人等希一体知照。

总统府秘书处白

据《总统府秘书处广告》，载南京《临时政府公报》第三十四号，一九一二年三月十日

---

① 徐锡麟、熊成基。

与黄兴等联名发起开会追悼
江皖倡义诸烈士公启

（一九一二年三月上中旬）①

天不祚汉，宸极失纲，曼珠窃发，入据神州。农胄轩裔，悉隶奴籍，沉沦黑狱，垂三百年。其间志士仁人，锐志光复，慷慨蹈难，不旋踵者，何可胜数？大江上下，夙多豪杰之士，十稔以还，烈士奋起，或潜谋狙击，或合举义旗，取义成仁，项背相望，如赵君声、吴君樾、熊君成基、倪君映典者，尤其卓然著称者也。人心思汉，胡运告终，鄂师崛起，天下应之，曾不十旬，区宇混一。今者共和之帜方张，民国之基已定，抚今思昔，能不怆怀？

呜呼！大江东去，逝者如斯，吾曹食共和自由之福，以及于吾曹孙子〔子孙〕而至于无穷，向非诸先烈士之断胫决项，前仆后起，曷克臻此？而河山依旧，日月重光，吾诸先烈士乃不克睹其成也，斯足悲矣！用特开会追悼，以慰忠魂，并励来者。凡吾族类，亮有同心。爰詹某日，开会南都，届时务望贲临襄礼；承锡鸿词，乞先惠邮，以昭香花之供。谨闻。

发起人：孙　文　黄　兴　柏文蔚　徐绍桢　胡汉民　范光启

柯　森　周　诗　龚维鑫　龚镇鹏　方　潜　顾忠琛

吴忠信　洪承点　巴　宪　孙　麟　陈懋修　胡维栋

秦毓鎏　同启

据《江皖烈士追悼会启》，载南京《江苏革命博物馆月刊》第五期，一九二九年十二月出版

---

① 此件时间不详。按在南京临时政府期间，同为孙文、黄兴领衔发起开会追悼江皖烈士的公告计有两件，其主要差异在于：一件列名发起者五十六人，并已确定开会时间地点；另一件发起者仅十九人，且开会时间、地点未定。显而易见，在筹办此事过程中，前一件愈趋成熟，发出时间也比后一件更迟（《申报》一九一二年三月十五日刊载者）。据前一件所言，该追悼会拟于一九一二年三月二十日举行，故将此件酌为是年三月上中旬发出。

祭吴禄贞烈士文①

（一九一二年三月十四日）

荆山楚水，磅礴精英，代有伟人，振我汉声。觥觥吴公，盖世之杰，雄图不展，捐躯殉国。

昔在东海，谈笑相逢，倡义江淮，建牙大通。契阔十年，关山万里，提兵燕蓟，壮心未已。

滦州大计，石庄联军，将犁虏廷，建不世勋。猰貐磨牙，蜂虿肆毒，人之云亡，百身莫赎。

下□同袍，惟周与张②，庶相民军，恢复汉疆。邦基始建，公目未瞑；敬奠椒桂，以酹忠魂。

据一九一二年三月十七日上海《时报》

与黄兴等联名发起开江皖
倡义诸烈士追悼会通告

（一九一二年三月十五日刊载）

皇天眷佑，还我河山，农胄轩裔，脱离奴籍，从今以后，吾人可常享自由共和之福矣。然非诸先烈断脰决项，前仆后继，曷克臻此，抚今思凡〔昔〕，能不怆怀。同人等谨订于阳历三月二十〈日〉午前九时，开会于南京三牌楼第一舞台，追悼赵君声、吴君越〔樾〕、熊君成基、倪君映典等诸烈士。昔我同志，届

---

① 吴禄贞，早年加入兴中会、华兴会，入清军活动多年，升任北洋新军第六镇统制。武昌起义后积极联络滦州等地新军，并在石家庄组成燕晋联军（自任都督），拟从北方一举捣毁北京专制统治。事泄，一九一一年十一月七日被清廷购凶残忍刺杀于石家庄车站。次年三月十四日孙文、黄兴等发起在上海张园举行追悼会，孙文派胡汉民为代表致祭；又以临时大总统名义下令按陆军大将军例赐恤。

② 皆吴禄贞部属：副官周维桢与参谋张世膺。三人同时遇害。

时敬乞贲临襄礼，倘承惠锡哀词、挽章，先期送交南京大仓园事务所，以昭香花之供。谨闻。

发起人：
孙　文	黄　兴	胡汉民	冯自由	王芝祥	居　正
吕志伊	张通典	孙毓筠	伍冠球	林之夏	陈其美
伍崇仁	易兆鸿	徐绍桢	冷　遹	任鹤年	刘建凡
陈雄洲	耿　毅	赵正平	刘洪菴	黄慕松	柏文蔚
范光启	吴忠信	顾忠深	马　良	吕公望	熊克武
赵恒惕	张大义	何　遂	钟鼎基	吴永珊	洪承点
庄蕴宽	陈懋修	夏尊武	王孝德	柯　森	周　诗
陈陶怡	杜　潜	龚维鑫	孙　麟	方　潜	龚镇鹏
覃鎏钦	陈裕时	巴泽宪	胡维栋	马锦春	柳亚卢
汪廷襄	秦毓鎏	同启			

据《江皖倡义诸烈士追悼会》，载一九一二年三月十五日上海《申报》第一版

祭武汉死义诸烈士文

（一九一二年三月十七日）

维中华民国元年三月十七日，国民公仆孙文谨致祭于武汉死义诸烈士之灵，而告以文曰：

中夏不吊，满夷窃乱，盗憎主人，府尤丛怨。岂曰无人，摧仇奋患，时不可为，热血空溅。

乃及辛亥，火中成军，武汉飚发，胡虏土崩。既攻既击，椓我弟昆，虽椓我昆，大功则成。

人生有死，死有重轻，死以为国，身毁名荣。漠漠沙场，烈骨所暴，崭崭新国，烈士所造。

千祀万祀，俎豆馨香，魄归蒿乡，魂在帝旁。伏维尚飨！

据《大总统追悼武汉死义诸烈士文》，载南京《临时政府公报》第四十三号，一九一二年三月二十日

补发杨贺的同盟会员证书

（一九一二年三月十七日）

杨贺君，广东省广州府香山县人，曾经矢誓入会填写盟书，并遵章缴纳基本金，注册第一百四十四号，特此发给证书，以资信据，仰祈收执。

中华民国元年三月十七日

檀山中国同盟会发给

干事部长　杨广建（签押）

主任　孙　文

据原件影印，载香港中文大学、广州中山大学合编：《孙中山在港澳与海外活动史迹》（图集），一九八六年出版

祭江皖倡义诸烈士文

（一九一二年三月二十日）

中华民国建立之元年三月二十日，国民公仆孙文谨致祭我江皖倡义赵、吴、熊、倪①诸烈士之灵，而奠以词曰：

呜呼！莽莽神州，山川大佳，绣错膏沃，曰江曰淮。是生哲人，文光湛湛，何期沦胥，武装璀璨。亦以族类，敢异其心，行同窃铁，号等摸金。昆冈既炎，则莫克遏，怀襄之流，靡或不没。崇山嵍嵝，横心所兵，鞨鞳宫羽，横声所鸣。滟滟江淮，壮人之泪，化碧激哀，剖心作气。呜呼！京江汤汤，戎衣锵锵，剑胆诗心，痫疽肺肠。椓我常山，天胡不牗，丽尔仙城，三月念九。呜呼！征我兵士，本我爪牙，觥觥倪英，复我邦家。亦越趄烈，曰有熊裔，在江之滨，爰举烽燧。呜呼！戡辟草莱，惟吴季子，瀜蒙燕云，霹雳而起。血衅金汤，脂敷窳呰，权舆椎轮，先觉是倚。呜呼！英烈多多，有名无名，大化消息，孰摄缄縢。畀我英烈，

---

① 赵声、吴樾、熊成基、倪映典。

手造江山，如此江山，英风不还。滔滔东流，夹流耸翠，手提掷还，群灵之惠。有酒在尊，有肉在俎，为女歆歠，披沥丹府。悠悠我思，股肱心膂，为我告哀，九泉之下。尚飨！

据《大总统追悼江皖倡义诸烈士文》，载南京《临时政府公报》第四十五号，一九一二年三月二十二日

批黄兴呈准照杨卓霖例给恤刘道一文①

（一九一二年三月二十九日）

临时大总统批

一件。陆军部总长黄兴呈复刘烈士道一应请援照杨烈士卓林〔霖〕例给恤由。

呈悉。应准如所请，仰即查照给恤杨烈士卓林〔霖〕例，一体办理可也。此批。

孙文

中华民国元年三月二十九日

据原件，南京、中国第二历史档案馆藏

答谢武汉各界各团体布告②

（一九一二年四月十一日）

敬启者：文此次薄游武汉，得与我首义诸君子暨父老昆弟相见，无任感幸！重承各界各团体厚意欢迎，尤所惭谢。本期稽留时日，得相与从容讨论此后之建

① 孙文原于本月二十七日发下《饬陆军部优恤刘道一烈士令》，经黄兴饬该部核议后呈覆，提出照杨卓霖例优恤并附祀忠烈祠之法，获孙文批准。按：杨卓霖系同盟会员，拟策应刘道一等萍浏醴起义未果，力谋再起。又潜往扬州图刺清廷大员端方，遭奸细告密被捕，一九〇七年三月遇害。

② 应黎元洪之邀，孙文于四月九日自沪经宁抵达武汉访问。十二日离汉返沪。

设问题，只以粤事孔殷，函电交迫，势难久延，拟先回粤一行，再谋相见。此次各界各团体诸君盛意隆情，统此申谢。尚有函柬相邀，而以时间迫促未获一一领教者，有负期望，实为歉甚，尚希鉴谅为盼。

兹定于明日首途，谨此布告，并申谢悃。

据陈霁云记：《中山先生五日驻鄂记》（又名《中山先生驻鄂记》），武昌，鄂军印刷局一九一二年印行

黄花岗七十二烈士殉义一周年祭文①

（一九一二年五月十五日）

维民国元年五月十五日，乃黄花岗七十二烈士殉义一周之辰，文适解职归来，谨为文致祭于诸烈士之灵曰：

呜呼！在昔建夷，窃夺中土，凶德腥闻，天神怨怒。嗟我辕孙，降侪台隶，含痛茹辛，孰阶之厉。种族义彰，俊杰奋发，讨贼义师，爰起百粤。

觥觥诸子，气振风雷，三日血战，虏胆为摧。昊天不吊，忽焉殒踬，碧血一坏〔抔〕，歼我明懿。寂寂黄花，离离宿草，出师未捷，埋恨千古。

不有先导，曷示来兹，春雷一声，万汇蕃滋。越有五月，武汉师举，荡荡白旄，大振我旅。天厌胡德，乃斩厥祚，廓清禹域，腥膻尽扫。

成仁之日，距今一周，民国既建，用荐庶羞。虔告先灵，汉仪光复，九京有知，庶几瞑目。呜呼尚飨！

据《祭黄花岗七十二烈士文》（一），载胡汉民编：《总理全集》第一集，上海，民智书局一九三〇年二月初版

---

① 孙文于四月二十五日返抵广州。是日赴黄花岗墓地致祭，并饬建墓园。

为《中华民国字典》做广告①

（一九一二年六月二十三日）

"孙中山先生曰：'意见'二字，非我《中华民国字典》中所宜有，愿我国人共勉之。"

《孙文先生鉴定　中华民国字典》②

据一九一二年六月二十三日上海《民权报》画报版

良导国民移风易俗

上海《新国民》创刊序

（一九一二年六月二十四日）

自武汉发难，不数月而共和政治出见于亚东大陆，论者推原功首，咸以为数年来言论提倡之力。固矣！顾共和虽成，而共和之实能举与否，则当视国民政治能力与公共道德之充足以为比率。蒙稚之众，以登未习之域，识者有忧之。主言论者既提倡之于前矣，而不督责之于后，可乎？

政革以来，民气发舒，上海一隅，日刊报纸蔚然云起，独杂志缺然未有闻。然求其移风易俗感人之深者，日报之过目易忘，不如杂志之足资玩索也。新国民报社刊行杂志《新国民》将成，来请序于余，余喜国民之有良导也，为识数言于卷首。

中华民国元年六月二十四日

孙文序

据孙文序，载上海《新国民》（又名《新国民杂志》）第一期，一九一二年七月十一日出版

---

① 中华民国在一九一二年初成立后，上海世界书局曾出版有《中华民国字典》一书（编者不详），并送请孙文审阅。

② 按：本行作书本状，仿绘封面。

与黄兴等联名介绍良医梁重良君济世于沪启事

（一九一二年八月十八日）

梁君重良，南海名士，研精医学，确有心得。早岁毕业香港医校，历任南京中西医院医师、广东军医学堂监督、随营病院院长、江北军医局长、四川军医学堂监督、军医局长。医界良才，出梁君门者后先接踵，而军学界同胞受梁君再生之德者，尤难更仆。

上年遄归江南，历任军医局军医学堂坐办。未几民军起义，编卫生队出秣陵关，救护受伤兵士。雨花台之役，不避艰险，于硝烟弹雨之下，设幕救伤，始终不懈，受创者多赖以全活。金陵既克，任江浙联军军医部长，暨宁垣中西医院院长，热心毅力，万人同钦。现因事平，辞职来沪，任《天铎报》协理。同人等以梁君学有渊源，经验甚当〔富〕，竭力请其于馆政余暇以仁术济世，业蒙慨允。用述大略，以告当世，倘亦卫生家所乐闻乎！①

孙　文　黄　兴　陈其美　徐绍桢　邓家彦　吕天民

周　浩　戴天仇　周桂笙　李怀霜　蓝欣禾　谨启

据《介绍梁重良西医士》，载一九一
二年八月十八日上海《民权报》

在京见客时间之规定

（一九一二年八月二十九日）②

中山先生特于日昨定一接见宾客时间：每星期内，逢一、逢三、逢五等日上午九时至十二时止，均在家延见宾客；逢二、逢四、逢六等日往访总统。至谒见

---

① 以下诊所地址及诊病时间从略。

② 底本谓该规则系"日昨"所定，故酌为二十九日。

之宾客，须先领取门照入门，每入一门均须在门簿挂号。

据《孙中山见客之时间》，载一九一二年

八月三十日 *Chinese Daily New*（二）①

附载：对孙中山先生所拟铁路干线
之介绍与商榷（梁士诒）②

（一九一二年八月二十九日）

三大路线

（甲）南路　起点于南海，由广东而广西、贵州，走云南、四川间，通入西藏，绕至天山之南。

（乙）中路　起点于扬子江口，由江苏而安徽，而河南，而陕西、甘肃，超新疆而迄于伊犁。

（丙）北路　起点于秦皇岛，绕辽东，折入蒙古，直穿外蒙古以达于乌梁海。

三线之优点

（一）地理：我国南北干线已有规画，而东西干线尚付阙如。有此三线，全国即可联络为一。

（二）种族：三路皆纬线，斜行包括西、北两部五族交通，种族易于同化。

（三）殖民：西北交通，可实行东南移民政策。且交通便则资本家自咸愿投资，劳动家自远出佣力，尤收无形殖民之效。

（四）海道：三路纬线，其起点皆得独立出海之口，可补原有铁路多平行线

---

① 底本报头未标出中文报名，尚待查考。此乃一份剪报，藏于广州、广东省社会科学院图书馆。

② 一九一二年八月二十九日，中华全国铁路协会在北京举行孙文欢迎会。初由袁世凯总统府秘书长、该协会总理梁士诒致欢迎词，并在演说中介绍孙文所拟定的全国三条铁路干线，同时就其优点及须加研究的问题予以评论。本文"三大路线"的内容，与同年六月二十五日孙文对上海《民立报》记者所谈完全相同；而"三线之优点"、"三线之研究"两部分，则为梁士诒所提出者（亦见《中华全国铁路协会与孙中山先生商榷全国路线书》），但不排除事先磋商时征求过孙文的意见。兹附载于此。

而无独立出海者之缺，且水陆运输易于联络。

三线之研究

（一）三路终点于水或陆之联络如何？铁路宜与他航线或路线联络，今三线东端起点均与航线联络，而西端终点应筹出路否？

（二）三路终点于形势扼要如何？西北、西南逼近他国，其势力浸注之点究在何处？我所定之终点于国防、实业上能占优势否？

（三）三路于世界交通上之价值如何？三路于全国交通自是极有价值，然于世界交通上未审若何？近顷俄人已发起一缩短欧亚交通之新路，此节应注意否？

> 据《全国铁路协会欢迎孙中山记事》之梁士诒演
> 说词，载一九一二年九月六日上海《时报》（三）

附载：孙文之铁道经营方案（伊集院彦吉）①

（日 译 中）

（一九一二年九月十六日）②

采用中外合资的组织形式，创建一个大型铁路公司；

仿照京汉、京奉、粤汉、川汉铁道先例，发起铁道借款；

铁路工程不拘何国人士，采用承包方式予以建造。

其借款概算虽号称六十亿，但现金借款部分只占五分之一，不过十余亿而已，其余可归类为材料供给部分。美国领土不及支那广袤而有八十万英里铁道，加拿大修筑二十万英里铁道时雇用支那劳工十五万人三年而成，参考此等实例，在支那十年之内修筑二十万华里铁道绝非夸张之空想。且其计划中，外国公司作为获得四十年营业权之代价，四十年后须无偿交出而归国有，另还保留二十年后的收购权。将来不但可避免资本家压榨劳动社会之弊端，按照美国铁道收入概算，支那二十万华里之铁道每年可获十亿以上之收入，不仅用来维持全国财政有余，伴

---

①　本篇系日本驻华公使伊集院彦吉寄送日本政府的一份报告，乃据孙文抵北京后的言论编写而成，对其筑路计划作一约略介绍。

②　篇末注为"九月十六日稿"。

随铁道开发而来的全国各地矿山之开发、物产之发展、地价之腾贵，于国家利益之利端不胜枚举。

然而，孙所谓的二十万华里铁道线路虽未详细说明，但综合其笼统之表述，大致有下述三大干线：

（甲）南路 起自南海，经广东、广西、贵州，走云南、四川而入西藏，绕行至天山南路。

（乙）中路 起自扬子江，经江苏、安徽、河南、陕西、甘肃、新疆，迄于伊犁。

（丙）北路 起自秦皇岛，绕辽东而折入蒙古，贯穿外蒙古以达于乌梁海。

以上援引自全国铁道协会之商榷书①。另据报载，九月十四日孙在记者团体招待会上还宣布：

（甲）由广州至成都一线；

（乙）由广州至云南大理府一线；

（丙）由兰州至重庆一线；

（丁）由长江至伊犁一线；

（戊）由大沽至广东、香港一线；

（己）由天津至满洲各地一线。

据日本外务省档案《各國內政關係雜纂/支那ノ部/革命黨關係（亡命者ヲ含ム）》［《各国内政关系杂纂·中国部分·革命党方面（含流亡者）》］公第三八号，一九一二年九月十七日日本驻华公使伊集院彦吉致外务大臣内田康哉报告《孫文ノ入京卜其政見及影響》［《孙文之进京及其政见和影响》］之附件《孫文鐵道経營案》［《孙文铁道经营案》］原件，东京、日本外务省外交资料馆藏（赵军译）

日文原文见本册第616—617页

---

① 按：该书原称为《中华全国铁路协会与孙中山先生商榷全国路线书》。

国民党孟米分部开幕训词①

（一九一二年十月十日）

十月十日，民国始基。贵部开幕，亦及斯期。缔造艰难，念兹在兹。三民主义，誓守毋渝。厉阶为梗，芟之夷之。与民宪始，尚勖肩仔。

孙文

据原稿，台北、中国国民党文化传播委员会党史馆藏

赞咸马里先生②

（英　译　中）

（一九一二年十一月六日）

咸马里先生不幸身患残疾，但才智过人；虽非行伍出身，却是一位久经沙场的军事学家。咸马里先生在军事策略的制定方面，对于革命事业发展贡献极大。他对军事问题很有远见和洞察力，著有多部精湛的战略战术分析专著③，在世界军事领域享有颇高的声誉。罗伯茨将军④即对咸马里先生敬佩有加。他为人真挚，为中国革命贡献了全部心力。他那诚信的举止，富于同情心的谈吐，坦率而果决

---

① 孟米（Bombay），今译孟买，英属印度西海岸大城市。

② 咸马里于一九一一年底随孙文抵达上海，次年初南京临时政府成立后被聘为军事顾问，四月十五日因病离华返美疗养，十一月一日逝世。孙文闻讯至为悲痛，除专函咸马里夫人表示哀悼外，还在《大陆报》上发表了这篇赞词。

③ 其中两部著作，即是一九〇九年出版的《无知之勇》（*The Valor of Ignorance*）和一九一二年出版的《萨克森的日子》（*The Day of the Saxon*）。咸马里在写作之前付出大量时间进行实地考察和潜心研究，书中对不少国际事件的预见竟然被数十年后的历史所证实。影响所及，一些国家的军校把这些著作列为学生的必读书或选读书。

④ 罗伯茨（Sir Frederick Sleigh Roberts, 1st Earl Roberts）是英国陆军元帅，而且还是伯爵。当读到咸马里的书时，他升任元帅已有十余载。他地位显赫，又比咸马里年长四十多岁，却能以平等态度诚邀这位后辈共同探究英德关系的前景。

的性格，赢得了许多中国人的友谊。他在南京辅佐我，一直到他辞世。

据"Great Army Leaders of the World Recognized Him as a Military Philosopher——Dr. Sun's Tribute", *The China Press*（Shanghai），November 6, 1912, Page 1［孙博士高度评价咸马里先生："世界军事领袖称赞他是一位杰出的军事学家"，载一九一二年十一月六日上海《大陆报》第一页］（高文平译）

英文原文见本册第617—618页

中国铁路总公司总理定时接见来宾启事

（一九一二年十二月二日）

　　启者：本公司成立伊始，百端待举，本公司总理逐日在公司处理要务，惠顾诸君不克随时接洽，殊觉歉然。兹定于每星期二、五两日午后，自三时至五时在五马路三十六号本公司接见来宾，余日或逾时恕不奉候。如诸君有特别要事，尚祈先期见示，以便订定晤谈时间可也。

　　此启。

据《中国铁路总公司启事》，载一九一二年十二月二日上海《民立报》第一页

附载：孙中山之筑路借债计划（时事新报社访员）①

（一九一二年十二月十三日刊载）

　　筑路问题之借债计划，计总额六十万万元。分为三大股，每大股二十万万元。每一大股又分十小股，每小股二万万元。其分配系以国内、华侨、借债列为三大股。

　　国内一大股分为十小股：山西、广东、豫苏、直鲁、闽浙、鄂湘、皖桂赣、东三省、云贵陕、甘蜀新；

---

　　①　此项计划系上海《时事新报》社访员向北京总统府探访所得，是否由孙文提供给袁世凯政府不得而知，列为附载。

华侨一大股分为十小股：英、美、日、法、俄、比、奥、德、荷、意；

借债一大股分为十小股：无论何国，准其自由投资，惟至少须满二万万元，足额即停。

据《孙中山筑路借债大计划》，载一九一二年
十二月十三日上海《时事新报》第二张第一版

当以国利民福为前题

天津《民意报》周年纪念祝词

（一九一二年十二月二十日）

《民意报》开始迄今一周年也。种种效果，播诸舆论，泐之史乘，无俟鄙人琐琐。文闻古人之赠言也，不以誉而以规；君子之勉人也，不冀其退而促其进。民生日蹙，何以苏之？边患日棘，何以纾之？外侮日逼，何以锄之？我有财政，纷如乱丝；我有路政，芜藏不治；我有军政，窳败不支。由前而观，所主张者，犀共和之一事；由后而论，所揭橥者，当综全国而陈词。《民意报》勖乎哉！毋激而过，毋党而偏，以国利民福为前题，自历千秋万岁而不崩不骞。

据中国国民党中央改造委员会党史史料编纂委
员会编：《总理全书之五·杂著》，台北，中国
国民党中央改造委员会一九五一年十一月初版

谋国者亦当知己知彼

陈国权译述《英国政府刊布中国革命蓝皮书》序

（一九一二年十二月二十一日）

陈君国权译《英政府所刊布中国革命蓝皮书》既成，谋序于予。序曰：

古之言兵事者，曰知己知彼。不惟兵事，谋国者亦然，未有不知己知彼而能谋国者也。陈君搜集〈外人〉言华事之书极富，方将择其要者译述，以告国人，兹书其一种也。陈君译此，以版权赠诸发行人，无所取偿，尤征其急公好义之高

风焉。

中华民国元年十二月二十一日

孙文

据孙文：《新译英国政府刊布中国革命蓝皮书序》，载陈
国权译述，邓宗禹校勘：《英国政府刊布中国革命蓝皮
书》（第一编），上海，青鞋堂一九一二年九月付印①

中华民国：社会主义在中国

（英 译 中）

（一九一三年一月二十七日）

在考究孙逸仙的计划之前，我们先来追溯在中国尝试了上百年的社会主义形式——远在西方世界听到这个名词之前。像在中国的很多其他事情一样，好的计划失败在先，后来被彻底遗忘。这种特殊的扶贫计划是在十二世纪被一位叫做王安石的哲学家设想出来的。他是支持他的试验的皇帝宋真宗的朋友。劫富济贫、消灭浪费并标准化作物就是计划的中心特征。

管理所有资源

政府管理所有国家资源，并保证所有人有工作。官方管理者被设置在每个角落，并授权他们根据本地环境，每日调整工资、供给价格和商品价格。所有的必要税负由富人连续数年支付，而穷人和财富低于某一等级的人则被豁免。维护支出以外的盈余，则由政府在失业者、赤贫者和年长者中分配。

所有的土地由政府所有，并且在每一个规定的区域设立农业委员会。委员会负责分配土地。分配事项依据该年的天气、若干地块的可耕作程度等等方面每年完成。甚至是种子也是分配给农民的。但是，为了使农民会对政府的所作所为表

---

① 按：英文原书系青鞋堂于一九一二年五月初版发行，而此处版权页仅有第二次付印年月，却似漏印再版时间；既然孙文作序于是年十二月，则中文再版本当在一九一三年发行。另见一九一二年十二月二十五日上海《民立报》刊载《中国革命蓝皮书》，全文转印孙文的中文序。

示感激，并依靠良好的行为证明对政府的信心，在收获等量的提供的种子或者生产等价值的作物并上交给政府后，农民会得到奖励。农业委员会会确保。只有适合土壤和气候的作物才会被尝试种植。而作物在一个地区失收将会由从帝国的其他丰收地区运来的谷物和蔬菜平衡。理论家王安石和皇帝两人都认为这个系统可以均衡财富和为中国百万劳苦大众带来深度满足。他们认为，穷苦大众将会变得富裕，而富裕的人会变得贫穷，直到全部人平均财富。

计划失败

不幸的是，这样的机会失败了。在辽阔的土地上尝试过了，但是还没能够活到在帝国中全面推广的时刻。……他们口粮外的收成则被换成了其他的食物和衣着服饰。谦逊和特别的中国人从来没有剩余的食物或衣物，因而无法抵御以种子作物换取更加迫切的需求品的强烈诱惑。那么，再一次地，当那些农民知道奢侈的农民将会在任何情况下被国家照顾时，播下种子并培养作物的农民们对这样的善事厌烦了……对谁去负起重担的尖锐争端，政府还是偏远的人口都打破了王安石系统。当宋真宗去世的时候，这位大臣也被辞任了。十多年后，这个计划又重新开始了，但是比之前还要失败得更惨，而那些支持计划的人被流放到了蒙古。他们的动机是正确的，然而方法则是错误的。

时光飞逝，八个世纪过去了，孙逸仙博士提倡尝试在中国再次应用社会主义。他对成功很有信心，因为不再会有不劳而获，不再会有官员的公私不分，也绝不会有富人的复仇。

共享利润

孙博士追求与真正的生产者工薪阶层的合作利润分享，以及公共设施政府国有化。他相信，政府应当拥有，并继续用最快的速度收购铁路、有轨电车、发电、燃气、供水和运河，除此之外还要控制森林资源。与此相关的是，在这个国家，再森林化非常有利，因为没有林木的中国紧缺木材。即使是孙博士的庞大铁路计划，酝酿以外国资本辅助，建设六万英里的路轨，并提供在完成四十年之后，政府会得到所有权。他希望在十年内安排好所有大型建设项目。在最近一期《大陆报》，据上海讯，孙逸仙提出的合作理念如下所示：

"我支持引入这样的一个系统，物质必需品的提供者将会以公正和博爱的共识为基础互惠互利。其实，这就是社会主义的定义。我希望能够看到劳动者可以获得他们雇工劳动的全部价值，并且确保中国的工程是建基于合作项目，以使得在未来的日子里，我们能够建立起一个政治和工业民主化的国家，每一个单位依靠着另一个，所有的人相互信任，保存希望。这个理想是很难实现的，但是应当要为理想而努力，为了实现遥远愿望、到达尽善尽美而改善条件。"

平等分配

"凭借这个系统，生产将会得到提高到最大程度，伴随的却是最小程度的贫穷和劳工奴隶。所有人有他们的份额的产品、财富，并等待着他们亲手发展，他们会收获他们工作的全部成果；确保有良好的工作环境，并获得休闲的机会，以考虑除了在磨坊中或矿井中每天的单调工作以外的其他事情。他们将会能发展他们的精神，有足够的娱乐，获得所有人应得的福分——大多的福气在其他的国家中却被挡在工人和贫苦大众之前。所有的人民在维持生计和生活的人生追求中，会获得最大限度的自由。这就是我想看到的。当我在推进一个社会主义体系，其实是在推进这样一个系统：在一个属于国民的国家中，将直接为国民创造利益的系统。我想看到他们参与到生产力的成果中。"

"当然，这个空前绝后的时机，允许中国好好地试验社会主义，无论结果是好是坏。工业发展正处于不成熟阶段，因而可以随着商贸发展和生产需求增加，在工业中应用社会主义。中国劳工跟西方世界的兄弟处于不同的境况，在西方，资本和非经营增长两者都处于较高水平，并支撑起一个以劳工为基石的工业结构……"

据 "The Haskin Letter: The Republic of China-Xi—Socialism in China"，*Colorado Springs Gazette*，Monday，January 27，1913，Page 4 ［《哈斯金来信——中华民国——十一、社会主义在中国》，《科罗拉多斯普林斯公报》，一九一三年一月二十七日，周一，第四版］（邹尚恒译，高文平校）

英文原文见本册第618—621页

致函上海《民立报》否认对门司各报
所言造路募资意见之声明

（一九一三年三月二十六日刊载）

电云：本月十八日本社东京电，所传孙中山君对门司各报之言，谓"彼决意仅募内国公债以作建造中国铁路经费，并主张恢复各条约所许外人建筑及管理各铁路之权利"一节。兹接孙君来函声明，并无此说，用特更正。

据《特约路透电》，载一九一三年三月二十六日上海《民立报》

介绍名医章来峰君来沪悬壶启事

（一九一三年三月三十日）

章君来峰，浙之东瓯人，精岐黄术，已易二十寒暑，济人无算。文在海外久闻其名，中医学识如章君，诚不易得。兹遇来沪，文因挽留悬壶，以便同胞之顾问，患疾者幸勿交臂失之也。

住址：现寓英租界昼锦里维新旅馆①。

据《孙文介绍名医》，载一九一三年三月三十日上海《申报》

中国兴业公司发起书

（日 译 中）

（一九一三年三月）

为进一步巩固东亚同种之二大国民之密切关系，增进唇齿辅车之交谊，收提携之实，莫若密切国民相互间之经济的连锁。此所以有现今中日两国有实力之实业家相聚，为谋东亚百年之大计而披沥诚意，提倡设立中日合办中国兴业公司之举也。

今中华民国新成立，国力之充实，更为急切。即中国兴业公司乃以在中国查探富源，调查有利之事业，作为中日两国人民之责任而求其实际的解决者也。试一览另纸之本公司计划书，则相信对其设立之宗旨及必要，自当明了。

发起人总代表：孙　文　涩泽荣一

---

① 以下诊病收费规则从略。

一九一三年三月

据涩泽雅英：《架在太平洋上的桥——涩泽荣一的一生》，东京，读卖新闻社一九七○年发行（陈明译）

史坚如烈士墓碑文①

（一九一三年七月）

君番禺人，生前清己卯年五月五日，以庚子秋起义于广州，不克，九月十八日死之。越十有二载，辛亥革命告成，同人追维先烈，造像刻石，以垂不朽。

中华民国二年七月

孙文等公建

据史坚如墓碑刻原文，立碑于广州、黄花岗公园内

为陈其美致黄兴函加注强调联日之重要②

（日　译　中）

（一九一三年夏）③

文按：民党之所以提倡联日，乃因日本发愤图强，变弱小为强大。中国应以此为师，图本国之富强。□□□□倘若永远如此，不加施救，则难实现东亚和平，

---

① 一九○○年十月二十八日，兴中会员史坚如为策应惠州起义，在广州谋炸清广东巡抚、署理两广总督德寿的抚署，事败被捕，十一月九日（阴历九月十八日）遇害，其遗骸由东郊青菜岗（今为先烈南路）东明寺僧人收葬于寺中。民国成立后，广东军政府在东明寺旧址建史坚如先生祠和史坚如烈士墓，孙文领衔建立墓碑及题署碑文；一九七八年扩建马路，乃将该祠、墓移至黄花岗公园（即黄花岗七十二烈士陵园）。

② "宋案"发生后，袁世凯政权罪证确凿，孙文策划讨袁，认为日本站在何方关乎斗争成败，加注该函即强调联日之重要。但此注原系中文，经萱野长知译成日文，如今回译脱漏稍多，影响到前后文的衔接。

③ 底本未说明加注时间。今据该书第十章相继叙述内容，酌定为是年夏季。

日本亦难有所作为。东邻志士若能感世运而起，殊为得当。

据萱野长知：《中華民國革命秘笈》第十章，东京，
帝国地方行政学会一九四〇年七月发行（马燕译）

书评：汤姆森著《北洋之始》

（英 译 中）

（一九一三年十月二十六日刊载）

《北洋之始》，约翰·斯图亚特·汤姆森著，＄2.50，带插图。鲍勃斯—梅里尔公司，印第安纳波利斯，印第安纳州。

……据称，中国共和主义者、权威的核心人物孙逸仙博士——真正的共和国缔造者——在一篇书评中写道：“约翰·斯图亚特·汤姆森为着让各国承认中华民国和批评鸦片进口者创作了这本公共著作，成功地搅动了美国、英国和中国。”

据“China Revolutionized, by John Stuart Thomson”（Review），
The Sunday Oregonian（U. S. A.），October 26, 1913, Page 9
［汤姆森：《北洋之始》（书评），载一九一三年十月二十六
日《俄勒冈州周日》第九页］（邹尚恒译，高文平校）①
英文原文见本册第 622—623 页

---

① 该书今有中译本，汤姆森著，朱艳辉、叶桂红译：《北洋之始》，济南，山东画报出版社二〇〇八年出版。

江浙地区驻扎袁军调查表①

（一九一四年三月）

徐州　长江巡阅使　张　勋
镇守使　张文生

武卫军中翼统领　张绍庆
- 中翼　第一营管带　冯
- 同　　第二营管带　刘佐臣（同上）
- 同　第三营管带　王永祥（同上）
- 同　第四营管带　周振卿（　门外）
- 同　第五营管带　于占奎（　门外）

武卫军右翼统领　王　芳
- 左翼　第一营管带　施岳文（　　）
- 同　第二营管带　杨祖光（同上）
- 同　第三营管带　王得胜（同上）
- 同　第四营管带　张文奎（同上）
- 同　第五营管带　王同德（同上）

武卫军左翼统领　吴起恒
- 右翼　第一营管带　王胜和（住崇明）
- 同　第二营管带　杨松年（住扬州）
- 同　第三营管带　沈振远（住浦　）
- 同　第四营管带　高有林（住沪滨）
- 同　第五营管带　马永福（同上）

武卫军后翼统领　殷鸿修
- 后翼　第一营管带　殷思君（同上）
- 同　第二营管带　萧玉海（同上）
- 同　第三营管带　吴得胜（同上）
- 同　第四营管带　陈福龙（同上）
- 同　第五营管带　张玉相（同上）

---

①　孙文流亡日本建立中华革命党，企图发动讨袁"三次革命"，为此做了大量准备工作。但当时在军事方面对外界甚少透露，这即是多年后发现的一份珍稀资料。该资料的标题，原为《苏镇徐扬通崇海驻扎军队调查概要表》。所谓"苏镇徐扬通崇海"，分别指苏州、镇江、徐州、扬州、南通州（今南通市通州区）、崇明、海门。孙文及革命党人当时是如何进行调查的，今已难以查考。

扬州第七十六混成旅长　张仁奎
- 步兵第百五十一团长　陈兆丰（住南门外）
  - 第一营长　赵炳炎（住南门外）
  - 第二营长　赵祥玥（同上）
  - 第三营长　张永涛（同上）
- 步兵第百五十二团长　沈朗午
  - 第一营长　王建夫（住　）
  - 第二营长　胡学祥（住旧城内）
  - 第三营长　沈离臣（同上）
- 炮兵营长　赵志清（同上）
- 骑兵连长　李玉奎（住南门外）
- 工兵连长　王有青（住旧城内）
- 辎重兵连长　沈城（同上）

镇江镇守使　施鸿宾
- 步兵第十九团长　田景清（住南门外）
  - 第一营长　施佐卿（住　）
  - 第二营长　杨宝贺（住南门外）
  - 第三营长　胡梦生（住南门外）
- 要塞步兵团长　坤
  - 第一营长　李吉甫（住象山）
  - 第二营长　王香山（住焦山）
  - 第三营长　吴芳田（住南门外）

苏州第二师长　朱熙
- 炮兵营长　张起龙（崇明人）
  - 连长
    - 郭斌（永州人）
    - 钮质彬（海门人）
    - 吴寅（宜宾人）
  - 排长　李士霖（常州人）
- 马队营　连长　施亮（崇明人）
- 南通州
  - 清乡营（又名中央队）营长　王敢　副官　陆凯（崇明人）
    - 连长
      - 曹国椿（海门人）
      - 冯有才（同上）
      - 沙锦成（崇明人）
    - 排长
      - 陈子龙（南　人）
      - 陈广才（同上）
      - 黄桢（同上）
      - 王德祥（海门人）
  - 缉私营　营长　严成祥
  - 警备队　队长　穆春阳
  - 苏州第二司分兵一营　营长　康炳猷

清乡会办　谭亮元
- 海门　清乡营　营长　杜淑章
-      缉私营　营长　柏上珍
- 崇明　清乡营　营长　张国权

据孙文亲笔编制的《苏镇徐扬通崇海驻扎军队调查概要表》中文原件影印，载萱野长知编著：《中華民國革命秘笈》卷首，东京，帝国地方行政学会一九四〇年七月日文版发行

论盖指模之意义

中华革命党本部总务部复林森函中批释文字①

（一九一四年十二月五日）②

第三次革命之后，决不如第一次之糊涂，将全国人民名之曰"国民"，必其有心赞成共和而宣誓注册者，乃得名之曰"国民"。然至成功之日，其宣誓注册之人自然争先恐后，举国若狂。亦恐根底不固，易为巧诈，借名取利，容易把真心原始之革命党推翻，如袁氏近日之所为。故定事前首义党人有优先权利，选举、执政当在首义党人，民国乃能巩固。然到时冒称为首义党人，欲得元勋公民权者，必纷纷也。如第一次之官僚劣绅向来反对革命，杀戮党人，及一旦革命成功，此辈则争先自号为"老革命党"，把持一方权利，而向日真心革命志士且多被此辈杀戮，真伪莫分。热诚志士，成败俱遭惨祸，实可痛也！故第三次成功之后，欲防假伪，当以指模为证据。盖指模人人不同，终身不改，无论如何巧诈，终不能作伪也。此本党用指模之意也。

他日革命成功，全国人民亦当以指模为识别，以防假伪，此至良之法也。务望将此意向同志解释明白，不必以外国有用于犯人而生忌讳，至坏良法美意，以至将来自误也。盖他日必再有冒充"老革命"者出，而吾党之真同志，若无指模为证，则将何以识别？故认定以指模为判真伪，当为一定之办法，真正同志无指模为凭，则自误也。况今日之法，乃欲他日行之于全国国民者也。吾党为首义尚不肯为，他日全国更何能望其一律遵行也。倘今日以义合则不欲行之，他日以法使则行之，是失吾人资格也。故指模为一不可更之条件，无论如何委缓，须当解释明白，使同党一致乃可。

总之，指模一道迟早要盖，今日为党人不盖，他日为国民亦必要盖。倘以外

---

① 本部总务部在答复一九一四年十一月十四日美洲支部长林森来函中，录入孙文批释党员盖指模意义的一段文字，本篇是此段文字的全文摘录。该函自东京寄往旧金山。

② 孙文的批释文字写于何时不详，所标者系本部总务部复函林森的日期。

国待犯人为言，则外国待犯人往日单独以照相行之，岂吾人则永不照相乎？此乃少见多怪也。

据《总理批释加盖指印之意义》（节录本部总务部致美洲支部书），载南京《中央党务月刊》第一期，一九二八年八月出版

安错自由平等位置造成革命失败

在中华革命党通告中告诫党员[①]

（一九一五年二月一日）

吾党固主张平等自由，然党人讲平等自由，都把平等自由安错位置，不把平等自由安给国民，而把平等自由安在自己身上。自己要平等，而不肯附从创造主义之人，偏要人来附从他。自己要自由，而不肯牺牲，偏要人来供他的牺牲，所以自第一次革命以来，吾党之受人攻击以致失败者，大半都是将平等自由弄错了。故欲举第三次革命，以求真正成功，非先把以前错处都改了，则无成功之希望。

据《中华革命党第四号通告》，载《居觉生先生全集》，台北，中国国民党中央委员会党史委员会一九五四年十月编印

萱野长知竞选日本众议院议员的推荐状[②]

（一九一五年三月七日刊载）

萱野仁兄道鉴：

启者。闻兄对于高知市民，允为日本帝国三十六议会之议员候补者，不胜欣

---

① 孙文授意本部党务部长居正起草并发出中华革命党第四号通告，同时自己写上这段文字，作为对党员们的告诫。

② 按当时日本众议院选举习惯，每个议员候选人须有若干名推荐者，用通信方式制成"推荐状"，在报上公布。除孙文外，板垣退助、犬养毅、头山满均系萱野长知的推荐者。萱野于是月在高知市选区参加竞选，结果落败。同月日本志士宫崎寅藏在熊本县郡部选区参加众议员竞选，孙文曾去函鼓励，但亦落败。

喜雀跃之至。今日何时？东洋前途光明、暗黑之决战时期也。兄苦心惨憺为东洋大局效驰驱者二十余年，以二十余年之抱负经纶，出而为日本帝国国民之代表者，岂特日本帝国议会中多一伟才而已哉？东洋前途光明，赖于兄者正大也。

　　肃此，敬祈

珍重

孙文

据《孙逸仙氏の萱野氏推荐状》照片，载一
九一五年三月七日高知《土阳新闻》（《高知
新闻》前身），高知市立自由民权纪念馆藏

中华革命党本部同人答长崎柏文蔚等来函[①]

（一九一五年三月十日）

……根本问题不解决，此等事乃无法对待。何者？不在其位，则虽表示何等态度，外人固蔑视之，抑勿论如何亦无裨益于事也。谬者几以为吾人强与夫己氏[②]附合，即可以抗御外侮，此说之非理，公等固灼见之矣。且亦知袁氏实为误国卖国之魁，设非急速去袁，则祸至无日！今之所见，惟□国耳，假如欧洲战争底定，必及于东亚问题。俎上之肉，挟均利均势之名义临之，庸得免耶？故吾人于此，惟有返其本而已。急持革命主义一致进行，然后安内攘外之实可以言也。吾人但即前事以为例证：往者满清季年，旅、大、胶、广以次划割，扬子江、东三省、福建、云南、两广以次指为外人势力范围，人之无识者，鲜不曰"不可革命，革命即召瓜分"，吾党乃力排之。排之而胜，革命思潮日益膨胀。革命骤起，各国乃坐视而不敢动。继此数年，革命党人所在执持政柄者，外人皆不敢轻侮。

---

　　① 中日交涉事起，有一些党人声言，可否暂停国内革命运动，以实行举国一致御侮政策，并有"请转告中山先生慎勿驱虎进狼"之言，"函电纷驰，答不胜答"。故孙文乃就此发表意见，并命本部党务部发出中华革命党第八号通告，要求党员积极讨袁。

　　② 夫己氏，此指袁世凯。该词来源于《左传》"文公十四年"，代称某人而不明指其名，犹言某甲，含贬义。

如烈武兄①之在皖，鸦片烟交涉事件，若使官僚派当之，其结果又将如何？而彼人卒无奈烈武兄之强硬何也？此一例也。

同时，粤省严禁士敏土石不能出口，英人大以为戚，由公使力争于北京，不能得，则请代粤捕逐黄士龙、王和顺为报偿，粤俱拒绝，至第二次革命失败，而袁氏遂以清远飞鼠岩石矿赠之英人矣。若此类不可枚举。可知能用正真之民气捍卫国家者，惟吾党为能。袁氏事事袭满清之故智，则外交上安得不蹈满清之后尘？故革命正以救亡，并非空论。

至于昏昏者，是非不明，更矫诬其词，横相谤讟，此则两年以来已数见不鲜，吾辈何暇为此无聊之毁誉，自作辩难。就使如星台先生故事②，蹈海自明，亦未足使若辈之俱悟也。来日大难，急起疾追，犹恐不及，身家性命，吾曹早拚牺牲，则所望于此时各消意见，为统一之进行，天下事尚可为耳。

据《中华革命党第八号通告》，载南京《中央党务月刊》第四期，一九二八年十一月出版

袁世凯之暴政

书面答复美属菲律宾马尼拉地方法院检察官的证词③

（英 译 中）

（一九一五年五月六日）

美利坚合众国

菲律宾群岛

马尼拉地方法院预审庭

---

① 柏文蔚，字烈武。

② 陈天华，字星台，以著革命宣传品《猛回头》《警世钟》闻名于世，一九〇五年七月在日本筹建中国同盟会的创始人之一。同年十二月八日，为抗议日本文部省颁布《取缔清韩留学生规则》，在东京大森湾投海殉国。

③ 此为美属菲律宾法庭档案文件，原无年月日。今据台北《国父年谱》考订，系菲检察官以美国名义侦讯某案时，就有关袁世凯暴政问题函询寓居日本东京的孙文，孙乃逐条答复。

原告：美国

被告：G. U. Liongsin et al.

书面质询对象：孙逸仙（日本东京）①

（一）你目前的居处何在？

东京赤阪灵南阪二十六号。

（二）你目前的职业为何？

无职业。

（三）你以前住在那里？

中国上海法租界宝昌路（Ave. Paul Brunat）② 四九一号。

（四）你以前的职业为何？

中华民国总统，后来担任中国铁路总公司总理。

（五）你为何改变住所？

因为我反对袁世凯暗杀农林总长宋教仁，以及他未获国会同意即与五国银行团签订借款协定。

在江西、江苏、湖南、安徽、福建和广东各省相继发动武装讨伐袁世凯后，袁即要求上海租界引渡我，我只好离开中国。

（六）你为何放弃以前的职业？

为了和平与避免流血，我辞去总统职务，让位给袁世凯，条件是他必须依据宪法信守效忠中华民国的誓言。

我辞职之后，向参议院推荐袁世凯继任总统。其后，我离开政坛，担任铁路总公司总理职务。但在南方武装反袁抗议期间，袁世凯废除铁路总公司章程，我只好离开这个职位。

（七）就你所知，袁世凯是以何种方式当选中华民国总统？

袁世凯当上总统是凭两种手段：第一靠贿赂，第二使用暴力。在总统选举期间，他有两度未能获得足够票数，于是便派武装警察包围国会，扬言如果他没有

---

① 　以上六行，本册附后的台北版《国父全集》英文原文并无相对应的文字。

② 　该路汉名，一九〇六年起称宝昌路，一九一五年六月改名霞飞路，后又曾改称泰山路、林森中路，今名淮海中路。

当选，就要杀害全体议员。凭这两种手段，最后他才勉强得到过半数的票数当选。

（八）如果你知道下列诸人的死因，请作出说明；如果你个人不知道，请说明在中国和其他地方一般人所了解的他们的死亡经过。这四人是广州市警察局长、张振武、方维和宋教仁。

这四人中我认识两人，广州市警察局长陈景华和宋教仁。另外两人张将军和方维，我和他们只在武昌有过一面之缘。关于这两位将军之死，他们是应袁世凯之请前往北京就任新职，到达北京后，他们应邀前往六国饭店参加晚宴，宴罢返回住所途中，在路过东交民巷外面遭到逮捕，当晚即被处决。

有关广州警察局长陈景华之死，在八月十五日那天，他接到广东都督①的中秋晚宴邀请。晚宴结束时，都督向他出示袁世凯的电报，电文说陈景华有阴谋反叛政府之嫌，应予枪毙。陈景华就在没有证据也未经审判的情形下当场被处死。

宋教仁是国民党领袖，袁世凯打电报请他前往北京。他在上海火车站正要出发时遭枪击重伤，几天后，他在铁路医院逝世。与此同时，刺客武士英和唆使者应夔丞②也已被法租界警察所逮捕。应夔丞家中的文件全被没收，文件中有国务总理赵秉钧从北京发出的密码电报，命令应夔丞杀死宋教仁，并答应给他一笔丰厚的酬劳。在上海的电报房，也找到了应夔丞在刺杀宋教仁前后发给赵秉钧的电报。这个案子在上海的会审法庭初审，凶手被判有罪后再交由中国当局审理。在上海审判期间，道格拉斯③和哲尼干④担任宋教仁这一方的顾问。

刺客交给中国当局后，江苏都督程德全和民政长应德闳向总统详细报告整个事件的经过，指出国务总理赵秉钧是刺宋案的唆使人，并要求袁的总理和秘书前往上海接受审判。袁世凯对这项要求非常不悦，他罢免了这两名官员的职务。

（九）就你所知，说明袁世凯如何运用中华民国总统的权力执行法律？

袁世凯自封为中国的无上统治者，一切事情都依他的意志为依归。他虽宣誓

---

① 指龙济光。

② 应夔丞，别名桂馨。英文原作 Ying Kwei Shin，音译应桂馨。

③ 道格拉斯（Robert Kennaway Douglas），另译道格思，早年曾任英国驻广州领事，后任伦敦大学汉文教授等职，汉学家。

④ 哲尼干（Thomas R. Jernigan），另译佑尼干，前美国驻上海总领事，卸职后长期留沪担任律师。

遵守临时约法，却又废除了约法和国会，不但如此，他还逮捕国会议员，杀害抗议他行为的人。

（十）对于中国人逃离中国的情形和原因，你所知如何？

在袁世凯政府的统治下，法律没有保障，他可以不经法律程序逮捕任何人。因此，与袁世凯意见相左的人都不得不出国避难，以求保命。

（十一）就你所知，中国国会议员被免职的经过情形如何？

国会主张共和思想，并希望采行宪法所阐扬的民主原则，但袁世凯忖度，果真实施民主，他的权力必然大受限制。因此，他在去年十一月十日以政变行动，干脆解散了国会①。

（十二）在袁世凯担任民国总统时的法律之下，中国人如何受害，囚犯如何被刑求，以及被判死刑者在行刑前后曾遭到何种不人道待遇？

在职担任民国第一任临时总统时期，我废除了所有审讯时的刑求。但袁世凯继任后，恢复了所有以前使用过的刑求方式，甚至还发明新的刑求手法，诸如强迫犯人跪在烧红的砖块上或铁链上，以绳子捆绑犯人的姆指和脚趾，把他四肢吊起，还有许多其他残酷的刑罚，是以前帝制时期所未曾听闻的。

（十三）请说明宪法会议及袁世凯曾对它采取什么行动？

袁世凯废除宪法会议的手法和他废除国会的手法完全相同，他指控他们叛变，只因他们拥护中华民国肇建所根据的民主原则。

据秦孝仪主编：《国父全集》（台北，近代中国出版社一九八九年十一月出版），第十册收英文排印件，第二册译成中文

英文原文见本册第 624—627 页

---

① 叙事有错。按：袁世凯早于一九一三年十一月四日下令解散国民党，撤销国民党籍之国会议员资格，又补行追缴证书、徽章，致使国会不足法定人数，陷于停顿状态。次年一月十日，袁便正式宣布停止参众两院现有议员职务，解散国会。

中华革命党债券

（一九一五年六月二十五日）①

中华革命党债券　第叁种　拾圆　No.00676

一、本债券发行、偿还均以日本币为准。

一、本债券利息为照券面价格一倍。

一、本债券于新政府成立后，三年内由财政部定期公告偿还。

一、本债券于财政部公告偿还后，三年内得向革命债券整理局或原经手之筹饷局换取本息。

一、本债券得任意转让。

中华民国四年六月廿五日

中华革命党总理　孙文（印）

（中华革命党本部之印）

据原件，北京、中国国家博物馆藏②

美洲中国国民党恳亲大会祝辞③

（一九一五年七月二十五日）

亲仁善群，树德务滋。百尔君子，念兹在兹。

据孙文"祝辞"，载邓家彦编：《中国国民党恳亲大会始末记》，三藩市，中国国民党美洲总支部一九一五年十二月八日发行

---

①　该债券计分一千元、一百元、十元三种，发行期间当在一九一四年七月中华革命党成立后至一九一六年。此处据本件填发日期。

②　另见台北《近代中国》第二十六期（一九八一年十二月出版）所载丁张弓良《袁氏大借款与讨袁护国时期之各种券钞》一文，内有"中华革命党债券"第壹种壹千圆之原件影印，该件填发日期为"中华民国四年十一月十三日"，其他内容文字则与底本完全相同。

③　美洲中国国民党恳亲大会于一九一五年七月二十四日至八月三日在美国三藩市（旧金山）举行，此祝辞自日本以电报发出，由党人伍横贯在七月二十五日开幕礼上宣读。孙文建立中华革命党后，美洲革命组织仍继续使用国民党旧名。

申斥神奸窃国之罪行

中华民国四周年国庆东京纪念大会祝词①

（一九一五年十月十日）

文以不德，猥随国中仁人志士之后，张皇国事，卅有余年矣。辛亥之役，武唱〔昌〕首难，卒底成功。爰定此日为国庆，纪念其盛典也。于美有七月四日，于法有七月十四日，而于吾中华民国有此十月十日，中西媲隆，何其懿也。此皆所以求永矢于共和于弗替一日之泽，万礼之庆者也。

乃者神奸窃国，妄希非分，民权善对，毁灭无遗。至敢藉口筹安，变及国体，同时遂有废罢国体庆之令，告朔饩羊，摧残靡击，叛逆不道，至斯而极！而吾国人于此日其亦念缔造艰难。国光之不易爱护之，斥勿失坠乎？抑但凄怆伤心，坐视民国之亡破，以为凭吊事也？庆吊唯吾自择，充斯义也，虽与天地同庥可也。

爰为祝曰：觥觥民族，为国②之柢，共和纪元，千岁一遇，眷兹嘉辰，国以永府〔固〕。彼元恶者，与民为雠，既坏我权，又绝我庆，覆载不容，人神共愤。招〔昭〕示大义，由絓讨□，百尔君子，念诸先烈。

> 据俞辛焞、王振锁编译：《日本外务省档案：孙中山在日活动密录（一九一三年八月至一九一六年四月）》，天津，南开大学出版社一九九〇年十二月出版。孙文祝词系中文，录自《中国革命党问题》第十七卷，乙秘第一九八〇号，大正四年十月十日，《中华民国四周年国庆纪念大会之事》

---

①　一九一五年十月十日下午，旅日革命党人季执中、戴季陶、覃振在东京麴町区大手町大日本私立卫生会，主持中华民国四周年国庆纪念大会，约一千三百名留学生等出席。刘大同、季执中先后宣读了孙文、黄兴送达的贺词和贺电，另有十四人发表演说（十二人谴责袁世凯，二人拥袁）。

②　此处删一衍字"民"。

对孙宋联姻反对者之回应①

（一九一五年十月）

我爱我国，我爱我妻。

我不是神，我是人。

我是革命者，我不能受社会恶习惯所支配。

据《对女性之光明态度》，载三民公司编纂部编：《孙中山轶事集》第五辑，上海，三民公司一九二六年五月出版

祭陈其美文②

（一九一六年六月十九日刊载）③

民国五年六月　日，孙文谨以清酒庶羞，敬奠故都督陈君英士之灵曰：

呜乎英士！生为人杰，死为鬼雄，唯殇于国，始与天通。亡清季年，呼号奔走，濒死者三，终督沪右。东南半壁，君实锁钥，转输不匮，敌胥以挫。孤怀远识，洞烛奸宄，好爵之縻，避之若浼。贼恶既淫，更张义师，奔虽云殿，自讼责辞。惩后惩前，文厉主张，彼綦文者，谬诋为狂。君独契文，谓国可救，百折不挠，以明所守。疾疢弥年，未尝逸暇，我志郁伊，赖君实笃。君总群豪，与贼奋搏，百怪张牙，图君益渴。七十万金，头颅如许，自有史来，莫之或匹。君死之

---

① 一九一五年十月二十五日，孙文与宋庆龄在东京结婚，当时革命战友反对者颇多。其理由主要是：孙文家有发妻子女，而孙宋两人年龄相差悬殊（差二十七岁），迷恋年轻貌美的少女有损于革命领袖声誉。孙文除了与原配卢慕贞协议离婚外，为取得战友理解而坦然作出回应。作此回应的时间经本书编者酌定。

② 在反清或讨袁时期，陈其美都是同盟会和中华革命党的重要骨干。一九一六年五月十八日，被袁世凯唆使暴徒暗杀于上海法租界日本同志山田纯三郎的寓所。当时孙文极为悲痛，曾密往吊祭。

③ 举行追悼会的日期不详。

夕，屋欷巷哭，我时抚尸，犹弗瞑目。曾不逾月，贼忽暴殂，君傥无知，天胡此怒？含笑九原，当自兹始，文老幸生，必成君志。呜乎哀哉！尚飨！

据《陈英士先生哀诔录》，载一九一六年
六月十九日上海《民国日报》第十二版

与黄兴等联名发起开会追悼陈其美暨
癸丑以来殉国诸烈士追悼会通告

（一九一六年八月三日刊载）

迺者共和再建，薄海同欢，追念先烈，弥增怆感。不有殉者，国何以兴，哀亡励存，后死攸赖。兹谨订八月十三（星期日）下午二时起至六时①，追悼陈英士先生及癸丑以来殉国诸烈士于法界霞飞路尚贤堂，各界人士务希届时惠临赐吊为幸。

赴会者请至法界白尔路新民里十一号取入场徽章。

发起人：孙　文　黄　兴　伍廷芳　唐绍仪　温宗尧　王宠惠

章炳麟　吴敬恒　张　继　谭延闿　胡汉民　王正廷

柏文蔚　钮永建　张人杰　于右任　徐　谦　李锺珏

黄　郛　蔡　寅　吴景濂　殷汝骊　褚辅成　马君武

谢　持　田　桐　俞凤韶　张　浩　王〔黄〕炎培

沈恩孚　李登辉　朱佩珍　沈　镛　虞和德　李征伍

王　震　傅宗耀　顾馨一　苏筠尚　周佩箴　吴佩潢

唐元湛　赵家蕃　赵家艺　魏子浩　任光宇　陈　英

黄复生　何天炯　杨庶堪　廖仲恺　黄展云　冯自由

丁仁杰　周日宣　徐朗西　邵仲辉　叶楚伧　余祥辉

陈民钟　李惟贤　邱于寄　杨济沧　同启

据《陈英士先生暨癸丑以后诸烈士追悼大会通告》，
载一九一六年八月三日上海《民国日报》第一版

---

① 原作"六时至"，今改"至六时"。

同祭陈其美暨癸丑以来殉国诸烈士文

（一九一六年八月十三日）

民国五年八月十三日，孙文等谨以玄酒菜香，奠陈君英士暨癸丑以来诸殉国烈士之灵曰：

维建虏之冯陵兮，尚复仇于九世；岁重光大〈渊〉献兮，复故物戎以弜。薄尧舜之禅让兮，承华林之偃武；冀一治而不复乱兮，法美实导夫先〈路〉。昊天不吊兮，再降鞠凶；神奸窃国兮，四海嚣穷。彼小人之窳媮兮，或为螙以作慝；夫何烈士之劲奋兮，诅时日与俱亡。忽赣宁之赫怒兮，义甲渐夫湖湘；粤蜀愤而桴应兮，思饮马兮燕京。胡钧天之沉醉兮，告晋阳之败绩；纵桀纣之昌披兮，淫操莽使陵恣。虎豹蹲于九关兮，豺狼噬人于通邑；兰蕙漫化而为茅兮，哀众芳之生荆棘也。翳群憨之汇毛兮，谅独夫之郁酿；中诇煽其毒螫兮，虞侯亦张其罗网。朝饮士以弹丸兮，夕系人以幽〔图〕圄；苌弘脁以前陨兮，朝涉靳而后继。破镜翔以刺天兮，鸳凤哀鸣而敛翼；虽九死其犹未悔兮，锲而不能舍也。愿为牺以飨胤族兮，岂唯殉名之故也；何曲士之夸毗兮，竞哗世而取宠。微斯人之死直兮，将众惑其嚣讼；嗟鹈〔鹝〕鸠之先鸣兮，既鹖鸡之豫警。时聩聋而莫知兮，嘿念呷之无病；蝇营营以进谗兮，犬狺狺而吠怪。宁焦萃以流亡兮，固不忍见夫此态也；怙恶而畜祸兮，变常而乱纪。慕狄亚之拥权兮，景拿坡之称帝；浸稽天而泯夏兮，终屈戚而自毙也。悲逆贼之狂攘兮，窃独赖此国殇；揽芎束以掩涕兮，沾臣〔颐〕臆之浪浪。

重曰：天晻地闭，晦噎霾兮。狐蛇饮血，蝮蚖骸兮。魖魃甘人，逐驱驸兮。圣哲菹醢，拯群黎兮。精灵不设，日重闿兮。魂兮归来，载云旗兮。呜呼哀哉！尚飨！

据《追悼先烈大会记》，载一九一六年
八月十四日上海《民国日报》第三版

游普陀山志奇①

（一九一六年八月二十五日）

　　余因察看象山、舟山军港，顺道趣游普陀山。同行者为胡君汉民、邓君孟硕、周君佩箴、朱君卓文及浙江民政厅秘书陈君去病，所乘"建康"舰舰长则任君光宇也。

　　抵普陀山，骄阳已斜，相率登岸，逢北京法源寺沙门道阶，引至普济寺②小住，由寺主了余唤肩舆出行。一路灵岩怪石，疏林平沙，若络绎迓送于道者。纡回升降者久之，已登临佛顶山天灯台③，凭高放览。独迟迟徘徊。已而旋赴慧济寺④，才一遥瞩，奇观现矣。则见寺前恍矗立一伟丽之牌楼，仙葩组锦，宝幡舞风，而奇僧数十，窥厥状，似乎来迎客者。殊讶其仪观之盛，备举之捷，转行近益了然。见其中有一大圆轮盘旋极速，莫识其成以何质，运以何力？方感想间，忽杳然无迹，则已过其处矣。

　　既入慧济寺，亟询之同游者，均无所睹，遂诧以为奇不已。余脑藏中素无神异思想，竟不知是何灵境。然当环眺乎佛顶台时，俯仰间，大有宇宙在乎手之概！

---

　　① 普陀山位于浙江杭州湾南缘，舟山群岛东部海域（今设舟山市普陀区）。四面环海，佛教寺院建筑错落在山间海滨，与海天景色浑然一体，以山而兼海之胜是其最大特色。普陀山三大寺是普济寺、法雨寺和慧济寺，驰名中外。山上风光晨昏多变，海市蜃楼为本山特有之奇观，历史上曾多次出现。孙文此次游山独见异象，同行者周佩箴、邓家彦（字孟硕）于多年后亲承确有其事，而当年山上法师印顺、煮云，则谓"志奇"一文系孙文是晚在普济寺撰就。底本提供者冯自由又认为，此文系陈去病手笔，经孙文鉴定后乃付石刻。据上诸说，暂定作为孙文著述收录。

　　② 普济寺，普陀山供奉观音菩萨之寺院最多，此乃其主刹。该寺宏大巍峨，寺内建筑物多达二百余间。主殿可容纳数千人，正中端坐高约九米的毗卢观音跌伽像，东西两壁塑有服饰与形态各异之观音三十二应身。两旁配殿则分供文殊、普贤二菩萨及众多菩萨。两侧回廊为罗汉堂，共塑十八尊罗汉。该寺亦称本山前寺，在灵鹫峰麓。

　　③ 佛顶山，普陀主山，且高踞峰顶，天灯台为山中最高处。

　　④ 慧济寺，亦名佛顶山寺，位于山顶右侧。该寺面积虽不及普济、法雨，然其高度为本山寺院之最，专门供奉佛祖释迦牟尼及其弟子阿难、迦叶。

而空碧涛白，烟螺数点，觉生平所经无似此清胜者。耳吻潮音①，心涵海印②，身境澄然如影，亦既形化而意消。乌乎！此神明之所以内通已。

下佛顶山，经法雨寺③，钟鼓铿鞳声中急向梵音洞④而驰，暮色沉沉，乃归至普济寺晚餐。了余、道阶精宣佛理，与之谈，令人悠然意远矣。

民国五年八月二十五日

孙文志

（月白风清印）

据冯自由：《孙中山先生游普陀志奇跋》，孙文原件影印，载上海《逸经》第十七期，一九三六年十一月出版

附载：孙宅否认中山先生主张
为法国代募华工之声明

（一九一六年九月十三日）

敬启者：阅十一日《申报》登有法国招工电报一则云："北京电，闻梁士诒为法国代募华工，系用于农业，近派人至山东等处招募，梁从中获巨利。政府中人拟提议与法政府商酌，改由政府办理，约定一待方法可以安插无业党人，并闻孙中山亦有此主张云。"

查此事中山先生始终并未与闻，想系有人误传或系别有用意在内。特此登报声明。

环龙路六十三号孙宅⑤谨启

九月十三日

据《启事一则》，载一九一六年九月十三日上海《民国日报》

---

①　潮音洞，在普济寺左方，龙湾之麓，潮水奔驰而入，昼夜撞击不绝，声若雷鸣。

②　海印池，亦名莲池，在普济寺门前。

③　法雨寺，在本山白华顶左，整座寺院宽宏而金碧辉煌，大殿供有高达十米的毗卢观音站像，背后为精雕之千手观音。该寺亦称本山后寺。

④　梵音洞，在本山极东之青鼓垒，气势磅礴，海涛拍崖如万马奔腾，与潮音洞同以"两洞潮声"著称。

⑤　环龙路六十三号（今南昌路五十九号），孙文在沪租赁临时寓所。

附载：孙宅揭露有人冒中山先生签名之启事

（一九一六年十月二十四日）

启者：现查有人冒孙中山先生签名，写信到渔阳里五号夏宅，经夏宅察觉通知本宅。诚恐奸人冒签名字，四出招摇，特此通告。

以后如接到中山先生函件，觉签名有可疑者，请移玉到环龙路四十四号本宅询问明白，免被欺蒙。若能将假冒签名之人查出报官，审实后，即谢花红银一百大元。此启。

据《环龙路四十四号孙宅启》，载一九一六年十月二十四日上海《民国日报》第二版

揭露有人冒名刊登追悼烈士广告之启事

（一九一六年十月二十五日）

阅报见有追悼唐、阙二公广告[①]一则，不胜骇异。追悼烈士自所不反对，然冒名之风断不可长。此次追悼会之件，文始终并未与闻，特此广告。以后再有此种不法行动，定当依法究治。此启。

据《孙文启事》，载一九一六年十月二十五日上海《民国日报》第一版

---

① 此指载于上海《民国日报》十月二十四日之《唐继星、阙麟书二先生追悼会启事》，内列孙文、黄兴等六十余人为发起人。

黄兴病逝经过公告[①]

（一九一六年十一月一日）

启者：黄克强先生自创立同盟会以来，与文同事，奔走艰难，迄于今日，凡我同志谅均知悉。前月国庆日，突患胃中血管破裂之证，吐血数盂，晕绝经时，随即延德国医生克礼氏诊治，据云尚可无碍。嗣后胸膈仍觉饱闷，至上月下旬更发见肝部胀大之征候。三十日下午五时忽又吐血不止，势极危急，由医注射，暂见血止。三十一日早二时，突再吐血，医再注射，旋即脉停气绝，不可复救。

呜呼哀哉！以克强盛年，秉赋素厚，虽此次讨贼未得比肩致力，而提携奋斗，尚冀诸异日。遽此凋谢，为国为友，悼伤百端，谨告同志共鉴察之。

○○各支分部同志均鉴

孙文启

民国五年十一月一日

据中文电稿，台北、中国国民党文化传播委员会党史馆藏

与唐绍仪暨戚族代表联名为黄兴逝世及大殓日期讣告

（一九一六年十一月一日）

启者：黄克强先生于十月三十一日午前四时逝世。民国肇建，失此柱石，公谊私情，曷胜感恸！兹择于十一月一日午后八时大殓，另诹日开奠。夙叨世、盟、

---

① 　按：本件发电对象包括中华革命党各支分部及相关同志。譬如党史馆另藏有受电人为"寿彭先生暨贵部同志"者，贵部即指杨寿彭所在的日本神户支部，其所发电稿影印件的内容文字与底本完全相同。

僚、友、戚、族谊，谨此通告。

友人代表：孙　文　唐绍仪

戚族代表：廖星舫　黄迪卿

据《黄克强先生逝世通告》，载一九一六年十一月一日上海《民国日报》第一版

与唐绍仪等联名为黄兴治丧恕讣未周公启

（一九一六年十一月二十二日）

敬启者：黄克强先生交游满天下，车笠之盟，缟纻之好，究有为仆等所未悉者。代主丧务，勉持大体，征名遍讣，恐有未周，诸祈见谅为幸。

主丧友人：孙　文　唐绍仪　柏文蔚　李烈钧　蔡元培　谭人凤

民国五年十一月二十二日

据杜元载编：《黄克强先生纪念集》，台北一九七三年出版①

与戚族暨友人代表联名为黄兴
开吊及举殡日期讣闻

（一九一六年十一月）②

黄公讳兴，字克强，痛于民国五年十月三十一日午前四时疾终沪寓，享年四十有三。经于十一月二日午前五时入殓。谨定十二月二十一二日在福开森路本宅

---

①　另见一九一六年十二月十六日上海《民国日报》第一版所载《恕讣未周》，内容文字与底本相同，惟文末未署日期。内容文字同底本者尚有《总理全书之十·函札上》（中国国民党中央改造委员会党史史料编纂委员会编，台北一九五二年出版），但其篇末日期署为十二月二十一日。待考。

②　此件原无日期，今由编者酌定为十一月。

开吊，二十三日举殡长沙。哀此，讣闻。

子：一欧　一中　一美　一球

女：振华　文华　德华

主丧友人：孙　文　唐绍仪　李烈钧

蔡元培　柏文蔚　谭人凤

据铅印讣闻原件，北京、中国国家图书馆藏

暨同盟会同人祭黄兴文

（一九一六年十二月十三日）

○○年○○月○○日，同盟人孙文等谨致祭于黄先生克强之灵曰：

嗚呼哀哉！夷夏之防，国家之纲，烈士之血，小人之舌。天降之殃，绝纲决防，有血已碧，有舌如簧。贪天之功，其炎熊熊，奔啸都市，击鼓撞钟。国有天子，歌功拜起，土崩瓦解，以惑当世。爱憎之间，若操斧钺，以逆乱顺，如鬼如蜮。小人道长，君子道消，颠之倒之，丧我人豪。嗚呼哀哉！缅怀当年，汉地胡天，攘夷存夏，孰为之先。亦有圣贤，为国大盗，割裂诗书，异族是保。义旗一拂，君臣变色，老生小儒，诋为大逆。公与吾侪，如骖之勒，河山百战，乃有今日。曰在东京，刑马作盟，橐矢擐甲，以入国门。投鞭断流，河口惠川，众庶梦梦，谁与为谋。公与吾侪，声应气求，师期一误，蹶于虏酋。巍巍羊石，天南半壁，负海阻山，国之岩邑。公与吾侪，斩关而入，一夕黄花，染为血色。大猷觥觥，两湖三江，中部同盟，若网在纲。公与吾侪，逐北追亡，舆衬衔璧，旗门受降。六合既一，聿修文德，漏网吞舟，坐滋国贼。公与吾侪，陈师以出，一击不中，修其羽翼。申椒既夷，萧艾离披，功满天下，毁谤随之。悠悠海内，若成若败，玉垒初光，金瓯未碎。谁为长城，岳岳英英，谁树典型，炳炳灵灵。崎岖十载，天壤一人，怀此民物，以及友生。嗚呼哀哉！尚飨！

据《黄先生开吊第二日纪》，载一九一六年
十二月二十三日上海《民国日报》第十版

暨黄花岗起义同人祭黄兴文

（一九一六年十二月十三日）①

中华民国五年十②月三十一日，黄公克强卒于沪上，越四十有三③，将归葬湖南。昨（④十三）日晨，黄花岗同人等念公一生勋节彪炳，志行艰烈，要以广州一役为最，爰集当时与其事者谨致祭于灵前而哭曰：

呜呼！革命义昌，多士来同，身倡行危，孰若我公。湖湘首难，一蹶而东，春申江上，网离飞鸿。镇南方败，河口兴戎，屡兴益厉，虽败犹雄。爰及阳夏，首当其冲，亦越癸丑，挞彼昏蒙。被推自众，义不恤躬，十年百战，九死成功。永念生平，慨慕何穷，羊城一役，厥功尤隆。某等无状，提挈相从，敢忘累德，允播高风。

緊昔辛亥，清政攸斁，狡英西逞，强俄东迫。公乃愤起，时不再获，周咨同志，获踪定策。袭彼南粤，奠兹禹宅，虽在偏隅，鹿死何择。西极川滇，北从沙碛，义士遄至，皆公远辟。东自扶桑，南遵海舶，转械筹饷，皆公擘画。既张我旅，既修我戟，公自为帅，探穴入泽。不意腹心，自藏奸逆，弹药输止，先期诇刺。大索三日，群情愬愬，公曰毋尔，有死无惜。若惜其死，于何逃责，当机迅赴，举义一夕。米聚作垒，肩乘斫栅，公临奋嚄，以一当百。一日两夜，雷飚霆暮，清军河上，束手辟易。终以寡挫，势分援隔，枪空丸荚，街陈骸骼。公犹不挠，冒阵身只，勇入督署，犁求犲獏。迨公之出，兵来络绎，公屹不动，擎枪四射。连发俱中，重围始懓，公亦丧指，裹创投适。背城殉义，七十二魄，公之不死，天脱其厄。天不死公，公责未释，曾不五月，共和遂辟。辟而复塞，几移盗蹠，公敢告劳，再事扶掖。扶掖不胜，精诚感格，西南继起，卒致赫赫。人方思公，公乃委迹，邻帮惊悼，空国踊擗。

---

① 底本未明确说明此次致祭日期。有此一说："在沪吊祭之前，十二月十三日黄兴部分亲友曾先期返湘，参与黄花岗起义众同人即于是日在长沙拜祭。因此说故而暂定为十三日，待考。
② 此处删一衍字"一"。
③ 此指死者享寿的岁数，又删一衍字"日"。
④ 此处删一衍字"二"。

呜呼哀哉！谓天厄公，屡踬不覆，谓天右公，功成不禄。前成之艰，后夺之速，茫茫彼仓，是祸是福。

呜呼哀哉！□黄秋老，碧血犹渍，歇浦潮咽，大星遽坠。吾侪后死，将安成志，瞻望灵輀，惟余涕泪。呜呼哀哉！

孙　文　宫崎寅藏　谭人凤　陈炯明　朱执信　胡汉民

姚雨平　何天炯　李肇甫　方汉城　苏慎初　柳聘农

陈方度　胡毅生　徐维扬　马育航　宋铭黄女士

赵　光　李栖云　钟秀南　黎仲实　陈达生

据《黄花岗同人祭黄公文》，载一九一六年十二月二十五日上海《中华新报》

上海《丙辰》创刊祝词

（一九一六年十二月十五日）

使大声入里耳，以片言动万夫，曰胡能同言而信，惟诚可以孚豚鱼。勉诸，祝《丙辰杂志》。

孙文

据孙文《丙辰祝辞》手稿影印，载上海《丙辰》（亦名《丙辰杂志》）第一期，一九一六年十二月十五日出版

与唐绍仪等同祭黄兴文[①]

（一九一六年十二月二十二日）

民国五年十二月二十二日，孙文、唐绍仪、岑春煊、章炳麟、李烈钧、柏文蔚、谭人凤、陈炯明、胡汉民等谨以玄酒菜香，遣奠黄君克强之灵：

---

① 此祭文由章炳麟执笔，后以《黄克强遣奠辞》为题全文收入孙世扬编：《太炎文录续编》，苏州，章氏国学讲习会一九三八年刊行。

呜呼哀哉！洞庭以南，奇材所并，崤江北亘，大横庚庚。而农首出，言为国屏，黄书噩梦，除惑解醒。旷三百年，遗兹典型，曾胡①特起，忝尔攸生。烈烈黄君，允文伊武，忾是齐州，而戴索房。内纠楚材，上告黄祖，踔行万里，瀛海〈窭〉阻。有械百挺，有众一旅，同盟初起，揉此兆民。义从荟集，郁如云屯，繄君材武，善循军人。智勇参会，叱咤扬〈尘〉，南暨赤道，西讫洮崤。束发受书，悉为党伦，乃临番禺，深入其阃。死士七十，并命和门，气矜之隆，天下归仁。赫赫黎公②，振威江夏，寇如犬羊，义师弱寡。弹丸雨注，渚宫为赭，君自南岛，走集其野。坚守之旬，寇疲不暇，群帅反正，虏无存者。南都草创，朔方假器，以彼屠夫，而歆帝制。僭志未伸，民亦小惩，林宋既锄，戎心聿肆。秣陵兴师，三方陵厉，虽知败挫，新我民气。江河异味，惟麦与秔，文化既别，更为柔刚。孰是中③原，而忘故常，如彼飞蝇，走热去凉。方君得志，假威昌狂，兵挫亡奔，罾语侊侊。

呜呼哀哉！飘风骤雨，势不崇朝，三岁克捷，亦覆〈其〉巢。遗孽未翦，俊民萧条，如何我君，既尽贤劳。曾不宿留，以靖桀枭，国亡元老，江汉沮消。

呜呼哀哉！乱流不证，善人〈缄〉齿，闻君弥留，不谈国事，遗言满牍，伊谁所志。呜呼哀哉！尚飨！

据《黄先生开吊第二日纪》，载一九一六年
十二月二十三日上海《民国日报》第十版

陈去病之母倪氏墓碑铭并叙

（一九一七年一月一日）

中华民国五年八月，余再入浙，观虎林山水，遂登会稽，探禹穴，修秋禊于兰亭，泛娥江而东迈。从我游者，二三子外，惟吴江陈子去病与焉。舟行多暇，每为余述其母夫人倪节孝君之贤，余既闻而志之。及归，因复以表墓之文请。去病能词章，才名满天下，泷冈阡表，庐陵自优为之。不敏如余，尚乌庸缀？徒以

---

① 曾国藩、胡林翼。
② 黎元洪。
③ 此处删一衍字"呜"。

十年袍泽，患难同尝，知去病者宜莫余若，爰为之言曰："从古节母之后无弗昌，子既自树以振家声，则昌大之说，信有征矣。而余所尤望于去病者，当祗承先训，敦品立行，以达贤母之孝；坚持雅操，勿敓于邪，以彰贤母之节；毁家纾难，毋纵于欲，以葆贤母之义；亲亲博爱，物与民胞，以广贤母之仁。夫如是而去病为人益用竺实，节母贤孝益以光辉，宁非显荣其亲之至计乎！不然，蹈履颇侧，以危厥身，志虑苟且，以辱厥亲，吾知虽甚盛德，亦弗荫兹，夫又何恃而不恐惧也哉！"既以勖去病，遂书之石，俾过斯地者知矜式焉。系以铭曰：

玄黄剖判，两仪攸分，媪壤滋植，冰蟾代明。命不常融，道无终否，蒙难艰贞，事乃有济。猗嗟陈母，千乘之英，孝侔齐女，节媲陶婴。寡鹄休歌，丸熊益励，翼卵完巢，绸缪庶几。遭时板荡，倬彼弘谋，用财自卫，倚柱沉忧。遗孤彬彬，徽音用嗣，我铭其幽，永诏来祀。

中华民国六年一月一日

前南京临时大总统　香山孙文撰

南林周觉书

据《孙大总统陈母倪节孝君墓碑》墨拓影印，载南京《江苏革命博物馆月刊》第十六期，一九三〇年十一月发行①

与朱执信等联名发起募助李萁归葬费引

（一九一七年二月）

故友李君萁，字祺祒，号介龄，阳江人。素负大志，有奇气，奔走国事十余年，艰苦备尝不稍懈，卒以乙卯秋殉于新宁、阳江毗连之紫萝山。先是，君旅美洲、小吕宋、南洋各地，办理同盟会事，至废弃所业不顾。辛亥三月二十九粤垣之役，偕黄克强出生入死，同人皆以为勇。二次革命失败后，君愤袁氏专横，在新宁、阳江毗连之那琴首倡义师，组织完善，乃竟死于是役。是役也，殉者数人，而君之死事尤惨。虽然烈士不忘丧其元，在君之志亦已遂矣。

第同志等睹其身后萧条，妻若子孑然无依，虽经同志略为伙助，藉免饥寒，

---

①　按：当时陈去病担任江苏革命博物馆主任，兼《江苏革命博物馆月刊》主编。

而其子伯振等痛厥考殉难新宁，蓬蒿藁葬，揆以附身附棺之义，首邱归本之文，良用坎然。此则为人子者之最深惨痛者也。今拟扶厥考榇归葬阳江，惟经费颇巨，全仗筹措。兹由孙中山、朱执信两先生提倡捐助，同人等知交有素，义重脱骖，是乌可恝然视之哉？曰：一死一生，乃见交情。今介龄先烈长已矣，将恶乎用吾情？是在有以翼厥子，妥先灵，彰先烈，以风示来兹而已。此岂非同志诸君所深许而乐为相助者乎？是为引。

民国六年二月谷旦

发起人：孙中山　朱执信　周之贞　陈　融　谢己原

古湘勤　李海云　林拯民　陈永惠　林　森

胡汉民　廖仲恺　李煜堂　胡毅生　杜贡石

林直勉　雷荫棠　李思辕　霍胜刚　叶夏声

据孙文等：《募助李介龄先烈归葬费引》，载林直
勉编著：《李介龄先烈事略》，一九三〇年出版

与唐绍仪等再祭黄兴文

（一九一七年四月十四日）①

惟公之生，为众所瞻仰，远迩所震惊，群竖所疑忌，国家所尊崇。惟公之死，疑者信之，亲者哭之，无老无幼，无新无旧，皆知今日中国不可无此人。呜呼！是非得丧，本无足论。公殚一生之心血，历二十余载之艰辛，身涉万险，政经三变，国势犹如此，将来或更不止如是也。公虽赍志以殁，公之目岂瞑？文等今日遥望哭公，遵礼祭公，身虽衰老，志犹如昔。起四千余年之古国，挽四百兆涣散之人心，是犹赖公在天之灵，公志其可作耶，尚有以鉴之。呜呼痛哉！尚飨！

据《黄先生国葬详记》，载一九一七年
四月二十二日上海《民国日报》第六版

---

① 此为孙文与唐绍仪等再次公祭黄兴的日期。

同盟会之四纲未具则民国犹危

赵公璧著《同盟演义》序①

（一九一七年四月三十日）

自余始创同盟会，暨于满清之覆，中间不过七年耳。至诚所至，金石为开，况乎人乎！

然同盟会之誓约曰："驱除鞑虏，恢复中华，创立民国，平均地权。"仅去满清，安能以为止境？此吾人所以于元、二之间，力谋团结民党，组织政党内阁，以固民国之基，而为平均地权政策之准备也。盖同盟会之四纲，有一不具，吾人不敢告劳。其后虽有所迁就，改用国民党之称，吾人目的固未尝变也。

同盟会之成，多赖海外华侨之力，军饷胥出焉。及满清既覆，人人皆自以为有不世之功，而华侨类不自伐，惟吾深知同盟会中非有华侨一部分者，清室无由而覆，民国无由而建也。华侨不自言功者，盖知救国真为天职，不事矜举，抑亦知夫四纲之未具，责有未尽而然者乎？五六年来，始于义而终于利者亦数见矣，而华侨与之者独希，此亦殆由其经历熏习与诸政客有异欤！

赵君公璧作《同盟演义》，以俳体写当时信史，而于华侨之义概尤致意焉。庶乎其可以劝于今而信于来兹矣，兹又使人惕然于四纲之未具，民国犹危也。于其刊行也，序以遗之。

民国六年四月三十日

据序文原稿（朱执信代笔），台北、中国国民党文化传播委员会党史馆藏②

---

① 旅美华侨赵公璧于一九〇九年由孙文主盟加入同盟会，并成立纽约分会。从一九一五年起，他以纽约等地同盟会员的革命事迹为题材，在纽约分会机关报《民气报》上连载所著《同盟演义》。一九一七年赵公璧回国，在上海谒见孙文时呈上《同盟演义》书稿。当时孙文正拟发起护法运动，认为该书可起到配合宣传的作用，便设法使之出版。同年九月孙文在广州成立军政府后，聘任赵为军务处处长。

② 另见胡汉民编《总理全集》第一集（上海，民智书局一九三〇年二月初版）所载《同盟演义序》，其内文仅与底本有个别出入，而主要相异之处是：末行有"孙文"署名，后面的日期误作"三十一日"。

与戚族暨友人代表联名公布陈其美
开吊举殡及归葬日期讣告

（一九一七年五月一日）

前沪军都督陈公，讳其美，字英士，痛于中华民国五年五月十八日在上海遇害。兹定于中华民国六年五月十八日，归葬湖州碧浪湖茔地。先于五月十二日在上海法租界打铁浜苏州集义公所厝所开吊，十三日辰刻八时至九时举殡前赴湖州。谨此讣闻。

赐唁文件请交上海法租界白尔部路新民里十一号。送殡诸君请至新民里索取纪念徽章①。

孤子：祖华　祖龢　　兄：其业　　弟：其采

主丧友人：孙　文　唐绍仪　章炳麟　谭人凤　孙洪伊

李烈钧　胡汉民　朱佩珍　张人杰　王　震

据《陈公英士举殡讣告》，载一九一七年五月一日上海《民国日报》第一版

祭陈其美文

（一九一七年五月十二日）

民国六年五月十二日，孙文谨以清酒度〔庶〕馐，敬奠故都督陈君英士之灵曰：

乌虖！生为人杰，死为鬼雄，唯殇于国，始与天通。

亡清季年，呼号奔走，濒死者三，终督沪右。

---

①　随后又补发一通知：凡递交赐唁文件及索取纪念徽章者，均改至法租界打铁浜苏州集义公所办理。

东南半壁，君实锁钥，转谕〔输〕不匮，敌胥以挫。

孤怀远识，洞烛奸宄，好爵之縻，避〈之〉若浼。

贼恶既淫，更张义师，奔走云殿，自讼责辞。

毖后惩前，文厉主张，彼綦文者，谬诋为狂。

君独契文，谓国可救，百折不挠，以明所守。

疾疢弥年，未尝逸晦，我志郁伊，赖君实笃。

君总群豪，与贼奋搏，百怪张牙，图君益渴。

七十万金，头颅如许，自有史来，莫之或匹。

君死之夕，屋歊卷〔巷〕哭，我时抚尸，犹勿瞑目。

曾不逾月，贼忽自殂，君倘无知，天胡此怒？

含笑九原，当自兹始，文老幸生，必成君志。

呜呼哀哉！尚飨！

据《孙中山祭文》，载一九一七年五月
十三日上海《中华新报》第二张第三版

对组织政府之意见

（一九一七年七月二十八日）

欢迎海军来粤一事，业已实见。而现在沪上国会议员，亦闻开会议决来粤，则召集国会，产出政府，目的不难达到。惟手续进行颇多曲折，政府成立之时期尚难预定。若军事大计，仍俟政府成立始行决定，则停顿太久，巩〔恐〕不免于废时失事。若遽尔决计进行，则各省声气仍未绝对相通，终恐有呼应不灵之患。

今日之粤省，与昔日之粤省不同。前日之粤省只图本省之自重，今日之粤省，则欲合各省而图西南之自立。既欲合西南以自立，则军事之计划不能不向各省征求同意，即不能不合各省而共同商量。若仅以电文来往，殊欠周详。鄙人将致电西南督军，各派代表数员来粤会议，统筹西南军事计划，庶能战攻防守进行一致。而鞭长马腹，拒虎进狼，不足虑矣。

据《孙中山组织政府之意见》，载一九一七
年七月二十八日广州《七十二行商报》

附载：朱执信就各报登载中山先生
在粤演说失实之声明①

（一九一七年七月三十一日）

　　文日中山先生在粤演说，报馆登载多失本旨，或附以他说者，全乖事实。即如二十三四日广州各报所载军界欢迎会演说，有"日本乃中国属国"等语，此其一端也。以后凡关于中山先生演说词等，除将原稿送刊，如由各报纪载舛误，先生不能负责，特此声明。

据朱执信：《更正》，载一九一七年七月三十一日上海《中华新报》第二张第三版②

建设真正民意政府以再造华夏

国会非常会议开幕祝词③

（一九一七年八月二十五日）

　　中华民国国会厄于暴政，横遭摧残，今二度矣。国会诸君以责职所在，不避雷霆万钧之威，再仆再起，以肇我共和之丕基。今北部为叛党所据，遏绝民意，乃相率而会于粤东举行非常会议，由此而扬谠论，纾嘉谟，建设真正民意政府。起既绝之国运，以发扬我华夏之光荣于世界，大辂始于椎轮，皆以诸君今日为之始矣。爰进芜词，以摅欢庆：

　　於戏诸君，民昊尔瞻。纲维共和，匪躬蹇蹇。万魔张目，百折弥奋。大声锽

---

　　①　经孙文授意，朱执信在报端发表此更正声明。所更正者为一九一七年七月十二日（即"文日"）孙文抵粤后出席汕头欢迎会及其后的多次演说，而且不仅粤报所载严重失实，沪报也不例外。

　　②　继《中华新报》之后，上海的《民国日报》等又于次日刊出朱执信的更正声明。

　　③　一九一七年八月二十五日，国会非常会议在广州开幕，国会议员一百二十余人假座广东省议会地址集会，孙文莅临祝贺。

锽，来会羊城。昭苏民治，再造宗邦。壮猷闳谟，烂兹光光。

孙文谨祝

据《孙文祝词》，载一九一七年九
月三日上海《民国日报》第六版

炮击粤督署后提出的和解条件

（一九一八年一月四日）①

（一）承认元帅府为南方统一军事机关。

（二）承认孙文为大元帅，有指挥军队权。

（三）粤省督军须由粤人充当，否则亦有任免权。

（四）以后拿获党人须交军政府处分。

（五）粤省外交人员由元帅府委任②。

据《粤中孙党与桂军之交恶》，载一
九一八年一月十七日天津《大公报》

附载：徐谦戴季陶否认受孙大元帅
委派在沪销售公债之声明

（一九一八年一月十一日）

顷见新闻报载，广东商民邮函代电云："孙大元帅委派徐季龙、戴天仇③在沪销售公债一千万元"云云。阅之不胜骇异。关于军政府公债事项，谦等向未与闻，亦未闻军政府有在沪销售公债之事。此种流言蜚语，摇惑观听，实属妨害名

---

①　所标日期系据军舰炮击粤督署发生于一月四日晨，中午停止炮击，随后各方进行调停。

②　报载此件时称：广东督军"莫荣新对于前三条答以须候陆荣廷决夺，第四条则定为如惩办民军须取得军政府同意；第五条定为委任外交人员须得军政府同意"。

③　徐谦，字季龙；戴传贤，字季陶，笔名天仇（戴季陶为常用名）。

誉，为此登报声明。

徐　谦　戴传贤

据一九一八年一月十一日上海《民国日报》

读焦易堂撰《焦心通先生暨崔太君行状》书后①

（一九一八年三月）

自古贤者多渊源于家学，而母教之孕育，关系尤伟。是以教子贵有义方，贤母令妻为女教之典范。易堂焦君秦中杰士也，为国事奔走有年，于民国创造颇有功焉。其为人也，端直温厚，不类近世子。予每觉其立身必有所自，及读易堂所述其先德心通先生暨崔太君行状而益喻。嗟乎！自欧风东渐，家教之美几绝，于是社会之风趋下，而国脉日微。爱国者宜思有以救之。

民国七年三月
香山孙文

据孙文撰、胡汉民抄《读焦易堂撰〈焦心通先生暨崔太君
行状〉书后》碑拓，吴原卫（陕西武功县河道乡民）藏

致祭程璧光诔词

（一九一八年四月二十八日）

惟中华民国七年四月二十八日，海陆军大元帅孙文特派胡汉民谨以清醴庶馐之荐，代致祭于故海军上将②、海军总长程公之灵曰：

---

① 焦易堂，陕西武功人，清末在当地加入同盟会、新军，民初任国会议员，相继投身反清、反袁斗争。一九一七年后随孙文赴粤发起护法运动，任大本营参议，颇受倚重；并被委派为陕西劳军使，返省宣慰成立不久的靖国军。

② 程璧光生前是海军中将，一九一九年一月二十日军政府始追授为海军上将。一九二二年七月二十一日，北京政府总统黎元洪又发出追赠程璧光为海军上将令。

　　呜呼！自叛督耀兵，国会中绝，大法陵夷，海内震扰，于是而公援枹以起，羽檄既布于沪江，楼船旋下于南海，扬护法之旌，壮讨逆之气。于是西南义旅继之群起，而倚公为长城。我武维扬，顽凶日蹙，逆乃咻嚁万端，欲摇公志，而公卒不动。于是狙奸骤起于江干，钢丸横注于匈膺，流血五步，一瞑不视，于是而公死。夫不有公之首揭义旗，则国民方慑于凶渠淫威，犹豫徘徊，未必果于从义，是无公即无民国也。不有公桓武之众与舰队之精锐，以褫诸逆之魄而夺之气，则义军以新集之卒当逆骁勃之师，以脆敌坚，以散应整，安能必其战胜攻取而所向无前？是不有公之举义，即有诸义师之克堪大难，犹未足以维民国于不坠也。

　　民国肇建，政变三见，海军举足左右，动为全国重轻。自公赫然树义，而后成败之局定，而顺逆之势益明。国会既集于粤中，义帜翻飞于全国，靳此鲸鲵，扫其欃枪①，非所谓以劳定国者耶？奋其慷慨，力遏横流，备履艰难，挽回沧殄。逆惩创既深，於焉切齿，因间窃发，忽然遘害，以死勤事，薄海悼心。今逆渠虽犹稽显僇，而公之大义已格于国人之心。奉辞伐罪，誓不回兵，方将风汜彗扫，剪伐肃清。公身虽逝，而耿光灏气，犹翊卫我民国，越百世而昭明。公之神固将凌清都，载云旗，骖飞龙以游行。陈词荐餙，侑此芳馨，灵驾匪遥，庶几来歆。呜呼哀哉！尚飨！

据孙大元帅《诔词二》，载《程玉堂先生荣哀录》，
广州，程玉堂先生追悼会筹备处一九一八年编印

---

　　①　欃枪：往昔彗星之别称，意指妖星。

与伍藉磐等联名赞成美国红十字会
在华设立协会并呼吁国人捐款通启①

（一九一八年五月二日）②

自有历史以来，世界之变迁未有若今时之甚者。所谓变迁，非指形势上之变迁，乃指人类之思想及其关系。回溯上古，浑噩荒凉，及乎地球之热度上升，然后水陆以分，遂成人类之世界。迨经几许变迁，以至今日。盖历时愈久，进化愈增。故逆料生于将来时代，人类之道德愈进，关系愈切，相得愈深，则对于公益之趋向愈勇，其将成为一完全之新世界，不问可知。由斯而谈，为吾族催促进化，作无限之功德者，其为红十字会乎！红十字会者，无自私自利，而牺牲己身之事业，以实行施济者也。以事实为重，言论次之，然有时言论亦可产生事实，对于会务，未始无裨。举凡世界上之热心慈爱者，固咸以红十字会之名深存脑海。世人作书，对于红十字会济饥、治病、疗伤种种事举之记载，已觉连篇累牍，至继后而作者，尚不知凡几。此次欧洲发生空前之战争③，其需红十字会之急，较诸曩昔尤为重要。美国红十字会早知应肩要重之担负，毅力进行，首集捐款一百兆元，以应战期救济之需，于此人类永不遗忘之时代，建立光荣事业。美国加入战争而后，责任弥增，美国红十字会当事人等，预料更须多筹一百兆元，借资接济，爰向中国求将伯之助。所当注意者，以一共和最早向称富足之国，现为筹款济世，求助于一地大物博新创共和之友邦。想一览下开情形，中国人士当必乐为赞成者也。

---

① 主要发起人之一伍藉磐是粤籍美加华侨，纽约哥伦比亚大学法学博士、律师，辛亥前回国参加反清活动，一九一一年十一月广东都督府成立后相继担任民政部副部长、高等审判厅厅长等职。翌年民国在南京建立，任孙文英文秘书，并开始致力于集资在广东建设公交车、电车，多年不辍。

② 底本无日期。兹据一九一八年五月二日孙文致美国驻广州总领事韩慈敏函中提及此事情由，当为同日所发。

③ 当时称欧洲战争，即第一次世界大战，发生于一九一四年七月至一九一八年十一月间。

（一）其总因则需款孔亟也，不拘其何处而来，得一元即收一元之功效。凡应为之事，则当为也，不遗余力，不弃小财，务使得达完满之目的为止。中国人土〔士〕有不各尽其能力，以应此世界之呼吁乎？

（二）回忆中国水灾饥馑之秋，彼时灾黎遍野，美国红十字会尝由函电汇款数十万元，分发灾区，实行拯救。如在两广，美国红十字会捐款、济饥、治病、疗伤，多不胜纪。讵意天道循环，灾区易地，待赈孔殷。今日中国人士若能乐于输将，倘他时反有所求，美国人士自可触引此次之援手，亦必踊跃资助也。

（三）美国红十字会计有会员三千余万，阅历之深广，组织之雄伟，为世界红十字会之冠。其救济灾黎，以最直接及最廉俭之方法施行。中国人士素存当仁不让之心，然凡欲行善，谁不愿捐资于一最善办理及最堪信重之人，使灾黎得沾实惠者乎？

（四）以两广之地大人稠，设立协会，何难一举而得十万会员。尤望指日可将此项消息电达远洋，藉从事实上增进两大民主国之友谊，其功效尤胜于外交家提倡联络中美谈判经年也。合友邦之力，以倡善举，而救难民，乐何如之。圣训有言：“施于人者，得福尤多于受施于人。”前者美国之效力于中国者，不胜枚举。今愿中国广施于其友邦之美国，更愿中国立应所求，动其广施之美德，使历史上之两国交情日益笃厚也。

抑所望者，吾侪可以高声疾呼曰：美国红十字会广州协会已得华人会员十万矣！会内第二期战务慈善款已就地筹得五十万元矣！此固事属易举。诚以两广殷富之人为数以兆计，以十万会员均计，每捐五元便可筹集所求之款。以人数而计，捐款者每三百人不过一人，况其中能力有可捐至千元及千元以上者乎。今美国已宣战矣！美人之热血横流于欧洲大陆矣！其为法国效力与为中国无以异也。中国人之血，幸未尝见于法土，然岂忍见其友邦流血而坐视不救乎？吾侪深信，若此呼吁之声一闻于中国，则中国人士无不竭诚援助也。请人人以此事转知其亲友，使各均尽力协助红十字会，以至吾侪能书“成功”二字为止。

发起赞成人：孙中山　伍藉磐　吕渭英　周亮臣　黄宪昭　罗　诚
　　　　　　钱树芬　潘元耀　陈辑甫　姚轮三　徐绍桢　李锦纶
　　　　　　黄璧如　李之朕　潘棣甫　伍廷芳　刘英杰　林福成

徐乐亭	朱惠章	陈廉伯	陈楚珩	胡颂棠	梁恪宸
陈勉畬	伍朝枢	郭仙舟	何燮石	潘锡藩	陆卓卿
林子峰	刘若操	陈益南	邝余初	陈俊民	萧 宽
郑 豪	卫祝龄	陈廉仲	姚观顺		

据《中国人应协助美国红十字会之理由》，载广州《真光杂志》第十七卷第十号，一九一八年五月十五日出版

与李煜堂等联名介绍牙科精医
李瑞生君来沪设诊广告

（一九一八年六月一日）

李君瑞生前留学日本东京齿科医学专门学校，学成归国后，在广州城马鞍街设疗齿所，求治者莫不奇功立奏。今者增设医所于上海北四川路虬江路二号，以便患牙者知所问津焉。仆等深知李君诚牙医中之精医者也，故特用为介绍。

赠脱患牙：每晨十时至十二时。

专门镶牙、医牙、补牙、续牙、洗牙；

全副金座、全副银座、金银胶座、金银桥牙；

包医牙疳、牙痛。

孙中山　李煜堂　胡汉民　欧　彬　汪精卫　朱焯文　万应远
谭焕堂　邝富灼　黄泽生　梅华铨　刘石荪　同启

据孙中山等：《介绍李瑞生牙科医士》，载上海《旅沪广东中华基督教会月报》第十四期，一九一八年六月一日出版

与章炳麟等联名在上海举行黄兴
逝世二周年纪念祭典启事

（一九一八年十月二十四日）

本年阳历十月三十一日为黄克强先生下世忌辰，同人等谨择于福开森路三百

九十三号举行二周纪念祭典。宿草而念故人，板荡而思先烈，丹荔黄蕉极序物怆怀之会，素车白马仟大荒披发之灵。伏请在沪各界人士凡与先生有公私故谊暨崇仰先生者，届时翩临，共申盥荐。谨此奉达，恕报不周。

孙　文　章炳麟　张　继　曾继梧　戴传贤　李　锜

孙洪伊　谭人凤　蒋作宾　陈炳焕　徐少秋　何成濬

据《黄克强先生二周纪念祭启事》，载一九一
八年十月二十四日上海《民国日报》第一版

与章炳麟等联名为陈家鼎
之母邓氏大殓讣告

（一九一八年十月二十四日）

众议院议员陈家鼎兄弟等①之太夫人邓太夫人，痛于十月二十三日午前一时寿终沪寓内寝。择于今日（二十四日）午后四时大殓，谨此通告。

孙　文　章炳麟　刘人熙　谭人凤

张　继　孙洪伊　戴传贤　等代告

治丧事务所：法界宝康里三十四号

据《湖南陈母邓太夫人讣告》，载一九一八
年十月二十四日上海《民国日报》第一版

军政府劝捐通启

（一九一八年十一月八日）②

欧战发生，各国人士为战斗员者、执工程役者不知几千万人也。救死扶伤则

---

①　陈家鼎之弟家萧及其妹家英、家杰、家庆等，皆善文辞而驰名于时。

②　底本无日期。按上海《民国日报》十一月十八日报道，军政府曾于八日专门开会商议募集捐款办法，据此可推断本通启亦为同日所拟。

既有战地红十字会矣，而非伤非病讵可略而不顾者，其身体、知识、道德、志气不有以培养之，则数千万人之人格必有堕落而不振。美总统威尔逊怒焉忧之，合七团体发大心愿，拟募美金一万七千万元以为战地友邦兵工修养之资。在美国主持其事者，深望吾国民担任十万金额，共襄此从来未有之盛举。窃维吾国对德宣战，凡以锄灭强权、主持正谊也。今美国募金修养战地锄灭强权、主持正谊之兵士，保全人格，教养兼施，使战士服务而不觉其劳，战后复业而无变其旧，其殆吾国民解囊相助之时欤。

矧夫欧洲战场，固有吾中国工人在，而此次美国威尔逊总统宣布募捐缘起，亦有为华工建筑茅屋，聘任干事教授华工汉文，及办理华工书籍、报章、戏具各费，约用款四十万之宣言耶。目前欧战虽停，而战地数千万之兵工恐一年犹不能撤退，此举又乌容已。爱〔爰〕美其意，而循其请，置册分由各界以募，拟由我护法各省担任美金五万，约合毫银八万元，其余五万听其募自北方。以中国之大，而设总额一千七百分之一不能募集，吾中国之耻也；以护法各省之大，而设总额二千四百分之一亦不能募集，尤吾护法各省之耻也。邦人君子，果有重人道、联与国、灭强权、扶正谊之思者，将不爱其金，请如其量以输将！

伍廷芳　岑春煊　孙　文　林葆怿　莫荣新

林　森　吴景濂　徐　谦　伍朝枢　谨启

民国七年冬十一月

据《护法要人尽力国际友谊》，载一九一八年十一月二十五日上海《民国日报》第六版

暨众同人祭蔡济民文①

（一九一九年三月二十三日）

维中华民国八年三月二十三日，孙文等谨以清醴菜香之荐致祭于故鄂西靖国

---

① 蔡济民，早年参加日知会、共进会、文学社、同盟会等革命组织，亲历武昌起义。后反袁失败逃日加入中华革命党，任湖北革命军司令长官。一九一七年以后在湖北被孙文相继任命为鄂军总司令、鄂西靖国军总司令。一九一九年一月二日在该省利川县（今改市）被敌对势力杀害。三月二十三日孙文等在上海为其举行追悼会。

军总司令蔡公之灵：

　　呜呼！善不获祉，贞不常佑，孰谓天道，曾是悠谬。胡清之季，法密于罗，庶众沁沁，公独奋拿〔庸〕。结交卒伍，淬厉以义，感涕异懔，清辞涛泻。雷砰霆击，熛起武昌，群丑骇跳，大旆张皇。选我良士，以拨荒秽，谋如涌泉，当机无滞。四方风动，民治聿建，勋绩既丰，劳谦靡已。逆渠恣睢，跳踉燕冀，公发其辜，力亢强圉。鲲鲵既夷，蝮虺继迹，从横禹甸，以肆毒蠚。桓桓香山，号令海东，简公多能，畀讨贼任。峨峨夏汭，实钥大江，翼翼河渠，实屏南荒。惟公积勤，陵难先驱，援抱提鼓，蹈险弥锐。崒崒轻师，以扼贼亢，烂烂旌旗，屹为天障。彼豸虎者，疾公高明，因会构变，要公于危。发萃仓猝，犯难军门，义不苟辱，命毕狐鼠。委骸郊原，赍恨终古，岳圮梁摧，孰不涟洏。完公之志，责任后死，庶歆精诚，末格未止。

　　呜呼哀哉！尚飨！

据《蔡公济民追悼会纪》，载一九一九年
三月二十四日上海《民国日报》第十版

黄花岗诸烈士死难八周年祭文

（一九一九年三月二十九日）

　　维民国八年三月二十九日为大祭黄花岗诸烈士之墓之辰，余以事羁海上，不获亲扫邱草，乃命执事述意为文，以奠我诸烈士之灵。辞曰：

　　呜呼！烈士不惜涂地以膏血，以造我民国，民国未成而烈士死于民贼，民贼经烈士之创而心战胆裂，气为之丧，锋为之折，而民国以立，是以民国之造，皆诸烈士之宏力。然而烈士之愿，欲来者心贞志坚，以振我民德，张我国权，意曰如是，方慰吾烈士于九泉。今兹何时，忽忽者八年，泯泯纷纷，虎狼为群，魍魉为邻，国之为国，以私利合离，日异而月新，黩武自残，以戕杀良民，长此万恶，何以慰我烈士？烈士先余辈而亡，余辈后烈士而死，誓当竭余辈之精神，扫除恶氛，一我宏旨，然后尽余辈之责，烈士有知，当为色喜。

　　呜呼！烈士英气灵魄，临风想望，乌能忘情？念烈士之不可复见，写哀一奠，不知涕泪之纵横！尚飨！

据林森辑：《碧血黄花集》，广州一九一九年印行

广传吾党建设之主义

上海《建设》发刊词①

（一九一九年八月一日）

　　我中华民国以世界至大之民族，而拥世界至大之富源，曾感受世界最进化之潮流，已举行现代最文明之革命，遂使数千年一脉相传之专制为之推翻，有史以来未有之民国为之成立。然而八年以来，国际地位犹未能与列强并驾，而国内则犹是官僚舞弊、武人专横、政客捣乱、人民流离者，何也？以革命破坏之后而不能建设也。所以不能者，以不知其道也。吾党同志有见于此，故发刊《建设》杂志以鼓吹建设之思潮，展〔阐〕明建设之原理，冀广传吾党建设之主义成为国民之常识，使人人知建设为今日之需要，使人人知建设为易行之事功，由是万众一心以赴之，而建设一世界最富强最快乐之国家为民所有、为民所治、为民所享者，此《建设》杂志之目的也。

　　兹当发刊之始，予乐而为之祝曰：建设成功！中华民国之建设迅速成功！

民国八年八月一日

孙文

据孙文《发刊词》，载上海《建设》创刊号，一九一九年八月一日出版

---

① 孙文出于研究和宣传建设工作之需，在上海创办《建设》月刊。成立建设社并自任社长，指定得力助手胡汉民、汪精卫、戴季陶、朱执信、廖仲恺五人分担该杂志编撰业务，以胡为总编辑。

振兴实业以裕民生为今日救国之急务

上海《实业旬报》创刊祝词①

（一九一九年九月一日）

振兴实业以裕民生，实今日救国之急务也。然而凡事易于乐成，难以图始，盖行之非艰，而知之甚艰，是故提倡指导之必赖于先知先觉也。

《实业旬报》实先得我心，不禁为之喜跃，欢迎而祝之曰：先知先觉，救国救民。

孙文

据孙文亲笔《祝词一》影印，载上海《实业旬报》第一卷第一号，一九一九年九月一日出版

重书山田良政先生纪念碑文②

（一九一九年九月二十九日）

山田良政先生之碑

山田良政君，弘前人也。庚子闰八月，革命军起惠州，君挺身赴义，遂战死。呜呼！其人道之牺牲，亚洲之先觉，身虽殒灭而其志不朽矣。

民国八年九月廿九日

孙文谨撰并书（印）

据孙文亲书《山田良政先生之碑》碑文拓片，日本弘前山田顺造（山田纯三郎之子）藏

---

① 上海《实业旬报》由中华实业协会创办、出版。

② 一九一八年间，日籍中华革命党党员山田纯三郎从惠州埋葬其兄山田良政处带回一抔黄土（尸骨未获），迁葬于故土弘前。次年秋，纯三郎又在离家不远的菩提寺为其兄勒石建碑，孙文如约派陈中孚、宫崎寅藏为代表送去所撰及书之纪念碑文，并参加揭幕仪式。本碑文为重书一九一三年在东京所写者，仅有极个别文字不同，但此次碑额"山田良政先生之碑"八字则由孙文亲自书写。

山田良政君建碑纪念词

（一九一九年九月下旬）①

　　君兄弟俱尝致力于中国革命事业，而君以庚子惠州之役死，后十年而满洲政府覆。初余以乙未图粤不成，走海外，既休养数岁，党力复振。余乃使郑士良率先入惠州，余偕日本军官多人拟由香港潜往内地，君实随行。已而奸人告密，不得登陆，乃复往日本，转渡台湾。时台湾总督儿玉氏②以义和团乱作，中国北方陷于无政府状态，则力赞余之计划，且允为后援。余遂令郑士良举兵。士良率众出攻新安、深圳，败清兵，尽获其械；转战于龙冈、淡水、永湖、梁化、白芒花、三多祝等处，所向皆捷；遂占领新安、大鹏至惠州、平海一带沿海地，以待余与干部人员之入与武器之接济。不图惠州义师发动旬日，而日本政府更迭，新内阁总理伊藤氏③对中国方针与前内阁异，则禁制台湾总督不得与中国革命党通，又禁武器出口及日本军官投革命军者，而余内渡之计划为之破坏。遂遣君与同志数人往郑军报告情形，饬其相机便〈宜〉行事。君间关至惠，已在起事后三十余日矣。士良所部连战月余，弹药告尽，而集众万余人，渴望干部、军官及武器之至甚切。忽得君所报消息，不获已，下令解散，间道出香港，随者犹数百人。而君以失路为清兵所捕，遂遇害。盖外国义士为中国共和牺牲者，以君为首。

　　论者皆曰惠州之无功，非战之罪，使日本政府仍守前内阁方针，则儿玉氏不至中变，即不为我援助，而武器出口及将校从军者不为禁制，则余内渡之计划不破，资以利器，设有知兵者为之指挥，方其时士气方张，鼓行而前，天下事宁复可量；而革命军无此挫折，则君断不以不幸而被戕，抑不待论。然而君曾不以政府之忻厌为意，衔命冒险，虽死不辱，以殉其主义，斯真难能可贵者。

　　民国成立七年，君弟纯三郎始以君骨归葬，今复为君泐石以示后人。君生平

---

　　①　本建碑纪念词系孙文应山田纯三郎之请而作，日期不详。估计与上篇重书纪念碑文的时间相去不远，故酌为九月下旬。

　　②　儿玉源太郎。

　　③　伊藤博文。第四次伊藤内阁成立于一九〇〇年十月十九日。

行谊，君之亲族、交游能述之，无俟余言。余重惜君，故独举君死事本末表而出之，更为之祝曰：愿斯人为中国人民自由奋斗之平等精神，尚有嗣于东国！

○○年○○月○○日

孙文

据孙文书写碑文原稿，台北、中国
国民党文化传播委员会党史馆藏

太平洋海权问题关乎中国之生存

姚伯麟著《战后太平洋问题》序

（一九一九年九月）

何谓太平洋问题？即世界之海权问题也。海权之竞争，由地中海而移于大西洋，今后则由大西洋而移于太平洋矣。昔时之地中海问题、大西洋问题，我可付诸不知不问也，惟今后之太平洋问题，则实关于我中华民族之生存、中华国家之运命者也。盖太平洋之重心即中国也，争太平洋之海权即争中国之门户权耳。谁握此门户，则有此堂奥、有此宝藏也。人方以我为争，我岂能付之不知不问乎？姚伯麟先生有鉴于此，特著《战后太平洋问题》一书，以唤起国人之迷梦，俾国人知所远虑，以免近忧焉。其救国之苦心良足多也，故喜而为之序。

中华民国八年九月

孙文

据《战后太平洋问题》，载吴拯寰编校：《中山
全书》（亦名《孙中山全集》）第四集"序文"，
上海，三民图书公司一九二五年十月付刊

体育之技击术于强种保国关系至大

陈铁生编《精武本纪》序①

（一九一九年十月二十日）

　　自人类日进于文明，能以种种经验资用器具，而抵抗自然。至于今日人智所发明者，几为古人梦想拟议所不到，盖云盛矣。然以利用种种器具之故，渐举其本体器官固有之作用，循"用进废退"之公例而不免于淘汰，此近来有识者所深忧也。

　　慨自火器输入中国之后，国人多弃体育之技击术而不讲，驯至社会个人积弱愈甚。不知最后五分钟之决胜，常在面前五尺地短兵相接之时，为今次欧战所屡见者。则谓技击术与枪炮、飞机有同等作用，亦奚不可？而我国人曩昔仅袭得他人物质文明之粗末，遂自弃其本体固有之技能以为无用，岂非大失计耶！

　　我国民族，平和之民族也。吾人初不以黩武善战策我同胞，然处竞争剧烈之时代，不知求自卫之道，则不适于生存。且吾观近代战争之起，恒以弱国为问题。倘以平和之民族善于自卫，则斯世初无弱肉强食之说。而自国之问题不待他人之解决，因以促进世界人类之平和，我民族之责任不綦大哉！《易》曰："慢藏诲盗，冶容诲淫。"《孟子》曰："人必自侮，而后人侮之；国必自伐，而后人伐之。"此皆为不知自卫者警也。

　　精武体育会成立既十年，其成绩甚多，识者称为体魄修养术专门研究之学会。盖以振起从来体育之技击术为务，于强种保国有莫大之关系。推而言之，则吾民族所以致力于世界和平之一基础。会中诸子为《精武本纪》既成，索序于余，余嘉诸子之有先知毅力不同于流俗也，故书此与之。

中华民国八年十月二十日

据陈铁生编：《精武本纪》，孙文序，上海，一九一九年冬精武十周年纪念出版

---

　　①　孙文于上海的精武体育会成立十周年纪念之际，受聘为该会名誉会长，前往参观时亲笔题赠"尚武精神"横匾，并为该会出版的《精武本纪》一书作序。该会原系著名武术家霍元甲一九〇九年创办的精武体操学校，翌年改名精武体育会，另设分会于广州、武汉、厦门等地。

与孙洪伊等联名发起黄兴逝世三周年公奠启事

（一九一九年十月二十六日）

　　谨启者：本月三十一日为黄公克强三周年讳辰，同人等愍国难之纷纭，痛英姿之长谢，缅怀遗烈，弥用怆心。兹定于是日上午九时至下午四时会集福开森路三百九十三号黄宅设奠公祭，以资纪念，并写哀忱。届时尚希贲然戾止，无任翘企。

孙　文　孙洪伊　唐绍仪　胡汉民

章炳麟　谭人凤　张　继　等公启

据《黄公克强三周年忌日公奠启事》，载一九一九年十月二十六日上海《民国日报》第一版

祝童洁泉七十寿诗

（一九一九年）①

　　阶前双凤②戾天飞，览揆年华届古稀。治国安民儿辈事，博施济众我公徽。王槐花照瑶觥宴，窦桂香凝彩舞衣。所欲从心皆絜矩③，兰孙绕膝庆祥晖。

据诗学研究社编：《中华民国诗三百首》，杭州，宋经楼书店一九四一年八月出版

---

　　①　童洁泉系浙江嵊东望族，其子童杭时早年留学日本时与孙文结识，加入同盟会。童洁泉生于一八四九年，一九一九年适为七十寿辰，通过童杭时请孙文作贺诗。底本未说明著述时间，因此说而酌定为一九一九年。

　　②　双凤指童洁泉二子杭时、济时，均为当时知名法学家。童济时早年加入光复会，曾在孙文领导的广州军政府担任大理院庭长、代理院长。

　　③　此处借用孔子之言抒其意："七十而从心所欲，不逾矩"（《论语》"为政第二"）。

望能研究私有制以外之社会形态

陈安仁著《社会观》序①

（一九二〇年三月一日）

陈君安仁以其所著《社会观》寄予，予不暇悉读，读其"论新旧社会财富之观念"一节，知其于吾向所主张之平均地权之义固相合也。陈君研究日深，异日必能于依私有制经营发展之社会形态以外，更有所进，则于"天下为公"之义几乎至矣。予日望之。

孙文

三月一日

据《孙总理示函》（民国九年三月一日），载陈安仁编：《革命先进的书牍》，广州，文英印刷馆一九三六年六月出版

励志合群乃吾民族首要方针

阚彦闵等纂《合肥阚氏重修谱牒》序

（一九二〇年四月上旬）

合肥阚氏，古蚩尤之后裔也。蚩尤姓阚，为中国第一革命家，首创开矿、铸械之法。因轩辕氏夺其祖神农氏之天下，乃集其党徒八十一人，精究战术，能为风雨雾霾以助战，与轩辕氏血战多年，至死不屈。轩辕氏既灭蚩尤，实行帝制，称蚩尤为乱民，加以不道德之谥号；然心畏蚩尤之神异，民心之思念，乃令人图画其像，建祠祀之。至今四千余年，大河南北，祠宇尚多有存者。蚩尤子孙有以

---

① 陈安仁于辛亥前加入同盟会，参与广东光复活动，后致力于办革命刊物，并成长为一位研究社会问题和历史问题的学者。

蚩为氏、尤为氏者，有仍以阚为氏者，历代多好义尚武之士。如齐之阚止、后魏之阚爽、唐之阚稜、元之阚文兴，及吴越钱氏之阚璠，皆特起草莽，铮铮史册。即文学昭著之阚泽、阚骃，亦多赞襄武功。之朝之事，盖皆能不失其远祖蚩尤氏雄迈忠实之流风焉。

　　合肥一族，于元季迁自江南，五百年来，丁户逾千，男女皆悉力耕织，老幼咸秉其礼教。其秀者率修文讲武，不甘以庸众自限。近又自办学校，议立族规，纂续谱牒，储集公产，自治精神卓然为一乡模楷。阚君兰溪从余治军有年，劳于国事，口不言功，有冯异大树之风。顷偕其族人容甫、霍初、楚卿、调伯、震球诸君，呈其新纂谱稿，请为弁言。余欣然嘉许，且谓之曰：励志、合群二事，吾民族首要之方针也。今诸君一心以改良风俗为任，注意教育，组合群力，皆为民治最优厚根柢，又能守其祖先发愤自雄、百折不挠之心志，以出而效力于国家，则将来阚氏之立功业于宇内，著勋绩于史册，必能接踵而起，为世钦仰。余不禁翠然望之，而愿有所助力尔！

中华民国九年四月上浣

南海孙文叙于沪上行馆

　　　　　　　据《孙中山先生之遗文》，转录阚彦闵等纂《合肥阚氏重修谱牒》（民国十年木活字本）卷一孙文序，载上海《国闻周报》第十卷第三十一期，一九三三年八月出版

与唐绍仪联名证明伍廷芳投呈应诉状属实[①]

（一九二〇年五月二日刊载）

余等已将上文读过，特为证实所载各节均属的确无讹。

孙逸仙　唐绍仪

据《不堪回首之西南伟人》，载一九二〇年五月二日天津《大公报》

余健光不朽之奋斗进取精神

胡汉民撰《余健光传》序[②]

（一九二〇年五月七日）

健光之死也，民党知与不知者皆为叹伤，以谓使天假之年获竟其志，其所造当什百倍于今日也。

惟健光则固以奋斗而死，自有志于革命以来，真所谓一息尚存，未尝少懈者。其生平自揆，亦曾无成败利钝之见，故不问健光所已建树于国家社会者奚若，而即此奋斗进取之精神，已足以移传于多数后起之青年而不朽。我知健光无复遗憾矣！

健光与同志助英士多年，英士多病，健光独强健年少。顾英士不死于病而死

---

①　一九二〇年三月，广州军政府严重分裂，总裁兼财政总长伍廷芳携带关余款出走上海。四月中旬，来自广州的军政府议和代表章士钊在上海公共租界会审公廨指控伍廷芳携走款项系属非法。伍廷芳旋即投呈应诉状于会审公廨，内含"（一）余现为中华民国军政府之财政总长兼充由合法国会产生之军政府政务会议总裁之一；（二）余为军政府之财政总长，故应得掌握该军政府所有之一切款项；（三）章士钊在本公堂控告伍廷芳案禀词内所指之款项系军政府所有；（四）上述之款项系交余保管，俾免被广州之自私自利腐败之官僚及武人任意滥用"等共计十七条内容。曾同为军政府总裁的孙文和唐绍仪，特于此应诉状（即证明词中所称"上文"者）末后签字证明以支持伍廷芳。

②　余健光，四川彝族人，留学日本时加入同盟会，反袁时期任中华革命党总务部第一局局长，并随同该部部长陈其美潜入上海活动。孙文在广州建立军政府后，委任余健光为湘西靖国军前敌总指挥，屡立战功，一九一九年五月在上海病逝。胡汉民特作传褒扬之。

于敌，健光不死于敌而死于病，均出常人预测之外。然努力于其所职志，终以生命为之牺牲，则其死一也。因览汉民所为健光传，爰书数语以示吾党。

民国九年五月七日

孙文识于上海

据《先烈余健光荣哀录》所载孙文撰《〈余健光传〉序》铅印原件，台北、中国国民党文化传播委员会党史馆藏①

此书可引导国人远大之志

谢彬著《新疆游记》序②

（一九二〇年七月二十六日）

古人有言：大丈夫当读万卷书，行万里路。予亦尝勖同人曰：有志之士当立心做大事，不可立心做大官。今读谢君晓锺之《新疆游记》，行路四万六千余里，记载三十万言，述其足迹所经、观察所及，以饷国人。使知国境之内，尚有此广大富源未经开发者，可为吾人殖民拓业之地，其兴起吾国前途之希望，实无穷也。

夫自民国创建以来，少年锐进之士多汲汲于做大官，鲜留心于做大事者。乃谢君不过财部一特派员，正俗语所谓芝麻、绿豆之官耳。然于奉公万里、风尘仆仆之中，犹能从事于著述，成一数十万言之书，以引导国民远大之志，是亦一大事业也。如谢君者，诚古人所谓大丈夫哉，亦吾所钦为有志之士也！读其书毕，因喜而为之序。

民国九年七月二十六日

孙文序于上海

据谢彬：《新疆游记》，孙文序，上海，中华书局一九二三年四月印行③

---

①　另见胡汉民编《总理全集》第一集（上海，民智书局一九三〇年二月初版）所收《余健光传序》，末行则作"五月九日"，其他文字与底本完全相同，撰写日期待考。

②　谢彬，字晓锺，先后加入同盟会、中华革命党，曾奉派赴新疆省阿尔泰地区调查，详咨博采，历时十四个月（一九一六年十月十六日至次年十二月十六日），归来写成《新疆游记》一书。

③　另见上海宋庆龄故居纪念馆所藏孙文《〈新疆游记〉序》手稿，除下款仅有"孙文"二字（无作序地点和日期）外，内文与底本完全相同。

制宪久而无成咎在武人

吴宗慈编纂《中华民国宪法史》前编序①

（一九二〇年八月）

　　宪法者，国家之构成法，亦即人民权利之保障书也。四千年之帝制易为民主，于是中华民国出现于世界，民国约法亦同时产生，此四万万人民公意之表示也。是故袁世凯以洪宪奸之于前而不可，张勋以复辟乱之于后而辄败，实物之教训，亦可以戢奸雄之野心，而正邪辟之乱萌矣。惟约法以宪法制定之权委诸国会，国会制宪乃久而无成，论者或以为口实；然考其经过，则妨害撸乱、使宪法不能告厥成功者，皆为不利有宪法之人。其人即假借武力，敢为国民之公敌者也。不是之咎，而咎国会，何其妄耶？

　　吴君宗慈编民国宪法史前编既成，嘱一言以为序。夫民国九年，人民求宪法而不见，今见此书，其感慨觉悟为何似？抑吾人懔荀子群众无斗之戒，既以护法为职志，则惟有努力奋斗，期必达目的而后止。吾知中华民国宪法必有正式宣告于海内外之一日，吴君其泚笔续记之。

中华民国九年八月

孙文

据吴宗慈编纂：《中华民国宪法史》，前编孙文
序，北京，东方印刷局一九二四年二月初版印行

---

　　① 　吴宗慈，历史学家、法学家，辛亥年曾参与江西光复活动，一九一七年至广州参加孙文聚集的国会非常会议并任职于军政府，一九一九年在北京担任国会宪法起草委员会委员兼书记长，主持起草中华民国宪法。所编纂《中华民国宪法史》一书分前后二编，详记自一九一三年至一九二三年的十年间“制宪”全过程。其前编于一九二〇年成书后曾请孙文作序。

祭刘建藩文[①]

（一九二〇年九月十四日）

维中华民国九年九月十四日，护法政府总裁孙文代表周震鳞，谨以羊一、豕一、香花酒醴之仪，致祭于陆军中将、零陵镇守使刘公昆涛之灵席前曰：

呜呼！督军团造反，解散国会，破坏约法。文率海军欢迎国会入粤，开非常会议，建设军政府，誓讨国贼。当时桂系假名自主，盘踞广东，不知正义为何物。独我刘公，与二三同志，奋起零陵、衡阳之间，提挈偏师，首张义帜，宣言护法。于是海内晓然于立国根本至计，非法武人不加诛锄，真正法制民国无由实现。旬日间克衡山，复长沙，所向披靡；西路各省，乃纷起援应。

桂系乘之，驱其土匪游勇入湘，盗取联军名义，把持湘局；顿兵长沙一月，坐误戎机。公则定计让权桂人，湘军专力前驱杀贼，而岳阳遂一鼓而下矣。是时敌畏湘军如虎，望风逃遁，武汉已在掌握中。桂系则主张停战言和，百计阻挠湘军发展，深恐护法政府之成功；复多方破坏，引其奸党，出为把持；使敌援四集，反攻岳州。当湘军苦战获胜之际，桂军不服调遣，无端溃退，扰乱军心，遗累全局不可收拾，岳、长相继不守。公等百战争来之土地，尽付东流矣！义军退守衡州，北敌穷追，云集攸、醴、衡山下游。公乃决疑定计，提师回攻，约桂军居守，俟公长驱破敌。桂则背约，任意撤去后防，使公孤军陷入贼中，公乃不能不死矣。固守湘南三军，不能北进一步，西南不战不和之局成矣。

文追念公之报国捐躯，文尤不能不太息，痛恨桂贼之误我公、误湘人、误护法大业也。呜呼！公虽死于桂人，公之护法精神则永留于湖〔湘〕人。试观湘军忍饥耐困，规复全湘，使今之湖南，非北敌之湖南，非桂系之湖南，实为湖南

---

① 刘建藩，字昆涛，湖南醴陵人，同盟会员。一九一六年后，刘由日本归国在湘任职，后参加护法战争。一九一八年春，第二次南北战争起，刘首先率部反攻北军。五月初，在往南退却时，不幸于株洲落水殉难。刘的遗体先葬于醴陵乡间，一九二〇年驱逐张敬尧后，谭延闿等将刘的灵柩于九月八日运回长沙，十四日在岳麓山举行国葬，周震鳞代表孙文宣读此祭文，广州军政府追赠刘为陆军中将。

〈人〉干净之湖南，实为护法到底之湖南，实为欲竟护法全功之湖南也；则公身虽死，公之灵魂真不死矣！尚飨！

据《孙总裁祭刘故使文》，载一九二〇
年九月二十日上海《民国日报》第七版

今后西南方针

（一九二〇年十一月四日）

又闻四日下午一时。由孙唐伍三人名义。召集旅沪西南各要人及参众两院旧议员五十余人。在孙宅曾开紧急会义。孙中山伍秩庸唐少川孙伯兰王伯华均亲自出席。讨论良久。结果议决五事如下。（一）通告外交团。如中央假名统一。押借巨款。西南誓不承认。（二）由孙等四总裁名义。各派干员一人充代表。兼程赴粤。考察现在状况。以定进行。（三）顺从新潮流。废去广东督军。所有收束种种军事。归各司令负责。（四）桂军新挫势力大衰。宜电令各军进攻桂梧。以期灭此朝食。永绝后患。（五）军政府之名义与尊严。须继续维持。上述五项。已由列席者全体认可签字。即且履行云。

据《孙宅会议汇志》，载一九二〇
年十一月九日上海《时报》（五）

致函上海通信社更正日前谈话内容[①]

（一九二〇年十一月二十八日刊载）

上海通信社来函更正

本社接得孙中山先生来函云："日前贵社员来谈话，文所言是履行《马关条约》，盖此约乃首次认高丽为独立国者，而由日本发起迫中国承认者也。后日本

---

①　上海《民国日报》曾于一九二〇年十一月九日以《孙中山先生之外交谈》为题，报道八日孙文与日人所办上海通信社访员的谈话，事后孙文发现报道有错，乃致函请予更正。

乃自取消之而并吞高丽，今欲赞助高丽独立，必自履行《马关条约》始。贵社员误文言'履行'为'取消'，未免失之毫厘，谬以千里，幸为更正是荷"云云。

合亟更正，并志谦忱。

上海通信社启

据《来函》，载上海《震坛周报》（又名《震坛》，朝鲜爱国志士创办中文杂志）第八号，一九二〇年十一月二十八日出版

内 政 方 针①

（一九二〇年十二月中下旬）②

一　地方自治局

甲、调查人口

乙、拟定地方自治法规

丙、监督各地方自治机关

二　社会事业局

甲、育孤

乙、养老

丙、救灾

丁、卫生防疫

戊、收养废疾

己、监督公益及慈善各团体

三　劳工局

---

①　孙文于一九二〇年十二月七日兼任军政府内政部长（正式任命于十四日见报），此是他为该部制订的机构设置及工作概要；制订时间不详。后在军政府于一九二一年一月九日公布的《内政部官制》中，调整为该部设置土地、农务、矿务、商务四局，其他工作由内政部长及司长分管。

②　制订时间不详。据上注，可酌为一九二〇年十二月中下旬。

甲、保护劳动

乙、谋进工人生计

丙、提倡工会

四　土地局

甲、测量土地

乙、规定地价

丙、登记册籍

丁、管理公地

五　教育局

甲、筹办普及教育

乙、改良已立学校

丙、振兴高等教育

丁、改良风俗

戊、办理通俗讲演

六　农务局

甲、制造并输入机器、肥料

乙、改良动植物种类

丙、保护农民

丁、开辟荒地

戊、培植及保护森林

己、兴修水利

庚、提倡农会

七　矿务局

甲、调查矿区

乙、考验矿质

丙、草定矿律

丁、监收矿税

戊、监督官案〔业〕

己、奖励民业

八　工业局

甲、奖励民厂

乙、草定工厂法及工人卫生条例

丙、输入机器及原料

丁、监督各工厂

九　渔业局

甲、保护渔民

乙、建筑渔港

丙、改良渔船及渔具

丁、保殖渔种

十　商务局

甲、奖励国货

乙、检查国货优劣

丙、保护专利及牌号

丁、奖励海外航业

戊、监督专卖事业

己、设立贸易银行及货物保险公司

十一　粮食局

甲、管理国内粮食

乙、核定并监督粮食之输出入

十二　文官考试局

甲、普通文官考试

乙、高等文官考试

十三　行政讲习所

十四　积弊调查所

据《孙总裁之内政大方针》，载一九二
一年一月四日上海《民国日报》第三版

与唐绍仪等联名祭朱执信文①

（一九二一年一月二十三日）

呜呼！执信而至是耶？一柱颓毁，万夫咨嗟。惟君之生，钟灵河岳。濯濯须眉，崭崭头角。

君之秉德，实毗阳刚。高视阔步，不狷而狂。獬豸触邪，苔椒蠲秽。有不如意，唾若蝼蚁。

沉沉黄梦，亦越千秋。扼腕屑涕，虎睨鹰眸。揆张民权，与余同志。只手空拳，不假指臂。

崎岖粤峤，奔亡扶桑。艰难险阻，与君备尝。天命不违，卒伸民气。还我自由，廓清专制。

中更事变，又历岁年。再蹶再兴，不磷弥坚。晚顾维桑，豹屯虎穴。君曰歼旃，义旗斯揭。

气吞桂孽，目慑岑屡。国人望岁，迟君东还。荆棘锄耰，来襄义举。奈何睚眦，忽生龃龉。

虎门突兀，日黟风厉。枪急人呼，歼我良士。蚍蜉撼树，鬼蜮射影。赍志夭年，死宜不瞑。

呜呼！生死患难，最感余心。倾河注海，有泪沾襟。呜呼执信，而今已矣，朱家亡侠，缓急谁恃？呜呼执信，身殒名称，生则为英，殁则为灵。丹荔黄蕉，长与荐馨。尚飨！

孙　文　唐绍仪　伍廷芳　唐继尧

据《朱公执信哀挽录》手抄本，
广州、广东省社会科学院图书馆藏

----

① 朱执信早年加入同盟会，辛亥革命前后积极投身反清起义活动，其军事才华、文学修养及革命情操日益为孙文所赏识。"二次革命"失败后，任中华革命军广东司令长官。一九二〇年襄助漳州护法区建设，推动粤军挥师驱逐桂系，并尽力发动广东各地民军。九月二十一日赴虎门要塞调停驻军与东莞民军矛盾之际，被乱枪击中不幸牺牲。孙文对此至为悲痛，高度赞誉朱执信是"革命的圣人"。他亲身参加一九二一年一月二十三日在广州举行的追悼会致祭，并创办广州执信学校（今名执信中学）以资永远纪念。

挽朱执信文

（一九二一年一月二十三日）

嗟天道之无知兮，哲人早摧。诚民国之不幸兮，失此旷世之逸才。

早岁读书兮，既于学无所不窥；惟文章与道德兮，为朋辈所交推。

既嫉恶其如仇兮，复见义而勇为。誓以身殉我祖国兮，革命之役无不追随。

广州之战幸免于难兮，伤黄花岗荒冢之累累。满清之既覆亡兮，偕自由以来归。

民军累万兮，凭君如意之指挥。早知袁氏之不可恃兮，无以破国人之迷痴。

学问之猛进兮，君乃处亡命之时期。以文章发挥真理兮，君实为国民之导师。

护法南下兮，遂朝夕以相依。逢强寇之抵抗兮，致百事与愿相违。

自治之战争既起兮，复挺身以为先驱。虎门之坚垒已下兮，喜恢复之可期。

以一身为媒剂兮，欲调和群帅之参差。降军之反复无常兮，痛长城之崩颓。

生物莫不有死兮，君之死则举世所共悲。山川变其颜色兮，日月失其光辉。

世界之奇才必早死兮，若文学界之摆伦①，物理学界之赫支②，音乐界之苏伯特③，政治界之拉沙儿④，前例既历历可举兮，世称为自然界之忌才。

惟君之死乃以身殉祖国兮，树永久之模范于将来！

孙文

据《朱公执信哀挽录》手抄本，广州、广东省社会科学院图书馆藏

---

① 今译拜伦（1788—1824），英国浪漫主义诗人。

② 今译赫兹，全名为亨利希·卢道夫·赫兹（1857—1894），德国物理学家。

③ 今译舒伯特（1797—1828），奥地利作曲家。

④ 今译拉萨尔（1825—1864），德国工人运动中的机会主义派别首领。

人材蔚起国势振兴实赖教育

菲律宾碧瑶埠爱国学校落成典礼祝词①

（一九二一年一月二十三日）

　　嗟夫！廿世纪之国民，一科学互竞之国民也。国于今日，而弗克俾其青年学子循途齐轨，作而育之，则国民可安事此尸居余气之当局为哉？我国年来神奸攘政，盗财垂罄；戎车屡警于通衢，弦诵斩然于四境；少数青年之犹得苟且学问者，不远涉重洋，问业于异邦之学校，即因陋就简，负笈于外人教会，以教为用之学科，学风不昌，文化阻塞，于以欲企图人材之蔚起，国势之振兴，亦戞戞乎难乎！本党海外菲律宾碧瑶埠支部同志，有见及此，毅然起而振之。经营拮据，煞费苦心，历时两载，遂庆厥成，定其名曰"爱国学校"。盖将以作育吾国侨菲之青年子弟，由非途轨进，而为他日研钻高深之学科，以与世竞，抑以供献祖国也。语云：椎轮实大辂之始，则于其落成典礼也，能不致其最大之属望于未来者耶？是为祝。

孙文祝

据上海《中国国民党本部通信》第六
十期，一九二一年一月三十一日出版

---

① 碧瑶（Baguio），当时美属菲律宾第三首府。

商民协会须节制资本主义

广州特别市商民协会成立祝词

（一九二一年一月）①

一九一七〈年〉以后的社会，不是不要商人，只是不要亚当·斯密②理论指挥的商人。商民协会是国民党民众体〔团〕体之一，其认识、其思想以及在市场上的行为，当然是共利的而非自利的，当然是节制资本主义而非资本主义的。

据孙文：《祝词》，载广州《商民月刊》第一期，一九二七年十月刊行

中国国民党全美洲同志恳亲大会祝词

（一九二一年二月）

芸芸众生，原属平等，合群互助，生存之本。强权竞张，公理斯泯，种种阶级，为进化梗。

西方民族，猛起于前，争自由战，奋斗百年。东陆同胞，尚在倒悬，不有先觉，谁与救援？

巍巍我党，顺天应人，大业富有，盛德日新。肇迹兴中，发祥美洲，东西南朔，声应气求。

光复旧物，改建共和，鼎新之力，吾党独多。九载以还，丧乱频纪，吾党牺牲，不知凡几。

---

① 底本未说明日期。按：孙文于一九二〇年十二月七日兼任军政府内政部长，不久为该部设置十二局二所。后来在次年一月九日公布的《内政部官制》中，该部精简机构，仅设土地、农务、矿务、商务四局。据此，商民协会当是精简机构后由商务局所建立，酌为一月。

② 亚当·斯密（Adam Smith），英国经济学家；其著作《富国》（*An Inquiry into the Nature and Causes of the Wealth of Nations*），严复中译本名为《原富》，今译《国富论》或《国民财富的性质和原因的研究》。

百夫扶拾，自强不息，再合大群，同心勠力。多方多士，济济一堂，磁吸电感，斯道大光。

苍苍青天，皎皎白日，烈烈赤云，洪潮四激。金山在望，共申盟誓，只进一辞，同人万岁。

孙文暨本部同人谨祝

据《中国国民党全美洲同志恳亲大会祝词》（十年二月），
载南京《中央党务月刊》第七期，一九二九年二月出版

巴达维亚《天声日报》出版祝词①

（一九二一年三月一日）②

大汉天声，轰腾寰宇。文化既敷，被之南暨。我党主张，巤揭三民。曰维民族，胞与会宏。发展民权，人群自治。畅遂民生，群生乐利。惟笔与墨，时用宣传。斯民觉牖，勖哉维贤。

孙文（总理之印）

据《七年前之回顾》"孙总理祝词"原件影印，载
《天声日报七周纪念》，巴达维亚，一九二八年出版

日中关系改善论

（日 译 中）

（一九二一年三月）

关于日中关系，最近渐渐出现两国国民相互谅解的倾向，实是令人高兴的现

---

① 巴达维亚（Jakarta），今译雅加达，当时为荷属东印度（Dutch East Indies）首府。《天声日报》于一九二一年三月一日在巴达维亚创刊，约请中国国民党总理孙文撰一祝词在该报创刊号上登出。

② 底本编者称这篇祝词写于一九二〇年，此处所标是祝词的正式刊布日期。

象。日本人历来富于国家观念，往往暴露出其排外的倾向，而我们中国人希望对各友邦一律亲善，不认可只特别亲日、亲美的见解。但根据人文地理关系，日中两国较之其他国家，可以更亲密一层。然而事实与此相反，过去十年间，两国关系事事隔膜疏离。姑且不论其原因，刻下的问题是如何做才可以改善两国交往，保持善邻的友谊？

关于这一点，我的意见是，日本抛弃一贯那种对中国的政略企图，而专注致力于中国的经济设施。换言之，就是不要使用施恩图报的计策，而是以商业道德为基础，在此基础上实现日中两国国民的经济提携。据此应认可日中两国实业家接触的必要性。日本政府承受着从前滥发政治图谋的借款的余弊，发布关于对中借款作茧自缚的宣言，这使纯粹的经济投资也一概蒙受影响。对此，我敦促日本实业家觉醒，对中投资绝对不应有政治图谋、双方资格对等、以中国国民的幸福为基本出发点，这三点是绝对必需的。

据《孫文の日支関係改善論》，载东京《外交时报》第三九三号，一九二一年三月发行（马燕译）

日文原文见本册第627—628页

附载：军政府秘书厅宣布孙文当选
中华民国大总统及就职日期之通告

（一九二一年四月二十二日）

准国会非常会议议决《中华民国组织大纲》，并依大纲第二条选出孙文为中华民国大总统，兹定于五月五日在广州就职，应由秘书厅先行通告。

据《孙大总统定期就职》，载一九二一年四月三十日上海《民国日报》第三版

黄花岗七十二烈士殉国十周年祭文

（一九二一年五月六日）

中华民国十年五月六日，为黄花岗七十二烈士殉国十周之期，大总统孙文谨

以清酌庶馐，致祭于烈士之灵曰：

呜呼！青山之泪，碧血之灵，一日之变，千秋之心。昔者胡虏，入此室处，操仗以兴，为我与汝，为虫未殛，为牛虽瘠，贼臣助之，乃延残息。

时维义师，斩木揭旗，鸥鹗厉吻，无枝可依。镇南泥封，黄岗云重，三十三年，落花如梦。爰及咨诹，爰修戈矛，有事天下，宜取其酉。

巉巉百粤，如虎之穴，表里山河，可以立国。孰为吾俦，九州之尤，夺门而入，破釜沉舟。穷巷血浴，大堤内薄，七十二人，成此一局。

呜呼哀哉！白骨嶙峋，或践以登，十年之内，狸鼠成村。呜呼哀哉！昔尝相语，生死与俱，念我中年，或先于汝。

今来汝前，墓草芊芊，兴复之责，乃集我肩。大盗善终，小盗以起，孰整师干，以狝以薙。是非失据，理义不扬，孰为文章，以纪以纲。

呜呼！白马潮来，生增易逝，黄花春老，应许重开。尚飨。

据《孙总统祭黄花岗烈士》，载一九二一年五月十七日上海《民国日报》第三版

附载：马君武奉孙大总统谕复易培基表彰其弟易白沙函①

（一九二一年六月底七月初）②

培基先生鉴：

来书呈大总统阅悉。奉谕"易君白沙，志切报国，蹈海而死，遗蜕渺然。前

---

① 易白沙系易培基胞弟，兄弟两人均曾参加辛亥革命，且才名远播。易培基民初在湖南省公署任秘书长，又是著名的教育家、文物典籍专家。易白沙则曾在大元帅府任孙文秘书，五四时期成为新文化运动健将。孙文高度评价易白沙所著《帝王春秋》一书的反专制主义价值，认为它"从历史事实唤起知识阶级诛锄独夫民贼，可谓严于斧钺矣"。孙文渴望他能相助革命宣传工作，一九二一年春两次函邀，谓："弟甚欲得一能文者与共昕夕，以素所怀抱主义、政策见之文章，勒为条教，不审能助我否？"孰料当时易白沙正热衷于效法荆轲"以戎杀贼"的暗杀手段，只身潜赴北京活动未果，又南下广州谒见孙文求助。孙劝其"暂留广州著文"不听。易因绝望而厌世，于是年端午（阳历六月十日）乘渡船赴明代名儒陈献章故里新会县陈村，蹈海自尽。

② 原函未署时间，但胡汉民（时任中华民国政府总参议兼文官长、中国国民党本部政治部长）在是年七月三日致函易培基，称"前两日已由秘书长马君武以中山总统之意复左右"，可知马君武之函当在六月底七月初发出。

曾派员寻求遗尸，久未能得。在死者之自杀，固以形骸为赘瘤；而国家扬烈表忠，务有以妥英灵，而资激劝〔励〕。万一遗尸难获，即拟葬其衣冠，建亭树碑，永留纪念。俾与梅花孤冢同，足起后人凭吊之思"等因。特达。此颂

大安

秘书长　马君武

据邢建榕：《陈独秀等为易白沙蹈海致易培基
函》，载北京《历史档案》一九八四年第三期

宜先治琼为粤矜式

琼崖国民党办事处成立会祝词①

（一九二一年七月七日刊载）

维彼珠崖，宅于天南，是称乐国，民阜蕃罩。绾毂全州，厥有海口，轮轨所交，财用斯阜。满清失政，人苦无鸠，谋生域外，万千其俦。炎热荒区，产丰民窳，代发其藏，筚路蓝缕。返哺母国，汗血之劳，逐和长胤，垗广惠潮。实逼他族，屡纪不竞，爱国合群，习为天性。

自我倡议，革除旧污，创建共和，种魂以苏。惟兹侨士，同盟约誓，中更丧败，不懈益厉。吾党揭橥，时曰三民，首正族类，张权厚生。将举岭峤，为天下则，宜先治琼，为粤矜式。群黎杂处，狉獉未祛，令彼同他，协吾步趋。人智渐张，实施自治，举措兴革，悉本民意。重辟物产，以阜其财，公诸大群，无有偏私。三民苟行，太平将见，北纽西兰，万邦交羡。曰华胥国，或乌托邦，弹指涌现，吾党是宗。为山九仞，始基蒉土，勖哉君子，勉为建树。

据《孙先生对于琼崖国民党开成立会之祝词》，载一九
二一年七月七日星加坡《新国民日报》第六页

---

　　① 经中国国民党总理孙文委任，着琼崖（海南岛别称）籍国民党员王斧、陈善、邢诒晒返梓建立国民党广东支部第二办事处，假座海口五邑会馆开成立会，孙文撰祝词致贺。其中，王斧早年与孙文结识并加入同盟会，在海外多家革命报刊担任主笔颇享盛誉，民国后曾被粤督胡汉民任为琼崖安抚使，被孙文委以筹划琼崖改省事宜。

政治理想与智识实为学生要素

越南堤岸《中法学生》弁言

（一九二一年七八月间）①

越南中法学校学生以该校杂志社将发布特刊，来书索余弁言。越南余旧游地也，而中法学校又为余凤所称许，余可无一言以为诸君告乎？顾中法学校成立之历史，学生之成绩，与夫学校规模应如何扩充，学科应如何改善，观第一期杂志所载，蔡元培、陈肇琪、程祖彝诸君言之綦详；又览诸君所为文，则关心侨胞教育有人，以宣传新文化为己任者有人，学成归祖国效力者亦有人，志愿宏而识见远，无俟余言矣。

虽然，诸君亦知自身之责任尚有未尽者乎？在诸君之意，以为今日当学生时代，苟能尽心求学，以宣传新文化为事，即已尽吾天职，不问其他；甚或以国中高谈政治、空言无补者为殷鉴，宁甘独善，不问政治。若果如斯，未免大误！夫在学生时代，政治虽若与己身无关，而政治之理想与智识实为学生要素，乏兹要素，而谓将来能救国者，未之敢期也。昔者日本未维新以前，伊藤博文、井上馨等留学欧洲，科学以外并悉心考察政治，故归国后卒能使日本成维新之业，为东亚之雄。瞻彼前哲，实为我师。特在学生时代而研究政治不可无一定标准，非然者，鲜不望洋而兴叹。今可为诸君研究之标准者维何？固莫三民主义与五权宪法若矣。

余为学生时即研心于此，年来旧学商量，益加邃密。关于此二者，曾演讲多次，热心之士已将其印成小册，散布海内外，度诸君必已见之。望于课余取而加以研究，尤望诸君知现在与将来之祖国，非以此二者为药石不为功。树信仰之心，持坚决之志，则祖国有赖于诸君，诸君亦不致有负祖国矣。

抑余犹有言焉，余所提倡之三民主义，今所达目的者不过民族主义，而民权、

---

① 此弁言无日期，惟该期杂志的其他多人题词，均署于一九二一年七月或八月所作，则本篇谅必亦在此期间所撰。

民生则尚有待也。且民族主义亦仅达到推倒满清一部分，若夫融五大民族为一炉，成一大中华民族，比于不列颠、美利坚则时期尚早，而未逮焉。五权宪法亦然，虽信其良法者大不乏人，然非廓清军阀、统一告成之后，殊难实行。此则愿与少年英伟如诸君者，共相努力也。

据越南堤岸《中法学生》第二期，一九二一年十二月出版

林修梅逝世讣告^①

（一九二一年十月十五日）

林公从戎廿载，为国勤劳，辛亥、丙辰，覆满讨袁，屡建奇绩。六年护法之役，首义衡阳，身经百战，尤著殊勋，尽瘁国家，染疾遽终，同深悼痛。

据阮观荣等：《林修梅将军》，长沙，
湖南人民出版社一九八八年六月出版

附载：大本营参军处奉大总统令关于出发桂林时间的通知

（一九二一年十一月十二日）

奉大总统令：定于十一月十四日大本营全部出发桂林，所有随从出发各员务于十三日晚由石码头上船，十四日早开船。为此通知，希即查照。

此致
某某先生

参军处启
十一月十二日

据《总统赴桂林后之军信》，载一九二一年
十一月二十一日上海《民国日报》第三版

---

① 林修梅，字浴凡，系林伯渠之兄。一九二一年十月十五日因患牙疾感染，医治无效，病逝于广州，年仅四十二岁。对此，孙文异常痛悼，乃发讣告，并在当天即下令命陆军部从优议恤。

咨请国会非常会议议决林修梅举行国葬文[①]

（一九二一年十一月十八日）

为咨行事：

代理总统府参军长、参议、陆军中将林修梅，于本年十月十五日在职病故。六年护法之初，该故代参军长与刘镇守使建藩首举义旗于衡阳，西南诸省相继响应，国家命脉赖以不绝。本大总统就任后，令其代理参军长，方冀长资依界，共济幽艰，不图遽以疾殒。其首义殊勋，理宜崇报。查刘故镇守使建藩，业经国会议决，举行国葬典礼在案。该故代参军长系与刘故镇守使同有殊勋于国家，自应依国葬法举行国葬典礼，以昭崇德报功之意。为此咨请贵会议同意，请烦议决施行。

此咨
国会非常会议

孙文

伍廷芳代行

中华民国十年十一月十八日

据《总统咨请国葬林修梅》，载一九二一年十二月一日上海《民国日报》第三版

祭蒋中正之母王氏文[②]

（一九二一年十一月二十三日）

维中华民国十年十一月二十三日，孙文谨以清酌之仪，致祭于蒋太夫人之灵前曰：

---

① 国会非常会议于是日收到大总统孙文咨文后，当天议决同意为林修梅举行国葬。
② 是日，孙文派陈果夫为代表前往致祭。

呜呼！文与郎君介石游十余年，共历险艰，出入死生，如身之臂，如骖之靳，朝夕未尝离失，因得略识太夫人之懿行。太夫人早遭凶故，恩勤辛苦，以抚遗孤，养之长，教之成，今皆岩岩岳岳，为人伦之表率，多士之规模。其于介石也，慈爱异常母，督责如严师，裁其跅弛，以全其昂昂千里之资，虽夷险不测，成败无定，而守经达变，如江河之自适，山岳之不移。古有丸熊画荻，文闻其语，未见其人；及遇介石，识其根器之深，毓育之灵，乃知古之或不如今。幸而见于今，复不令其上跻耄耋，长为闺壸之仪型，是非特郎君辈所悼痛，亦足令天下闻之而失声。

呜呼哀哉！尚飨。

据《孙大总统祭蒋太夫人文》墨拓影印，载南京《江苏革命博物馆月刊》第二卷第五号，一九三〇年十二月出版

在桂林开军事会议通知

（一九二一年十二月十六日前）

孙宣布铣日①在桂林开军事会议，并电华商印务局续印一元纸币五百万元，年内先交百万，以备军用。

据《上海快信摘要》，载一九二一年十二月十九日长沙《大公报》

祭林修梅文②

（一九二一年十二月十八日）

惟中华民国十年十月十五日，陆军中将总统府参议代理参军长林君浴凡病殁

---

① 韵目"铣"代表十六日。
② 致祭林修梅（号浴凡）追悼会于是日在广州举行，因其时孙文往桂林督师北伐未能出席，派陆军部次长程潜代表到会宣读诔文。

于广州，出师未捷，遽殒干城。呜呼痛哉！十二月〈十〉八日广州诸同志设位追悼，本大总统特派陆军部次长程潜，敬谨致祭于浴凡之灵，并为文以诔之。诔曰：

唯君之生，曼珠方恣，翳君之逝，国难未已。君之一生，艰难历史，宝剑长埋，英雄何恃。君始从戎，志切西封，谋抗充因，彼皆如聋。发张愤楚，辛壬之际，茧足三湘，功存经制。国有元凶，醢凤贼龙，空山伤足，东海栖踪。

济济平社，助予同功，护法讨贼，转战千里。三度衡阳，屡仆屡起，岳云昏昏，湘流沄沄。振臂一呼，鼓声不死，疮痍载途，民亦劳止。律如秋霜，壶浆咏喜，惟食如货，为民之天。豪强抢夺，人乃颠连，君目如炬，其论蔼然。军人宝筏，仁者之言，政府草创，祭酒军谋。

方赖明达，宏我远猷，溘然长逝，何不少留。天湖此醉，抑予之尤，我不遑宁，驾言西适。挞彼群凶，以安四国，徒御戎行，君方绵缀。语出呻吟，不忌跋涉，以此励军，士气弥炽。君志必成，我行未已，靖国弭兵，君固不死。呜呼哀哉！尚飨。

据《林上将修梅追悼会纪》，载一九二一年十二月二十五日上海《民国日报》第六版

继承先烈遗志为国奋斗

邹鲁编《黄花冈烈士事略》序①

（一九二一年十二月）

满清末造，革命党人历艰难险巇，以坚毅不挠之精神与民贼相搏，踬踣者屡，死事之惨，以辛亥三月二十九日围攻两广督署之役为最，吾党菁华付之一炬，其损失可谓大矣。然是役也，碧血横飞，浩气四塞，草木为之含悲，风云因而变色，全国久蛰之人心乃大兴奋，怨愤所积，如怒涛排壑不可遏抑，不半载而武昌之大革命以成。则斯役之价值，直可惊天地泣鬼神，与武昌革命之役并寿。

---

① 《黄花冈烈士事略》一书原于一九二二年夏付印，未及装订而陈炯明兵变发生，至一九二三年回粤后始出版。后该书续版时改名为《广州三月二十九革命史》。

顾自民国肇造，变乱纷乘，黄花冈上一坏〔抔〕土，犹湮没于荒烟蔓草间。延至七年始有墓碣之建修，十年始有事略之编纂。而七十二烈士者，又或有纪载而语焉不详，或仅存姓名而无事迹，甚者且姓名不可考，如史载田横①事，虽以史迁②之善传游侠，亦不能为五百人立传，滋可痛已！

邹君海滨③以所辑《黄花冈烈士事略》丐序于予。时予方以讨贼督师桂林，环顾国内贼氛方炽，杌隉之象，视清季有加；而予三十年前所主唱之三民主义、五权宪法为诸先烈所不惜牺牲生命以争者，其不获实行也如故，则予此行所负之责任尤倍重于三十年前。倘国人皆以诸先烈之牺牲精神为国奋斗，助予完成此重大之责任，实现吾人理想之真正中华民国，则此一部开国血史可传世而不朽。否则不能继述先烈遗志且光大之，而徒感慨于其遗事，斯诚后死者之羞也。

余为斯序，既痛逝者，并以为国人之读兹编者勖。

中华民国十年十二月

孙文

据邹鲁编：《黄花冈烈士事略》，孙文序，广州，一九二三年九月出版④

发扬革命爱国精神彻底实行革命

中国国民党澳洲美利滨分部党所落成并全澳及南太平洋群岛恳亲大会训词⑤

（一九二一年十二月）

天下兴亡，匹夫有责。文以一介平民，当满清末造，起而革命，虽备历诸艰，然革命卒底于成。厥故何也？良以二十世纪之潮流，民治主义之潮流也。潮流弥

---

① 田横，秦末汉初人。

② 西汉司马迁以《史记》传世，故后人称他为"史迁"，意即"作史记的司马迁"。

③ 邹鲁，字海滨。

④ 该书无版权页，出版年月据编者跋。

⑤ 美利滨（Melbourne），今译澳洲墨尔本，时属英国自治领"澳大利亚联邦"（今维多利亚州首府）。底本有此训词两件，胡汉民编《总理全集》第一集所收相同。

漫于全国，吾人起而顺应时势，以推翻彼专制魔王、人民公敌，自易如反掌。譬诸水到渠成，瓜熟蒂落，事有必至，理有固然；非文有特殊异能，乃由人心趋向之所至，亦即主义最后之获胜也。

我海外同志，昔与文艰苦相共，或输财以充军实，或奋袂而杀国贼，其对革命之奋斗，历十余年如一日。故革命史上，无不有"华侨"二字，以长留于国人之脑海。今值文率师北巡，谋所以竟革命全功之时，适全澳及南太平洋群岛中国国民党有开恳亲大会之举，将以联党员之情谊，策革命之进行，于焉本互助之精神，下讨贼之决心，胥于此举是赖。文虽军书旁午，一日万几，闻讯之余，辄为之肃然起敬，欣然以喜。何敬乎尔？敬其对革命事业始终如一也。何喜乎尔？喜其不惟对革命事业能始终如一，尤能协同动作以收群策群力之效也。

诸同志勉旃！作革命事业必须彻底，如半途而中止，必养痈而贻患。故法兰西之革命也，曾经数次；美利坚之独立也，血战八年。以吾国袁世凯虽死，而现今之小袁世凯尚无数。若不亟谋根本的解决，则共和国脉必至中斩，民治主义无由实现。故不避险阻艰难，非俟澄清中原，我革命党人决无图卸仔肩之时。文本斯志，愿诸同志亦同斯志也。尤有进者：共和国家，主权在民，而现今之潮流，又在于人民自决自动〔助〕。故担当天下之大事，非异人任；吾党同志，人人皆有革命救国之责任。旷观各国革命史，无不具此深切著明之印象。诸同志居留异邦，瞻怀祖国，感外潮之激荡，谅咸知非革命不足以救危亡，即应人人皆抱匹夫有责之义。将何以起而实行革命、起而赞助革命，固与文同一责任，文所期望于诸同志者，亦至厚也。以诸同志平日爱国之热烈，再接再厉，百折不回，葆其固有之精神，再发扬而光大之，将来革命史中，诸同志之荣誉，尤必有大过于今日者，盖可断言。

恳亲会开会在即，特征训词于文，因本所见以质诸同志。虽海天万里，而精神遥相贯注，即不啻聚首一堂。愿诸同志前途努力！革命之责任，固与文暨海内诸同志共负之耳。

中国国民党总理孙文

据《美利滨分部党所落成并开恳亲大会孙总理训词》（十年十二月），载南京《中央党务月刊》第七期，一九二九年二月出版

附：另一版本

（一九二二年一月一日）

维中华民国十一年正月一日，中国国民党澳洲美利滨分部党所落成，并开恳亲大会，驰书请以一言为训。文曰：

溯自革命成功，吾党应时势之要求，为远大之组织，将谓与中华民国永保无疆之福已。顾国基初建，付托非人，袁逆叛国，帝制自为，以其所以祸国者祸吾党，于是阴谋百出，贼我元良，坏我丕基，利诱我弱者，威迫我健儿，于是有癸丑之役。文惩前之失，改造斯党，海内之士，颇引为难。然海外同志，努力坚持，未闻有因失败而自馁者。讨袁之役，美洲一隅，集款多至百万；其他各埠，莫不踊跃输将，争先恐后。忠义之俦，徒手奋呼，愿以身殉，奔集革命军旗下，转战齐鲁闽粤间，以血肉之躯与逆奴相抟〔搏〕，前仆后继，不可毕举。内地人士，闻之奋发，其鼓舞群伦，有如是者！澳洲僻处海陬，国人侨是邦者，为数亚于南洋群岛，然勤朴习劳苦，爱国爱党，出乎至诚。美利滨分部成立后，同志益自策励，协力前进，建兹宏宇，蔚然大观。诸同志任事之忠且勇，矢志之远且大，方兴正未艾也。兹者大盗窃国，毁法灭纪，举国鼎沸，莫可终日。吾海外同志回顾宗邦，蹙额疾首，其奚能已！文兴师护法，再造政府，辱承国会推戴，职居元首，当本吾党为国牺牲之志，殛彼大憝，戡乱图治，使艰难缔造之民国由文而手创，由文而中兴。嗟我同志，责任在躬，曷能旁贷？维钦维敬，毋怠毋荒。念之哉，慎厥后！于时保之，以永终誉！

孙文

据《美利滨分部党所落成并开恳亲大会孙大总统训词》（十年十二月），载南京《中央党务月刊》第七期，一九二九年二月出版

吾党牺牲之决心与互助之精神不容稍懈

全澳及南太平洋群岛中国国民党恳亲大会纪念辞

（一九二二年一月）①

　　吾党肇建，自兴中会以迄今日，廿余年矣。中间三变，始有兴中会时，党员极稀，外界压迫极大，以极少之同志，战极大之压迫，以求达最大之目的，其难可知也。自兴中会而为同盟会，则加盟者愈多，所受外界压迫较少矣。由同盟会而为国民党，人愈多，所受外部压迫更少。二次革命败后，国民党涣散，而中华革命党始生，其地位又有似于同盟会初建时，海外同志以中华革命党之精神，支持国民党之名义，以至今日。夫以人数论，则国民党初起时为最盛矣，而论其功业殆无可征。同盟会时，以人论虽少逊，而其功业概非他时代可及。中华革命党立后，庶几复其旧观。论党员结合之固，信服主义之笃，趋事之勇，兴中会之少数人已为卓绝，然而成功犹有待于同盟会，甚矣群策群力之足恃也。而其结合虽曰多多益善，其各党员相互感情之密接通洽，有如兄弟父子，实为同盟会之精神。国民党所以初见涣散，中华革命党所以能复振，亦以党员相互感情之亲疏异也。由是观之，欲以一党谋中国之幸福，先须各党员日淬励其互助之精神，而导之向于同一之目标，可无疑也。澳洲同志自同盟会时始盛，其间虽经国民党时代，亦未尝有涣散之虞。及中华革命党成立，则益猛进矣！盖将来中国之运命，系于三民主义之能否实行。二十年来，吾党志士先仆后继，百折不回，非趋一党之私，实以为中国四万万人公共利益，且以为世界平和能否实现，亦一视此。今民族主义虽略得贯彻，民权、民生之建设，尚见阙如。所以人民困苦，国势日颓，岌岌之形，不可终日，吾党责任，此后更重。牺牲之决心，互助之精神，万不容稍为松懈。澳洲党势既日隆，则党员责任心必随之日富，而以其群众之力，将有以战胜凡百困难，以入于成功之途。其坚抱三民主义而不渝，又吾所深信者。今兹恳亲大会之开，更使党员固结之精神以此益加固结，而有以复同盟会时代之旧，且

---

　　① 底本无著述时间。按：上篇文内谓该恳亲会始于一九二二年一月一日，本纪念辞则当系会后为编印纪念册而作（有此先例），故标为一月。

加亲密焉。则以今日多数同志之力所能成就，必远胜于昔者同志较少之日，而以其互助与牺牲之旨，益多致同志以趋于救国之途，此则真吾所跂而祝之者也。万里遥隔，无由列席，聊书所怀，以代颂祷。

据《澳洲国民党恳亲大会纪念辞》，载胡汉民编：《总理全集》第一集，上海，民智书局一九三〇年二月初版

北伐誓师词①

（一九二二年二月二十七日）

民国存亡，同胞祸福，革命成败，自身忧乐，在此一举。

救国救民，为公为私，惟有奋斗，万众一心，有进无退。

据《本社专电》，载一九二二年三月二日上海《民国日报》第二版

纪事诗旨在宣阐民主主义

刘成禺著《〈洪宪纪事诗〉本事注》跋②

（一九二二年三月）

今春总师回粤，居观音山粤秀楼③，与禺生、少白、育航④茗话榕阴石上。禺

---

① 此系孙文在桂林南教场粤军北伐誓师典礼上颁布的誓词。据五月十日《广东群报》报道，孙文在五月六日抵韶关后亦集合当地驻军，用同一誓词，在北伐誓师仪式上宣读。

② 一九二一年刘成禺在广州撰成《洪宪纪事诗》，请孙文作跋，陈少白代笔。次年春刘成禺决定将《禺生四唱》一书刊行，遍觅跋稿而不获，疑为上年冬总统府宣传局（刘系该局主任）遇火灾时焚毁。乃由陈少白追忆前稿重撰，局中同事冯子恭抄录，再经孙文署名付梓。此即一九二二年三月跋稿的来由。而同年四月，刘成禺竟在无意中发现家藏之文件夹存有另一份稿子，即"辛未四月"跋稿。按："辛未"系"辛酉"之误，实即一九二一年，而阴历四月多指阳历五月。

③ 当时，孙文的总统官邸在广州观音山（今名越秀山）半山腰，称粤秀楼。

④ 刘成禺（字禺生）、陈少白、马育航。

生方著《洪宪纪事诗》成，畅谈新安天会剧曲故事，予亦不禁哑然自笑。回忆二十年前亡命江户①，偶论太平天国遗事，坐间犬养木堂、曾根俊虎各出关于太平朝之东西书籍授禺生译著。年余成《太平天国战史》十六卷，予序而行之，今又成《洪宪纪事诗》几三百篇。前著之书发扬民族主义，今著之诗宣阐民主主义，鉴前事之得失，示来者之惩戒。国史庶有宗主，亦吾党之光荣也。

> 民国十一年三月
>
> 孙文跋于广州粤秀楼

> 据又文（简又文）：《总理"辛未"题跋之考订》，载上海《逸经》第七期，一九三六年六月出版

附：另一版本

（一九二一年五月）

长夏坐榕阴石上，纵谈慰庭②称帝遗事。时禺生方著《洪宪纪事诗》成，乃详述新安天会之戏，予亦不禁哑然自笑。回忆二十年前，予与禺生同客横滨，置酒山月寓楼，会犬养木堂、宫崎滔天、曾根俊虎诸友③，论洪朝兴亡之迹。曾根出所著日文《满清近世乱纪》，予亦出美人伶俐英文《太平天国》二巨册，均付禺生，纂译《太平天国战史》十六卷，予允序而行之。今更著《洪宪纪事诗》几三百篇，附载本事，蔚为大集。前者民族主义，排满清；后者民主主义，抑帝制。发扬惩戒，皆有功民国之文。建国匪易，来者其勿忘乎！

> 辛未〔酉〕四月跋于观音山之粤秀楼
>
> 孙文

> 据刘成禺：《〈洪宪纪事诗〉本事注》（一）影印原件，载上海《逸经》第五期，一九三六年五月五日出版

---

① 江户，日本东京旧称。

② 袁世凯，字慰庭。

③ 以上叙述与事实有所出入。和日友聚谈的地点在东京红叶馆，宫崎寅藏（滔天）并未与晤。

黄花岗七十二烈士殉国十一周年祭文

（一九二二年四月二十五日）

维中华民国十一年四月二十五日，当旧历壬戌三月二十九日，为黄花岗七十二烈士殉国纪念之期。本大总统谨具清酌庶馐，特派参军长徐绍桢致祭于七十二烈士之灵曰：

呜呼！臧洪遘难，轰传烈士之名；孔融捐躯，景仰男儿之节。白刃可蹈，青史难忘。苟大节之不渝，虽俎醢其奚恤？然未有丰碑屹屹，苌弘之碧血千年；青冢累累，田横之佳儿五百。如我黄花岗七十二烈士者，猗欤壮哉，不亦烈乎！共和肇兴，祸乱未已，民无宁岁，国谁与立？诸将士喋血殉身，艰难缔造之民国，至今犹在危疑震撼之中。本大总统抚今追昔，良用慨然，恨未能掬泪与诸烈士一通謦欬也。惟是国家兴亡，吾党之责，背民之贼，誓不两立。本大总统率师致讨，未敢苟安。以诸烈士之英灵，至今凛凛，犹有生气，秉此以战，幸而得克，则悲愤忧伤者有限，而精元会合，天人相庆者无穷矣。

呜呼！素车白马，见天上之灵旗；丹荔黄蕉，荐南中之佳果。生为人杰，死作鬼雄，惟诸烈士其昭鉴之。尚飨！

据一九二二年四月二十七日广州《广东群报》

中国国民党古巴同志恳亲会祝词

（一九二二年四月）

历尽艰虞，此志不懈，诚谊相孚，无分内外。

〈孙文敬祝〉①

据《孙大总统祝电》，载上海《民信日刊》，
中国国民党本部主办，一九二二年五月十九日

---

① 本行四字据南京《中央党务月刊》第七期（一九二九年二月出版）增补。

对陈炯明叛军所提议和条件①

（一九二二年六月十八日）

（一）南北统一会议开时当以孙为南方总代表；

（二）征赣广东军之军费与善后费当由广东省担负之；

（三）在广东之海军军费当由广东省担负；

（四）孙文部下之生命财产当负责保护之；

（五）未详②。

据《广东战事中之条件》，载一九
二二年六月二十一日上海《申报》

抵沪鸣谢启事

（一九二二年八月十五日刊载要点）

此次至沪，劳各界诸君连日在江〈海〉关③迎候，因风大直接由吴淞登陆，致未一一把晤，歉仄良深，特此鸣谢，诸维鉴谅。

据《孙文启事》，载一九二二年八月
十五日上海《民国日报》第一版

---

①　一九二二年六月十六日陈炯明部发动广州兵变，孙文突围登上珠江海军舰队抵抗。十八日晨叛军总指挥叶举派代表往见孙文，孙对来者提出议和条件，遭到拒绝。

②　"未详"二字系底本原有。

③　据长沙《大公报》载英国路透社十四日上海消息："孙文等乘俄罗斯'皇后'轮船于今日抵上海，租界巡捕不准孙文等〈在〉彭明登岸，遂改乘小火轮至吴淞口，再乘汽车赴上海。中国各团体及国民党〈人〉在海关码头候驾者均扫兴而归。"又十四日上海电称："孙入法租界之自宅，派代表张敬之往海关码头向欢迎者答表谢意。"《大公报》登载此启事时称："偕来沪者，如汪精卫、陈策、蒋介石、陈群、黄惠龙、陈璧君等也。"

乏知人之鉴卒以长乱贻祸

蒋介石纪录《孙大总统广州蒙难记》序

（一九二二年十月十日）

陈逆①之变，介石赴难来粤入舰，日侍余侧，而筹策多中，乐与余及海军将士共生死。兹记殆为实录，亦直其荦荦大者，其详仍未遽更仆数。余非有取于其溢词，仅冀掬诚与国人相见而已。余乏知人之鉴，不及预寝逆谋，而卒以长乱贻祸，贼焰至今为烈，则兹编之纪，亦聊以志吾过。且以矜吾海军及北伐军诸将士之能为国不顾其私，其视于世功罪何如也。

民国十一年双十节

孙文序于上海

据孙文亲笔序影印，载蒋介石（蒋中正）纪录：《孙大总统广州蒙难记》，上海，民智书局一九二二年十月初版

与马良等联名介绍徐谦先生书例广告②

（一九二二年十一月二日）

【联】 四尺以内，六元；每加一尺，递加二元。

【屏幅】 四尺以内，每幅四元；每加一尺，递加二元。

【单条】 四尺以内，六元；每加一尺，递加二元。

【堂幅、倍屏幅、横幅、全幅】 同堂幅、半幅，〈价〉同单条。

---

① 陈炯明。

② 徐谦，字季龙，清末中举人、进士，旋入京师大学堂，毕业后授翰林院编修，任法部参事，善书法，著有《诗词学》等。护法初期任孙文大元帅府代秘书长，又委为全权代表出席广州军政府政务会议兼任司法部长。本件与孙文联名之马良（字相伯），曾参加辛亥革命，系著名学者、教育家、外交家，曾创办上海复旦公学（不久改名复旦大学）并自任校长、代理北京大学校长等。

【斗方册页】【（尺方以内）纨扇、折扇】每件四元。

以上各件只署单款，若题上款或限定真书、隶书，或书来文，或书金笺，或泥金书（金自备），均加半计。代书加倍，小楷别议。

【榜书】径尺以内，每字四元；方径每加五寸，递加二元；磨墨费加十分之一。

寿屏碑文、手卷题跋及其他书件别议。

介绍人：孙　文　马湘〔相〕伯　钮永建　沈铭昌

吴　山　沈宝昌　朱履和　沈尔昌

据《徐季龙先生书例》，载一九二二年十一月二日上海《申报》

祭伍廷芳文[①]

（一九二二年十二月十七日）

维中华民国十一年十二月十七日，国人为故总长伍公秩庸于上海设立致祭，孙文谨以素馨清醴，告公陵曰：

呜呼！国运逆遭，老成有几？作贼者谁，迫公于死！昔在六年，群雄毁法；公坚却署，犹无敢劫。越溯开元，有清违拒，凭公之告，亦免漂杵。嗟彼鸱鸮，独悖于人；既眈于欲，遂噬其亲。国本之摧，梁栋先折；徒法不行，矧今法绝！缔造艰难，英俊弗少；曰有典型，皤皤元老。大勋未集，继以来兹；公为国死，痛乃无期。系国存亡，藐躬未敢。义之所在，责无能逭。我不敢死，公不欲生；愿持此志，证之冥冥。

呜呼哀哉，尚飨！

据《伍公廷芳追悼大会纪》，载一九二二年十二月十八日上海《民国日报》第十版

---

① 伍廷芳（号秩庸）年长孙文二十四岁，原为清末外交官，民国以后积极追随孙文在革命政权中担任各种要职。一九二一年五月广州成立中华民国正式政府，伍廷芳担任外交总长兼署财政总长、广东省长，并曾代行大总统职务。次年六月陈炯明叛变，伍忧愤得疾，于是月二十三日在广州病逝，享年八十一。十二月十七日在上海九亩地新舞台开追悼会，由居正代表孙文主祭，孙并亲题挽额"人亡国瘁"以寄哀思。

介绍日本名医高野太吉翁来沪授诊广告

（一九二二年十二月二十四日）

　　翁，日本九州人，幼学汉法医术，后研究西洋医学，窥破药料万能说之大误。乃苦心殚虑，考求适当于人体之食品，以助胃肠之蠕动，卒发明人工的蠕动法，应用于各种病人，无不立奏神效，翁自名其法曰"抵抗疗法"焉。

　　余之识翁，因陈英士患胃肠病，血痢四年，中外名医束手，旋以某人介绍，受翁治疗，不数月痼疾全瘳。余当时亦患胃病，延翁诊治，犹疑信参半。盖以翁主张胃病之人，忌食滋养品，宜食坚硬物，所说全与西医相反也。不期受疗未几，著效非常。据翁所说，力避肉类油质，而取坚甲蔬菜，及能排流动物之硬质食物。余依其法而行，躯体渐次康健，一旦复食原物，宿病又再丛〔重〕生，至此知翁所说全非臆造。其后七八年以迄今日，废止肉油等物，得保逾恒之健康，皆翁所赐也。

　　原来吾国人民极嗜油肉，伤害天质实不知凡几。国民身体改良，非实行高野主义不可，为余夙所倡导（详《孙文学说》第一章）。翁感于余说，思有所贡献于吾华，特提七十老躯，不辞跋涉来至沪上，开设治疗院，余亦乐为之介绍于国人。

　　翁寓美界文监师路江星旅馆，疗院尚未开设以前，暂在此授诊。求医者按址往访可也。

孙文

据《孙文介绍名医（医界革命之巨子、抵抗疗法之元祖）高野太吉翁来沪》，载一九二二年十二月二十四日上海《民国日报》第一版①

――――――――――

①　此系该广告最早见报日期，随后多次重刊，内容相同。

祝澳洲《雪梨民报》出世词

（一九二二年）①

洪维贵报，揭橥民治。风行海裔，名扬绩懿。

于兹改组，日新月异。迁地为良，规模益备。

奋励精神，宣传主义。五权实现，三民咸遂。

文字收功，国福民利。贵报前程，发达无涘。贵报运命，垂诸万祀。

谨祝《雪梨民报》出世。

孙文

据原稿照片，台北、中国国民党文化传播委员会党史馆藏

附载：张继所述孙中山之政见②

（一九二二年至一九二三年间）③

上海二十六日电，张继二十五日发表保定、洛阳、南京访问记，其所述孙氏之意见，大约为次之六项：

一、国家建设问题。中国国民全部，应具有法国革命及明治维新当时之气魄与努力。

二、国家改造有两种机关，一为合法国会，二为非常机关。目下北京国会不合法，不能得国民之尊重，其何能制定宪法？故使国会合法，为今日之急务。若并此不能，则以施行民治为标准，设立非常机关，以图解决。

三、总统问题。黎元洪三叛民国，以如此之人身居要位，为国民元气不振之

---

① 著述时间不详，此据当时澳洲华侨之革命情势酌为一九二二年。

② 张继（字溥泉）时任国民党本部宣传部长、北京支部长等职，孙文派其分别往访直系军阀首领曹锟、吴佩孚等，探讨和平统一国家的可能性。

③ 底本缺出版项，日期不详。观其内容，当发生于一九二二年至一九二三年间，据此标出。备考。

原因。总统不论为何人，须由合法国会选出。（但孙中山无做总统之意思。）

四、县民自由。省隶属中央，县由县民组织。中央与省政府为人民公仆。县之自由，为确定人民发布号令〈及〉主权之基础。县知事民选，为县自治最小限度。

五、工兵政策。清朝式驻防政策，为中国不统一之主因。故宜变兵为工，恶感一去，南北问题自见融合。

六、防止国内战争。奉直调和为目下之急务。若奉天与西南同为割据，则保定、洛阳及直隶系督军，亦为一种割据，仅五十步、百步之差，有何诉诸武力之必要？保定、洛阳、南京对此表示相当之同意，仅关于实行之手续与缓急有不同之点，无有绝对的反对。（此外附记张氏之吴佩孚感想谈，谓已得有好印象云。）

又据某方面消息，张继此次奉孙中山之命分赴保、洛报聘，已于日前〈取〉道经北京回沪。张君向中山复命，其所述如下……在洛与吴谈三民主义、五权宪法，彼极谅解，上级军官亦多赞成。至曹吴间关系之深切，两人实相依为命，无论如何，不至因离间而决裂。

据剪报《张溥泉所述孙中山之意见》，
广州、广东省社会科学院图书馆藏

天下一家与家族自治

詹映奎等修纂《五修詹氏宗谱》序

（一九二三年一月）

同志詹大悲以其族启光、启全祖及大三祖支下续修家乘，征余言弁。

余曰：夫天下一家，则人不独亲其亲、子其子，是世之极治也。抑自治非臻于是，则亦不足以言其至也。欧政使国与民相系而不离，某居、某婚、某生殁、某何业、逮财若干，公之籍各具，无或取征于家。其为家也简，二世以上恒异处。人视其族，亦恒不独亲，是去极治乃甚修，而于国之治，为能范围其民而不涣者也。吾国家天下数千年，群之事不备于有司，家教而族约以为一家，有人事业、文章可传者，官史或不具，惟家乘所详，视官史且信。若里居、生殁、婚异，凡

为群之状，非家乘一无所稽焉。是为政之敝，而固无谬于自治之意也。

吾党主义三，民族主义冠焉。民族惟独立并存，各贡其工作之值于世界，然后可使进化同程，以共趋于极治之域。今欲甲乙或丙无强弱不更为敌，异昔之人相食，则必先使之各去敌意而互谋亲爱，是故积民族之亲，则一人类之非敌也；积家族之亲，则一国一民族之非敌也。余稽詹氏先代时，有人能为天下之人尽瘁，今兹家乘之作，其将于是萃族人谋所以光大先烈者，而姑以亲亲之事为之嚆矢也。其进而革民族相食之陋也，将惟是；其益进而树天下一家之基也，将亦惟是。若是，固亦吾同志无尽之责也，愿共勉之。余尤愿贵族诸君子，闻余言而皆有所以共勉也。

中华民国十二年一月谷旦

孙文谨撰

据詹映奎等修纂：《五修詹氏宗谱》，
孙文序，蕲春，敦睦堂一九二三年刻本

与杨庶堪等联名征求列名发起
宫崎寅藏追悼大会公启

（一九二三年一月）①

宫崎寅藏先生，日本之大改革家也，对于吾国革命历史上尤著有极伟大之功绩，此为从事于中华民国缔造之诸同志所谂知者也。不幸先生于去冬病殁，噩耗传来，痛惋曷似！追念往烈，倍增凄恻。盖以先生之死，不惟于邻邦为损失一改革运动之领袖，而于吾国前途上亦失去一良友，不有追悼，何伸哀忱？同人等兹拟就沪上为先生发起追悼大会，以志不忘，而慰幽魂。如荷赞同，即希赐署台衔，列名发起，实深感幸。

孙　文　杨庶堪　覃　振　廖仲恺　田　桐　居　正　戴传贤
张　继　刘积学　王用宾　孙洪伊　詹大悲　叶楚伧　邵力子

---

① 底本无著述时间，现据宫崎龙介、小野川秀美编《宫崎滔天全集》第五卷，近藤秀树编"宫崎滔天年谱稿"（东京，平凡社一九七六年八月日文版发行）酌定。

黄复生	柏文蔚	朱之洪	田 桓	林祖涵	陈中孚	吕 超
朱霁青	蒋中正	吴 苍	顾忠琛	茅祖权	路孝忱	周震鳞
叶 荃	吴介璋	吕志伊	朱一鸣	杨赓笙	吴忠信	熊秉坤
于右任	章炳麟	蒋作宾	陈少白	周佩箴	周颂西	张静江
蒋尊簋	吴公干	杭辛斋	赵铁桥	黄大伟	汪兆铭	胡汉民
帅 功	谢 持	彭素民	何犹兴	钟孟雄	陈树人	刘伯英
曾省三	季 宾	管 鹏	凌 昭	冯子恭	徐承炉	费公侠
周仁卿	张拱辰	朱克刚	张春木	叶纫芳	朱 蔚	徐苏中
周雍能	杨述凝	施 成	李凤梧	蒋宗汉	孙 镜	郭培富
郑 观	向 崑	刘其渊	曾繁庶	陈树枬	刘 彦	林业明
周景溪	丁惟汾	李儒修	张秋白（以签名先后为序）			

据公启原件，台北、中国国民党文化传播委员会党史馆藏

与覃振等联名发布宫崎寅藏先生
追悼大会筹备处通告第一号

（一九二三年四月四日）

敬启者：宫崎寅藏先生，日本之大改革家也；对于吾国革命历史尤著有极伟大之功绩，此为从事于中华民国缔造之诸同志所谂知者也。不幸先生于去冬病殁，噩耗传来，痛惋曷似！追念往烈，倍增凄恻。盖以先生之死，不惟于邻邦为损失一改革运动之领袖，而于吾国前途上亦失去一良友，不有追悼，何伸哀忱？同人等兹就沪上发起宫崎先生追悼大会，以表哀思。如中外人士与宫崎先生有旧或素钦其为人，拟赠以诔词、挽联及花〈圈〉等事者，请送至法界环龙路四十四号收转为荷。至于公祭地点及日期时间等，一俟筹备完峻后，再行布告。先此奉闻，统希鉴察。

发起人：　孙 文　覃 振　孙洪伊　杨庶堪　田 桐　柏文蔚

廖仲恺　戴传贤　邵力子　居 正　刘积学　田 桓

张 继　王用宾　陈中孚　叶楚伧　詹大悲　黄复生

朱之洪　蒋中正　陈少白　林祖涵　顾忠琛　周佩箴

吕　超	路孝忱	周颂西	朱霁青	叶　荃	张静江
吴　苍	吴介璋	蒋尊簋	茅祖权	朱一鸣	吴公干
周震鳞	吴忠信	杭辛斋	吕志伊	熊秉坤	赵铁桥
杨赓笙	章炳麟	黄大伟	于右任	蒋作宾	汪兆铭
胡汉民	管　鹏	张春木	帅　功	凌　昭	朱　蔚
谢　持	冯子恭	周雍能	彭素民	费公侠	杨述凝
何犹兴	张拱辰	施　成	锺孟雄	朱克刚	李凤梧
陈树人	叶纫芳	蒋宗汉	刘伯英	徐承炉	孙　镜
曾省三	周仁卿	郭培富	季　宾	徐苏中	郑　观
向　昆	刘其渊	曾繁庶	林业明	陈树枬	刘　彦
周景溪	丁惟汾	李儒修	张秋白	许翼公①	

据《日本宫崎寅藏先生追悼大会筹备处通告第一号》，
载一九二三年四月四日上海《民国日报》第一版

重修安庆烈士墓祭文

（一九二三年四月上中旬）②

维中华民国十有二年，安庆烈士墓重修工竣，士绅祀之以礼。中国国民党总理孙文乃遣张秋白以清酌素馐之奠，为文以祭之曰：

胡虏猾夏，八表同昏，毁室取子，欢声敌我彝伦。天道周星，物极必反，犬羊运终，神眷皇汉。民族自决，适应潮流，匪势之因，亦曰人谋。惟我先烈，力回乾轴，凤不永栖，龙不终伏。投袂而起，剑及履及，前仆后兴，再接再厉。江

---

① 按：上海《民国日报》自四月十八日起，增补许翼公为发起人。
② 安庆烈士墓重修后举行祭礼时间不详。按前篇孙文所发江电称，其专派致祭代表张秋白"准歌日抵皖"（歌日即四月五日），言下之意，绝不延误祭礼日期；再者，有关致祭讯息系载于四月二十日的国民党官方刊物。由此可见，祭礼当在四月五日至二十日之间举行，故标为四月上中旬。

淮奥区，代产人豪，光复旧物，濠泗功高。虏廷惧亡，愚民自饰，爰有吴君①，奋身一掷。丁未义军②，耀武挥戈，腹地兴师，此为先河。血不虚流，流者必获，百年腥膻，以除以祓。大业之隆，有开必先，及兹淳熙，亦念辛艰。崇德报功，万邦维宪，矧乃国殇，民极庸建。郁郁佳城，英灵式依，贞珉纪勋，用诏来兹。长江若带，皖江若砺，于万斯年，粢盛勿替。尚飨！

据上海《中国国民党本部公报》第一卷
第十一号，一九二三年四月二十日出版

黄花岗七十二烈士殉难十二周年祭文

（一九二三年五月十四日）

维中华民国十有二年五月十四日，孙文谨以庶馐清酌，致祭七十二先烈之灵曰：

民国建始，武汉首义，大勋之集，实诸先生之义烈，有以寒胡贼之胆，而夺其气。荏苒于今，十有二载，余孽猖狂，靡克有届。帝制复辟之祸，几摇国本。吾民憔悴呻吟于恶吏、悍将之淫威，而莫或问。护国护法，虽屡举义旗，国贼未除，而民望终虚。今兹军阀已毒痛于四海，蜀闽苦兵，我粤复撄其毒螫蛊，幸我将士用命，天夺逆魄，不旬月而戡定大难。诸江报捷，惟吾忠勇之袍泽同志，伏尸流血，乃尔盈千，是诚能继诸先生之烈，无忝后贤。

文以不德，思康国步，靦然苟生，以蕲达最终之鹄，抚今追昔，惟有雪涕，念一瞑之不寐，期千龄而永誓。尚飨。

据《粤各界公祭黄花岗》，载一九二三年
五月二十一日上海《民国日报》第三版

---

① 吴樾。
② 一九〇七年徐锡麟安庆起义军。

祭居正之母胡氏文[①]

（一九二三年六月一日）

中华民国十二年六月一日，侍生孙文谨以玄樽素俎致祭于居母胡太夫人之灵曰：

文自与令子为友，于今二十余年，患难相从，莫或尤愆，试以大事，众佥曰贤。平居与我，雅谈便坐，淑则懿仪，知有贤母。母德愔愔，母教醇醇，江回汉抱，忠义之门。时值倾覆，绝裾而走，颠沛流离，不遑回首。谁无兄弟，如金如玉；谁无父母，多寿多福。孝子之心，百年不足，乃为国家，天涯地角。生不视药，死不凭棺，虽非我故，我则何安？

呜呼哀哉！自起义师，血流如水，我故我旧，死者相继；天留郎君，安母窀穸，母而有知，庶几目瞑。

呜呼哀哉！尚飨。

据《总理致祭居母胡太夫人诔文》，载南京《中央党务月刊》第五期，一九二八年十二月出版

祭开国讨袁护国护法各役诸先烈文

（一九二三年十月十日）

惟中华民国十有二年国庆日，孙文遣代表彭素民，谨以香花纯醴致祭于开国、讨袁、护国、护法各役诸先烈之灵曰：

呜呼！国有共和，伊谁之力？流血断头，曰惟先烈。大功不竟，罪又谁尸？除恶未尽，我责奚辞！军阀官僚，安知有国，武力金钱，安能有法。国法之亡，

———

① 此系居正之母去世后孙文的祭文。

实匪自今，袁、黎、冯、徐①，僭乱相寻。下逮于曹②，横流已极，今复不图，后其何及！艰难再造，幸有微基，先灵不泯，尚其相予？

呜呼！尚飨。

据《总理于十二年国庆日致祭先烈文》，载南京
《中央党务月刊》第五期，一九二八年十二月出版

立国不可无法

周柬白辑《全国律师民刑新诉状汇览》序言

（一九二三年十月）

以礼治国，则国必昌；以法治国，则国必危。征之往古，卫鞅治秦，张汤治汉，莫不以尚法而致弱国败身，然则苛法之流毒甚矣哉！虽然，立国于大地，不可无法也，立国于二十世纪文明竞进之秋，尤不可以无法，所以障人权，亦所以遏邪辟。法治国之善者，可以绝寇贼，息讼争，西洋史载，班班可考，无他，人民知法之尊严庄重，而能终身以之耳。我国人民号称四百兆，向有知法者乎？恐百不得一也。不知法而责之以守法，是犹强盲人以辨歧路，责童骏以守礼仪，可乎哉？比接海上周子柬白书，谓将罗集全国律师民刑诉状汇刊成帙，公诸群众，丐余弁一言于卷首。周子英年积学，治律甚精，是书为其所手辑，谅必有可观者，行见法庭无失平之谳，国内无越轨之民，胥民蒙周子之赐也。

是为序。

孙文
中华民国十二年十月

据周柬白辑：《全国律师民刑新诉状汇览》，孙文序（抄
件），台北、中国国民党文化传播委员会党史馆藏③

---

① 袁世凯、黎元洪、冯国璋、徐世昌。

② 曹锟。

③ 秦孝仪主编之《国父全集》第九册（台北、近代中国出版社一九八九年十一月出版）用此底本，惟疑其作者及书名皆误，似宜改作"周东白辑：《大理院判例解释·民法汇览》，上海，世界书局一九二四年出版"。留备考核。

祭尚镇圭文①

（一九二三年十一月十日）

维中华民国十有二年十一月十日，孙文以同志众议院议员尚君天德之丧，致名花清酒于尚君之灵而告之曰：

夫惟哲人，邦国之宝，虑其不寿，以颂以祷。然而国人所欲杀者，每如荆刺之滋蔓，欲生者每见芝兰之折夭，倘非人力易穷，不应诉诸天道。几年以来，文以国步之艰，负任之重，死伤者之日多，叛离者之可痛，将欲简练国人，奋策义勇，作庶民之朝气，登治理于极峰，而君逝矣！呜呼！文所痛哭者不始于君，文所期望者不出于君，而君则昔为文所期望，今为文所痛哭之一人。

呜呼哀哉！尚飨。

据《尚镇圭君追悼会记》，载一九二三年
十一月十一日上海《民国日报》第十版

对陈炯明叛军的反攻方案②

（一九二三年十一月十四日）

十一月十四日晨于大本营：

一、顾虑敌军之行动，求我军之进步，应以增城为作战枢轴，在省垣附近各军迅速如左移动，分担责任为要。

二、在石滩、增城方面，第一线作战军竭力巩固该县，待援转攻。

---

① 尚镇圭（字天德）早年加入同盟会，投身反清活动光复故里陕西。南京成立民国后任临时参议院议员，随后南北奔走，在各种不同条件下担任国会议员，进行反袁反军阀的艰巨斗争。参加广州国会非常会议，积极支持孙文革命政权。一九二三年因抵制曹锟贿选总统而离开北京，十月十九日在上海愤然病逝。孙文祭文由叶楚伧在十一月十日追悼会上宣读。

② 鉴于陈炯明叛军近期对广东革命政权的疯狂反扑，是日晨孙文在广州大元帅府召集高级军事会议，作出反攻叛军的重大决策并进行相应部署。

三、滇军第四、五、六师迅由广九铁路本道增援第一线，东路讨贼军主力迅由龙门埔神岗墟方面增援第一线，所有在增城方面作战军统由许总司令①指挥之。杨总司令②所辖滇军第一军（欠一部）在沙河及上元冈、下元冈附近准备增援第一线，巩固第二线，左翼由火炉山至上车陂村附近达江岸之线（限本日移动完结）。朱军长③所辖第一军及赣军独立旅在龙眼洞集中，准备增援第一线，巩固第二线，右翼近接火炉山，占领焦写栋、大芋嶂之线（限本日移动完结）。西路主力集中太和市附近，准备增援第一线，巩固第二线，均在左翼地区作战（限本日移动完结）。

四、卢军长师谛所部第三军为东江南岸别动队，伺机突击守备广九铁路石龙以南路线，巩固虎门。

五、东江左岸之警戒由江防司令部派巡舰数艘，受李军长福林之临时指挥，妥为布置广九铁路上段之守备，并由李军长派兵任之。

六、谭总司令④所部到着时，先遣一部出从化，其主力集中英德待命。

七、永丰舰任协助虎门作战，并监视东江江岸，联络长洲要塞，协固第二线之责。

八、由中流砥柱以西各江防，由江防司令部妥为布置之。

九、广州卫戌司令部任广州警备之责。

十、各军之给养、卫生，照核定向章分别由军政部及各军筹理之。

十一、大元帅驻节广州。

方案拟后，接前方报告范石生已率师旋，尚坚守前地者仅增城。帅府旋复于会议商定大旨，责成总指挥杨希闵统筹之。

据《反攻方案》原稿影印件，广
州、广东省社会科学院图书馆藏

---

①　中央直辖东路讨贼军总司令许崇智。是年十一月二十一日被孙文任命为粤军总司令，二十四日任命为"兼滇粤桂联军前敌副指挥"。

②　中央直辖滇军总司令杨希闵。是日即十一月十四日，被孙文任命为"兼滇粤桂联军前敌总指挥"。

③　中央直辖第一军军长朱培德。

④　湘军总司令谭延闿。

记者须明新闻事业之本旨而有造于国家社会

伍超著《新闻学大纲》序①

（一九二三年十一月）

伍君以新著《新闻学大纲》嘱序于余。序曰：

新闻事业非易事也，而为新闻记者者，尤非易事。社会之嫉视，个人之劳苦，固无论矣。即事业之难以进行，职务之难以活动，又岂他人所能洞悉哉？今伍君新自美返，以其所学示人，盖亦有感于我国新闻事业之幼稚，思有以补救之耶？夫新闻记者之在欧美者所负之职务极重：非惟政治之发动，足以导其机；学术之进境，足以救其偏；风俗之隳败，足以匡其失；即社会之改革、人心之纠正，亦惟记者是赖。记者乎！尔亦知职权之重要否耶？

吾国今日，外逼于强权之压境，内则因奸邪之横行，国事蜩螗，民生涂炭，只可藉以一叹呻吟者，舍新闻记者外更属诸谁何？是则我国记者之责任，不又较甚于欧美耶？然国人于新闻事业素皆漠视，对于记者尤多目之如蛇蝎，此虽国民未具常识之所致，要皆记者之自为之耳！试观各地之所谓访员者，或称有闻必录，徒为风影之谈；或竟闭门造车，肆作架空之语。及至真相暴露，则又如风马牛之不相及。于此，而欲求新闻记载之有价值，不亦南辕北辙乎？究其原，未明新闻事业之本旨而已。伍君此著，立论本于同情，举例由于实践，直接裨益于新闻事业，间接有造于国家社会，亦可谓应时势之需要者矣！

民国十二年十一月

孙文

据伍超：《新闻学大纲》，孙文序，上海，商务印书馆一九二五年一月出版

---

① 一九二五年一月伍超的《新闻学大纲》一书在上海出版后，李民治在北京《现代评论》第二十五期上著文，指出该书与任自涛所编《应用新闻学》"至少十分之七相同"，断定伍著有抄袭之嫌。但孙文并未对此表态。

此书方便读外国名著并有益于改造社会

张鹏云编译《英汉习语文学大辞典》叙①

（一九二三年）

　　时至今日，非学术无以救国，非参考外籍资为牖钥，厥学术不能跻于高深。顾其名流著述，大都玄微奥衍，而一章之中辄成语数见，僻句数见。在彼国人，苟非沉浸于历史、风俗、典章、文物者，读之尚觉其难；矧在吾国，盖读不终篇而神志沮丧，中道而画者比比然也。此诚吾国学者之所深憾。

　　成语辞典，国〈人〉有辑之者矣，然率皆简而弗详；至文学辞典，及辞典之详于俗语格言者，则颇鲜觏。新中国印书馆张君鹏云前辑《汉英大辞典》一书，已风行于世；近复编译《英汉习语文学大辞典》，其书部别为三，首成语、次文字、又次俗语格言，穷其流，溯其源，较诸往籍详博精审，洵创作也。学者苟能各手一编以读外国名流著述，庶几乎无不可读之书，而足以遂其极深研几之志，然后用其学术以改造社会，发展实业，则是书之有裨于国人者，讵有量哉！

孙文

据叙文原稿，台北、中国国民党文化传播委员会党史馆藏

附载：大本营参谋处奉大元帅面谕
召集军事紧急会议的通知

（一九二四年一月八日前）

　　径启者：顷奉大元帅面谕，为决定东江事宜，于九日午后四时召集紧急会议，饬本处转达各军长官遵照到会等因。查九日亦属政务会议会期，继续讨论建国事宜，届时或开联合会议，统此奉闻。务请如期惠临，弗延是幸。此致

---

　　① 张鹏云任教于上海圣约翰大学英文系，当时编译成果颇丰，《英汉习语文学大辞典》一书于一九二三年在上海的新中国印书馆出版。

○○○

大本营参谋处谨启

据《大本营会议——解决东江战事》，载一九二四年一月十四日上海《民国日报》第三版

国民党代表大会哀悼列宁之提案①

（一九二四年一月二十五日）

现提议用大会全体名义发一电报哀悼列宁先生，并延会三日。电文如下：

中华民国十三年十二月廿五日，中国国民党全国代表大会致北京苏俄代表加拉罕君：本日国民党全国代表大会通过下列决议案，请转贵党本部及贵政府："列宁同志为新俄之创造人。此时本大会之目的为统一全国，在民治之下增进国民之幸福，则其事业正为本大会之精神。本大会特休会三日以志哀悼。中国国民党全国代表大会。"

据《中国国民党全国代表大会会议录》第十一号（中华民国十三年一月二十五日上午），大会秘书处编印，广州铅印件

致加拉罕哀悼列宁逝世电②

（英译中）

（一九二四年一月二十五日）

当伟大的列宁离开苏俄朝气蓬勃的生活之际，我请求您向您的政府代达我的深切的哀悼。然而，他的名字和对他的纪念将永世长存，人们将继续珍视他那种造成最高度的政治家和有创造力的新领袖的英雄品质。他的著作也将永存，因为

---

① 该提案包括发一唁电给居北京的苏联驻华特命全权代表加拉罕（Лев Михайлович Карахан）。此电原系中文稿，由孙文亲自宣读，会议通过后始译成英文发出。
② 孙文还以个人名义发唁电给加拉罕。

他的著作是建立在一定会掌握和统治未来人类思想和希望的这种社会观念之上的。孙逸仙。

据英文唁电原稿影印并附译文，载一九五六年十一月六日北京《人民日报》第四版

附载：国民党中央执行委员会发起开列宁追悼会通启

（一九二四年二月十八日）

国民党中央执行委员会通启：苏俄人民委员会委员长列宁先生①，为解放全世界被压迫民族之实行家。现由本会发起，定于本月二十四日上午十二时，在第一公园内开追悼会。

据《定期追悼列宁》，载一九二四年二月十八日《广州民国日报》

附：另一版本

现定于本月廿四日上午十二时，在第一公园开追悼苏俄人民委员会委员长列宁先生大会，请各界依时赴会。

据《中国国民党中央执行委员会启事》，载一九二四年二月十八日《广州民国日报》

追悼列宁祭文②

（一九二四年二月二十四日）

中华民国十三年二月，俄国苏维埃政府领袖列宁先生之丧，孙文既与同人追

---

①　当时列宁的职务准确写法是：苏联人民委员会主席（后篇同）。
②　孙文在追悼大会上主祭，邹鲁代表孙文宣读祭文。孙文另手书挽幛"国友人师"四个大字，高悬于祭坛正中上方。与会民众达五六万人。

悼，乃述哀词曰：

茫茫五洲，芸芸众生。孰为先觉，以福齐民。伊古迄今，学者千百。空言无施，谁行其实？唯君特立，万夫之雄。建此新国，跻我大同。并世而生，同洲而国。相望有年，左提右挈。君遭千艰，我丁百厄。所冀与君，同轨并辙。敌则不乐，民乃大欢。邈焉万里，精神往还。天不假年，于君何说。亘古如生，永怀贤哲。

据《追悼列宁详情》，载一九二四年二月二十五日《广州民国日报》（六）

黄花岗七十二烈士殉国十三周年祭文

（一九二四年五月二日）

维中华民国十有三年五月二日，海陆军大元帅孙遣参军长张开儒致祭于黄花岗七十二烈士之茔前曰：

炎黄代徂，汉族中燔。张我义声，实起西南。百夫同力，风激霆迅。以我血肉，回兹劫运。志则以申，身则同命。求仁得仁，抑又何恨。在清末造，神州倾否。厨俊云兴，前仆后起。斗智为怯，角力已穷。歼厥渠魁，庶几有功。维此珠江，犬羊所窟。中贵恣睢，莫敢先发。

壮哉先烈，回此阳九。虎穴衔力，仇牧陨首。杀气连云，元精贯日。武昌继之，遂夷清室。当其壮往，脱然生死。及其成功，一瞑不视。迄遭至今，中原鼎沸。群盗犹张，夫岂初志。余亦有言，知难行易。以寡敌众，乃克攸济。桓桓诸公，百夫之特。愿起九原，化身千亿。风云犹壮，岁月如新。

抚往思来，倏及兹辰。东山之阡，新宫翼然。昔时血骨，今日山川。士女济跄，荐羞酾酒。匪曰报功，惟以劝后。尚飨。

据《公祭黄花岗盛况》"大元帅祭文"，载广州《中国国民党周刊》第二十期，一九二四年五月十一日出版

陆军军官学校成立训词①

（一九二四年六月十六日）

黄埔军官学校训词

　　三民主义，吾党所宗，以建民国，以进大同。咨尔多士，为民前锋，夙夜匪懈，主义是从。矢勤矢勇，必信必忠，一心一德，贯彻始终。

孙文（孙文之印）

中华民国十三年六月十六日

据亲笔原件，北京、中国国家博物馆藏

夏重民殉难二周年祭文②

（一九二四年六月十六日）

　　中华民国十有三年六月，大元帅孙文遣大本营建设部长林森致祭于烈士夏重民中将之灵前曰：

　　乌虖！元霜霄物，松筠后凋。旃檀经热，芬烈弥昭。宙合茫茫，材贤埋阒。繄惟英名，千祀不没。觥觥吾粤，革命先河。黄岗先烈，花邑尤多。君生是邦，气同沆瀣。始露夙积，不辞犴狴。十年奔走，党谊宣扬。刿心瘄口，正论斯昌。壬岁屯蒙，变生肘液〔腋〕。猰貐纵横，磨人吮血。君播其罪，笔伐口诛。卒撄毒焰，茹愤捐躯。天心助顺，重光日月。存尚有为，亡不可作。

　　乌虖烈士，蕴蓄未施。崧山岳降，倘或助予。岁星再周，追悼兹日。英灵有

---

　　①　是日黄埔军校举行正式成立典礼，孙文以中国国民党总理兼该校总理的身份莅临演说，并嘱胡汉民代表他宣读训词。此训词后来成为军校校训，孙文逝世后，这一训词曾相继被谱成中国国民党党歌和中华民国国歌。

　　②　六月十六日，夏重民殉难二周年纪念会在广州召开，孙文未到会，林森代表孙文致祭文。

知，来歆来格。尚飨。

据《大元帅祭夏烈士文》，载一九二四
年六月十六日《广州民国日报》（三）

为伍廷芳纪念会劝捐引

（一九二四年六月中旬）①

士有特立独行，砥砺名节，举世非之而不顾，威武临之而不屈；生作霖雨，死重泰山，起后人无限之景仰，历千百世而不没者。嗟夫！嗟夫！若伍秩庸博士当之无愧已。博士吾国耆硕，留学先觉。其道德志节，勋业文章，灿然烂然。国之人，类能道之，不俟余一二谈也。

顾余独有感焉：民六之夏，武人乱政，迫散国会，博士时应总揆，拒绝副署以争；争之不得，襆被出都门，间关南下，思所以维大法，而存正气。余亦躬率舰队来粤，博士昕夕与共，主持军国大计。兴师义举，老而弥笃。中经蹉跌，曾不少衰，如是者亘五年。会十一年六月十六之变，余仅以身免。博士时兼领粤省长，春秋高，不胜忧愤，遂归道山。今粤局再宁，弹指周岁，追念老成，典型犹在，不有纪念，奚供凭吊。

爰进国人而告之曰：博士名满天下，功在人间，今殉国二载矣。表彰先达，责在后死，宜为之建铜像、立图书馆、编历史，以信今而传后。矧兹广州，市政刷新，将辟粤秀山②为公园，盍树博士铜像于此，使名山名人，互相辉映，而与天地同寿耶！立图书馆、编历史诸举，亦当以次经营。用资钦式，以示来兹，匪第崇报，亦博士之志也。众金曰善。然需费孔多，匪募不成。用集始倡者若而人，发各处以募，而为之序其首。邦人君子，有崇敬博士者，将不爱其金，如其量以输将。

民国十三年夏

---

① 底本原作"民国十三年夏"，今据一九二四年六月十二日《广州民国日报》（六）所载《伍公纪念劝捐》一文内容酌改。

② 今名越秀山，已辟为越秀公园。

发起人：孙文

据罗香林：《傅秉常所受伍廷芳的影响》（转引《天字第一号捐册》①），载台北《传记文学》第十九卷第一期，一九七一年七月出版

纪念伍廷芳逝世二周年祭文②

（一九二四年六月二十三日）

　　乌虖！南纪奥区，扶舆磅礴。笃生哲人，树立岳岳。艰难国步，天弗憗遗。老成殂谢，日月不居。追念勋贤，岁星再阅。尚有典型，九原可作。

　　乌虖博士，学究人天。昔持旄节，遍历瀛寰。樽俎折冲，中外仰止。笑却熊罴，神完有恃。中原多故，护法南来。崎岖险厄，赞我宏规。落落其神，温温其貌。铁石肺肝，强不可挠。

　　壬岁之变③，忧愤填膺。一暝不视，巷哭相闻。爰整义师，重奠百粤。艰巨纷投，谁与商榷！后死之责，敢告英灵。馨香用荐，祈悦来歆。尚飨！

据《大元帅祭文》，载广州《中国国民党周刊》第二十七期，一九二四年六月二十九日出版

附载：大本营秘书处奉大元帅谕
发布巴富罗夫追悼会讣闻④

（一九二四年七月二十二日）

　　俄国军团司令巴富罗夫将军（一名高和罗夫），自志愿退伍后，即就大本营

---

①　原册题署"为伍博士纪念会劝捐引"。

②　是日，孙文派胡汉民为代表出席纪念会致祭。

③　壬岁指壬戌年，即一九二二年，是年发生陈炯明兵变。

④　巴富罗夫（Невилл андреевич бафров），又名高和罗夫（Роβоров），曾任苏俄第十三集团军司令等要职。一九二四年四月来华，被孙文聘为大元帅府总军事顾问。同年七月十八日晚，在石龙勘察江面时失足落水殉职。

高等军事顾问之职，不幸于本月十八日因往石龙查勘事项失足落水身故，深堪惋惜。兹于本月廿三日上午十时在东较场开追悼会，同日出殡。着即通谕各军、各机关一体知照。

据《追悼俄军官之大会》，载一九二四年七月二十三日《广州民国日报》（六）

祭巴富罗夫文[①]

（一九二四年七月二十三日）

维中华民国十三年七月二十三日，中华民国陆海军大元帅孙文致祭于高等顾问高和罗夫将军之灵前曰：

维天生材，辅佐斯民，郁郁高君，百战奇英。来佐我华，羽扇纶巾，运谋设策，颇见经纶。方冀弼辅，克缵乃勋，何期无命，中途殂殒。渺渺水天，绵绵长恨，英灵不昧，默启后人。呜呼哀哉！尚飨！

据《追悼俄高将军之详情》，载一九二四年七月二十四日《广州民国日报》

附载：孙大元帅戡乱讨贼计划[②]

（一九二四年九月下旬）

分兵攻湘、赣，以攻赣为主，攻湘为宾，其重要则主宾均等。攻赣之师下豫南，一经攻击令即可破竹直下，必无劲敌以延时间。届时帅座当随军前进，以资督率，而励士气。克赣后，顺流下皖，与浙沪联军会师金陵，击楫渡江，沿津浦

---

① 追悼会由孙文主祭，伍朝枢宣读祭文。追悼会结束后，将死者遗体运至南石头火化。底本所以称之为"高将军"、"高君"，乃因其别名高和罗夫之故。

② 孙文此次赴韶关督师北伐，本想立志歼灭直系、尽铲中国军阀势力，故亲自执笔草拟作战计划。但此处所收并非该件原稿。其来源，乃是革命政府某要员（姓名不详）自韶返穗，向到访之上海《民国日报》记者披露该计划大要。著述时间系编者酌定。

线直捣贼巢，与奉军会合。此一路是主体。

程潜负责援湘，如赵恒惕惕知过迎程，则湘局可不战而定。现湘中可战、愿战之师，充其量仅唐、叶两师。叶镇湘西不能动，以唐生智一人之力，安能敌朝气勃勃之老将程潜云。程现有兵力四混成旅，帅座并定拨豫军、粤军、山陕军等随程征湘，再令沈鸿英、黄绍竑入郴永助程。加之民心恶赵，舆论助程，则程此次返湘，必能于最短时期底定全湘无疑。

再者，驻扎黔边之川军熊克武、但懋辛、蔡钜猷、吴学显各军，由常德入鄂西荆襄，与川、滇、黔联军之出巫峡、夔万者会合，届时尤可操必胜也。

据《大元帅戡乱讨贼计划》，载一九二四年
九月二十七日上海《民国日报》第二版

欢迎苏联军舰访粤祝词①

（一九二四年十月八日）

中华民国十三年十月八日，为苏维埃联邦共和国军舰抵粤之期。苏维埃联邦共和国与中华民国关系最为密切。且苏维埃联邦共和国以推翻强暴帝国主义、解除弱小民族压迫为使命；本大元帅夙持三民主义，亦为中国革命、世界革命而奋斗。现在贵司令率舰远来，定使两国邦交愈加亲睦，彼此互相提挈，力排障碍，共跻大同。岂惟两国之福，亦世界之幸也。

敬祝苏维埃联邦共和国万岁！

中华民国大元帅孙文敬祝

据《大元帅欢迎俄舰祝词》，载一九二四
年十月十九日上海《民国日报》第二版

---

① 苏俄巡洋舰"沃罗夫斯基（Воровский）"号于十月七日驶抵黄埔港，运来广州大本营所定购的枪炮弹药一批。这是孙文在韶关写给该舰舰长的祝词，由何应钦在黄埔宣读。

抵沪鸣谢启事[①]

（一九二四年十一月十八日）

　　文此次抵沪，备承各界各团体盛意欢迎，深为感愧。惟事冗不及一一接谈，无任歉仄。专此道谢，统希鉴察。此启。

　　　　　　　　　　　据《孙文启事》，载一九二四年十一月十八日上海《民国日报》第一版

颁给黄埔军校一期学生潘学吟毕业证书

（一九二四年十一月三十日）

中国国民党陆军军官学校毕业证书

　　兹有本校第一期步兵科学生潘学吟修业期满，成绩及格，特给证书。

　　　　　　　　　　　　　　　总理　孙　　文

　　　　　　　　　　　　　　　校长　蒋中正

　　　　　　　　　　　　　　　党代表　廖仲恺

　　　　　　　　中华民国十三年十一月三十日

　　　　　　　　　　　据《广东发现黄埔一期毕业证书》影印原件，载一九八五年二月十六日北京《团结报》

---

　　① 　一九二四年十月冯玉祥发动北京政变，推翻曹锟、吴佩孚统治，并与段祺瑞、张作霖等电邀孙文北上共商国是。孙文决定接受邀请，乃于十一月十七日乘轮离粤经香港抵沪，然后取道日本赴天津。

附载：孙先生抵天津后委托汪精卫
书面回答京津各界代表的提问①

（一九二四年十二月四日）

（一）在日本时曾忠告彼国朝野臣民，应本同文同种之关系为互助合作之精神，取消二十一条及一切不合理之优先权。

（二）本人原预定七日入京，现以一路劳顿，或不能如期前往而稍有变更。至晋京之目的，现时决无总统观念，完全为促进国民会议。一候时局戡定，当游历欧美，劝告各国取消对待中国一切不平等条约及不合理之优先权。

（三）本人对于国民军修改清室优待条件极为满意。

据《孙中山抵津盛况志详》，载一九
二四年十二月五日天津《大公报》

附：另一记录

曾告日本应取消二十一条，及取消特别优先权等成见，实行中日亲善。

予七号尚难进京。予以国民资格向各方建议，不愿为总统，但不反对人以总统拟予。予志愿各国对华平等，解除一切不平等条件〔约〕时，方为总统。予此时竭力宣传，请各国尊重中国国际地位。

予认国民军解决清室问题甚妥当。

据《北京五日电》，载一九二四年
十二月六日上海《申报》（三）

---

① 十二月四日孙文抵达天津。在下榻处日租界张园与京津各界欢迎代表见面，表示"因在船上受海风颠簸，精神萎顿，委托汪精卫代达微忱"，言毕致谢而退（见上海《申报》一九二四年十二月十一日报道）。本文系汪书面回答问题大意。

抵津鸣谢启事①

（一九二四年十二月六日）

文此次抵津，承各界各团体盛意欢迎，深为感谢。惟匆猝未及一一接谈，殊引为歉，谨道谢恫，统祈谅鉴。此启。

据《孙文启事》，载一九二四年十二月六日天津《大公报》

伍廷芳国葬礼祭文②

（一九二四年十二月六日）

中华民国十三年十二月六日，故外交总长兼财政部总长、广东省长伍公秩庸举行国葬礼，陆海军大元帅孙文谨以酒醴告虔。其词曰：

维我贤辅，明德通玄，周流瀛寰，海纳百川。哲理湛深，法学精研，所学既邃，道力弥坚。时遭褛沴，转坤旋乾，始终弗渝，大节凛然。如何苍昊，夺我元老，飘风发发，逝水浩浩。怆怀忠义，中心如捣。灵爽在天，陟降斯邱。前有先烈，济济与俦。亿万斯年，遗芬永留。

据《孙大元帅祭伍故总长文》，载一九二四年十二月八日《广东七十二行商报》

褒扬节妇张俞淑华文

（一九二四年十二月十三日）③

尝以贞松秉节，翘柯能拒夫严霜；良玉含精，粹质无伤于猛火。巴台特筑，

---

①　此件所标时间系天津《大公报》发表日期。

②　十二月六日，广州举行伍廷芳国葬典礼，胡汉民代表孙文致祭。

③　底本未说明著述时间。按一九二四年十二月十三日"大元帅指令"称，该褒词已由大本营内政部拟就呈准（见上篇），表明系于是日定稿，故酌定为著述日期。

史家传利物之贤；漆室沈吟，女子且仁民之抱。惟番禺县节妇张俞淑华，夙娴德象，爰适清门。克孝无怼，相庄匪懈；玉麟方兆，琴鹄旋嗟。搴惟传韦逞之经，画荻授卢陵之字。柏舟矢志，篝灯勤恤纬之功；板屋同仇，藻绘助扶创之药。贞心卅载，善行百端，匪惟恒孟之徽音，具有陶欧之懿范。载稽国典，宜予褒扬。

於戏！绰楔风清，咸识女宗之式；芳型日焕，弥敦礼教之原。特锡嘉言，用彰淑行。

据孙文：《褒扬张俞淑华文》，载一
九二五年二月五日香港《中国新闻报》

离津赴京启事

（一九二四年十二月三十日）[①]

文此次到津，备荷各界、各团体盛意欢迎，深兹惭感。乃以卧病兼旬，不能分别接见，稍罄鄙意，岂胜歉怅！

兹医者谓京中休养为宜，故于三十一日晋京疗养。俟贱体稍愈，再当返津与诸君把晤，商榷国事。

临行匆匆，未及遍辞，伏冀鉴谅。

据《孙文启事》，载一九二四年
十二月三十一日天津《大公报》

入京启事[②]

（一九二五年一月一日）

文此次扶病入京，遵医者之戒，暂行疗怅。抵站之时，荷各团体诸君及代表

---

① 底本说明中有十二月三十日"夜间十时，张园秘书处发出中山启事"之语，故定为三十日。

② 一九二四年十二月三十一日下午，孙文自天津乘车抵达北京。

盛意欢迎，深为惭感。俟疾少瘳，再当约谈。先此道谢，伏维公鉴。

一月一日

据《孙文启事》，载一九二五年一月五日北京《晨报》

附载：辞谢临时政府招待①

（一九二五年一月十三日）

顷奉中山先生面谕：

此次来京，承执政盛意，预备行馆，招待殷渥，至深铭感！惟念国事艰难，库款拮据，受此厚贶，心甚不安。特命弟转达座右，敬祈向执政深致谢意，并请自今日始，所负行馆内一切膳食、零用及汽车等项，概由敝处自备，不必仰劳招待。至于行馆厚备，远人栖止，敢拜嘉惠。行馆内供张各物，暂时借用，将来当照天津行馆办法，如数点还。凡此项屑诸端，一以志嘉惠于无穷，一以为盘桓时日远久之图。

谅承莞诺，专此布臆，敬候

公安

汪兆铭谨启（一月十三日）

据《孙中山辞谢执政府招待》，载一
九二五年一月十五日天津《大公报》

---

① 皖系军阀首领段祺瑞获冯玉祥、张作霖同意，提前于一九二四年十一月二十二日自津入京任"临时执政"之职，大权独揽。文中所言"执政"皆指段祺瑞。是日孙文面谕汪精卫辞谢执政府的招待，汪乃致书段之亲信许世英（曾任内阁总理）、梁鸿志（曾任安福国会参议院秘书长）转达。

伍廷芳墓表[①]

（一九二五年一月）

公姓伍氏，讳廷芳，字文爵，号秩庸，广东新会县人。考讳荣彰，贾于南洋星加坡，以前清道光二十二年六月二十三日生公。年四岁归国，自胜衣就傅，已不屑为帖括之学。年十四，肄业香港圣保罗书院，凡六年卒业。供职于香港法曹，然非其志也。节衣缩食，积俸余，为他日留学之资。复以暇暑，与友人创《中外新报》。吾国之有日报自此始。

年三十三，遂赴英伦，入林肯法律学院治法学。越三载，应试得大律师，以奔父丧归国。旋至香港操大律师业。越四年，被任巡理府，复受聘为立法局议员。论者谓国人得为外国律师者，公为第一人。香港侨民得为议员，以公为嚆矢，任法官者，公一人而已。

然公自幼时，已怀经世之志。睹中国积弱，发愤以匡救自任。会合肥李鸿章闻公名，屡招致之。公遂舍所业，就鸿章幕府。鸿章方督直隶，治新政，津沽铁路、北洋大学、北洋武备学堂、电报局，皆次第经始。公多所赞襄，于外交缔约尤尽力。

既而出使美、日、秘三国，保护华侨，力争国体。庚子义和团事起，周旋坛坫间，多所补救，尤翕然为世所称。任满归国，为商约大臣。驻上海，与各国缔约，树整顿圜法，裁厘加税，收回领事裁判权，画一度量衡之基础。寻迁商部左侍郎，再迁外务部右侍郎，复与沈家本同任修律大臣，成民刑律草案。旋颁行刑律，凡前清凌迟、连坐、刑讯等条皆汰去，为中国刑法开新纪元，公名由是益重。然公居京师久，洞知前清不足与有为，根本窳败，非摧陷廓清，末由致治。意郁郁，遂谢病去，年六十五矣。

其明年，再被任出使美、墨、秘、古诸国。耆年长德，所至想望风采；既受

---

① 伍廷芳逝世后，原葬于广州东郊一望岗，一九八八年，因建设需要而移葬于越秀公园，其墓亭内立有孙文所撰《伍廷芳墓表》纪念碑。

代，经历欧洲诸国归，憩于上海寓庐。而辛亥革命起，公蹶然兴倡议，请清帝退位，一时所谓缙绅士大夫，皆惊异之。而不知公匡世救国之志蓄之已久，故有触即发也。

其时，南方光复已十余省，公被推为外交总代表，驻上海，代表光复诸省与各国交涉，各国由是认光复诸省为交战团体。旋兼议和总代表，公揭橥主张，以为今日之事，当合南北，共建民国。及南京政府成立，文被举大总统，以公为司法总长，议和总代表如故。卒订定《清室优待条件》，清帝退位，民国遂以统一焉。

南京政府既移于北京，公退休凡五年。及黎元洪继任为大总统，征公入京，任外交总长。未数月，兼代理国务总理。时武人毁法，以兵胁迫大总统，下解散国会命令，公坚拒不副署，恫喝万端不为动。元洪竟解公代理国务总理职，以江朝宗继之，副署解散国会命令。

公愤大法之陵夷，念丧乱之无日，毅然出京谋所以戡乱讨贼。其时，文已与故海军总长程璧光定议，率舰队至广州，开"非常国会"，建军政府，以"护法"号召天下。公继至，同心匡辅。而两广武人阴怀异端，务龃龉之，使不得行其志。文以七年间辞大元帅职去，公仍留广州，改组军政府，任总裁兼长外交、财政，终以跋扈武人不可与共事，弃而归上海，国会议员相率从之。

九年冬，粤军自漳州回师定广州。文乃偕公回广州，复军政府。十年五月，国会举文任大总统，以公为外交总长兼财政总长。其年冬，文赴桂林督诸军北伐，以公代行大总统事。其明年四月，因陈炯明阻挠北伐，回师广州，免其职，以公兼任广东省长。而自赴韶州督师，入江西，克赣州，走陈光远，江西全省将定。而陈炯明嗾所部谋叛，文自韶州率轻骑回广州镇摄之。六月十六日，叛兵遂围攻大总统府，且分兵袭韶州大本营，北伐事业因以蹉跌。而六年以来，护法事业亦功败垂成。公感愤得疾，遂以二十三日薨于广州公医院，春秋八十有一。弥留时，犹谆谆授公子朝枢以护法本末，昭示国人，无一语及家事。盖其以身许国，数十年如一日，故易箦之际，神明专一，有如此也。

公生平好学，政事之暇，手不释卷。其始研究卫生之学，蔬食，绝烟酒，自谓寿可至二百余岁。继治灵魂学，视形骸如逆旅，以为留此将以有为耳，故能于危疑震撼之际，泰然不易其所守。自以与于缔造民国之役，不忍见为武人政客所败坏，故以耄耋之年当国事，犯危难无所恤，卒以身殉。悲夫！其对于社会如提倡国货，倡剪发不易服之议，以塞漏卮，皆有远识，能造福于国人。夫人何氏，贤而有寿。子朝枢，能继述志事。孙竞仁、庆培、继先。以民国十三年十二月十日葬公于广州东郊一望冈。

　　文自元年与公共事，六年以后频同患难，知公弥深，敬公弥笃。谨揭其生平志事关系家国之大者，以告天下后世，俾知所模楷焉。

中华民国十四年一月吉日

孙文撰文

据孙文撰、谭延闿书《伍秩庸博士墓表》碑文拓片（民国十四年一月），载《伍廷芳奉安实录》卷首插页，无出版项①

附载：孙先生行馆秘书处奉谕迁址通告②

（一九二五年二月十八日）

参孙先生面谕：

　　此次搬入行馆，专为疗病，一切宾客概未能接见。凡到访者，派人招待，惟以询问病情为限。关于军国大事，暂行停止谈话。

　　特此通告，诸希谅察。

秘书处

二月十八日

据《孙中山已迁出医院矣》，载一九二五年二月十九日天津《大公报》

---

　　①　按本书卷首插图及文字判断，当系广州一九二五年刊行。

　　②　孙文在北京协和医院经镭锭放射治疗无效，乃决定于是日移居行辕铁狮子胡同养病，并贴出到访规则的通告。

颁给黄埔军校一期生贾伯涛卒业证书

（一九二五年三月一日）

卒业证书

　　本校第一期学生贾伯涛，按照本校规定步兵科教育，修学期满，考试及格，特给证书。

海陆军大元帅、陆军军官学校总理　孙　文

校长　蒋中正

党代表　廖仲恺

中华民国十四年三月一日给

据广东革命历史博物馆编：《黄埔军校史料
（一九二四至一九二七年）》影印原件，广
州，广东人民出版社一九八五年五月出版

致宫崎寅藏请柬之一

（□年□月四日）

　　本月初四日午后七时，假座虹口六三亭恭迎大驾，藉聆伟论。务恳光临，并希赐复为荷。

宫崎寅藏先生

孙文顿首

五马路三十六号中国铁路总公司

据原件，东京、宫崎蕗苳（宫崎寅藏孙女）家藏

致宫崎寅藏请柬之二

（□年□月十六日）

十六日下午六时，洁茗候光。

席设环龙路六十三号

孙文谨订

宫崎寅藏　殿

据原件，东京、宫崎蕗苳家藏

致宫崎寅藏请柬之三

（□年□月二十八日）

廿八日下午六时，洁茗候光。

席设环龙路六十三号

孙文谨订

据原件，东京、宫崎蕗苳家藏

致某君请柬之一

（□年一月二日）

一月二日下午三时，洁茗候光。

孙文谨订

席设本寓

据《柬帖展览——上海举行柬帖展览会中
几张有趣味的出品》原件影印，载上海
《良友》第一四五期，一九三九年出版

致某君请柬之二

（□年五月五日）

五月五日正午十二时，洁茗候光。

孙文谨订

席设本府　凭简入座

据原件，广州、广东省博物馆藏

论革命意义

（时间不详）

自吾辈易"造反"为"革命"，陈义大雅，究不如"造反"二字深入人心，较易鼓动下层社会。然开国事业当与荐绅先生言之，陈少白之言不诬也。今人多谓"革命"二字只能代表革反，而不能代表革进，此大误也。

革命本中国语，不能以西语解释。革命始于汤武，传曰"汤武革命"①，反之也，直言之即造反。天命所归，故革之。诗曰："周虽旧邦，其命维新。"② 所谓革去旧染之污，而自新易旧。命为新命，凡不合"应天顺人"之事，皆宜革而去之，是含革反、革进两义。语曰："莫非命也，顺受其正。"③ 凡事物皆有一定之至理，此天命也。逆反其正，必不能"应天顺人"，是宜革之，并不专指朝代国家主权者言也。

天地进化，今日光明正大之民主政治，他日有待革之处，亦难预言。予屡言

————————

①　"传"指《易经》的十翼（即系辞解说文十篇），其中"彖传下"释"革第四十九"卦辞的原文是："……汤武革命，顺乎天而应乎人。"汤武革命为以下两个历史事件的合称：约在公元前十七世纪，成汤灭夏桀而建立商朝；前十一世纪，周武王（姬发）灭商纣而建立周朝。

②　语出《诗经》"大雅·文王"。

③　语出《孟子》"尽心上"。此处误作《论语》。

革命尚未成功，乃举远者大者而言，非举近者小者而言，设以革反与革进评判革命意义，是未知革命至理者。

据刘成禺：《先总理旧德录》，载南京《国史馆馆刊》创刊号，一九四七年十二月出版

论诚

（时间不详）

　　宁愿天下人负我，不愿我负天下人。天下人可以欺伪成功，我宁愿以不欺伪失败。予读中外史册，凡圣贤英雄，皆以诚率成功，及身有不成功者，而成功必在身后，吾人有千秋之业，不在一时获得之功名荣辱也。

　　传曰："修辞立其诚。"① 古人言语文字尚以诚意为要，况事业乎？耶稣曰："诚实者无后患。"孔子曰"正心诚意"②，不诚未有能动者也。华盛顿昭大信于美洲，唐虞格有苗于干羽，诸葛亮七擒孟获而不诛，贞观放囚徒归而皆返；虽汉高祖之漫骂，朱元璋自述父行乞而己为僧，亦不失真率之道。此予读中外史，知其所以成功而底于灭亡者，诚则有物，不诚无物而已。历代以欺世伪术而得大业者，灭亡不及其身，及其子孙，此篡弑攘夺残民以逞者，可不惧哉！

　　予之律己，对人无虚言，驭人无权术，一本诚率，人皆谅我，予一人已成功矣。

据刘成禺：《先总理旧德录》，载南京《国史馆馆刊》创刊号，一九四七年十二月出版

---

　　① 《易经》"文言传"释乾卦的原文是："子曰：君子进德修业。忠信，所以进德也；修辞立其诚，所以居业也。"

　　② 孙文从儒家经典《大学》阐述的内修外治八目中抽出正心、诚意二者，仍强调真诚之重要。

谈民选议员

（时间不详）

孙先生曾谈民选议员制度曰：

尝闻中国谐论，某进士公见人读《史记》，问为何人所著，答曰："太史公。"进士曰："太史公是那科翰林？"翻阅数篇，曰不过尔尔。此种笑话，正如华顿盛〔盛顿〕民选下议院议员，所问成一正比例。

美国合众国大总统称 President，大公司、大学、农场首长亦称 President。有南部某小州民选下议院议员系农场出身，未入大都会。一日，议会中谈论合众国大总统之权限，某南部议员发言曰："合众国 President 权限，是否与我农场公司 President 权限一样？我农场公司 President 有紧要事可召集董事，合众国 President 遇有紧要，随时召集议会有何不可？"全场大笑。

美国为民选主义之国，其政党以金钱竞选，结果乃有此无学识之议员。故予主张先考议员，考入选者，使人民就中投票。因国家大政大法，非有金钱而毫无学识者所得参议。东西洋可谓物必有偶矣。

据刘成禺：《先总理旧德录》，载南京《国史馆馆刊》创刊号，一九四七年十二月出版

谈宣传文字的运用

（时间不详）

宣传文字贵能提纲挈领，命意愈简单，人愈明了，运动无不成功。忆予在广州乡间与人言反清复明，尚有不了解者，予举制钱示正面"某某通宝"问曰："汝等识此字乎？"曰："识。"举反面两满洲文示之，则曰："不识。"乃历举满人入主中国之事告之，遂恍然于反清复明之大义。如知汉高祖约法三章，曰"杀人者死"，实简单明了，可定天下也。

凡民众相信，在凭证不在理论。不观索士比亚戏曲乎？罗马凯撒〔撒〕演

说，民众归凯撒，而呼杀布鲁特；及布鲁特演说，民众又归布鲁特，而呼杀凯撒。民众之从违无常，在能举简单事实证据，使群伦相信耳。今用排满口号，其简单明了过于反清复明矣，故革命甚速。

至若三民主义、五权宪法，为立国之根本，中人以上能言之，大批中下民众甚难解释。行之恐周章时日，不若排满口号推倒满清之易。民国成立以来，民国无皇帝，民众一说即知，故反对帝制，袁世凯八十三日而崩溃。今来广州以护法为号召，所护何法？法如何护？难为一般民众详尽告之，恐此事难结良果。故予今以革命努力树口号，所谓一切不良有害民众者较易成功耳，必改易之。

据刘成禺：《先总理旧德录》，载南京《国史馆馆刊》创刊号，一九四七年十二月出版

谈练习演说的要点

（时间不详）

孙中山先生尝自述练习演说之法：

一、练姿势。登上演说台，风度姿态，即使全场有肃穆起敬之心；开口讲演，举动格式，又使听者有安静祥和之气。最忌轻佻作态，处处出于自然，有时词旨严重，唤起注意，不可故作惊人模样。予少时研究演说学，对镜练习，至无缺点为善。

二、练语气。演说如作文然，以气为主，气贯则言之长短、声之高下皆宜。说至最重要处，言与声，掷地作金石声；至平衍时，恐听者有倦意，宜傍引故事，杂以谐语，提起全场之精神。谠言奇论，一归于正，始终贯串，不得支离，动荡排阖，急徐随事。故予少时在美听有名人演说，于某人独到之处，简练而揣摩之，积久自然，成为予一人之演说。

先生又云：演说须笼罩全局。凡大演说会，有赞成必有反对。登台眼观四座，在座有何党何派人，然后发言，不至骂〔离〕题。吾国所谓座上有江南，出言不慎，座中忽起怪声，此演说家之大忌。必使赞成者理解清晰，异常欣慰；反对者据理折服，亦暗中点头；中立者喜其姿态言语，亦易为左袒，万不可作生气语，

盛气凌人。予在华盛顿，见有议案本可照例通过，某议员登台忽骂及他党，致招否决，此一例也。

演说纲要尽于此矣。诸君他日归国，有志政治，要在演说，故为汝等告之。

据刘成禺：《先总理旧德录》，载南京《国史馆馆刊》创刊号，一九四七年十二月出版

孟米分部开幕训词①

（时间不详）

十月十日，民国始基。贵部开幕，亦及斯期。缔造艰难，念兹在兹。三民主义，誓守毋渝。厉阶为梗，芟之夷之。与民宪始，尚勖肩仔。

孙文

据原件，台北、中国国民党文化传播委员会党史馆藏

三宝雁学校成立祝词②

（时间不详）

吾党主义，是曰三民。揭橥理则，地义天经。敷为教育，本正源清。勖哉诸子，竭蹶陶成。

孙文

据原件，台北、中国国民党文化传播委员会党史馆藏

---

① 孟米（Mumbai），今译孟买，英属印度西海岸大城市。
② 三宝雁（Zamboanga），今译三宝殿，美属菲律宾南棉兰老（Southern Mindanao）岛西南沿海的港口城市。

译

著

红十字会救伤第一法[①]

（英 译 中）

（一八九七年六月）[②]

柯士宾著　孙文译

再版序（章炳麟）

　　古之良将与士卒同甘苦，军有疮痏，为之裹伤、吮痈、附药，此谓父子之兵。斯道少衰，而幕府文书日不暇给，于是始有军医、有卫生队，以司扶伤治疾之事。要之，通国治军，艺士众多，故纤悉足以备举，非奋起草泽者所能为也。

　　余友孙君[③]少习医事，译柯士宾《赤十字会救伤第一法》，用之辄应。既奔走国事，医术亦侵寻废阁。革命军起，君则持故书示余曰："兵者所以威不若，固非得已。攘胡之师，为民请命，庶几前歌后舞，而强寇桀逆未遽倒戈，伤痏者犹不得免。义师之中，庶事草创，固不暇编卫生队，良医又不可得，一受创伤，则能全活者寡矣。其以简易之术，日训将士，使人人知疗治，庶几有济。是书文略

---

　　① 本书是孙文唯一的一部译著。原书系英国外科医生柯士宾（Samuel Osborn，今译奥斯本）据其所作的救护伤者系列演讲撰成，出版后曾被译成法、德、意、日四种文字。应柯士宾之请，孙文在伦敦将该书译成中文，于一八九七年由"伦敦城红十字会"（似即"圣约翰救护协会"者）初版印行，书名为《红十字会救伤第一法》。一九〇六年冬，孙文在日本对这部译著稍作文字修饰，改变若干专有名词的译法，凡"红十字会"均改译为"赤十字会"（当时日本人称"赤十字社"），并请廖仲恺、邓慕韩协助校勘文字，更改书名为《赤十字会救伤第一法》。翌年二月中旬在东京交付秀光社印刷一千册，民报社再版发行后，孙文曾将该书分赠旅日同盟会员，企望革命军在国内各地发动反清起义时能起到救死扶伤的作用。

　　② 中文初版本未标出版月份。今据孙文"译序"所言，中文版是作为祝贺英国君主登基六十周年庆典的献礼，而当时在位的英国女王维多利亚（Alexandrina Victoria）登基六十周年的日期是一八九七年六月二十日。另据日本生物学家南方熊楠日记所载，孙文于是年六月二十八日在伦敦将该书分赠给南方熊楠、镰田荣吉、田岛坦三位日本友人。由此判断，该书当于六月间出版，可能在二十之前不久。

　　③ 孙文，时任中国同盟会总理。

易明，以之讲解，不过数日而能通知其意，其为我宣行之。"

余念上世善治兵者，若神农、轩辕、伊尹、曹孟德诸公，皆以善解医方①，拊循其众，故其士气壮盛而无夭札，师旅辑和，威谋靡亢。今天下更始之际，军人、艺人未暇分业，宜求所以自卫，舍是而求良工，则犹十年之病求千年之艾，必不活矣！抑中国略识医方者所在多有，然所守不过伤寒金匮，以至世俗金疮之法，犹不适用。

柯氏是书，诚所谓急救者哉！并世豪骏之士，期于见危授命，而不欲宛转啼号于生死之际者，于是当葆之重之也。乃付印刷人为治再版，且志其始末云。

丙午②十一月　章炳麟③序

译序（孙文）

孟子曰："恻隐之心，人皆有之。"是以行路之人相值于患难之中，亦必援手相救者，天性使然也。虽然，恻隐之心人人有之，而济人之术则非人人知之。不知其术而切于救人，则误者恐变恻隐而为残忍矣，而疏者恐因救人而反害人矣。夫人当患难生死俄顷之际，施救之方，损益否当，间不容发，则其理不可不审求也。此泰西各国通都大邑所以有赤十字会之设，延聘名师专为讲授一切救伤拯危之法，使人人通晓，遇事知所措施，救济之功，成效殊溥，近年以来推广益盛。吾师简大理④前在香港亦仿行之，创有香港赤十字会，集其地之英商、军士及巡捕等而督课之，艺成而领有会照者己〔已〕百数十人。

---

① 神农氏，即炎帝，相传遍尝百草，发明药物，古代因有《神农本草经》之作；轩辕氏，即黄帝，相传探讨药理，缔造医学，古代因有《黄帝内经》之作；伊尹，名伊（一说名挚），"尹"为商朝最高官职称号，相传首创草药汤剂；曹操，字孟德，东汉末年先后以丞相、魏公、魏王身份把持朝政，大事征伐，招揽各地良医为己所用。

② 即一九〇六年。

③ 章炳麟，时任中国同盟会机关刊物《民报》主编，为本书发行者。

④ 简大理（James Cantlie），即康德黎，英国人。他是孙文一八八七年至一八九二年就读于香港西医书院（The College of Medicine for Chinese, Hongkong）时的教务长兼授课教师，一八九六年十月在伦敦营救被清公使馆绑架的孙文脱险。

英医柯士宾君，伦敦城赤十字会总医员也，著有《救伤第一法》一书，言简意赅，剖理精当，洵为济世之金针，救人之要术。其书已译有法、德、义①、日四国文字，更蒙各国君后大为嘉奖，鼓励施行。

去冬，与柯君往游英君主云塞行宫②，得观御跸之盛。柯君道君主仁民爱物之量充溢两间，因属代译是书为华文，以呈君主，为祝六十年登极庆典③之献。旋以奏闻，深蒙君主大加赞许，且云华人作挑〔桃〕源于英藩者以亿兆计，则是书之译，其有裨于寄英宇下之华民，良非浅鲜。柯君更拟印若干部发往南洋④、香港各督，俾分派好善华人，以广英君主寿世寿民之意⑤。呜呼！西人好善之心，可谓无所不用其极，此其一端也。

译毕，爱记数言，以弁卷首。

西历一千八百九十七年　中国孙文谨识⑥

原序（柯士宾）⑦

是书深蒙大雅赏识，早已不胫而走，重刊之本亦己〔已〕告尽，今当三刊之，方足以应求者。《救伤第一法》为用甚宏，人多欲知其理，故各国好善之士亟为推广，已将此书译有法、意、德及日本文，今又译为中国文。

---

① "义"为义大利（Italy）简称，当时亦译意大利。

② 云塞堡（Windsor Castle），今译温莎堡，维多利亚女王行宫之一，在伦敦西面，属英格兰伯克郡（Berkshire）。

③ 英国女王维多利于一八三七年六月二十日继位，至一八九七年六月二十日为登基六十周年，英国官方决定举行盛大庆典。

④ 十九世纪末，英国在南洋群岛（即马来群岛）派驻总督统治的殖民地，主要是英属海峡殖民地，总督署设于星加坡；当时刚成立的英属马来联邦，则由总驻扎官治理。文中所称"南洋、香港各督"，当指海峡殖民地、香港两地总督及马来联邦总驻扎官。

⑤ 伦敦中文初版本卷首有一专页，以大号字排印，全文如下："奉特旨，赏准是书表志大君主大后帝登极六十年以来所被之深仁厚泽，以申微忱。并印行以加惠大君主宇下所属华民，及广传寿世寿民之意。"

⑥ 伦敦中文初版本译者署名孙逸仙，再版本改为孙文。

⑦ 此文与英文本序言的内容稍有不同，可能是专为中译本改写。

按照《圣约翰赤十字会章程》①，凡联班隶会者，当以此编为读本，每课讲授以一点钟为限。兹仅撮其简要，分列六章。而"论运血功用"本在首章，因篇幅不能容，故附论于第二章"论血脉"题下较为合宜也。末附以"裹扎须知"及"问题"，学者幸玩索焉。

伦敦赤十字会总医生②柯士宾识

第一章　论体格并功用③

此书之旨，乃示各人略知救伤之法，俾遇意外之事可即行设法施救，而被伤之人由此可保性命于危急之顷，并解痛楚于医者未至之时。

教授游医之要法，近已视为通行之知识，在陆兵、水师、巡捕、车路司事、火夫④及民人等，常有联斑〔班〕学习者。

因在大场〔庭〕广众之中，如赛马场、会操地及街上巡游、胜会等，多遇意外伤创之事，故特设立圣约翰游医会，又名赤十字会。此系招集经练得有执照之会友而成，其收效甚宏大也。

教授之课，包括各等止血之法、分别伤折肢体⑤之法、调理伤折肢体之法，与及调理绝气⑥之法如溺水等症是也。

意外误伤之事为日所常有，讲求如何为调治之初法，诚极要之事。

各人所学，用以施助于被伤者，必立呈功效。受伤而不遇医家救济，以致死

---

① 英文原文为 the syllabus of the St. John Ambulance Association。St. John Ambulance Association 在下文亦译圣约翰游医会，今译圣约翰救护协会。

② 英文本序言无此头衔，而据书末所附文献书目介绍，柯士宾系圣约翰救护队（St. John Ambulance Brigade）大都会团首席外科医生，同时也是任职于妇女医院（Hospital for Women）的外科医生。

③ 原书目录的本章标题另作"形体功用"，为统一起见，"本册目录"据此更改。

④ "车路司事"的英文原文为 railway officials，指铁路从业人员；"火夫"的英文原文为 firemen，指消防队员。

⑤ "支"为"肢"通假字，此处原作"支体"，与"肢体"同义，惟本书二者并用，而以"肢体"居多，故统一改为"肢体"。

⑥ 绝气（suspended animation），今译昏厥、不省人事。

亡者常多，此即我辈所为，欲各人由今日所讲之课而得知识，以杜绝此苦也。在我辈为考师者，于讲完各课之后，即严为考试，方给执照与之。盖伤者之性命，全托于此等略识医法者之手也。

有云"一知半解"，系属险事。故我辈之职分，在察尔等之学，虽或不能有益，亦必无致害，乃庶乎可耳。但〔但〕尔等不独能为有益，且可成大益，故我辈乐于教尔等。惟须知此课程非教尔等成为专门之医，又非能使尔等救伤而不藉医家之助，不过欲尔等暂救危殆，暂解痛苦，以待医家之至耳。

如流血而不立即施救，则性命在顷刻之间，此欲尔等特为留意也。伤脉流血不能待医至而施救，而肢体之伤折可待，故极要之端为止血各法。凡欲赴考者，当知如何用指或器以压四肢之流血，否则不能领给圣约翰游医会执照。欲知流血之何来及用止血之方法，当略明全体之部位及功用。

今讲义先从人身起。其一为骨格①，而丽于骨格者为肌肉，其寓骨肌之内为数个要紧之脏腑，生命动作系焉。骨格为肌肉本末附丽之基，又为收藏及保卫脏腑之穴，如心、肺、脑等是也。

骨为身体最坚硬之质，而同时又轻而具弹力。其轻者，皆由各骨之中心尽如蜜房②或海绒质，内藏骨髓及养骨血管，骨面则实如象牙。有骨之轻者如额骨，内空而藏气。鸟骨皆属如此，故能轻而易飞。倘额骨全为实骨，则重不可当矣。此显而易见，如伤风时觉头重异常，因空穴之内为痰所积③也。

骨之弹力最显者见于胁骨，当呼吸时，易于舒缩。亚剌伯国④童子常有以驼胁作弓为玩，此显骨之弹力也。

骨本质内涵生质三分之一，土质二分之一⑤。少时生质为多，老年土质为多。故少年人多患骨软之症，老年人多患骨折之症。

各等长骨之坚而有力者，皆外面起有坚脊，直贯头尾。故骨非如常人意料以

---

①　骨格（skeleton），今译骨骼。

②　蜜房（honeycomb），即蜂房。骨的中心部位是骨松质，外观如蜂房或呈海绵状。

③　空穴（frontal sinuses），今译前额窦；痰（mucus），即呼吸道发炎时的黏液混合物。

④　亚剌伯国（Arab），今译阿拉伯。

⑤　英文本将 bone（骨）区分为 animal matter 和 earthy matter，中文本分别翻译为生质和土质；按今之所称，似即指骨松质（spongy bone）与骨密质（compact bone）。

为圆柱体，实为三菱体，如轮辐之柱，此造物者特成之以抵力也。

骨格之顶为头颅，如图一（1）①，外视似为一骨，其实八骨合成，而面则为骨十四。头骨俱不能动，惟下牙床骨（2）②能运动，以便食物及言语。如欲拆散头颅各骨，其法入小豆于内煮之，则豆发胀而骨散矣。

如欲拆散头颅各骨，其法入小豆于内煮之，则豆发胀而骨散矣。

头颅乘于脊柱之上，脊柱为二十四骨所成，每骨有脊凸于后，故统名曰脊骨。而分为数段：在颈者为骨七，曰颈骨（3）；在背者为骨十二，曰背骨（4）③；在腰者为骨五，曰腰骨（5）。各骨由上而下逐渐加大，其名亦由上而下，多照数目名之。如④首颈骨名曰托骨⑤，以其为头颅之托也；次曰枢纽骨⑥，以其为头转动之枢纽也；其三至七皆以数称。至背骨亦以数为名，曰一曰二至十二。继以腰骨，亦如是云云。

分别各脊骨之法，如左背骨两边有垫，颈、腰等骨无之；再以腰骨之大，较之颈骨之小，便能分别二骨矣。

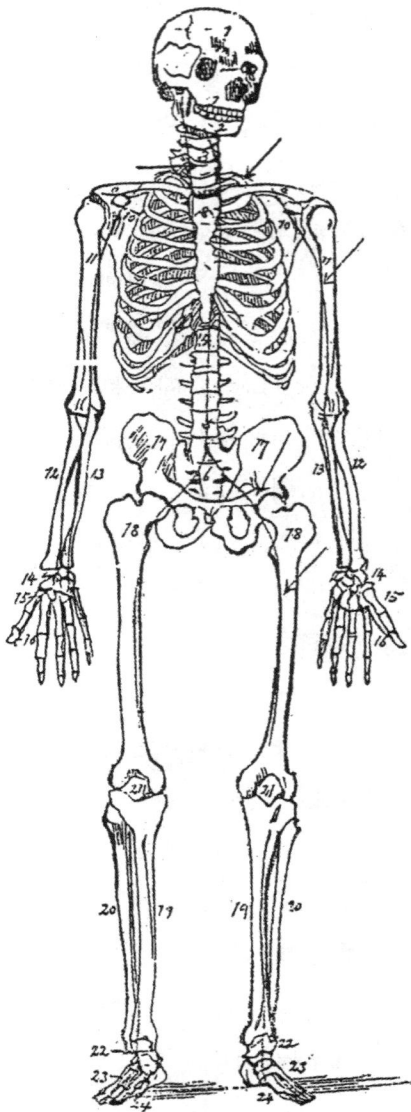

第一图

---

① 此处增补"如图一"三字。按：本书（ ）内阿拉伯数字或英文字母均为原文所有，用于指示插图中人体各部位。

② 下牙床骨（lower jaw or inferior maxillary bong），今称下颌骨（mandible）。

③ 背骨（dorsal vertebrae），实指胸部的椎骨，今称胸椎（thoracic vertebra）。

④ 英文本在此处原文为 however，且揣摩本句含意，"如"似是"而"之误。

⑤ 托骨（atlas），今译环椎。

⑥ 枢纽骨（axis），今译枢椎。

在脊柱之下有一尖形之骨，名曰勾骨（6）①，为五骨所成。其下更有一骨，名曰尾闾骨②，此骨与兽尾相同。

由背骨两傍而出者为胁骨（7）③，每边十二，共二十四，男女俱同。而俗传女多一骨者，非也。在上之七对胁骨，有胁骨续之，引前联于胸骨（8），名曰真胁骨；其余五对不联于胸，名曰假胁骨④。在下二对，因无所附丽于前，故名曰浮骨⑤。

上肢较下肢相联于正体⑥之骨少，其故因上肢须运动灵活，而下肢须坚实有力，以扶托全体之重也。

锁柱（9）⑦为独联于上肢，与正体之骨丽于胸骨外边之上。此为臂骨上最弱之骨，常时断折，多由于伸张手而跌所致也⑧。

此骨更有一最要功用，系撑开上肢至离正体合宜之度，俾得运动自由，以成各等大用。

在胁骨之后，而联于锁柱有翼形之骨，名肩胛骨（10）。上悬此骨之臼者，即臂骨（11）也。

由手睁⑨下至手腕为前肘，有二骨在外者为副肘骨（12），在内者为正肘骨（13）⑩。所云内外，其分别之法，系于人鹄立时，两手垂低，大指向外，小指帖裤缝，从身中作一垂线，近线为内，远线为外。

手腕（14）为八骨所成，排置两行。腕骨之前有五骨，名曰掌骨（15）。

手指（16）共有骨十四，每指着三，大指得二。

下肢之骨，较上肢为更大而有力，因受全身之重也。

---

① 勾骨（sacrum），下文亦作钩骨，今译骶骨。

② 尾闾骨（coccyx），今称尾骨。据本句英文原意，谓骶骨之下有四块退化小骨，名为尾骨，与兽类尾骨相对应。

③ 胁骨（gristle or cartilaginous），此处指软胁骨（costal cartilage）。

④ 真胁骨（true ribs），今称真肋；假胁骨（faise ribss），今称假肋。

⑤ 浮骨（floating ribs），今称浮肋。

⑥ 正体（trunk），今称躯干。

⑦ 锁柱（collar bone or clavicle），下文亦作锁柱骨，今称锁骨。

⑧ 此处的英文原意为：多因跌倒时伸手撑地所致。

⑨ 手睁（elbow），即肘部，此系广州话方言。

⑩ 副肘骨，今称桡骨（radius）；正肘骨，今称尺骨（ulna）。

胯骨（17）① 为骨二，起于钩骨两傍，相合于前，成为骨盆。在此骨之下面，有杯形凹联于此，凹者为髀骨（18）②，是为骨格中最大之骨。此下则为胫骨（19）。

在胫骨之外有小骨，名曰副胫骨（20）③，此骨最细弱，常易断折。此二骨相联甚紧，形如扣针。在节有盖形骨帖于前，名曰膝盖（21）。

脚较有七骨，总称踵骨（22）。在前为脚掌骨（23），有五枚，成脚之形。脚趾骨（24）④ 有十四枚，每指着三，大趾得二。

脚底有二拱，一由前至后，一由内至外。又由生长时失去此拱者，名平板脚，粤呼为"鸭乸蹄"是也。

由此观之，上肢与下肢骨之相类也明甚。在英文原文中，上下肢之上半部各有一骨，下半部各有二骨；在上则有腕骨、掌骨、指骨，在下亦有踵骨、掌骨、趾骨。

各人再观各骨相联而成脏腑之穴，其数有二：其一系头骨与脊柱所成，内藏脑体、脑髓；其二为正体所成，中有隔膜，分之为二，上曰胸膛，下曰腹。

胸膛之界，在后为十二背骨，两傍为十二对肋骨，前为胸骨，下为隔膜。此穴内藏心、肺。

腹之界限，上为隔膜，后为腰骨并钓〔钩〕骨，在前及两傍为胯骨及腹肌，在下为骨盆。腹内所藏之脏，有胃、肠、肝、脾、甜肉⑤、内肾及产具、溺具⑥等是也。

骨盆为保护膀胱及产溺具之外，更为乘托肠脏及乘全身之重于下肢。

所谓脏穴者，内非空穴，俱实以脏腑。盖物性忌空，而其因吸气入肺及食物入腹而变大其形者，由于胸腹各肌有舒缩之性也。

---

① 胯骨（thigh-bone or femur），今称髋骨，与髂骨、耻骨共同构成。

② 髀骨，今称股骨（ilium）。

③ 副胫骨，今称腓骨（fibula）。

④ 脚趾骨，下文亦作趾骨，今称趾骨（phalanges）。

⑤ "甜肉"在英文本中为 pancreas or sweetbread，指胰脏，或称胰腺。

⑥ "产具"在英文本中为 spleen apparatus，今称脾脏；"溺具"在英文本中为 genito-urinary apparatus，今称泌尿生殖器官。

此三穴，每穴有包膜，全然包之，不与外通。其包括脑体、脑髓①者为脑膜，包肺者为肺膜，包腹者为腹统膜②。此各膜若发炎，在脑者为脑膜炎，在肺〈者〉为肺膜炎③，在腹者为腹膜炎，俱常患之症。

各脏功用：脑为灵性之府，肺为呼吸之府，心为运血之府。各脏后更详论之。

骨与骨相联而成节，有筋系之，见图二之（1）。

节有三等：其一为梗节；其二为活节；其三为半梗半活之节④，如脊骨节是也。

活节生成，各就其运动之多少。故常见有牵铰之节，有球臼之节⑤。手臂节及脚铰节⑥，即牵铰节也。肩节及腿节⑦，即球臼之节也。骨与骨相接之端，有脆骨盖之，名曰节朋⑧，见图二之（2）⑨，其用为攒两骨相触之势也。在脊骨者曰脊间质⑩，其用如软垫，以阻各等跳跃之触势。在节

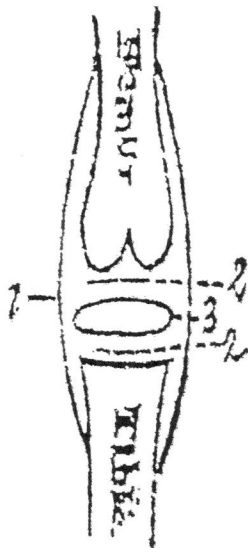

第二图

————————————

① 脑髓（spinal cord），今译脊髓。

② 肺膜（pleura membrane），今称胸膜（pleura），胸膜分为壁胸膜（parietal pleura）和脏胸膜（visceral pleura），后者覆盖肺表面；腹统膜（peritoneal membrane），今称腹膜（peritoneum）。

③ 肺膜炎（pleurisy），今译胸膜炎。

④ “梗节”在英文本中为 immovable，指不可动关节（synarthroses，joint）；“活节”在英文本中为 movable，指可自由活动的关节（diarthroses，freely movable joint）；“半梗半活之节”在英文本中为 mixed，or a combination of the two preceding varieties，指只能在一定范围活动的关节（amphiarthroses，partially movable joint）。

⑤ 牵铰之节（hinge joint），今译铰链关节，或屈戍关节；球臼之节（joints are of the ball-and-socket），今译球状关节，或杵臼关节（bal-and-socket-joint）。

⑥ 手臂节及脚铰节（elbow and ankie joints），今译肘关节与踝关节；手臂节现称手臂关节（arm joints），脚铰节现称足关节（foot joints）。

⑦ 肩节及腿节（shoulder and hip joints），今译肩关节与髋关节；腿节现称腿关节（leg joint）。

⑧ 节朋（interarticular cartilage），今译关节软骨。

⑨ 以上“见图二之（2）”据英文本增补。

⑩ 脊间质（intervertebral substance），今称椎间盘（intervertebral disc）。

之内有节包①，见图二之（3）②，生清液以润节，令之运动自由。此液有因患病而生多者，如扭伤③等症是也；有因患病而减少者，风湿等症是也。

肌为运动之器。身中与肢体各肉，俱是肌也。

各肌皆由骨起本，其末亦粘于骨。其质如胶，带有缩力，动时则缩实而短。

肌之名，或由其动作而称，如节之伸肌、缩肌是也；或由部位而称，如胁间肌④是也；或由其本而称，如双头肌，因起于二头也。

肌质之异，各因其属意使与不属意使而别，故有意使之肌质，有不属意使之肌质。意使肌质又曰线肌⑤，为无数之肉条束合而成，外包以套，用显微镜察之，见裂为条，如图三之（1）；又如"煮熟大黄"⑥，从横⑦分开，如（2），故名曰意使肌质。凡从意而动者，即属此类。

肌肉之包，两端伸长而成筋，系粘于骨。

如此筋有时因伤凸出，切勿割去，须要将断处缝合，纳回原位。有时治此须开阔伤口，亦要为之。曾见有无识者将一少年凸出之筋割去，彼因之指梗，遂致不得投军，岂不误事！

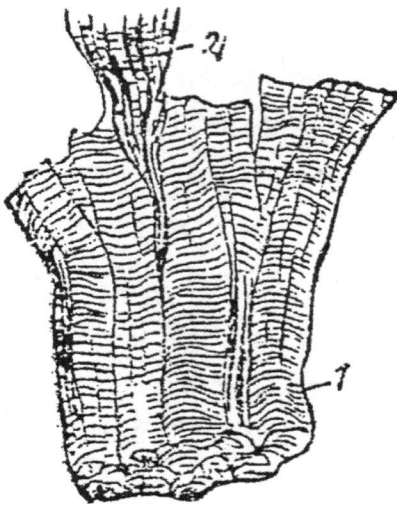

第三图

---

① 节包（closed sac），今称髓核（nucleus pulposus），内含富有弹性的胶状物质，是椎间盘的中央部，髓核的周围部为纤维环，共同组成椎间盘。

② 以上"见图二之（3）"据英文本增补。

③ "纽"为"扭"通假字，此处原作"纽伤"，与"扭伤"同义，惟本书二者并用，而以"扭伤"居多，故统一改为"扭伤"。

④ 胁间肌（the intercostais betweenthe ribs），今称肋间肌（intercostal muscle）。

⑤ "意使肌质又曰线肌"在英文本中为 voluntary or striped muscular fibre，"意使肌质"指可随意识支配肌肉运动的肌肉，今称随意肌（voluntary muscle），"线肌"指可随意支配的横纹肌（striated muscle），即骨骼肌（skeletal muscle）；另有非随意支配的横纹肌，称心肌（myocardium）。

⑥ "煮熟大黄"，又名"川军"或"将军"，多年生本草植物，地下块根可制中药，泻药之一种。

⑦ "从"（從）为"纵"（縱）通假字，"从横"与"纵横"同义。

不属意使之肌，又名无纹肌①，系长尖珠所成。中有珠结联合，如碎石街砖②，血管及肠为此等肌所成。其实各脏，人意不能运动之肌，俱为此类。独心则异此，心为有纹之肌，而其抒缩之力亦不由人意。

肌肉之奇者，非独不因用而消耗，且反加增之。常见劳动之人，体加壮健是也。

肺体置于胸膛之内，包以肺膜，分为五叶。图十六之（2），三叶在胸之右，二叶在胸之左，余此之位则心体占之。肺膜上已言之，系有二重，一重帖于胸膛，一重帖于肺体，中成一密袋，内生津液，使肺于呼吸时易于抒缩。

声音之器在声管，图四之（2）。管上为会掩（1）③，吞物时掩盖声管，免食物错入气喉。

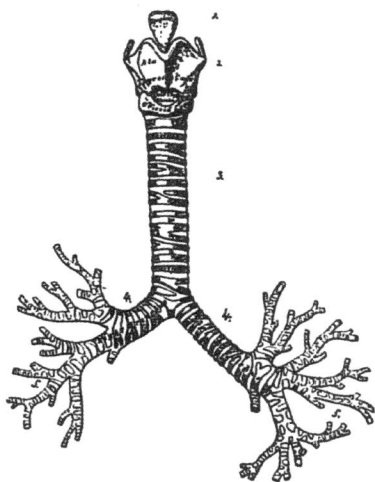 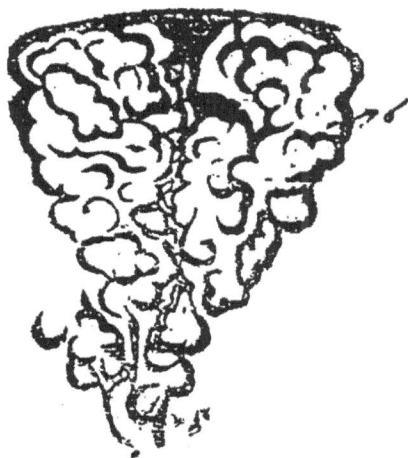

第四图　　　　　　　　　　　　　　第五图

肺之质为气包所成，见图五之（6）。有气管系之，见图四、图五之（5），如树叶之系于树枝，近树身者渐大。气管总喉亦由少〔小〕而大，见图四之（3、

———————————

① "不属意使之肌又名无纹肌"在英文本中为 involantary or unstriped muscular fibre，"不属意使之肌"指无法随意识支配肌肉运动的肌肉，今称不随意肌（unvoluntary muscle），"无纹肌"今称平滑肌（smooth muscle）。

② "街砖"亦作"阶砖"，在英文本中为 the tiles of a mosaic pavement，指镶嵌铺设于街上的方砖，此系广州话方言。

③ 会掩（epiglottis），今译会厌。

4）。总气管之下分作两枝，其右者大于左，故常有外物如钱或假牙等误入气管，必落于右，此不可不知也。

气包之外，围以微丝血管①网。在两气包之间不过一层，故入此间，则两面俱收养气②。

气包之内，常藏满气，不歇从呼吸变换新气。此呼吸之事，为肌肉伸缩而成，而呼略长于吸。

吸气之器，为气管之抒性、胁间之肌肉并隔膜等。隔膜一缩将腹推下，而肋肌一缩则将胁骨抽起，如是胸膛由上至下之积加大，而气则由气管冲进，直入气包矣。

呼气则各肌收缩及腹肌推压，故成相反之功而为呼。

每次呼吸所变换之气，名曰平常呼吸气（每分钟十四至十八次）。而再用力努出之气，名曰足额之气。尚存而不能出者，名曰余剩之气，而余剩之气则从和法而变换。

大约言之，清洁天气中，淡气③有四，养气着一。此为气之合质，常由呼吸而入于肺气包者也。

微丝血管之血散布于气包之外，收取养气入血，放出炭养气④及水气。此炭养气系肺分化之余质，由呼气除出。人身之热，则由此分化之气而生也。

或问："天气中之淡气有何用处？"如各人曾听过化学讲课者，必见过养气之烧物，比之寻常天气更烈而速。由此推之，倘吾人独生于养气之中，生命必促。故淡气者，特用以和匀养气，而制其烈也。

但肺迴管积血之症，医家有用吸净养气之方而治者。

呼吸之变端有二：其一血变，使淤紫之迴血由养气而变为鲜红，再适于养体；其二气变，收取气中之养质而放出炭质⑤，变空气为炭养气及水气。

---

① 微丝血管（capillaries），下文亦作微丝管，今译毛细血管。

② 此处在英文本中为 air，即空气。

③ 淡气，今作氮气（nitrogen）。

④ 此处在英文本中为 carbonic acid gas，今译碳酸氧，其性质与二氧化碳（carbon dioxide，别称碳酸气）相近。

⑤ 炭，今作碳（carbon）。

脑部①之功用，即主一切运动、呼吸、行血、消化之事也。

脑质②有二种：一如白线，名曰脑筋③；一为灰体，名曰脑结④。脑筋传感动于脑结，如电线之传震动于电机。脑筋亦有二种，曰运动脑筋，曰知觉脑筋⑤，分别甚清，各主其用。

每脑结自能生力，由相连之脑筋传递，以成运动。而知觉之脑筋，则能由外体而传感动于脑结。如以针刺手而觉痛者，则知觉之脑筋傅〔传〕⑥此痛痒于脑也；而手即时自能离开者，则运动之脑筋使之然也。

脑部再分而为二，一曰自和脑部，一曰脑髓部⑦，各有联结，并知觉、运动之脑筋连之。

自和脑部乃主不由意使之运动，并消化生津、养身各功用。如食物入胃，自和脑筋即令胃内生津，以助消化。此由于食物在胃，惹动知觉脑筋，而使运动脑筋因感而生津也。又如脚手被伤，其知觉之脑筋为伤惹动，亦感起运动之脑筋，而令伤处之血管散大而得多血，以助伤口复痊。

脑髓部即头脑及脊髓，是为脑之正体，知觉、运动各脑筋由此所发。而连于此部者，更有特等功用之脑筋，即司嗅、司视、司闻、司味之官是也。

头脑为一团之脑结、脑筋而成者。分为三部，曰大脑，曰小脑，曰脑蒂⑧。

大脑如图六之（1），为智慧、感悟、主意之府，在于头颅之上。前小脑如图六之（2），在于头颅之后，为司运动之府，使人行步有度，而无劳思虑者是也。

---

① 此处在英文本中为 nervous system，今称神经系统。

② 此处在英文本中为 nerve tissue，今称神经组织。

③ "白线"的英文原文为 white threads，今称白质（white matter），在脑或脊髓内富含神经纤维的部位；"脑筋"的英文原文为 nerve-fibres，今称神经纤维。

④ "灰体"的英文原文为 masses of nerve matter，今称神经核，亦即脑干（brain stem）内的灰质（gray matter），在脑或脊髓内富含神经元的部位；"脑结"的英文原文为 ganglia，今称神经中枢。

⑤ "运动脑筋"的英文原文为 motor nerves，今称运动神经；"知觉脑筋"的英文原文为 sensory nerves，今称知觉神经。

⑥ 此因字形近似而误排，"传"的繁体字为"傳"。

⑦ "自和脑部"的英文原文为 sympathetic nerve system，今称交感神经系统；"脑髓部"的英文原文为 cerebro–spinal nerve system，今称脑脊髓神经系统。

⑧ 脑蒂，今称脑干（brain stem）。

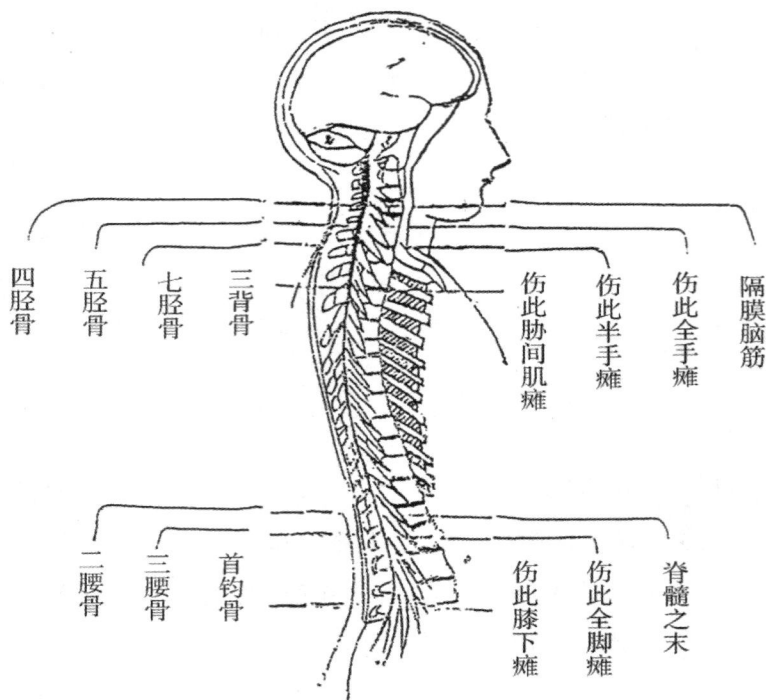

第六图

若以一鸽而割去小脑一半，则其飞偏于一翼矣。

　　脑蒂如图六之（3），为大脑与脊髓相连之中体。脑筋由头脑而出，至此作交线，故身之左半偏瘫，其病源则在脑之右半也。

　　此最须记忆：如脑受伤积血，至身瘫痪，即瘫痪之对边是为脑体之受病也。

　　脊髓为脑筋、脑结合成，为一图〔圆〕① 柱体。由此生出脑根②三十一对，散布身体各部。如脊骨受伤，则身体各部由伤处以下之脑根所散布者俱瘫。

　　折脊骨之症有未必死者，而折颈骨亦有不即致命者，惟稍伤其中之脊髓，则危险极矣。

　　脊髓断折于第四颈骨之下亦不立死，惟随毙于呼吸不通。脊髓断折于第四颈骨之上即立能毙命，如缢死是也。由图六视之，便见各部瘫痪，皆由其脑筋之来原处有所伤也。

――――――――――

　　①　此因字形近似而误排，"图"的繁体字为"圖"，"圆"的繁体字为"圓"。

　　②　脑根（nerve），今译神经。

脚脑筋由钩骨上之脑纲①而来，散布于膝下。其脑筋由腰脑纲而出者，则分布于膝之上。

其脑筋由背骨之上而出者，则分布胁间之肌。倘此处之上受伤，则胁间肌之呼吸功用失矣。

手脑筋由颈骨以下而来，倘此处以上受伤，则手及以下各部俱瘫矣。

隔膜脑筋②由第四颈骨而出，倘此处之上受伤，则立能绝呼吸而毙命。因别等助呼吸之肌如胁间肌等，其脑筋由背部而来，亦与隔膜同时俱瘫也。

第二章　论血脉③

此章所论之流血及止血各法，为用最大而最紧要之学也。伤者当流血之际，顷刻可以致命，故必当明用指急压之法也。

身体各部恒有所消耗，赖运血之功以补所缺。血有二种：一为脉血，有生新之功；一为迴血，有去淤之用④。脉血鲜红，涵有养气；迴血紫黑，涵有炭气。前章论呼吸之功用，已详之矣。

血之质为血轮、血液⑤，血轮流动于血液之内。

血轮有二种，曰红轮，曰白轮⑥。红者多，而白者大。

血之有色，则红轮所呈也。其形为扁体，两面皆凹，侧而视之，似窄腰纱灯，如图七。血轮流出体外，大有牵合之力，垒合如贯钱，血之能凝结者

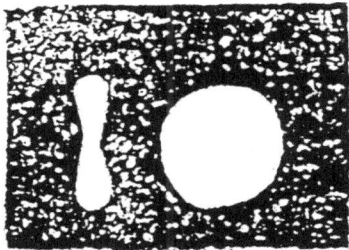

第七图

---

① 脚脑筋（sciatic nerves），今译坐骨神经；脑纲（sacral vertebrae），今译骶椎。

② 隔膜脑筋（phrenic nerve），今译膈神经。

③ 本章标题行首误排为"等二章"，今改"第二章"。

④ 脉血（arterial blood），今译动脉血；迴血（venous blood），今译静脉血。

⑤ 血轮（blood-corpuscles，下文亦作 corpuscles），今译血细胞，或血球；血液（liquor san-guinis），指血浆（plasma）。

⑥ 红轮（red corpuscles），今译红细胞，或红血球；白轮（white corpuscles），今译白细胞，或白血球。

半由于此也。若血中有外物如线，或血管内面有不平处，血亦能就此凝结。

白轮为球体，体中有核。白轮散裂，则变而为红轮。血液涵有明汁并溶化之内〔肉〕丝①，露于天气，则变为胶质。此亦为血流出体外凝结之一故也。

（见下表）②

$$流动血质③\begin{cases}血轮\\[2pt]血液\begin{cases}肉丝\rightarrow凝结血质④\\明汁\end{cases}\end{cases}$$

全体之重，十分之一或十二分之一为血。

心为肌肉之器，吸血运行于周身者也。其管由心载血于全体者，曰脉管；其管由身载血回心者，曰迴管⑤。脉管连于心之下，迴管连于心之上。

心之形如莲蕊。其大之比例，适如其本人双拳对合等。

心在于胸之左傍，其尖约在左乳寸半之下，离中线约八分之度，居于胸际第

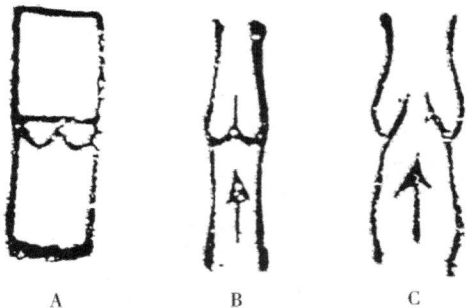

第八图

五、第六胁骨之间。心内分为四房：曰左上房、右上房，如图之九（1、3）是也；曰左下房、右下房，如图九之（2、4）是也。

同边之上下房，两皆相通，但两下房则大有分别。左者之血运行于肺，如图九（6），然后入心之左，二上房同时收缩，逼血入二下房，而二下房收缩则将血逼进相连之血管。若将耳就听心部，则闻有二声，其音立嗒。血由上房入下房，中有倒掩门隔之，使血不能复回上房。迴管之内，亦有如之半圜门⑥，如图八

---

① 明汁（serum），今译血清；肉丝（fibrine），今译纤维蛋白。

② 编者对下表内容有所更动，因此处中译文与英文本有较大差异之故。

③ 流动血质（liquid blood），指血液（blood）。

④ 凝结血质（clot），今译血凝块，或血液凝固。

⑤ 脉管（arteries），今译动脉；迴管（veins），今译静脉。

⑥ 倒掩门（valves，下文亦作 self-acting valves），指心脏的瓣膜；半圜门（semi-circular valves），指呈半圆形的静脉瓣膜，即静脉瓣（venous valve）。

（A），后当详论。同式之门，亦设于心与血管相连之处，阻血复回于心。

二下房同时收缩，每次其右者将紫血逼进于肺，以收养气而变鲜血，其左者则逼鲜血运行周身。其血浪①名曰脉。所谓脉者，各人当祛除俗见，勿以脉独在手腕；须知凡有赤血管者皆是脉也，如额角脉于老人为更现。

其脉每分钟跳有一定之数，可见运血之序有条不紊。

幼孩脉跳之数，至多约一分钟一百四十次。中年七十至七十五，至老年减少。女子之脉常较男子略快。

在腕际诊脉，取其便也。其法以指按于正肘脉。其不用大指诊脉者，因大指之脉大于小指，有时错误已〔己〕脉为病人之脉也。

诊脉须要轻按，不可用力太过，太过则脉随而止息。其计脉之至数以十五息近②为度，以四乘之，则得一分钟之数矣。

脉管为圆筒管，其用为由心下房运血，遍行周身。脉管之质为无纹肌所成，有抒缩力。其肌质为使脉管能随血浪抒缩，又能使脉管随肢体运动。设使脉管为梗质，则肢节屈动，必至破折矣。

血离脉管，则流行于微丝血管，然后进入迴管。微丝管为体甚微，每管约三千分寸③之一，可见其体不过可容一血轮经过而已。

血入微丝血管时，其色鲜红，过管时渐为变动，出管而入迴管则色为紫矣。

第九图

----

① 血浪（wave of blood），指血流（blood stream）。

② 息近（second），今译秒。

③ 分寸（inch），下文亦作西寸，即英寸，或吋。又后面凡叙及"尺"、"寸"者，均指英尺（foot，亦称呎）、英寸。

迴管之质如脉管，惟不及脉管之厚耳。其功用与脉管相反：脉由心运血于遍体，此从遍体载血返心。其内有倒掩门，如图八（A），使血倒上而行入心，不能迴下。此门之形为半圜，弯凹如杯，其边向内上，如是其血充盈时，若有下往，门之两边即合以阻之，如图八（B）。

脉管之血浪行到微丝管即便止息，故迴管无脉。

血之循环由心之左下房起，如图九（2）。从总脉管（f）而散布周身脉管，从脉管而入微丝血管，由微丝管入迴管，从迴管而入总迴管（g），以复心右上房（3），从上房入右下房（4）。此循环谓之遍身循环（5），又曰大循环。

迴血过肺脉管（b）而入肺（6），以清淤滓；既清，即从肺迴管（a）而返心左上房（1）。此谓之肺循环，又曰小循环。

心之右为紫血，心之左为赤血。

更有一次等循环，谓之肝循环。血从肠脉管（c）入肠（7），在肠吸上养体之质，从肠迴管（d）入肝（8）以隔化，复由肝而出肝迴管（e），以入迴管。

食物之有益者则变其质而为血，以养身。但食物之中多有不合养身者，故未入血之前，先由肝隔滤，如水隔之海绵焉。

欲明其理，宜细视图九，则见三循环之后面也。

血循环之用，乃从脉管载运养气及养质而入周身，从迴管载运身内用完之渣滓于外，故脉部与迴部之间必须有腑以化迴血而为脉血，肺之为用即此也。

分布周身之脉管各有其名，若各人能记之更佳，但非必要一定如此。其最要者，须知各大血管之部位（第一图红线即各大血管之部位也）。

身之大血管由心左下房而出，名曰总脉管，如图九（f）。

总脉向上拱，至身中线处则弯下，由胸膛入腹，故得名三：其一曰总脉拱①，二曰胸总脉，其穿过隔膜之下者则名曰腹总脉。

由总脉拱发出脉三枝，往头及手。在右一枝曰无名脉②，在左两枝曰左颈脉、曰左锁柱脉③。

---

① 总脉拱（aorta），今译主动脉。

② 无名脉（innominate artery），原称无名动脉，今称头臂干（brachiocephalic trunk）。

③ 左颈脉（left carotid arteries），今译左颈总动脉；左锁柱脉（left subclavian arteries），今译左锁骨下动脉。

此处为身体中两边不对之特异者，即无名脉独右边有之。此脉到胸锁节处则分为二，一为右颈脉，一为右锁柱脉①，与左边相对。而左边则直由总脉拱而出，无此无名枝间之。

以下所论各脉管，俱皆两边相同。颈脉行至喉榄处则分为二，曰内颈脉、外颈脉②。其内者人头颅内及脑体，外者往颅外及面。

锁柱脉出锁柱骨后，而入腋下之中。过第一胁骨之下，则名曰腋脉。由胸界以下之脉，名曰臂脉③，丽于双头肌之内廉。行至静下约一西寸处，此脉分为二枝，其外为转肘脉，其内为正肘脉④。

正肘脉直行至手掌，遂弯外与转肘脉一小枝相连，作成掌脉拱⑤。若大指伸开，与掌成为直角形，从大指尖作一线横过掌面，即掌浅拱之处也。由拱上横出各枝，即各指脉也。此为医家要诀：若割治掌部，切宜避此脉拱，跟指向而割，转肘脉直行至手腕，然后向后而过大指与食指之中。倘在此处有伤，则波及脉管矣。

转肘脉之末拱而向内，与正肘一小枝相连，作成掌脉深拱⑥。此拱在浅拱一西寸之上，与腕相近。

兹论腹脉⑦。此脉终于第四腰骨之下，分为左右二胯脉，行至钩胯节⑧此脉复分而为二，名曰内胯脉、外胯脉⑨，其内者行布骨盆之内，其外者布散于髀脚。此脉行过骨盆之下，则名曰髀脉⑩。跟腿正面之中，直行尽腿上三分之二，然后

---

① 右颈脉（right carotid arteries），今译右颈总动脉；右锁柱脉（right subclavian arteries），今译右锁骨下动脉。

② 内颈脉（internal carotid arteries），今译颈内动脉；外颈脉（external carotid arteries），今译颈外动脉。

③ 腋脉（axillary artery），今译腋动脉；臂脉（brachial artery），今译肱动脉。

④ 转肘脉（radial artery），今译桡动脉；正肘脉（ulnar artery），今译尺动脉。

⑤ 掌脉拱（superficial palmar arch），下文亦作掌浅拱，今译掌浅弓。

⑥ 掌脉深拱（deep palmar arch），今译掌深弓。

⑦ 腹脉（abdominal aorta），下文亦作腹总脉，今译腹主动脉。

⑧ 胯脉（common iliac arteries），今译髂总动脉；"钩胯节"在英文本中为sacro-innominate，指骶髂关节（cacroiliac joint），而据下文所叙，髂总动脉从骶髂关节外缘经过。

⑨ 内胯脉（internal iliac arteries），今译髂内动脉；外胯脉（external iliac arteries），今译髂外动脉。

⑩ 髀脉（femoral artery），今译股动脉。

转入内面至下三分一之中，则向后而行于腘部，是为腘脉①。此脉在于膝后深处，两边有腿肌护之。

约二西寸腘脉之下分为二枝，曰胫前脉，曰胫后脉②。胫前脉从两胫骨之中而出，散布前面各肌；后者则供养脚、肚各肌。

胫前脉出脚背时，先分出一脉拱以供养各趾，然后穿大趾与二趾之间而下脚底。胫后脉在脚铰之内而出脚底，与胫前脉相连，而再成脚底之拱，如手掌焉。由此发出脉枝，以养脚趾。

此等脉拱如身内各件，大有用意，请细观之便明其底蕴矣。如立时全身之重注于足，又手紧拿各物，俱可压滞血管，而致麻木不仁。故此等拱脉，特备以一端有阻，血可由别端而行，此足见造化之妙用也。

各人更观吾前所论上下两肢体，不独骨格各各相同，而脉管亦两相符合。如由身而出，至手踭及膝，皆是一骨一脉。由踭、膝而至手脚，则皆两骨两脉。而至脚与手，则此两脉皆由枝而相连，以成各拱。

以上所论脉管分布之道乃为常者，但须知人之生长，间有不同者。再观脉管之布置，皆避出险处，非深藏于肌肤之间，则丽于骨体之后。

迴管多处与脉管同名，如脚之胯迴、髀迴、腘迴③，手之无名迴、锁柱迴、腋迴、臂迴、正肘迴、转肘迴④是也。

间有一二不同者，如腹脉曰腹总脉，回即曰下总迴⑤是也。又有曰伴脉迴，因与脉管同行也。

所有下体之迴管皆载血入下总迴，而上体各迴则载血入上总迴⑥，二者皆流

---

①　腘脉（popliteal artery），今译腘动脉。

②　胫前脉（anterior tibial artery），今译胫前动脉；胫后脉（posterior tibial artery），今译胫后动脉。

③　胯迴（iliac vein），今译髂静脉；髀迴（femoral vein），下文亦作髀迴管，今译股静脉；腘迴（popliteal vein），下文亦作腘迴管，今译腘静脉。

④　无名迴（innominate vein），原称无名静脉，今称头臂静脉（brachiocephalic vein）；锁柱迴（subclavian vein），今译锁骨下静脉；腋迴（axillary vein），今译腋静脉；臂迴（brachial vein），今译肱静脉；正肘迴（ulnar vein），今译尺静脉；转肘迴（radial vein），今译桡静脉。

⑤　下总迴（inferior vena cava），今译下腔静脉。

⑥　上总迴（superior vena cava），今译上腔静脉。

进心右上房，如图九（3）。但迴管所载实为浊血，则令之运归于心，愈速愈妙。故脚手之迴管比脉管更增一倍，有浮面迴管，有深迴管①。浮面迴管即现于体外之蓝筋是也。

脚之二浮面迴管甚为要件，因常易起迴管瘤②之症也。脚长迴由脚而起，行经胫内，至髀而入于髀迴管。脚短迴由脚外而起，行至腘部，在腿中处而入于腘迴管。比部之体学须紧记之，因此为辨论束袜带宜在膝上或膝下之一难题也。

血脉循环运行全体，若有阻滞，则生出病端甚多。如脑中欠血，则起头晕；脑内血崩，则变失魂；肢体失血，则成枯腐；膝里流血，则生肿胀；因伤而破血管，则患流血。

今特详论治各种流血之症。

各紧要血管之方向曾经论及，今各人宜知者为何处为最易止血之部位，并何以施用指或用器压治之法。用指、用器二法各有所宜，兹略言之。用指之法不能长久，因易生倦也，故须多人替换，医院治脉管瘤③及脉管各症常用此法；但病人须运移别处，则指法无可用，而以用器为宜矣。若用之合法，则血可尽止，而病人可迁运无虞。

指压之法为用最大，如值无器时，可即用手压于流血脉管之上以止之，以待寻得器具然后替之。

用指法之要如此。故我尝于考试各生时，若有不明此法，则别项虽精，亦恒不给发精通之照与之。

指压而止血不流，于下有二紧要事：一血管必在外面，二须与骨相近。如此方可抵当指势，而止血流也。

合施指压之部位有五，比五处见于图一有箭向于骨格者是也。有议当兵者，宜用墨记此五处，以便于战场之中若有受伤，则同侣可用止血之压器救之。

---

① 浮面迴管（superficial vein），今译浅静脉；深迴管（deep vein），今译深静脉。按：其前有"脚手之迴管比脉管更增一倍"之说，乃指手足的静脉各有浅静脉与深静脉两套系统。

② 英文本此处为 varicosity，今称静脉曲张；迴管瘤，今称静脉瘤（venous aneurysm）。胫内，至髀而入于髀迴管。脚短迴由脚外而起，行至腘部，在腿中处而入于腘迴管。比部之体学须紧记之，因此为辨论束袜带宜在膝上或膝下之一难题也。

③ 脉管瘤（aneurism），今译动脉瘤。

各骨当压之部位，分论于下：

用指向后、向内压于颈背骨处，能止总颈脉之血。凡割颈或伤颈上之脉，宜用此法治之。若压左傍用右指，压右傍用左指，如图十。

各指贴于病者颈后，大指与食指之间适环绕于颈。

不可直压向后以捏折颈肉，此无益也。但你所压之势向后亦兼而向内，以压颈骨。

压锁柱之手势，亦与此相同。

此各图绘所压之手势，俱系露体。但尔等须要习连衣而压之法，其功效亦同。

压锁柱脉，乃用大指向下内压于第一肋骨，其处在锁柱骨正中之上，见十一图。此法于止腋下流血，为用甚大。设有一仆因在阶级上洗窗跌下，而手插入玻璃窗内，被玻片割伤腋脉，当以此治之。

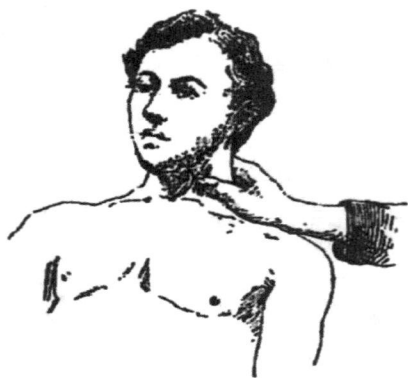 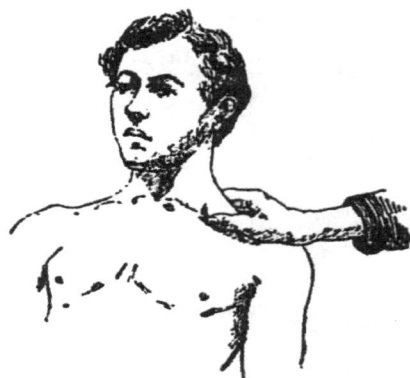

第十图　　　　　　　　　　　　第十一图

压锁柱脉以门匙压之，较手更能耐久。其法将布缠于匙柄，手执匙尾，以力将匙柄压下于脉。

若血管伤于手臂以下，用手将臂脉压于臂骨更为容易。

平常讲习，多以衫袖之缝处为臂脉之部位，但衫袖之缝各有不同，而多过于太前者。最善之法以压臂脉，乃将指拿于臂之内，然后扣有如绳之物在其下，此为脑筋及脉管在中也。用大指在臂外，掌在臂后以力紧握，则脉管压矣，如十二图。此法较向前握于双头肌者为更妙，因有肌肉厚大之人，则血管常不能压也。又压势当用指面非指尖，庶不致紧摄病人之肉也。

髀脉甚易压之于胯部无名骨处，即骨盆之边。直压向后，此略要用力，故大指胜于小指，有时两大指齐用者。此法用以施治髀上流血，如割脚时是也。应考者压之太上，或压于腹之软处，则失其取矣。故定其部位，宜先扪中胯骨之前上凸，由此至身中线之间作一中点，离中点二西寸之下，则脉之位矣，如十三图。

第十二图　　　　　　　　　　　第十三图

若流血在髀之下，髀脉可压于髀骨上、中二节交界处，用大指压向后外，大指与小指所成之凹环绕握于髀，如十四图。

讲此课时，将一童子之身画以红油，以表脉管之道，亦一妙法也。学者可将指习压各脉管，以演纯熟。如验所压之度有准否，试一扪以下之脉有无跳动，则便明悉矣。观腕脉有无，便知上节所压之处之准否；观胫脉之动息，便知髀上之血曾否压止。

压脉之器有数种，有如马甲者，有如圆环者，其用处随人自择，最为合宜。

用手巾包裹一片碎煤或石子或小刀等物，俱可作压脉之器。将所包之物置于臂或髀脉道之上，盖此为独用器压之处也。将手巾略扎于肢体之外面，结处或系一柴或伞柄或鼓槌俱可，遂将柴转纽数次，巾则紧绞，而包垫则切压于脉，而其流绝矣。

学者须小心将扎垫于脉道之处，考试者一见此垫之置于何处，便知晓脉之部位与否矣。

第十四图　　　　　　　　　第十五图

　　绞带之柴，其端须另用手巾扎于肢体之下，以免移动病人时返松，如十五图。此压脉之器，其材料随处可有，一遇有伤，可以立时制就。如在车路遇意外之灾，一片碎木，一条手巾或号旗，一枚石子或煤碎便足矣。

　　置压于髀中，须置于髀之上半，当切记在心。髀脉在下，髀节之中则转而向内，而为腘脉。

　　将树胶带张开，捆扎于肢体，末用布条缚之，其用亦与各项压器同。树胶带有用以缠扎肢体，由下而上，以逼出此肢之血入体，再用圆带扎于上节，俾松带后免血复回，此为医家最大用之一法也。如此，则割治失血过多之人，或久积弱之症，可以不失滴血，无虑危险矣。

　　当枕臂而卧，或交膝而坐，久则觉肢体麻木不仁，暂失自主，此则同于血脉被压之情形也。转觉如针刺，则抒申时血复原位也。

　　流血之形状，各随其所伤之血管而异。

　　被伤之血管，分两端而论，曰近端，曰远端。其近者即连心之端，远者即离心之端。

　　血由脉管而流者，其色鲜红，由近端伤口而来。流势跳射，因受心缩之力也。但每射之间，血亦非停止，仍是长流，因脉管缩力使之然也。

　　血由迴管而流者，其色紫黑，由远端伤口而出。若迴管无病者，其流血独由远端耳。

脉管中有特异不载赤血而载紫血者，肺脉管是也，图九（b），由心右下房而出。又肺迴管（a）由肺（6）载赤血，而入心左上房（1）。

微丝血管流血，则其血非由一处而发。伤口全面俱有血渗漏而出，乃由无数微孔而流也。

今先说明血管体质，然后详论止血各法。血管有肌层、抒缩层及外套层①，各层俱有结合伤口自行止血之功效。当血管受伤，有数事随之变动，其抒缩层即缩上于外套之内，肌层亦缩而收窄血管之口，血流过此粗粒之伤口则凝结。如上所言之理，故常有血管受伤而不流血者，因外套卷扭，而管口自缩，全行止绝也。此弹丸所伤及车路受伤，多有不立时致命，因其所伤之血管系扭伤可自行全缩，非如刀割也。但血流时另行加多凝结之势，因心力减少，而前行之血亦少，此为天然止血之性也。由此观之，则有因流血而晕者，切不可施以行血之割矣，因行血则必增其流血也。

止血之法分而为二，有暂止之法，有恒止之法。

暂止之法如左：其一直压伤处；其二压伤处上流之血管。

恒止之法如左：其一用冷敷，或冰或冻水；其二用敛药；其三用火烙；其四用压；其五扭血管；其六缚血管。

直压伤处，即用指压于伤处。故凡可落指之处，流血皆可不畏也。如面部流血，用一压垫便能止之。腮颊流血，用一指入口内，一指在外，便能压制之矣。

压伤处上流之血管，上已详论之，有用指压，有用器压。

用冷敷之法，因冷能令血管肌收缩，以细血管之口。若细小血管，此法已足全止之。

用敛药亦是使血管肌衣收缩，最易得之敛药为醋、白矾、火酒和水等。此多用以漱口，以止牙血。铁缘水及铁绿水②亦多用止血，但不甚合宜，因铁能致肉

----

① 肌层（muscular coat），下文亦作肌衣，今称平滑肌层（smooth muscular layer）；抒缩层（elastic coat），今称血管内膜（internal membrane）；外套层（outer enclosing sheath），今称血管外膜（external membrane）。

② 铁缘水（perchloride of iron），今称高氯酸铁；铁绿水（solution of ironfilings），今称铁屑溶液。

变为黑色也。

火烙之法为古昔独用之法，今略少用之。其法将铁条烧红，烙于伤处。凡身上软处流血不能用线缚者，或微丝管渗血，用此止之。

压法多用以治微丝管及迴管瘤穿破流血，其法用布带缠扎而已。

迴管瘤在皮之下，看之似虫，常有因烂或伤而穿破，此症厨妇常患之，因多近热处也。其治法用垫全压于伤口或伤口之上下，及用布带紧缠于足，由下而上。此症血管两端俱有血流，因其管患病，管内胀大，如图八（c），而阻血回流之门，失其功用也。须切记此症有时足以致命，因受病之血管胀大，直透至心右上房，则流血时甚速，损失全体之血。故流血之脚当要举高，免其下垂。

无病之迴管流血，无甚紧要，因管内之门自足阻塞其血由心反流也。

常有以一片生肉，扎于皮外流血或肿眼或伤肿处，亦即用压之一法也。而生肉之冻，更为多一用处。

又常见有取一牙而流血不止，变出极危之症者，若于用过冻水或冰及敛药之后，而血仍不能止，则须用压法。以软布作一尖塞，塞入牙穴，遂用带紧扎上下牙床，如裹扎图①（10）是也。其塞须用小绳缚之，拉出口角而系于耳，免睡时其塞跌入喉内。

压颈脉管以止面及牙流血，甚属无谓。因此处脉管与头上各脉相联，非压所能止也。

钳扭血管上已言之，与车路受伤同理。但此法独要医者方能用之。

缚血管为医家割症止血之妙法，凡喷射之血须用此法止之。所用之线，有用丝线，有猫肠线②。近多以用猫肠线为宜，因在伤口内能自行消化，不用再行解取也。

鼻中流血，为颅底骨受伤之一据，但无伤亦有流血者。在少壮之人流鼻血无甚大碍，而老弱者即宜立行施治，速呼医生用法以塞鼻前后孔止之。用冻水或冰袋敷额，常足以止鼻血。而同时，患者不可垂其头于盆，须仰首而卧。又举同边

---

① "裹扎图"未编号，英文本及中文初版本印于全书首页，而中文再版本则置于附录之前。

② 猫肠线（catgut），今称肠线，初以猫肠制成，现多改用羊肠。

之手于脑后，亦有时足以止之者。

舌中流血，如小孩伸舌于口外而跌，有时亦危。昔曾见一因跌而在舌中伤一三角孔洞穿两面者。治此症用缚法殊属不宜，吞冰及饮冻牛乳已足止之。倘流血过多，即用双指压禁之可也。

以上所论皆是体外流血耳，此外更有体内流血者。

体内流血，乃在体内各穴如头、胃、肺、腹等，或因破伤，或因有病。此等症外视不见流血之状，但见皮色转白，头晕昏迷并同时受伤，则其证也。

流血入头当分两种而论，有受伤而成压血者，有因病而成积血者。呕血从胃而出，谓之吐血，其色紫黑，因胃津杂之也。咳血从肺而出，谓之破金①，其色鲜红。治体内流血之法，宜将病者安卧，使心体俱静，头宜置低，衣宜放松。

病人宜吞冰块，或饮冻水和敛药。流血之处，宜敷以冻水或冰袋。切忌投行血之剂，虽病者觉晕，亦不可以之。

第三章　论受伤（上编）②

今首先论受伤及其治法。

伤有数种：其一割伤；其二刺伤；其三破伤；其四撞伤；其五毒伤。

割伤者，即利器之伤也，如小刀、玻磁片、剃刀等。此多见于割喉之症。

刺伤者，其伤口之深过于其阔，如被尖刃及枪所伤是也。

破伤者，其伤口不齐，如被钝器所伤或擦伤是也。

撞伤者，其皮不破而现肿，及内里受伤。其肿为流血于皮内，其色由红而黑而黄，遂自消散。此症之最危者为铁路撞伤，常有破伤内脏如肝、胃、肠等是也。如此之伤，患者必立损元气。

弹丸所伤者，其伤为两种，即破伤与撞伤是也。

毒伤者，多属刺伤，而刺器有毒在焉，如蛇咬、蜂刺是也。各种伤由于毒器者皆成此伤，如被剖尸之刀所伤是也。而既伤之后，伤口为毒所沾，亦成毒伤。

---

① 破金（haemoptysis），即咯血。

② 原书目录的本章标题另作"受伤（上编）"，为统一起见，"本册目录"据此更改。

分别伤之轻重，则以其伤之浅深，其深者常伤及内里之脉管及脏腑。如遇此等重症，宜候医者到来施治。

破伤比割伤更难痊愈，而多成血蛇症①。因破伤之伤口，其肉多拉烂，而必要作脓消去此肉，方能完肤。而割伤则伤口整齐，可立时结合伤口。

割伤流血常较破伤更多，因割伤者血管全行割断，而破伤者血管多扯烂而扭转，如上所论扭血管之法焉。

兹将治理各伤之总法详论之：

首要为止血。照前所讲止脉血、止迴血之法，分别施治。流血为生死所关，故施治必先于此也。

如属微伤，乘起肢体，敷以冻水，便能止之。

其次为除清伤口之物。察致伤之器有无破损，若然，则寻缺碎何在。有时衣碎及各物亦能随器而揳入伤口，俱宜除之，否则大有碍于结口②之功也。

人常有用口吸其伤处，此亦甚妙之法也。吸至止血，并除净各污物，将伤口结合，如此则甚易全愈也。

受伤若久，宜用药棉引水浇淋伤口，除去四围干血，洗净伤口，则重伤亦化作微伤而告愈矣。

若为刺伤而未损及内脏者，宜用水唧筒纳清水冲洗。若有损及内脏者即忌用之，因所入之水必积于内，无益而反加害也。

若伤口为有毒之器所伤，如割过腐肉等物之刀等，则宜先以煮极热之糊麻③敷之，以除其毒，然后令之结口。

其三宜令伤口两边贴合，以助其结口之功。其法或用结口膏贴之，或用线缝之，或用布带扎之，或用胶药盖之俱可。

伤口用连布或白绒蘸油贴盖之，然后用布带裹之，其裹之之法，另详裹扎编。至用连布，须要用滑面贴伤口，不可用毛面。因毛沾粘肉芽，替换时必致损之而

---

① 血蛇症（erysipelas），今称丹毒。

② 结口（healing），今称愈合。

③ 此处的"糊麻"似为"面糊"之误，在英文本中为 bread poultice，指一种面糊状的药用敷料。"以糊麻敷之"在英文原文中为 poulticing，下文亦作敷糊，而叙及"糊麻"时原文则多作 poultice。按该词乃泛指能消肿镇痛的同类膏药，又称泥罨剂。

流血。

用油或加布力药油①蘸连布，而盖于流血之伤者，其用甚大。倘不用油，则布沾血，必胶粘伤口，而难于脱除矣。

若不流血之伤，有以干布盖之，如滑面连布亦甚妙也。敷治伤口，医家常有冷敷、热敷之目。冷敷者为敷各伤之常法，热敷者用治腹中受伤、毒伤并发炎之伤。

冷敷者多用冷水或冰或化气水②，至制化气水容后论之。

熟〔热〕③敷者用连布或棉布，蘸热水而敷于患处，日换三四次。布之上用油布或油纸以盖之，免其化气；此油布宜阔于热布四围半寸之多。倘用结口膏之处有毛发，宜剃去伤口四围之毛，庶膏药易于粘合，且于退际不致胶粘于发而致痛。若头有伤而不能得膏药，宜将伤口两边之发牵合，打结缚之。

用结口膏粘伤口，不可全行贴密，膏药条之间宜离隙以消脓水。

除膏药亦如粘药，皆有一定之法。宜先向两端起之，及至伤口，则两面一齐退除，方不致扯伤肉芽。不熟手退膏药者，常扯一头直过伤口，必扯起伤口而复裂之。

兹论及各等伤口之专门治法：

面伤流血，较别处常多。但其血易于施治，用一垫及巾带便可制之。

伤口有宜速用法完结之者，如上下唇之伤速宜结合之，免其变成兔唇也。故当用线缝合，此事宜待医者为之。但有时医者或未易致，则用缝针穿丝线或头发缝之，打一实结，如图四十一（A）。

掌受刺伤，常因用刀切果或切饼所致。治之之法，最妙用布或纸作尖垫，若一寸之厚，其尖向伤口，其平底向上，然后用布带横扎之，如裹扎图（28）。或用指屈禁之俱可。

用一球放于掌中，而屈指拿之，亦同此理。

---

① 加布力药油（carbolic oil），此系音译，下文亦作加布力油，今称苯酚油。

② 化气水（evaporating lotion），今称蒸发性洗液，指醋酸铅稀酒精溶液（lead acetate dilute solution of alcohol）。

③ 此因字形近似而误排，"热"的繁体字为"熱"。

倘渗血不止，宜将衫袖卷起至手静处，遂屈手于臂而缚之，使压臂脉于静，而血止矣。

脚掌流血，亦可照法将脚屈缚于大腿。但此法殊为阻碍，故不能久压。

各等伤口在脚手处，如水夫等常赤足造作，须要盖护之，免为铜毒或外物所入，故常宜以糊麻敷之。

其余身体各部鲜受刺伤，而独臀处则常有误坐于刀、剪、针、钉之上而被伤者。此各种伤，俱宜照上详之法治之，即除外物、止流血、用垫压及布带扎之。

割喉之症，当别论之。此属于割伤之一，而治法有一要处与别不同，即不必用线缝合，或用粘膏以结其口。

第一要着即为止血。此症流血常多，而颈大血管被割，则有立时致命者，幸此不常见。因愚民以为人如风箱，气泄则毙，故多割破气喉。而伤气喉可无大碍，因医家亦常有开此以治喉症者。但有自刎，其甚者不独气喉，以食管俱断，而颈骨亦伤。

止血之法，可用指向后对颈骨压之。宜小心，不可压于喉管。

伤口可令之撮合，由垂下额近胸前，然后用粘膏粘于头、帽及胸前之布带以牵之。

用此法以撮合割口，防喉偶有阻塞，可即速解之以吸气。若用针线缝之，则不能如此之速也。

喉之割口，宜用药纱盖之，以免寒气及外物入肺，并用纱带扎之，如裹扎图（29）。病者宜置于温润之房。其致温润之法，可置水壶于房中之火炉，得蒸汽熏之。寻常气从口入，亦可清隔外物，并口水足以润气，口内之热足以温气。此天然补缺之妙用也。

胸、腹等处所受刺伤最为危险，因并伤内脏也。若遇此等伤，其伤口不可盖密，只宜轻敷之。须将病者之膝略屈向上，以舒腹前之肌，以待医者到来施治。

腹中受伤，常虞腹穴并肠内亦破，以致粪毒流入腹穴。若有肠由伤口流出，宜用暖水洗之，用佛兰绒①护之，轻轻送回入腹。若肠内有破粪流于外，此可由

---

① 佛兰绒（flannels），今译法兰绒，用作敷料的一种绒布。

臭而辨之，则用佛兰绒略盖，以待
医至而缝破口。

略知内脏之部位亦为极要之事，
因各脏常有受刺伤也。

观第十六图便易明白矣：1 心、
2 肺、3 肝、4 胃、5 肾、6 腰骨、7
脾、8 大肠、9 小肠之位、10 膀胱。

以上各脏部位因盈亏略有不同，
如胃饱时占体积多于饿时，故饱多
易受伤。

又如膀胱，男大于女，满时常
胀至脐位，如图下之中圈是也。

由此观之，食饱饮足，最忌狂
动。因胃或膀胱满胀时，易为破裂。
此等之患，常见于猛用力之踢球者。

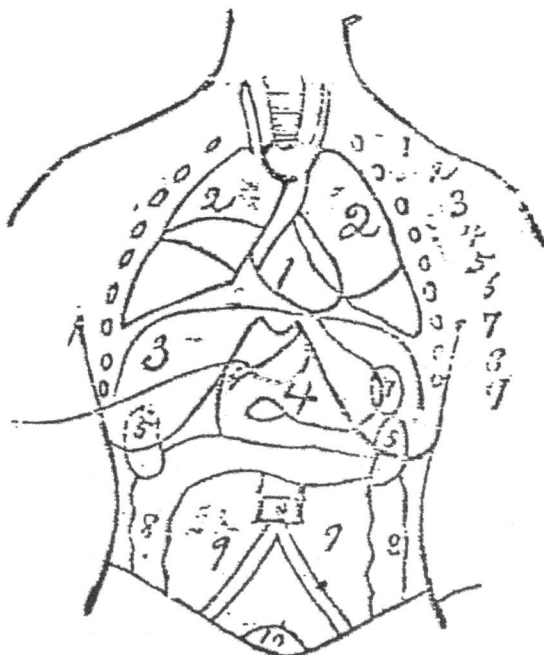

第十六图

外物入眼，须用妙手方能取出。上眶可使反出向外，则内皮全面可以察验。
但要熟手方能为之，是以最稳莫如待医生到来治之。

反眼皮之法：用笔或钗，以右手执之，压于眼盖之上，寓睫毛半西寸之度；
以左手执睫毛，使患者眼下视，便可反之矣。

眼下眶用指压下，便能全见内面。用手帕或毛笔抹之，便可除其外物。

须记有外物在眼时，切忌擦抹，并宜合眼。

外物在眼，常惹动流泪以冲除之，此则天然除外物之法，殊为效验。如用辣
气冲鼻，则泪更为加增。

泪管通连于鼻，若努力吹鼻，便能将外物扯近于眼之内角而除之。

拉下上眶三四次，则外物亦能被下睫毛扫除。

间有石碎或钢碎紧贴眼球，则必要待医者用器以除之。

除去外物之后，宜用杯形之海绒蘸冻水或冻茶敷之，为散炎最妙之法。

若石灰入眼，即时宜用淡醋洗之，若久则用榄油敷之可矣。

外物入耳，亦宜照医家妙法治之：

耳之外孔①，其深约一西寸零四分之一。其孔之底有膜隔之，名曰耳鼓。鼓之内面仍有一孔，名曰耳内孔②，通连于口。故聋人常有开口以闻声，如此则声能入鼓之内面，如外面焉。

用水唧筒洗耳，切忌猛射并筒嘴插入太深，阻水不能回流，必致耳鼓破裂。

耳鼓被掌所击，或为大炮所震，亦能致裂。被裂之后，耳常觉响呜〔鸣〕，如置海螺于耳焉。欲免炮震，可开其口，使震声同时入内孔，则耳鼓两面之气均匀，而无震裂之患。有用棉花塞实外孔，殊属无益；即欲用之，亦宜松塞，以略阻猛震，不宜过实也。

倘有豆或别等软物入耳，切不可用水唧筒洗之，因水能将其物发大，取出更难也。

外物入鼻，有时甚难取出，此亦宜待医者治之。用鼻烟使患者打喷，无妨试之。若其物在鼻孔之下，用手塞无患之孔，努力吹之，亦为妙法。若其物在上，则此法不可用，因反使之愈入也。

骨节因扭、击、踢俱可致伤，令节肿大，由于节胶生多也。此症名为节炎，如鹤膝是也。

骨节受伤之甚者，则其节之筋络常有拉松或破烂。

或云扭伤骨节更甚于折，即此故也。此等症宜令久为安静。即痊好之后，亦宜时加保卫，宜用弹套护之，加膝盖套、脚较套等是也。

敷冻及静卧，为调理扭伤之妙法。敷冻之法，可用水淋或敷淡火酒，盖其化气而生冻也。

而最妙莫如冰袋，其法或载冰于海绒袋，或载冰于猪羊膀胱，或包冰于油绸，敷于肿节，然后用布带扎之，如裹扎图之（11、27）是也。

倘有大痛，宜用热敷，或热水或糊麻俱可。若无痛，则常以冻敷为妙，因易消肿也。

骨节重伤，俱宜用弹套以护之。

---

① "耳之外孔"在英文本中为 the external canal of the ear，今称外耳道。

② 耳内孔（Eustachian tube），今称咽鼓管，另译欧氏管。

骨节之伤，最甚者为相接之骨离其原位，而筋络亦从而破烂，此名曰脱关节①。至于治脱关节之伤，不必多论，总以立速延医施治为宜。愈快续之，则愈快痊好。倘为时过久，多有成终身之废疾者矣。

学者或曰："如此何不由我等续之，何必久以候医？"但不可不知，此症有甚难续者，非具妙手不能也。间有血管及别质，反为之被伤。曾见一症，因治者术稚而用力过度，致全节俱断，故不可不慎也。

今当先论明如何分别脱关节与折骨之法，然后详论折骨之症。在两症有变形及痛楚，但折骨则受患之肢体活动常增，而脱关节则肢之运动多梗。

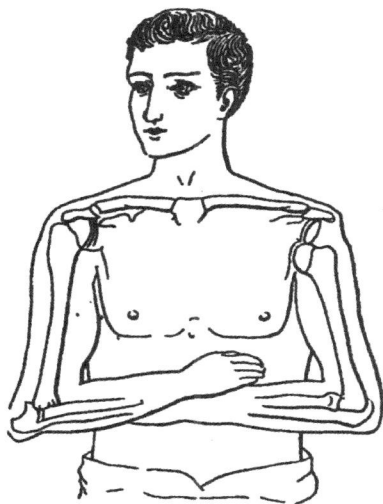

第十七图

在脱关节，各因其骨之离位，致肢体或缩短或增长者。若脱于下，如十七图之左，边肩臂节，则其增长之度，适如臂骨离关节穴之度。若脱于上，如右边之静节，则其缩短之度，适如前肘退上之度。在折骨之症，则肢体常缩短，因折处之骨两相交叠也。其最大分别者，即折骨提动则有声，而受患之处在骨干；脱关节则提动无声，而受患之处在骨节。

兹将辨二症异同之状，表列于后：

折骨之状	脱关节之状
一、变形而痛	一、变形而痛
二、扣之有声	二、扣之无声
三、运动改常	三、运动有阻
四、易复原形	四、难复原位
五、肢体缩短	五、或短或长
六、伤在骨干	六、伤在骨节

① 脱关节（dislocation，下文亦作 dislocated joint），今称关节脱位，或关节脱臼。

更有一要诀须记之：无论何等之伤，可将伤肢与好肢比较，必能分别外面改变之形、梗活之异、长短之差矣。如十七图。

折骨之症，其故有二，一因外力，一因肌力。

外力有直势、曲势之分。直势者如马踢鼻而伤鼻骨，曲势者如人伸手从马而跌，而伤锁柱骨是也。

肌力折骨者，最显于膝盖之折。如人下阶级未尽时，误为足已履地，及觉恐跌，急而缩脚，则腿前各肌之无情力立能抽折膝盖，如受棍击焉。

老人多患骨折之症。因年老骨内土质加多，而弹力减少，首章已言之矣。老人常有由床上跌下而折骨者。而幼年之骨，虽受重伤至曲而亦不折，此症名为青枝折①。因其如青枝，虽曲而不至全断也。

骨折之症分为两种，一为净折，一为兼伤。

净折者，骨独一处被折，而外皮完全不伤，如十八图。

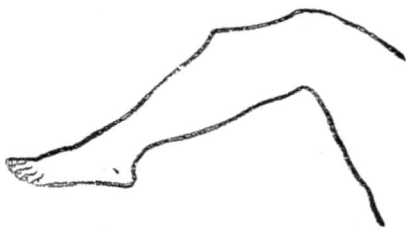

第十八图

兼伤者，骨独一处被折，而外皮亦伤；其伤有同时而伤，有随后为折骨所刺伤，如十九图。

若以上二症，其骨之折不止一处，则谓之重折。有净重折，有兼重折。

有所谓合笋折②者，则折骨之尖端插入彼端。

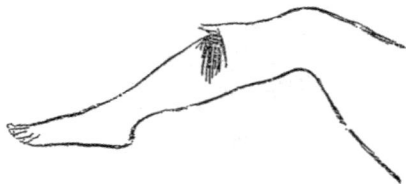

第十九图

有所谓波累折③者，则骨折而累及别脏，如头被折累及脑体，或脑衣胁骨④被伤而累及肺体，或肺膜骨盆被伤而累及膀胱及溺具。

---

① 青枝折（green-stick fracture），即青枝骨折。
② 合笋折（impacted fracture），即嵌入型骨折。
③ "波累折"在英文本中为 a fracture accompanied by some other serious complication，即引起其他严重并发症的骨折。
④ 脑衣胁骨（brain membranes），今称脑膜。

骨折之症，有斜折、横折、直折之分。斜折者多见于长骨，而锯牙折①则见于扁骨。

骨折之症，其伤与痛随处而异，而其相同之状则有三，一变形、二异动、三有声。

变形：因于骨折而失却齐整，如十八图。肢体短缩，由于折骨两端相叠。

异动：独见于骨折之症。因骨断作二段，而成为假节也。

有声②：由折骨两端之粗面而生。略将肢体提动，便可觉也。

治折骨症之要法，乃使肢体安静。所以病者宜置于恒静之区，待骨生合。

使病者不动之紧要，学者不可不知。常有忽略于此，以致折骨之尖端因动而插穿外皮者，则变净折而为兼伤矣。此多见于脚骨，因其处之皮极薄也，如十九图。若变出此症，则为患非轻，病者本一月可愈，今则须延至数月矣。如此，则劳动工人必大为废时失业也。

骨折之处多生新质，环绕骨端，以胶粘之，如图二十之（A、B）是也。此新质先松软，渐变坚实而成骨。其成骨之迟速，随骨之小大而异，有二礼拜至六礼拜之久者。

绕环骨节之新质，于骨生合之后渐行消散。倘骨续合得所，则能生复原形，如二十图（B）。此则折骨生复之理也。

续骨即将骨所折之两端撮合于自然之位，而使之久静，待新质变而成骨。其最大碍于此者，则丽于两端之肌肉常时收缩，而使折骨彼此作叠，而阻两端之生合。间有症之重者，必须将两端之肌割断，以减此收缩之力。但常症只用法安静其肢体，便不须用此重治矣。

当续骨时，而骨安置不妥，则其后患必至，

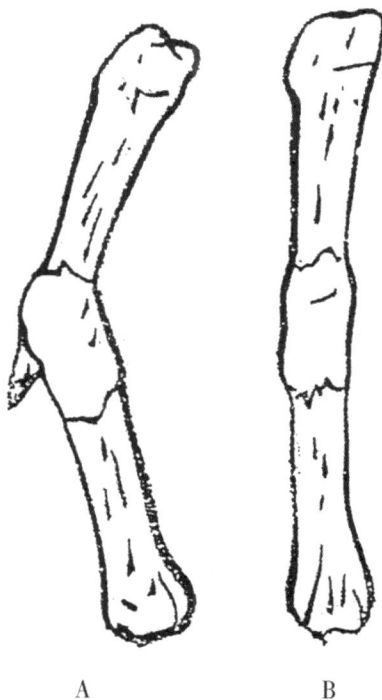

A　　　　　　　　B

第二十图

---

① "锯牙折"在英文本中为 starring，指锯齿折型骨折（jagged fracture）。

② 此处在"声"之前漏排一"有"字，今补入。

如二十图（A）之形。此又要再加外科割治之法，方能使之平复矣。

若续骨而不使之妥合，又不安静，则永不能复原，寻而成为假节矣。使骨安静之法，其甲板须用软物垫之；但遇意外急救之法，则可用附近之衣服为之。而伤骨上下之节，务要使之不动，盖稍为不静便大有阻碍矣。

各等折骨之治法，皆以安静为第一要义。若安静，则骨便能自然生合矣。

急用之甲板，各物皆可为之，如鞭竿、篝柄、短棒、伞柄、厚纸、竹壳、剑鞘、树枝、枪尾、枪竿等是也。

无论何物所成之甲，必须用布带扎其两端，而留回伤处不扎。因伤处常有肿痛，故留回此位，可用冻水或冰敷贴以止之。又带之结，须于甲板之上肢体之外作之，免被压伤皮肉。

若折脚扎好之后，更须用布带一二条，将伤脚扎于好脚，如此则移动时更多一靠力矣。凡治折骨，必先将骨续扎，然后移动。

折骨之症，无流血症之危殆，故可待医者到来施治。暂时可用软枕或软垫垫之，用手巾扎其上下，并用沙袋或手压于腿上，可免折骨跳动之痛。此法于受伤时并扎好后，俱可用之。

今将遇折骨症续法各法，及医未至之时如何调理论之。

折骨有三等不用甲板者，头骨、锁柱骨、胁骨是也。

头骨受伤，或因跌或因物击。被伤之时，必失灵性，其久暂不等，因受震或被压而致也，后当分论之。此等为甚危之症，因累及脑体或衣随①而发炎也。

更有危殆者，则头底骨受伤。人跌于硬地，或被坚物所击，则伤在头顶；若跌于软地，则伤在头底矣。如人从屋架而跌于泥墩，则全身之重力聚于头底而伤之矣，随即昏迷。此症，鼻、口、耳皆有血流，眼睛皮亦有积血，并有清汁从耳渗出，此即脑髓液也。

脊骨被折，则其下之体必失去运动、知觉之功用，首章之末已言之矣。

骨盆被折，常累伤膀胱及溺具。此症多见于铁路上受伤。患者不能企立，身体觉碎，咳时及移动俱有大痛。

---

① 衣随（brain coverings），指脑覆盖物，包括脑膜（meninges）与硬脑膜（cerebral dura mater）。

此症宜将病者用移床①移往静处，头宜略为乘高，用冷水敷之。最宜安静，不可稍动，以候医者到来施治可也。又切忌用行血之药②。倘病人脚冷，可用热水瓶或热砖炙之。须用连布包裹〔裹〕，免烙伤皮肉。因病者不能运动，又失去知觉，虽烙亦不自知也。

胁骨被折，不必用甲，因呼吸常动，不能使之全静。此等折骨，常因胸膛受击或被压所致，多起后患，即肺体、肺膜同时受伤而发炎是也。用手按于伤处，令病人打咳，便觉有声。摄理之法，只可用布带绕身扎之而已。若牵累之伤，如肺体被折骨刺破，此可由口中流血杂有痰泡者认之，则布带亦不能用，体中之衣带及碍呼吸之物亦当尽除之。止口中流血，可以冰块吞之。

下牙床被折，见裹〔裹〕扎图（10），由于受击或跌于下颔而致也。口合而不能开，与下牙床关键脱离；口大张开，正为相反，其下牙之行成为不整，而外体之形亦变。

治法：用窄布二条、厚纸一块作一甲，如二十一图。其下半照点线屈曲成为颔尖之盖，上半照口割凹。其布带一由颔下辫上至头顶绑之，一由颔中辫至脑后，复拉至额前而缚之，如裹扎图（10）是也。其耳不可遮盖，可将布带辫作一三角形，以耳为中央，其布带之端或同打一结，或分作两结俱可。其不摇之功，则多于上牙床之妙用，使之靠合，非仅扎布于头顶而已也。病者忌行动，宜食糜化之物，如粥水、肉汁等。

锁柱骨被折，见裹扎图（33），常由伸手而跌所致。肩膊低垂，手不能举，病者常用好手托伤静。治法用一尖垫，将底向上置于腋下，用布带绕

第二十一图

两肩，作8形缚之，相交于背中；再用一带将手曲绑于怀抱，使之不动。若病者之肩甚阔，宜用两带缚之作成8形，推肩膊向后。

又有一治法，用垫置腋下，以布作大手挂悬手，然后用带扎之身边。此法容有未善之处，若施于小儿，类多申动则腋垫跌下，而带松上，全为无用矣。故以

---

① 移床（stretcher），下文亦作抬床，今称担架。

② 行血之药（stimulants），下文亦作行血之剂、行血气之剂，今称兴奋剂。

8 形之扎法为妙也。

臂骨断折，见裹扎图（2），由受直击或跌于手脺而致。治法用甲板三，一前一后一外，其长如肩至脺之度。内面不用甲板，因血管由此经过，免压之也。各甲板用窄带二条扎之，以布作小手挂，将手曲悬于胸前，如裹扎图（24）是也。大挂悬手常令手脺缩上太高，易致折骨打叠，故大挂不宜于臂脺等伤。若前肘有伤，则宜于大挂。

无论安置大小手挂，须小心将脺曲成直角形。切忌将手低垂，若略为曲上，亦无大碍。

裹扎此等症，手脺不可申直，盖不自然也。宜曲而用挂悬之，甚为自然。独于火烧伤，则宜直之，因恐结痂将手挛缩也。

若臂骨下半被折，而近于脺，或前肘之骨亦同有所伤，宜用直角形之甲板置于内面，使手曲成直角，外面亦用甲板。此直角甲板，可用二木横直扎之。

手脺受伤之后，则运动必失灵活。倘遇有此症，宜将病者之手曲而扎之，则愈后生梗，亦不致大碍。

肘骨被折，见裹扎图（12），常因跌而致。治法：曲手成直角形，用二甲板，在内宜长由脺至指尖，在外由脺至腕，用二带扎之，用大挂悬之，如裹扎图（4）。

掌骨或指骨被折，系因直击而致。治法用窄长甲板，由腕上至伤指之尖置在掌面，长竹刀甚合此用，其手则用或大或小之挂悬之，如裹扎图之（4、24）是也。更有一极自然之治法，即将指屈拿一球，而用带扎之。

髀骨被伤，见裹扎图（16），由跌而致，老人患此更多。治法用甲板二，其一在外，要甚长，由腋下至脚底；在内者用短的，由腿鏬至膝下。用阔带四条：一打8 形，扎于脚底甲板之末；一扎折处之下，膝节之上；一扎折处之上，愈近髀之关节愈妙；一扎于身，令甲板上节与身相贴。更将伤脚扎于好脚，则靠力更大矣。

洋枪可作续此伤之外面甲板，用枪头致于腋下，枪竿跟枪管向地。须记紧吾前所论：安置折骨，使之不动，必于折口上下二处扎之，方能保其不动。由此观之，用衣斯麦巾①扎折髀，其下带扎于膝之下，殊不合理，因不能免骨下节不

---

① 衣斯麦巾（Esmarch handkerchief），下文亦作衣斯麦三角带，今译伊斯马奇巾，系当时用于包扎伤处的一种手巾。

动也。

膝盖被折，见裹扎图（14），常因肌力狂抽，或间受直击而致。治法用一阔甲〈板〉置于膝上下，约长八西寸。用二窄带，一由膝下起扎，过甲板后而扎于膝上，打结缚之；一由膝上起作 8 形扎之，绕甲板后而过膝下，打结缚之。所折之骨有相离甚开，由此法及助其肢略举，可使碎骨复合。膝节露之不扎，可用冰水或冰袋淋敷，以消肿痛，此症之肿常多紧要者。

脚骨被折，见裹扎图（1），多因受直击，间有错扭脚之关节而致者。用二同度之甲板，一外一内，由膝上而至脚底；用二带，一作 8 形绕脚底而扎，一扎于膝之下，便能阻止各等运动矣。

剑壳可作此症甲板，或用两枪尾颠倒相插亦可。

若副胫骨被折，则正胫骨已足作为靠板之用。故虽折而尚能行动者，其治法与两骨俱折同。

脚掌骨被折，多因直击而致。此症须用专制之甲板，以配合脚。其板一分托于脚掌，一分托于脚肚。但〔但〕施急救之法，只将脚乘高，并淋冻水而已。

第四章　论受伤（下编）①

失元②为所遇意外重伤，震动脑部而致也。有受割治而不能复元者，因震感全部也。此等症于昔未有蒙药③之时，较近日更多。撞伤常至失元，此为因脏被伤之证据，如肝体破裂是也。又病人因手被夹裂，而需割治以除之者，则震感为加倍矣。一为被伤时之震感，一为受割时之震感，其割处愈近体者，则震感愈大。如割肩臂节，则震感较静尤大也。

失元又常名震感，其轻重随人不同，同时受伤大小与震感轻重亦无比例。有独因震感而致命者。女人、孩子及易受感动之人，虽受微伤，而震感甚大。而精

---

①　原书目录的本章标题另作"受伤（下编）"，为统一起见，"本册目录"据此更改。

②　失元（shock），今译休克。

③　英文本中为 chloroform，此处因其具有麻醉作用而译为"蒙药"，下文则因其毒性而音译"哥罗方"，今称氯仿，化学名为三氯甲烷。

神振刷之人，如士卒临阵时，奋气正锐，虽受大伤，亦不觉也。

人受伤而致震感者，则生寒发颤，脉实而不匀，呼吸艰弱，身冷而汗，心力困悴，病者不安，自觉时刻难过。

倘遇有此症，其原因由肢体受伤流血所致。于未止血之时，切不可施以行血之剂，若然则必速其死也。血止之后，若病人能吞食，可服以热茶或淡酒；若不能，则用轻三淡水①触鼻，以壮心力。病人不能吞而施以药，必致错入气管而塞之也。

病人宜睡下，用毡包裹，并用热水磗熨脚。

失元之症，无论由重伤或割治或惊慌，皆以此法治之。

兹从而论不省人事之各缘故，与失魂、中风、羊痫、眩晕各症，以及辨别醉与将死之不同。此等症甚难分辨，医家亦间有认不真者。若尔等时有错误，亦不能过为疵求也。

但我所欲各人切记者，则错亦须错于小心一边，方为无碍。若以头伤而治醉汉，较胜于以醉汉而待真头伤者。盖此亦常有酒气逼人，因醉而并伤头也。倘独以醉汉待之，则贻误非轻矣。

故凡有不省人事之症，皆当以最小心之法调理之，并速觅医家施治。

当吾为圣妥马士医院掌院医生②时，吾从不谢绝不省人事之症。因在医院住宿一夜，总较差馆为妙。若平明察实其为酒迷者，可舍之出院，则亦未常非行方便之一道也。

不省人事之症，缘故有六：一、脑受伤，头骨或折或否；二、脑受病，积血或羊痫；三、中毒，如鸦片、麽啡③等；四、醉酒；四〔五〕、肾病毒入血；六、心失力④或流血过多之震感。

分别不省人事症之原由甚为紧要，因治法各有不同也。今将各故分而论之，使各人易于辨别。

---

① 轻三淡水（ammonia applied），今译氨水，或称阿摩尼亚水（ammonia water），昏厥患者嗅稀氨水对呼吸和循环可起刺激作用，利于促其苏醒。

② "圣妥马士医院掌院医生"，在英文本中为 House Surgeon at St. Thomas's Hospital，今可译为圣托马斯医院之住院外科医生。

③ 麽啡（morphia），今译吗啡。

④ 心失力（failure of the heart's action），今称心力衰竭（heart failure）。

其一，脑受伤。或有头骨破折，或无头骨破折，俱足致不省人事，因受震或受压也。

受震即脑体受伤，因击或跌而致。其昏迷之久暂，与伤之轻重同。有不久而过者，有数时而过者，有因而毙命者。病人有觉略晕者，有全不动而失知觉者，间有唤之则醒寻而复昏者。

瞳人常缩，脉甚弱，呼吸缓而呻吟，身、面俱冷而白，将醒时四肢乱动，兼有呕吐并瘫痪。

若安静及调理得宜，便能全愈。头用冷敷如冰袋等，脚用暖熨。但伤脑之症不得以为小故，因虞从此发炎，变成松脑背〔脊〕髓受病①。亦照法治之。

受压，或因积血或因折骨而致。其病状与中风同，皆属受伤之症。

全身瘫痪或半边身瘫痪，其患处即在受压之对边，前章论脑部已言之矣。其脉缓而满，呼吸重，瞳人不等，不随光势舒缩，此为最显之病状，与中风同，治法亦同。

其二，脑受病。如中风、羊痫，中风为重，而二症皆起于发昏。所谓发昏者，即肢体忽而抽缩，面发红，口出泡，若诊视病人于发昏之后，只见不省人事之状。此症多见于壮年之人并血气过多者。

积血因血管破裂，流血积压脑体，以致身上多少瘫痪，呼吸重响，一眼半开，瞳人不等，口偏扯，脉满而速。若病人半醒，言语乱而不清。倘举起瘫边之肢体，则必从而复跌。其瘫痪之结局，则运动、知觉俱失也。

不可将病人粗率移动，须小心，各事听医者定夺。宜将病人背平置，头略举，衣领宜松，用冻水或冰敷头，用泻济〔剂〕以利大便。如不能吞服，可用射管或以鹅毛笔之毛尾点巴豆油一滴于舌上，此为投泻剂最妙之法。切忌投行血之剂，即使病人能吞服，亦不可用之，因此等药必使心力加速，而致脑上流血更多也。

在羊痫之症，常于发昏之时忽发狂声，但其声不联续，非如脑痴症者也。病人于此发昏之现象，能知其来，常置身于稳处。间有不觉而至，则跌而受重伤矣。

此症之抽缩较中风尤甚。甚至有时舌伸于口外，被下牙床抽缩忽合咬伤流血

---

①　松脑脊髓受病（brain softening），今译脑软化。

者，其血与口中痰泡相杂。眼球扯侧，瞳人相等，但不随光势舒缩。知觉全失，发昏后随而大睡。

在兵家常有因饱饮黑酒而致此症者，则其治法最善为吐剂矣。

于发昏时最要之事，则免病人自伤。用木或连布一束插入牙内，置病人于清气之中，松其颈中各物。

无赖之徒常有诈作此症以欺人者，须细察之。在伦敦城中，曾有一诈羊痫，冀人施济以钱者。当发作时，街上有人以麦草垫之，防其受伤。及医者至，见无发痫之状，疑其为诈，特发语使其闻之曰："痫症最著之状，当有一时病者必转身子左，而搔右耳。"诈者以为然，而欲效足其状也，寻而照行之。医知其伪，即举火焚草，其人遂起而奔。

诈痫之症，昔日陆军与水师恒多，盖欲作废疾而食长粮也。

用专酒或鼻烟入眼，或用指甲压于病者之甲上，俱能致刺痛而无伤，为察此伪症之法。

有三症俱有发昏之状，而非必兼有抽缩，即晕眩、脑痴①、发冷是也。

晕眩之昏，由于弱极，或心力震感。病人先觉冷热，再觉眼花，寻而面白、唇蓝、脉微、呼吸弱，终至不省人事，即晕眩也，甚似已死。曾见一最危之症，为一少年人由浴池而起，坐于更衣之座而发作，无人知将其人摊卧于地以救之。

其失灵性之故，由于脑内欠血。故宜将病人平卧于地，略举其足。

若在神堂或戏园座内不能将病人倒卧，又不能即移于清气之内，宜用手扶于病人脑后，将其头压低至膝，如人俯低着头之状，则血亦可流入于脑。然总以即移之为是。此症宜用行血之剂，如依打酒、浓茶、架啡、葡酒②等。又如病人不省人事，宜用指蘸罢兰地酒③搽入口唇。

间有等症，其全身之血已消耗于久病，则所余之血宜留以养心及脑，故宜用连布带以扎四肢，推其余血以入急需之脏腑。

_____

① 脑痴（hysterical），下文又作脑痴昏（hysterical fits），今称癔病，或音译为歇斯底里症（hysteria）。

② 依打酒（sal volatile），指用作促醒药的碳酸铵溶液；架啡（coffee），今译咖啡；葡酒（wine），即葡萄酒。

③ 罢兰地酒（brandy），此为音译，下文亦作地酒，今译白兰地酒。

常见之发昏症，以脑痴昏为最多。其发昏之状，多有手足乱动及用手椎胸者。此症妇女常多。有故意而为，引人观看者：其面发红，颈迴管胀大，知觉似失非失，眼虽合而常偷看。若挣其眼盖，用指扪眼，其眼常流动，此见知觉之未失也。脑痴发昏之实据，为大声之长叹，又或忽笑而忽哭。

用全桶冻水淋其颈面，足令病人大觉不安，而其复原殊速。常见在医院内之病妇人，间有发此症，亦不过止于一次而已。足见以上之治法，功效甚灵也。

疟症发昏，为甚少见之症。其状冷而颤震，无抽缩，知觉不失。治法用桂拿丸①及以暖被盖之。

其三，中毒。或鸦片，或麼啡，或绿养②。后再详之于论毒编内。

其最显之病状，为瞳人收缩及不省人事。

其四，醉酒。此症毋容详论，其显状为酒气呈于呼吸。佢〔但〕此症常错误，盖有因醉而起别症之发昏者。故须小心详辨，而始定为独醉也。

醉酒之热度，常有低二三度者，此与中风大为分别矣。因中风之症，热度比常人尤高也。

醉酒之不省人事，有欢呼狂笑者，有丧气昏迷者。瞳人散大而两眼俱等，随光势而舒缩，呼吸慢而无响，皮冷而汗。

呕吐常能使之复醒，故宜施以吐剂。然天然常能使之呕吐，以收此效。故宜将病人侧睡，此为至要。因病人不省人事，若正仰而睡，则呕吐时恐为吐物塞于气喉上而隘之也。若侧睡，则吐物可由口角流于外。

醉酒之症实与中毒无异，故治法亦用吐剂，如盐水、芥茉水等及吸胃筒。又宜用力擦其皮肤，并用暖毡密盖其体，因此症甚易感受风寒也。

其重者，甚致于用电气施治，然仍有不能免于致命者。

其五，肾病毒入血。因此有不省人事者，其状甚难分辨，然此等症甚鲜遇之。

肾由病而失却功用，以致溺从而入血，遂成溺毒之症。

病者呈年老之态，并现浮肿之形，呼吸之气有溺臭，身有鼓胀，肢体皆肿。如遇此症，其最善之治法，莫如即移往医院。否则用暖毡盖身，冷冰敷头，服泻

---

① 桂拿丸（quinine pill），此为音译，今译奎宁丸。

② 绿养（hydrate of chloral），下文亦作绿养冰，即水合氯醛，是一种催眠药。

剂并热气治。

其六,心失力并流血过多之震感。由震感而致不省人事者,上文论受伤失元已言之矣。

凡遇不省人事之症,首宜察脉以观心尚运动否,并察呼吸有无。如二事尚存,则更细视脉之壮弱,并呼吸之出于自然或辛苦或作响。

次察其头有无肿起或破伤,如有破伤,宜用指探察头骨有无破裂。细观耳、鼻两孔有无血水从此流出,则知头底有无所伤矣。

察其瞳人,或舒或缩或大小不等,并观其随光势舒缩否。若巡捕于夜间见有不省人事之人,宜用其灯以察此。

察其口中有无出泥或流血,并观病人有无呕吐。宜臭病人呼吸或呕吐之气。并将病人两边手脚相较,以观其运动相同否,抑一边瘫痪。

所有不省人事之症,宜将病人之背平睡于地,头侧一边,解松胸颈之衣,并阻止众人不可围近其人。

切忌急于用酒并别种行血之剂。须先将其病源察确,然后照以上之法,各因其症治之。

被癫兽咬伤,多恐由此而成癫症。此症常见于狗,而猫亦或有之,而牡多于牝。此症发于被伤六礼拜或数月之后,其症一成必至致命。故凡被兽咬者,俱宜治以杜癫之法。若隔衣而咬,其患较少,因其毒有为衣所隔去也。

此症之治法,与治蛇咬同。蛇咬为常见之症,有致命之症,曾见于生物院①中之管理蛇房者。

其首要之治法则阻其毒入心,倘毒已入,则按其发出之病状而对治之。治毒入心之法有用口吸者,如乙活王第一②其后用此而救其命。此法施于亲属中,已为难能而可贵,此外则鲜有行之者。然须其人之唇舌无损伤方可行之,庶免毒累也。

毒之入心,随血从迴管而入。故治之之法,可用手巾将伤处之上紧扎,免血

---

① 生物院（zoological gardens）,今译动物园。

② 乙活王第一（King Edward Ⅰ）,今译国王爱德华一世。

回心。旭氏①论犬之书，载彼屡将癫狗之毒种入其身，即用火烙其伤口，毒遂不发。此可见火烙之法，足以治此症也。

对治病状之极弱者，宜多用提补之剂，如罢兰地酒、轻三淡水等是也。

被蜂所刺虽无大碍，然痛疼难当。其刺可用匙末之孔倒压而出之。若头面被多蜜蜂重伤，可用蜜糖搽之，或用花士连膏②亦同，俱可即时止痛。

讲求急治水浸或别项绝气之法，为大要之事。因除依水谋生之人之外，恒有在水面为乐以消暇日者，如泛舟、履冰、沐浴等游戏是也。故在水遇意外者常多也。

绝气之症，有由煤气、炭烟或别种毒气。其治法宜速移置病人于清气，解松颈钮，以冷水洒面，用温巾打胸，并立时宜施以助呼吸之法。其法下再论之。

吊颈致毙之故有二：或由颈骨脱离而压破脊髓，如第一课所论者是也；或由绝气。

须紧记若遇此症，宜速将绳割下。但有时巡差亦忽略于此，多舍之而去，误执必待验尸官到看然后动之之成见。

解须〔松〕③ 颈胸各物，打开窗户，俾病人多得清气。即施助呼吸之法，以复其呼吸。

食梗或外物入喉内，如一枚钱或一块肉，俱能塞喉而致绝气。亦须记之，若细小外物跌入喉内，必入于右气管，因此较左为大，见四图。

此症病人面忽转蓝、猛咳、作呕、眼睁、全身狂动，若不解救，必至不省人事矣。在小儿，用掌突击其背，有可令外物退出者；或以食指插入喉内，有可将物勾出者。如不然，则亦可令小儿作呕，将物吐出。此法不效，宜立延医施治，将喉在前面正中处割开，以通呼吸。

若钱或外物已经入胃，不宜用泻剂。反宜用敛结之药，以交结其物，使得带粪而出，免留滞于肠之折。

溺水之症，其沉没时虽与人能入水之久同，而随施以助呼吸之法救之，其效

---

① 旭氏（Youatt），今译尤厄特。
② 花士连膏（vaseline），此为音译，今译凡士林，指凡士林软膏。
③ 此因字形近似而误排，"须"的繁体字为"鬚"，"松"的繁体字为"鬆"。

验亦各不同。若其入水时竭力图脱，则每一呼吸，必吸气与水同而入肺，二者混成痰泥，则救复之机大减。若其人入水时，因恐而震感以致不省人事，则气管塞密，无水可入，而救复之机有望。

由恶气①而绝气，如中煤气、哥罗方、依打②等毒，则救生之机多有可望。因身之热度不减，并无水入肺也。

凡遇绝气之症，无论由何而致，须施助呼吸之法至一二点钟之久。或为医者指明为无济于事，方可罢手。

由水捞起之人，宜将头放低，俾肺之水可从口流出。或于用助呼吸法之先，解去其衫，作为一卷垫胸膛之下，侧置其面，则肺中之水亦可从口角流出，此与前法同功。

凡遇此症，宜即着人往延医生到治，并即施以助呼吸之法，及换干暖之衣，用热砖或热水礶熨身。其砖、礶俱宜以布包裹，免烙伤皮肤。

阻止各人逼近伤者。胸腹各衣带俱宜解松，庶用助呼吸之法，其气可直入于肺。

其背、口、喉等处之泥，宜擦抹干净。其舌常因瘫痪而缩，阻闭呼吸，宜用巾隔手拉之出外，所以用巾隔之者，免滑而易脱也。又或用一扎信之树胶带，将舌并下颌扎之亦可。

助呼吸之法，每分钟十三至至十五至③，效天然之法而行之。其一呼一吸，速率皆同。

其法有二：一为马氏之法，一为薛氏之法④。二法皆有可贵，宜先试马氏之法，再用薛氏之法。

马氏之法则其肺之水易从口而出，惟其法须要三人方能行之。而薛氏之法则一人便足，易而稳当。

_____

① 恶气（noxious gases），今称有毒气体或有害气体。

② 依打（ether），即乙醚（diethyl ether），一种全身麻醉药。

③ 据英文本，thirteen to fifteen times 即十三次至十五次，time 的词义作"次"解（此处被译为"至"）。

④ "马氏"在英文本中为 Dr. Marshall Hall，今译马歇尔·霍尔医生；"薛氏"在英文本中为 Dr. Silvester，今译西尔韦斯特医生。

马氏之法，将病人俯置，以一臂曲而枕额，用衣卷而垫胸。其对边之手，则用一手执其腕，一手按同边之肩胛，将其身转侧，将其手举于头上，如此则成一吸矣。遂复俯其身，将手略压胸际，便足驱气复出，是成一呼。用二人相助，一扶头，一捧足，随之转动，以俯仰其身。

薛氏之法，将病人之背平卧于地，用衣物托其肩胛，使胸膛略高，俾肺内之水可由口中流出。施法者踞于病人头侧，用手捉病人腕上伸而拉之至头上，如二十二图，此则舒胸肌而举胁骨，以成吸气之势。停二息近之久，则将手内屈而下于胸前，如二十三图，手静向内而压于胸膛两傍，逼出其气，而成一呼。

间有捉手于静而施此法者，则手必四向摆动，因已失自主功用而瘫痪，此不善之法也。

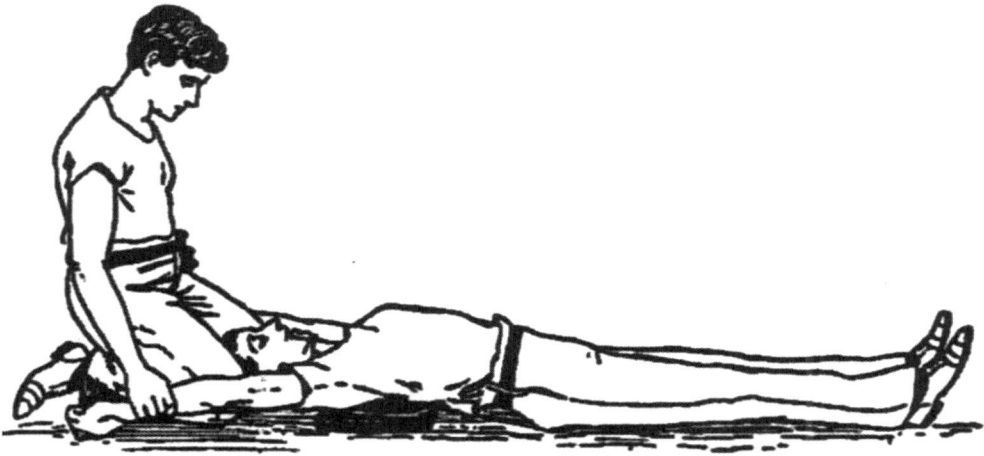

第二十二图

第二十三图

　　当施助呼吸之法时，更可用轻三淡或烧禽毛臭之，或用鼻烟，或以冷热水轮番打之，皆能助其呼气。倘有暖水浴盆，更可置病者于内而施此法，可兼收外敷暖水之功，但施此以有医者在场为稳。

　　当呼吸初回，必起短叹，救者见此必有不胜其喜矣。是时病者之肢体宜设法擦之，以令多生热为妙。

　　擦四肢之法，宜向上而擦，俾迴血反流入心。又宜用毡手套或绒布隔手，庶免擦破皮肤也。

　　若病人已醒而能吞物，宜投以热茶、架啡或罢兰地酒等。但未醒切不宜用，恐加水量于肺也。

　　病人醒后宜用毡包裹，用芥茉敷胸，置卧床上。

　　汤〔烫〕火等伤为常遇之事，如碰倒沸汤及沸油，或汽镬炸裂。或用口吸内盛沸汤之壶嘴，此于小儿常多见之。

　　衣裳着火，宜即时卧低。若救着火之人，首宜倒卧之，然后设法灭火。因火势上升，着火之处多于下体，若不即卧，片时便着全身及燃烧内服，则为害非轻；纵及时而救，不至致命，然亦烧烂头面，大不雅观。若倒卧，则火上升于空际而不及身，而所着之余火易于扑灭。或转身滚地，或用衣物扑之，或用水淋俱可。总之燃势不猛，则施救有时。若立而不卧，则危险万分。试以二假人，一立一卧，同时举火而焚之，则危险之状大有不同矣。此显而易见，须记之勿忘。

　　熨伤与烧伤之不同者，惟轻重耳。熨伤不过发红及起泡，烧伤者由发红而至成焦炭。被油熨伤者则较水为重，因油粘于皮肤为更贴也。

　　烧伤有六等：其一令皮发红，其二起泡，其三烂皮，其四烂膝，其五烂肌，其六全肢俱烂。

　　烧伤、熨伤，各因轻重而起震感。但震感之轻重不关所伤之浅深，而关伤处阔窄。如脚或全燋烂而震感有不甚大者，若胸面虽或仅发红而震感较甚，职此故也。

　　其震感之治法，则照前课所讲之法而施之可也。

　　治烧伤之法，先将衣服小心除脱，切勿拉伤患处，须轻手起之；倘有不便于除脱者，则宜剪去之。立时宜用和灰水之生油蘸布敷之，再用棉花盖密，免露风为妙，后用三角布带扎之。

若烧伤在于关节等处，宜用甲板将关节伸直扎之，免结痂收缩而阻运动。若手指烧伤，则须每指分扎，免其联生而成鸭掌指。

若在厨中受伤，此为常有之事，则急救之法可就近取面粉敷之，为甚妙之品，不必远求物药，而使伤处久露风也。

若口熨伤，宜速延医施治，盖此症甚易阻碍呼吸而致命也。用油或牛乳含于口内，用热水外敷，可以解痛而待医者之至。

若起泡，宜用针刺穿，俾水流清则可复原。倘水泡不穿，则敷扎之后，生水更多而压伤处，则必要再行撤去各物，此更增一层无谓之辛苦矣。

若水泡为擦伤而起，则宜刺穿之，用合口膏①贴之。

若水泡为油及酸质或碱质所致，宜先用冻水洗之。须知酸质与碱质性情相反，故为酸所伤宜用苏打或石灰和水，为碱质所伤宜用醋和水洗之，然后照上治烧伤之法敷之。

烈日所伤。由于身倦时暴露过久，如士卒重负战衣而遄征远道。其病状：头晕，作闷，作渴，皮干，脉数沉而不省人事。

宜将病人移置阴处，解松胸颈各衣，令病人睡下，垫高其头，用冻水或冰敷之。忌投行血之药。

雪伤。由于久露严寒，所伤之处生机顿减，皮转紫蓝，若不设法施治，则渐变实而终成死肉。身体遇极冷之际，则觉呆重，淹淹〔奄奄〕②欲睡，倘一睡则从此不省人事而毙矣。

救治之法，宜用雪擦之，以成反感之效。病者宜置冷房，不可升火，投小许罢兰地酒和水而服之。若已不省人事，宜用连绒擦之，并施助呼吸法。

中毒。毒之为物，多服则必致命。

毒有数种，欲施解救之法，必先知为何毒所伤方可。故须将载毒之器，细察其气味。若有呕吐，亦宜察其所吐之物。

服毒有误服者，有故服者。其误服者，常多将外用之药内服，或误食有毒之

---

① 合口膏（sticking plaster），下文亦作结口膏药，今称橡皮膏，系促进伤口愈合的膏药。

② "淹淹"于此处与"奄奄"同义。

蔬菜。故各人须谨戒：切不宜置药瓶、药箱于睡房之内，盖有时夜间思食药，倘于黑暗中误取别瓶服之，则为害不浅矣。若药物不在房中，则虽思食，必多惮烦而中止。

毒为故意而服者，多属不生痛苦之药。故自寻短见之人，多用醉品。毒分三种：曰醉毒，曰醉触毒，曰触毒。

醉毒者，如鸦片、麽啡、依打、哥罗方及绿养冰等是也。

醉触毒者，如士的年、松节油、毒草菇及颠茄①等是也。

触毒者，为矿酸——加布力酸、加路米、锑质、磷质、信石②是也。

中醉毒之状：先起欲睡，继痴呆及不省人事，终而毙命。其人重睡而不醒，有不胜痛楚之态，瞳人缩小。

救治之法，宜急施吐剂，并速延医并带吸胃筒至。须将病人扶起走动，用冻巾击面，饮以浓架啡，用电震体，宜尽用善法，使病人常醒。若昏迷已深，宜施助呼吸之法。有自尽者，因吞服太多，反可免危，因多可致全然吐出也。故吐为极要之治法，须尽力致之，用温水开芥茉或盐水，或用毛搅喉内俱可。鍟磺养③二十西厘至三十西厘④作一服，或依不格酒⑤一二汤匙，此为医家常用之吐药也。

各等触毒，俱能令口、喉、胃各内皮生极烈之炎。又有其毒所到之处，体质因而全烂者。

中触毒者，胃内抽缩，痛楚有泻，并大失脑力。此等症宜服榄油⑥、牛乳、生蛋，以卫护喉、胃内皮。

若症为吞服矿酸或碱质，须记酸、碱各有反治之功。故中酸毒者宜投碱剂，

---

① 士的年（strychnine），今译士的宁，药名番木鳖碱，系中枢神经兴奋剂，用量过大或误服含士的宁的毒鼠药均可引起中毒；毒草菇（poisonous mushrooms），今称毒蘑菇；颠茄（belladonna），茄科植物颠茄（atropa belladonna）的抽提物，系一种胆碱受体阻断药，服用过量可致中毒。

② 矿酸（mineral acids），即无机酸（inorganic acid）；加布力酸（carbolic acid），此系音译，今称石碳酸，化学名为苯酚；加路米（calomel），此系音译，今称甘汞，化学名为氯化亚汞；信石（arsenic），下文亦作信毒，系指砒霜，即不纯的三氧化二砷（arsenic trioxide）。

③ 鍟磺养（sulphate of zinc），今译硫酸锌。另于此处删一衍字"四"。

④ 西厘（grain），今译谷，英制最小重量单位，一谷等于六十四点八毫克（milligram）。

⑤ 依不格酒（ipecacuanha wine），今译吐根酒。

⑥ 榄油（castor oil），今译蓖麻油。

如苏打、灰养、镁养，或以砖灰①开水皆可。若中碱毒者宜施酸剂，如醋、柠檬及柠盐②开水俱可。

兹将各种毒药并解毒药开列于后，可按症施之，而仍以速延医生到来，用吸胃筒施救为妙。

酒毒：解救用吐剂。用醋和水饮之，并暖外体。

碱毒：解救用酸剂。醋水、柠柑等汁、生菜油及吐剂。

铁毒：解救用茶或炭匿酸③，及令呕吐。

铅毒：解救用吐剂、泻盐。

信毒：解救用炭粉、牛乳、生蛋、泻油、菜油、吐剂。

汞毒：解救用蛋白、牛乳，及令吐。

酸毒：解救用镁养、石粉、砖灰、灰镝，及令吐。

菇毒：解救用盐水作吐泻油，牛乳热磲暖体。

醉毒：解救用吐剂。炭粉、架啡敷冻，令行动。

银毒：解救用盐水。

磷毒：解救用锑养水④及多饮水作吐，忌油。

北叻酸⑤毒：解救用冷水敷面，施助呼吸法，服地酒并轻三淡。

士的年毒：解救用吐剂、地酒、轻三淡，施助呼吸法，热磲暖胃并四肢。

为触毒所伤，切不宜用吸胃筒。因口喉已发炎，若再惹动之，为害更甚。

但我又切实戒尔等，不可自用吸胃筒，须待医者用之。虽有书曾教人用软胶喉一码⑥套入口内，用漏斗充水入胃约三四升之多⑦，然后将喉倒转，令水流出，如是者数次便可将胃洗清云云。但此言之甚易，而施之则难甚也。设思自吞一码

---

① 灰养（potash），下文亦作灰镝，今称碳酸钾；镁养（magnesia），今称氧化镁；砖灰（plaster，下文亦作 wall-plaster），指涂墙用的灰泥。

② 柠盐（lime-juice），即酸橙汁。

③ 炭匿酸（tannic acid），今译丹宁酸，别称鞣酸。

④ "锑养水"似为"镁养水"之误，在英文本中为 magnesia in water，指氧化镁与水的混合物。

⑤ 北叻酸（prussic acid），今译氢氰酸，或氰酸。

⑥ 码（yard），一码等于三英尺。

⑦ "约三四升之多"为中译本所增，此指公升（litre）。

之胶喉，为易事乎，为难事乎？况病人常拒各物入口，须用支撑方能使口张大。而以熟手之酱〔医〕① 家，吸胃之管亦属硬物，且不容易，况是软喉又为生手乎！

故凡要用器施治，切不宜轻于尝试，恐不独无益，而反害之也。

第五章　论移伤之法②

受伤之人既得照救伤各法调治之，后此即宜自行或着人移之归家，或移之医院及附近施医之所，以待医者调理，则尔之义务毕矣。

运病移伤之法，按助者人数多少，各有不同。

先论一人独运之法：

其一，若为幼孩，无论省人事与不省事，俱可用一手托于肩胛，一手托于腿，伸直其身而抱之。若为稍大之人，则此法不易。

苏总管③教救火者抱二小儿下梯之法：一为用双臂各挟一小儿于腋下，双手仍得自由而下梯；一为更妙之法，用左臂挟一，用左肩托一而以左手执之，如此则右手全空，可用以下梯。

其二，若伤在脚或膝节之下，而其人不重，可用背负之法移之，将病人二手过负者之颈。若伤在肢上，则此法难用，因恐加其痛楚也。

其三，若病人脚上受伤，而神尚清醒如故，可用并肩之法移之。如左脚伤，则用右手过于移者之背，移者手执之，再用他手抱于病人身上，如二十四图。此可将病人跳行而运之。

但最要之法，为如何能以只手运动不省人

第二十四图

---

①　此因字形近似而误排，“酱”的繁体字为“醬”，“医”的繁体字为“醫”。

②　原书目录的本章标题另作“移病各法”，为统一起见，“本册目录”据此更改。

③　苏总管（Captain Shaw），可译肖队长（消防队长）。

事之人。以下之法为救火人常用者。

其四，将昏迷之人伏卧于地，伸其手向头，负者跪于病人头上，将病人托起跪于地，负者遂以右肩帖于病人半身，将右手过跨下挟右腿，用左手执病者左腕，围过颈及左臂之下，而至于右手，遂以右手执其腕。此则全身之重乘于右肩，而左手无事；易位而施之于左，则右手无事矣。

其五，有将上法略为更变，其次如左：病人伏卧如前，扶之起跪于地，用手入腋，遂抱病人之腰，举之直立，乘其头于肩，执其一腕横过对肩，而将身抽于胻上，用对边之手拿其足。

其六，将病人坐于地，用带在腘部穿过腿后及两臂之下，负者与病人背坐，将带置于额上，遂起，而重则负于肩及背。臀下之带可免其身不跌，病人屈作尖锥之形，阔处在上，尖项在下即臀也。如此则负者两手皆可无事矣。

次论二人移动之法，此为较易：

其一，用小儿作抬轿戏之法，互握于腕，如二十五图。二人先各将左手自握其腕，遂将右手互握左腕。此法要病人清醒，能自将其臂绕倚负者之项，方为可用。

其二，又有四手之坐，系负者先将己手横搭，然后互握。但此法不妙，因病人若重，则手所横之处必易作痛，则负者必要放下病人以舒其痛。

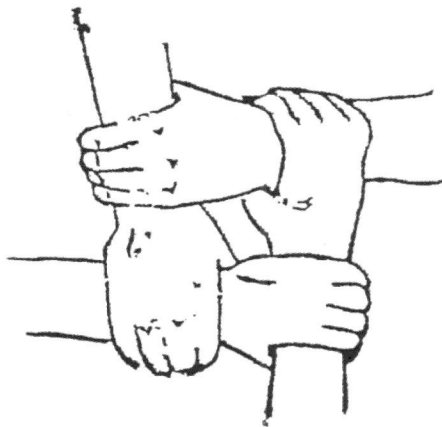

第二十五图

其三，又一法：负者先将一手交握，托于病人腿下，而以他手围抱于腰，病者以手抱倚二人之项。此法亦不甚妙，俱不及前者。

其四，倘病人不甚清醒，不能靠其自扶，宜用三手之坐，如二十六图。而空一手之人，则将其手置于用双手者之肩，如此则成一有背之座矣。

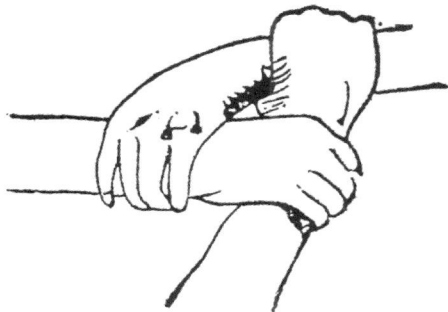

第二十六图

其五，有背之座又可由此而成：负者将手互握，托病者之腿下，而将他手互置于肩。此法不如上法之妙。

其六，二人移一昏迷之病人，以有力者托上半身，将两手过病人腋下，而交握于胸前；无力者在病人两脚之间，以背向头，两手各执一脚。若脚有所伤，再用一人以扶伤处。

其七，倘病人须伸直而移之，则负者二人宜以左脚各跪于病者左右，将手过病人身下而交握，一在肩胛，一在臀下，负者从缓起立，蟹行而移之，头与脚各用一人扶之。倘只有一人，若病者清醒，宜扶其头；若足有所伤，则宜扶其足。置病人于移床，即用此法。

用一膝跪下之故，盖以免病人摇动也。倘两膝俱跪下，则起时难免摇动矣。

至于交互握手之法，负者常多错误。负者须先观其对面之人如何入手于病者之下，遂照样反而行之。如彼为仰掌而入，此则必覆掌而帖病人之身，庶彼手可入此手之下，即互握如二十七图，此为交握之正法也。常有用指交

第二十七图

插，此不善之法，因病人若重，则指罅及掌背易于作痛。惟前法以掌互握，则虽重而无碍。

若病人要移运远处，则宜用抬床。

抬床之式各有不同，今所用者为夫里所制①，已属甚妙。其重不过二十八磅，卷之甚细，占地位不多；开之床下有脚，可免病人帖地。如二十八图。为质甚坚，又无零碎之件。凡能收窄之床，不碍病者，且便于经过窄门。其握手处为套筒所成，矿井、车路、营盘多用之。其一头有袋，以衣物充之，自成一枕。此床更可以双轮联于其下，名曰"阿士福车"②，后当详论之。

在矿井地方有限，不能容床卧置，即用编带，名曰"老门背心"③，如二十九

---

① 此处在英文本中为"Furley" pattern stretcher，下文称"夫里抬床"，可译弗利式担架。

② 阿士福车（"Ashford" litter），可译阿什福德担架。

③ 老门背心（Lowmoor Jacket），可译低扎夹克。

图。扎于床上，便能将病人立置各等斜度。此法船上并斜地亦多用之。

更有一极妙之抬床，名曰"夫里较床"①，如三十图。此系专便于骡马背运者，每骡可负七张。

抬床中有配以各件，用以遮日，或免人骇异者。其最简而妙者为各医院常用之床，为一阔红油布所成，边有折简可穿以棒，两端撑以铁枝。

以其红色便可遮血，以其油布易于洗濯，又弃其棒并铁枝，置于医生割台之上，可作油衣之用。

急用之抬床，可以门板或短梯为之，用包布或草敷盖其上，然后使病人卧之。更有用西人水衣②二件亦能成一抬床者，将其两袖反于内，领置床之两端，扣其衫钮，用棒或坚枝穿入于袖并衫之内，便可作抬床矣。用包二个亦可成之，将包角作孔，包口在中，用棒穿之，亦同一理。

用毡或被亦可作为抬床。置二棒于傍，用毡卷之，每边二人用手握于毡棒，在中之手宜拿近中间，则轻重均匀矣。若抬之上梯，则头必先行，而用一人再扶其③足，免其惊跌。用椅抽病人上梯亦照此法，将背向上，而用一人扶面，免其俯跌。

抽举并移动抬床各法，更详论于简医生所著之《游医演习》④ 一书，为法美备，施之营阵之间、都邑之内无所不宜。

凡移动抬床，若为制就者至少宜用二人，能得三人更妙。二人抬之，一人扶顾伤处，并指示号令。若为门板及毡所成之抬床，则至少宜用四人。凡选抬病之人，必以同高矮者为妙，否则用高大有力者抬前，因头与肩为全身之最重也。更

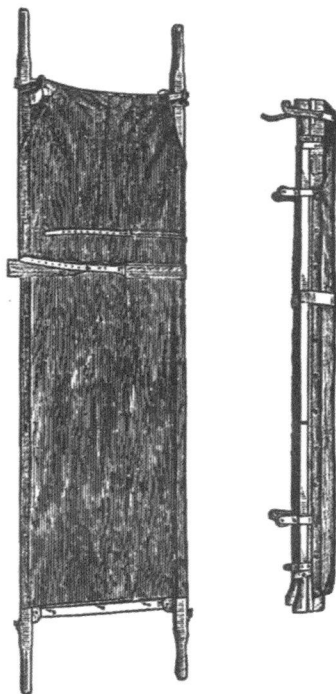

第二十八图

---

① 夫里较床（"Furley" jointed stretcher），可译弗利折合式担架。

② 水衣（waterproof），即雨衣。

③ 此处删一衍字"其"。

④ 据英文本，"简医生"为 Mr. John Furley，今译约翰·弗利先生；"《游医演习》"为 *Stretcher Drill*，可译《担架演习》。

用过胛之带，以其助手力并能致远也。

当第三之人发号令曰"置抬床"，则第一人扛床头，第二人扛床尾，将床尾置于病人之头，此于地方宽广处方可为之。若地方狭窄则置于病人身边，须择受伤之边而置床。

当抬床已置，第三之人再发令曰"就位"，则第一、第二之人各就病者之侧，第一者在左，第二者在右。及令曰"整备"①，则抽之如前所云之法，跪下左脚，又须记用手抱时须交握于腕，非交插其指。第三者扶顾病人，将双手托于伤处之下。

及令曰"抽"②，则三人齐立。令曰"行"，则缓步侧行，待病人之头至床枕之上。令曰"止"，则止。曰"放"，则轻置放床上。

若抬床不能直置于病人之头，则平行而置于其傍。若抬者四人，则第四之人发令，先令曰"安置抬床"，再令曰"就位"，则第一、二、三三人就立于病人之侧，在头、身中及脚之位。第四之人则面向三人，而立于抬床之侧。如是，则床与病人在各人之中矣。令曰

第二十九图

"整备"，则一、二、三跪下，用手下抱病人。次令曰"抽"，则将病人抽高至右膝。第四之人用左手拿床近边，用右手拿远边，当其令曰"抽"时，即将床抽置病人之下。看头若与枕齐，则令曰"放"，三人即将病人小心轻放于抬床上。若只有三人而行前法，则第一、二、三三人当令曰"抽"，则抽起病人；令曰"放"，则膝行于抬床，因无第四人置床于下也。号令则仍由第三之人发之。

不论照以上何法，若已妥置病人于抬床，则再发令曰"就位"，此时第一人

① 整备（Ready），意为"准备"。下同。
② 抽（Lift），意为"抬起"。下同。

则往抬床之顶，面向病人之头而立，第二人则往床脚，背向第一人而立。号曰"整备"，则俯低执床。曰"抽"，则抽之起立。曰"行"，则前行，用短步约二十四寸之度，并用不整之步，即第一人以左脚先行，第二人须用右脚先行，第三之人则就床边而行，然必于患者受伤之边。若有第四人，则每边一人。

用不整之步而行，亦为甚要之事，因此可将病人移运而无左右摇动也。若用整齐之步，则两左脚同时而动，必侧左边，两右脚同时而动，亦侧右边，如骆驼焉。两脚齐行，使所乘之人如乘船之摇荡。

扛抬病人行时，须要端正，缓步前进。到步时则号曰"止"，曰"下"，再曰"整备离抬床"，扛者如前跪低。曰"抽"，则将病人抽起。令曰"行"，则用侧步移病人离抬床，而至睡床。到床时令曰"止"、曰"下"，则放置于床上。

又有一扛法专为矿井窄处之用者，只可用二人行之。扛者面向病人，骑之而立，第一在上身，第二在下身。第一发令曰"整备"，则用手下抱病人；曰"抽"而前进，则抽之行前。至所置于头之抬床，若病人能用手抱于第一人之颈，则为助良多矣。

扛抬床切不可置于肩膊，因抬举太高，第三之人不能顾及，恐其反侧而跌也。若上山则以头在前，下山以头在后。独脚骨、髀骨断折之症，则反而行之，免身下压而生痛楚也。

若遇围篱或水沟，则先到之人将抬床之柄置于篱上，逾过围篱则抽床过之，在后之人亦将床柄置篱而过之。若有第三之人，则可先助前者过之，再助后者。然属要症，则宜专顾病者，不必理他为妙。

若为过沟，则下抬床于去沟边一步之地，第二、第三两人下沟，将床移过彼边。床柄已过沟，则第二人上彼边，以顾其床。而第一人则下沟，与第三人将床移进。至全床已过，则再上而扛之前行。若水沟甚阔，则将床下于沟，适如过篱

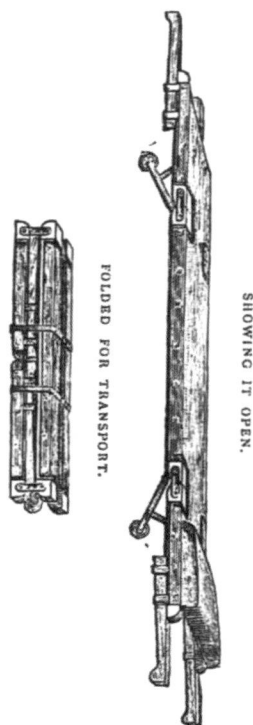

第三十图

之法而行之。

若运病人于远方，则宜更用别法，如"夫里游医车"①，见三十一图。伦敦城街上多用之，为益甚大。若于阵上，有用龟背车、龟背营②，如三十二、三十三图，普法③军医中多用之。

第三十一图

---

① 夫里游医车（Furley Ambulance Omnibuses），可译弗利救护马车。

② 龟背车（"Tortoise" waggon），亦称乌龟车，系一种四轮的有篷救护马车；龟背营（"Tortoise" tent），亦称乌龟营，系一种可移动的帐篷野战医院。

③ 此指普法战争。

第三十二图

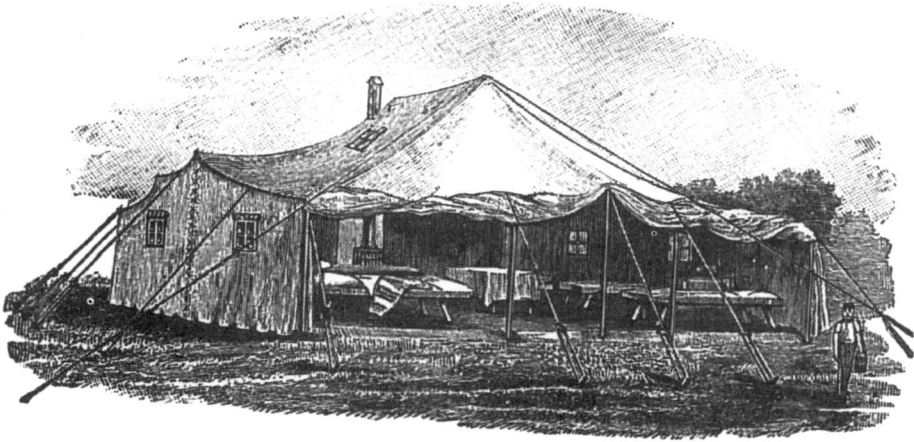

第三十三图

　　此等大车，置于街头屋后近于有事之场，以作医院之用；各小车则用以运伤人到此。小车中，以阿士福车为最有用可乘。夫里抬床与车皆可随意柝〔拆〕开独用，如三十四、三十五图。此车之方便处，在扛者可将床通过两轮之间放于当中，不用抽高逾过车轮；又扛者二人，甚易将车连人抽高，以过数尺之阻碍物；又一人亦能推动，因不甚重也。

近又出一新车，名"夫里床车"①，为用更妙。卧则乘一人，坐则乘二人，如三十六、三十七图。其床为帆布并二棒而成，帆布两边有帖边以穿棍，如三十八图。此为最方便之物，因病人抬至睡床或割台②之上，不用加扰以脱离之也。其棒有折铰之铁条撑之，抬床置于车上，如三十九图。车有二铁线轮，套以树胶圈，其粗者或为木轮套以铁圈。其车之脚则联于轮轴，为钢条所成，能随意使之长短，停时放之下地，如三十六图；行时挈之使缩上，如三十七图。

第三十四图

第三十五图

---

①　夫里床车（"Furley-Headley" litter），可译"弗利—黑德利担架"。

②　割台（Operation table），今称手术台。

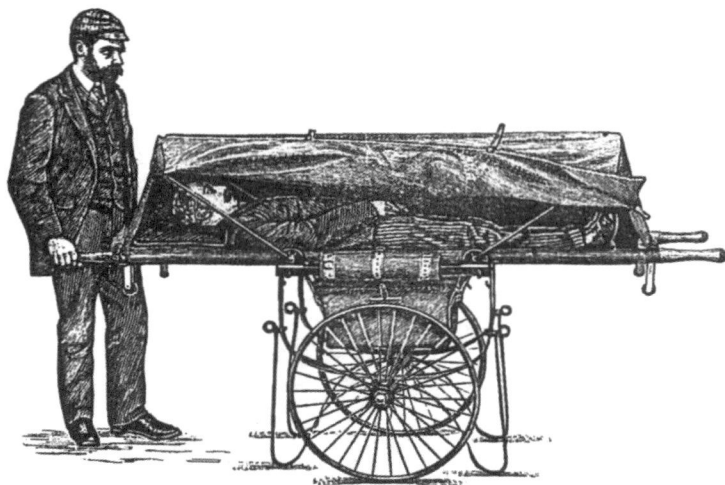

第三十六图

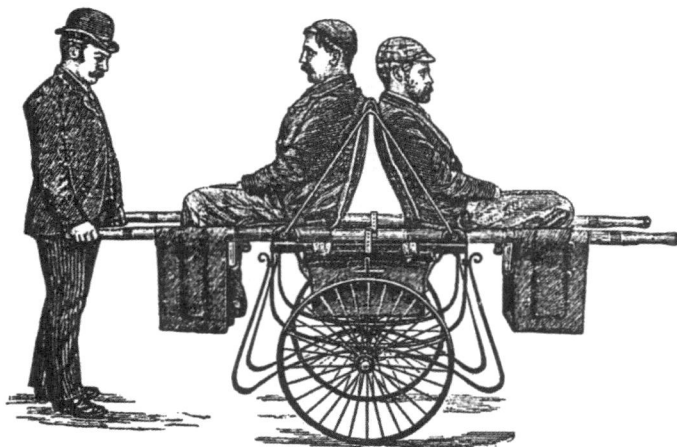

第三十七图

抬床置于车能使其不跌者，有起胁之树胶乘之也。

车之两傍各有轻筒二条，举之于上，联以弯铁便成一架，可张帆布盖。

第三十八图

第三十九图

床车如此布置，乃用以移一偃卧之人。但常有微伤之人，移运时不欲低卧而欲起坐者，此则无论一二人，俱宜用夫里床车运之也。

备此妙用，故于帆布帖边离棒两头约十五西寸之度，开有一口以穿出床棒，留回中间，从中缩之，使两头帆布凑至棒之黑圈。横撑之铁条遂联于黑圈，以撑固其床。两边撑帆布盖之轻筒，今举之合于帆布之中，用铁条联之，则与帆布合成椅背。再用帆布一条悬于棒之两端，便可托病人之足矣。

其床盖即收而卷之，置之床侧。各等骨甲、布带俱宜预备，置于床下之袋，随之而往。

在英国，未有如大陆各国之运病火车之妙法，故运病各事，仍宜留意讲求。

在各等铁路客车，难入寻常抬床，故须将床略抽起一边方可入。在此等处，则夫里抬床大为有用，因其能随意大细也。若抬床已入车内，宜用绳横悬之于帽架之下。其绳不可过松，须〔松〕则摆动；亦不可过紧，紧则随车受震。若不悬之，则置之二等客车为更妙，用木二枚横置椅上，离门尺许，此则一椅之上可放抬床一二张。若病人能坐，宜置之头等车内，择有扶手之座用板架对座，用垫铺之，便成一床矣。如此则病人不过略有少许傍边之摇动，其与车同向，则无横置震动之大也。

若在乡间，用货车运载病人，宜择一有后板者，用草铺垫之，然后小心安置病人于上。若用抬床悬于车上，宜依悬于火车之法。至上车、下车之法，适如过沟、过篱之法行之。

若遇多人受伤，则用运家具之车以运之甚妙。因此车可载多人，而车盘不高，易于安放病人，而少扰动之苦。

第六章　论妇人侍病法①

此章吾欲以调理割治之症一二要诀宣示而已，至于侍病各法当于进级之章详之。

本章大旨，欲使人智识足以服侍平常割治之症，并可作侍病学之始基。但各人欲以侍病为事业者，须知此等工夫为最难能烦苦之事，非生而具救人之慈心不能为也。纵有此心，亦要心力、血气俱壮，方足任此重要之事。

敏捷、齐整、洁净三者，为侍病之要事。在割治之症，则洁净尤为紧要。倘有忽略于此，多致割口腐烂，或起血蛇也。又当将病人起居详细记之，以报医士。如每日饮食如何，睡时久暂，朝晚热度，及大小便数等情，一一记之，以呈医者观览。

预备房舍以接病人，则外科之症不必如内科之多烦琐也。房内家具不宜过多，而房内宜有火炉，其理下当详之。宜择一易进之房，无弯曲深隧，庶抬床易入。房外台椅各件须先移之，免阻进行。

病床不宜太高太阔，大人用西度三尺六寸阔、二尺六寸高、六尺长，如此则易于抽举病人及换替床布。若小孩槽床，宜放低两边，以成此用。

床宜置于房中，庶侍病者可两边走动。床以铁床及毛褥为妙。

若为骨折之症，褥下宜用板乘之，方无凸凹不平之弊。每枚宜钻五六孔，以

---

① 原书目录的本章标题另作"妇人侍病法"，为统一起见，"本册目录"据此更改。文中"侍病者"今称护士，"侍病"今称护理，"侍病学"今称护理学。

通褥下之气。此谓之为折骨症床。

在褥之上铺以床布，下不宜用毡，因易缩绉并生热。若病人久睡，恐易烂肉，可用长枕垫之。至头之高低，宜因病而施：其失血及气弱者，头宜低；而头骨及脑有伤者，则宜高，以减少其血。

床褥、床布宜用火炙干，然后铺垫其上。更用一盖布，此盖布系将床布四叠而成，盖于床中，上至病人身半，下至于膝。此防病人遣〔遗〕溺，易退除而换之也。盖布之下，再用一油布更妙。

将床铺好之后，卷起被一边，用热水磻藏入以暖之。如是，则床齐备以接病人矣。致〔至〕于替换床布，若病人不能起者，略须妙手，先将残布一边卷起至床中，然后将新布卷起一半铺上此位，移病人过之，便可全撤残布而展开新布矣。

更有等症宜用专制之床，如病人属数月不宜起立者。床之中宜开孔，以除大小二便。又若下肢瘫痪、脊骨被折、脑体被压，宜用气床或水床睡之，因此等症甚易作烂也。

若遇有以上各章所讲意外之伤，吾欲尔等能亲手救之，将附近之物变通为用。如未有衣斯麦三角带，可将尔身中手帕或颈巾卷之，以作布带之用。此教尔等将左右各物变为救急之用，凡制好之甲板、血压等器，皆可用别物代之，以作同功效之用也。以冻水加入千分一之汞绿水①，便可作去毒之药；以药纱包裹药棉，便可作止血海绒之用。致〔至〕连布、油绸、加布力油、麻筋、结口膏药，皆为常用之件，自宜备之。用沙袋以安扶折脚，或置于折脚之上节，以免跳动，亦不可少者也。

伤处常有因身上之所盖被压下而生痛，故须将被用架乘之，或用法吊起，免压其处。

甲板切忌直压于肉，而无软垫铺之。在救急用之有置于衣上者，此则以衣作垫之用，其余则宜用麻筋或棉花作垫，用连布盖而缝之，或用胶药粘之。每板之头尾及中间各置一垫，垫宜略阔于甲板。若用手巾扎甲板，须打结于板上，切勿打结于伤处之上，因压之而致不安也。

---

①　汞绿水（mercury perchloride），今译过氯化汞，或高氯化汞。

测准房内朝晚之热度，宜用寒暑表，置于离病人床头二尺①之处以测之。宜令其热度常在六十至六十三度之间。若为割喉之症，则令之高三四度。房宜暖又宜润，故宜置一升气壶，或常用之壶而加一皮管于壶嘴，使水气散布房中。用湿巾张于火炉之前，亦能化气而成同等之功。此见房中火炉为用之要理也。

房既暖，又宜通气，使气常清爽。每病房中宜有通气管，但最善之法仍莫如窗户，宜略开其上，用布廉〔帘〕② 遮之，免病人感受风寒。不宜开窗户之下，因寒气直中病人也。

兹论察病人寒暑表③，若尔等明此寒暑表，则其余各式寒暑表不难识也。察病之表以能自记其度者为妙，因不随水银退下而忘其度也。

察病之寒暑表，用以知人身之热度，而定其有无发炎之症也。此表为玻筒所成，大如笔管，下端略大，载以水银。上为渐小之干，下端用置腋下。其干则分度，自九十度至百十二度。法兰海寒暑表④，每度再分作五分，有细昼〔画〕⑤间之，每分即十分之二；在九十八度四分，有翦矢间之，即人身之常热度也。观表时，其度由水银升上计之，如四十图，即其度为一百度零六分也。未按表之先，宜将表中水银摇低，过于常热度之下，然后按之。

将寒暑表置病人腋下，拉其手曲于胸前，则两边皮肉挟表于中，留五分钟时之久。病人胸前宜用被盖之。每日宜察热二次，早在八点钟至九点之时，晚亦在八九点之时。每日热度用表记之，此为占病兆甚要之事也。

若与受伤之人替换衣服，切宜小心，勿稍忽略。因粗心常有折骨插穿皮外而成两伤，则绵延甚久而难全也。其法先将不伤之脚手衣服除去，其伤傍之衫袖则

---

① 原误排"一一尺"，今据中文初版本改为"二尺"。

② 此因字形近似而误排，"帘"的繁体字为"簾"。

③ 察病人寒暑表，即测量体温的温度计，英文本中为 clinical thermometer，今称体温计。上文叙及的寒暑表（thermometer）用途与此不同，它是一种测量气温的温度计，称法与现今相同。

④ 法兰海寒暑表，英文本用"F"表示，今译华氏温度计或华氏寒暑表（Fahrenheit thermometer），其温标为德国人华伦海特、即旧译法兰海（Gabriel Daniel Fahrenheit）所制定，故名。另有摄氏温度计或摄氏寒暑表（Celsius thermometer）系用"C"表示，其温标为瑞典人摄尔修斯（Anders Celsius）所制定。

⑤ 此因字形近似而误排，"昼"的繁体字为"晝"，"画"的繁体字为"畫"。

跟缝处割开。着衣服时，宜先穿受伤之手脚，即与前法反而行之也。

　　若为穷人，则不宜轻毁其衣服，故宜跟缝处割之，仍可复用也。

　　靴鞾〔鞋〕亦宜割之，切忌拉而除之，以加其伤也。

　　在烧熨等症，伤面甚阔，则不宜吝惜衣服，宜割碎片片除之。每除一片，即以灰水油或别等药敷之，切不可使全伤面一时尽露也。

　　洗浴，病人亦甚要之事。其益有二，一令病人安，二令身体健。若属劳动之人，则一入医院之时，宜临床与之洗浴。洗时宜按部位分先后洗之。每洗一处，用隔水布铺盖于床，免湿被褥。洗完一处盖好，再揭别处洗之，不可一齐揭露全身，以致感寒也。

　　移病人上床，极宜小心。若病人清醒，彼可将手抱靠侍者之颈，则所助多矣。

第四十图

　　若病人昏迷，则以横置病人于床上为妙法，将脚吊下一边，然后扶正之。若病人已卧于毡上或布上，则甚易为力，用助者数人各执一角抽之上床。

　　若病人由抬床抬至，其头宜照床之向抬进。若地方足用，宜将抬床与床直置一行，然后抽之上床，如前章所讲之法。若不能行此，宜将病人置于床侧，或将抬床横向于床，如上法抽之横上于床。或将抬床平拍于床，二人立于其外，一人用手抽其膊，一人用手抽其臀，抬之行前，安置于床，同时再以一人撤去其架。

　　病人饮食服药，皆宜有一定之时。其饮食之物及所服之药，俱由医生选定。

　　凡不能起立之病人，宜用稀粮。当饮食时，侍者宜用左手抱病人之颈或脑后，挽而起之，右手则投以食物。其物用半盖嘴杯进之，或以小茶壶灌之亦可。

　　不省人事之病人①，宜将之侧置一边，用匙纳食物入口，然后渐将头转侧他边，则食物可缓流入喉内矣。

　　有等病症，行血气之剂为不可少之药，然必医者允之方可用也。

---

　　①　本句首删一衍字"食"。

行血之剂，宜令日服数次，又宜留些以待夜间之用。

须记：受伤受病之人，若惯服行血之剂而忽然止之，常多变出谵语之症。

凡各等药物皆不宜置于病人房内，恐病人夜间发迷，误取毒剂服之也。又如各等手枪及危险器械，亦不宜置病人之侧。曾见两发迷之症，因此致命。比则医生与侍病之人，皆不能辞其责也。

敷糊乃用以留热，及润以助炎症之速熟，并净除烂肉之脓毒也。

作面糊①之法：用旧面包碎投入沸汤，所载之器宜密盖之，置于火侧数分钟之久，然后将水到〔倒〕去，用细布包之。

作麻糊之法：用盆先以沸汤热之，然后置麻粉于内，随冲沸汤，用箸搅之。

若作大糊，宜将麻粉置沸汤中搅之，至足用为度，其糊则用细布包之。

其糊未敷之先，宜以面试之，以观其热如何。因手皮厚硬，未能为淮〔准〕。有时手不觉热，而敷于身上薄皮，己〔已〕足起泡矣。

敷糊之法，宜用右手托之，从下帖上。而除之之法，则宜从上牵下。除去之后，宜用布抹干皮肉，用棉花盖之。

芥茉糊②专为引病出外之用，有全用芥茉者，有用一半麻粉者。

芥茉乃用冻水或暖水开之，用纱布包帖。每用不得过十五分钟至二十分钟之久，过此则必起泡矣。

敷热水亦与敷糊同功，此更为轻便。用法以佛兰绒蘸水为妙，因其藏热较别布为更久也。

用佛兰绒浸入沸汤或婴粟③壳汤，扭干帖于肉上，稍冻则替以别布。用油布盖之，留热更久。

敷水或为化气水，如前所论。或为涵铅、碘、鸦片等，各因所治之症而施之。

若为受伤而往请医生，须对医者言明所伤之情形，俾他带备所需之物，其为刀伤、火伤、骨折，各有不同。又宜多备冷热水及旧巾、旧布以抹血，备盆以载血布、血水。并备纸笔墨，以便开药方，写授方法。

---

① 面糊（bread poultice），下文亦作面包糊。

② 芥茉糊（mustard poultice，下文亦作 mustard plaster），今称芥子膏。

③ 婴粟（poppy），今称罂粟。

　　倘要割治之症，于未割时四点钟之前皆不宜食物，恐施蒙药时致呕吐也。又须预备一长台，置于油布或油席之上，免血染地。台面整备如床，惟不铺上布。又铺一隔水布于割处之上。

　　总而言之，此书之要旨尽见于所附课题之内。吾欲各人留意研究之，此则本会考试之蓝本也。

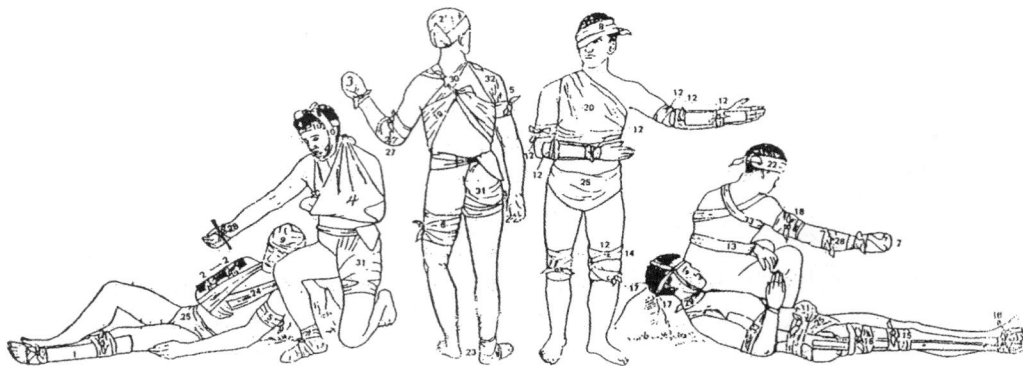

第四十一图　裹扎图

裹扎图说明表

1. 正副胫骨被折	2. 臂骨被折	3. 手掌受伤
4. 大手挂	5. 肩膊受伤	6. 腿受伤
7. 手受伤	8. 眼受伤	9. 头盖带
10. 面部及下牙床受伤	11. 膝受伤	12. 正肘膊肘受伤
13. 背受伤	14. 膝盖受伤	15. 脚受伤
16. 髀骨受伤	17. 头边受伤	18. 上臂受伤
19. 胸膛受伤	20. 胸膛受伤	21. 头盖带
22. 额受伤	23. 脚受伤	24. 小手挂
25. 骨盆带	26. 前臂受伤	27. 手静受伤
28. 手掌刺伤	29. 喉被伤	30. 肩膊受伤
31. 腿关节受伤	32. 肩膊受伤	33. 锁柱骨被折

附　录

裹扎须知

在急救之用，各人只当知扎三角带之法可矣。

至扎卷带之法，可由经练之看护妇为之。因卷带非常有，而三角带则可随时用身上手巾或颈巾代之。

扎续折骨之法，第三课已经论之，今只教尔等用三角带以扎伤处，并包裹所敷伤处之药于身上。

吾今将扎衣斯麦巾之法略变其一二，以教尔等扎三角带。故绘成一图①于编首，略仿衣斯麦图，其法数与之无差别，而所论各法皆可与衣斯麦图参观也。

扎三角带之法，圣约翰游医会与圣安得列游医会②各有不同，但余概以衣斯麦法为祖，略变更之，便适于用矣。

三角带为一三十五西寸之方棉布或竹布斜分对角而成，故用大方巾对角折之，亦同此用。

三角带之三边，其长边则为底，其上角则为顶，谓之尖，其余两边角则为端。

此带有折而用之，有不折而用之。其折者则将尖反向于底，然后至再至三重叠之，至适用之度为止。

其带之两端有用扣针扣之，有打结缚之。结有真假之分：其真结者如四十二图之（A）是也，此结不能松，凡打结当照此；假结者如图之（B）是也，此结常退松，不经练之人多打此结，须记而戒之。细观其图，便易明白矣。

凡伤处先须将血泥各物洗净，方可用布带

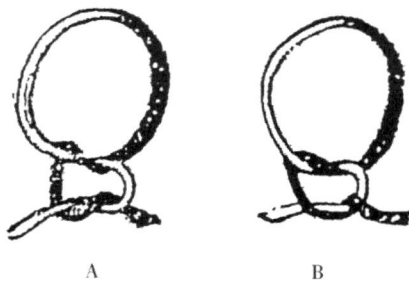

A　　　B

第四十二图

---

① 此指"裹扎图"，见上页。

② 圣安得列游医会（St. Andrew's Ambulance Association），今译圣安德鲁救护协会。

扎之，照前论治伤之法而行。又须用连布或白布碎，蘸冻水或油敷帖伤处，然后扎之。扎后其结不可打于伤处，除非流血，特用此以压之者。

扎头盖以裹头伤，见裹扎图（9）并（21）。用三角带较卷带更易而妙，且甚通气。将三角带之底折之，成一帖边约寸半之阔，置于额前，帖近眼眉。带体则盖于头上，而带尖则垂于颈后，由耳上拉两端包围于后，两端交会于带尖，复拉于额前打结缚之。遂执尖扯平全盖，至不起折角为度。再将尖拉至头顶，用针扣之。

扎额前之伤，如图（22）。面伤（10）、眼伤（8），皆将布带折窄，置带中于伤处，而于对边打结缚之。

扎头傍之伤，如图（17）。如有太阳脉①流血，则用纸或连布作一实垫，压于流血之处，将带折窄，置带之中腰于对边，拉两端交会于伤处，即拉一端于头上，一端于额下，会于带之中腰打结缚之。此带又可反而扎之，先置带中于伤处，拉两端交横于对边，复至伤处打结以压之。

扎胸前之伤或敷糊，如图（20）。用三角带平置身上，将尖并其一端向下，带之底斜过胸前，一端拉过肩上，一端过腋下，即将带尖并两端打结于后，如（19）。

若背后有伤或敷药，亦如法置带于后，而打结于前。扎骨盆盖如（25），则将带底围于腰，拉带尖过髀下，而打结于后。

扎肩膊伤或敷药于关节处，如图之（5）及（32）。将带底作一帖边而围置臂上，带中则盖于肩，尖至于颈，两端拉绕于臂打结缚之。再以一带折窄，过伤边之胛对边之腋而打结，如图之（30）。首带之尖则绕过之，而下扣于臂上。

扎髀上关节伤或敷药，如图之（31）。与扎带肩膊之法同，惟其次带围绕于腰，而带尖扣于腿傍。

扎手伤（28）已详四十八页论伤课②。

扎手臂伤（18）、手脡伤（27）及肘伤（26）各法皆同，将带折窄，置带中于伤处，围绕而缚之。

---

① 太阳脉（temporal artery），今译颞动脉。

② 今见本册第211页。

扎掌伤或敷药，如图之（3）及（7）。将带铺开，作一帖边于带底，遂将掌覆其上，而指向带尖，腕在带帖，反带尖于掌背而扯至腕带，则逐边覆上掌背，而两端则绕腕打结缚之。拉带尖反扣于掌背。

作大手挂，如图之（4）。用三角带先置一端于对膊，带尖则拉出手之下，其次端则包托伤手，而拉上同边之膊，与首端交缚于颈后，带尖则包绕手胂而扣于前。

作小手挂，如图之（24）。将带折窄如前法，先置一端于不伤之肩，其次端包托伤手过伤肩，而与首端交缚于颈后。

又作急用之挂，又名扣挂，用衫之一角或折一袖上扣于胸，亦可悬托伤手。扎髀伤（6）或敷药于膝（11），将带折窄，照扎臂、扎胂之法为之。

敷药于脚，如图之（15）及（23）。将带铺开，置脚其上，趾向带尖，将尖拉于背，带底帖边，挽上踵后两端绕缚于脚腕，遂将带尖反扣于脚背。

问　　题

第一：

一、请将人身骨格、形体、功用略为论之。

二、请将长骨之一，论其形体合质。

三、何为骨盆？并有何骨成之？

四、请名胸膛各骨并要肌。

五、请名腹穴之各体。

六、骨节以何而成？

七、请论体内各等之节。

八、请论肌肉之质。

九、请论肺之形体。

十、请将呼吸之器并功用论之。

十一、请举平常天气并呼气所变之质。

十二、何为平常呼吸之气、满额之气、多余之气？

十三、请论自和脑部之功用。

十四、大脑与小脑功用中之差异。

十五、请论脑脊部之功用；并脊髓若在第三颈骨处割断如何结局，在第一背骨处如何结局，在第一腰骨处如何结局，试一一详论之。

第二：

一、请言血之合质，并言如何为天然止血之事。

二、请论心之部位、形体、功用。

三、请将行血循环由心左下房起至复入右上房止，详而论之。

四、请论如何为脉，并速率几何？婴孩与老人有何分别？迴血管之无脉，其理为何？

五、血环①之为用如何？

六、何者为不载赤血之脉管及不载紫血之迴管？能举其名并详其故欤？

七、脉管与迴管之形体、内容及功用有何分别？

八、请言人身何处为压血最有效验之部位？

九、设欲压大腿脉，如何可作一急用之血压？

十、脉管、迴管及微丝管流血有何分别？

十一、如何知其为脉管、迴管抑微丝管受伤？手掌流血，如何止之？

十二、脱牙后流血不止，如何为次第止血之法？

十三、请论各等止血之法。

十四、迴管瘤流血如何止之？由伤口之何端流血为多？并详其理。

十五、小儿因跌，咬伤其舌而流血，用何法止之？

第三：

一、请名各等伤症，并论腹受刺伤施治之法。

二、请论各等伤症。

三、遇割喉，以何者为施救之第一法？

四、割伤与破伤，何者较为速愈？以何伤流血为多？并详其理。

五、请论调治各伤之总法。

六、何为扭伤？即时如何治法？过后如何治法？

---

① 血环（circulation of the blood），今译血循环。

七、折骨与关节脱离，如何分别？

八、请将折骨之状、所致之故并折骨之类，详而论之。

九、骨折时何以知之？骨折之后，倘忽略移之，有何变幻？髀骨被折，如何续之？

十、请将受直势、曲势及肌力而致骨折之症，各举一例。

十一、何为治骨折之要诀？

十二、治骨折以何法为先？并如何施于髀折、肘折、下牙床折？请道其详。

十三、如何为单折、叠折、波累折、青枝折、研碎折、插笋折？能分别之否？

十四、头骨折、胁骨折为何独重于他骨？能详其故欤？

十五、单折与叠折何以明之？设使胁骨受此等折，如何按症施治？

第四：

一、何者谓之为震感？并用何法治之？

二、中风昏、羊痫昏、脑痫昏、晕昏，如何分别？

三、各等不省人事之故，如何别之？

四、设有人在火车内发羊痫昏，请详其状并施治之法。

五、脑受震动，其状如何？何以治之？

六、请详胪底折之状并治法。

七、有人从木架跌下，清醒如常，但不能行并下肢失去知觉，其伤在何部位？并用何法治之？

八、狗咬之症，何为急治之法？

九、有童欲取蜂窝，为蜂刺伤头颈，何为急救之法？

十、溺水者被拯，当用何法治之？

十一、若有人衣衫着火，如何灭熄之？如何脱衣？并如何理伤？

十二、设有小儿口吸壶嘴，为沸水熨伤口喉，用何法治之？

十三、请将毒症类而名之，并何为各症之第一治法？

十四、请详中鸦片毒之状并解救之法。

十五、若有人误服外用之松节药酒，何为急救之法？

第五（专课妇人）：

一、先用何法使房温暖通气，以备收接割喉之症？

二、请论折骨症之床，并如何预备以服侍此症。

三、请详论如何备床并各物，以接髀骨折之症。

四、若遇忽然中风之症，如何预备床以接之？

五、如何铺垫甲板？

六、病房当以何等热度为宜？当置寒暑表于何处？用何法令通风而不减热？

七、请论察病寒暑表，解明其用及如何安置。

八、若有助者四人，当用何法由抬床抽病人上床？

九、重受火伤之人，当用何法与之脱衣？并如何预备以理创？

十、脚骨被折之症，如何与之脱衣？如何与之洗浴？

十一、惯饮酒之人，当何用〔用何〕法以限制之？

十二、如何以作面包糊、麻粉糊、芥茉糊？

十三、热水敷如何用之？其法为何？

十四、如何配制冻敷或化气水？

十五、病人不能行动，何为善法以替换床布？

据英国柯士宾著，中国孙文译：《赤十字会救伤第一法》，东京，民报社一九○七年二月十七日再版发行①

英文原文见本册第 630—769 页

---

① 本书系据英文本 Sam. Osborn, F. R. C. S., *Ambulance Lectures：First Aid to the Injured*, London：Published by H. K. Lewis, Third Edition, 1894 ［皇家外科医生学会会员柯士宾：《救护工作演讲：救伤第一法》，伦敦 H. K. 刘易斯发行，一八九四年第三版］译出。因东京中文再版本经过修订，较少讹脱，故本书采用其为底本排印。书名则恢复伦敦中文初版本的译称《红十字会救伤第一法》，以便与中国后来的通用名"红十字会"保持一致。校勘文字时曾参考初版本，纠正再版本个别误植的舛错。书中部分插图则据英文本制版。又按：本书有关注释，特聘原广州中山大学副校长、医学博士陈汝筑教授，就人体解剖学及医药学等方面提供大量中英文专业知识，深致谢忱。

遗

嘱

国事遗嘱[①]

（一九二五年三月十一日）

余致力国民革命凡四十年，其目的在求中国之自由平等。积四十年之经验，深知欲达到此目的，必须唤起民众及联合世界上以平等待我之民族，共同奋斗。

现在革命尚未成功，凡我同志，务须依照余所著《建国方略》、《建国大纲》、《三民主义》及《第一次全国代表大会宣言》，继续努力，以求贯澈。最近主张开国民会议及废除不平等条约，尤须于最短期间促其实现。是所至嘱。

中华民国十四年二月二十四日

孙　文　三月十一日补签

笔记者：汪精卫

证明者：宋子文　孙　科　孔祥熙

邵元冲　戴恩赛　吴敬恒

何香凝　戴季陶　邹　鲁

据《孙文遗嘱原文》摄影影印，载一九二五年三月十四日北京《晨报》第二版

家事遗嘱

（一九二五年三月十一日）

余因尽瘁国事，不治家产，其所遗之书籍、衣物、住宅等，一切均付吾妻宋庆龄以为纪念。余之儿女已长成，能自立，望各自爱，以继余志。此嘱。

---

① 孙文于一九二五年三月十二日上午九时三十分在北京患肝癌不治逝世。此遗嘱原于病危期间草就，经在京的国民党政治委员会集体讨论，二月二十四日下午诵读征得孙文同意，连同家事遗嘱在三月十一日晚上亲笔签名。两遗嘱原无标题，此系参照前人所拟。

中华民国十四年二月二十四日

孙　文　三月十一日补签

笔记者：汪精卫

证明者：宋子文　邹　鲁　吴敬恒

戴季陶　邵元冲　何香凝

孔祥熙　孙　科　戴恩赛

据《孙文遗嘱原文》摄影影印，载一九
二五年三月十四日北京《晨报》第二版

致苏联遗书[①]

（英 译 中）

（一九二五年三月十一日）

苏维埃社会主义共和国大联合[②]中央执行委员会

亲爱的同志：

我在此身患不治之症，我的心念此时转向于你们，转向于我党及我国的将来。

你们是自由的共和国大联合之首领。此自由的共和国大联合，是不朽的列宁遗与被压迫民族的世界之真遗产。帝国主义下的难民，将藉此以保卫其自由，从以古代奴役战争、偏私为基础之国际制度中谋解放。

我遗下的是国民党。我希望国民党在完成其由帝国主义制度解放中国及其他

---

①　本遗书系致联共（布）中央执行委员会，在孙文病危期间由陈友仁等用英文起草，三月十一日亲笔签署英文名。十七日，罗斯塔通讯社（ROSTA，俄文全称是 Российское Телеграфное Агенство，塔斯社前身）北京分社、华俄通信社（Rosta & Dalta News Agencies，罗斯塔社发布中文新闻的机构）将遗书英文件连同中译文发往中国各城市。当时北京、天津、上海、广州等地一些中外文报刊曾据此相继转载，《顺天时报》乃是最早刊登遗书中译文者。

②　苏维埃社会主义共和国大联合（The Union of Soviet Socialist Republics），今译苏维埃社会主义共和国联盟，简称苏联。苏联成立于一九二二年十二月三十日，乃由俄罗斯苏维埃联邦社会主义共和国（The Russian Soviet Federated Socialist Republic，简称苏俄）联合其他社会主义共和国共同组成。

被侵略国之历史的工作中，与你们合力共作。命运使我必须放下我未竟之业，移交与彼谨守国民党主义与教训而组织我真正同志之人。故我已嘱咐国民党进行民族革命运动之工作，俾中国可免帝国主义加诸中国的半殖民地状况之羁缚。为达到此项目的起见，我已命国民党长此继续与你们提携。我深信，你们政府亦必继续前此予我国之援助。

亲爱的同志，当此与你们诀别之际，我愿表示我热烈的希望，希望不久即将破晓，斯时苏联以良友及盟国而欣迎强盛独立之中国。两国在争世界被压迫民族自由之大战中，携手并进，以取得胜利。

谨以兄弟之谊，祝你们平安。

孙逸仙（签字）①

据《俄方所传之孙中山遗书——致苏联中央
执行委员会者》，载一九二五年三月十八日
北京《顺天时报》（三），华俄通信社译发

附：另一译文②

（英译中）

致苏维埃社会主义共和国联盟中央执行委员会书（中国北京）

亲爱的同志们：

我身患重症，或将不治。此刻我念及你们，念及我党及我国的前途。

你们领导着自由的共和国联盟，这是名垂千古的列宁留给世界诸被压迫民族真正的遗产。在帝国主义重轭下历尽苦难的人民，凭着这份遗产，定能争得自由，摆脱世世代代国际间那种建立在奴役人民、战争讨伐和非正义基础上的制度。

我即将离国民党而去，原希望这个党，在谋求中国和一切被压迫国家摆脱帝国主义统治的具有历史意义的工作中，同你们携手合作，但命运迫使我放下未竟的事业，将其交予恪守国民党的主义和训诫的人，由他们去从事组织我的真正拥护者。

---

① 据英文原件，此处及在场见证人并未译全，参见下篇。

② 本篇据英文原件重译。

故此，我嘱咐国民党继续国民革命运动，以摆脱帝国主义加于中国的半殖民地状态，从而获得自由。为达到此目的，我已叮嘱国民党与你们长期保持联系。相信贵国政府将会把业已开始的对我党的援助继续下去。

当此诀别之际，亲爱的同志们，我想表达我殷切的希望：曙光就在前面，苏联将以朋友和同盟者的身份欢迎一个强大独立的中国，两大盟友携手并肩，走上为世界被压迫民族的解放而进行伟大斗争的胜利进军的道路。

谨致兄弟般的问候！

孙逸仙　一九二五年三月十一日签署

在场见证者：宋子文　汪精卫　何香凝　孙　科

戴恩赛　邹　鲁　孔庸之①

译自 "To the Central Executive Committee of The Union of Soviet Socialist Republics", by Sun Yat-sen, Российский Государственный Архив Социально-политической Истории, Москваб［孙逸仙致苏维埃社会主义共和国联盟中央执行委员会书，打字原件，莫斯科、俄罗斯国家社会政治历史档案馆藏］（李玉贞译）

英文原文见本册第 628—629 页

附载：中国国民党中央执行委员会讣告

（一九二五年三月十二日）

本党总理孙中山先生客冬北上，本求贯彻主义，倡导国民会议及废除不平等条约，以求民族之独立与民权之确定，乃自抵津京，肝疾日剧，医疗无效，于本月十二日上午九时三十分在北京铁狮子胡同行辕逝世。革命尚未成功，同志遽失导师，曷胜痛悼，哀此奉闻。

中国国民党中央执行委员会

三月十二日

据《孙中山先生逝世》，载一九二
五年三月十二日天津《大公报》

---

① 以上七人均为亲笔签名，除何香凝签中文名外，其余六人兼签中英文名。孔祥熙，字庸之。

文告

平治章程

与兴中会骨干联名上香港总督卜力书[1]

（一九〇〇年七月十七日）[2]

中国南方志士谨上书香港总督大人台前：

窃士等十数年来，早虑满政府庸懦失政，既害本国，延及友邦，倘仍安厥故常，呆守小节，祸恐靡既。用是不惮劳悴，先事预筹，力谋变正，以杜后患，不期果有今日之祸。当此北方肇事，大局已摇，各省地方势将糜烂，受其害者不特华人也。天下安危，匹夫有责，先知先觉，义岂容辞！士等睹此时艰，亟思挽救，窃恐势力微弱，奏效为难；政府冥顽，转圜不易；疆臣重吏，观望依违；定乱苏民，究将谁属？深知贵国素敦友谊，保中为心，且商务、教堂遍于内地。故士等不嫌越分，呈请助力，以襄厥成，愿借殊勋改造中国，则内无反侧，外固邦交，受其利者又不特华人已也。一害一利，相去如斯，望贵国其慎裁之。否则恐各省华人望治心切，过为失望，势将自谋，祸变之来殆难逆料，此固非士等所愿，当亦非贵国之所愿也。

时不可失，合则有成。如谓满政府虽失政于先，或补给于后，则请将其平素之积弊及现在之凶顽，略为陈之：朝廷要务，决于满臣，紊政弄权，惟以贵选，

---

① 当时中国北方正发生义和团运动及八国联军侵华战争，据该件收藏者、日籍兴中会员平山周称，孙文等拟乘此机会在广东发动反清起义，而为了避免英国等外国势力的干涉，故决定上书港督。另据可靠史料记载，此系由孙文领衔，与兴中会骨干杨衢云、陈少白、谢缵泰、郑士良、邓荫南、史坚如、李纪堂联名上书港督卜力（Henry Arthur Blake）。起草人为陈少白等，经何启等译成英文后递交。卜力收到后立即复函，提出拟将广东、广西两省合成一独立的宪制国，置于英国保护之下，推举李鸿章为大总统，以孙文为李之顾问。而恰在此时陡生变数，清廷诏令李鸿章由两广总督改任直隶总督，并急催其赴京履职，李乃离粤北上，过港晤见卜力时婉拒两广独立的计划。

② 底本未说明此件写作日期。据一九〇〇年七月二十六日《大阪朝日新闻》所载孙文在神户对记者谈话，称此件写于香港海面舟中。按：孙文系于七月十七日自新加坡乘"佐渡丸"抵香港海面，二十一日离港赴神户；而卜力于七月十八日晤李鸿章获知两广独立计划无法实行后，则不会再复函孙文等人。故从时间上说，只有七月十七日这一天可能撰写并送出这份文件。

是谓任私人。文武两途，专以贿进，能员循吏，转在下僚，是谓屈俊杰。失势则媚，得势则骄，面从心违，交邻惯技，是谓尚诈术。较量强弱，恩可为仇，朝得新欢，夕忘旧好，是谓渎邦交。外和内狠，匿怨计嫌，酿祸伏机，屡思报复，是谓嫉外人。上下交征，纵情滥耗，民膏民血，叠剥应需，是谓虐民庶。锻炼党罪，杀戮忠臣，杜绝新机，闭塞言路，是谓仇志士。严刑取供，狱多瘐毙，宁枉毋纵，多杀示威，是谓尚残刑。此积弊也，至于现在之凶顽，此后尚无涯涘，而就现在之已见者记，则如：妖言惑众，煽乱危邦，酿祸奸民，褒以忠义，是谓诲民变。东乱既起，不即剿平，又借元凶，命为前导，是谓挑边衅。教异理同，传道何罪，唆耸民庶，屠戮逞心，是谓仇教士。通商有约，保护宜周，乃种祸根，荡其物业，是谓害洋商。睦邻遣使，国体攸关，移炮环攻，如待强敌，是谓戕使命。书未绝交，使犹滞境，围困使署，囚禁外臣，是谓背公法。平匪全交，乃为至理，竟因忠谏，惨杀无辜，是谓戮忠臣。启衅贪功，觊觎大位，不加诛伐，反授兵权，是谓用债师。裂土瓜分，群雄眈视，暗受调护，漠不知恩，是谓忘大德。民教失欢，原易排解，偏为挑拨，遂启祸端，是谓修小怨。凡此皆满政府之的确罪状，苟不反正，为祸何极！我南人求治之忱，良为此矣。

士等深知今日为中外安危之所关，满汉存亡之所系，是用力陈利弊，曲慰同人，南省乱萌，借兹稍缓。事宜借力，谋戒轻心，上国远图，或蒙取录。兹谨拟《平治章程》六则呈览，恳贵国转商同志之国，极力赞成，除去祸根，聿昭新治，事无偏益，利溥大同。惟是局紧机危，时刻可虑，望早赐复，以定人心，不胜翘企待命之至。

计开：

一、迁都于适中之地。

如南京、汉口等处，择而都之，以便办理交涉及各省往来之程。

二、于都内立一中央政府，以总其成；于各省立一自治政府，以资分理。

所谓中央政府者，举民望所归之人为之首，统辖水陆各军，宰理交涉事务。惟其主权仍在宪法权限之内，设立议会，由各省贡士若干名以充议员，以驻京公使为暂时顾问局员。

所谓自治政府者，由中央政府选派驻省总督一人，以为一省之首。设立省议会，由各县贡士若干名以为议员。所有该省之一切政治、征收、正供，皆有全权自理，不受中央政府遥制。惟于年中所入之款，按额拨解中央政府，以为清洋债、供军饷及宫中府中费用。省内之民兵队及警察部，俱归自治政府节制。以本省人为本省官，然必由省议会内公举。至于会内之代议士，本由民间选定；惟新定之始，法未大备，暂由自治政府择之，俟至若干年始归民间选举。以目前各国之总领事为暂时顾问局员。

三、公权利于天下。

如关税等类，如有增改，必先与别国妥议而行。又如铁路、矿产、船政、工商各业，均宜分沾利权。教士、旅店，一体保护。

四、增添文武官俸。

内外各官，廪禄从丰，自能廉洁持躬，公忠体国。其有及年致仕者，给以年俸，视在官之久暂，定恩额之多少。若为国捐躯，则抚养其身后。

五、平其政刑。

大小讼务，仿欧美之法，立陪审人员，许律师代理，务为平允。不以残刑致死，不以拷打取供。

六、变科举为专门之学。

如文学、科学、律学等，俱分门教授，学成之后，因材器使，毋杂毋滥。

据平山周编著，商务印书馆编译所译订：《中国秘密社会史》，上海，商务印书馆一九一二年五月中文版①

---

①　日文书原名《支那革命党及秘密结社》，东京，政教社一九一一年十一月发行。日文本所收虽系中文件，但较多讹脱，经当时中译本订正（似另有所据），因以后者为底本。在此之前，平山周又曾以"二楸庵"为笔名，在东京《革命评论》第五号（一九○六年十一月十日发行）发表《支那の秘密结社》（二），其内上卜力书的讹脱字亦稍多，故未用为底本。

设立同盟会南洋支部并制定通信办法通告①

（一九〇八年秋）②

启者：近年以来，南洋各处同志日多，各就所处结合团体以实行宗旨，发展势力，真有蒸蒸日上之势，殊可庆慰。今在星架坡设立南洋支部，欲使南洋各处团体互相联络，以成统一。夫欲联络情谊，必以消息相通为主，消息通则情谊洽，情谊洽则协力相扶、同心共济，而党力滋伟，成事可望。故特定通信办法三条如左：

（一）今将各处团体通信住址开单寄览③，以后至少每二个月互相通信一次。

（二）各处团体通信住址有移换时，须即通知南洋支部。

（三）以后如续有新立团体，即由南洋支部（支部长胡汉民）发信通知，各处接信后即寄书新立之团体，贺其成立且勉励之。

以上三条，望留心照办，以团结同志之精神，广通各处之情谊，是所至嘱。此致

泽如同志兄鉴

弟孙文谨启

据邓泽如辑：《孙中山先生廿年来手札》卷一，亲
笔原函影印，广州，述志公司一九二七年一月出版

---

① 一九〇七年三月孙文至越南河内设立领导机关，在广东和西南边境地区多次组织反清起义，一九〇八年三月被法国殖民当局驱逐出境，遂移居新加坡（星加坡、星架坡）。是年秋，经过他及其同志的不懈努力，南洋英、荷属各埠相继成立同盟会分会或通信处、书报社等。为便于统一领导，孙文在新加坡设立同盟会南洋支部。此件分寄南洋各埠同盟会分会负责人，掛罗庇勝分会会长邓泽如为受件人之一。

② 底本未署日期，所标者为设立南洋支部时间。

③ 各处住址名单，底本未影印。

向英国政府提出进入香港的申请

（英　译　中）

（一九〇九年八月十三日）

致港英殖民地副秘书长先生：

　　我荣幸地提请您考虑准许如下请求。您或许知道几年以前，我因试图促进国家现代化和改革而招致中国清政府不满。一八九六年我逗留伦敦期间，被清使馆囚禁在波德兰区，是通过英国政府的大力活动才得以重获自由。自那之后我便旅居于日本和新加坡，我的妻子和家人则住在香港，我渴望能探望他们。1896 年港督颁布了为期五年的流放法案，禁止我在香港居住。这段限期过后我重返香港，但香港政府于一九〇二年重施流放法案，于是我五年内都不得再到香港。现在五年期满，我希望能得您许可前往香港探望家人。我近来在新加坡住了将近十八个月，并多次与总督约翰·安德逊爵士面谈。在新加坡逗留期间我没有任何引发动乱的行为，并且一旦我获准进入港境，我保证我不参与任何政治事件，不以任何方式利用我在香港的居留权。我视香港为我的第二个家，因为我曾在这里的医学院就读，而且我的家人现在定居于此。

　　希望有幸成为，

　　阁下

　　您忠实的仆人

孙逸仙

据 "Autographed Letter of Dr. Sun Yat-sen to the British Government in application for entry to Hong Kong", Courtesy of the National Archives, UK, August 13, 1909, 3 pages ［《孙中山先生向英国政府申请进入港境的亲笔信》，一九〇九年八月十三日，共 3 页，英国国家档案馆藏。收录于《孙中山纪念馆展览图录》，香港，孙中山纪念馆 2006 年］（许瑾瑜译，高文平校）

英文原文见本册第 770 页

致美洲各埠同志望速汇款以应急需函①

（一九一〇年十一月中下旬）②

耀垣列位盟长公鉴：

大事急矣，冀诸公勠力同心筹款，速汇以应义举。兹将孙先生书录出呈览：

前函所云，需十万元乃能布置周到而实收成功之效者，非待十万到齐而后发。刻下已开始陆续布置，在在需款矣！

此次之动，乃因日俄协约，时势甚急，岌岌不可终日；而内地革命风潮亦已普及，军心民心皆约同归向；加以吾党久困奇穷，不能稍待。有此三者相迫而来，不得不发。故主动各人，决意为破釜沈舟之举，誓不反顾，与虏一搏。有十万元为事前之布置，固起；无之亦必冒险而起也。况精位〔卫〕君已去，吾辈何忍徒生？若事不成，则宁为玉碎，不为瓦全也。弟亦决意到时潜入内地，亲与其事。故今日若得十万元则出以安全，不得十万则必出以冒险耳！此十万元不过一安全、冒险之问题，非为起不起之问题也。今内地同志既有决死之心，亦何暇计其安险？但念海外同志必不忍内地同志独出冒险而不一援手，而拯之于安全之地也。

故欲各尽所能，以相有济。内地同志舍命，海外同志出财，庶免内地同志有轻掷宝贵性命如精〔卫〕君者，则诚莫大之幸矣！

弟望美洲各埠同志各尽义务，惟力是视，能筹足十万元固佳，否则多少亦望速速电汇，以应急需，是为至祷。中国与〔兴〕亡在此一举，革命军尽此一役也。此致

义安

---

① 孙文于一九一〇年十一月十三日在槟榔屿召集同盟会骨干会议，决定大举，随后广泛发函向海外各地募款。此函寄往旧金山的美洲同盟总会，再由该会的黄芸苏等作为"筹款通告"转发给各埠同盟会分会，陈耀垣即为某分会负责人之一。按：本篇原函均用楷体排版。

② 函末署十一月却无日期。按：孙文在该月二十四日致康德黎夫人函中言及将"赴英美办事"，赴美的主要目的地即是旧金山，而本函并无一字提及，可知本函应写于二十四日以前，故酌定为中下旬。

十一月由南洋弟孙文谨启

□□、芸苏同上

据《美洲筹款通告》原铅印件影印，见革命纪念会编：《广州三月二十九革命史》，上海，民智书局一九二六年十月初版

推翻列强建立共和国的宣言

（英 译 中）

（一九一一年一月五日）

上海一月五日讯：临时总统孙逸仙博士今日发表了一篇对外国列强的宣言。宣言解释了中国民党的共同目标与政策。他说道，现今中国的困境是满族政府的暴政造成的，除了革命之外别无其他解决方法。"我们现在宣告，我们要推翻敌对势力……建立共和国。"

据"March On Pekin Tommorow"，*The Iola Daily Register*（Kansas），Thursday，January 5，1911，Page 2 ［《明日向北京进军》，载一九一一年一月五日堪萨斯州《艾奥拉每日记录报》第二页］（邹尚恒译，高文平校）

英文原文见本册第 771 页

三藩市同盟会与致公总堂联合之布告①

（一九一一年六月十八日）②

洪门为中国提倡排满革命之元祖，而大埠致公总堂之改良新章，更与本会三

---

① 孙文于一九一〇年十二月被英国海峡殖民地政府勒令出境，前往加拿大和美国活动，一九一一年六月十日再度抵达三藩市。时值黄花岗起义失败不久，孙文极力促成设于三藩市的中国同盟会美洲支部（当地亦称美洲同盟总会）与美洲大埠致公总堂（又称北美洲致公总堂）实行联合，协同筹饷救国。美洲同盟总会乃据孙文谕示，发表此布告于该会机关报《少年中国晨报》；致公总堂亦秉承孙文意见于同日在其机关报《大同日报》刊载广告（见下篇），对与同盟会联合表示"备极欢迎"。

② 底本时间"五月廿二日"系阴历，今折算成公历标出。

民宗旨相合。原可互相提携，共图进取，惟洪门内容含有秘密性质，而本会会员尚多未入洪门，故不免窒碍。今得孙总理驾抵金山，主张联合，而致公总堂专开特别会，以招纳本会会员之未入洪门者。本会集议，全体赞成。特此布告各埠会员一体遵照，以成大群，合大力而共图光复之大业，是为厚望。

天运辛亥年五月廿二日

三藩市中国同盟会启

据《同盟会与致公堂联合布告》，载《最新中国革命史》第一篇，三藩市，美洲中国同盟会会员撰述兼发行，一九一二年十月出版

附载：美洲致公总堂与同盟会联合之布告

（一九一一年六月十八日）

孙文大哥痛祖国沉沦，抱革命真理，遍游五洲。驾抵金山，与众义兄聚集，倡议与同盟会联合，结大团体，匡扶革命事业。同盟会员热心祖国，全体公认，其未进洪门者一律入围，联成一气。本总堂叔父、大佬、义兄等备极欢迎，开特别招贤之礼，以示优遇。尽释从前门户之分别，翼赞将来光复之伟业，扫虏廷专制恶毒，复汉家自由幸福，仰我洪门人士一体知悉。须知招纳天下英才，本总堂之主义。特此布告，统为鉴照。

天运辛亥五月〇〇日

美洲大埠致公总堂启

据《致公总堂广告》，载《最新中国革命史》第一篇，三藩市，美洲中国同盟会会员撰述兼发行，一九一二年十月出版

洪门筹饷局缘起①

（一九一一年七月十日）②

　　兹当人心思汉，天意亡胡，所以各省义师连年继起，然尚未能一战成功者，何也？岂以人才之不足，战阵之无勇耶？皆不然也。试观最近广州一役③，舍身赴义者，其人多文武兼长之士，出类拔萃之才，当其谋泄失败，犹能以数十人力战而破督署，出重围，以一当百，使敌丧胆，可知也。然人才既如彼，英勇又如此，仍不免于失败者，其故安在？实财力不足，布置未周之故也。内地同胞久在苛政之下，横征暴敛，剥皮及骨，遂至民穷财尽，固无从厚集资财而为万全之布置也。故输财助饷，以补内地同胞之所不逮，实为我海外华侨之责任，义不能辞也。内地同胞舍命，海外同胞出财，各尽所长，互相为用，则革命大业之成可指日而定也。

　　我洪门创设于美洲已数十年矣，本为合大群、集大力以待时机而图光复也，所谓反清复明者此也。今时机已至，风云亦急，失此不图，则瓜分之祸立见矣！本总堂兹承孙大哥④指示，设立筹饷局于金山大埠，妥订章程，务期完善无弊，以收效果。捐册寄到之日，切望各埠手足竭力向前，踊跃捐资，以助成革命大业，则洪门幸甚！中国幸甚！

　　谨拟章程开列如左：

　　一、革命军之宗旨，为废灭鞑虏清朝，创立中华民国，实行民生主义，使我同胞共享自由、平等、博爱之幸福。

----

　　①　在美洲同盟总会与致公总堂实现联合、同盟会重要干部多人加入洪门后，孙文即倡设洪门筹饷局，将原来的中华革命军筹饷局并入，对外则称国民救济局（Kwok Min Charity Bureau）。该局董事会由致公堂十九名和同盟会十名组成，致公堂之人担任监督、总办，同盟会骨干李是男担任会计。此件为孙文手订。

　　②　底本未说明制订时间，此处所标为洪门筹饷局成立日期。该局成立于何时说法不一，此据黄三德《洪门革命史》（美国洛杉矶一九三六年九月出版）一书所载。按：黄三德为致公总堂总理，直接参与两大团体联合及建立筹饷局之事，并任该局监督，当可信。

　　③　指三月二十九之役，即黄花岗起义。

　　④　指孙文，下同。

一、凡我华人皆应供财出力，以助中华革命大业之速成。

一、凡事前曾捐助军饷至少十元（美金）者，皆得列名为优先国民。他日革命成功，概免军政府条件之约束而入国籍。

一、凡事前未曾捐过军饷之人，他日革命成功，须照军政府条件之约束而入国籍。

一、凡捐过军饷五元美金以上者，当照《革命军筹饷约章》奖励条件办理。

一、议在金山大埠致公总堂设立一筹饷局，由众公举人员办理，由孙大哥委人监督。各埠曾捐助军饷者，皆可派一查数员，随时到来查数。

一、筹饷局之组织分为两部，一董事部，一办事部。

董事部：以现任致公总堂职员及捐款千元以上者当之，人员无定额。

办事部：总办一人，会计一人，查数一人，中文书记三人，西文书记一人。劝捐委员无定额，随时由董事议定，由总办择人任使。监督一人。

一、凡局内之事，必经董事议决，然后办事部方能执行。

一、所收捐款多少，除经费外，一概存入银行，以备孙大哥有事随时调用，他事不得提支。

一、议所收捐款，拨出一成为筹饷局经费，以支办事人员车费、薪水、邮电、纸笔各费，如有盈余仍拨归军饷之用。

一、所有筹饷局经费，须要监督批准，方能动支。

一、所有捐册，以寄到之日起，限期两个月缴回清算，按名给发执照为凭。其捐数在五元以上者，另行双倍给发中华民国金币票收执。

美洲金山大埠致公总堂特启

据《洪门筹饷局缘起》，载《最新中国革命史》第一篇，三藩市，美洲中国同盟会会员撰述兼发行，一九一二年十月出版

附载：美洲致公总堂委派孙文大哥等演说筹饷布告

（一九一一年七月二十一日）

本总堂首次提倡筹饷，为空前之伟举。我洪门人士虽羁身海外，而二百六十余年亡国之惨痛，刻不去怀。今者风云急矣！时机熟矣！筹饷之议全体赞成，同

肩责任矣！现经印就捐册，寄呈各埠。复派演说员两队，孙文大哥、黄芸苏君为一队周流美国之北，张霭蕴君、赵昱君为一队周流美国之南，分途遍游全美，演说劝捐，发挥本堂宗旨，务达实行目的。该员等所到各埠，凡我同志，务祈优礼欢迎。并望各埠职员、叔父，鼓励同胞慷慨捐助。巨资麇集，大举义旗，十代之仇指日可复，不特我洪门之光，抑亦汉族之幸也！

孙文大哥与黄、张、赵三君游埠演说路程大略：

孙文大哥、黄芸苏君于七月初二①动程，先往拨崙，次舍路、士卜顷、抓李抓罅、追加失地、杭定顿、南巴、贝士、卜忌参罅、恶顿、梳力、洛士丙令、剪〔典〕化、恳士失地、圣矗、士卡古、先仙拿打、必珠卜、保地麼、华臣顿、费路妲化、纽约、乞佛、士丙非、保士顿、杭面顿、保夫卢、企里崙、积〔地〕彩、乜地慎、胜普、棉答步路、柯未贺、地高打掌慎、积活、比令士、笠巳士顿、气连打、猫失地、委林墨、底〔我〕利古、李糯，至卡慎而还。②

---

① 辛亥年七月初二，即一九一一年八月二十五日。

② 本件列出孙文等所到之处的大量美国地名，百多年来由当地华侨先后用不规则的广州语系方言译成中文，艰涩难懂，兹将英文地名原文、今译名及属州缩写尽可能注录出来。拨崙（Portland，今译波特兰 Or）；舍路（Seattle，今译西雅图 Wash）；士卜顷（Spokane，今译斯波坎 Wash）；抓李抓罅（Walla Walla，今译沃拉沃拉 Wash）；杭定顿（Huntington Beach，今译亨廷顿海滩 Cal）；南巴（Nampa，今译楠帕 Ida）；贝士（Boise，今译博伊西 Ida）；卜忌参罅（Pocatello，今译波卡特洛 Ida）；恶顿（Ogden，今译奥格登 Ut）；梳力（Salt Lake，今译盐湖 Ut）；洛士丙令（Rock Springs，今译罗克斯普林斯 Wyo）；剪〔典〕化（Denver，今译丹佛 Colo）；恳士失地（Kansas City，今译堪萨斯城 Mo）；圣矗（St. Louis，今译圣路易斯 Mo）；士卡古（Chicago，今译芝加哥 Ill）；先仙拿打（Cincinnati，今译辛辛那提 Oh）；必珠卜（Pittsburgh，今译匹兹堡 Pa）；保利麼（Baltimore，今译巴尔的摩 Md）；华臣顿（Washington D. C.，首都，今译华盛顿）；费路妲化（Philadelphia，缩写为 Philly，今译费城 Pa）；纽约（New York City NY）；乞佛（Hartford，今译哈特福德 Conn）；士丙非（Springfield，今译斯普林菲尔德 Mass）；保士顿（Boston，今译波士顿 Mass）；保夫卢（Buffalo，今译布法罗，或水牛城 NY）；企里崙（Cleveland，今译克利夫兰 Oh）；积〔地〕彩（Detroit，今译底特律 Mich）；乜地慎（Madison，今译麦迪逊 Wis）；胜普（St. Paul，今译圣保罗 Minn）；棉答步路（Minneapolis，今译明尼阿波利斯 Minn）；柯未贺（Omaha，今译奥马哈 Neb）；地高打掌慎（Junction City，今译强克逊城 Or）；积活（Deadwood，今译枯木镇 SD）；比令士（Billings，今译比灵斯 Mont）；笠巳士顿（Lewistown，今译刘易斯敦 Mont）；气连打（Helena，今译海伦娜 Mont）；猫失地（Malad City，今译马拉德城 Ida）；委林墨（Orem，今译奥勒姆 Ut）；底〔我〕利古（Elko，今译埃尔科 Nev）；李糯（Reno，今译雷诺 Nev）；卡慎（Carson City，今译卡森城 Nev）。

张霭蕴君、赵昱君亦同日动程，先往孖写，次孖且罅、非士那、轩佛、子打厘、北加非、汝路士、巴士杰、委林士、夫冷士合〔塔〕、云士路、巴梳、恳寅失地、火活、统麻笃亚、恳士失地、圣蓝、茵陈答步士、先仙拿打、加杭亚壬、必珠卜、纽约、费路姐化、保利麽、华臣顿、罗利卡杭比亚、士湾拿、戻臣委、墨简、亚连打、孖敢厘、比路麽、纽柯连、布满、山多寸、水路花失地、罗珠卜、企粒顿、古碌、片臣、子笥、非匿、夭马、力连、粒巴洗、山班剪打、罗省、山姐〔爹〕姑、笃市拿、山子罅、山地巴罢、杭卜和老比、山藟、比市布、市彝打、山古罗思、挖臣委利、吉来、山多些、尾利扮，至山多酒而还。①

据《致公总堂派员游埠演说筹饷布告》，载《最新中国革命史》第一篇，三藩市，美洲中国同盟会会员撰述兼发行，一九一二年十月出版

---

① 以上继续注录美国各埠旧译名：孖写（Merced，今译默塞德 Cal）；孖且罅（Chowchilla，今译乔奇拉 Cal）；非士那（Fresno，今译弗雷斯诺 Cal）；轩佛（Hanford，今译汉福德 Wash）；子打厘（Visalia，今译维萨利亚 Cal）；北加非（Bakerfield，今译贝克菲尔德 Cal）；汝路士（Mojave，今译维萨利亚 Cal）；巴士杰（Barstow，今译巴斯图 Cal）；委林士（Las Vegas，今译拉斯维加斯 Nev）；夫冷士合〔塔〕（Flagstaff，今译弗拉格斯塔夫 Ariz）；云士路（Albuquerque，今译阿尔伯克基 NM）；巴梳（El Paso，今译埃尔帕索 Tex）；恳寅失地（Oklahoma City，今译俄克拉何马城 Okla）；火活（Tulsa，今译塔尔萨 Okla）；统麻笃亚（Memphis，今译孟菲斯 Tenn）；茵陈答步士（Indianapolis，今译印第安纳波利斯 Ind）；加杭亚壬（Columbus，今译哥伦布 Oh）；罗利卡杭比亚（Alexandria，今译亚历山德里亚 Va）；士湾拿（Richmond，今译里士满 Va）；戻臣委（Raleigh，今译罗利 NC）；墨简（Durham，今译达勒姆 NC）；亚连打（Charlotte，今译夏洛特 NC）；孖敢厘（Atlanta，今译亚特兰大 Ga）；比路麽（Birmingham，今译伯明翰 Ala）；纽柯连（New Orleans，今译新奥尔良 La）；布满（Blaumont，今译布拉满 Cal）；山多寸（San Antonio，今译圣安东尼奥 Tex）；水路花失地（Las Cruces，今译拉斯克鲁塞斯 NM）；罗珠卜（Roseburg，今译罗斯堡 Ore）；企粒顿（Clifton，今译克利夫顿 Ariz）；古碌（Guthrie，今译加斯里 Okla）；片臣（Benson，今译本森 Ariz）；子笥（Tucson，今译图森 Ariz）；非匿（Phoenix，今译菲尼克斯，或凤凰城 Ariz）；力连（Redlands，今译雷德兰兹 Cal）；粒巴洗（Riverside，今译里弗赛德 Cal）；山班剪打（San Bernardino，今译圣贝纳迪诺 Cal）；山姐〔爹〕姑（San Diego，今译圣迭戈，或圣地牙哥 Cal）；笃市拿（Santa Ana，今译圣安娜 Cal）；山子罅（Santa Monica，今译圣塔莫妮卡 Cal）；山地巴罢（Santa Barbara，今译圣塔芭芭拉 Cal）；杭卜和老比（Los Obivos，今译洛斯奥比沃斯镇 Cal）；山藟（Santa Maria，今译圣玛利亚 Cal）；市彝打（Salinas，今译萨利纳斯 Cal）；山古罗思（Santa Cruz，今译圣塔克鲁兹 Cal）；挖臣委利（Watsonville，今译沃森维尔 Cal）；山多些（San Jose，今译圣何塞 Cal）；尾利扮（Fremont，今译弗里蒙特 Cal）；山多酒（San Leandro，今译圣里安德鲁 Cal）。按：游埠演说的路程在实行中稍有改变，两队甚至曾合成一路同行，武昌起义后更中止了这项演说筹饷计划而转向外交活动。又按：以上注释如有错漏，当在本书再版时予以补正。

三藩市同盟会革除崔通约布告①

（一九一一年八月）②

崔通约近有为清领事报告之嫌疑，故本会机密概不令伊预闻。而各会员心存忠厚，不即发布，冀伊悔悟悛改。乃彼不惟不自修省，反以佞诗登报，明攻本党，欲图破坏大局，立心至不可问。此等反覆之人，显背本党盟章，本会万难容忍，故将崔通约革出会外，以示薄惩。

特此布告，俾众周知。

三藩市中国同盟会布告

据伍澄宇（亦名伍平一）著，庄锐卿等编：《革命言行录》，香港，阳明学会一九二〇年十二月初版

芝加古同盟会预祝中华民国成立大会布告③

（一九一一年十月十三日）

公启者：武昌已于本月十九日光复，义声所播，国人莫不额手相庆，而虏运行将告终。本会谨择于二十四日开预祝中华民国成立大会，仰各界侨胞届期踊跃齐临庆祝，以壮声威，有厚望焉！

---

① 崔通约先后加入兴中会、同盟会，以办报为职业。孙文素感他有通敌嫌疑，多次提醒党人警惕，并曾主张革除其会籍。此次崔通约身为三藩市同盟会机关报《少年中国晨报》编辑之一，竟在报上赋诗非议革命筹饷部署，孙文遂召集同盟会紧急会议决定将其开除出会。此布告系孙文亲笔签交该报刊出者。

② 底本无布告之日期，但称在九月二日孙文启程北行演说筹款前不久，故酌为八月。

③ 孙文从美国报纸上获悉十月十日武昌起义的消息，是日自圣路易斯抵芝加古（芝加哥），为该埠同盟会分会代拟这一布告。文中皆用阴历辛亥年八月纪时，如"本月十九日"指阳历十月十日，"二十四日"指阳历十月十五日，而布告日期"八月廿二日"则是阳历十月十三日。

此布。

天运辛亥八月廿二日

芝加古同盟会启

据梅乔林、李绮庵:《开国前美洲华侨革命史略》,载南京
《建国月刊》第六卷第四、五期合刊,一九三二年四月出版

武昌起义后载于《纽约时报》的声明[①]

(英　译　中)

(一九一一年十月十四日)

向世界上所有友好待我的国家和民族致意。

我们,整个中华民族的子民们,正在开展一场反对满清政权的战争,为的是通过推翻腐败的独裁统治,建立起一个共和政权,以彻底摆脱鞑靼统治者对我们的奴役。同时,为了维护世界和平和增进人类的幸福,我们愿意同世界上所有友好国家建立更密切的外交关系。为了让世人清楚地了解我们的立场和行动宗旨,现发表声明如下:

第一,于今天之前生效的、由满清政府与任何其他国家缔结的所有条约将继续有效,直至条约期满之日为止。

第二,于今天之前由满清政府引入的任何外国贷款或由其招致的任何国家赔款,将继续被没有任何变更地承认,并按以前的规定由海关支付。

第三,于今天之前由满清政府批准生效的所有外国在华租界,将继续受到尊重。

第四,在革命军占领范围之内,所有外国人的人身和财产完全受到保护。

第五,于今天之后生效的、由满清政府和外国达成的任何条约、特权、贷款、赔偿等,我们概不承认。

---

① 孙文在武昌起义后采取一个重要的外交举措,即将这篇英文声明提交给具有重大影响力的《纽约时报》发表,向欧美列强公开申明中国革命党在这场战争中的立场。

第六，不管具有任何外国国籍，只要其站在满清政府一边反对革命军，都将被视为敌人。

第七，由任何外国提供给满清政府的所有战争物资，一经缴获即全部没收充公。

据"Sun Yat Sen: Who Planned and Got Money for Chinese Revolution", *The New York Times*, October 14, 1911, Page 2 [《孙逸仙策划中国革命及其贷款》，载一九一一年十月十四日《纽约时报》第二页]。译文见郑曦原等编译：《帝国的回忆——〈纽约时报〉晚清观察记（一八五四——一九一一）》（增订本），北京，当代中国出版社二〇一一年八月第二版

附一：另一译文[①]

（英译中）

致所有的友好国家，送上诚挚的问候。

我们是全中国的国民，现在正向满族政府发动战争，以推翻腐败的独裁统治，建立共和国，打破鞑靼征服者的桎梏。同时，旨在增进与各友邦的关系，以求友好通商和保持世界和平、增进人类幸福。为了使我们的行动清晰明了起见，特此宣告：

第一，在本日之前，满族政府与任何国家缔结的条约将持续有效，直到条约终止之时。

第二，在本日之前，满族政府承担的任何国家的贷款与赔款将在不做任何条款变动下被承认，并会如前由海关支付。

第三，在本日之前，满族政府赋予任何国家的所有特权都将被尊重。

第四，在国民军占领区内，外国人及其财产会受到保护。

第五，在本日之后，所有满族政府与任何国家缔结的条约、特权、贷款和赔款，一概不予承认。

第六，所有参与满族政府以反对国民军的人员或国家，都将被认定为敌人。

---

① 本篇与原载于一九一一年十月十四日《纽约时报》的英文声明内容相同。

第七，任何国家提供给满族政府的所有战争物资，都将没收充公。

据 "Revolutionists in Manifesto: Policy of Rebellious Party in Chi-
na Given To Foreign Nations", *Waterloo Evening Courier*（Iowa,
U. S. A.）, October 14, 1911, Page 1 ［《革命者宣言——中国
革命党的对外政策》，载一九一一年十月十四日爱荷华州《滑
铁卢晚间快报》第一页］（邹尚恒译，高文平校）

英文原文见本册第 772—773 页

附二：另一版本①

（英 译 中）

我辈中华之国民也，愤满政府之残戾，用是特起雄师，与孳种战。务祈推翻
恶劣之政府，驱除暴戾而建立共和国，与各友邦共结厚谊，使世界享和平之幸福，
而人类跻于太平之境域，此余终日孜孜以求之者。今仅宣告微意如下：

（一）满政府于我军起事以前，与各国所有之条约皆作为有效，至该政府倾
覆之时为止。

（二）于我军未起事以前，满政府所借之外债一概承认偿还，决无改议，将
来以海关税款抵赔。

（三）满政府于我军未起事以前，关与各国之租界一律保全。

（四）居留中国之外人及其财产，担任切实保护。

（五）满政府于我军起事以后与各国所订开之条约、租界及借款，一概永不
承认。

（六）各国如有助满政府以攻我军者，即视同敌人。

（七）各国如有以军械供给满政府，一经查获，即行充公。

据《孙文通告各国书》，载一九一一年
十一月十六日上海《民立报》第三页②

---

① 据其底本《民立报》说明，此件译自《南清早报》，即香港英文报 *South China Morning
Post*，通常译称《南华早报》。虽然译载沪报时间距离《纽约时报》初刊已逾一月之久，但在内
容上仍保留有相同出处的明显痕迹。

② 一九一一年十月中下旬，在欧美各地尚有一些报刊登载该项声明，其内容大同小异，
如美国《亚利桑那州共和党报》（*The Arizona Republican*）所载 "菲尼克斯华人资助民主革命"
（Phoenix Chinese Helping Revolution）、英国伦敦《劳埃德新闻周报》（*Lloyds Weekly News*）所载
"革命英雄"（Hero of the Revolution）等。

庆祝中国革命军成功的集会公告

（英 译 中）

（一九一一年十月十四日）

今天深夜，一封电报从纽约发送到本地少年中国学会各个总部，这封电报是由中国临时总统孙逸仙博士所署，指示在全国各地于下周日下午进行大规模集会。

消息写道："中国革命军的伟大成功应当庆祝。"在本地的最高总部收到指示要向各城市发送集会公告，通知他们同时在周日举办庆祝会以及巡游。

> 据"Revolution Of Chinese Takes Shape"，*The Bisbee Daily Review*（Arizona），Saturday，October 14，1911，Page 1〔《中国革命逐渐成形》，载一九一一年十月十四日亚利桑那州《比斯比每日评论》第一页〕（邹尚恒译，高文平校）

武昌起义后在美国之声明

（英 译 中）

（一九一一年十月十五日）

中国革命党首领孙逸仙声言：必须推翻目下之满洲政府，以组成共和国。彼将有为将来共和总统之希望。

孙逸仙声称彼将在中国邻近之处，以便乘机与革命军会合。又声言美国、加拿大、英属巫来由[①]、美属菲律宾群岛及其他各处之华侨，不特赞成革命党，且与在中国境内之革命团体常通声气。孙逸仙又声言，此次革命党起事，一切体置〔制〕均谨慎将〔从〕事。目下中国新军，人人心中皆有革命之思想，一旦与革命军相遇，即可投降革党；即凡有新知识之官员，亦皆俟有时机即投效革党。

> 据袁庙祝鮀（张篁溪）辑：《辛亥革命征信录》"一九一一年十月十五日旧金山电讯"，载中国史学会主编：《中国近代史资料丛刊：辛亥革命》第五册，上海人民出版社一九五七年七月出版

---

① 巫来由（Malaya），今译马来亚。

武昌起义后通告各国驻华公使馆书①

（俄 译 中）

（一九一一年十月中下旬）②

在宣言中，阐明了中国革命党人在其活动中所要遵循的原则：

一、革命政府将承认条约中确定下来的外债数额、应付的利息以及预定的用途。

二、革命政府不承认清政府违反上述条款规定的、非国家急需的外债。

三、革命政府考虑到外国贷方的利益，要求各国代表预先通知曾向清政府贷款的资本家，及时取得革命政府对他们贷款事项的许可证。

四、革命政府要求各国代表告谕各该国领事、传教士及其他国民，革命政府将采取一切措施保护他们的生命和财产安全，违令者将受到军事法庭的制裁。

五、革命政府向各国代表重申：它将万分感谢予以帮助的一切国家，俟新政权建立，将力求与其建立友好邦交。

六、待联邦共和政体建立，中央政府将与各国签订新的贸易条约和建立友好邦交，消除一切误解与冲突事端。

在这个宣言中提到，对真正援助民国的国家，将给予种种优惠与荣誉。

> 据苏联列宁格勒之俄国外交使团档案馆藏俄文档案，转引自一九六二年莫斯科版《中国辛亥革命论文集》（*Синьхайская революция в Китае：Сборник Статей. Москва 1962г.*）所载齐赫文斯基《孙逸仙的外交观点与实践（一九〇五——一九一二)》（丁如筠译，邹宁校）③

---

① 武昌起义后不久，各国驻北京外交使团收到由三藩市邮出的革命党人宣言文本三份。此系唯一以"孙文"署名的宣言。

② 底本未说明日期，当在十月中下旬间。

③ 另据当时三藩市同盟会骨干伍平一记载，武昌起义后，他与孙文商定办法："以孙先生名义发出电报两通，其一是对外则电各友邦，阐明革命意旨，求其赞助，承认满清所借之外债，免其有所阻梗。予将中文拟就，由唐君琼昌译之。"此二者可能同一来源，待考。

告世界书

（英 译 中）

（一九一一年十一月中旬）①

…………

中国革命运动目前的状况，恰似一座干燥树木的丛林，只需星星之火，就能腾起熊熊烈焰。这火星便是我所希望得到的五十万英镑。

再次，关于领导者们的财务状况，我可以说，目前没有一个人拥有大量资产，虽然有些人曾经有过。但他们全都富有才干，足可与世界上同类人物中的任何一位相比而毫不逊色。

谨致以崇高的敬意。

非常忠实于你的孙逸仙

据伦敦《河滨杂志》（*The Strand Magazine*）第四十三卷第二五五期（一九一二年四月出版）影印英文原函残稿译出（江枫译）

孙逸仙的中华民国计划

（英 译 中）

（一九一一年十一月二十五日）

十一月二十四日，巴黎。中国革命领袖孙逸仙以严格保密的身份在巴黎逗留四天后，在美国人荷马李的陪同下，于今日从马赛乘坐玛尔塔班轮前往上海。到

---

① 本篇文字是孙文起草的英文函稿中最后一页，前面各页未见。函稿未署时间。因此函残稿影印件与《我的回忆》（*My Reminiscences*）发表于同期《河滨杂志》上，函中说到拟筹款五十万英镑一事在与该杂志记者谈话中也曾提及，而试图筹得这笔款似是孙文在伦敦期间的活动目标之一。据此，估计该函稿为孙文滞留伦敦时所写，而酌定为一九一一年十一月中旬。

达上海后，他们计划先会见共和国的领袖，然后组建临时政府。

政治周刊《欧洲信使》明日将发表一份孙逸仙第一内阁政治纲领的摘要，该文件此前已于孙逸仙在巴黎时取得。

孙逸仙说："成为联邦共和国的中国，将从美国和欧洲的年轻民主政权中获得灵感，同时也不忘传承几千年来累积而成的文化瑰宝。"

"中华民国将继续保留古文，但在为新政权的纲领制定扮演重要角色的科学研习上，英文将被纳入我们的语言使用中，作为对汉语古文这种言简意赅的思想表达形式的一种辅佐补充。正如英文可以通用于四海，中国也将会成立联邦军队和制定联邦财政政策。"

"随着中华民国逐步开放对外通商和经营的大门，我们首先会解除与外国的商禁。民国有权根据自身国情而非外国利益调整海关惯例和关税。当然，这需要与中国的债权国协定后方可生效，我们必会切实尊重债权国享有的权利。"

"中华民国崇尚和平，我们尊重之前所有由满清政府签署的条约，包括被迫与日、俄签署的条约。本着维护国家统一和尊严的精神，民国将以政府之威望和全民之拥护履行使命，赢得尊重。民国没有帝国殖民的野心，亦没有军事侵略的计划，但一旦受到外界威胁，其民众将视死如归，奋身抵抗，击溃外敌。"

据 "Sun Yat Sen's Plans for China Republic", *The New York Times*, November 25, 1911, Page 5 ［《孙逸仙的中华民国计划》，载一九一一年十一月二十五日《纽约时报》第五页］（廖思梅译，高文平校）

英文原文见本册第773—774页

附载：中国同盟会本部宣言

（一九一一年十二月二十四日）

维我黄祖，桓桓武烈，戡定祸乱，寔肇中邦，以遗孙子。有明之世，遭家不造，覯此闵凶。蕞尔建虏，包藏祸心，乘间窥隙，盗窃神器。沦衣冠于豕鹿，夷华胄为舆台，遍绿水青山，尽兽蹄鸟迹，盖吾族之不获见天日者二百六十余年。故老遗民如史可法、黄道周、倪元潞、顾炎武、黄宗羲、王夫之诸人，严春秋夷夏之防，抱冠带沉沦之隐，孤军一旅，修戈矛于同仇，下笔千言，传楮墨于来世。虽〔或〕遭屠杀，或被焚爇，中心未遂，先后殂落。而义声激越，流播人间，父老遗传，简在耳目。自延平以底金田，吾伯叔昆季诸姑姊妹，奉先烈遗志，报九世之仇，为争自由争人道而死者，实一千二百万人。於戏！烈矣。

吾等生当斯世，顾瞻身影，纡轸中相？潸然雪涕，谨承先志，弗敢陨越。用是驰骤四方，以求同德，持民族、民权、民生三大旨，期实行其志。设同盟本部于日本东京，设支部于各省及欧洲、美洲、斐洲、澳洲、安南、暹罗、南洋群岛等处。凑其智能，以图大举，筚路蓝缕，于今八年。或刊报纸，以扬汉风；或遣偏师，以塞虏胆。而惠州之役，萍乡之役、镇南之役、广州之役，良材骏雄，前仆后继，断头决肠，维系牢狱，辗转人间，漂沦绝域者，何可指数！以死者愈繁，益用自励，日居月诸，走无停足。诚欲于颓波横流之中，拯同胞于沉溺；铁骑金枪之下，返大汉之山河。此物此志，宁有他哉！

念昔天亡索虏，人心思汉，朔风变楚，天下响应。智勇之士，其会如林，旬月之间，勘〔戡〕定东南大局。上而士夫，下而婴婉，皆知凌厉踔发，以求其友。云气飞扬，日月再现。虽将帅努力，士卒知方，而黄祖之灵，吾伯叔昆季诸姑姊妹，克念旧烈，实深赖之。惟元凶尚在，中夏未清，封豕长蛇，荐食上国，不去庆父，鲁难未已。有同胞未离鬼趣，怅燕南实惨人痌。吾等罔敢自弛，以逸时会，忧惕之念，造次不衰。盖惧马首徘徊，雄师已老，江山黯澹，汗血生凉。辄愿策其至愚，随伯叔昆季诸姑姊妹之后，长驱河朔，犁庭扫穴，以复我旧邦，建立民国，期得竟其始志。

或者不察，妄事猜二，用事谣啄〔诼〕。谓将矜伐旧绩，傲睨群伦，大执政权，而家天下。心有所蔽，故言失其道，说者盖未尝观远西历史者也。欧洲诸邦，无论政治革命、种族革命，当伏处之时，无不有少数愚夫，怀抱辛痛，集会结社，为之秘画，密云不雨，伏药遍地，迅雷乘之，乃易爆发，其理势使然。功成事遂，则散处朝市，或悠悠林野，各得其所，不闻有私政之事。盖天下公器，人权式尊，政之所繇，民实卑〔畀〕之。大道之行，不可以界，天命惟民，古训是则，东西宁有异哉？嗟乎！自建虏入关，礼乐沦失，腥膻之气，播被华夏。吾民熏习已久，斫夫本性，神智黯塞，大陆国风，所含已薄。而卑隘险谄嫉忮，龌龊诸恶德，瀰纮错紾，盘鬰胶著于脑间，至不可脱拔，尚流染于神明苗裔，是东胡之罪，而吾民亟当澌洗者也。

方今民气昭苏，天心祚汉，逆胡摧灭，近在崇朝，与子同袍，能无奋起①！大风卷水，是旗门斩将之辰；清洌吹寒，正雪夜擒王之会。宝刀灼角，骑大队而渡临洮；旗鼓纵横，驱胡雏而还长白。夜半惟闻刁斗，军中之号令森严；战场怒放奇葩，朔北之风云惨澹。此正志士鹰扬之日，雄夫振臂之时。伫看雪碛风高，饮马长城之窟；不管天山草白，放牛戈壁之原。卸甲临风，饮八斗而不醉，行歌携手，同仇昵而无猜。流令闻于无穷，巍巍铜像；扬大声于尘海，泱泱乎大风。人道保其均衡，世宙增其福祉。乐天依命，德以之和，平等自由，法为之界。融融泄泄，其乐无极。吾伯叔昆季诸姑姊妹，赋气清明、宅志仁恺者，其亦动凄怆之感，捐其乖连，而生同舟共济之念乎。用假文辞，谨宣其意如此。皇天后土，实共鉴之。

据一九一一年十二月二十四日上海《民立报》

当选临时大总统后对美承诺维护国内和平的声明②

（英译中）

（一九一一年十二月二十九日）

美联社电讯：

中国上海，十二月二十九日。从南京方面收到孙逸仙博士已当选为中华民国大总统的消息后，他立即将以下声明交给美联社，请予转致在美国的友人——

"文膺大总统之任，视乎为己责。文之政策将着意守卫和平，巩固稳定政府，

---

① 原文为"能□□□"，今据《革命文牍类编》第六册（上海，时事新报馆编辑发行，一九一二年一月出版）补"无奋起"三字。

② 孙文于一九一一年十二月二十五日自欧洲返抵上海，二十九日被南京十七省都督府代表联合会选举为中华民国临时大总统。当天，孙文即请美联社代为在美发布此项声明，各州有多家报刊转载。

刻不容缓。惟图和平之保证与我四万万同胞之福祉。"

据 "National Congress Will Decide China's Future", *The Charlotte News* (North Carolina, U.S.A.), December 29, 1911, Page 1 [《国会决定中国的未来》,载一九一一年十二月二十九日北卡罗来纳州《夏洛特新闻报》第一页](许瑾瑜译,高文平校)

英文原文见本册第774—775页

致力于实现国内和平

(英 译 中)

(一九一一年十二月二十九日)

今日收到新任中华民国总统孙逸仙博士今日发电,敦促美国华人协会在本地华人中举荐贤才为临时政府服务。

该协会秘书长 Tong King Chong 先生表示将即刻遵办。目前他并未透露具体当选人物。

外国法律掩护皇室

北京,十二月二十九日。政府内阁今晚从联合社获悉,孙逸仙博士当选为中华民国临时大总统。唐绍仪并未就此事表态,眼下他正在上海代表袁世凯参与和谈。

据称,清帝及太后不久后便会下诏退位,在此期间朝廷官员会留守北京。据称一些亲王已逃至天津租界,而清帝与太后极有可能在北京公使馆寻求庇护。

美国将在中国问题上保持中立

华盛顿,十二月二十九日。眼下美国暂不打算正式承认中华民国临时政府,除非局势足够明朗清帝国确定不再有能力维持统治。然而,为保护在华利益,美国国务院驻华大使与中华民国临时政府仍旧保持往来。

国务院政府官员一直预计孙逸仙博士到达上海之后就会正式就职。美国人现在感兴趣的是伍廷芳,此前一直作为中国革命党代言人,是否会承认孙逸仙的总统职务。

伍廷芳先生极有可能会承认，则新临时总统就职南京将极有可能使眼下伍在上海代表革命党人与保皇党代表唐绍仪之间的和谈陷入危机。据说保皇党最后提请由国民大会讨论决定政府组建形式，而伍先生彻底拒绝了这一请求。在他看来，保皇党的唯一选择是立即承认中华民国临时政府。

"我的目标是确保和平"，孙博士说

上海，十二月二十九日。南京方面传来消息，孙逸仙博士已正式当选中华民国临时大总统。孙博士立即向美联社发布如下声明，请求转达其在美国的朋友：

"我将就任中华民国临时大总统看作是我的责任。我的政策是尽快组建合法政府、保证国内和平。我的唯一目的是确保千万同胞平安无恙。"

消息迅速传开

经过中国十八省代表的正式投票，孙逸仙博士正式当选为中华民国临时大总统。此消息迅速在全国范围内得到传播。民众纷纷自发前往孙博士位于法租界的寓所。

南京城一片喧闹。以伍廷芳先生为首的内阁成员与上海和谈会议代表齐聚南京，共同前往孙大总统的府邸。

延长休战期

据说，孙总统将即刻下令所谓的"保皇军"从战略地位撤退以避免与革命党人发生军事冲突。他敦促保皇党即刻放下武器、转投革命事业为民国服务。

当军事安排完成后，临时政府将展开和谈，商讨如何安置满洲亲王与清廷官员。

和谈结束

今日孙中山在南京当选为中华民国临时大总统，这意味着伍廷芳与唐绍仪之间的和谈会议宣告结束。新任总统有权裁决所有谈判。

只有当保皇党即刻撤离革命党地界，和谈才能继续进行。在此条件下，临时政府将延长十天休战期以让孙逸仙总统有时间发布条款，敦促满洲政府放下武器并决定清帝退位后的岁用津贴及其他初步事宜。

自孙中山就任南京国民政府大总统后，帝制便成为历史尘埃——中国十八个省份的代表集体投票赞成共和制，北京方面亦发布公告，称如果国民大会赞成共和，清帝必将退位。

孙中山密谋夺取广州

被十八个省份的代表推选为中华民国临时大总统的孙中山其实是一位广东人。他曾在美国夏威夷接受教育，不久后回广州学医并参与当地的革命实践。

孙博士的革命观点十分激进。一八九五年，他曾参与密谋策划夺取广州。该计划随后被告发，几名策划者被杀害。孙中山有幸逃脱，旋即前往英属殖民地香港并加入了英国国籍。据说他随后又在英格兰、美国等地生活了一段时间。在此期间，他发表演讲，号召中国留学生接受他的革命思想。一九〇〇年孙中山在一次旅行中被骗入中国公使馆，他说既然自己现在处于中国领地，就应该被遣返回北京。然后，由于已加入英籍，孙博士被释放。不久后他前往日本，在当地的华人中间传播革命思想。孙博士还在新加坡居住过一段时间，那时他的身边常围绕着一群革命者。今日四月，他造访纽约并发表演讲抨击清王朝。

> 据 "Dr. Sun to Work for Peace"，*Oakland Tribune*（California, U. S. A.），December 29, 1911, Page 2 ［《孙博士致力于实现国内和平》，载加利福尼亚州《奥克兰导报》，一九一一年十二月二十九日出版］（方露译）
>
> 英文原文见本册第 775—778 页

同盟会本部意见书①

（一九一一年十二月三十日）

本会以异族僭乱，天地黔黮，民不聊生，负澄清天下之任，使曩者朱明②之

---

①　此时同盟会本部已自东京迁至上海。是日，孙文在其下榻处法租界宝昌路四〇八号（今淮海中路六五〇弄三号），召集同盟会高层干部临时会议。会前起草的这份意见书，在孙文主持讨论后定稿。会议还改订了同盟会本部的暂行章程。

②　朱明，指朱元璋（明太祖）所创立的明朝。

绪无绝，太平①之师不熸，则犹是汉家天下，政由已〔己〕出，张驰自易。又群治之进，常视其民品之隆淤以为之衡，故本会主义于民族之后，次之以民权、民生。三者之中，驱于时势，差有缓急；而所以缮美群治之道，则初无轻重大小之别，遗其一则俱敝，举其偏则两乖。吾党之责任盖不卒于民族主义，而实卒于民权、民生主义，前者为之始端，后者乃其究极也。八年以来，义声所感，智能辐辏，分会成者数十，吾党足迹遍于天下。武汉事兴，全国响应，匝月之间而恢复两都②，东至于海，南及闽粤，风云泱动，天下昭苏。当此千载一遇之会，得驰骤其间，为主义效其忠，为社会尽其瘁，亦吾党穷欢极乐之时哉！

惟吾党已众，散处各地，或僻在边徼，或远居海隅，山川修阻，声气未达，意见不相统属，议论歧为万涂。贪夫败类乘其间隙，遂作莠言，以为簧鼓；汉奸满奴则复冒托虚声，混迹枢要。上者于临时政府组织之军〔际〕，其祸乃大著。此皆吾党气息隔阂，不能自为联系，致良恶无从而辨，熏莸同于一器。星星之火，可以燎原，其为害于本会者犹小，害于民国者乃大。则本会之造成灵敏机关，剔弃败类，图与吾军政府切实联络者，固今日之急务也。而汉阳复失，虏巢尚在，胜败之数，未能逆料。设一旦军心瓦解，民气销沈，当千钧一发之时，则冒锋镝、捐肝脑为前驱以争其最后者，舍吾党其谁属？非好为此不祥之言以相惊恐，《书》不云乎："两军相对，心哀者胜。"③亦黯弱之民，见理不真，情感未固，无足恃耳。是吾党当亟为一致之行，操必死之决心，秣马厉兵于铁血中，而养其潜势力以为之后盾。巩固基础之道，舍是宁有愈哉？若夫虎啸而谷应，风起而波涌，物类之善于感召，人亦则然。军兴以来，智勇之士、雄骏之伦与时俱起，廊庙之上、战阵之中所需正急，吾党宜益广其结纳，罗致硕人，以闳其力。惟必先自结合，以成坚固不破之群，势已厚集，则来附者自多。密阴之树，众鸟归之，大风之会，群音凑之，必然之势也。上说数事，其端至浅，不必深思，远识之士而能知之。

---

①　太平，指太平天国。

②　两都，指长安（今西安市）、金陵（今南京市）。

③　此句非源于《书》（《尚书》），而是《老子》（亦名《道德经》），该书六十九章原文是："祸莫大于轻敌，轻敌几丧吾宝。故抗兵相若，哀者胜矣。"

是则本会之改造与吾党之联合，固逼于利害，忍而不能舍者。而吾党偏怯者流，乃唱为"革命事〔军〕起，革命党消"之言，公然登诸报纸，至可怪也。此不特不明乎利害之势，于本会所持之主义而亦謷之，是儒生阘茸之言，无一粲之值。言夫其事之起，则此晚近之世，吾党之起于各省者屡矣，又何待于今日？言夫其成功，则元凶未灭，如虎负嵎，成败未可豫赌。曰成矣，而吾党之责任，岂遂终此乎？中心未遂，盟誓已寒，义士所不忍为，吾党固非仅操民族主义者也。

夫聚人以为群，群之盛衰，则常视乎其群之人以为进退。国之群大于部落，亦犹是群也，故国之兴衰治乱，观其民而知焉。国之藉以胶固之者，其力常在于民，主治者其末矣。脆弱之群得贤明之元首，非不足以维持其态于一时，然其敝也，则终至失其扶衰集散之力。西方之人，其心幻中有天国，庄严华妙，而居之者皆天人，盖欲造神圣庄严之国，必有优美高尚之民，以无良民质则无良政治，无良政治则无良国。吾见夫人权颓敝者，其民多恭弱，祸害倚伏，无由而绝。国之与民因果相环，往往为常智之所忽，其端至微，毋可以语卤莽躁急者哉！则吾党所标三大主义，由民族而民权、民生者，进引之时有先后，而欲造成圆满纯固之国家，以副其始志者，则必完全贯彻此三大主义而无遗。即吾党之责任，不卒之于民族主义，而卒之于民权、民生主义者，则固无庸疑也。外间谣诼有谓吾党将以天下为己私者，鷔夫嫉媚之言，已宣言以匡其谬，并以使邦人诸友知吾党之真意，而祛其疑惑，引舆论为一途，亦吾党进引上不能已之事。

今者总理归来，本会因地之便，集居沪各省职员开临时会议，举如上所说，请之总理，相为讨论。谨因缘旧制，略事更变，定为暂行章程，以求适顺乎时势。俟民国成立，全局大定之后，再订期开全体大会，改为最闳大之政党，仍其主义，别草新制，公布天下。於戏！昆仑之山为黄河之源，浑浑万里，东入于海，中有伟大民族，代产英杰，以维其邦国；吾党义烈之士，对兹山河雄心勃郁，其亦力任艰巨，以光吾国而发挥其种性乎！铜像巍巍，高出云际，令德声闻，流于无穷。吾党其勉之哉！

据《同盟会本部改定暂行章程并意见书》，载一九一二年一月二日上海《天铎报》第一版

孙博士预言中国将空前繁荣

（英 译 中）

（一九一一年十二月三十日）

上海，十二月三十日。"中国将临国泰民安之世，纵观历史长河未曾有之。"

这是孙逸仙博士，新中华民国临时大总统，今日发表的声明。……

……黄兴，前革命军总司令，后让位于黎元洪统领，二人据说将出任新内阁两个最高职位。孙逸仙今日回应：

"各省临时军代表齐聚选文为临时大总统，料想将获国会批准，此举无疑将宣开创民国。文已得多省发声支持，至于帝制拥护者不日亦将归附。中国和平之局已定，未来数月内将见商业贸易以百倍增长。"

"奠新政府之牢固根基，此责必然路遥繁重，然吾等必当力排万难。"

据 "Prince Chun Flees with Boy Emperor, in Guise of Coolie", *The Washington Times*, December 30, 1911, Page 3 [《醇亲王携小皇帝扮苦力逃走》，载一九一一年十二月三十日《华盛顿时报》第三页]（许瑾瑜译，高文平校）

英文原文见本册第779页

呼吁国际承认新民国

（英 译 中）

（一九一一年十二月三十一日）

上海，十二月三十日，革命政府总统孙逸仙博士，今日发出强烈呼吁，要求西方文明世界，尤其是美国，承认新成立的中华民国。

"拯救中华乃吾族专责，"他说，"然为避免不必要之牺牲及误解干预，吾民需向西方文明世界尤其美国人民呼吁，给予道义和物质上的同情与支持。因贵国乃引西方文明入东瀛之先锋，因贵国乃基督教国家，因吾等意欲效仿贵国建立新政府，更因贵国乃自由民主之卫道士，吾冀能得到兵力援助。"

孙博士表示担忧，除非新政府真正得到国际承认，否则中国会如非洲那样成为欧洲势力斗争的场所。

他宣称，尽管美国提出"不干涉"政策，其仍较之他国对中国存有更大兴趣。置菲律宾于美国控制之下，以及中国实为美国商品之巨大市场。他说，如果中国巨变，美国会首当其冲受到影响。

他指出，满洲人已践踏国人几个世纪，阻止外国使臣与商人入境，禁止国民接受教育。我们取代侵占者鞑靼——满洲部落，作为中国人自治国家，无知将祛除，与他国之广泛睦谊将得以建立，他说道。

"吾等中国人民，"他说，"已立意达此目标。但凡可以，力循和平途径，必须时不避武力强制。满洲政府的倒台不过迟早之事。"

"中国民智之觉醒，绝非'黄祸'，实则'黄祺'。中国重生的步履将随全面和平之后，而文明世界的社会及经济活动，亦将展开一片迄今未曾敢想的广阔天地。"

据 "Appeal to World for Recognition of New Republic"，*The Charlotte News*（N. Carolina, U. S. A），December 31，1911，Page 1［《呼吁国际承认新民国》，载一九一一年十二月三十一日北卡罗来纳州《夏洛特新闻报》第一页］（许瑾瑜译，高文平校）

英文原文见本册第779—780页

关于民国新政府计划的声明

（英 译 中）

（一九一一年十二月三十一日）

孙逸仙博士今日宣称，新政府计划已制定并已提交内阁批准。他说新政府的计划，将包含一个强有力的中央政府，一个人民代表的议会，以及由每省普选推举一位省长。陆海军及财政均由议会控制，财政体制将依据现代模式重新调整。

据 "Fervent Appeal for Recognition：Chinese Republicans Look to Other Nations for Sympathy"，*The Times Dispatch*（Virginia, U. S. A），December 31，1911，Page 23［《强烈呼吁承认：中国民党人寻求他国支持：本国对支持的渴望》，载一九一一年十二月三十一日弗吉尼亚州《时代电讯报》第二十三页］（许瑾瑜译，高文平校）

英文原文见本册第781页

中华民国临时大总统就职誓词①

（一九一二年一月一日）

大总统誓词

　　倾覆满洲专制政府，巩固中华民国，图谋民生幸福，此国民之公意，文实遵之，以忠于国，为众服务。至专制政府既倒，国内无变乱，民国卓立于世界，为列邦公认，斯时文当解临时大总统之职。谨以此誓于国民。

中华民国元年元旦

孙文（印）

据孙文手书《大总统誓词》原件
照片，北京、中国国家博物馆藏

中华民国临时大总统孙文宣言书②

（一九一二年一月一日）

　　中华民国缔造之始，而文以不德，膺临时大总统之任，夙夜戒惧，虑无以副国民之望。夫中国专制政治之毒，至二百余年来而滋甚，一旦以国民之力踣而去之，起事不过数旬，光复已十余行省，自有历史以来，成功未有如是之速也。国民以为于内无统一之机关，于外无对待之主体，建设之事，更不容缓，于是以组织临时政府之责相属。自推功让能之观念以言，文所不敢任也；自服务尽责之观念以言，则文所不敢辞也。是用黾勉从国民之后，能尽扫专制之流毒，确定共和，以达革命之宗旨，完国民之志愿，端在今日。敢披沥肝胆，为国民告：

　　国家之本，在于人民。合汉、满、蒙、回、藏诸地为一国，即合汉、满、蒙、

---

　　①　孙文于一九一二年一月一日自上海乘专车到南京，出席晚间在总统府为他举行的中华民国临时大总统就职典礼。孙文朗读誓词后，接受各省代表联合会颁给的临时大总统印绶。

　　②　孙文接受中华民国临时大总统印绶后，即以此身份发布宣言书（由总统府内定秘书长胡汉民在会上代读），并印刷多份在光复地区广为张贴。

回、藏诸族为一人。是曰民族之统一。

武汉首义，十数行省先后独立。所谓独立，对于清廷为脱离，对于各省为联合，蒙古、西藏意亦同此。行动既一，决无歧趋，枢机成于中央，斯经纬周于四至。是曰领土之统一。

血钟一鸣，义旗四起，拥甲带戈之士遍于十余行省。虽编制或不一，号令或不齐，而目的所在则无不同。由共同之目的，以为共同之行动，整齐画一，夫岂其难。是曰军政之统一。

国家幅员辽阔，各省自有其风气所宜。前此清廷强以中央集权之法行之，遂其伪立宪之术。今者各省联合，互谋自治，此后行政期于中央政府与各省之关系，调剂得宜，大纲既挈，条目自举。是曰内治之统一。

满清时代藉立宪之名，行敛财之实，杂捐苛细，民不聊生。此后国家经费，取给于民，必期合于理财学理，而尤在改良社会经济组织，使人民知有生之乐。是曰财政之统一。

以上数者，为政务之方针，持此进行，庶无大过。若夫革命主义，为吾侪所昌言，万国所同喻。前此虽屡起屡踬，外人无不鉴其用心。八月以来，义旗飙发，诸友邦对之抱和平之望，持中立之态，而报纸及舆论尤每表其同情，邻谊之笃，良足深谢。临时政府成立以后，当尽文明国应尽之义务，以期享文明国应享之权利。满清时代辱国之举措与排外之心理，务一洗而去之；与我友邦益增睦谊，持和平主义，将使中国见重于国际社会，且将使世界渐趋于大同。循序以进，不为幸获。对外方针，实在于是。

夫民国新建，外交内政，百绪繁生。文自顾何人，而克胜此！然而临时之政府，革命时代之政府也。十余年来，从事于革命者，皆以诚挚纯洁之精神，战胜所遇之艰难。即使后此之艰难远逾于前日，而吾人惟保此革命之精神，一往而莫之能阻。必使中华民国之基础确定于大地，然后临时政府之职务始尽，而吾人始可告无罪于国民也。

今以与我国民初相见之日，披布腹心，惟我四万万之同胞共鉴之。

（中华民国临时大总统印）

大中华民国元年元旦

据《中华民国大总统孙文宣言书》石印原件，广州博物馆藏

告海陆军士文

（一九一二年一月一日）

中华民国临时大总统孙文，敬告我全国海陆军将士：

盖闻捍族卫民者，军人之天职；朝乾夕惕者，君子之用心。自逆胡猾夏，盗据神州，奴使吾民，驱天下俊杰勇健之士而入卒伍，以固其专制自恣之谋。我军人之俯首戢耳，以听其鞭策者，亦既二百六十有余年，岂诚甘心为异族效命哉？势劫于积威，则本心之良能无由发见也。

乃者义师起于武汉，旬月之间，天下响应。虽北寇崛强，困兽有犹斗之念；遗孽负固，瘠犬存反啮之心。赖诸将士之灵，力征经营，卒复旧都，保据天堑，民国新基，于是始奠。此不独历风霜、冒弹雨、致命疆场之士，其毅魄为可矜；即凡以一成〔城〕一旅脱离满清之羁绁，以趋光复之旗下者，其有造于汉族，皆吾四万万人所不能忘也。

旷观世界历史，其能成改革大业者，皆必有甲胄之士反戈内向，若土若葡，其前例矣。吾军人伏处异族专制之下最久，慷慨激烈之气蓄之也深，则其发之也速。同一军也，为汉战则奋，为满战则溃；同一舰也，为汉用则勇，为满用则怯。凡此攻城克敌之丰功，皆吾将士有勇知方之表证。内外觇国者，徒致叹于吾国成功之迅速，为从来所未有，文独有以知吾海陆军将士皆深明乎民族、民种之大义，故能一致进行，知死不避，以成此烈也。

文奔走海外垂二十年，心怀万端，百未偿一，赖国人之力得返故土，重睹汉仪。诸君子以北虏未灭，志切同仇，不以文为无似，责以临时大总统之任。文内顾菲才，惧无以当。顾观于吾海陆军将士之同心勠力，功成不居，而有以知共和民国之必将有成也。用敢勉策驽钝，以从吾人之后。愿吾海陆军将士，上下军人，共勉初心，守之勿失。弗婴心小忿而酿阅墙之讥，弗藉口共和而昧服从之义，弗怠弛以遗远寇，弗骄矜以误事机，拥树民国，立于泰山磐石之安，则不独克尽军人之天职，而吾皇汉民族之精神且发扬流衍于无极，文之望也。

敢布腹心，惟共鉴之。

（中华民国临时大总统印）

大中华民国元年元旦

据孙文《告海陆军士文》石印

原件，北京、中国国家博物馆藏

颁布中华民国改历建元致各省都督通电

（一九一二年一月二日）

各省都督鉴：中华民国改用阳历，以黄帝纪元四千六百九年十一月十三日为中华民国元年元旦。经由各省代表团议决，由本总统颁行。订定于阳历正月十五日补祝新年。请布告。孙文。冬①。

据《改用阳历令》，载《中国革命记》第十五册，

上海，时事新报馆编辑发行，一九一二年二月出版

附一：陈其美奉临时大总统谕令改用阳历纪元

（一九一一年十二月三十一日）

本月（阴历十一月十二日）奉大总统孙谕令：以本月十三日为阳历元旦，我民国百度维新，亟应及时更用阳历，期于世界各强国同进文明，一新耳目。

据《中华民国新纪元——沪军陈督军通

告》，载一九一二年一月二日上海《申报》

附二：改用阳历谕令

（一九一二年一月三日刊载）

为出示晓谕事。照得前奉大总统谕令：改用阳历，与世界各国一表大同。

据一九一二年一月三日上海《时报》

---

① 韵目"冬"代表二日。

为犒赏义师致各省都督通电①

（一九一二年一月二日）

　　各省都督鉴：大总统谕：以昨日元旦视事，军民鼓舞欢欣。忠卫民国，总统念军队之劳苦，用颁犒赏：湖北为首义之师，发银五万元；江南四万元；海军一万元。其余各省由军都督酌发，一示慰劳军人之意。他日民国大定，更当论功行赏。

据《紧要电报》，载一九一二年
一月六日上海《民立报》第二页

仍以旧历除夕为商业结账之期通告②

（一九一二年一月三日）

　　中华民国改用阳历，惟念各商业向例于阴历年终结账，设骤改章，恐有妨碍，仍以新纪元二月十七日即旧历除夕为结账之期。希即公布，一体遵行。

据《宣布除夕结账之电文》，载一九一二
年一月九日上海《申报》第二张（一）

中华民国临时大总统对外宣言书

（英　译　中）

（一九一二年一月五日）③

　　溯自满洲入主，据无上之威权，施非理之抑勒，裁制民权，抗违公意。我中

---

① 此件系江苏都督庄蕴宽奉孙文谕代电各省知照。
② 此件系孙文复电沪军都督府商务总长王震（又名王一亭）饬其代向各省公布。
③ 底本说明，"伍廷芳昨奉大总统命，缮发洋文电报一通"，日期即据此确定。

华民国之智识上、道德上、生计上种种之进步，坐是迟缓不前。识者谓非实行革命，不足以荡涤旧污，振作新机。今幸义旗轩举，大局垂定，吾中华民国全体，用敢以推倒满清专制政府、建设共和民国，布告于我诸友邦。

易君主政体以共和，此非吾人徒逞一朝之愤也。天赋自由，萦想已夙，祈悠久之幸福，扫前途之障蔽，怀此微忱，久而莫达。今日之事，盖自然发生之结果，亦即吾民国公意所由正式发表者也。

盖吾中华民族和平守法，根于天性，非出于自卫之不得已，决不肯轻启战争。故自满清盗窃中夏，于今二百六十有八年，其间虐政，罄竹难书，吾民族惟有隐忍受之。以倒悬之待解，求自由而企进步，亦尝为改革之要求，而终勉求所以和平解决之道，初不欲见流血之惨也。屡起屡蹶，卒难达吾人之目的，至于今日，实已忍无能忍。吾人鉴于天赋人权之万难放弃，神圣义务之不容不尽，是用诉之武力，冀脱吾人及世世子孙于万重羁轭。盖吾人之匍匐呻吟于此万重羁轭之下者，匪伊朝夕。今日之日，始于吾古国历史中，展光明灿烂之一页，自由幸福，照耀寰宇，不可谓非千载难得之盛会也。

满清政府之政策，质言之，一嫉视异种，自私自便，百折不变之虐政而已。吾人受之既久，迫而出于革命，亦因其所。所为摧陷旧制，建立新国，诚有所不得不然，谨为世界诸自由民族缕晰陈之。

当满清未窃神器之先，诸夏文明之邦，实许世界各国以交通往来及宣布教旨之自由。马阁①之著述，大秦景教碑之纪载，斑斑可考也。有明失政，满夷入主，本其狭隘之心胸，自私之僻见，设为种种政令，固闭自封，不令中土文明与世界各邦相接触，遂使神明之裔日趋野，天赋知能艰于发展，愚民自锢，此不独人道之魔障，抑亦文明各国之公敌，岂非罪大恶极，万死莫赎者欤！

不特此也，满清政府欲使多数汉人永远屈伏于其专制之下，而彼得以拥有财富，封殖蓄育于其间，遂不恤贼害吾民以图自利，宗支近系时拥特权，多数平民听其支配。且即民风习尚，满汉之间，亦必严至竣〔峻〕②之障，用示区别，逆

---

① 马阁（Marco Polo），通常译为马可·波罗。

② 此处及下文数处讹字，系据一九一二年一月七日上海《民立报》第一页所载《中华民国宣告各友邦书》校改。该篇与底本同为陈布雷所译。

施倒行，以迄于今。又复征苛细不法之赋税，任意取求，迹邻掳劫。商埠而外，不许邻国以通商，常税不足，更敛厘金以取益，阻国内商务之发展，妨殖产工业之繁兴。呜呼！中土繁庶之邦，谁令天然富源迟迟不发，则满州〔洲〕政府不知奖护实业之过也。

至于用人行政，更无大公不易之常规。严刑竣〔峻〕制，惨无人〔天〕理，任法吏之妄为，丝毫不加限制，人命呼吸悬于法官之意旨。问其有罪无罪也，不依法律正当之行为，侵犯吾人神圣之权利。卖官鬻爵，政以贿成。凡此种种，更仆难数。任官授职，不问其才能之何若，而问其权势之有无。以此当政事之大任，几何其不误国哉！

近年以还，人民不胜专制之苦，亦时有改革政治之要求。满政府坚执锢见，一再不许，即万不得已而暂允所请，亦仅为违心之举，初非有令出必行之意。朝颁诏旨，夕即背之，玩弄吾民，已非一次。其于本国光荣，视同秦越，未尝有丝毫为国尽力之意。是以历年种种之挠败，不足激其羞耻之心，坐令吾国吾民遭世界之轻视，而彼殆无动于中①焉。

吾人今欲涮除上述种种之罪恶，俾吾中华民国得世界各邦敦平等之睦谊，故不恤捐弃生命，以与是恶政府战，而别建一良好者以代之。犹恐世界各邦或昧于吾民睦邻之真旨，故将下列条披沥陈于各邦之前，我各邦倘〔尚〕垂鉴之。

（一）凡革命以前所有满政府与各国缔结之条约，民国均认为有效，至于条约期满而止。其缔结于革命起事以后者，则否。

（二）革命以前满政府所借之外债及所承认之赔款，民国亦承认偿还之责，不变更其条件。其在革命军兴以后者，则否。其前泾〔经〕订借、事后过付者亦否认。

（三）凡革命以前满政府所让与各国国家或各国个人种种之权利，民国政府亦照旧尊重之。其在革命军与〔兴〕以后者，则否。

（四）凡各国人民之生命财产，在共和政府法权所及之域内，民国当一律尊重而保护之。

---

①　"中"作内心解，无动于中与无动于衷同义。

（五）吾人当竭尽心力，定为一定不易之宗旨，期建吾国家于坚定永久基础之上，务求适合于国力之发展。

（六）吾人必求所以增长国民之程度，保持其秩序，当立法之际，一以国民多数幸福为标准。

（七）凡满人安居乐业于民国法权之内者，民国当一视同仁，予以保护。

（八）吾人当更张法律，改订民、刑、商法及采矿规则；改良财政，蠲除工商各业种种之限制；并许国人以信教之自由。

抑吾人更有进者，民国与世界各国政府人民之交际，此后必益求辑睦。深望各国既表同意于先，更笃友谊于后，提携亲爱，视前有加；当民国改建、一切未备之时，务守镇静之态，以俟其成，且协助吾人，俾种种大计终得底定。盖此改建之大业，固诸友邦当日所劝告吾民，而满政府未之能用者也。

吾中华民国全体，今布此和平善意之宣言书于世界。更深望吾国得列入公法所认国家团体之内，不徒享有种种之利益与特权，亦且与各国交相提挚，勉进世界文明于无穷①。盖当世最高最大之任务，实无过于此〈也〉。

中华民国临时大总统　孙文（签名）

据陈布雷译：《孙大总统对外宣言书》，载一
九一二年一月六日上海《天铎报》第一版②

劝告北军将士宣言书

（一九一二年一月五日）

民国光复，十有七省，义旗虽举，政体未立。凡对内对外诸问题，举非有统一之机关，无以达革新之目的。此临时政府所以不得不亟为组织者也。文以薄德，谬承公选，效忠服务，义不容辞，用是不揣绵薄，暂就临时之任，藉以维秩序而

---

① 此处删二衍字"无穷"。

② 英文原文迄今未发现。惟见当时有一西班牙文译件，载于孙文之友、菲律宾独立运动外交代表彭西（Mariano Ponce）一九一二年在马尼拉出版的西班牙文著作《孙逸仙——中华民国的缔造者》（*Sun Yat Sen：El Fundador de la Republica de China*）附录 A。

图进行。一俟民国〔国民〕会议举行之后，政体解决，大局略定，敬当逊位，以待贤明。区区此心，天日共鉴，凡我同胞，备闻此言。惟是和平虽有可望，战局尚未终结。凡我籍隶北军诸同胞，同为汉族，同是军人，举足重轻，动关大局。窃以为有不可不注意者数事，敢就鄙衷〔意〕，为我诸同胞正告之：

此次战事迁延亦既数月，涂炭之惨，延亘各地。以满人窃位之私心，开汉族仇杀之惨祸，操戈同室，贻笑外人。我诸同胞不可不注意者，此其一。

古语云："民之所欲，天必从之。"是知民心之所趋，即国体之所由定也。今禹域三分，光复逾二，虽有孙吴①之智，贲育②之勇，亦讵能为满廷挽此既倒之狂澜乎？我诸同胞不可不注意者，此其二。

民国新成，时方多事，执干戈以卫社稷，正有志者建功树业之时。我诸同胞如不明烛几先，即时及〔反〕正，他日者大功既定，效用无门，岂不可惜！我诸同胞不可不注意者，此其三。

要之，义师之起，应天顺人，扫专制之余威，登国民于衽席，此功此责，乃文与诸同胞共之者也。如其洞观大势，消释嫌疑，同举义旗，言归于好，行见南北无冲突之忧，国民蒙共和之福。国基一定，选贤任能，一秉至公。南北军人同为民国干城，决无歧视。我诸同胞当审斯义，早定方针，无再观望，以贻后日之悔。敢布腹心，唯图利之。

据《劝告北军将士宣言书》，载南京《临时政府公报》第一号，临时政府公报局发行，一九一二年一月二十九日

谕各军按新历划一发饷通令

（一九一二年一月八日）

孙大总统以阴历十一月十三日业已改为中华民国元年元旦，所有黄帝纪元四千六百零九年十一月初一日起至十二日止，计十二天，各军辛饷应由各该营队长

---

①　孙武，春秋末期齐人，仕吴国军事家；吴起，战国初期卫人，历仕鲁、魏、楚三国军事家。"孙吴"系对中国古代此两位杰出军事家的并称。

②　"贲育"系对战国时秦武王麾下孟贲、夏育两名勇士的合称。

官核明发给。嗣后即以元年元旦为始满月发放，以归一律。除通谕各军遵照外，并于昨日命令沪军都督迅即筹款按营核给。

据《划一发饷日期》，载一九一二年
一月十日上海《申报》第二张（三）

致各省都督等着毋滥逮曾仕清廷之人通电

（一九一二年一月十四日）

各省都督、各军政分府均鉴：近因各地每有曾仕清廷之人，罪状未著，遽以嫌疑被逮。如其人果系汉奸，敢于破坏我国前途，则诚自速愆尤。若以为曾受清命，则魏奕曾仕隋室，刘基曾仕元朝，专制鼎革之秋犹且不间，若今日改革政治为共和，则国犹是国，人犹是人，蓄众容我，并无畛域。当此百务方新，革命英奇难敷全国建设之用，宁可以狭义示人，动辄捕逮狙击，使四海之内屏息而听，重足而立。嗣后各地如遇此等嫌疑告密之事，应先令查根凭实，再交审判厅确实查核，庶刑当其罪，法允于平，不致以"嫌疑"二字滥用拘系，为民国革新名誉之累。特此普告。总统孙文。盐①。

据《沪军政府电报》，载一九一二年
一月十八日上海《民立报》第三页

誓在中国建立民主共和国的声明②

（英译中）

（一九一二年一月十九日）

新成立民国之临时大总统坚信民主为政府之最致用形式，任何反对都将遭受武力抵制。

---

① 韵目"盐"代表十四日。
② 本声明于是日由孙文交付美联社在美国发表，并要求各国承认南京临时政府。

……民党领袖所发的最后通牒，是革命党人的最终定论。孙逸仙总统今日对美联社说："我曾立誓推翻满洲统治者，恢复国家和平，方可卸任。我亦曾立誓在中国建立民国，若我同意袁世凯如今提出的条件，即为背誓。

"……我坚信民国非但致用，且为中国之良方。①

"中国绝不允许外人控制其政府形式。民国现已成现实。没有什么能使我改变自己对同胞应尽之责。毫无疑义，中国有识之士皆支持民国。南北不可分裂，我深信十八省之人民均赞成共和。

"吾等确信大业之正义及军力之优越。倘若袁世凯坚持阻碍民主共和大业，我们将下令北伐。"

孙逸仙总统宣称民党内部意见统一。

据"Manchu Rule Ended"，*The Daily Northwestern*（Wisconsin, U. S. A.），January 19, 1912, Page 1（《满洲统治结束》，载一九一二年一月十九日威斯康星州《西北日报》第一页）（许瑾瑜译，高文平校）

英文原文见本册第781—782页

致各省都督禁止仇杀保皇党人通电

（一九一二年一月二十八日）

广东陈都督②及各省都督鉴：近闻各省时有仇杀保皇党人事。彼党以康、梁为魁首，弃明趋暗，众所周知。然皆受康、梁三数人之蛊惑，故附和入会者尚不能解保皇党名义，犹之赤子陷阱，自有推堕之人，受人欺者自在可矜之列。今兹南纪肃清，天下旷荡，旧染污俗，咸与维新，法令所加，只问其现在有无违犯，不得执既往之名称以为罪罚。至于挟私复怨，藉是为名，擅行仇杀者，本法之所

---

① 在一九一二年一月二十日《纽约新闻》（*The New York Press*）刊登的通稿中，此句末尾还有一句话："那些坚持非民主道路之人，可谓对中国人一无所知。"

② 陈炯明。

不恕。亟宜申明禁令，庶几海隅苍生咸得安堵。特此电告。总统孙文。勘①。

据《电报·南京去电》，载南京《临时政府公报》第一号，一九一二年一月二十九日

陆军部奉总统府谕通饬各军队严禁冶游聚赌令

（一九一二年二月九日）

为防禁事：照得民军起义，原欲涤除满清积弊，增进社会文明，凡属军士宜如何淬厉精神，激发志气，共图厥成。讵在京各队军〔军队〕，竟有恃强闹娼，聚赌酗酒，及无故荷枪结队，嬉游街市，致与恶少痞徒无从辨别者。放纵卑劣，莫此为甚！

前奉总统府令开，据外国《泰晤士报》② 详载民军此种行为，劝讽交加，极堪愧悚，饬即严行整顿等因。业由本部③召集各军官开军事会议，约定改良办法，谅已特饬一体遵照矣。乃近闻闹娼聚赌之风，仍未稍从末减，推其流弊，必至人民视若虎狼，纪律任其破坏。此种行动，在满清野蛮时代尚不如此之甚，不谓我民国义军，竟亦有甘蹈此恶习者。言之痛心，见者侧目！自此以后，惟有严密查拿，按律惩办，以肃军纪。各军官有督率之责，尤应时加训诫，严行约束。本部言出法随，决不稍纵，为此通行令知，令到该军官即便转饬一体遵照，毋违。切切，此令。

二月九日

据《陆军部通饬各军队严禁军人冶游聚赌文》，载《中华民国临时法令大全》，上海，法政学社一九一二年石印线装本

---

① 韵目"勘"代表二十八日。
② 伦敦 *The Times*。
③ 指陆军部。

着陆军部饬所有北伐军改名讨虏军通令

（一九一二年二月十一日）

　　现在北军既已赞同共和，从此南北一家，必无自相攻击之理。如有执迷不悟反抗共和者，是为南北之公敌，中华之蟊贼，我共和民国神圣军人自应同心勠力，大张挞伐，以歼丑类，而竞全功。

　　兹据北军赞同共和，深堪嘉许，应由贵部①饬所有北伐军悉改名为讨虏军，以符名实，而免误会为要。

据许师慎编纂：《国父当选临时大总统实录》下
册，台北，"国史"丛编社一九六七年六月出版

为举行民国统一庆典致全国通电

（一九一二年二月十三日）

　　南北各省都督、各军司令、天津《民意报》李石贞〔曾〕、天津及全国各报馆均鉴：现在清帝业已退位，民国统一，兹定于本月十五日举行民国统一大庆典。孙文。元②。

据《电报·南京去电》，载南京《临时政府公报》
第十六号，临时政府印铸局发行（自第八号一九
一二年二月五日开始），一九一二年二月十五日

---

① 指陆军部。
② 韵目"元"代表十三日。

没有做大总统野心之再次声明

（日 译 中）

（一九一二年二月十五日）①

孙逸仙再次声明说：我并无做大总统之野心。然而有义务监督新共和国政府是否完全组成，一般社会秩序是否已恢复安宁。若颠覆清廷之大业完成，且袁世凯确能以国民利益为重，倾力于国事，则今后之事容易进行。

据《孫逸仙の宣言》，载一九一二年二月十六日《大阪每日新闻》（二）（关伟译）

日文原文见本册第 783 页

荐举袁世凯为临时大总统通电

（一九一二年二月十五日）②

万急。武昌黎副总统、各省都督鉴：清帝退位，民国统一。文以革命之目的已达，当受职之始，曾有誓言，幸可以践。此后建设之事，当让熟有政治经验之人。袁公慰庭③委曲求全，终达吾人和平之目的，其功莫大。清帝既退，袁公宣布政见绝对赞成共和，文是以推荐于参议院。参议院既承认文之辞职，今日二时行正式选举，举袁公为临时大总统，临时政府地点仍定南京，以袁公到南京接事日为文解职之期。现已派专使迎袁南来，以为我国民服务。特此电闻。孙文。

据《电报·南京去电》，载南京《临时政府公报》第十八号，一九一二年二月二十一日

---

① 据底本说明，此件系在沪特派员于十五日发回报社之电报。

② 据底本所言，孙文在清帝退位后向临时参议院"推荐"袁世凯，而于"今日（按：指二十一日）二时行正式选举，举袁公为临时大总统"。

③ 袁世凯，字慰庭。

为中华民国已完全统一布告全国通电

（一九一二年二月十八日）

各省都督、将军、巡抚、报馆：大总统孙文布告：今中华民国已完全统一矣！中华民国之建设，专为拥护亿兆国民之自由权利，合汉、满、蒙、回、藏为一家，相与和衷共济，丕兴实业，促进教育，推广东球之商务，维持世界之和平，俾五洲列国益敦亲睦于我视为唇齿兄弟之邦。因此敢告我国民，而〔自〕今而后。务当消融意见，蠲除畛域，以营私为无利，以公益为当谋，增祖国之荣光，造后民之幸福。文谨惓惓焉。中华民国元年二月十八日①。

据《孙大总统布告天下电》，载一九一二年二月二十七日上海《民立报》号外第一页

复五大洲华侨告选袁世凯之缘由通函

（一九一二年二月二十一日）

旅居五洲同志、华侨诸君同鉴：

因推举袁君为第二临时总统，纷接来电相争，其词颇多误会，恕不能缕缕见复，谨括举其要以相答曰：诸君尽其心力，与内地同志左右挈提，仆满清而建民国，今目的已达，以此完全民国归诸全体四百兆人之手，我辈之义务告尽，而权利则享自由人权而已，其他非所问也。至于服务之行政团，若总统类者，皆我自由国民所举用之公仆，当其才者则选焉。袁君之性情不苟于然诺，当其未以废君为可也，则持之；及其既以共和为当也，则坚之。其诺甚濡，其言弥信。彼之布告天下万世，有云"不使君主政体再发生于民国"，大哉言矣！复何瑕疵？至彼之委曲求全，予亡清以优待，亦隐消同气之战争。功罪弗居，心迹自显。前日之袁君为世界之一人，

---

① 本行文字系底本原有，而为南京《临时政府公报》第二十号（一九一二年二月二十三日）所载《大总统布告国民消融意见蠲除畛域文》欠缺。

今日之袁君为民国之分子。量才而选，彼独贤劳。正我国民所当慰勉道歉，责之以尽瘁，爱之以热诚者也。总统既非酬庸之具，袁君即为任劳之人。宜敬观其从容敷施，以行国民之意，使民国之根基，由临时尽力维持而完固焉。

我同志其鉴文之微忱〈也〉。

据《大总统复五洲同志华侨询推举袁世凯为第二临时大总统函》，载南京《临时政府公报》第二十号，一九一二年二月二十三日

致各省都督通电

（一九一二年二月二十三日刊载）

各省都督鉴：顷据驻宁英、德、日三国领事奉各该国公使命，到部面商改订邮政现行办法，经本部议定如下：（一）邮票由中央政府颁发，各省不得另行印用，以归划一；（二）此次新颁发之邮票，暂准通行于国内；（三）各省现办邮务各洋员，可准其照向章办理，暂勿干预。以上各条，即希分饬各属照办。总统孙文、外交总长王宠惠。元。

据南京《临时政府公报》第二十号，一九一二年二月二十三日

着陆军内务两部所属嗣后查封民房等须饬咨南京府知事办理令

（一九一二年二月二十七日刊载）

据南京府①知事呈称："窃维民胥望治，闾阎首贵保安，官有专司，政令必须

---

① 民国成立后原拟建都南京，仿照中国历史上唐、宋旧例，在建都之地另行设置特殊政区"南京府"，脱离江苏省而归内务部管辖。一九一二年二月三日经孙文批准设立该府，并委任方潜为"府知事"。但过不久，袁世凯继任临时总统仍都于北京，致使"南京府"名存实亡，至翌年初被正式撤销。

统一。当京畿光复之初，各军队封存房屋作为办公驻军之用者，不过一时权宜之计，原非得已。今秩序日渐恢复，亟宜力图治安，凡假托名义擅自查封房屋、搜抄家产诸弊端，必须切实防杜。知事职司行政，视事伊始，凡对于江宁、上元两县人民之财产，自当首先完全保护，何敢瞻徇玩忽，至使地方于干戈之后再有扰害之虞。兹为公安起见，理合呈请大总统鉴核，俯赐通饬各部暨驻宁各军队，嗣后如遇有须查封之房屋及借民房办公者，可分别饬咨知事就近派员查明发封，以安人心而维大局"等情前来。

查财产之重，等于生命。光复之始，大敌当前，军情危迫，对于人民财产保护或不无疏虞，征取亦多无限制。现在南北统一，革命事业完全告成，劳来安集，诸待经营。一夫不获，公仆有责。该知事所请甚为切要之图，应即照准，合行令仰该部①遵照办理可也。

据《大总统令陆军内务两部通饬所属嗣后查封房屋及借民房办公分别饬咨南京府知事文》，载南京《临时政府公报》第二十三号，一九一二年二月二十七日

严禁鸦片通令②

（一九一二年三月二日刊载）

鸦片流毒中国，垂及百年，沉溺通于贵贱，流衍遍于全国。失业废时，耗财殒身，浸淫不止，种姓沦亡，其祸盖非敌国外患所可同语。而嗜者不察，本总统实甚惑之。自满清末年，渐知其病，种植有禁，公膏有征，亦欲铲除旧污，自盖前蛊。在下各善社复为宣扬倡导，匡引不逮，故能成效渐彰，黑籍衰减。方今民国成立，炫耀宇内，发愤为雄，斯正其时。若于旧染锢疾，不克拔涤净尽，虽有良法美制，岂能恃以图存？

为此申告天下，须知保国存家，匹夫有责；束修自好，百姓与能。其有饮鸩

---

①　指陆军、内务两部。
②　南京临时政府期间，孙文根据当时社会条件，凭其对人民在共和制度下应享自由民主权利之理解，力图移风易俗，杜绝各种恶习。

自安、沉湎忘返者，不可为共和之民。当咨行参议院，于立法时剥夺其选举、被选一切公权，示不与齐民齿。并由内务部转行各省都督，通饬所属官署，重申种吸各禁，勿任废弛。其有未尽事宜，仍随时筹划举办。尤望各团体讲演诸会，随分劝导，不惮勤劳，务使利害大明，趋就知向，屏绝恶习，共作新民，永雪亚东病夫之耻，长保中夏清明之风。本总统有后〔厚〕望焉。

据《大总统令禁烟文》，载南京《临时政府公报》第二十七号，一九一二年三月二日

着内务部禁止买卖人口令

（一九一二年三月二日刊载）

自法兰西《人权宣言书》出后，自由博爱平等之义昭若日星。各国法律，凡属人类一律平等，无有阶级。其有他国逃奴入国者，待以平民，不问其属于何国。中国政治，代主开放，贵族、自由民之阶级铲除最早。此历史之已事，足以夸示万国者。前清入主，政治不纲，民生憔悴，逃死无所，妻女鬻为姿媵，子姓沦于皂隶，不肖奸人从而市利，流毒播孽，由来久矣。尤可痛者，失教同胞，艰于生计，乃有奸徒诱以甘言，转贩外人，牛马同视，终年劳动不得一饱。如斯惨毒，言之痛心！

今查民国开国之始，凡属国人咸属平等，背此大义，与众共弃。为此令仰该部①遵照，迅即编定暂行条例，通饬所属，嗣后不得再有买卖人口情事，违者罚如令。其从前所结买卖契约悉与解除，视为雇主雇人之关系，并不得再有主奴名分。此令。

据《大总统令内务部禁止买卖人口文》，载南京《临时政府公报》第二十七号，一九一二年三月二日

---

①　指内务部。

着内务司法两部通饬所属严禁刑讯令

（一九一二年三月二日刊载）

近世文化日进，刑法之目的亦因而递嬗。昔之喝〔揭〕威吓报复为帜志者，今也则异。刑罚之目的在维持国权、保护公安。人民之触犯法纪，由个人之利益与社会之利益不得其平，互相抵触而起。国家之所以惩创罪人者，非快私人报复之私，亦非以示惩创使后来相戒，盖非此不足以保持国家之生存，而成人道之均平也。故其罚之之程度，以足调剂个人之利益与社会之利益之平为准，苟暴残酷，义无取焉。

前清起自草昧之族，政以贿成，视吾民族生命曾草菅之不若。教育不兴，实业衰息，生民失业，及其罹刑网也，则又从而锻炼周纳，以成其狱，三木之下，何求不得？彼虏不察，奖杀勖残，杀人愈多者立膺上考，超迁以去，转相师法，日糜吾民之血肉以快其淫威。试一检满清史馆之所纪载，其所谓名臣能吏者，何莫非吾民之血迹泪痕所染成者也！

本总统提倡人道，注重民生，奔走国难二十余载。对于亡清虐政，曾声其罪状，布告中外人士。而于刑讯一端尤深恶痛绝，中夜以思，情逾剥肤。今者光复大业幸告成功，五族一家，声威远暨。当肃清吏治，休养民生，荡涤烦苛，咸与更始。为此令仰该部①转饬所属，不论行政、司法官署及何种案件，一概不准刑讯。鞫狱当视证据之充实与否，不当偏重口供。其从前不法刑具，悉令焚毁。仍不时派员巡视，如有不肖官司，日久故智复萌，重煽亡清遗毒者，除褫夺官职外，付所司治以应得之罪。吁！人权神圣，岂容弁髦；刑期无刑，古有明训。布告所司，咸喻此意。〈此令。〉

据《大总统令内务司法两部通饬所属禁止刑讯文》，载南京《临时政府公报》第二十七号，一九一二年三月二日

---

① 指内务、司法两部。

饬内务部即行改革前清官厅职员称呼令

（一九一二年三月二日刊载）

官厅为治事之机关，职员乃人民之公仆，本非特殊之阶级，何取非分之名称？查前清官厅，视官等之高下，有大人、老爷等名称，受之者增惭，施之者失体，义无取焉。光复以后，闻中央地方各官厅漫不加察，仍沿旧称，殊为共和政治之玷。嗣后各官厅人员相称，咸以官职，民间普通称呼则曰先生、曰君，不得再沿前清官厅恶称。为此令仰该部①遵照，速即通知各官署，并转饬所属，咸喻此意。此令。

据《大总统令内务部通知各官署革除前清官厅称呼文》，载南京《临时政府公报》第二十七号，一九一二年三月二日

饬陈其美停止发行公债票令

（一九一二年三月三日刊载）

据财政部呈称："此次发行中央公债票，原以统一财政，巩固信用。前因报载上海发行公债票广告一则，当由本部援鄂军政府成案，咨请沪军都督②转饬财政司，迅将广告停刊等因在案。迄今多日，未得咨复。昨阅《大共和日报》仍载此项广告，其中仍有'商明本部长③，定以三百万元为限'等语。查沪军政府发行债票，诚为救急之举，其在中央债票未发行以前所售之票，本部长准其发行；其在发行中央债票以后，所有沪军政府未售之票，即当截止。屡经王震、朱佩珍二君④来部相商，俱以此对。本部长并未认可三百万元之数。乃今阅报载广告，所云事实全不相符，传闻难免误会。本部长职权所在，窃有不能已于言者：姑勿

---

① 指内务部。

② 即陈其美。

③ 即财政总长陈锦涛。

④ 即沪军都督府商务总长王震、财政总长朱葆三（字佩珍）。

论购票之人财力有限，此盈彼细，无裨实益，但以上一隅，即有两种债票之流行，非特有伤国体，抑恐贻讥外人。况民国初立，万端待理，各省均有度支匮绝之虞。若皆纷纷援例，目前虚糜之害犹小，政出多门之诮尤大。本部忝掌全国财政，长此纷歧错出，将何以收整齐划一之效？除咨沪军都督外，为此呈请大总统俯赐察核，迅电沪军政府转饬财政司，将上海公债票停止发行，无庸续售。并请查照前咨，将已售出之债票查明号码数目，详细列册，克日报部，以凭稽核。一面仍来部续领中央债票，继续办理，俾昭统一"等因前来。

查该部所呈，为免纷歧而昭信用起见，中央公债票既经发行，上海公债票应即停止，自是正办。为此令仰该都督，即行转饬上海财政司，将上海公债票即日停止发行，并查照财政部前咨，将已售之债票，查明号码数目，详细列册，克日报部。一面到财政部续领中央债票，继续办理，俾昭划一。切切，此令。

据《大总统令沪都督转饬财政司即日停止发行公债票文》，
载南京《临时政府公报》第二十八号，一九一二年三月三日

附载：同盟会本部通告举行会员大会情况致各地支部电

（一九一二年三月三日）

广东中国同盟会支部鉴；上海分送陈都督①暨中国同盟会沪支部、《民立报》、《天铎报》、《民声报》、《大共和报》暨各地同盟会员鉴；安徽孙都督少侯②暨中国同盟会皖支部鉴；贵阳赵都督德全③〈暨〉转中国同盟会黔支部鉴；重庆张都督④暨中国同盟会重庆支部鉴；成都尹都督⑤〈暨〉转中国同盟会蜀支部鉴；湖州中国同盟会支部鉴；云南蔡都督⑥〈暨〉转中国同盟会滇支部鉴；南昌马都督⑦暨

---

① 即沪军都督陈其美。
② 即安徽都督孙毓筠，号少侯。
③ 即贵州代都督赵德全，一九一二年四月被率滇军入黔之唐继尧所杀。
④ 即蜀军都督张培爵。
⑤ 即四川都督尹昌衡。
⑥ 即云南都督蔡锷。
⑦ 即江西都督马毓宝。

中国同盟会江西支部鉴；太原阎都督①暨中国同盟会晋支部鉴；西安张都督②暨中国同盟会陕支部鉴；福州孙都督③〈暨〉转中国同盟会闽支部鉴；天津《民意报》暨京津同盟会鉴；烟台胡都督④暨中国同盟会鲁支部鉴；武昌黎副总统⑤暨中国同盟会鄂支部鉴；长沙谭都督⑥、《长沙日报》〈暨〉转中国同盟会湘支部鉴：今日同盟会本部召开全体大会，到者数千人，空前之盛会。宣布宗旨二事：巩固中华民国，实行民生主义。政纲九条：一、完成行政统一，促进地方自治；二、实行种族进化；三、采用国家社会政策；四、普及义务教育；五、主张男女平权；六、励行征兵制度；七、整理财政，厘定税制；八、力谋国民平等；九、注重移民垦殖事业。全体赞成，并举定孙中山为总理，黄兴、黎元洪为协理。规模大备，决定大为扩张，以完成民国之一最大政党。各支部亦宜实力推广，以张党势。如有卓见，并希电达，以备采择。南京中国同盟会本部。江⑦。

据《南京电报》，载一九一二年
三月五日上海《民立报》第三页

着内务部转谕各省人民限期剪辫令

（一九一二年三月五日刊载）

满虏窃国，易于〔我〕冠裳，强行编发之制，悉从腥膻之俗。当其初，高士仁人或不屈被执，从容就义；或遁入缁流，以终余年。痛矣，先民惨罹毒，读史至此，辄用伤怀！嗣是而后，习焉安之，腾笑五洲，恬不为怪。矧兹缕缕，易萃霉菌，足滋疾疠之媒，殊为伤生之具。

今者满廷已覆，民国成功，凡我同胞允宜涤旧染之污，作新国之民。兹查通

---

① 即山西都督阎锡山。

② 即陕西都督张凤翙。

③ 即福建都督孙道仁。

④ 即山东都督胡瑛。

⑤ 即副总统黎元洪。

⑥ 即湖南都督谭延闿。

⑦ 韵目"江"代表三日。

都大邑剪辫者已多，至偏乡僻壤留辫者尚复不少。仰内务部通行各省都督转谕所属地方一体知悉：凡未去辫者，于令到之日，限二十日一律剪除净尽，有不遵者〈以〉违法论。该地方官毋稍容隐，致干国犯〔纪〕。又查各地人民有已去辫尚剃其四周者，殊属不合，仰该部一并谕禁，以除陋俗而壮观瞻。此令。

据《大总统令内务部晓示人民一律剪辫文》，载南京《临时政府公报》第二十九号，一九一二年三月五日

着内务部通饬禁烟令

（一九一二年三月六日刊载）

鸦片流毒中国，垂及百年，推其为祸之烈，小足以破业殒身，大足以亡国灭种。前清末年，禁种征膏，成效渐著，吸者渐减。民国始建，军务倥偬，未暇顾及他务，诚恐狡商猾吏，因缘为奸，弁髦旧章，复萌故态。夫明德新民，首涤污俗，矧鸩毒厚疾，可怀苟安。除申告天下明示禁止外，为此令仰该部①迅查前清禁烟各令，其可施行者，即转咨各都督通饬所属仍旧厉行，勿任弛废。其有应加改良及未尽事宜，并着该部悉心筹画，拟一暂行条例，颁饬遵行。务使百年病根一旦拔除，强国保种有厚望焉。切切，此令。

据《大总统令内务部通饬禁烟文》，载南京《临时政府公报》第三十号，一九一二年三月六日

宣布临时参议院五条决定允袁世凯
在北京受职致各省通电

（一九一二年三月六日）

得北京蔡专使等迭次报告北方最近情形，以为袁总统急难南来，而统一政府

---

① 指内务部。

之组织又不可缓，为大局计应事变通，提出办法数条，经交参议院今日决议如下：

一、由参议院电知袁大总统，允其在北京受职。

一、袁大总统接电后，即电参议院宣誓。

一、参议院接到宣示〔誓〕之电后，即复电认为受职，并通告全国。

一、袁总统既受职后，即将拟派国务总理及各国务负〔员〕姓名电知参议院求其同意，国务总理任定后，即在南京与现临时政府行交代事宜。

一、孙大总统于交代后始行解职。

以上各条除电复北京外，谨闻。

孙文叩

据《致各省都督及副总统》，载吴砚云编订：《孙大总统书牍》下册，上海，新中国图书局一九一二年八月出版

将袁世凯之临时大总统受职誓词布告全国通电

（一九一二年三月九日）

武昌黎副总统，各省都督、督抚，各司令官，全国各界团体公鉴：初六已将参议院决定统一政府组织办法六条通告各省。顷得参议院咨称："本日接到袁世凯君电传誓词，其文曰：'民国建设造端，百凡待治。世凯深愿竭其能力，发扬共和之精神，涤荡专制之瑕秽，谨守宪法，依国民之愿望，蕲达国家于安全强固之域，俾五大民族同臻乐利。凡兹志愿，率履勿逾。俟召集国会，选定第一期大总统，世凯即行解职。谨掬诚悃，誓告同胞。大中华民国元年三月初八日。袁世凯。'云云。谨此奉闻，并乞即行通电全国为盼"等因。为此，通电布告全国。临时大总统孙文。佳①。

据《大总统宣布新选袁大总统宣誓电文》，载南京《临时政府公报》第三十六号，一九一二年三月十二日

---

① 韵目"佳"代表九日。

着内务司法两部通饬所属禁止体罚令

（一九一二年三月十一日刊载）

近世各国刑罚，对于罪人或夺其自由，或绝其生命，从未有滥加刑威，虐及身体，如体罚之甚者。盖民事案件有赔偿损害、回复原状之条，刑事案件有罚金、拘留、禁锢、大辟之律，称情以施，方得其平。乃有图宣告之轻便，执行之迅速，逾越法律，擅用职权，漫施笞杖之刑，致多枉纵之狱者，甚为有司不取也。

夫体罚制度为万国所屏弃，中外所讥评。前清末叶，虽悬为禁令，而督率无方，奉行不力。顷闻上海南市裁判所审讯案件，犹用戒责，且施之妇女。以沪上开通最早、四方观听所系之地，而员司犹蹈故习，则其他各省官吏，〈难〉保无有乘民国初成、法令未具之际，复萌故态者。亟宜申明禁令，迅予革除。为此令仰该部①速行通饬所属，不论司法、行政各官署，审理及判决民、刑案件，不准再用笞杖、枷号及他项不法刑具。其罪当笞杖、枷号者，悉改科罚金、拘留。详细规定，俟之他日法典。此令。

据《大元帅令内务司法两部通饬所属禁止体罚文》，载南京《临时政府公报》第三十五号，一九一二年三月十一日

着内务部通饬各省劝禁缠足令

（一九一二年三月十三日刊载）

缠足之俗，由来殆不可考。起于一二好尚之偏，终致滔滔莫易之烈，恶习流传，历千百岁，害家凶国，莫此为甚。夫将欲图国力之坚强，必先图国民体力之发达。至缠足一事，残毁肢体，阻阙血脉，害虽加于一人，病实施于子姓，生理所证，岂得云诬？至因缠足之故，动作竭蹶，深居简出，教育莫施，世事罔问，遑能独立谋生，共服世务？以上二者，特其大端，若他弊害，更仆难数。

---

① 指内务、司法两部。

曩者仁人志士尝有天足会之设，开通者已见解除，固陋者犹执成见。当此除旧布新之际，此等恶俗尤宜先事革除，以培国本。为此，令仰该部①速行通饬各省一体劝禁。其有故违禁令者，予其家属以相当之罚。切切，此令。

据《大总统令内务部通饬各省劝禁缠足文》，载南京《临时政府公报》第三十七号，一九一二年三月十三日

饬内务部许蜑民等享有一切平等权利令

（一九一二年三月十七日刊载）

天赋人权，胥属平等。自专制者设为种种无理之法制，以凌轹斯民，而自张其毒焰，于是人民之阶级以生。前清沿数千年专制之秕政，变本加厉，抑又甚焉。若闽粤之蜑户，浙之惰民，豫之丐户，及所谓发功臣暨披甲家为奴即俗所谓义民者，又若薙发者并优倡隶卒等，均有特别限制，使不得与平民齿。一人蒙垢，辱及子孙，蹂躏人权，莫此为甚。当兹共和告成、人道彰明之际，岂容此等苛令久存，为民国玷！

为此特申令示：凡以上所述各种人民，对于国家社会之一切权利，公权若选举、参政等，私权若居住、言论、出版、集会、信教之自由等，均许一体享有，毋稍歧异，以重人权而彰公理。该部②接到此令之后，即行通饬所属一体遵照，并出示晓谕该省军民人等，咸喻此意。此令。

据《大总统通令开放蜑民惰民等许其一体享有公权私权文》，载南京《临时政府公报》第四十一号，一九一二年三月十七日

---

① 指内务部。

② 指内务部。

饬外交部妥筹禁绝贩卖"猪仔"① 及保护华侨办法令

（一九一二年三月十九日刊载）

兹据荷属侨民曹运郎等呈请禁止贩卖"猪仔"及保护华侨各节。

查海疆各省，奸人拐贩"猪仔"，陷人涂炭，曩在清朝，熟视无睹，致使被难同胞穷而无告。今民国既成，亟应拯救，以尊重人权，保全国体。又侨民散居各岛，工商自给者亦实繁有徒，屡被外人陵虐，然含辛茹苦，挚爱宗邦。今民国人民同享自由幸福，何忍侨民向隅，不为援手？除令广东都督②严行禁止"猪仔"出口外，合亟令行该部③妥筹杜绝贩卖及保护侨民办法，务使博爱平等之义实力推行。切切，此令。

据《大总统令外交部妥筹禁绝贩卖"猪仔"及保护华侨办法文》，载南京《临时政府公报》第四十二号，一九一二年三月十九日

饬陈炯明严禁贩卖"猪仔"令

（一九一二年三月十九日刊载）

兹据荷属侨民曹运郎等呈请禁止贩卖"猪仔"各节。

查奸徒拐贩同胞，陷人沟壑，曩在前清，草菅人命，漠不关心，致使被难人民穷而无告。岂惟有亏国体，亦殊惨绝人道，本总统痛心疾首，殷念不忘！前曾令内务部编定《禁卖人口暂行条例》，冀使自由博爱平等之义实力推行。惟禁止"猪仔"出口，尤为刻不容缓之事。民国既成，岂忍视同胞失所，不为拯救？除

---

① 指被拐贩出洋华工。

② 指陈炯明。

③ 指外交部。

令外交部妥筹办法外，合亟令行该都督①严行禁止，务使奸人绝迹，以重人道而崇国体。此令。

据《大总统令广东都督严行禁止贩卖"猪仔"文》，载南京《临时政府公报》第四十二号，一九一二年三月十九日

批曹运郎等请禁止贩卖"猪仔"及保护侨民呈

（一九一二年三月十九日刊载）

呈悉。奸人贩卖"猪仔"，惨无人道，本总统痛心疾首，殷念不忘。前曾令内务部编定《禁止贩卖人口暂行条例》，以重人权。查侨民散居各岛，工商自给实繁有徒，而屡被外人横加虐辱，含辛茹苦，不背宗邦，可悯可矜，亟应援手。今民国既成，断不忍使海外侨民不同享自由平等之福。所陈各节，已分别令行外交部及广东都督酌核办理矣。此批。

据《大总统批荷属侨民曹运郎等请禁止贩卖"猪仔"及保护侨民呈》，载南京《临时政府公报》第四十二号，一九一二年三月十九日

饬各省都督保护人民生命财产通令

（一九一二年三月二十八日）

各省都督鉴：

临时大总统孙令

此次改革原为救民水火，乃闻各省光复以来，各地方行政长官及带兵将领良莠不齐，每每凭藉权势，凌轹乡里。有非依法律辄入人民家宅，搜索银钱、衣物、书籍据为己有者；有托名筹饷，强迫捐输，甚且虏人勒赎者；有因小忿微嫌，而擅行逮捕人民，甚或枪毙籍没，以快己意者。排挤倾陷，私欲横溢，官吏放手，

---

① 指陈炯明。

民人无依。若不从严缔治，将怨郁之极，铤而走险，恐非地方之福。

现在地方官制尚未颁行，各省都督具有治兵察吏之权，务须严饬所属，勿许越法肆行。一面出示晓谕人民，有受前项疾苦者，许其按照《临时约法》来中央平政院陈诉，或就近向都督府控告。一经调察确实，立予尽法惩治，并将罪状宣示天下，以昭儆戒。

本总统虽解职在即，然一念及民生涂炭，国本所关，不敢自暇。愿我各省都督百僚有司共勉之。此令。

廿八日

孙文（印）

据《大总统令各都督保护人民生命财产电文》，载南京
《临时政府公报》第五十二号，一九一二年三月三十日

饬各省都督酌放急赈通令

（一九一二年三月二十八日刊载）

溯自川路事起，武汉倡义以来，兵燹蔓延，于兹数月，东南半壁已无宁区。加以升虏①抗命，西北兴戎，燕都失防，祸延津、保，神州以内共罹兵烽。矧当连年水旱之余，益切满目疮痍之感。夫民国新造，首重保民，顾以用兵之故，致贻失所之忧。本总统每一念及我同胞流离颠沛之惨象，未尝不为之疾首痛心、寝食俱废也。

兹者大局已定，抚慰宜先。为此电令贵都督等，从速设法劝办赈捐，仍一面酌筹的款，先放急赈，以济灾黎而谋善后。并将各处被难情形及筹办方法，先行电复，俾得通盘筹算，患防未然，是为至要。此令。

据《大总统令各省都督酌放急赈文》，载南京《临
时政府公报》第五十号，一九一二年三月二十八日

---

① 指升允。

与财政总长联署饬各省都督
速将解部各款完缴通令①

（一九一二年三月三十一日）

据财政部总长陈锦涛呈称："据会计司案呈，《临时政府公报》二十八号内载：本部呈请饬令各部办理三月分应支款项，编具概算书，限期造送本部，由部汇送参议院，编成预算。复于本年三月十一日奉大总统公布参议院临时约法内开：第十九条第二次［项］，参议院议决临时政府之预算、决算等语。查各部院概算书，业已陆续造送前来。兹经本司详细审查，所有各部院于本月分应支经常、临时及预算［备］等费册内所列数目，其务求搏节者固属不少，而从宽约计者亦居多数。事关中央行政要需，应即遵照临时约法，将各部支出概算书，呈请大总统咨由参议院议决后，再行交部支出。惟各部院成立伊始，用度实繁，纷纷来部请领者，几有日不暇给之势，应请咨会该院，迅予裁决，以便遵行等情。查各部院三月份概算书，支领各款，为数颇巨，筹措维艰。第百端待举，既需款之孔殷，而应付稍迟，辄责言之交至，统筹出入，挹注无方。至本部收入的款，向以全国赋税为大宗。自光复以来，各州县经征款项，应划归中央政府者，虽早经本部通电催解，而各该省迄未照解前来，以致收入亦无从概算。本部专司综核，盈虚酌剂，责有攸归。但仰屋彷徨，术穷罗掘。募借外债，原非持久之谋，整顿税源，难济目前之急。外省之解拨不至，公产之收入无多。舍此而外，别求财源，纵有孔、桑，何从着手？特际此新政方兴，讵可因噎而废食，度支虽绌，总期积极以进行。锦涛等辗转筹思，深滋恐惧。与其内外相睽，坐以待困，何如同心协力，共济时艰。千钧一发，系于斯时。惟有吁恳大总统，令行各省都督，念国计关系之重，谅本部筹划之艰，将应解部款，从速催缴。其有不足，应行设法弥补之处，

---

① 此令与《临时政府公报》第四十三号《大总统据财政部呈送各部院三月份概算书咨参议院议决文》、第四十五号《大总统通令各省将应解部款从速完缴以资挹注文》同，经参照互校。此件所标时间系《临时政府公报》第五十三号出版日期。

并请咨照参议院议定救济方法，俾本部得所遵守，而财政藉以维持，实为至要。所有呈请交议各部院三月份支出概算书，暨财政困难情形，理合备文呈报，敬祈鉴核施行"等由前来。

　　查现当建设伊始，庶政待兴，支出则刻不容缓，收入则的款无多。该部所陈财政窘迫各节，自系实情。目下各地秩序已渐回复，各种法制未经颁布以前，其一切应行经征各款项自当照旧征收，解交财政部，以充中央行政各费用，中央与各地互相维持，新造民国乃得立于不敝。我各省贤达有为之都督、司令及百有司，必能深明此义，无俟本总统之反复说明。除照所呈另咨参议院外，为此令仰该都督即将应解部款从速完缴，俾资挹注，切切毋违。此令。

财政总长陈锦涛副署

据南京《临时政府公报》第五十三号，一九一二年三月三十日

根绝官场钻营奔竞恶习通令

（一九一二年三月）

　　方今民国初基，首在任用贤能，扫除弊蠹。近岁以来，是非倒置，黜陟不公，致钻营奔竞之风大开。谨厚者或贬节以求全，巧滑者益趋炎而忘耻，官方既紊，职守全堕，倾覆之由，多在于此。此等恶习，自应痛加湔涤，务绝根株。为此通谕百僚，须知凡属官员，皆系为民服务，官规具在，莫不负应尽之责任，而无特别之利益，何得存非分之希冀，而作无谓之应求。况佐治需才，果有寸长，奚患沦弃。自今以往，该管长官，毋得以好恶为取舍，喜怒为进退，如有此等情形，属员准其申诉。倘属员对于长官再于钻营奔竞情事，必当严加惩戒，以肃官常，维我同官，各宜清白乃心，束身自爱，毋负本大总统殷殷诰诫之意。此令。

据黄季陆主编：《总理全集》之《文电》，
成都，近芬书屋一九四四年七月初版

重申严禁鸦片通令

（一九一二年三月）

鸦片烟为害，历岁久远，年来订限禁绝，幸觉悟者日多，稍免荼毒。乃军兴之后，禁令渐弛，复有滋蔓之虑，亟宜重申严禁，责成各长官，将从前禁种、禁运、禁吸各办法，继续进行，毋得稍有疏懈！并当剀切晓谕，俾知禁烟为除害救民之要图，凡我国民尤宜视为鸠毒，互相劝惩，不得图一时之利，而妄无穷之害。此令。

据黄季陆主编：《总理全集》之《文电》，
成都，近芬书屋一九四四年七月初版

同盟会募集基本金公启

（一九一二年三月）①

天厌胡德，诸夏奋起，曾不数月，而禹迹所被，同隶汉帜。共和新国赫然出于东亚大陆，似吾同盟会夙所主张民族、民权、民生三大主义已达，而吾会可以解散，吾侪可以优游卒岁矣。然而未也，吾侪试平心以思，今日所完全办到者仅第一主义。其第二主义，就精神上观察，不过基础初定，未底健康；第三主义则尚待集群策群力，研究其如何稳健进行，始可冀不与今日社会现象相背驰，以获和平之改造。况国体甫更，疮痍未复，政治组织如理乱丝。丁此步履艰难之际，吾遂不得不联袂攘臂，与当世贤者共厕于政党之林，此故吾会所以求贯彻第二、第三主义之精神所在，又实吾全国同胞所属望者也。

虽然，言之匪艰，行之维难。所谓政党者匪特具其名而已，必由此政党发之事实，有足以佐吾民而利吾国者，而后政党之实乃完；如前所举第二、第三两主义，即吾侪组织政党之唯一事实也。第此等事实之进行，非守因时制宜之秩序不

_____

① 时间不详，此据当时情势酌为一九一二年三月。

可，更非创稳健之舆论以诱进吾同胞法律上之权利义务思想不可。执是以谈，则报馆自不可不设，及其他足以促政治改良社会进步之各种事业，亦不可不相待而俱进。

顾创设之费，维持之费，为数甚巨，果将何从醵集耶？苟藏舍罄悬，司会束手，张空拳以图进行，虽妇孺皆知其不济。然则吾侪将因难而退，以放弃吾侪之责任耶？是又前无以对忠勇死国诸志士，后无以对趾踵望治众同胞，且大背吾侪十数年来组织本会之苦心孤诣，吾知吾爱国爱社会之同志诸君，必不忍贻此有始鲜终之消也。

西哲有言曰："金钱为万事之母。"旨哉，旨哉！来日方长，众务待举，非金钱无以藏〔赒〕国事，此本会基本金募集之计画诚出于万不得已也。嗟夫！吾侪回顾革命运动，当时党人屈伏专制之下，不惜生命财产作祖国之牺牲，卖田宅、鬻衣服以充军实者，前扑〔仆〕后继，比比皆是。而谓当此大功告竣，吾侪得所藉以实行其夙所主张之主义之时期，乃无轻财义助其人乎？吾同胞谅诸！吾侪勖诸！为之执鞭，所忻慕焉。

据《中国同盟会募集基本金公启——中央宣传部征集科送刊》，载南京《中央党务月刊》第二十一期，一九三〇年四月出版

促进世界和平是国民之天职

在南京临时参议院宣布临时大总统解职辞①

（一九一二年四月一日）

本总统自中华民国正月初一日至南京受职，今日四月初一日至贵院宣布解职。自正月初一日至四月初一日，为期适三阅月。在此三月中，均为中华民国草创之

---

① 一九一二年四月一日下午，孙文偕临时政府各部总次长赴临时参议院行解职礼。首由议长林森宣读解职咨文，继请孙文致解职辞，最后该院代表在答词中颂扬孙文创建民国的功绩及高尚人格。

时代。当中华民国未成立以前，纯然为革命时代。

中国为何而发起革命？盖吾辈革命党之用心，以连合中国四万万人，推倒恶劣政府，造成国利民福为宗旨。自革命初起，南北界限尚未化除，不得已而有用兵之事。三月以来，南北统一，战事告终，造成完全无缺之中华民国，此皆中国国民及全国军人之力所致。在本总统受职之初，亦不料有此种之好结果，亦不料以极短之时期，而能建立如此之大事业。

今日中华民国南北统一，五族一家，本总统已在一个月前，提辞职书于参议院，当时因统一政府未成，故辞职之后，仍由本总统代理。现在国务员已均由国务总理唐君①发表，政府已宣告成立，本总统自当辞职，今日特贵院宣布。但趁此时间，本总统尚有数语宣告，以供贵参议员之听闻。

中华民国成立之后，凡中华民国之国民，均有国民之天职。何谓天职？即是促进世界的和平。此促进世界的和平，即是中华民国前途之目的。依此种目的而进行，即是巩固中华民国之基础。又凡政治、法律、风俗、民智种种之事业，均须改良进步，始能与世界各国竞争。凡此种种之改良进步，均是中华民国国民之责任。人人能尽职任，人人能尽义务，凡四万万人无不如此，则中华民国之进步必速。中国人民居地球四分之一，则凡有四人之地，即有一中国人民。况交通既便，世界大同，已有中外一家之势。中华民国国民，均须知现今世界之文明程度。当民国初立时，人民颇有不知民国之为何义，文明进步之为何义，凡吾辈先知先觉之人，即须用从前革命时代之真挚心，努力进行，而后中华民国之基础始固，世界之文明始有进步，况中国人民本甚和平。现在世界上立国百有数十，雄强相处，难保不有战争发现。惟中国数千年来，即知和平为世界之真理。人人均抱有此种思想，故数千年来之中国，纯向和平以进行。中华民国有此民数，有此民习，何难登世界舞台之上与各国交际。以希望世界之和平，即是中华民国国民之天职。本总统与全国国民同此心理。用心研究，将人民之知识习俗，以及一切事业，切实进行，力谋善果，即为吾中华民国国民之本分。

_____

① 唐君即唐绍仪。袁世凯在取得孙文及临时参议院同意后，于三月十三日任命唐绍仪为国务总理。二十九日临时参议院开会审议唐绍仪提出的国务员（各部总长）名单，除交通部总长外其余九人均经表决同意。

本总统解职之后，即为中华民国之一国民。政府不过一极小之机关，其力量不过国民极小之一部分。其大部分之力量，则全在吾中华民国之国民。本总统今日解职，并非功成身退，实欲以中华民国国民之地位，与各国民之力量，与四万万人协力造成中华民国之巩固基础，以冀世界之和平。望贵院各位参议员与将来政府，勉励人民，同尽天职，使中华民国从今而后得享文明之进行，使世界舞台从今而后得享和平之幸福。

据《孙总统之解职辞》，载一九一二
年四月五日上海《民立报》第六页

宣布解临时大总统职并勖勉官吏军士人民通令

（一九一二年四月一日）①

临时大总统孙令

前由参议院议决统一政府办法第六条，孙大总统于交代之日始行解职。今国务总理唐君南来，国务员已各任定，统一政府业已完全成立，于四月初一在南京交代，本总统即于是日解职，是用宣布周知。此后国中一切政务，悉取决于统一政府。本处各部办事人员仍各照旧供职，以待新国务员接理，勿得懈怠推诿，致多旷废。

本总统受任以来，慄慄危惧，深恐弗克负荷，有负付托。赖国人之力，南北一家，共和确定，本总统藉此卸责，得以退逸之身享自由之福，私心自庆，无以逾此。所愿吾百僚执事，公忠体国，勿以私见害大局；吾海陆军士，谨守秩序，勿以共和昧服从；吾五大族人民，亲爱团结，日益巩固，奋发有为，宣扬国光，俾吾艰难缔造之民国，与天壤共立于不敝。本总统虽无似〔德〕，得以公民资格勉从国人之后，为幸多矣。此令。

中华民国元年四月初一日（印）

据《大总统通告解职令文》，载南京《临时政
府公报》第五十六号，一九一二年四月三日

---

①　底本未署日期，此据北京《临时公报》（一九一二年四月三日）增补。

通告粤中父老昆弟勉合力维持粤局书

（一九一二年四月）

在昔满人专制，国是日非，吾人感外界之激刺，惧中国之沦亡，奔走呼号，流离转徙，图谋改革，越十余年，屡经失败。迨武汉兴师，各省响应，复历几许艰难，糜几许血汗，乃幸而告成。方今南北统一，大局粗安，正吾人破坏告终，建设图始之时也。

就吾粤言，上年光复，兵不血刃，市不易廛，举动文明，中外称许。徒因民军云集，冲突频闻，复有王和顺辈者，包藏祸心，图谋不轨，以致行者戒途，居难安枕，此等状态，邦人诸友当能念之。幸而一举扑灭，于是得所藉手，以次第遣散民军，粤局于焉敉平，商民于焉复业，此亦见天不助逆，相我粤人，使吾人得以着手办事之良好机会也。

鄙人当返粤时，目睹夫城市依然，人民无恙，吾粤气象有日新之机，方以为慰。乃风闻有不逞无赖之徒，妄借扶正同盟会为名，及推举某某人为首领，散布谣言，谓将起第二次革命。此种无稽之言本不足〔足〕道，惟察其原因，此等风说，实由两种人而起：其一，则无意识之人也，误会平权自由之说，以为革命功成，吾辈可以逾闲荡检，为所欲为，迨见政府偶加限制，不能任意胡行，于是互相诋毁，希冀一旦有事，得于扰攘之际，复行其鬼蜮之私，此一因也。其一，则不得志之人也，当反正之初，淑慝未明，贤愚并进，如黄世颂者流，遂得恣肆于一时。迨军务渐平，是非大定，彼辈遂不得逞，乃从而多方煽惑，结党营私，冀人售其欺，而彼亦得于中取利，此又一因也。大约近日造谣之人，不出此两种。夫无意识而造谣者愚也，不得志而造谣者妄也。以非愚则妄之人，而作行险侥幸之事，欲望有成，殆无是理。且民国成立，实由多数志士牺牲〔牺牲〕生命财产构造而成，断非一二希荣谋利之徒，瞎进盲从之辈，行同盗贼，志图利禄者，所可同日而语。试更以革命二字论，具有真理，何等神圣。共和之国，只有改良政治之事，更无二次革命之可言。为此说者，其人之不学无术已可概见，稍有识者，必不受其愚。此鄙人深愿我父老兄弟，毋轻信此等乱言也。

虽然，尤有说者，鄙人抱三民主义，此次辞识〔职〕归来，实有无穷之希望于吾粤。思以我粤为一模范省，诚以我粤之地位之财力，与夫商情之洽固，民智之开通，使移其嚣张躁妄之陋习，好勇斗狠之浇风，萃其心思才力于一途，以振兴实业，谋国富强，不出数年，知必有效。若此而不思，日以谬妄觊觎之心，为犯上作乱之事，使商务凋残，民生疲敝而已，亦何赖焉？且多行不义，终必自毙，纵幸逃乎法网，亦不齿于乡评，彼即不为大局计，可不为一己计耶！是诚何心而乃忍为此？此鄙人所以复愿父诫其子，兄勉其弟，勿效此暴乱之行为也。

方今之时，外人尚未承认民国，则窥伺堪虑，满人或私结宗社，则隐忧未已。凡我同志，务宜万众一心，维持粤局，即所以保安全局，使他日民国史上，我粤得大光荣，此则鄙人所昕夕期之而馨香以祝者也。特此通告，其各鉴诸。

据吴砚云编：《孙大总统书牍》，上海，广益书局一九一二年八月出版

为还我禁烟主权告英国国民书

（英 译 中）

（一九一二年五月四日）①

于中国，乃数十年来一大害也。其流毒之祸，视诸兵战、瘟疫、饥荒，有过之无不及者。方今共和成立，敝国人民无不热心赓续烟禁，急望其速底于成。鄙人解任之后，亦时常耿耿于禁烟问题，而反复深思之，知禁烟之第一要着，固在全国禁种；然如不于禁种之时同时禁卖，则禁种之令，极难施行。盖今日烟价倍增，倘复容人售卖，蚩蚩之农，必嗜利种烟。以中国幅员之广大，时局之多艰，不禁卖而禁种，甚非易易。故必禁卖禁运，非徒禁种一事，始可望其实行也。奈昨年中英订立鸦片新约，与禁卖禁运大有妨碍，使我国禁烟一政，陷于进退维谷荆天棘地之中，谅非贵国仁人志士之初心也。曩者贵国仁人志士协助敝国禁烟，感激之忱，久已铭诸肺腑。今复掬我仁德心、公义心，恳求贵国人士于我国更新

---

① 底本未标注具体发表日期，惟有"定于本月四号邮发"，译者署名为"丁义华"。

之始，还我自由禁烟主权，俾吾人能划除此至酷至烈之毒物，而出我人民于孽海焉。余确信我国如有权以禁卖，其禁种一事，定能速具成功，故不惮代四百兆同胞，向大英国国民作此呼吁之求也。

据《孙中山先生向英人要求自由禁烟主权》，
载一九一二年五月十一日天津《大公报》

附：另一版本

鸦片为中国之巨害，其杀吾国民，甚于干戈、疠疫、饥馑之患。吾人今既建筑共和政体，切望扫除此毒，告成全功。予自引退临时总统之任后，对于此事，潜心推考，知今日最要紧之举，即在禁绝中国栽种罂粟。然非同时禁绝售卖鸦片，则禁种一事，极难施行。目下烟价高涨，利之所在，足诱起人栽种之心。且吾国幅员辽廓，若非禁绝售卖，势难停种，故必须将买卖鸦片悬为禁令，则禁种始能收效。兹因与贵国订有条约，碍难照行，予今敢请贵国于吾新国定基之初，更施无上之仁惠，停此不仁之贸易。予窃愿以人道与忠正之名义，恳贵国准许吾人在本国境内禁止售卖洋药、土药、害人毒品，并许悬为厉禁，则栽种自能即停，谨为全国同胞乞助于英国国民。

据《译孙中山致伦敦报界书》，载
一九一二年五月五日上海《申报》
英文原文见本册第 783 页

对严重指控受贿的权威反驳及声明

（英译中）

（一九一二年六月二十九日）

C. H. 李先生从中国俱乐部致信一家香港报刊，时间为 6 月 19 日，如下所载：

针对刊登在中外媒体中的公诸于众的各项指控，即指唐绍仪先生代表北京政府向孙逸仙博士支付大额贿赂或者"好处费"——有些声称为三百万、两百万，

还有最近的一百万美元，以换取孙逸仙博士从总统一职抽身而使袁世凯阁下获利，我应孙逸仙博士的要求在此发表声明，所有这些指控都是子虚乌有，并且获得授权，由我来代表他给出一个绝对毫无含糊的否认。

在孙逸仙在任大总统时，作为南京临时政府的首脑自然对财政状况知情，但是所有从北京直接汇付给南京政府的资金或者经过唐绍仪总理支付的资金是转到财政部手上，而非孙逸仙博士本人，而且全部资金都仅用于军事目标及南京政府的其他需求。

这些金额中，没有任何一部分转变为孙逸仙博士个人支出。

在孙博士昨日离开此地北上之前，他发了一封电报到北京，内容翻译如下：致唐总理、北京的新闻机构和上海的新闻机构，我看到在最近中外报刊中提到我从唐总理处接受了一百万美元，而国家顾问委员会也就此事质询唐总理。我在离北方如此远的南方，无法以任何方式得知委员会是如何质询，也不知道唐总理如何做出回答。这些指控是毫无根据的、令人厌恶的、诽谤性的，唐总理立即被要求澄清此事，并在他的声明中确认了我的清白——孙文。

贷款真相

为了终结以上提到的指控，在此就某些孙逸仙商定的贷款问题做简单说明：孙博士没有任何理由向公众隐瞒真正的事实。孙博士谨授权我说明，在革命期间，他凭借个人影响力从几个朋友和支持者处获得了贷款，并且从他口中得到还款承诺。

这几笔贷款是孙博士从不同渠道获得，总共价值约一百二十五万美元。其中，约五十万美元是从上海潮州与广东商会借出，剩余的数额是他从在美国、海峡殖民地以及其他地方获得。这总值一百二十五万美元的借款，民国政府承担了还款的义务，并以返还资金给孙逸仙博士的形式，归还给贷款者。

孙逸仙博士对此事并无任何隐瞒，也不存在任何令孙逸仙博士羞愧的情况。当前，虽然这笔一百二十五万美元的借款应当在民国建立的四个月内返还，但是孙逸仙博士至今尚未从民国政府处收到哪怕是一美元，而这正是因为理所当然的财政紧张。

贷款者一直反复催促孙博士还款，而他仅仅把这些要求转达给总理，提醒总理关注还款一事。从现处北京的总理得到的最新建议是由中央政府将直接向上述提到的在上海的两间商会发出电报，请求延迟还款。

对那些认识孙逸仙的人而言，这篇反驳声明明显是不必要的，但是出于公共责任感，孙逸仙决定公开此权威声明，以否认这样广泛传播对他和共和国的指控。

据 "Dr. Sun Yat Sen：Authoritative Refutation of Serious Allega-tions"，*The Straits Times*（Singapore），June 29，1912，Page 3 ［《孙逸仙博士：对严重指控的权威反驳》，载一九一二年六月二十九日新加坡《海峡时报》第三页］（邹尚恒译，高文平校）

英文原文见本册第784—786页

呼吁公开贷款情况并回应受贿指控

（英 译 中）

（一九一二年六月三十日）

以下是昨晚孙逸仙给北京以及其他省份当局的电报。

"致袁大总统，各位国会议员，财政部大臣们，各省省长，前总理唐绍仪，Chen Cheng Tao 博士，

"据中国报章的报导，我被指控从比利时贷款中挪用一百万美元。而财政部大臣负责国库支出的记账，我要求公开新闻提到的那一份账目，以示公允。这一措施将会对政府的廉正形象有极大的影响。如果我被判有罪，那么法律应制裁我的行为。但如果这一指控只是被一些异议分子捏造并毫无节制地在国内报刊中传播，那么政府不应袖手旁观。我个人名誉不值一提，但是政府立场呢？

"我已经为革命耕耘 10 年。即使我不能把共和国的成功建立吹嘘为我个人的成就，我相信我并无涉足犯罪。如果阶段性的党派冲突引发了少数人对我毁谤，那他们是不是应该感到羞耻呢？

"我要求政府应当把比利时贷款的相关支出公开，以恢复国民对国家的信心。"

据 "Dr. Sun Appeals for Publicity on Loans：Refers To Accusation That He Was Paid Million Dollars from Belgian Fund"，*The China Press*（Shanghai），June 30，1912，Page 12. ［《孙逸仙呼吁公开贷款情况——回应对他收受从比利时贷款中百万美元贿赂的指控》，载一九一二年六月三十日上海《大陆报》第十二页］（邹尚恒译，高文平校）

通告美洲同志书①

（一九一二年七月二十五日）

美洲各埠同志钧鉴：

文自去年归国以来，奔走国事，笺候久疏，屡承关怀垂问，感荷无极。诸公远处他邦，眷怀祖国，历读华翰，真挚之忱，溢于言表，钦佩实深。文自南京解职后，随即旋粤。奔波劳碌，两月有余，名为卸责，而事务之忙，不减在任之日。是以无只字陈于诸公之前，藉通契阔，良用歉然。所幸民国规模略已粗举，诚当事者从此和衷共济，大局不难日臻稳固。文近日携眷来沪，将有北京之行。容撤除他务，专力于民生实业根本问题，勉践素存宏愿。惟兹事体大，非集有力者，群策群力，端能提倡，难于为功。应如何进行之处，一俟规划妥善，通告同人，以求广益集思之效，当与诸公一商榷也。实业根本既定，民生事实方能发生，利国福民无逾于此。热诚如诸公当亦乐观厥成也，兹以儿女辈（孙科等）赴美留学之便，命其赍函，趋谒台端，稍舒积悃，聊代面陈。儿辈幼年远学，于事务多所未知，尚恳诸公时时提撕而指示之，俾得有所率循，尤为衔感。海天辽远，无任神依。专此，顺颂

台禧

诸维亮察不备。

孙文谨启

元年七月二十五

据《民国档案》季刊，一九八七年第四期

---

① 时同盟会美洲总部在旧金山。

与黄兴联名为组建国民党征求
同盟会各支部同意通电①

（一九一二年八月十五日刊载）

各支部鉴：

接北京本部来电云："连日与统一共和党、国民公〔共〕进会、国民公党协商合并，另行组织，彼此提出条件如下：一定名国民党；一宗旨：巩固共和，实行平民政治；一党纲五条：保持政治统一，发展地方自治，励行种族同化，采用民生政策，保持国际平和；一用理事制，于其中推一人为理事长。昨日开全体职员、评议员联合会，合并条件已通过"云云。

文等以上列各条，与本会宗旨毫不相背，又得此多数政团同心协力，将吾党素所怀抱者见诸实行，此非独同人之幸，亦民国前途之福也。文等深为赞成。且同盟会成立之始，其命名本含有革命同盟会意义，共和初建改为政党，同人提议变更名称者日益众，即此时而易之，可谓一举而两得矣。特此通电贵支部，务求同意，以便正式发表。

文等屡承袁大总统遣使持函来邀，已定十七日起程北上，赐复即交北京同盟会本部为盼。

孙文　黄兴

据《同盟会报告并党改组事件》，载一九
一二年八月十五日上海《民立报》第三页

---

① 一九一二年五月，五个保守政团合组共和党，以副总统、原同盟会协理黎元洪为理事长，张謇、伍廷芳、程德全等为理事，与同盟会相抗衡。同盟会本部总务部主任干事宋教仁等，为在未来国会选举中争得多数并组织政党内阁，得到孙文、黄兴首肯，同与同盟会关系较密或宗旨接近的政团洽谈联合事宜，最终同意合并者除电文中提及的统一共和党、国民共进会、国民公党外，尚有共和实进会、全国联合进行会，连同中国同盟会共六个政团联合组成国民党。此电自上海发出。

附：国民党宣言①

（一九一二年八月十三日）

　　一国之政治，恒视其运用政治之中心势力以为推移。其中心势力强健而良善，其国之政治必灿然可观；其中心势力脆薄而恶劣，其国之政治必暗然无色。此消长倚伏之数，固不必论其国体之为君主、共和，政体之为专制、立宪，而无往不如是也。天相中国，帝制殄灭，既改国体为共和，变政体为立宪，然而共和立宪之国，其政治之中心势力则不可不汇之于政党。

　　今夫国家之所以成立，盖不外乎国民之合成心力。其统治国家之权力，与夫左右此统治权力之人，亦恒存乎国民合成心力之主宰而纲维之。其在君主专制国，国民合成心力趋重于一阶级、一部分，故左右统治权力者，常为阀族、为官僚。其在共和立宪国，国民合成心力普遍于全部，故左右统治权力者，常为多数之国民。诚以共和立宪国者，法律上国家之主权在国民全体，实事上统治国家之机关，均由国民之意思构成之。国民为国家之主人翁，固不得不起而负此维持国家之责，间接以维持国民自身之安宁幸福也。

　　惟是国民合成心力之作用，非必能使国民人人皆直接发动之者。同此圆顶方趾之类，其思想、知识、能力不能一一相等伦者众矣。是故有优秀特出者焉，有寻常一般者焉，而优秀特出者视寻常一般者恒为少数。虽在共和立宪国，其直接发动其合成心力之作用，而实际左右其统治权力者，亦恒在优秀特出之少数国民。在法律上，则由此少数优秀特出者组织为议会与政府，以代表全部之国民。在实事上，则由此少数优秀特出者集合为政党，以领导全部之国民。而法律上之议会与政府，又不过藉法力，俾其意思与行为〈为〉正式有效之器械，其真能发纵指示为代议机关或政府之脑海者，则仍为实事上之政党也。是故政党在共和立宪国，实可谓为直接发动其合成心力作用之主体，亦可谓为实际左右其统治权力之机关。

　　且夫政党之为物，既非可苟焉以成，故与他种国家之他种中心势力同其趋向，非具有所谓强健而良善之条件，不足以达其目的。强健而良善之条件者非他，即巩固、庞大之结合力，与有系统、有条理、真确不破之政见是也。苟具有巩固、

---

　　①　本宣言由同盟会宋教仁、张耀曾和国民公党杨南生三人起草，经国民党筹备事务所审议同意后公布。

庞大之结合力，与有系统、有条理、真确不破之政见，壁垒既坚，旗帜亦明，自足以运用其国之政治，而贯彻国利民福之靳〔薪〕向。进而组织政府，则成志同道合之政党内阁（责任内阁制之国，大总统常立于超然地位，故政党不必争大总统，而只在组织内阁），以其所信之政见，举而措之裕如。退而在野，则使他党执政，而己处于监督之地，相摩相荡，而政治乃日有向上之机。是故政党政治虽为政治之极则，而在国民主权之国，则未有不赖之为唯一之常轨者。其所以成为政治之中心势力，实国家进化自然之理，势非如他之普通结社，可以若有若无焉者也。

今中国共和立宪之制肇兴久矣，举国喁喁望治，皆欲求所以建设新国家之术，然为问国中运用政治之中心势力果何在乎？前识之士皇然忧时，援引徒众，杂糅庞合，树帜立垒，号曰政党者亦众矣，然为问适于为运用政治之中心势力者谁乎？纵曰庶几将有近似者焉，然又为问能合于共和立宪国之原则，不以类似他种国家之他种中心势力杂乎其间，而无愧为共和立宪国运用政治之中心势力者谁乎？质而言之，中国虽号为共和立宪，而实无有强健而良善之政党焉，为运用政治之中心势力而胜任愉快者。夫共和立宪国之政治，在理未有不以政党为其中心势力，而其共和立宪犹可信者，而今乃不然，则中国虽谓为无共和立宪国之实质焉可也。嗟乎！兴言及此，我国人其尚不知所以自反乎！我国人之有志从事于政党者，其尚不知所以自处之道乎！

曩者吾人痛帝政之专制也，共图摧去之，以有中国同盟会。比及破坏告终，建设之事不敢放置，爰易其内蕴，进而入于政党之林。时则俊士云起，天下风动，结社集会，以谈国家事者比比焉。吾人求治之心，急切莫待，于是不谋而合，投袂并起，又有统一共和党、国民公党、国民共进会、共和实进会之组织。凡此诸党，靳〔薪〕向所及，无非期以利国福民，以臻于强健良善之境。然而志愿虽宏，力行匪易，分道扬镳，艰于整肃。数月以来，略有发抒而不克奏齐一之功用，树广大之风声，所谓不适于为运用政治之中心势力者，吾诸党盖亦不免居其一焉（此吾人深自引责而不能一日安者）。若不图改统〔弦〕更张之策，为集中统一之谋，则是吾人放弃共和国民之天职，罪莫大焉。

且一国政党之兴，只宜二大对峙，不宜小群分立。方今群言淆乱，宇内云扰，吾人尤不敢不有以正之，示天下以范畴。四顾茫茫，此尤不得不以此遗大图艰之业，自相诏勉者耳。爰集众议，询谋佥同，继自今吾中国同盟会、统一共和党、国民公党、国民共进会、共和实进会相与合并为一，舍其旧而新是谋，以从事于民国建设之事，以靳〔薪〕渐达于为共和立宪国之政治中心势力。且以求符于政党原则，成为大群，藉以引起一国只宜二大对峙之观念，俾其见诸实行。

共和之制，国民为国主体，吾党欲使人不忘斯义也，故颜其名曰国民党。党有宗旨，所以定众志，吾党以求完全共和立宪政治为志者也，故标其义曰：巩固共和，实行平民政治。众志既定于内，不可不有所标帜于外，则党纲尚焉，故斟酌损益，义取适时，概列五事以为揭橥：曰保持政治统一，将以建单一之国，行集权之制，使建设之事纲举而目张也；曰发展地方自治，将以练国民之能力，养共和之基础，补中央之所未逮也；曰励行种族同化，将以发达国内平等文明，收道一同风之效也；曰采用民生政策，将以施行国家社会主义，保育国民生计，以国家权力使一国经济之发达均衡而迅速也；曰维持国际平和，将以尊重外交之信义，维持均势之现状，以专力于内治也。凡此五者，纲领略备，若夫条目则当与时因应，不克固定。

嗟乎！时难方殷，前途正远，继自今吾党循序以进，悬的以赴，不务虚高，不涉旁歧，孜孜以吾党之信条为期，其于所谓巩固、庞大之结合力，与有系统、有条理、真确不破之政见，庶几可以计程跻之乎！由是而之焉，则将来运用政治之中心势力，亦庶几可以归于政党之一途，而有以副乎共和立宪国之实质。世之君子，其亦有乐与从事者乎！是尤吾党之人所愿为执鞭者耳。

中华民国元年八月十三日

中国同盟会本部

统一共和党本部

国民公党本部　　公布

国民共进会本部

共和实进会本部

据《国民党宣言》，载一九一二年八月十三日北京《民主报》第一、二页①

---

①　本宣言的原始版本有两类情况：一为以底本和一九一二年八月十八日上海《民立报》第二页所载为代表的当时报纸；另一为稍后刊布者，如《国民党宣言》铅印线装本（台北·中国国民党文化传播委员会党史馆藏），以及广州《民谊》第一号（中国同盟会粤支部，一九一二年十一月十五日发行）、上海《国民月刊》第一卷第一号（国民党上海交通部一九一三年五月发行）。上述版本除各有个别讹脱误字外，其内容文字几乎完全相同。但后一类所不同者，一是文末未署公布宣言的各党名称（铅印本尚标有日期，而《民谊》《国民月刊》则无）；二是在文中两处提及合并各党时增加"全国联合进行会"，即由五党增为六党。按：北京的全国联合进行会早已同意与同盟会合并，惟于八月十三日《国民党宣言》公布后始正式加入，故有此不同。

宣布北上宗旨及政见

（一九一二年八月中旬）

孙中山先生宣布自己宗旨及政见：一、男女子权；二、大铁道计划；三、尊重议院；四、南北万不可分离；五、大局急求统一；六、报界宜造成健全政论；七、决不愿居政界，惟愿作自由国民。

据一九一二年八月二十九日上海《民权报》

对美国报界和人民的辟谣声明①

（英 译 中）

（一九一二年九月二十四日刊载）②

致美国的中国朋友们：

我并非被迫站在官方立场上谈论中国的事务，也不是在直接意义上的民国政府的传声筒。但是，充分讨论我极为关切之事乃是我的本分，而且也应该消除别国对我国利益的偏见和误解。

若非我亲眼在英、美的报刊上看到许多不实报道，尤其是针对我和现在中国的领导人，以及其他一些派系领导人的关系，也许我不会进行辩解。但各种各样的谣言和不实报道以电报和信件方式，经由中国和日本的港口传递给欧洲和美国公众，因此我一点也不惊讶西方各国人民会产生这样的想法，即中国正在准备快速摧毁业已取得的成就。

我很容易理解官方的某些行动，被看作中国的部分地区仍有革命或者叛乱发

---

① 由于英、美媒体盛传孙文神秘消失，甚至称他与袁世凯发生争执并被暗杀的轰动新闻。孙文立即对这些谣言作出回应，表示这是中国的敌人故意造谣。他为此约见纽约《太阳报》记者，希望通过该报，以口述的方式发表致美国报界和人民的声明。

② 底本未说清楚口述声明的日期，虽有所说明但需考订者颇多，故据报纸刊载日期标出。

生。我不必要表示我是否完全赞成袁世凯总统近来的一些举动。也许我赞成，也许我不赞成，这完全是个人的事情，对政治毫无影响——至少总体上与政治事务和形势无关。

我与袁世凯总统的私人关系非常友善。虽然我们在公共政策问题上并不总是意见一致，但是这些分歧也同样存在于各国公众人物之间。退一步来说，如果在任何一个国家里，都能找到在所有公共事务上意见都一致的一群公众人物，那就太了不起了。

我可以肯定地说，在最重要的事情上，即国家的最大利益面前，所有中国领导人想法都是一致的。至于如何达成目标，则是另外一回事。但是我们所有人都在为这个崇高卓越的目标而努力奋斗着。

没有人会认为，仅仅因为塔夫脱先生、威尔逊先生和罗斯福先生①在公共事务政策上意见不一，美国就会发生内战。这几位先生无疑都是真正的、高层次的爱国者。然而，就我对美国事务的认识程度而言，在很多重大和关键的问题上他们也并非完全意见统一。难道在中国这样就不行吗？

我从首都结束拜访回来不过几个小时，如果按国外报刊的说法，我不敢前往这个城市是由于我会遭遇危险，这真奇怪，散布宣扬这样的猜想实在用心险恶。这对我们的国家以及我们长久以来奋斗的事业造成了巨大的伤害，在世界各国人民的眼中，我们国家和革命事业遭受了挫折。

我前去拜访袁世凯总统，就最近一些重大事件，非常坦率地向他表达了我的看法。我们充分讨论了六国借款问题，应该订立和接受哪些条款；深入探讨了解决民生、政党组织、公民教育、政府矿藏和土地的处置问题，用于拓居而大面积开发农垦土地的计划，以及其他一些进口问题。

当时袁世凯总统就许多问题都作出了完整的说明。在不同议题上他表达的观点，很大部分都包含了我的看法。甚至于袁总统声明的最后一个字，我和他的看法都是一致的。

---

① 塔夫脱（William Howard Taft）、威尔逊（Thomas Woodrow Wilson）和罗斯福（Theodore Roosevelt）是三位曾经先后担任过美国总统的重要人物，他们于一九一二年分别代表共和党、民主党和进步党同时参加总统竞选，结果威尔逊获胜。

如果在香港、上海、北京和其他地方的外国记者，尽力查明关于中国国内的民生问题，或者政府政策的真相，或者用心寻找那些能够告诉他们事实的官员，那么其他国家在中国问题上的观点摩擦或许会少些。

正是出于这个原因，我愿意甚至渴望去发表这番声明。我希望，欧美睿智的人民能够正确地看待我的国家和同胞，以及我和袁世凯总统之间的关系。在当今这个时代，与军事力量相比，公众的看法往往能够更加有效地推动善行和战胜邪恶。

在这里，我希望能够最后一次表明，不管过去和现在，中华民国的敌人如何费尽心机，我国以后将不会再发生内战。中国几个世纪以来被称作"沉睡的民族"——在某种意义上，在多个层面上，也是在事实上——这个称呼是准确的。但是，我们的敌人现在不要自以为是地认为中国依旧沉睡着。它的领导人已经注意到人民的需求，意识到二十世纪的呼唤，以及当下的希望和抱负。

我们非常清楚某些有权势的人——还包括当今某些国家，或多或少带着幸灾乐祸的态度看待新民国的内部分裂。他们欢迎有利于实现他们自己目标的举动，策划南北省份之间的内战，这如同五十年前美国发生严重内战时，在某些地区有人暗地里欢呼一样。经历过那些黑暗日子，现在依然在世的美国人会把那种情感埋藏心里——知道外国人希望和祈祷美国毁灭的事实该是多么苦涩和心痛。

倘若当时美国南方军队胜利了，建立起两个独立的共和国，那是不是也可能会有六个或者更多的弱小国家最终建立起来呢？我料想这是可能的结果。而且我相信一个大国从政治和商业上分裂，迟早也会被别的国家插足，最终被它们瓜分。我不认为我声明这一点过于强硬，如果是这样的话，那就说明我没有读过历史，也没有明智地研究过人类和民族问题。

我觉得，正如美国从前一样，我们在国外也有这类敌人，在某些国家的首都最受欢迎的公告就是通告中国发生叛乱，反对合法当局。

这是一个很困难的声明，但是我相信说明真相可以让全世界都知道以及认识这一事实。

然而，国外幸灾乐祸之人也完全清楚，也许现在更加明白，对已成立的民国来说，在中国事务最前沿工作的人们现在是一个整体，不会分割成个体或者派系来反对中华民族进行中的征程。谄媚、恐惧、诡计或者金钱，都无法让新中国任何一位领导人背弃人民的希冀、愿望和理想而不顾。

正如我在前面所声明，我并不代表中国政府进行官方发言。袁世凯总统是国家元首，是一位强大、值得尊敬的领袖，我也并非受委托为他及其内阁代言。但是，我认为我在为一个团结一致的民族的情感而发声。我警告那些国内外的搅乱是非者，中华民族已经加入到共和政体的大家庭中来，无论要付出何等代价和作出何等牺牲，都一定要继续走共和之路。

不要让我所说的每一个字都被不着边际地解释为一种暗示，即认为新秩序下的中国抵制外国人，或是反对国家福利的外部利益合法化。事实恰恰相反，我们欢迎外国的传教士、商人、资本家和科学家来中国。

袁世凯总统已经选拔了三位知名外国人士来辅助他的工作：一位法学家、一位记者以及一位大学教授。这可以作为我们欢迎外国人的佐证。还有一位知名人士，是一位美国外交官，同时也是中国最重要的朋友之一，我们也希望他能来到首都担任高职。正式的申请已经递交给美国政府和这位先生本人。

为什么需要这些人？因为他们是睿智人士，在过去就无私地显示出他们心怀中国利益。他们是跟随已故罗伯特·赫德爵士的才俊，二十五年来引领着中国的财政。罗伯特爵士是英籍爱尔兰人，已经成为最可信任、最有效率和最有影响力的"中国人"。

不会有人因为国籍或者宗教原因不能在政府里任职。比起以前任何时代，现在我的国家需要世界上最聪明的人来帮助。但是我们不会容忍国家的敌人，在这一点上，无论出身贵贱，中国人民皆同仇敌忾。

当今中国最迫切的需要是建立雄厚的财政基础。也许说这些显得多余，因为国家急需一大笔资金来进行政府机构的良好运作。但危言耸听者认为，因为没有就提出的借款进行迅速谈判，所以民国政府处于崩溃的严峻危险中。这种意见毫无道理。尽管在各种新秩序的建立上若有财政的巨大支持，问题就不会这么复杂，但是采取其他的处理方式，政府也能办成大事，只不过需要时间而已——可能需要六至八年。因此，即便没有一笔巨大的国家贷款，国家事务也将会有一个令人满意的财政基础。

必须记住，中国虽有数百万非常贫穷的人民（还有成千上万的人在短期内连续死于饥饿），也有数百万或多或少交得起税赋的人民。在全国各地推行新税制后，各级政府、各个城市、行省以及国家都会得到大力支持。

除了某些偏远地区外，国家现在又重归于和平。我期待国内外的商业有大幅度的增长，从而使农业、制造业以及其他各种产业也随之繁荣起来。有各地人民的辛勤工作，全国各地一片和平景象，国家一定会繁荣昌盛，政府也将稳定和巩固起来……

也应该看到，中国虽然贫穷且时有饥荒发生，但是自然资源却非常丰富。几百年来的传统和信仰等原因使得国家保存了许多矿产资源：巨大的矿场如花岗岩、大理石、玛瑙等，还有南部、西南部广袤的贵重树林。专家已经发表了报告，并私下告诉我说煤矿资源尚未开发，价值不可估量。同时法国的专家声称，铁矿、铜矿和锌矿山的运营前景比任何地方都光明。所有这些物产，以及超过一亿公顷富饶的耕地无疑是政府的财产。很容易看出，若非是一时失误，国家离破产的境地还很遥远。总统、内阁和国会，有统一中国的情感支持，决心不让这些物产从它们的合法主人，即中国人民的掌控中旁落于他人。已经有保证特许权和租约的合法性这样的例子，但是所有权不得从国库里转让。

因此，尽管中国比今天许多国家都要古老几千年，但是，就它的资源丰富和未开发土地的富饶程度而言，它比最年轻的国家还要年轻。

现在我想简单谈谈另外一件事。我注意到一则从英格兰传来的轰动消息，大意是我和我的拥护者坚持——在内战隐藏的威胁下——把首都从北京迁至古都南京。

我公开坦白地说，我更愿意首都设在一个靠近国家中心的地方。北京离人口集中的地区太远了，这就好比美国的首都设在了缅因州的奥古斯特。华盛顿虽然不在中心位置，但是起码它的优势是大约位于美国大西洋海岸的中途。相对而言，中国首都的位置在上海或者南京比较合适，因此我才提议迁移。并非此前那些荒谬的声言所说，我害怕现在首都的位置易遭日本人侵略。

日本是我们最近的邻邦，我们希望与之友好共处，旧恨应该遗忘。中国进步繁荣对日本也有裨益。我不能相信，日本除了希望我们拥有一个长远和富足的未来还有其他态度。

我最近的北京之行并非要引起骚乱与不和，而是向袁总统保证，有关我的传言不仅虚假，而且毫无事实根据。我不仅对他的忠心和能力有信心，认为他值得最坚定的支持，而且我许诺会尽我最大的努力来支援他现在所承担的这项伟大而崇高的工作。

我诚挚地希望，让此番声明尽可能最广泛地传播给世界大众。

据 "China is United, Declares Dr. Sun: Denies All Rumors of Disruption in Message to American People; In Accord with Yuan", *The Sun* (New York), September 24, 1912, Page 1&4 [《孙逸仙博士宣称中国是统一国家——对美国人民否认所有分裂的谣言；与袁世凯保持一致》，载一九一二年九月二十四日纽约《太阳报》第一、四页]（沈洁译）

致海外同志告北方之行及成立国民党通函①

（一九一二年十月九日）

美洲诸同志公鉴：

文以国事奔波，久失笺候，心实歉然。兹有数事堪为诸同志告者：

一、文归国之初，只经历南方诸省，殆〔迨〕共和告成，国基粗定，即解大总统之职，将实行民生事业。然论者谓共和形式虽具规模，南北犹存意见，大局尚不足恃者。顾文于前月漫游燕、晋、齐鲁间，见北方人士之倾向共和实有真意，不过于行事上新旧之见一时未能铲除，彼此遂稍有误会。文所到之处深受各界欢迎，皆有相见恨晚之态度。文因势利导，开解调和，众皆翕然从风，而南北意见之疑团至此乃涣然冰释。嗣后一道同风，共趋正的，国事当日有进步也。

二、同盟会改组政党之后，党势日见扩张，惟共和党势力差堪相埒，时因争持党见，国事颇受影响。近有数政团与同盟会政纲相同，协同并合，定名为国民

---

① 本通函有二，同日自上海分别寄往美洲和南洋众同盟会员，此件寄旧金山的美洲同盟总会。

党，业于八月间开成立大会，设本部于北京。时适文抵京之日，故得躬亲其盛。惟思政党天职在恪守党纲，观察国情，以发舒国民意旨，种种应付当剔除偏见，一以国家为前提，党德清纯，党势必日臻强盛。今国民党基础已定，势力已宏，此后当体察大局情形，于稳健上相机行事。吾国国基未固，势力衰微，是犹大病之余不宜遽投剧剂，维持之责是在政党。文不敏，甚愿与诸同志共相黾勉，以永持我党为国为民、至大至公之名誉也。①

三、同盟会既改为国民党，嗣后同盟会名义虽存，己变为历史的及社会的团体，当居于政党之外，间接以求三民主义之发舒。惟历年来既负代表鼎革之功，耗无数心血、财力及诸先烈之身家性命，以恢复神洲〔州〕名物声威，不容磨灭。此间诸同志议于上海设立同盟会俱乐部，将保存种种价值，以昭示来兹。此举不独为我党历史上之光荣，实足增民国之庄严，歆外人之视听，想诸同志必乐观厥成。兹附去缘起及启事一束，祈诸同志量力资助，以冀集腋成裘，共襄盛举。纪念垂诸永久，规模不可不宏也。

文近承政府委筹办全国铁道事宜，措置绸缪，异常忙逼。一俟部署稍有端绪，即将游历欧美，筹资开办。届时复将与诸同志倾袊道故，握手言欢也。

临楮神往，无任依依，诸维亮察。并颂

台安

孙文

十月九日

再：请捐册多印，分寄各埠为荷。

据原函照片，台北、中国国民
党文化传播委员会党史馆藏②

---

①　在致南洋同志函中，此处增加如下文字："再，国民党本部当然立于中央政府地点，凡分立于各都邑者称为支部或分部，尊处宜即日改称国民党南洋支部为要。"按：海内外均有少数同盟会组织对改组国民党一事存在保留意见，故国民党成立后仍沿用同盟会名称（如中国同盟会粤支部至一九一三年一月二十六日始更名为国民党粤支部）。

②　另有致南洋同志函，胡汉民编《总理全集》第三集（上海，民智书局一九三〇年二月初版）以《民国元年致南洋同志书》为题排印，内容与本篇相同而个别句子有增减，少数文字有差异，错字亦略多。

预见中国的未来将会是统一、繁荣和强大

（英 译 中）

（一九一二年十一月十三日）

（中华民国的诞生，孙逸仙博士比任何其他人或团体都付出更多的贡献。在二十年间，他策划了推翻君主制的计划并成为了共和国的首任总统。他最近接到袁世凯大总统的授权，为国家铁路系统安排计划与保证需要的资金，进而组建负责工作的中华民国铁道协会。在下面的文章中，他简述了天朝共和国的未来——编者按）

孙逸仙博士书

在北方停留的数周期间，我访问了几个重要的中心地区，并拜访各界国民。此后，我比过去有更强烈的预感，未来的中国一定是一个统一、繁荣、独立的中国。有悲观的评论者预计未来会有两个中国——南方和北方，但是我认为国家现在是完整的，并永远会这样。共和国诞生了。我想告诉国民，在以前——满族统治的时期——暴政掌控了政府和人民，而现在，暴政已逝、它已被驱离出中国，国民管治政府——而这也理应如此。我找到了以前无法想象的、充满同情心的炽热之心。

中国是在任何意义上都能称得上物产丰饶，只是需要开发而已。铁路将会拉近国民的距离，并将会扫清各省人民之间的偏见，与消解之间的嫉妒和阻碍我们向共同目标前进的成见。我们期待的铁路将会很快得到保障。而因为铁路网的建设，产品将被带到新的生产者的面前，会开辟出比以前更广阔的市场，同时，现有的产品的价值也会增加几倍。矿山和之前被忽视的矿产资源也会得到开发。

中国所需要的铁路很快就会被建设起来——一个庞大的铁路网，把共和国的所有大城市都连接起来。这意味着商贸繁荣、财富增加、更好更广阔的市场，但是最重要的是国家统一，因为统一意味着自我保存。一旦统一和富裕的中国能够站立世界之林，就不再会有藐视，不再会有压迫，也不再会有分裂国家的事情发生了。

据 "Dr. Sun Yat Sen Sees China of the Future Unified, Prosperous, Powerful", *Syracuse Journal* (New York), Wednesday, November 13, 1912, Page 9 [《孙逸仙博士预见未来的中国将会是统一、繁荣和强大》，一九一二年十一月十三日纽约《锡拉库扎日报》第九页]（邹尚恒译，高文平校）

英文原文见本册第786—787 页

致各省都督暨临时议会关于
中国铁路总公司成立通告①

（一九一二年十一月中旬）②

各省都督、议会公鉴：

铁路计划，经纬万端。文也不才，深惧弗克负荷，惟当黾勉从事，力图进行，以期贯彻初终〔衷〕，日夜筹思，不敢稍懈。兹于上海组织铁路总公司，业经成立开办。兹事造端宏大，猥承政府授于全权，尚赖各省声应气求，同心共济，庶几镢而弗已，功在不舍。所有各省支路已办者若何，待办者若何，均希详细见示，以便统筹全局。

现在规划程序，阶级有三：首宜立法，次乃筹款，终为筑路。循序图之，方有把握。筹款一层，莫不视为最急。顾民国实行开放主义，地大物博，实不难吸收外资，本公司已与外国大资本家接洽，自可切实担任。然必须章程规定完备，如对于政府、对于各省、对于外国各方面均臻妥善，办事始免丛脞。而借款合同尤为得失所关，本公司之宗旨务期权操自我，而不妨利溥于人，所有条件及抵押总求较胜于前，断不令启〈彼〉野心，致滋妨害，此则立法之要义也。

居留中国之外人，号称资本家或某公司之代表者，热心办事之家，见其易尔由言，辄为信任，颇有致函本公司求为承诺者。不知借款之途，类非一致。如或先揽利权，然后徐图招股，将来要求条件必甚严酷，亟宜预为审慎。本公司自能与外国殷实资本家直接商议，无须辗转间接，徒多迂折。

---

①　孙文创办的中国铁路总公司于十一月十四日在上海成立，为此通告各省都督及临时议会。据所见内容相同的文告，当为分别发出，有的系用函寄，个别字句稍异（如一九一二年十二月二十二日上海《民立报》所载致福建省临时议会书、一九一三年二月出版的贵阳《贵州实业杂志》第二期所载致贵州省临时议会书等）。

②　底本谓该通告发于是年十月实误，因其时该公司尚未成立。按：孙文就此发专电给袁世凯乃在该公司成立之日即十一月十四日，而依理揣度并观本通告内容，当为该公司成立后数日内发出。

筑路之时需用工程专门之人甚多，各省人材均宜广为储备。其有熟悉路事或研究有得者，如有高见，尚望不吝见教，以期集思广益。交通未便之处，犹不免迷信风水之陋习，应请各省剀切劝导，使知铁路为国家及人民莫大之利益，亦即民国自救唯一之政策。人之爱国，谁不如我，必能破除成见，众擎共举，致万里者基于跬步，图终于始，本公司有厚望焉。

特此通告，即希鉴察。

中国铁路总公司总理　孙文

据《中国铁路总公司成立通告各省都督议会电》（民
国元年十月），载中国国民党中央改造委员会党史史
料编纂委员会编：《总理全书之九·文电》，台北，
中国国民党中央改造委员会一九五一年十二月初版

中国铁路总公司成立通告

（一九一二年十一月中旬）

本公司前蒙政府授予全权筹备全国铁路，亟应组织机关，以利进行。兹遵照大总统令，暂于上海五马路①Ａ字第三十六号设立事务所，定名为中国铁路总公司，已于十一月十四日开始办事。嗣后各处如有公文、函件，祈送本公司查收可也。

中国铁路总公司启

据上海《铁道》第一卷第二号，一九一二年十一月出版

---

① 五马路，即广东路。

致各省议会政团报馆电

（一九一三年四月二十六日）

"宋案"① 移交内地以后，经苏程都督、应民政长会同检查证据完毕。凡关于应夔丞、洪述祖、赵总理往来函电，已于有日摘要报告中央，并通电各省都督在案。此案关系重大，为中外人士所注目，一月以来探询究竟者，无时不有。今幸发表大略，望即就近向都督府取阅原电。诸公有巩固民国、维持人道之责，想必能严究主名，同伸公愤也。特此奉闻。孙文、黄兴。宥②。

> 据《孙黄两先生通电》，载一九一三年四月二十七日上海《民立报》

致函康德黎请代发告各国政府与人民书

（英 译 中）

（一九一三年四月底）

伦敦哈利街 140 号康德黎：请代表我将下列文告提交英国政府、议会及欧洲各国政府，并广泛发表于一切报刊。

告各国政府与人民书

国民党领袖宋教仁最近在上海惨遭谋杀一案，经政府所派人员认真调查，已明确证实北京政府与此有重大牵涉。因而民众极为愤慨，形势十分严重，中国正濒临最激烈最危险的危机边缘。政府自知其罪责难逃而且罪恶深重，深知其犯罪

---

① 即宋教仁遇刺案。宋于一九一三年三月二十日夜在上海沪宁车站遇刺，二十二日凌晨不治身亡。法租界巡捕房据人举报，迅即逮捕两名凶手并查获大批证据，表明该案与北京国务总理赵秉钧等有密切关联，源头隐指袁世凯。巡捕房以案情重大，遂与江苏都督府共设会审公堂。因受袁世凯政府百般阻挠，直至"二次革命"爆发前，"宋案"始终未能按司法程序开庭审判。

② 韵目"宥"代表二十六日。

行径和背弃信托的劣迹已直接引起席卷全国的怒潮，而且来势凶猛，大有导致其政权倾覆之可能，因而突然采取非法行动，不顾现正集会于北京的国民代表之强烈反对而与五国银行团达成贷款二千五百万英镑之协议。政府此种专横、非法行动，立即加剧了由于宋教仁被阴谋杀害所激起之强烈义愤，民众的怒火此刻已达白热阶段，可怕的动乱几有不可避免之势。危机确已变得如此严重，以至遍布各地的阴燃火种随时都可能爆发成燎原烈焰。自民国诞生之日起，我便致力于谋求和平、和谐与繁荣。我之所以推举袁世凯出任总统，是因为似乎有理由相信，国家的统一、和平与繁荣时代的黎明，或将由此而加速。从那时以来，我已尽我之力所能及，促使革命所造成的混乱演化为和平与秩序，以达到由乱而治之境。我热诚渴望保持民国全境和平，但是，如果外国金融机构供应北京政府以多半会用来从事反人民战争的钱财，我的努力将归于徒劳。中国若在此时陷入战火，人民势必会遭受到难堪的灾难与痛苦，而他们刚开始在从革命引起的商业紊乱和其他种种破坏中恢复元气，曾为缔造民国作出巨大牺牲的中国人民，今日也决心保卫民国而不惜付出一切代价。一旦为了保卫民国而不得不展开一场生死存亡的斗争，则不仅会使中国的广大民众蒙受可怕的痛苦，也势必殃及外国人在中国的利益。如果北京政府财源短缺，尚可望其与人民实行妥协，而立即供应大量金钱，就可能促成可怕的灾难性冲突。因此，为了文明世界视为神圣的人道，而且以人道的名义，我吁请你们施加影响，以阻止银行家们供应北京政府以在目前情势下肯定会被用作战争军费的金钱。我吁请一切以人类长远福利为怀的人们，在此危急时刻，给我以道义上的支援，以避免无谓的流血，帮助我的同胞，免受无妄之灾。

孙逸仙

一九一三年五月二日

上海

据 Neil Cantie and George Seavert，Sir James Cantlie 译出，载罗家伦等编：《国父年谱》增订本，台北，近代中国出版社一九九四年出版

英文原文见本册第 788—789 页

附：另一译文

（英译中）

我们从康德黎博士处收到了一封由孙逸仙博士发给戴奥西先生的电报的复印件，指责中国政府是谋杀国民党党魁宋教仁的同谋，同时控告政府冒着国会代表的反对声音，以违宪的方式与五国银行团达成善后大借款，并且向文明世界呼吁拒绝袁世凯大总统和北京政府将用于向人民的战争的贷款，在电报中，孙逸仙博士说到在上海的谋杀后果：

国民极度愤怒，而情况变得如此严峻以至于国家已经处在前所未有的紧急关头。北京政府意识到了它的罪行和过错之严重，也意识到席卷全国的强烈愤怒……突然以违宪的方式，不顾集中在北京的国会代表的强烈反对，与五国银行团达成价值两千五百万英镑的贷款。北京政府的专横违宪的行动，瞬间把由宋教仁谋杀引发的愤怒推至白热化，不可避免地令人感到嫉妒震惊。

从中华民国诞生的那一天，我就奋力追求和平、和谐与繁荣。我之所以建议袁世凯担任大总统，是因为我有理由相信这样做会加速国家统一与和平繁荣时代的到来。自那以后，为了使国家离开革命制造的混乱，并带来和平、秩序和管理，我做了所有可以做的事情。我诚挚地希望保持共和国上下和平稳定，但是，假如金融家们将为北京政府提供资金，支持它向人民开战，那么，我的一切努力将付诸东流。……现在如果为了共和国，所有的国民都将誓死捍卫，那么，这不仅意味着给大众带来苦难，而且外国人在中国的所有利益也会受到影响。

孙逸仙博士总结如下：

以人道之名，为了人道主义——文明奉为神圣的理念——我特此呼吁你们运用你们的影响力阻止银行家资助北京政府，从而阻止这些资金运用在战争之上。我呼吁所有全心全意以人类持久的福祉为目标的人们在此危难之际向我提供道义支持，反对不必要的流血并保护我的国人，令他们免受绝对不应接受的悲惨命运。

据 "The United States And China"，*The Times*（London），Saturday，May 3，1913，Page 7［《美国与中国》，载一九一三年五月三日伦敦《泰晤士报》第七页］（邹尚恒译，高文平校）

英文原文见本册第789—791页

为反对袁世凯大借款告各国政府与人民书[①]

（英 译 中）

（一九一三年五月二日）[②]

各国政府人民公鉴：

敝国国民党领袖宋教仁君在沪遇刺一案，经政府派员彻查后，北京政府之种种牵涉已成事实，无可掩饰。人民因此大为愤懑。现在大局岌岌，最可恐慌之危机即在目前。政府自知罪大恶极，有负国人委托之重，势必引起全国公愤，难保禄位，于是以迅雷不及掩耳之手段，与五国银行团缔结二千五百万镑之大借款，以破坏约法。全国代议士提出严重抗议，政府竟悍然不顾。国人因宋教仁君横遭毒手，已不胜愤懑，而政府复有此种专横违法之举动，舆情因之益为激昂。现在国人忿火中烧，恐不免有激烈之举动，大局之危，已属间不容发。全国人民之愤激一致爆发，旦夕间事耳。

余自共和告成以来，竭力从事于调和意见，维持安宁，故推袁世凯为总统。原冀全国得从此统一，人民得早享安居乐业之幸福耳。溯自起义以来，大局扰攘，余亟欲维持全国治安，故不惜殚精竭虑，以求一善良之政府。今银行团若以巨款借给北京政府，若北京政府竟以此款充与人民宣战之军费，则余一番苦心尽付东流矣！

革命以来，商业凋敝，国人已受种种损失。目下正在渐就恢复，若再兴兵戎，势必贻国人以莫大之害。然国人前此既以极大代价换得共和，则今此必当誓死拥护此共和。若国人为誓死拥护共和之故，竟与政府决战，非特国人受无限之损失，凡外人在华之权利亦将受间接之影响矣。故北京政府未得巨款，人民与政府尚有

---

① 一九一三年四月二十六日，袁世凯政府与英、法、德、日、俄五国银行团签订《善后借款合同》。五月二日孙文自上海致电伦敦康德黎，请他将 "To Governments and Peoples of Foreign Powers"（《告外国列强政府与人民书》）转送英国政府、国会及欧洲各国政府，并在报刊广为宣传。英、法、美部分报纸曾予刊载。

② 据孙文致康德黎电函的日期。

调和之望，一旦巨款到手，势必促成悲惨之战争。此可预言者也。

世界文明各国莫不尊重人道，用敢奉恳各国政府人民设法禁阻银行团，俾不得以巨款供给北京政府。盖北京政府此时若得银行团之巨款，必充与人民宣战经费无疑。尚希当世人道为怀之诸君子，出而扶持，俾敝国诸同胞不致无辜而罹惨劫。此余所敢呼吁于各国之前者也。

据《孙中山先生为大借款致各国电》，译自《民国西报》，载一九一三年五月二十三日上海《中华民报》①

告全体国民促令袁世凯辞职宣言

（一九一三年七月二十二日）

当南北统一之际，仆推荐袁世凯于参议院，原望其开诚布公，尽忠民国，以慰四万万人之望。自是以来，仆于权利所在，则为引避，危疑之交，则为襄助。虽激昂之士，对于袁氏时有责言，仆之初衷未尝少易。不意"宋案"发生，袁氏阴谋一旦尽揭。仆于当时，已将反对袁氏之心，宣布天下，使袁氏果知公义自在，舆论难诬，尔时即应辞职，以谢国民。何图袁氏专为私谋，倒行不已，以致东南人民荷戈而逐，旬日之内相连并发。大势如此，国家安危，人民生死，胥系于袁氏一人之去留。为公仆者，不以国利民福为怀，反欲牺牲国家与人民，以争一己之位置，中华民国岂容开此先例。愿全体国民一致主张，令袁氏辞职，以息战祸，庶可以挽国危而慰民望。无任翘企之至。

据《孙中山先生宣言》，载一九一三年七月二十二日上海《民立报》

---

① 同日上海《时报》（四）另据五月三日伦敦《每日邮报》（*The Daily Mail*）以《孙文反对借款计画》为题译载，文字有所不同。《每日邮报》与上海《民国西报》（*The China Republican*）原文均未见，惟见录于 Neil. Cantlie & George Seaver, *Sir James Cantlie：A Romance in Medicine*, London：John Murray, 1939（尼尔·康德黎、乔治·西弗：《詹姆斯·康德黎传》，伦敦一九三九年出版）。

望北京当局及各省政要员同说袁世凯辞职通电

（一九一三年七月二十二日）

北京参议院、众议院、国务院，各省都督、民政长，各军师旅长鉴：江西事起，南京各处以次响应，一致以讨袁为标识，非对于国家而脱离关系，亦非对于北方而睽异感情，仅欲袁氏一人辞大总统之职，遂不惜牺牲其身命以求达之。大势至此，全国流血之祸系于袁氏一人之身。闻袁氏决以兵力对待，是无论胜败，而生民涂炭必不可免。夫使袁氏而未违法，则东南此举无能左袒。今袁氏种种违法，天下所知，东南人民迫不得已以武力济法律之穷，非惟其情可哀，其义亦至正。且即使袁氏于所谓违法有以自解，然今者决死反对之人民遍于六七省，人民心理之表见既已如是，为公仆者即使自问无愧，亦当谢职以平众怒。微论政体共和，即君宪国之大臣，亦不得不以人民之好恶为进退。有如去年日本桂太郎公爵，以国家柱石、军人领袖重出而组织内阁，只以民党有所不满，即翩然引去，以明心迹。大臣风度，固宜如是。况于共和国之人民公仆，为人民荷戈以逐，而顾欲流天下之血，以保一己之位置哉。使袁氏而果出此，非惟贻民国之祸，亦且腾各国之笑。回忆辛亥光复，清帝举二百余年之君位为民国而牺牲，当时袁氏实主其谋，亦以顾全大局，不忍生灵久罹兵革，安有知为人谋而不知自谋者。更忆当时，文受十七省人民之付托，承乏临时大总统，闻北军于赞成共和之际，欲举袁氏以谋自安，文即辞职，向参议院推荐袁氏。当时固有责文知徇北军之意，而不顾十七省人民付托之重者。然文之用心，不欲于全国共和之时，尚有南北对峙之象，是以推让袁氏，俾民国早得统一。由是以观，袁氏不宜借口于部下之拥戴，而拒东南人民之要求，可断言矣。诸公维持民国，为人民所攸赖，当此存亡绝续之际，望以民命为重，以国危为急，同向袁氏说以早日辞职，以息战祸。使袁氏执拗不听，必欲牺牲国家与人民以成一己之业，想诸公亦必不容此祸魁。文于此时，亦惟有从国民之后，义不反顾。临电无任迫切之至。孙文。

据《孙中山先生通电》，载一九一
三年七月二十二日上海《民立报》

谴责袁世凯暴行及要求停止助袁的对外声明

（英 译 中）

（一九一三年七月二十七日）

中华民国第一任临时大总统孙逸仙博士，为反对满族统治，领导中国革命，今天通过联合通讯社发表以下声明：

（中国上海7月27日讯）三个月前袁世凯违反约法，与五国银行团签订借款协议。在此前不久发现的文件表明，民族领袖宋教仁将军的暗杀事件，袁世凯政府亦牵涉其中。由此，我恳请欧洲各国政府和人民暂停对袁借款。中国人民谴责袁世凯谋害忠良及以武力镇压人民的行径。

他们（五大国）对我的请求置若罔闻，而袁世凯凭借款筹集资金，派遣军队南下，免去南方数省都督之职，镇压人民的抗议。因为这些地方的人不同意袁世凯的高压举动，坚持彻查宋教仁被刺案。

江西省抗击袁世凯所派北方军队的进攻，其他省份亦起而加入驱袁下台的行列中来。

一旦袁世凯从这个已经被他所玷污的总统职位下野，当前的战争就会结束。我实在无法忍受目睹我平生的事业被毁，满族的专制竟然被袁世凯的专制所取代。

我将继续为人民的正义事业而斗争，尽管困难重重，但终将取得胜利。

各大国由于错误判断中国的形势，资助袁世凯，从而引起当前的战争。

我衷诚向所有热爱和平的人们恳求，尽早中止这一漫长而又令中国人民蒙受诸多痛苦的流血冲突，停止进一步在资金上援助袁世凯。我是以人道和正义的名义作出此番请求。

据"Sun Yat Sen Accuses Yuan of Tyrannies"，*The San Francisco Call*（U. S. A.），July 29，1913，Page 1［《孙逸仙谴责袁世凯暴行》，载一九一三年七月二十九日《旧金山呼声报》第一页］（沈洁译）

英文原文见本册第792—793页

为创立中华革命党致南洋同志书①

（一九一四年四月十八日）

南洋诸同志鉴：

久失通候，缘在此间组织党事，拟俟成立而后详达诸君，故尔疏暌。兹就绪矣，特为诸君一言。

弟去年抵此埠②，即发起重新党帜，为卷土重来之计，当与同志秘密组织。因鉴于前此之散漫不统一之病，此次立党，特主服从党魁命令，并须各具誓约，誓愿牺牲生命、自由权利，服从命令，尽忠职守，誓共生死。先后已得四五百人，均最诚信可靠之同志，惟此时来者尚未为多。近顷干部章程及新革命方略③，陆续订立完备。此间同志闻风倾慕，均踊跃加入。计以前同志中重要分子均隶党籍，固不待言，又获得多数锐进新同志，声势益形膨大。前此传闻吾党分崩之象，悉已消灭。今后举事必不蹈前者覆辙，当归弟一人统率之下，是国事虽未如愿，党务将告大成，滋可额首也。至此次组织，其所以必誓服从弟一人者，原第一次革命之际及至第二次之时，党员皆独断独行，各为其是，无复统一，因而失势力、误时机者不少。识者论吾党之败无不归于散涣，诚为确当。

即如南京政府之际，弟忝为总统，乃同木偶，一切皆不由弟主张。关于袁氏受命为总统一事，袁氏自称受命于隆裕④，意谓非受命于民国。弟当时愤而力争之，以为名分大义所关，宁复开战，不得放任，以开专恣横行之渐。乃当时责备弟，且大为反对。今日袁氏竟嘱其党，宣言非受命于民国矣，此时方悟弟当时主张不为无见也。其余建都南京及饬袁氏南下受职两事，弟当时主张极力，又为同

---

① 此系通函，自东京寄往南洋各埠。

② 指东京。

③ 在孙文亲自主持下，一九一三年冬开始制订中华革命党《革命方略》，至一九一四年四月完成，在党内发行油印本。同年秋冬间，又再行修订。因同盟会亦曾制订《革命方略》，故函中称该件为"新革命方略"。

④ 隆裕原是清光绪帝皇后，一九〇八年宣统帝继位，始徽号"隆裕"，称隆裕太后。一九一二年二月十二日，由隆裕太后签发清帝退位诏书。

志反对。第二次革命之前有"宋案"之发现，弟当时即力主开战，克强不允，卒迁延时日，以至于开战即败。可知不统一服从，实无事不立于败衄之地位。故鉴于前辙，兹乃力洗从前积弊，幸同志多数均以为然，故能至此成效。

今大致已经就绪，拟即分寄章程前赴南洋、欧美各处，开立支部。诸君久居南洋，声誉素著，谅能本此宗旨，设各埠支部以张党势。故兹特沥述情形，冀望诸君赞成其事，并为传播此旨，想诸君必不却其请也。至章程一切，日间即行寄上。

手此奉白，即颂

近祺

孙文

四月十八

收信地址名字：

Toyama

26 Reinanzaka

Tokio

Japan①

据原函影印，载黄警顽等编：《南洋霹雳华侨
革命墨迹》（又名《中华革命史迹》），上海，
文华美术图书公司一九三三年二月出版②

---

① 以上中译文为：日本东京灵南坂町二十六番地头山。按：当时孙文寄居于该町二十七番地日人海妻猪永彦宅，为躲过日本警方检查信件，故以邻舍头山满宅为收信地址。

② 另见邓泽如辑《孙中山先生廿年来手札》卷一（广州，述志公司一九二七年一月出版）所载孙文致邓泽如原函影印，与底本内容完全相同，惟个别文字稍异。

讨袁军总司令告示①

（一九一四年五月）

讨袁军总司令孙文示

为袁贼窃权弄柄，专制皇帝一般：解散参众议院，临时约法推翻；削灭司法独立，铲除自治机关；外债滥借滥用，苛税不惜民艰；惨杀报馆主笔，纵容侦探凶残；用兵名为剿匪，反令骚扰闾阎；暗杀起义元勋，阳为与己无干；任用一般狐狗，尽是前清大员；不念民生国计，惟知献媚取怜。民国人民为主，岂能袖手旁观！为此申罪致讨，扫除专制凶顽，改革恶劣政治，恢复人命主权。本军志在讨贼，与民毫不相关，同胞各安生业，慎勿惊扰不安。

民国三年五月　日

讨袁军总司令（印）

据《孙文六言告示》，载一九一四年六月三日上海《生活日报》

讨袁檄文

（一九一四年五月）

壬子②之五〔正〕月国民悯兵之惨，许清室旧臣自新，竭诚志以临时政府付袁世凯。四海之内，莫不走相告曰：息兵安民，以事建设，是大仁大义事也。吾民既竭诚以望，今袁所报民者何如哉？辛亥之役，深〔流〕血万里，人尽好生，何为而然？若知袁之暴戾更甚于清，则又何苦膏血万户，以博一人皇帝之雄哉！

---

① 一九一四年五月三十日晚，袁政府警察在上海小沙渡地方破获革命党机关，逮捕党人陈乔荫、王锦山等，致使定于当夜发动的反袁起义被破坏。此件和下一件《讨袁檄文》均从被捕者身边搜出，登载这两份文件的上海《生活日报》系革命党人所办。

② "壬子"为一九一二年，下述有关清帝退位、改选袁世凯为临时大总统等事均发生于阳历二月中下旬，故将五月改订为"正月"（阴历）。

所以宁死而不悔者，誓与共和相始长耳。

今袁背弃前盟，暴行帝制。解散自治会，而闾阎无安民矣；解散国会，而国家无正论矣；滥用公款，谋杀人才，而陷国家于危险之地位矣；假民党狱，而良懦多为无辜矣。有此四者，国无不亡，国亡则民奴，独袁与二三附从之奸，尚可执挺衔璧以保富贵耳。呜呼！吾民何不幸，而委此国家生命于袁氏哉！自袁为总统，野有饿莩，而都下之笙歌不彻；国多忧患，而郊祀之典礼未忘。万户涕泪，一人冠冕，其心尚有"共和"二字存耶？既妄〔忘〕共和，即称民贼。吾侪昔以大仁大义铸此巨错，又焉敢不犯难，誓死戮此民贼，以拯吾民。

今长江大河，万里以内，武汉京津，扼要诸军，皆已暗受旗帜，磨剑以待。一旦义旗起，呼声动天地。当以秦陇一军，出关北指；川楚一军，规画中原；闽粤旌旗横海，合齐鲁以捣京左。三军既兴，我将与诸君子扼扬子江口，定苏浙，以树东南之威。犁〔犁〕庭捣穴，共戮国贼，期可指日待焉。《书》曰："民惟邦本，本固邦宁。"又曰："纣有臣亿万，惟亿万心；予有臣三千，惟一心。"正义所至，何坚不破？愿与爱国之豪俊共图之！

孙文檄文（印）

据《孙文檄文》，载一九一四年六
月三日上海《生活日报》第十页

致南洋同志论党员服从党魁意义
并指示设支部注意事项函[①]

（一九一四年六月十五日）

同志诸公大鉴：

窃文自东渡以来，夙夜以国事为念，每睹大局之颠危，生民之涂炭，辄用怛

---

① 此系通函，另附寄孙文所订《中华革命党总章》。底本收信人是国民党槟榔屿支部副部长陈新政（一九一四年十月被孙文委任为中华革命党槟榔屿支部长）。同日，亦向旧金山、檀香山等处同志邮寄函件及总章。

恻，不能自已。因纠合同志，宣立誓约，组织机关，再图革命，薪以牺牲之精神，尽救国之天职，区区诚悃，当早为诸公所洞鉴。

惟此次立党，与前此办法颇有不同。曩同盟会、国民党之组织，徒以主义号召同志，但求主义之相同，不计品流之纯糅。故当时党员虽众，声势虽大，而内部分子意见纷歧，步骤凌乱，既无团结自治之精神，复无奉令承教之美德，致党魁则等于傀儡，党员则有类散沙。迨夫外侮之来，立见摧败，患难之际，疏如路人。此无他，当时立党徒眩于自由平等之说，未尝以统一号令、服从党魁为条件耳。殊不知党员之于一党，非如国民之于政府，动辄可争平等自由，设一党中人人争平等争自由，则举世当无有能自存之党。盖党员之于一党，犹官吏之于国家。官吏为国民之公仆，必须牺牲一己之自由平等，绝对服从国家，以为人民谋自由平等。惟党亦然，凡人投身革命党中，以救国救民为己任，则当先牺牲一己之自由平等，为国民谋自由平等，故对于党魁则当服从命令，对于国民则当牺牲一己之权利。意大利密且儿作《政党社会学》[1]，谓平民政治精神最富之党派，其日常之事务，重要行动之准备实行，亦不能不听一人之命令。可见无论何党，未有不服从党魁之命令者，而况革命之际当行军令，军令之下尤贵服从乎！

是以此次重组革命党，首以服从命令为惟[2]一之要件。凡入党各员，必自问甘愿服从文一人，毫无疑虑而后可。若口是心非、神离貌合之辈，则宁从割爱，断不勉强。务以多得一党员，即多得一员之用，无取浮滥，以免良莠不齐，此吾等今次立党所以与前此不同者。

但前因草创伊始，同人等均以精神为结合，故一切章程规则未经制定。迩因党员渐众，党务日隆，非有准绳无所依据，加以海内外纷请章程创立支部，爰定总章，用资遵守。兹特邮呈左右，倘蒙就地开设支部，尚祈悉心研究，按照总章妥为办理。惟本总章系规定本党全体组织，故特详于干部，各支部组织宜按各地情形自行订立章程，呈请干部核定。但所宜注意者：

---

① 密且儿（Robert Willy Eduard Michels），今译米凯耳斯，一九一一年出版意大利文著作《政党社会学》（*Soziologie des Parteiwesens*），孙文所引用者为纽约一九一五年英译本《政党：现代民主国家寡头政治趋向的社会学》（*Political Parties：A Sociological Study of the Oligarchical Tendencies of Modern Democracy*）。

② 此处删一衍字"唯"。

（一）各支部分科组织不必悉如干部，又不可袭干部总、协理，各部、局、院等名目。如干部中之军事部、政治部、协赞部①及部内各院，支部均不必设立。各支部只宜设部长、副部长，不宜设总、协理。各分科办事，只宜称科称股，不称部、局、院，以免淆混，而清界限。

（二）本党系秘密结党，非政党性质，各处创立支部当秘密从事，毋庸大张旗鼓，介绍党员尤宜审慎。至向来设立之国民党支部，乃系政党性质，与现在之党并行不悖，毋庸改组，以免〈生〉枝节。尤当同心同德，毋以新旧党员故存畛域。总之此乃秘密结党，有时或藉国民党名义为旗帜，或别立名目以号召，均无不可，是在诸公斟酌而妥筹之。

专此布达，敬颂

公祺

孙文

六月十五日

通信地址名字：

Toyama

26 Reinanzaka

Tokio Japan

据原函影印，载黄警顽等编：《南洋霹雳华侨
革命墨迹》（又名《中华革命史迹》），上海，
文华美术图书公司一九三三年二月出版

致南洋各埠洪门同志书

（一九一四年七月二十九日）

南洋新加坡洪门义兴公司转各埠洪门同志诸公大鉴：

窃文自辛亥返国，与同志音问久疏矣。而疏远之由，自非本意，只缘当日返

---

① 后改称协赞会。

国，推倒满清，民国告成，国人将享共和幸福，弟以历其境者，定可将耳闻日〔目〕见之佳话，拾集纂录，为诸同志缕晰以陈。讵迟之久，惟见国事日非，扰攘无定，官僚充塞，小人秉权，破坏共和，复行专制，两年以来，绝无善状。用是愤慨交并，临颖辄止，此中衷曲，当为诸同志所共谅。

乃者时局日非，国体将变，善状固无可述，恶状则不得不为诸同志一言，而挽救恶状之法，亦欲为诸同志披沥一述。去岁弟自东渡，迄于近日，常夙夜以国事为念，每睹大局之颠危，人民之涂炭，辄用怛恻，不能自已，纠合同志，各具誓约，组织机关，共图革命，求以牺牲之精神，尽救国之天职，业经多数同志赞成加入，党势甚盛。① 但党员虽众，声势虽大，而内部分子意见纷歧，步骤凌乱，党魁则等于傀儡，党员则等于散沙，既无团结自治之精神，复无奉令承教之美德，迨乎外侮之来，立见崩溃，患难之际，疏如路人，此无他，当时之党未尝以统一号令、服从党魁为条件耳。凡人投身革命党中，以救国为己任，为国民谋自由平等，对于党魁则服从命令，对于国民则牺牲权利。意大利密且儿博士作《党政社会学》，谓平民政治之精神最富之党派，其日常之事务，重要行动之准备实行，亦不能不听命于一人。可见无论何党，未有不服从党魁命令者，而况革命之际，当行军令，犹贵服从。此次组织革命党事，以服从命令为唯一之条件。凡入党各员，无论其前隶何党，无论其党籍之新旧，必须其宣誓服从，毫无疑义而后可。

弟将近年来之景况，及洪门党务进行事宜，与夫民国危急之情形，大略报陈，望诸同志固结团体，振起精神，再做革命工作，爱党爱国，洪门之责任也，亦弟之厚望也。专此布达，即颂

公祺

孙文
七月二十九日

据中国国民党中央改造委员会党史史料编纂委员会编：《总理全书之十·函札》上册，台北，中国国民党中央改造委员会一九五〇至一九五二年出版

---

① 此件自"但党势虽众"以下的一段文字，与同年六月十五日《致陈新政及南洋同志书》内追述同盟会、国民党时代党务情况的文字相同。此处径与中华革命党的建立相接，文意不谐，疑有脱文。

中华革命党本部约束党员通告

（一九一四年八月二十三日）

约束党员通告

启者：欧洲战祸[1]，延及东亚，均势局破，国无亡日；外交稍失其宜，瓜分即有所藉口。试问一般前清亡国官僚，岂堪扶此危局？此际稍有识者，莫不以革命为救国之唯一法门，又属革命之绝好机会。乃有一般侦探及政客者流，希图目前富贵，散布种种谣言，冒爱国之名以淆群听，藉对外之说以惑邦人，复挟各种危险手段以为恐陷之计，稍有不慎，即堕术中，终无以自拔也！凡我党员，素明大义，洞悉奸谋，谅不至为所惑。但当积极进行之日，允宜精神一致，息邪说，正人心，拒诐行，以张吾党堂堂正正之革命旗鼓，达吾党远大之目的。用特申明约束，通告我党诸君；并希各省支部，每省迅举调查员二人，限三日内将所有在京[2]党员姓名、住址及有无违犯约束规则情事，造册报告本部，以便稽核为盼。

附约束党员规则四条：

一、不得以个人自由意思行动，加入他之团体或集会。

二、不得受外界之摇动，有违背本党之行为。

三、不得以个人名义，发表违反党义之言论。

四、不得以违反党义之言论行动，煽惑本党同志。

中华民国三年八月二十三日

本部启

据《约束党员通告》，载南京《中央党务月刊》第四期，一九二八年十一月出版[3]

---

① 一九一四年八月爆发以欧洲为主要战场的大规模战争，当时称为欧洲战争，简称欧战，即第一次世界大战，至一九一八年十一月结束。

② 指东京。

③ 按：一九二八年三月，中国国民党中央执行委员会接收上海环龙路四十四号中国国民党本部大批档案，成立档案整理处进行整理后，将部分党史资料在该会秘书处印行的《中央党务月刊》上刊布，本通告即为其中之一。本书后面所收载于该杂志各件，亦出自同一来源。

中华革命党成立通告^①

（一九一四年九月）

吾党自"一次革命"国体与政体变更后，即以巩固共和，实行民权、民生两主义为己任。乃以"宋案"、借款^②之故，促起"二次革命"，不幸精神溃散，相继败走，扶桑三岛^③遂为亡命客集中之地矣。谈及将来事业，意见纷歧，或缄口不谈革命，或期革命以十年，种种灰心，互相诟谇，二十年来之革命精神与革命团体几于一蹶不振，言之不胜慨叹！

惟文主张急进，约束前人，激励后继，重新发起中华革命党，海内外同志立约宣誓，争先恐后。夏六月开总理选举会，到者十八省，文当选为总理。七月八日在日本筑地精养轩开本党成立会，文于是就总理之职，当众宣誓，公布中华革命党总章。自是之后着意进行，本部组织于焉成立。用特通告海内外同志：自中华革命党成立之日，凡在国内所有之国民党本部、支部、交通部、分部被袁氏^④解散者不能存在无论矣，所有海外之国民党，除在日本东京已宣告解散外，其余美洲、南洋各地未经解散者，希即一律改组为中华革命党（党为秘密团体，与政党性质不同，凡在外国侨居者仍可用国民党名义，内容、组织则更张之，即希注意）。均以履行总章第七条之手续书写誓约者认为本党党员，协力同心，共图"三次革命"。迄于革命成功、宪法颁布、国基确定之际，皆由吾党负完全责任。

此次办法，务在正本清源，一进〔屏〕斥官僚，二淘汰伪革命党，以收完全统一之效，不致如第一次革命时代，异党入据，以伪乱真。国内无论矣，即海外

---

① 本通告由孙文领衔，一九一四年九月间自东京发往海内外能联系到的原有国民党组织，以及新建立的中华革命党分支机构。

② 此指袁世凯政府未经国会同意，于一九一三年四月二十六日与英、法、德、俄、日五国银行团签订《善后借款合同》，贷款二千五百万英镑以对抗国民党。

③ 中国人以扶桑为日本之别称，扶桑三岛即指日本。日本共有三千余岛，三岛系指本州、四国、九州三大岛，而北海道亦为大岛。

④ "袁氏"及下文"袁贼"，均指袁世凯。袁世凯镇压"二次革命"后，于一九一三年十一月四日下令解散国民党，并取消国民党籍国会议员职务。

人士亦须严加审别。非由我中华革命党支部、交通部特别选派及其承认介绍者①，概不收纳界以政事，使保皇败类计无所施。

现在全欧战云密布，各国自顾不暇，无力及我。且世界金融机关已经紊乱，袁贼之财源既竭，饷糈自空。英雄有用武之地，正吾党努力建功之时。凡我同志，务望担负责任，切实进行，黄龙痛饮，为日有期。

惟近有不写誓约非中华革命〈党〉员，假国民党名义蛊惑我真正热心同志，藉端滋扰，日有所见，非力加调查而甄别之，则不足以固党基而定国是。此本部同人拳拳之意也。

中华革命党总理　孙　文

总务部长　陈其美

党务部长　居　正

军务部长　许崇智

政治部长　胡汉民

中华民国三年九月　　日

通讯处：

日本东京市芝区南佐久间町一丁目三番地民国社②

英文通讯处：

To Min Kon Shi

No. 3 Minamisakumacho

Shibaku，Tokio

Japan

据《中华革命党成立通告》油印原件，台北、中国国民党文化传播委员会党史馆藏

---

① 此处删二衍字"政府"。

② 《民国》系中华革命党机关刊物，创办于一九一四年五月。

谕中华革命党本部总务部就
汇款办法通告海外各支部

（一九一四年十月二十七日）

○○支部公鉴：

径启者：本党汇交款项办法，业经遵照总理面谕规定：海外各支分部筹集款项，一律直汇日本东京交本部核收，然后由本部按照内地各省进行情形，分别缓急酌量支配。敝部于各支分部覆函中曾将此项办法明白通告，计邀钧鉴。盖不如此办理，则事权不能统一，支用始能核实故也。敝部以款项为吾党成败所关，恐覆函中有遗叙此项办法之处，特再专缄通告，希各查照办理。以后尊处款项，务一律汇交日本东京本部核收，由总理填给收证为据。所有从前于别地设立收款机关者一律作为无效，尊处毋庸汇款前往。若因有特别事情当迅速划拨以赴事机，则由总理指明收款地方，电达尊处办理，此为例外。谨此，即颂

公安

中华革命党总务部启

十月廿七日

附启者：凡党员各项捐款缴纳时，由尊处给予收据；尊处将整数汇到本部后，由本部给收据与尊处，以归简一。

总务部又启

（印发）

据《通告海外各支部函稿》，载中华革命党
本部总务部《文稿》第一卷（一九一四年
十月二十八日立），原稿本，上海图书馆藏

中华革命党为讨袁告同胞书

（一九一四年十月）

　　敬通告者：吾人以极痛苦极惨淡之精神魄力，日夕哀告呼诉于国民之前，而举国犹半醒若睡者，岂国民之神经过于麻痹乎？殊不知天下真理原不易著，以吾民困惫于颠播震荡之旋涡中，亡国灭种之说，闻之者非一载；借款杀人之事，见之者非一端。人之道之，非不喻其理，人之纵之，非不明其祸，只以生命财产无法律之保障，干涉不可，监督不能，补救无术，付之缄默，于是乎舆论死矣，心理亡矣。而专制魔王遂乘此弱点，颠倒错乱，傀儡法律，压抑民情，以自诩一手遮天之手段，愈出愈奇，愈演愈剧，为彼子孙帝王万世之基业计，且将陷吾民于水火，沉沦万劫不解之苦境。呜呼毒矣！今请言其事：

　　夫国之有宪法，国家之根本法也。共和政体通例，只有宪法产生总统，并无总统产生宪法。袁氏无共和资格，惟以总统作皇帝观；当南京议和时，开宗明义之要求，居然列为条件。洎国会成立，财力威势并用，得遂先举总统后定宪法之成议。比总统就职，而宪法销沉，此根本上之谬误，谁致之而谁与之？吾民其可不察乎。且议定宪法，为国会之特权，前国会所制定之宪法草案，友邦宪法专门学者亦曾逐条讨论，毫无窒碍不适国情之点。乃袁氏为欲伸张无限之权力，而不愿受宪法上之拘束，于是藉口干涉，怂恿劫夺，迄不能动；乃加议员以作乱之名，全行放逐，甚至拘禁枪毙，待若巨盗。兵威宪祸，天下寒心，至此永无真实宪法之发生矣。呜呼！以吾民掷多少之头颅，流无量之热血，费无数之金钱，今欲换此区区十数条之明文而不可得，举国公论，其谓之何？况国会议员为全国人民之代表，既知以宪法为千秋万世立国之基，而能悉心制定，可谓无负人民之付托；袁氏以为逆己而逐之，是袁氏已无待人民之诚意也。至由中央政府指派数人，由中央政府令地方官厅指派数人，组织所谓政治会议，复由政治会议产出所谓约法会议。又由中央政府饬地方官厅，各指派数人齐集北京，赐以头衔曰约法议员；名其机关为造法机关，俨同正式国会，仰承袁氏意旨，转达袁氏命令，美其名曰修正之约法。又由袁政府指使约法会议，产出现在之所谓参政院。种种非驴非马机关名称，不过代政府受过分谤之傀儡而已。袁氏所以利用此掩耳盗铃之计者，不过对于外交上掩饰，而为借债之地步耳，岂有国家之真意存于其间乎？

逐民选之议员而用指派之议员，毁开国之约法而行钦定之约法，赝形意象，术能乱法，袁氏自谓可以长治久安。乃今者忽更出一种愚民政策，比之收买议员、干与宪法，其手段为尤阴挚者，即迅速筹备立法院是也。按各报所载，袁氏近任命进步党员王揖唐、王家襄等二十四名为总统府咨议官，给以旅费，派往全国各省、南洋各埠游说，其大旨在使人民洞悉当兵纳税之义务，而不参与政事；并使进步党增长对于人民之信用，以为扩张党势而占将来立法院议员之多数，以供政府之操纵，得以便宜制定宪法，使全国人民永远伏于大总统权力之下。其处心积虑诚不为不密矣；然而袁氏此举，特一前清缩短国会期限之故智耳。当满清末季，内政紊弛，外交疲柔，民困财尽，岌岌不可终日，举国妇孺知非革命不足以图存；于是我民军声威如元气浩瀚布濩两间，不可遏抑。满清执政处不得已之时，始出此姑息弥缝之计。今袁氏窃柄，以诈取，以术驭，以杀止乱，以力防民，以权利饵政客，以牢笼待将士，以金钱买军心，以资格取官僚，以命令代法律，以谄媚策外交；万机出自亲裁，庶政不由舆论，施展裕如，无民党之牵制，宜若可以有为矣。乃起视四境，国事日非，国运日促，天怒民怨，百喙莫解。不良政治，乃有革命健儿，伏尸流血，反为导线，株连没产，坚我决心。一年以来，大江南北，烽火数举，皖之六安，苏之通州，浙之温州、杭州，湘之衡州，赣之玉山等处，端倪稍露，即树风声。袁之所恃，自矜北旅，乃山东有龙口之役，山西有大同之役，河南有滑县之役，满州〔洲〕有本溪湖之役，足见国家前提，无分南北。其余若西蜀，若两粤，师凡十数处，袭地占城，穷于防御，此不过表面之大较者。其实革命种子散布全国，以大义相号召，以良心相呼应，以国利民福为前提；南八男儿，幽燕志士，巴蜀子弟，赣粤亡命，以及各省问题，莫不共戴黄灵，誓歼民贼。实力充裕，藏锋待时。欧战开幕，吾人着着进行。袁氏孤穷，祸生肘腋，指日誓师，克期举义，捣彼三海，传檄四方，专制魔王之末日，路易十六之前途，行见有以报我国民也。袁氏自知诈取术驭不足以维持秩序，今日调兵，明日戒严，财力一尽，上将无灵，犬奴丧气，天下之以诈取术驭者，诈亦有时而尽，术亦有时而穷。呜呼！袁氏之手段不过如是如是而已。使其肺腑果有见及国会必要之心，则当俯首以顺民意，决不致有当日解散之举。兹解散人民真正选举之国会，而复利用见利忘义之徒，筹备将来之立法院，其手续固无异指派，而其欲综揽大权，把持宪法，伪定明条，以永远陷吾民于悲境者，其心甚毒也。无论将来立法院即与政治会议、参政院同一傀儡作用，而就其苦心积虑，迫于革命风潮，出此愚民下策，谁谓吾同胞绝无聪明睿智之人，而不能烛奸察隐乎？呜呼！司马昭之心，路人皆知；袁氏之策未成，袁氏之心若揭，袁氏何尝多智哉！昔之论袁氏者曰：不学无术。今之论袁氏者曰：有手段，无道德。虽然，吾从前说。

　　闻之化学家之言曰：两素互有作用，化合必成特性，其所余者，名曰残滓。立宪国之有政党，所以养成多数者政治上之智识，而使人民有对于政治上之兴味，其主体作用，在掌握政权或左右政权者。若恣助君主酷焰，以为固宠希荣之地位，是谓妾妇之行。袁氏之政体，暴君政体也，寡头政体也；较之专制政体之解释，其程度犹有不逮。而民党之欲以武力破坏之者，实预料其不能达于完全法治也。故与袁氏立于对待之地位，而皆为有作用之元素，正在比量化合之强度也。惟御用党名为拥护中央，实则阿附袁氏，始则欲推倒民党以擅宠；比民党解散，各项会议诸得多数，而对于国家仍一无所建白，清夜扪心，其能免于残滓之讥乎？袁氏自知无力振兴中国，而日夕惕于革命军之天讨，乃御用党，犹希望将来立法院之议员，丧心病狂，为虎作伥，虽未读世界革命史，其亦将袁氏政史细心领略而识彼鸡肋之味乎？呜呼！政府不足恃，政党无足齿，英雄岂终无用武之地乎？盖闻豪杰之民，虽无文王犹兴，况二十世纪共和民主，岂容苟且图存而不思一振奋也？值此国运颠危，国权销丧，全球之龙斗方酣，中原之狮睡未醒，沉沙折戟，英雄抚髀肉以生悲；铁马金戈，大局随风潮而变态。愿我同胞，知困知穷，知奋知起，一鼓作气，凌厉无前，烛彼奸谋，声罪致讨，共树白日旌旗，扫除独夫凶焰。行者充役，居者助粮，重建共和，共襄义举。十年老马，愿效率途之用；千里骁骝，能成开道之功。薄海内外，无老无幼，无男无女，悉以革命为救亡第一要义，则吾人真正共和之目的能达，自不难组织代表民意机关，订定优良宪法，以为永远万世遵循之准则。立法院云乎哉？

区区微意，尚祈公鉴。

中华革命党本部启

三年十月〇日自日本东京发

据中国国民党中央改造委员会党史史料编纂委员会编：《总理全书之六·宣言》，台北，中国国民党中央改造委员会一九五一年五月出版

海外各埠国民党组织改组为中华革命党之通告[①]

（一九一四年十一月）

〇〇〇公鉴：

通启者：凡一国政治之善良，纯恃强有力之政党以拥护宪制，而抵抗少数者之专制也。故政党之作用：一、所以养成多数者政治上之智识，而使人民有对于政治上之兴昧；二、组织政党内阁，直行其政策；三、监督或左右政府，以使政治之不溢乎正轨。此皆共同活动之精神也。

民国成立以来，同盟会以五党合并组织强有力之国民党，可谓民国第一产儿。乃袁氏以武力铲除国会，宪制荡然，政治不容人民置喙，本党早已失其作用。袁氏即不迫令解散，亦已名存实亡。兹已解散，我辈精神主体克存，更不必为机关名称惜也。

政党之目的，凡国事均欲在政治上解决，今起视神州赤县，四郊多垒，生黎涂炭，锄法臆制，非驴非马，继此以往，其能臻完全之法制乎？文睹此现象，殊失初衷，故于第二次失败之后，即继续持积极主义，统率新旧同志，爰谋第三次进行，务以武力削彼暴政，先破坏而后建设，敷施方云顺序。惟组织之初，团体务求一致，国民党为同盟会之产儿，同盟会为革命党之元素，其精神、主义乃始终一贯者。今国民党虽被解散，而一段〔般〕革命之精神日久弥笃，未稍磨灭，有今日破坏之能力，始有他日建设之余地。因时权宜，方不失之胶固。故国内国

---

① 本通告发自东京。

民党支部、交通部，凡在各省经政府解散者，及其余驻设租界者，均一律秘密改为中华革命党支部或交通部，加写誓约，遵行新章，直接受本部指挥。

惟海外各支部，袁氏命令不逮，机关岸在〔然〕独存，不为势屈，不为时懈，较之随波逐流者，自当高出千万。然值此风雨飘摇之民国，袁氏不足救亡，已为国民共见。由是推知党员心理，莫不共以革命为前提，而以研究政治为第二之问题也。

既溯国民党之历史，复征国民党之舆情，均与革命事业相维相系，只以机关名称隔阂，致未能联络一致。兹特公函通告海外各埠国民党支部、交通部，如有未经加入中华革命党者，务希全部填写誓约，照总章重新改组，外虽不妨暂仍其名，内必一律厉行其实。或有一部分已先改为中华革命党支部者，所余部分亦望概行改组，或与前所立之支部并合，或另立支部，均听酌量各地情形办理。如能依照一定手续章程办理妥善，呈报本部，当即正式委任，以归统一。

诸公毅力热忱，多所建白，国步方殷，遇事务求循名核实，新旧两党皆文发起，用是不避更张，缕晰报告，以祈实际进行之便利，务望诸公察允是荷。此启。

中华国民党理事长　孙文①

三年十一月　日

据《通告海外国民党各支部改组函》，载南京《中央党务月刊》第四期，一九二八年十一月一日出版②

---

① 此处据黄警顽等编《南洋霹雳华侨革命墨迹》影印孙中山致壩罗同志原函，增补"中华国民党理事长孙文"十字。按：在国民党之前冠以"中华"二字，当系作为国名使用。

② 黄警顽等编《南洋霹雳华侨革命墨迹》（上海，文华美术图书公司一九三三年二月出版）所影印孙文致壩罗同志原函，乃是寄往南洋各埠通告之一，一九一四年十二月三十日始发出，其内容与底本相同，唯个别文字略异。壩罗（Ipoh）亦译怡保，英属马来联邦霹雳州首府。

敦促海外各埠洪门全体
加入中华革命党通告①

（一九一四年十一月）②

○○○公鉴：

通启者：当民国纪元以前，我洪门以自由组织继续活动，为国艰辛，垂数百年。辛亥一役，建虏政权遂覆，种族目的完全已达。回顾秘密结社之时代，尚幸不负初衷，有志竟成，诸公伟力诚不容没也。居未几，袁氏背约，窃国拥兵，帝制自雄，于是促成二次政治革命，不幸精神溃散，相继失败。一班景炎趋势之徒，平日附和革命者，尽行揭除面具，贼道戕义，为民贼作伥。故同胞、同志枉遭惨戮者，日不胜纪。谓非国家法律沦亡，是非黑暗，当时未设保障人权之道乎！

兹袁氏天怒人怨，举国公认。文以天职所在，爰是集合同志，组织中华革命党。阅年以来，机关既备，进行亦有端倪。惟是此次组织与前不同，前此根本未备之经验，今必预防其覆辙。故总章十二条所载，首义党员悉隶为元勋公民，得参政、执政之优先权利，纯为保障真正革命党而设，且足以鼓励当时之勇进，而表率后来之平准。渺兹微义，幸海内外同胞均能一律鉴及，故新进党员大率类以千万计。

我洪门当日主义既已昭然若揭，而后此再接再厉，尤应协力并图。况政治革命与种族革命性质既殊，难易自判。种族革命无妨多立秘密机关，以为分头并进之活动；政治革命则仗义执言，非以堂堂之阵、正正之旗不足以耸国民之观听，而避外邻之干涉。今日无论各种团体均已一体改并，万流汇源，实此意也。文忝属洪门一分子，以密切关系所在，意欲各埠洪门团体急起直追，共图革命事业，并全部填写誓约，加入中华革命党。其所存机关，外无论悬示何种通信名义，不

---

①　本通函发自东京。
②　函末未署日期。按其内容及当时情势，当与上篇发出时间相近，故酌为一九一四年十一月。

妨悉仍其旧；其内部则一律按照总章、通则，改组中华革命党支部，以免消息隔阂，而收指臂相助之妙用。望诸公极力提倡国家主义，而破除门户各立之微嫌，迅速筹办致覆，以便正式委任。倘天佑民国，完全之目的能达，则洪门之名誉、事功将来益垂无穷矣。书不尽意，专此奉达。

孙文谨启①

据《通告洪门改组支部函》，载南京《中央党
务月刊》第四期，一九二八年十一月一日出版

附载：揭露中日交涉黑幕之通告（东辟）②

（一九一五年五月四日）

中日交涉经三月间之谈判，袁氏将允日本之大体要求。国人神经，如受痛刺，仿佛失其作用。袁氏又复多方舞弄，一面假顾全邦交之名，禁止排外之种种举动，一面又将关系地方驻屯军队，故意调动，以示为外交上最后之准备，令国人堕其术中，得便私图。若虽为石敬塘〔瑭〕、刘豫，而国人犹莫知其所以。彼党袁氏者，固应为袁氏怙恶，嫁祸于人。国人昧昧，吠影吠声，无足怪也。奈何平素以民党自命，本爱国为前提，号称聪明才智之士，有政治上智识者而亦不免为所扰惑，何不忍之甚也！

交涉之远因

先是，袁氏与早稻田大学总长大隈伯素有交谊，袁氏术得总统，即由伯荐有贺长雄博士为袁氏顾问。有贺氏就聘，即唱政权移转，由清帝委任，全权组织共和政府。又唱必须修改约法之设，连篇累牍。同时有早稻田大学教习浮田和民博士，亦引伸其说，为之鼓吹（该论见于三年正月《太阳杂志》）。袁氏心德之，以

---

① 此处原作"谨启"，其前空白地方乃是留供孙文签名，今由编注者补上"孙文"二字。

② 此件由孙文命党务部长居正（化名"东辟"）执笔。《通告》即根据四月九日孙文向党务部副部长谢持将中日交涉黑幕提示的要义，由居正执笔起草。是日发出之《通告》，经孙文裁可并亲自向东京革命党人散发。日本警视厅于五月十日将此《通告》递交日本外务省。档案原文有若干错漏及语句欠通之处，部分据《居正先生全集》订正。

为改玉改步，得法律及学说上之依据，天下后世，无有议其非者。但恐吾党之乘时而起也，于是托青柳笃恒氏（早稻田大学干事，现为内阁秘书）窥探吾党之举动，得有所谓秘密，上书而宣布之（此事见于日本《中央新闻》）。洎大隈伯膺大命，组织内阁，袁氏闻之，喜而不寐，其机关报亦大表欢迎。未几，日本政府调日置益氏为中国公使。日置氏到北京，除照例谒见外，有一日晤面密谈数小时，他人鲜有知其内容，只知有如此如此而已。日置氏含命返国（时在去年十一月下旬）、面呈现内阁亦云如此如此。现内阁为个人交谊上起见，似无不可，但此事关系重大，不敢直承认其如此如此，于是请示于元老，而交涉之近因起矣。

交涉之近因

吾人须知日本元老对中国之意见：利用中国为帝国，而不愿中国为民国，故定对付中国之政策。若以中国仍复为帝国，恰合日本之国是，但日本亘于上下皆不信任袁氏，以袁氏称帝，则其狡诈百出，将不利于日本。然事实上袁氏已为一国之代表，又不能去亦谋诸他，故必使其如此如此，令为前将所谓大韩帝国相等，方可以挟制之，而不敢背日本。于是因现内阁之请示，留遂提出如此如此，交付现内阁。现内阁作成交涉案，交驻北京公使日置氏，日置氏提交于袁氏外交部（时在本年正月十八日）。外交部见之，大为错愕，请命于袁氏，袁氏嘱令秘密，但已成交涉案。二月二日开第一次全放〔体〕会议，在袁氏肘下之陆军部颇有所闻，初不知由袁氏惹起此段交涉，以为日本之无理要求，群起反对。交涉风声渐渐传播，袁氏各省将军及各种机关亦各电中央，表示反对，并请求宣布交涉之真相。经袁氏以遁辞手法，术之愚之，或从而压制之，而交涉真相仍任报纸之模糊影响，终在不明不白中。于是群疑满腹、众难塞胸。志行薄弱之党人惶恐无措，间有乘机降贼，捏造谣言见好于袁氏，诬蔑之矢遂集注于留东党人之一部。吁！是岂不明交涉真相之进款，抑亦不思之甚也。

交涉之真相

前所述如此如此者，须分甲、乙说明之。

（甲）袁氏当日本公使日置氏所密谈如此如此者，系袁氏对日要求，括言之约二条件：

第一，要求日本政府首先承认改共和国为君主国，并承认袁氏称帝。

第二，要求日本政府驱逐居留日本之革命党。

（乙）日本政府因袁氏要求，提出如此如此，外开或谓十一条，或云二十一条，或云细目有五十余条，其详不可得闻，大体约分数项如下：

第一条，以维持东亚之平和、增进中日两国亲善之交谊为目的者。

第一项，中国政府将来须承认德国于山东省之条约，或由其他各种方法获得享有一切之收利，移归日本。

第二项，中国政府无论如何之名义性质，不得以山东省内及沿岸之土地岛屿让渡或租借于第三国。

第三项，中国政府须许可日本由芝罘或由龙口，曷胶济铁道连结之铁道敷设权。

第四项，中国政府为贸易及外人居住，须速开放山东省内之重要都市为市场，但有待两国政府协权之地方应于别项条约协同决定。

第二条，关于中国从来承认日本于南满洲及东内蒙古之特殊地位者。

第一项，两缔盟国须约定以旅顺、大连之租借期与南满洲铁道、安奉铁道共延长九十九年。

第二项，于南满洲及东内蒙古之日本臣民以贸易及制造为目的，而创设建筑物，或为农业、租借土地，或要求所有之特权，中国政府相当许可之。

第三项，日本臣民与南满洲及东内蒙古自由旅行及居住，不论如何种类，凡从事商业及工业之权利，中国政府均当许可之。

第四项，中国政府于南满洲及东〈内〉蒙古，须许日本臣民以矿山采掘权，但是等矿山由两国政府协同决定之。

第五项，中国政府于下二项欲实行时，第一必先得日本之同意：

（一）南满洲及东内蒙古，以敷设铁道为目的征向第三国民借入款项。

（二）以南满洲及东内蒙古之地方税为担保而借款项。

第六项，中国政府以南满洲及东内蒙古之行政、财政及军事为目的，聘请顾问或雇佣教官，将第一项先向日本协议。

第七项，中国政府自本协约调印后九十九年间，吉长铁道之管理行政权归于日本。

第三条，鉴于日本出资者与汉冶萍会社之密切关系，且为增进两国共同之利益，中国政府须承认左例事项：

第一项，中国政府将来须同意以汉冶萍会社归两国合并组织，且先无日本之承认，不得单独处分该会社之全财产及权利，并不得使该会社自身为同样之处分。

第二项，中国政府无汉冶萍会社之承诺，不得以该会社所有附近之金矿山许他人采掘，且欲实行是等事件时，第一必经该会社之同意。

第四条，以确认中国之领土保全为目的者。

第一项，中国不得以沿岸之港湾岛屿割让或租借于第三国。

第五条

第一项，中国中央政府须雇佣有力之日本人为行政、财政、军事之顾问。

第二项，日本人于中国内地建设病院、教会学校，须许可其土地所有权。

第三项，中日两国政府当解决相互误解而生之事件。鉴于两国警察间屡起争议之事实，中国政府当以中国内地重要地方警察置诸中日两国协同行政之下，或于是等地方之中国警察署，以改良警察政务组织为目的，雇佣多数之日本人。

第四项，中国于全国使用之武器弹药，至少须由日本购入一半，或为日本协同设立武器工厂，其材料由日本购入，且须雇佣日本技师。

第五项，中国政府对于日本须与以武昌与九南铁道敷设权及筑港（包括船渠在内）诸权利归于日本人。又于该省需外资时，第一项与日本协议。

第六项，中国政府对于日本臣民须与以中国内地传布佛教之权利。

更有一项，最是动□民〔袁氏〕之听，而足为乱中国亡中国之等大□〔导火线〕者，则代平内乱是也。

顷者，又有新提案之交付，或云比前更酷，或云比前稍微让步，或云名义上为顾全袁政府体面，其实无稍变更（如在满土地所有权改为永代借地权是），总之，不离乎亡国者近是。

由甲、乙两方面要求对照，甲之要求于乙者甚简单，乙之所要求于甲者甚繁重。甲为个人谋权利，是灭厄〔民〕国；乙则为国家谋〈权〉利，是亡我中国也。今揣袁氏本意，自信妨于日本之要求，不为已甚，且现内阁有缘，或不料日本本有是要求也。然夫人必自侮，而后人侮之。家必自毁，而后人毁〈之〉。国必自得〔伐〕，而后人伐之。向使袁氏愁〔无〕所要求于日本，值欧战方兴之际，实行严守中立，必不与人以有衅求乘，且资假遣之使，吾恐号〔號〕不亡而虞亦可以自得也。乃袁氏不出此，而先授人以隙，继许假置，复要求如此如此，引盗入室，是谁之罪欤？国人不信，曷不视交涉之前车。

交涉之前

初，日本之欲议胶州也，其发来最后通牒尚曰以交还中国为目的而先引渡于日本，可见收发表之官样文章，尚不重目天中国。差见破坏得势也，故方来。进兵之先，有所谓"日支议定书"之发表，举国哗然，阿附袁氏者□党人通牒，当时所谓舆论莫不唾弃党人。不料素为反对党人之□呈〔保皇〕时报，有谓日本成军以出，不为党人混迹云云。其意非为党人辨党〔冤〕，盖党人之地位无干当国家主□作用之资格，语为天〔无〕意识之□蔑，适否以见笑而自点耳。厥后，日兵自龙口上陆，□然战线，种种举动目无中国，袁氏外交不闻与之争论也。间有电袁力争此，则申令军旅勿妄动，教百姓勿恐慌而已。今之交涉，袁氏之态度仍如前也。日向国人言不损重权，其实主权早暗送也。国人独不鉴交涉之前车，责袁氏以发国，而反节外生枝，迁怒党人，是不明交涉关系，径属无意识之言动，不值识者一喙也矣！

交涉之关系

大凡国际交涉，纯由主权作用。甲国与乙国交涉，在甲国方面，必认乙有全权而始与之交涉，乙之视甲亦然。此次中日交涉不容第三者之干与，即第三者掌右国权而难〔欲〕干与此中交涉，且不可得（外间传闻美国干涉，其实不闻直接干与），须以无权无位之亡命党人乎？状〔犹〕记甲午之役清国与日本议和，初派时〔张〕荫桓来，日本以其者〔无〕全权，不是代表也，拒之。后派李鸿章来，始开议。可见交涉之关系往以权位言者，党人亡命居东，日本政府视之，其无所谓也明吏〔矣〕，乃国人不明关〈系〉，强加党人以吴三桂、李完用之名，吁！何共〔其〕拟不伦若是其悖也！国人亦知吴三桂、李完用所居之地位乎？吴三桂，明总兵也。李完用，韩宰相也。二人皆有权位上之凭藉，故狡乎思逞，得因而利用之。设使吴三桂、李完用为一平民，或为亡命客，即难国家荣准其信也。今举一例，有一浪子本无家产，而难将他人家所有之财产凭空指卖于人，试问谁人肯为买主。家产且不能，况国权等乎？党人之不能干与交涉，此理至易明也。又有谓"党人不去日本，心迹终不能明，不免有多少关系"，此说尤极幼稚，试问，党人亡命，随遇而安，日本可以居则居之，即如人言，党人果去日本干涉之乎？如去他国，他国与中国或又有交涉问题发生，党人又将安适之？总之，党人之所以主张革命者，以政治不良故，政治不见，即予外人以可乘之衅者，宋室式微，金人通处，秦桧执宋权，独立和说，岳飞诸将在外抗争，秦桧即而戮之。后世有为岳飞惜者，而不日之秦桧固依然年忌也，今袁氏即秦桧之流亚也。国人之欲排外者或等于岳飞忠文，而不知袁之专心卖国，缪及国人，成悔将天〔无〕及矣。试劝〔观〕吾国历史，凡大奸大鹜、卖国求荣者，何异非窃有政柄在失为须为者乎？吾闻有匹夫而起革命者，未闻有匹夫而卖国者也。此等成近理由、即显事实，不待智而知了，乃国人犹昧昧然，无怪外人之欺我国人、晋我国人为未开化人种也！党人不欲多言，必后中日交涉之结果，袁事之变相，而国事陷于不可为，国人痛定思痛，始信党人之主张正大，主义昌明，则已晚矣！故党人于此际除力行革命，推翻袁氏恶劣政府外，无可以容喙之余地。凡属党人，深明斯旨，则吾国其庶几乎。

东辟谨启

日本外务省档案，一九一五年五月十日《关于孙文向东京革命党员散发檄文之事》第三一八号（另见东辟：《揭破中止交涉之黑幕以告国人》，载日本外务省编：《日本外交文书》，大正四年第二册，乙秘第九三一号，警视総庁ヨリ外务省宛，东京，日本国际连合协会出版）

中华革命党揭露袁世凯卖国媚日之通告

（一九一六年二月二十五日）

通启者：自云、贵革命军首义以来，未及一旬，湘、桂、陕、甘、蜀、粤以及长江流域诸省处处动摇，几有登高一呼，众山响应之势。袁氏帝梦方酣，接此警告，如丧胆魂。一方面遣将调兵，由粤入川，一方面突尔发表，特派大使周自齐赴日，名为祝贺日皇即位大典，实则师石晋故智，欲以燕云十六州，换得儿皇帝荣称。据日本东京《朝日新闻》所载，袁政府提出帝制交换之条件凡六：（一）吉林、奉天两省司法权；（二）津浦铁道北段；（三）天津、山东沿海一带海岸线，一概让与日本管辖；（四）聘日本人为财政顾问；（五）聘日本人为军队教练官；（六）中国兵工厂，中日两国合办。而所要求之交换者则为日本承认帝制，此项协议果使成立，帝制发生之日，即中国灭亡之日。"不去庆氏，鲁难未已。"故倒袁一举，自中国言，既所以息内乱；自东亚言，亦所以维和平。特于本月十五日阁议决定，对于袁氏特派大使各节，毅然拒绝，毫不游移。即此一端，足见拿翁放逐，犹存公道，中原革命，不少同情。刻下云、贵义师已达重庆，益州天府，早入势力范围；桂、粤、陕、甘、长江流域各省，亦已筹备成熟，待机即发。尚望内外同胞，各竭才力，尽匹夫之责，竟救亡之功，庶几直指燕云，荡涤瑕秽，不难计日以待也。事机迫切，特此通告。

据《中华革命党本部于昨日发出通告》，载
一九一六年二月二十六日上海《民国日报》

讨袁宣言①

（一九一六年五月九日）

　　文自癸丑讨逆②之师失败以还，不获亲承我父老昆弟之教诲者，于今三年矣。奸人窃柄，国论混淆，文于是时亦殊不乐以空言与国人相见。今海内喁喁有望治声矣，文虽不敏，固尝为父老昆弟所属役，复自颠沛不忘祖国者，则请继今一二为国人谈也。

　　文持三民主义廿有余年，先后与国人号呼奔走，期以达厥志。辛亥武昌首义，举国应之，五族共和，遂深注于四亿同胞之心目。文适被举为一时公仆，军书旁

---

① 袁世凯于一九一五年十二月悍然称帝，因遭国内外强烈反对又于一九一六年三月撤销帝制，南方各省则相继宣布脱离北京政权而"独立"，孙文领导的中华革命军及其他反袁武装亦不时发动起义。在此形势下，孙文为加强国内反袁斗争，于五月一日自日本返抵上海。本宣言即为到沪后不久所发。

② 癸丑即一九一三年，讨逆指武装讨袁的"二次革命"。

午，万端草创，文所靖献于国民者，固甚恨不能罄其悃忱。然国号改建，纪元维新，且本之真正民意，以颁布我民国约法，其基础不可谓不已大定。故清帝退位，南北统一，文乃辞职，介举袁氏于参议院。盖信其能服从大多数之民心，听义师之要求，以赞共和，则必能效忠民国，践履约法，而昭守其信誓也。当南北两方情志未孚时，文尝任调和，躬至北京，并有"愿袁氏十年为总统"之宣言。何期袁氏逆谋终不自掩，残杀善良，弁髦法律，坏社会之道德，夺人民之生计。文故主兴讨贼之师，所以维国法而伸正义，成败利钝所不计也。袁氏既挟金钱势力，肆用诈术，而逆迹未彰，国人鲜悟，以致五省挠败，而袁氏之恶乃益逞矣。

文虽蛰居海外，而忧国之志未尝少衰。以为袁氏若存，国将不保；吾人既主讨贼，而一蹶不振，非只暴弃，其于谋国亦至不忠。故亟图积极进行之计，辄与诸同志谋之。顾败丧之余，群思持重，缓进之说，十人而五。还视国中，则犹有信赖袁氏而策其后效者；有以为其锋不可犯，势惟与之委蛇而徐图补救者；有但幸目前之和平，而不欲有决裂之举者。文以为此皆有所执持，而其心理上之弱点，则袁氏皆得而利用之，以逞其欲，此文期期所不敢认以为适道者也。

袁氏果于是时解散国会，公然破毁我神圣庄严之约法，诸民权制度随以俱尽。文谓袁氏已有推翻民国、及身为帝之谋，而莫之敢信。而亏节堕行、为伥为侦之败类，且稍稍出矣。文于是痛心疾首，决以一身奋斗报我国家，乃遂组织中华革命党，为最严格之约束，将尽扫政治上、社会上之恶毒瑕秽，而后复纳之约宪之治。两年以来，已集合多数之同志，其入内地经营进行者，皆屡仆屡起，不惮举其个人之自由权利、生命财产而牺牲之，以冀奠我区夏。孤行其自信力，而不敢求知于人人，犹之辛亥以前之中国同盟会也。

欧战既起，袁氏以为有隙可乘，不惜暴其逆谋，托始于筹安会，伪造民意，强迫劝进，一人称帝，天下骚然。志士仁人汗喘相告，而吾同志益愈奋励，冒死以进。滇、黔独立，文意豁然。至乃昔所不知，今皆竞义，德邻之乐，讵复可已。频年主持，益审非谬。顾独居深念，以为袁氏怙恶，不俟其帝制之昭揭；保持民国，不徒以去袁为毕事。讨贼美举，尤当视其职志之究竟为何，其所表示尊重者为何，其策诸方来与建设根本者为何，而后乃有牺牲代价之可言，民国前途，始有攸赖。今独立诸省通电，皆已揭橥民国约法以为前提，而海内有志后援、研求国是者，亦皆以约法为衡量，文殊庆幸此尊重约法之表示，足证义军之举，为出于保卫民国之诚。袁氏破坏民国，自破坏约法始；义军维持民国，固当自维持约法始。是非顺逆，区以别矣。

夫约法者，民国开创时国民真意之所发表，而实赖前此优秀之士，出无量代价以购得之者也。文与袁氏，无私人之怨，违反约法，则愿与国民共弃之。与独立诸省及反袁诸君子，无私人之惠，尊重约法，则愿与国民共助之。我国民亦既一致自爱其宝，而不为独夫民贼之所左右，则除恶务尽，对于袁氏必无有所姑息。以袁氏之诈力绝人，犹不能不与帝制同尽，则天下当不复有袭用其故智之人。至袁氏今日，势已穷蹙，而犹徘徊观望，不肯自归于司败，此固由其素性贪利怙权，至死不悟。然见乎倡义者之有派别可寻，窃疑党争未弭，觊觎其猜忌自纷，而不能用全力以讨贼。殊不知阋墙御侮，浅人审其重轻，而况昔之政争已成陈迹。今主义既合，目的不殊，本其爱国之精神，相提携于事实，见仇者虽欲有所快，无能幸也。今日为众谋救国之日，决非群雄逐鹿之时，故除以武力取彼凶残外，凡百可本之约法以为解决。共和之原，甚非野心妄人所得假借者也。文始意以为既已负完全破坏之责，故同时当负完全建设之责。今兹异情，则张皇补苴，收拾时局，当世固多贤者。苟其人依约法被举，而不由暴力诈术以攫取之，则固与国民所共承者也。民国元首，只有服务负责之可言，而非有安富尊荣之可慕，国民当共喻斯义。文之所持，凡皆以祈向真正之和平，故虽尝以身当天下之冲，而不自惜也。

文自束发受书，知忧国家，抱持民族、民权、民生三大主义，终始不替；所与游者，亦类为守死善道之士。民国成立，五族共和，方幸其目的之达。乃袁氏推翻民国，以一姓之尊而奴视五族，此所以认为公敌，义不反兵。今是非已大白于天下之人心，自宜猛厉进行，无遗一日纵敌之患，国贼既去，民国始可图安。若夫今后敷设之方，则当其事者所宜一切根据正确之民意，乃克有济。文自审立身行事，早为天下共见，末俗争夺权利之念，殆不待戒而己〔已〕除。惟忠于所信之主义，则初不为生死祸福而少有屈挠。袁氏未去，当与国民共任讨贼之事；袁氏既去，当与国民共荷监督之责，决不肯使谋危民国者复生于国内。唯父老昆弟察之。

据《孙文宣言》，载一九一六年五月九日上海《民国日报》第二版①

①　一九一六年出版有《孙文宣言》（中英文合璧），线装铅印本，英文题为"Sun Yatsen's Declaration"，其中文部分与此相同。

致南方五省都督等誓集群力铲除袁世凯通电

（一九一六年五月十一日刊载）

肇庆岑都司令，云南、贵州、广西、浙江都督暨各军司令鉴：奸人窃柄，颠覆民国，公等讨贼声震天下，且维持约法，尊重民意，尤见忧国真诚。文近自海外归来，誓从国民之后，灭此朝食，已分电告各方同志，取一致之行动。吾人志在锄奸，当集群力，猛向前进，决不使危害民国如袁氏者生息于国内。文知忧国，甚愿尽力所能至为公等助，惟公等有以教之。孙文。

据《孙中山致各都督司令电》，载一九
一六年五月十一日上海《民国日报》

规复约法宣言[①]

（一九一六年六月九日）

文归国，既以用兵之原为父老昆弟告曰：吾侪与袁氏非有私怨，为其坏约法，叛民国，是用讨之，以惩不义而奠我国家。今袁氏则既自毙矣，凡百罪孽，宜与首恶之身俱尽。继兹以往，其遂可以罢戢干戈与民休息耶？抑犹有所待耶？爱人以姑息，自偷遗患，有志者不为；而亿逆不信，薄视天下，失亦如之。此文所以不敢自安于缄默也。文生而笃爱和平，亦深察我大多数国民无有嗜杀好争之性，故辛壬之交[②]，兵甲满地，彼是相持，几若敌国，而卒也以北方将帅赞成共和，使清帝退位，而战事以解。始义者不多其伐，继事者能共其劳，使无袁氏，则五年以还，吾民将不一见流血之祸矣。夫人类必至不平而后有争，挟群以争，尤必有其职志。其为国为公，则天下从之；其为己为私，则天下弃之。今兹独立诸省

---

① 一九一六年六月六日，袁世凯在举国声讨声中病死。次日副总统黎元洪继任总统。孙文因政局变化而发表本宣言，同日致电黎元洪促其"规复约法，尊重国会"。

② 即辛亥、壬子之交，指辛亥革命至民国元年之间。

暨夫拔戟自成之军，揭橥约法，犯难而行，文敢表证其心理曰：是皆为国家也，非为权利也。至乃未独立之省区，牵制于事势，谋人军师不欲遽为转移，其心亦不无可谅。然今兹戎首已逝，既不能以独立诸省为非义而斗之，则亦宜有所以表示其为国非私之行动，俾坦然相与而无疑，庶几战争之祸可立止。

抑文非徒为一方之人言之也。自袁氏有心挠乱民国，恒谓民主必争，假是筹安行其篡逆。其实中国宜于民主，创制以来，为让非争，已昭证例。今若举国人遵由神圣之约法，泯绝内讧，洵可为百世之模范。其反是者，则国本替而祸不忍言。且昔觇国者之言，谓非袁莫见统一，即非袁中国且乱。前此正以袁氏大乱中国，今若袁死而民国因以底定，此尤我民族之光，中国之福也。袁氏凡百罪孽，皆由其以天下为私之一念而来。残暴专制，既无不为，而又以金钱诈术济之，以至于败。今求治无他，一言蔽之曰：反其道而已。庶事改良，或难骤举，至于规复约法，尊重民意机关，则惟一无二之方，无所用其踌躇者。于此时期，而犹有怙私怀伪不顾大局之流，则国人疾之，亦将如疾袁氏。吾辈固甚不愿见此不祥之人，至更遗吾国不祥之事也。董子①曰："正其谊不谋其利，明其道不计其功。"今弟卑之无甚高论，吾国人亦当知功利有其大者、远者，而不在一身之权位。盖亿兆人民系于国家，国家繁荣，则吾子子孙孙实利赖之，君子之泽，无过是者。若计量目前琐末得失，为穴中之暗斗，斯智者所窃笑。

吾国有六千年文明之历史，有四万万之民众，地大物博，人习勤劳，加以尚慈善、好平和、善服从之诸美德，苟见发挥而光大之，则民生日遂，国度日昌，可操左券而获。当民国初元，五族一家，由彼之时，咸致力于建设，推究成绩，必有可言。而袁氏一人为梗五岁，所由使人太息痛恨而不敢稍自暇逸者也。吾人为国，匪独除暴拨乱而反之正，则属有事权及夫一国优秀之分子之所任，于忧虞为国之际，悬绝大之希望于前途，则人人奋励激昂，勉进不已。所志既闳，而末俗苟偷之弊，乃真息矣。

文志在共和，终始不贰。曩昔以袁氏叛乱，故誓为民国翦灭巨凶，今兹障碍既除，我国人当能同德一心，共趋致治之正轨，文亦将尽国民一分子之义务，为

① 董仲舒，汉朝人。

献替之刍荛。若夫曩日宣言，所谓袁氏未去，当与国民共任讨贼之事；袁氏既去，当与国民共荷监督之责，不使谋危民国者复生于国内。则今犹是志，亦愿与国人共勉之也。

据《孙文宣言》（二），载一九一六年六月九日上海《民国日报》第二版

中华革命党为停止党务并征求改组意见之通告①

（一九一六年七月二十五日）

通启者：

奉总理孙先生谕："本党成立，实继癸丑革命②而起，其重要目的在推翻专制，重造民国。迨袁贼自毙，黎大总统依法就职，因令各省党军停止进行。今约法规复，国会定期召集，破坏既终，建设方始，革命名义已不复存，即一切党务亦应停止。将来如何改组，有何办法，应征求海内外各支分部之意见。"为此通告贵支分部，望各抒所见，以期折衷至善，无任感幸。

附呈孙先生五月九日宣言及六月九日宣言③，并祈察照。

中华革命党本部谨启④

中华民国五年七月二十五日

---

① 从一九一五年下半年开始，孙文陆续派遣中华革命党精英潜回国内各地组织反袁武装斗争。一九一六年五月一日孙文自日本返抵上海，六月六日袁世凯在举国申讨声中病死，次日副总统黎元洪依法继任总统。黎于同月二十九日宣布遵行孙文在南京时颁布的《中华民国临时约法》，并预定八月一日为前被袁解散的国会复会日期，孙文对此持支持态度。袁死后，中华革命党本部从东京迁至上海，本通告即自上海发出。

② 癸丑革命指一九一三年"二次革命"。

③ 此指孙文到上海后，于一九一六年五月九日发表的《讨袁宣言》及六月九日发表的《规复约法宣言》。

④ 据台北、中国国民党文化传播委员会党史馆所藏通告原件，此处由中华革命党本部各部部长、副部长联合署名。

通讯处：上海法界环龙路四十四号①

据《中华革命党本部通告》，载一九一六年七月二十八日上海《民国日报》第十版

致中华革命党海外各支部
商请设立储蓄救国金函②

（一九一六年九月十日）

○○支部同志诸兄大鉴：

弟由东③返国已三月，以中间经过变象殊多，难掇拾其片段，故简于笺告。

比来大局稍稍定矣，前日由本部发出通告④，附有弟到沪后两次宣言，想先达览。吾党自癸丑以后，无日不以讨贼为帜，曲突徙薪，实为天下之先导。虽天戮袁逆，不假手于吾人，然专制推翻，共和再造，我党原来希望亦思过半矣。约法既复，黎总统为依法继任之人，故相劝罢兵，示仗义者非为权利而动。至今后对于政府，国民监督指导，则其责任有不容诿避者。通告谓"革命名义不复存"，亦即此意。弟在沪、在杭屡开大会演说，专论民国制治之大端，而不为一人一事以立言，盖基础巩固，则百事皆其后也。

粤东龙逆⑤，毒民最甚，故与唐绍仪、王宠惠诸人发电攻之。适李协和激战

---

①　本行文字据台北、中国国民党文化传播委员会党史馆所藏通告原件增补。另据南京《中央党务月刊》第四期（一九二八年十一月一日出版）所载《停止党务征求改组办法通告》，本行则作"通讯处：上海法界环龙路山田"。按："山田"即中华革命党日籍党员山田纯三郎，时被孙文委为中华革命党在沪机关报《民国日报》社长；中华革命党本部暂设环龙路四十四号山田寓所。

②　此函自上海寄往海外各埠。按：孙文议设储蓄救国金，要求党员以美金存放居留地外国银行，可知不包括国内各省支部。

③　东，指日本。

④　即上篇。

⑤　即广东督军龙济光，自"二次革命"以来一直助袁世凯残杀革命党人，肆虐粤民。一九一六年七月黎元洪罢龙职，委广西督军陆荣廷接任广东督军，陆曾于同年三月宣布广西独立以脱离袁世凯统治。

韶州①，黎总统有令罢龙而未即交代，粤人恶龙已久，乃共起师围困省城。中央为息事宁人计，现已饬龙早去，代者为陆荣廷，现闻已于十日交卸。陆于此次独立，名誉甚佳，其在广西亦无贪污劣迹，与吾党亦有联络，粤事暂得结束。

国会开会后，内阁已得承认，现在正从事于制定宪法。至于帝制余孽，潜伏北方者尚不少，中央不无投鼠忌器之患。其他如张、倪②辈，亦依然跋扈，如世人所指。此时固难操切从事，然隐忧未息，则国人犹未得高卧也。

我汉人驱除异族专制，建立民国，中遭袁逆搅乱，犹能绝而复续，此皆赖我同志以生命财产权利各种牺牲而购得之。今后国中能一遵共和正轨与否，事未可知，而吾人则贵先事预防，有备无患。兹与同志拟有蓄金办法，盖集合群力，为未雨之绸缪。如其治安无事，自可置而不用，还投之各个人生利之业；其不然者，则咄嗟立办，无临渴掘井之虞。此事弟筹之颇熟，以为可行，故特函奉商，并请转告分部各处同志，想俱乐于赞成也。

区区不尽欲白。即颂

公安

孙文

五年九月十日

据《通告党员储金章程函》，载南京《中央党务月刊》第四期，一九二八年十一月一日出版

附：党员自由储蓄救国金简章

一、每党员以六个月为限，准备叁拾圆美金存储所居留之地方外国银行，备为救国之用。

一、每月量力存放银行，如能一次付足叁拾圆者更妙，否则每次以五圆为额，六个月内必蓄至叁拾圆。但无论每月能付若干，总以六个月内为限，限满之时，

---

① 广东省韶州府于民国初已废，此指原府治曲江县。李烈钧于一九一五年十二月在云南参与发动反袁护国战争后，率领护国军第二军入粤，与龙济光部发生激战。

② 张勋，长江巡阅使兼安徽督军；倪嗣冲，长江巡阅副使兼安徽省长。

务要能及叁拾圆美金为度。

一、存金由本人自往银行存放，写明本人姓名，他人无取金之权。

一、由银行领出存金存折，仍由本人执存，他人无权支领。惟所存之金，既专备为救国之用，则无论如何拮据，不可取用，以符储金救国之宗旨。

一、存金已达拾圆金额之时，应开列姓名及该银行地址行名，报告本地方分部注册，转报总支部登记，以便稽核本党党员存储银行金额之实数。

一、各地方支分部及通讯处，均须每月召集党员聚会一次。聚会之时，各党员将存放银行之存折交与书记，登录所存金额于分部所立注册簿上，立将存折交还本人收存。如有未能按期存金者，则由分部长当众劝勉，务期党员每人于六个月内必能储蓄叁拾圆之数。但会长、职员更宜一律存储，以为各党员表率。

一、各地支分部及通讯处所用册簿及报告纸张，悉由总部给发，以期划一格式，而便汇报总部。

一、如各党员散处各地，不能每月亲来聚会者，可将所执银行存折付托可信之同志带交书记登录，录毕仍将原折交还原所信托之人带回。如中途遗失，应由带者负责。

一、如党员所居之地与支分部及通讯处相隔过远，亦无可信托之人，则俟储蓄至叁拾圆额时，将存折直寄总支部登记之后，仍将原折寄还本人收存。

一、各党员有鼓励同志催促其储金救国之义务。

一、党员所储之金，将来如遇救国需用之时，当以本党总理有切实办法说明用途，通电总支部转告各地支分部及通讯处，召集储金党员布告一切。定期由各党员自向银行取出所存之金叁拾圆，全数交与部长或干事登录姓名，随即给发临时收据，交还本人。复由部长或干事立将所汇收之金额，汇由总支部转汇本部。先由总支部部长、会计签发正式收条，寄还各地支分部及通讯处，转发本人收执为据，随将临时收据缴消〔销〕。

一、各党员已交救国金执有总支部正式收条者，当俟成功之日，提向总理转换偿还证据，按期付还，并标储金救国者之芳名，以为民国历史光。如不愿收还者则作为义捐，应给与相当之表彰，以昭好义。

一、此项储金以三年为期，如过三年之后并无提用之必要，应由本人自由取出，任便处置。

一、凡储金满叁拾圆额之党员，于储金之三年期内，除登记芳名外，另由总支部列册呈请总理赠与特别襟章一座，以彰毅力，而昭激劝〔励〕。

一、此种储金，乃基于党员为党为国之自由志愿发生，以达建设之目的，并非强迫而行。但求各党员之自觉，则积水成渠，众擎易举，倘能绸缪未雨之先，自无临渴掘井之憾。凡我党员，宜体此意。

据《党员自由储蓄救国金简章》，载南京《中央党务月刊》第四期，一九二八年十一月一日出版①

致海内外同志告以吾党近日
办事大略并望协助通函②

（一九一六年十月中旬）

树棠、镜芙先生大鉴：

契阔频年，相思殊切，睽违云海，延跂维劳，幸声气相同，时时感应也。比

---

① 另见秦孝仪主编《国父全集》第四、九册（台北，近代中国出版社一九八九年版）重复收录《党员自由储蓄救国金简章》，注明底本均据中国国民党中央委员会党史委员会（今改名中国国民党文化传播委员会党史馆）所藏原件。按：此二件皆十五条且内容相同，然各条次序互异，标出时间更相差两年之遥。本书编者曾有幸至党史馆查阅，始知此二件并非已定稿之正式文件，而系当年草稿；将之与《中央党务月刊》所载简章十五条作比较，彼此间次序亦有较大差异，前者显然不及后者条贯合理，且有将甲条文字误置于乙条者。由此可见，《中央党务月刊》所载乃经整理勘误而成。据一九二八年整理者即国民党中央档案整理处称，自上海环龙路四十四号接收之"文件颇散乱"，可知整理不易。

② 此件为通函，当时誊写后分填不同名字邮寄，受信人主要是中华革命党海外各支分部同志。本函乃于一九一六年十月十八日自上海寄致美国士作顿（Stockton，今译斯托克顿）支部负责人陈树棠等。此外，台北、中国国民党文化传播委员会党史馆藏有原函二件：一未填受信人姓名，十月十三日经孙文签发寄往美国波士顿（Boston）支部之陈梓岩；一受信人落款为"梳力分部蕙堂先生暨同志诸君"，十月十八日由孙文签名寄出。胡汉民编《总理全集》第三集（上海，民智书局一九三〇年二月初版）亦收该函，上款则作"全国各同志均鉴"。上述三件均与底本内容相同，惟个别文字略异，《总理全集》且有字句脱落。据此，致函对象标为"海内外同志"，时间作"十月中旬"。

年以来不得直通讯问，诚恐恶探环伺，两者相妨。返沪以后军书旁午，又无暇笺候起居，殊为歉仄。惟于各同志爱国之诚，动辄铭篆，未尝去于怀也。我兄热心为党，凡党中之动定必所关怀，弟谨将六月以后吾党之目的及办事大略概括之，以为我兄告。

自袁逆自毙，黄坡〔陂〕① 就任，约法恢复，国会再集，吾党不得不宣布罢兵，以示吾党革命志在护法，而非为利。黎能守法，吾党目的经已达到，故即令山东、广东暨各路军队一律停止。迨段氏②组织内阁，虽位置吾党数人，实非弟之所欲。弟唯欲纠集吾党诸人，固结不解，纯取监督政府主义，以俟时机发舒吾党之政策耳。故月来所办之事：

其一，扩充党务。日前在京议员暨各埠同志每有规复国民党之议，而国会议员隶国民党籍尚居多数，虽有不健全之分子，经此次变乱后竭诚悔过者亦夥，故于半月前托胡汉民君入都主持一切。而昔日进步、共和两党中之一部，深信吾党用心坚忍，至公无私，日相接近，且有图谋合并之议，以北京政争至烈，无暇及此。现弟为党务之扩张计，应徇众议，为复党之准备，是手续须求美备，而资本又须宽筹。日前通告各支部，复收党员月〔年〕捐暨入党基金，实即为此。但以势力消长言之，仍恐杯水车薪，无裨扩充计画，此不能不藉诸君图维者也。

其二，要求偿还华侨债券。计自癸丑以后，吾党以袁氏弁髦法律，破坏民国，无日不以讨之为职志，端赖各同志毁家相助，俾底于成。而历年以来，募集资金为数至巨。今共和再造，应要请政府偿还，以期符合原议。昨已托廖仲恺君向黎总统暨财政部〈请〉照数发还。惟中央财政支绌万分，前以五百万之日本借款几酿政变，恐无余力偿吾党历年之巨款，现仍在交涉中。如此项债款不能急遽收回，则拟以别种优越之权利相代，俾吾党侨友不致亏折，此可为诸同志告者也。

其三，兴办各种实业。弟自宣布罢兵之后，即拟着手实业，以期振兴国产，杜绝漏卮。初念先办银行，以为各种实业倡始，惟兹事体大，资本须巨，章程须备，规模又须宏敞，现正在计议中。弟深望此事能成，一可利华侨之汇兑，二可

① 黎元洪，湖北黄陂人，故称黄陂。
② 段祺瑞，一九一六年六月底任北京政府国务总理。

便华侨之贮蓄，三则各种实业胥由之解决。惟集资匪易，拟就各埠同志能集合之资力共有若干，以定通盘筹措之计画，望我兄先就贵埠究能集股多少，早日示复，是深切盼。又目下华侨归者每苦无业，内地党人不能自赡者亦多，须妥筹安插之法。拟先于内地矿产中择其尤者一二区先筹开办，并拟于长江一带择地开垦，如办理得宜，获利必厚。现已派人调查一切，俟稍有头绪，当再奉告。

其四，吾党于沪上夙无完善之机关报，以至吾党之用心行事足以为国利民福者，世人莫或知之，虽有良善政策，无从宣达以起国人之信仰，此最为缺憾者。前实因军事急逼，吾人更无余力以及于此。方今建设伊始，自应从事鼓吹，以坚吾党之信用。昨各埠多有以设立宏大之机关报为请者，现拟将从前徐朗西君所办之民意报从事扩充，完全代表吾党意思，发挥吾党政纲。唯非数万资金不能得其美备，拟托兄代为募集，其招股章程日内刊就即付邮寄。

其五，拟在上海建设华侨会馆，为侨胞与内地交际之机关。凡工商事业，藉此以为调查联络之所，使华侨尽知内地各种天然利源，生财机会庶不致为外人捷足也。其会馆之规模务期宏大，组织务期完备，俾海外华侨回国有所问津，务使达到合海外华侨之财之智，以兴发祖国利源之目的。将来草就章程，当再呈正，务望各埠同人协力成之。

以上五事，皆吾党近日之措施，应为同志诸君告者。现在时局阽危，民国基础危若累卵，欲谋奠定，非弟一手一足可能为烈，不得不仗诸同志之协助。前兹种种，切望不避烦琐，代为策谋，以冀早收良果，裨益国家，是所切盼。

再中国现状虽似宁靖，而帝孽伏莽犹遍布要津，张、倪诸武人尚敢干预国政，妄肆要挟。遥遥前路，罔知所界，而内阁不尽负责，此可为深忧者。知关绮注，再以达闻。即请

台安

同志诸君均鉴。

孙文启

中华民国五年拾月拾八日

据原函，香港、孙中山纪念馆藏

致美国中华会馆等告以近日办事要旨
并望协助通函

（一九一六年十月）

中华会馆列位先生同鉴：

久仰山斗，景慕殊深。昔年渡美，以国事萦系，不克绕道南州，以从诸君子游，得收切磋之益，至今犹以为歉。昨朱伯元君归，备述高义，力助捐款，以济民国。今者共和再造，何莫非诸君子拥护之力。更闻有倡办建造轮船公司，航业工艺，互有所关，此弟所深为感纫者也。弟凤昔秉性质直，二十年来，只知救国，不知其他。满虏已除，中间复经袁逆之变，使国人流离颠沛，无所控告。弟用自疚，率国人以讨之，随蹶随起，数年来未尝逸豫。幸天相中土，袁逆自毙，黄陂依法继任，恢复约法，重集国会，弟即宣布罢兵，以示前之革命，志在护法，而非为利。黎能守法，则目的已达，应令各路军队，一律止战。一方结合在野同志，取监督政府主义，一方筹措工商事业，以图国利民福。

兹将迩来所办之事，撮其要旨，以为诸君告。其一，罢兵以后，弟即拟振兴实业，杜绝漏卮。初念先办银行，为各种实业倡始。惟兹事体大，必须厚集资本，现正在磋议中。若此事能成，一可以利侨商汇兑，二可便侨商贮蓄，三可助各种实业之发达。拟集股先自侨友始，将来章程编定，当即寄上，以俾核夺。又归国华侨，每苦无业，须妥筹安插。现欲择内地矿山之尤者一二区，先筹开办，并于长江一带，择地开垦。如办理得宜，获利必厚，经派妥人调查，俟有头绪，当以奉告。其二，拟在上海建设华侨会馆，为侨胞与内地交际之机关，凡工商事业，借此地以为调查联络之所，使华侨尽知各种天然利源，生财机会不至为外人捷足。其会馆规模，必期宏大，组织必期完备，俾华侨归国，有所问津，务使达合华侨之财之智以兴发祖国利源之目的。将来草就章程，当再呈正，望各埠同人协力成之。其三，共和建国，虽已五稔，所以中经离乱几至复坠者，类由人民玩视国体，如秦越人之视肥瘠，漠不相关，非得良善报章为之鼓吹指导，来轸方遒，依然危险。现拟组织一宏大报馆，一使人民知共和为世界最良之政治；二使人民知人权之可贵，不至仍前放弃，被人蹂躏；三竭力调查实业，供华侨归国之引导。俟招股简章刊就，即付邮寄。

以上三事，均目下切要之图，深望鼎力为之协助，俾早收良果，裨益国家，弟实有厚望焉。再中国现象，表面似属宁静，惟帝孽伏莽，遍布要津，张、倪诸贰人，尚敢干涉国政，妄肆要挟，莽〔茫〕莽〔茫〕前路，不知所界，而内阁不尽负责，此为可隐忧者。知关绮注，谨以达闻。仍望时惠好音，是所切祷。专此，即请

公安

据"通告三事函"，载南京《中央党务月刊》第四期，一九二八年十一月出版

致海外同志述华侨回国从军讨袁及遣散情形函[①]

（一九一六年十二月十日）

泽如我兄、各同志均鉴：

启者：此次推翻帝制，各埠华侨既捐巨资以为军费，而回国效命决死以为党军模范者，复踵相接，其坚忍勇往之忱，诚不可多〈得〉者也。计此次回国从军之华侨可分为两部：其一部为活动于广东方面，主由南洋英、荷、法领等地之华侨组织之，而美洲及日本等处华侨参与焉；他一部则为活动于山东方面者，主由坎拿大及北美合众国华侨组织之，而南洋及日本之华侨亦参与焉。

广东一部分，始仅组织决死队十余人，谢八尧[②]、罗金兰主其事，攻击肇和之役，死伤者几半，余亦皆九死一生，始得脱险。未几又以数十人往，与攻汕头

---

① 此件为通函，当时誊写后分填不同名字邮寄，受信人是中华革命党海外各支分部同志。台北、中国国民党文化传播委员会党史馆便藏有未填受信人姓名之油印原函，起首处作"〇〇〇各支分部同志均鉴"。本函则系寄致中华革命党南洋各埠筹款委员长邓泽如。函中叙及遣散之事，从军华侨多不情愿，孙文曾于一九一六年九月底在上海宴请从军者百余人，嘉奖其救国热诚并晓以大义。

② 据前注党史馆所藏油印原函，八尧作伯瑶。

镇守使署之役，先登，逐马存发去之。既而莫擎宇来争汕头，中华革命党军不欲自相攻击，遂去。归而组织华侨决死队，其中多各归其乡，纠率子弟以助大军，如吴业则、李子华等之两攻江门，其功尤著。既而以袁世凯死，中华革命军解散，一部分仍入石龙，助邓仲元守石龙，一部归入周之贞所统华侨护国军，皆有战绩。山东一部，始因坎拿大华侨依军务部命组织团体，归国效命，美国同志亦同时有数十人归。潍县既下，各同志陆续编为华侨义勇团，分为三队，夏重民、黄伯度、伍横贯、蔡鹤朋等主持之。又一部立志学飞机，遂延聘教员，组织飞行队，胡君汉贤等十余人皆日夕练习，期于一试，虽未实战，然其声威已播矣。至东北军解散，义勇团及飞行队亦各领费散归。计广东华侨成立在先，解散亦早，东北军中华侨队成立较晚，解散亦较迟，略各支持半年，备极辛苦。而广东经战斗多，华侨中死伤者颇多，东北军幸尚无损伤。然华侨之勇气热心，益为同志所敬重、世人所惊服矣。

当解散时，广东款项至绌，每人所给不过数元，其曾经战役者亦不过三十元。东北军遣散费较裕，而合本部所给与军队遣散费，亦不过三百元。诸人远道来归，除去再赴美洲之船费外，所余亦在无几。盖诸同志热心爱国，源于革命原理，不避艰险，出于天性。所惜者袁氏一死，大局立变，不能再以革命用兵。解散之事，实出于万不得已，此诚初意所不及料。各同志尚多欲仍留军籍，学习军事学问，但以此时情势，我党不争政权，则华侨诸君留习军事学亦无所用，故力劝各同志及早回埠。其有坎拿大华侨未取回头纸不能回埠者，现亦代为筹划。总之，尽力期使有可营谋之机会而已。

从军同志类绝顶之热心，决死来归，今日得此结果，虽云共和已复，帝制已除，从军者皆有无限之光荣，而抱勇迈之心，无用武之地，自难快意。其伊郁觉不满足，自属人情，至可共谅，所恨事势如斯，无由解其忧郁，吾人亦无可如何。乞各同志对于从军华侨已、未回埠者，均以口或以书信劝勉慰解，不使遽尔灰心。将来仍可出为国家栋梁，自致勋业，则华侨之光荣，即吾党之光荣，亦即国家之大幸也。

专此布达，希即转知附近各属同志知悉。敬请

大安

孙文

十二月十日

据原函影印，载邓泽如辑：《孙中山先生廿年来
手札》，广州，述志公司一九二七年一月出版

致参众两院议员请为偿还讨袁债务并辨诬函[①]

（一九一六年十二月二十二日刊载）[②]

参议院各议员公鉴：

敬启者：文恫异族专制之害，实行革命事业二十余年，至乙未广州谋泄事败，文兄弟家产遂荡然无存。后此如惠州、黄冈、钦廉、镇南关、河口以迄广东新军之役、广州三月二十九之师，其一切经营皆文为之谋主，而其费用则皆华侨同志出之。其他各省军队之联络运动，与谋未遂而败者，所费亦匪鲜。虽其间亦有慨然为国捐输之人，然应于借募企成功之偿还者实过半。临时政府成立，对于此等款项不但未偿，且以各省用兵，中央支绌，更加借沪上广潮商人之款，及美洲、南洋华侨之款。至财政部移交北京，则只以一纸证据塞责，其款固至今未偿也。

二次革命失败，文睹袁氏有帝制自为之意，首组中华革命党，谋摧专制而保共和。顾以前此民国告成，出资者尚无所取偿，乃与为必还之证约，从新举债。计募借华侨款一百七十万元，借入日本商人债一百万元，资以建义。最初以肇和之附义，树反对帝制之声，不幸挫败，尚足为袁氏对外宣言称帝必无乱事之反证。云南既起，广东及长江两方面屡建义旗，牵制袁兵，使龙氏[③]内顾不暇，仅以偏

---

① 本书所收录为孙文致北京参议院函，而同时又以相同内容致函众议院，所拟标题即据此。

② 致函具体日期不详。底本标为"十二月二十三日"，当系收到日期。而该函以《孙中山先生致参众两院议员书》为题已载于同月二十二日上海《中华新报》第二张第二版（该文错字较多，故未选为底本），所标日期即据此。

③ 指龙济光。

师犯滇，后无继者，桂省不被其胁；长江各省留兵防守，不敢空群与滇军争胜。其后广东军队并起，牵制龙氏，桂省义师遂得展布于湘省。又以东北军捣袁氏之虚，而夺其魄。袁氏既死，黎公继任，率先罢兵，为诸军倡。当时广东军、东北军人各万余，支持数月，上海、长江上下游众未发者称之。又在川、滇亦有布置，今卢、石①两司令尚效力行间。此外各省仍有联络。凡此联络、发难、维持之费，及解散费之大部分，均由筹借之款以支持。一切出入井然可稽。

　　民国大定，乃于九月中使人请于政府，以为是之出资者皆为共和也，共和既复而一不之恤，是则在国家为寡恩，在国民为负义，故请求政府代为偿还，非徒以保个人之信用也。若谓革命为多事，谓不忍于帝制而假资以助光复者为自业自得，则文亦有以报命于海内外矣。比者政府亦幸察其实情，允俟稽核之后，代为偿还。而外间谣诼不一，且有议员提起质问，其为监督政府、慎重用财起见，岂曰无当，然所指摘一不衷诸事实。有谓华侨之资捐而非借者，则不知所借华侨之款，为埠以百计，皆有证据可稽。其日本商人之款，今亦无从秘密，可任调查。有谓乘政府美款成立索资者，则不知文之请求系自九月，其时美款并无所闻。文但问政府对于此款承认与否，并不计承认之后何时可以支出，岂有因利乘便之见。且所请于政府者止为代偿债务，前此所借用之国事，今此之还还之本人，文毫无所与也。其谬最甚者，谓以此项巨款绝私人之欲壑，此则直为诬谤。文奔走二十余年，曾忝任总统之职，自问流俗权利争夺之见去之某远，何物货贿，足以污人！试还诘言者，若能举某一处、某一种财产为文所私，则文亦甘任其罚。而偿还之际，政府自有稽核之权，抑无俟〔辩〕矣。

　　文以为人民对于国家皆有莫大之责任，而夙昔抱持三民主义犹有未达者，故素不自伐其功。此次总统叙勋，乃予以大勋位，文不敢遽辞，亦不敢遽受。何则？共和政府孰先创之，袁氏帝制孰先讨之，此世所指为有功者。而文则始终赖华侨有志之士毁家倾产以为之助，若曰无菌，是以一人之谦让而没之也。其曰受功，则虽总统遇我厚，然他人出血汗犹未得偿，我能腼颜独被优异耶？此所以一再申请，企不深负此多数爱国忘家之士，抑以为凡我民国有血气者，不宜负彼也。夫

————————————

　　①　指卢师谛、石青阳。

帝制用款数累万万，国人犹不能不为袁氏任责，而此反对帝制之用款不过其百分之一，对之反生疑义，轩轻厚薄，宁有说以处之。

文性不好辩，故当袁氏称制之日，蜚语满海内，文曾不出一言。今者请求还债，实非关系个人，虑以少数人成虎铄金，摇惑观听，因略序事实，并驳正反对者之言。人心不死，来者难诬，文亦惟有俟我国民之公论而已。敬请

公安

孙文启

据《孙文声明向政府索还借款详情函》（十
二月二十三日），载北京《参议院公报》第
二期第二十七册，一九一六年十二月印行

复段祺瑞反对中国对德宣战函

（一九一七年五月十二日刊载）

芝泉总理大鉴：

敬复者：王君亮畴到，得奉惠札，并由王君道达见邀赴京之意，款笃之情，感佩何极。

文自归国，遇共和底定，即专意开发实业，虽屡闻有引中国入战团之说，而以为总理富于识力，尤洞悉德国情形，必不轻与挑战。及绝交议起，深恐有外力相迫逼，故曾以私人名义电英首相，告以迫中国入战团之非利。尔时英人皆自辩谓无迫胁中国之举，而日本人亦见告谓日本虽欢迎中国加入，决不负引诱中国之责任。私心揆度，终谓加入有害中国，无益协商诸军，终信总理能以绝交为止境也。

此次王君来述尊意，谓加入事难中止，反复思维，未敢赞同。美国战德，首助协商国以军饷、军需数十万万，然后以海陆两军继之。我国无美国之实力，而强欲随美行动，反须彼方借款助我，是则加入之后，适以累英美之军而已。中国积弱，无可讳言，既为弱国，自有弱国应守之分。比之乡邻有斗，岂可不自量力，强欲参加。今以中国参入战团，即加协商诸国以重累。彼方急于财政，我乃分其

借债，拒其赔款，使彼财政上加一苦痛。彼方以贸易求金融之缓和，我乃高其关税，使受重苦。在彼实毫无所获，而在我则反藉人道正义之名，以求小利，此于国家体面有伤，于政治道德有背，甚非所宜。我之加入，既以求利为归，将来何能博人好感？即有侵损及我之事，人亦将目为自取，不复持正义以相扶。且加入之后，我国不能尽如何之职责，将令人谓我之军队必须有特别训练之人，我之财政必当处于特别监督之下，大局何堪复问？中国百无一能，惟有自牺牲其领土、人民，则甚足以满欲望。既不能尽其军事、财政上之职责，恐将以此代之矣。

侧闻王君言及此次总理主张加入，殊非得已，欲以此拔出凡百困难之中，措国家于磐石之安。人谁不爱国家，闻此公忠体国之苦衷，宁不感动？但文以为福生有基，祸生有胎，天下困难之来，各有原因，避之不得其方，必且变本加厉。譬此中国向守中立，本未有困难可言，自从提出抗议，即觉困难。为避此困难，遂曰非绝交不可。既绝交矣，而困难又较绝交之前为甚，今日乃有非宣战不可之言。宣战之后，困难之剧，将又出于意想之外者，此时何以处之？万一竟有一种困难发生，致非外人代我管理财权、军权不可，则将如何？使抗议不至绝交，则今日之困难自可免。今日绝交而未宣战，则将来之困难，亦尚可不生。欲免今之困难，只有悬崖勒马，徐求补救之途。否则，扬汤止沸，畏影却行，终无以善其后也。此时中国正类病夫，旁人方肆饕餮，彼独向隅，于是有耸动之者，曰非与宴不可。既与宴矣，遂以停食自觉困苦。又见旁人食后运动，因又言曰非运动不可。元气未充，运动之后，转发他病，则又曰非服剧药不可。至于药发，展转床席，求生不得，痛苦愈增，则惟有曰非死不可而已。今日中国尚未至非外人代管财权、军权不可之地位，若一不慎，则陷于彼非死不可之境，何痛如之？及今改图，当前之困难决非无可解免者。文以公谊论，固有竭力以济国家之责任，即以个人道德论，既劝政府勿宣战，则必当尽其才智，使政府脱此抗议、绝交后所生之困难。抑且历考中外开明之主，立宪之国，苟有大政，必询刍荛，不以执政之威，而谓人言为不足恤。其在近代民主之国，尤尊重此精神。今者总理不弃遐远，而乐闻反对者之意见，信有古人之风，为当代政治家所尚。况当辛亥改革之际，文以南方人士倡立民国，而总理以北方军人赞成之，孕育保持，窃谓两俱有责。而今者为危急存亡之会，尤不敢不掬诚相告。若蒙采纳愚见，必当束装北迈，敬献其所怀。否则，望有以释其所疑，亦自当翕然。若两有未能，贸然命驾，恐反形未臻融洽而已。知惟善人能受尽言，故悉告无隐。尚希采择，即颂

台绥

诸维鉴照不宣。

据一九一七年五月十二日上海《民国日报》

与章炳麟联名请西南各省将领勿受附逆者"中立"所惑通电

（一九一七年六月六日）

南宁陆巡阅使并转云南唐督军及西南各省督军、师长公鉴：倪逆叛乱，附者八省①，亦有意图规避宣告中立者。督军、省长受任命于元首，当服从教令，不得自言中立，进退失据。按中立者，即脱离中央关系之谓，其与独立，唯举兵不举兵之异，然为窃地拒命一也。昔袁氏称帝，各省或力不能抗，于是宣告中立，以中立为脱离帝制可也。今之所谓中立者，果脱离何国何人何政府耶？若脱离民〈国〉，固当为四万万人所摈弃；若脱离总统、政府，亦与叛逆不殊。巧避作贼之名，以为叛人壅遏义师，是即谋叛各省之屏蔽，不应听其巧诈，回避不攻，使叛人有所荫庇。孙文、章炳麟。鱼②。

据一九一七年六月八日上海《民国日报》

---

① 此指一九一七年五月二十九日安徽省长倪嗣冲宣告安徽独立，脱离以黎元洪为大总统的北京政府。随后，奉督张作霖、鲁督张怀芝、闽督李厚基、豫督赵倜、浙督杨善德、陕督陈树藩、直督曹锟等亦相继宣布独立。

② 韵目"鱼"代表六日。

促西南各省出师讨伐倪嗣冲等叛军通电

（一九一七年六月八日）

广州陈督军鉴，并转陆巡阅使、滇、黔、川、桂、湘各督军、省长、议会公鉴：倪①逆等举兵，谋另组政府，为复辟先声，继以西南各省宣言拥护中央，外交团亦皆反对，于是藉口调和，希图解散国会，推翻宪法。国会为民国中心，宪法为立国大本，公等既忠诚爱国，拥护中央，即应以拥护国会与宪法为惟一之任务。今日法律已失制裁之力，非以武力声罪致讨，歼灭群逆，不足以清乱源、定大局。倪逆等所谓调和者，于进退失据之时，犹作以退为进之计。民国与叛逆不能两存，拥护民国与调和不可兼得。望公等主持大义，刻日誓师，救此危局，作民保障。孙文。庚。

据一九一七年六月九日上海《民国日报》

与章炳麟联名请西南各省义师
勿受调停必诛徐世昌诸逆通电

（一九一七年六月十日刊载）

两广陆巡阅使，广东陈督军、朱省长、李将军、陈将军，广西谭督军、刘省长，云南唐督军，贵州刘督军，湖南谭督军，四川罗将军、刘将军公鉴②：近知天津伪政府不得列国承认，形见势绌，不得已复求荫庇于黎公。张勋、熊希龄身

---

①　倪：即倪嗣冲，时为安徽省长，于一九一七年五月二十九日宣告安徽独立，举行叛变。之后，奉督张作霖、鲁督张怀芝、闽督李厚基、豫督赵佣、浙督杨善德、陕督陈树藩、直督曹锟等相继随之。

②　陆巡阅使：陆荣廷；陈督军：陈炳焜；朱省长：朱庆澜；李将军：李烈钧；陈将军：陈炯明；谭督军：谭浩明；刘省长：刘承恩；唐督军：唐继尧；刘督军：刘显世；谭督军：谭延闿；罗将军：罗佩金；刘将军；刘存厚。

任调和，倪嗣冲、汤化龙复称翊戴，调停战事之人，即主张复辟之人，护拥元首之人，即主张废立之人，诗张为幻，至于此极。盖自去岁帝制罪魁未及惩治，虽有通缉之令，而往来腹地如故，是以奸人反复，绰有余裕。若复任其调和，以保全总统饵黄陂，以解散国会威民党，主座守府，叛人秉政，则共和遗民必无噍类。诸公倡义坤维，有进无退，万不可以府中乱命遽回仗义之师。总之，伪政府首领徐世昌及各省倡乱督军、省长、护军使辈，以及去岁帝制罪犯，指嗾叛乱之段祺瑞、冯国璋、张勋，身为谋主之梁启超、汤化龙、熊希龄等，有一不诛，兵必不罢。若总统宣布赦令，亦以矫诏视之，种种维持统一之迂言，列强干涉之危语，并宜绝止勿听。操纵在我，不在降贼之中央；是非在法，不在伪造之舆论。计划既定，奉以周旋，民国一线之光明，将启于此。唯诸公图之。孙文、章炳麟。

据一九一七年六月十日上海《民国日报》

致西南六省各界请速商建临时政府通电

（一九一七年七月四日刊载）

南宁陆巡阅使、桂林谭督军、广州陈督军、长沙谭兼督、云南唐督军、贵阳刘督军、成都戴兼督、泸州罗前督军①及省议会、将吏、军民公鉴：三日午后十二时迭得津电称："黎大总统已被江朝宗幽禁，徐世昌在天津组织临时政府，自称大元帅"等语。依法大总统不能行使职权，副总统应行代理。惟副总统冯国璋当倪逆反侧之时，力能申讨而佯守中立，阴与周旋，兼为从中游说，迫胁元首，申请解散国会，实属通同谋叛，觊觎非望，叛迹既彰，即为内乱罪犯，代理之法已属无效。国人不能容羿浞莽操之徒窃据大位。时势迫亟，民国不可一日无主。唯西南六省，为民国干净土，应请火速协商，建设临时政府，公推临时总统，以图恢复。一面先行通电拒绝冯氏代理，以免人心淆惑。非常之事，不容拘牵法律，

---

① 戴兼督：戴戡；罗前督军：罗佩金。

静待国会选举，数省公认，即为有效。迫切请求，不胜惶惧待命之至。

据孙文亲笔原稿，台北、中国国民党文化传播委员会党史馆藏

致各省籍国会议员请择地西南开会电①

（一九一七年七月十九日）

上海、天津各报馆转各省国会议员均鉴：自叛督称兵，国会解散，大法荡然，逆贼张勋乘间复辟，伪主溥仪因势窃位。而民心归向终在共和，伪清败征，智愚共见。于是前之倡乱坏法者，又假借反对复辟、拥护共和之名，以图自固；帝制余孽亦乘此以要功。文以为今日之患，非患真复辟者之众，正患伪共和者之多。心复辟而伪共和者，不唯不能认为有诚意之友，且不能认为有诚意之敌。以叛讨叛，以贼灭贼，但当视为械斗，不能与以拥护共和之名。且清主溥仪冒窃大位，岂曰迫胁，实其本情。而此次自称讨逆者只罪张勋，于清主不加申讨，或且为之保障优待条件，是乃与张勋争权攘利，而非拥护共和之明征。朝秦暮楚，谁能保信？

国会诸君已被叛督称兵解散，即与伪共和势不两立。今清主既已失败，正国会自奋之时。文尝默观时势，江河流域②已为荆棘之区，唯西南诸省拥护共和，欢迎国会。诸君宜自行集会于粤、滇、湘各省，择其适当之地以开议会，而行民国统治之权。如人数不足，开紧急会议亦可。责任所存，万勿放弃。文以不材，忝为民国先驱之役，引领渴望，何日忘之。其有神奸狐媚，则同意于解散后又委曲而请求者，进退失据，不可与谋，当为诸君所共晓，尤望慎所自处，勿再受人愚弄。孙文叩。皓③。

据《孙中山先生致津沪议员电》，载一九一七年七月二十五日上海《民国日报》第三版

---

① 国会解散后，众多议员云集上海、天津两地。孙文于一九一七年七月十七日自汕头抵达广州，此电发自广州。

② 指长江、黄河流域各省。

③ 韵目"皓"代表十九日。

致段祺瑞晓以讨叛赎愆电

（一九一七年七月十九日）

北京段芝泉上将鉴：民国不幸，伪清僭据。足下以为马厂偏师，恢复共和，重奠京邑，此盖强虏自亡之会，而亦足下迷复之机。伏念共和、帝制迭相乘除，已历三次。所以起灭无常者，实由是非不定，刑赏无章耳。夫洪宪佐命之徒，宣统复辟之辅，其为帝制罪犯一也。去年洪宪祸首，隐忍未诛，佐命者既得从宽，则复辟者当然无忌。徐州、彰德二次会议，正在足下初任首揆之时，拱手处中，不能钼治，而复奖以勋权，启其骄悍，是以伏戎编国以有今日。而民间清议，亦谓复辟之祸，叛督实为先驱。要求宣战之不已，以至殴击议员；殴击议员之不已，以至解散国会；解散国会之不已，以至复建伪清。本为一人保固权位，以召滔天之灾。足下奖成此患，岂得不为追咎？文于数月前曾献忠言，不蒙采纳，至黄陂不得已而下免职命令，犹不悛改，悻悻以引起祸乱，不负责任为词。今日因败为胜，功过相偿，天日鉴临，人心共谅。乃总理一职，既无同意，亦无副署，实为非法任命，果出黄陂手谕与否，亦未可知。足下当以义师首领自居，岂得以国务总理为号，以免职兴戎，而以复职自贵？狐埋狐撑，皆在一人，岂所谓为国忘身者乎？张勋以恁戾之资，悍然复辟，所统辫兵，素无训练，其势本易与耳。张绍曾等倡谋讨逆，近畿将领，不少靖献之人，器械完利，士马精强，扑灭殷顽，易如反掌，徐州余寇，复何足云？而足下必任段芝贵为东路总司令，倪嗣冲为三省总司令。段本洪宪元凶，倪则叛督首领，一蒙驱使，得冒天功以为己力，沮忠正倡义之气，开叛人狡诈之端，岂自比明之熊文灿耶？乃又抑止诸军，不容兴师致讨，欲以易成之绩，交与倡乱之人，偏私狭隘，毋乃过甚？丙辰近鉴，贻祸相同，此又足下所宜自省者也。文愿足下，上畏民喦，下思补过，任良将以伸正气，讨群叛以塞乱源；诛洪宪佐命，以示至公，戮伪主溥仪，以惩负约。保国赎愆，孰善于此！若以小腆易败，据为大勋，因势乘便，援引帝党，擅据鼎钟，分布爪牙，则西晋八王之相驱除，唐末朱、李之相征讨，载在史册，曲直无分，正恐功业易堕，祸败踵至。凡我国民，亦不能为辅助矣！以足下天性强毅，本非狐媚之人，甚愿尽忠告，是非利害，在足下自审之耳。孙文。皓①。

据《孙中山致段祺瑞电》，载一九一
七年七月二十九日上海《中华新报》

致西南各省将领请协力靖国护法通电

（一九一七年七月二十四日）

皖奉肇叛，逼散国会，酿成复辟。张勋本与叛徒同旨，复辟决非个人之意。迨复辟事不得中外承认，叛徒乃以讨叛自居。今虽号复共和，祸乱之源未塞，将来必且以伪共和亡中国。西南各省自主，不奉伪政府，先有两广粤军发起，近有罗将军②赞同。各省人心均归一致，此则中华民国之一线生机，必以反对复辟者反对伪共和，始可救国。今者北方将帅，各拥兵自雄，中央无合法之政府，外人均不敢轻为承认。以此一端，已可复邦。国法之所以荡然，由国会之不存在。不复国会，无由合法之行为。故文于日前请国会议员来粤，自行集会，将来一切措施皆当本此而出，基础既立，是非自明，庶几真共和可以跂致。诸公靖国护法，素有同心，尚希协力主张，俾早决定。名义既正，北方向义将卒亦正不稀。将来径以海陆军护送国会赴都，大局即可戡定。诸公之功，与民国俱永矣。孙文。敬③。（印）

据《孙中山致各省电》，载一九一
七年八月四日上海《民国日报》

---

① 韵目"皓"代表十九日。

② 指罗镕轩。

③ 韵目"敬"代表二十四日。

中华民国海陆军大元帅受职词①

（一九一七年九月一日）

　　文以不德，忝为共和先导。民国成立，六年于兹，而枭雄衅换，频烦不已。文不能救，自念无以对我邦人兄弟。今者叛督倡乱，权奸窃柄，国会解散，元首迁废，此诚勇夫志士发奋倡义之时也。而迁延数月，大兵未举，政府未立，内无以攘寇乱，外不足示友邦。文以国会诸君不释之故，不得不统摄军政。任职以后，唯当竭股肱之力，攘除奸凶，恢复约法，以竟元年未尽之责，雪数岁无功之耻。责任在躬，不敢有贰，诸所举措，亦唯国会诸君实匡逮之。

孙文白

据《大元帅答词》，载广州《军政府公报》第一号，一九一七年九月十七日

中华民国海陆军大元帅受职誓词②

（一九一七年九月十日）

　　文谨受职，誓竭真诚执行国会非常会议所授与之任务，勉副国会代表国民之期望，并告我邦人。谨言。

据《大元帅就职宣言》，载广州《军政府公报》第一号，一九一七年九月十七日

---

　　①　国会非常会议于一九一七年八月二十五日在广州开幕，三十一日通过《中华民国军政府组织大纲》，规定由军政府大元帅行使中华民国行政权，九月一日选举孙文为海陆军大元帅，当日举行大元帅受印礼。孙文随即发表就职答词。

　　②　一九一七年九月十日举行海陆军大元帅就职典礼。国会非常会议致大元帅就职词中云："约法未复，国权无主，则授大元帅临时统治之职。自视职始，其竭诚尽智，相我法纪，以返邦人于真正共和之域。国会非常会议愿与大元帅共勉之。"此就职誓词系相应之答词。另者，国会非常会议曾于九月二日选举唐继尧、陆荣廷为元帅，唐、陆均未到会就职。

中华民国海陆军大元帅布告

（一九一七年九月十日）

　　昔胡清失道，人心思汉，文与海内志士，合谋征讨。武昌倡义，黄陂实为主帅。江南既定，共和初造，则南都武昌为中区焉。以虏运告终，授之袁氏。文虽自甘退让，而推荐非人，终于反噬。南方涂炭，元勋杀戮，国会解散，恣睢五稔。僭号称帝，实赖西南豪杰出师致讨。兵未渡江，元凶殂殒。黄陂以副贰之位，依法继任。然后知神器不可以力竞，民意不可以横诬也。

　　徒以除恶未尽，权奸当道，帝孽纵而不治，元勋抑而不用。怏怏之威，上陵元首，诈取之谋，南暨吴蜀。侵约法宣战媾和之权，辱国会神圣立法之地。既被罢黜，嗾贼兴戎，以肇解散国会之祸。小腆乘之，应机复辟，民国根本，扫地无余。犹幸共和大义，浃于人心，举国同声，誓歼元恶。张绍曾、丁槐等实受黄陂密命，倡义计逆。师期漏泄，为凶人所掩，乘间攘窃，饰功取威。既复屠胡，亦以是黜黄陂之命。数遣狙击，逼迫卧寝，纠合无赖，劫夺印玺，以自成伪政府。譬尔朱荣、高欢辈，互为首尾，盗取国柄，其罪均也。

　　文于是时，身在海隅，兵符不属，乃与海军总长程璧光、第一舰队司令林葆怿共商大计。既遣兵轮赴秦皇岛，奉迎黄陂，亦不能致。犹谓人心思顺，必有投袂而起者。迁延旬月，寂然无闻。是用崎岖奔走，躬赴广州。所赖海军守正，南纪扶义，知民权之不可泯没，元首之不可弃遗，奸回篡窃之不可无对抗，国际交涉之不可无代表也。于是申请国会，集于斯地，间关开议，以文为海陆军大元帅，责以戡定内乱，恢复约法，奉迎元首之事①。文忝为首建之人，谬膺澄清之责，敢谓神州之广，无有豪杰先我而起哉！徒以身与共和死生相系，黄陂为同建民国之人，于义犹一体也。生命伤而手足折，何痛如之！艰难之际，不敢以谦让自洁，即于六年九月十日就职。冀二三君子同德协力，共赴大义。文虽驽钝，犹当荷戈

---

　　①　在筹建大元帅府期间，孙文及国会非常会议均曾电邀因受北洋军阀排挤而下野的黎元洪来粤组织正式政府，故此处有"奉迎元首"之语。

援，为士卒先，与天下共击破坏共和者。

中华民国六年九月十日（盖"大元帅印"）①

据《大元帅就职之布告》，载广州《军政府
公报》第一号，一九一七年九月十七日②

军政府承认对德奥处于交战状态布告中外书

（一九一七年九月二十六日）

军政府为布告事：

查我国前因德国宣布潜艇战略，曾由政府提出抗议，抗议无效，复由政府、国会之赞成，与德断绝邦交。未几，复以宣战案提出国会，请求国会同意，未及议决，不幸倪嗣冲等倡乱，国会中绝，致此项重案至今未得合法之解决。

迩者段祺瑞矫托大总统命令，擅组政府对于德、奥实行宣战，揆之国法，自属不合；按之事实，我国之与德、奥实已处于敌对地位。今军政府成立伊始，关于对外大计亟宜决定，以利进行。当于本月十八日具文咨询国会非常会议，应否承认对于德、奥两国交战状态，旋经国会非常会议于本月二十二日开会议决，承认交战状态，具文答复前来。查解决内争与国际战争本属两事，既经国会非常会议议决承认交战状态，本军政府自应依议执行，对于德、奥两国一切依据战时国际法规办理。特此布告中外，咸使闻之。

九月廿六日

据《布告对德奥宣战》，载一九一
七年十月五日上海《民国日报》

---

① 台北、中国国民党文化传播委员会党史馆藏有一份《中华民国海陆军大元帅孙布告》石印原件，供张贴之用，文字与此相同，但末行作"中华民国六年九月十一日"，其中"九"、"十一"系用毛笔填写，且盖有"大元帅印"（底本无盖印字样，篇末据此增补）。

② 《军政府公报》初由军政府公报处发行，第四十五号（一九一八年二月八日）起改由军政府印铸局公报处发行。

明正段祺瑞伪政府煽乱篡权罪状之通令①

（一九一七年十月三日）

大元帅令

洪惟我中华民国之成立，实成立于南京临时政府成立之日，而临时约法则为临时政府成立之根据。循是以进，由临时政府而成为正式政府，其重要关键则在由参议院而进于正式国会。故我友邦之承认，实自正式国会成立之日始。诚以正式国会成立之后，民国之主权已确定属于人民全体，而革命乃告厥成功，即国体始能卓立，于国际之地位而莫可摇动。更由是而求政治上之美善，则必由约法而进于宪法，且可由初次制定之宪法，而进于逐渐修正之宪法。苟循法治国进化之一定轨道，则民国六年以来宪法早经公布，全国之安宁幸福已可人人共享之矣。

孰意往者袁世凯包藏祸心，既经本大元帅辞临时大总统之职，而被选为继任之人，乃敢蔑视立法机关，嗾使北京兵变，强参议院迁地以就之，意谓政权受之于亡清之授与，而非受之于我全国人民之委托。故虽号称共和，而心实不承认人民为主权者，无非自恃兵力，以为主权不难盗窃而得，卒敢叛国称帝，而身竟不旋踵而灭。主权之不可幸干，进化之不可仰遏，宜若全国晓然，而人心亦可悔祸矣。

乃段祺瑞阴贼险很〔狠〕又过于袁世凯，以为除称帝外，无一不可师袁世凯之故智，而使主权潜移于一己者。故虽阳托反对帝制，而阴行反对约法。自袁世凯死，黎大总统依法继任后，约法、国会为段祺瑞所弃绝而不得恢复者。行且一月，犹复嗾使法妖之徒，持约法不应恢复之说，其私心无非觊觎新任大总统之位，而欲以兵力劫持国民之选举。幸赖我海军将士之宣言，而其心始为之慑，谋始为之破，然其不承认人民主权自若也。故计段祺瑞自为国务总理以迄于免职之日，无往而非倒行逆施，终欲借外交问题以压倒国民，而行其武力专制之计画。呜呼！我中华民国一厄于袁世凯，再厄于段祺瑞，逐致完全成为武人专横之时代。而唐

---

① 皖系军阀首领段祺瑞时为北京政府国务总理，代理总统是直系军阀首领冯国璋。同日孙文又颁布命令，着各路司令奋力擒斩乱国盗权罪要犯段祺瑞、倪嗣冲、梁启超、汤化龙、朱深五人。

末藩镇连兵之祸再见于今日，民不聊生，国无宁岁，思之实堪痛心！谁实为之？皆彼武人不承认人民主权之一念为之也。

须知国是既定，不容反抗。昔在帝制，专重君权；今改共和，专尊民意。民意之不可抗，犹过于君权之莫敢违。皇皇国会，为全国人民之代表。国会曰可，即主权者之所可；国会曰否，即主权者之所否。行政机及关〔关及〕一般军人惟有绝对服从，断无非法干涉之余地。乃自袁世凯始作俑，而段祺瑞继其后，终致多数叛逆军人动辄以约法国会不良为藉口，其邪说由少数奸人若梁启超、汤化龙辈为之谋，而其野心则由不认人民主权阶之祸。须知宪法非不可修正，必依制宪手续修正之；国会非不可解散，必依宪法规定解散之；新国会非不可召集，必于旧国会终了后召集之。夫如是，乃为遵循法治轨道之行为，国本安致动摇、政治得由退化耶！

不谓段祺瑞既以嗾使督军团，非法要求解散国会而被免职，志不获逞，通电煽乱。于是倪嗣冲首先倡逆称兵，以致群逆暴起，迫散国会，张勋因缘僭谋复辟。段祺瑞利用时机，逐张勋而自为总理，以恢复共和欺全国人，犹是武力专制之故态。而非法之伪政府，遂公然盘踞北京，两刺黎大总统以劫持之，使不得复位。呜呼！民国不亡，赖有我始终拥护约法，拥护国会，即拥护真共和之各省人民及海陆军耳。

我国民迫于救亡，因国会议员之被妨阻，不得已蹈他国之成规，开国会非常会议于广州，组织军政府。文不佞被举为大元帅，自顾首建共和，忝从厥后，不忍视民国之夭亡，曾于就职之日宣布誓词，此志谅已大白于全国，惟有以讨灭奸凶自矢，无事多言。

乃者伪政府忽有组织新国会及重开参议院之举，其悖谬殆无待深辩。试问此六年间，全国之讨灭帝制者凡三见，国是之定于共和，主权之属于人民，已不难家喻而户晓矣。乃伪政府犹复曰立法未善，又复一再以依约法为言，颠倒是非，狐埋狐搰，莫此为甚。藉曰立法未善，不既有前者宪法会议制定宪法以改善之乎？藉曰国会分子未善，不既有将来第二次国会以改善之乎？凡此皆有宪法之成规，而为国会之所有事。乃伪政府对于未终了之国会则遏抑之，对于已废止之参议院则重开之，姑无论其是非如何，试问孰授之权，而敢于如是之僭妄？利于一己者则曰约法应遵，不利于一己者则曰立法未善，等法律于弁髦，视国事如儿戏，未有甚于此者也。

推原其故，无非不认人民主权之结果。共和其名，专制其实。彼伪政府之言，直一帝制自为之口吻耳。张勋复辟之祸是非不难立辨，而此辈阳托共和，阴行专制，且复口称约法者，真有莠言乱政之患，实为共和之蟊贼，人民之大憝。此而不讨，国何以存？此而不辩，义何由正？

除自国会解散后，伪政府之一切命令概认为无效，已经国会非常会议宣言外，本大元帅特明正伪政府之罪通令全国，并将数年来祸思之原为我国人反复垂涕而言之。彼伪政府苟知大义难容，束身待罪，则委诸国法之审判，全国庶无糜烂，而厥罪或免加重。倘犹一意孤行，执迷反抗，则义师所指，誓当歼厥渠魁，不留余孽。我全国人民亦当共起而拥护已完全享有之主权，人人以讨逆救国之义务自任，孰谓民国将亡，而约法、国会竟不复耶！

至于文者，除以讨灭伪政府、还我约法、还我国会即还我人民主权为职志外，一俟奸囚〔凶〕殄灭，即当辞大元帅之职。惟上帝式临，此志不渝，谨以哀痛之言告我全国邦人兄弟，实式图之。此令。

中华民国六年十月三日（盖"大元帅印"）

据《大元帅令》，载广州《军政府公报》第十号，一九一七年十月一日①

致黎元洪及西南各省政要等反对北京伪政府另组新国会重开参议院通电

（一九一七年十月三日）

天津黎大总统，云南唐元帅暨靖国军各军、师、旅长并转章太炎先生，贵州刘督军，成都刘军长，川边殷镇守使，重庆熊镇守使，叙府罗师长，南宁陆元帅、谭督军、陈督军、程总长，零陵刘镇守使，衡州林旅长并转赵师长及各师旅长，

---

① 《军政府公报》有时会出现出版日期早于所载文件日期的情况，当系编印工作处置失当所致。后同。

上海岑云阶先生、伍秩庸孙伯兰两总长，钮惕生、柏烈武、谭石屏、谭组庵诸先生，香山唐总长公鉴：民国存亡，系于约法，约法无效，民国即亡。查约法政府既无解散国会之权，更无国会成立后再发生参议院之理。乃北京伪政府于九月二十九日，忽有另组新国会，重开参议院之伪令，背叛约法，逆迹昭然，退化却步，为天下笑。前者叛军迫散国会，系以暴力摧残。及暴力既消，约法犹在，国会当然恢复。伪政府果有尊崇约法，拥护共和之诚意，自应以恢复中断之国会为先务。其功罪如何？当可待诸国民公决。今竟继续叛军之暴力，遏抑国会之再开，俨然以一己之大权，自造立法机关，修改国会组织法及两院议员选举法，与袁世凯之以另召国会，欺蒙全国，而自造袁氏之参政院，修改约法，如出一辙。试问孰授之权，而敢于恣睢妄行如此！约法之根本，已遭破坏无余，而犹复曰依约法某条，其将谁欺！国会本尚存在，何事另行召集。参议院已经消灭，何得重行发生！此等悖逆之行为，谅为有目所共见。本军政府以讨灭伪政府，恢复约法、国会为职志，除已以通令明正厥罪外，惟恐莠言乱政，淆惑听闻，尚希诸公一致通电反对，伸正义而诎邪说，民国前途，庶几有豸。孙文。〈江〉①。

据《大元帅辟伪政府筹备新国会召集参议院之通电》，载广州《军政府公报》第十号，一九一七年十月一日；另据一九一七年十月十日上海《中华新报》所载同电增补

纪念国庆布告

（一九一七年十月九日刊载）

昔炎德中微，建房猾夏，肆其枭桀，鞭笞宇内。于是仁人志士，目击心伤，誓雪巨耻，奋戈挺兵，前仆继起。虽久暂匪一，其欲发愤而致死于虏，一也。阅时既久，大谊益章，共和民治之旨，既深沦浃于齐民之心，而虏主昏骏，亦尚倾侧媚外，割地丧权，以是海内汹汹，知非事驱除，则芸芸禹甸，易世以后，靡有孑遗。乃陵严威胃〔冒〕万难奋起，各城通都之间，饮丸履刃者，后先相望，虽

---

① 韵目"江"代表三日。

有淫刑大罚，气不稍挠。是以辛亥八月，鄂渚首义，而海内群起应之。时不数旬，遂覆清祚，成功之速，振古未有。斯不惟天夺虏运，亦以诸先烈百折不挠之概，深有感于国人。正义既昌，势不反顾也。

民国既建，凛国步之艰难，念缔造之不易，以鄂渚首义为阳历十月十日，因定以为国庆日。著之令典，以识不忘。然自六年以来，袁、段诸逆，迭为僭乱，民瘼莫苏，国本未安，即此国庆纪念，亦复岌岌飘摇，暗然无色，此亦国人所深痛也。

本岁国庆纪念之日，又为段逆僭据首都之时。文受讨逆之任，越在南疆，昕夕黾勉，缅怀先烈，亦欲与我国民饮水思源，知民国缔造之由来。暨夫诸先烈之耿光伟业，为吾人所宜拳拳服膺，致其诚敬。于兹纪念大典，交相勖励，共纾卫国之忧，力荷建设之责，以保持此国庆日至于无穷。耀其辉光，树我中华民国丕基。前型不远，国难方遒，挟〔扶〕持光大，我邦人其念之哉！

据《大元帅布告》，载广州《军政府公报》第十二号，一九一七年十月九日

军政府为香山东海十六沙护沙事宜布告①

（一九一七年十一月九日）

中华民国军政府布告　第三号

为布告事。据香山东海十六沙农民代表何昇平等呈称："香山东海十六沙护沙事宜，民国三年已定为官督绅办，咨部②立案。其第二次咨复部文谓'若归顺德绅办，难免争端'，乃竟为顺绅攘窃权利，只知苛抽，不任保护，以致沙匪复

---

① 孙文于一九一七年九月在广东建立中华民国军政府，任海陆军大元帅。在香山县北部，经珠江水流挟带的泥沙长期淤积而形成大面积沙洲，称为"东海十六沙"；各沙洲多已开垦成田，即沙田。因有少数沙田为邻县顺德（今佛山市顺德区）农民耕种，两县争夺护沙权（武装缉捕权）和征税权由来已久。本布告同意香山代表提出在政府监督下由沙田"农民自捐自卫"的请求，批准成立护沙自卫局。但后来，孙文发现广东各地沙田自卫组织受土豪劣绅所控制，使农民受害，而于一九二四年下令撤销所有自卫局。

② 此指袁世凯政府农商部，当时该部总长为张謇、农林司长为陶昌善。

炽，耕获难安。请将香山东海十六沙由农民自捐自卫，名为'香山东海十六沙农民护沙自卫局'，由政府委官督办，以符原案。计呈简章一扣"等情前来。

查核该代表所陈各节，系遵照原案办理，所拟简章亦尚妥协。该简章规定，局董由各沙遴选公正沙董充当，该局常费照民国历年护沙捕费成案办理，另各按该沙田亩之多寡，照数拨出二成为该沙联防经费暨维护政府捐务，保护业户租项、维持各乡乡佣公益捐各办法尤为公溥。除委任本府委员刘汉华充当督办①外，合行布告东海十六沙业佃人等知悉。

尔等须知，香山东海十六沙农民护沙自卫局由农民自捐自卫，遵照原案实行官督，一切办法悉依定章，系为裕国便民起见。自此次布告之返，所有各业佃应纳之沙捐、捕费等项，迅赴香山东海十六沙农民护沙自卫局缴纳，慎毋观望迟延，致干未便。切切。特此布告。

民国六年十一月九日

据《中华民国军政府布告第三号》原件照片，
台北、中国国民党文化传播委员会党史馆藏

致黎元洪及西南各省政要等祈同护法到底通电

（一九一七年十一月十八日）

天津黎大总统，四川行营唐元帅、章太炎先生，四川刘督军，贵州刘督军、王师长，梧州陆元帅，永州谭联合军总司令、刘镇守使，衡州程总司令、林旅长、林民政处长、马总司令，长沙王、范总副司令，南京李督军，南昌陈督军，武昌王督军，上海伍秩庸、岑西林、孙伯兰、柏烈武、蒋伯器、谭组庵先生，广州香山唐少川先生、程海军总长、林海军总司令、李协和先生、陈督军、莫镇守使、李省长、林总司令、张方陈三师长公鉴：前者段祺瑞主使叛党，蹂躏约法，解散国会。文与西南诸将帅，痛共和之中绝，惧民国之沦胥，率先主张护法讨逆。旋与海军舰队南下号召，并申请国会议员在粤开非常会议，佥谓戡定内乱，恢复约

---

① 孙文已于一九一七年十一月五日任命刘汉华为东海十六沙护沙督办。

法，必须组织军政府，以资统一，而利进行。文与陆、唐两公，同被举为大元帅、元帅，责以兴师讨贼之任。由是滇军奋起，西蜀联翩，湘南举兵，两粤扶义，不辞劳瘁，躬效驰驱，联合西南师旅，僇〔勠〕力同心，共谋约法国会之恢复。区区为国之诚，当为天下所共见。近以西南将士用命，克奏肤功，傅逆[1]潜逃，段贼解职。于是有主张调和，以解决大局者。惟此次西南举义，既由于蹂躏约法，解散国会，则舍恢复约法及旧国会外，断无磋商之余地。文虽不敏，至于拥护约法、维持国会，实具牺牲之精神，则除依照军政府组织大纲，非至约法完全恢复，国会职权完全行使时，断不废止。其有袭段祺瑞之故智，敢与约法、国会为仇者，一息尚存，岂容坐视！诸公匡时爱国，具有同情，尚祈一致主张，坚持到底，民国前途实利赖之。临电迫切，无任神驰。孙文。巧[2]。

据《大元帅对于时局之通电》，载广州《军政府公报》第二十五号，一九一七年十一月十九日

谕义军将士务与军政府同心讨逆护法通令

（一九一七年十一月十八日）

大元帅令

　　共和政治，以法律为纲。维民国军人，以护法为天职。故民国成立以后，至约法公布，国会成立，而国基始确定。即全国将士，亦知非拥护约法、国会，则国本动摇，险象立见。是以袁世凯蹂躏约法，毁弃国会，则国内将士群起讨之。诸叛督迫威总统，解散国会；伪政府背反约法，组织非法参议院，则国内将士又群起讨之。举凡癸丑、乙卯以逮今兹之役，转战千里，伏尸相望，前仆后继，百死不悔者，何一非为护约法护国会而战。盖以国本苟摇，则危亡可竣。军人职在卫国护法，虽蒙大难赴锋镝，而义有所不忍避也。

　　此次叛督肇变，迫胁解散国会，继之以总统迁废，民国国统于此斩焉中绝。是

---

①　指傅良佐。

②　韵目"巧"代表十八日。

以西南将士扶义而起，海军舰队援袍而兴，以为非恢复约法、国会，则有死无贰，誓不解兵。议员诸君，见义帜之飞翻，知民气之可用，乃相率南来，集合国会非常会议，组织军政府。于约法效力未完全恢复以前，由大元帅执行民国之行政权。

文以衰迈，膺兹艰巨，甚惧力弗能胜。然一念及我义军将士，拥卫约法、国会之热忱，不得不暂统治国权，以完未尽之责。受任之始，即以攘除奸凶，恢复约法自矢。苟约法国会一日不恢复，奸宄一日不扫清，则文之任务一日未尽。

我义军将士，苟知军政府受国会之委托，于民国绝续之交，负维持国统之巨任，则尤不可不与军政府僇〔勠〕力同心，共靖国难。矧治军之道，力合则强，势涣则衰。苟当此艰难绝续之交，无同力一致之效，则号令不齐，部曲散殊，何恃以驱叛众清逆焰，而收折冲御侮之效耶！

今伪政府自知罪不容于民国，方百出其诡谋，冀死力抗义师，为万一之徼倖。若彼以其整，我以其散，或分树异军，矫别名号，欲自外于军政府，此则所谓欲强其支，而不惜弱其干，其极非至于自弱自杀而不已。是乃伪政府所闻之而快心，然甚非我义军将士，护约法国会之初志也。须知当此逆党方张，协以谋我之际，我义军责职未尽，艰危方殷。诸将士与军政府为同舟共济之时，非党同伐异之日，所望猛悟自觉互相告诫。军政府方与诸将士以诚信相见，共负靖国之责。

自今伊始，其各一德一心，合力讨逆，以克竟军政府与诸将士拥卫约法国会之大责。其犹有忘愆私图负固不率者，则是显逆义军讨逆护法之公意。军政府职权所在，亦惟有不得已垂涕征诛，与众弃之，国法所在，愿相诫以毋犯。谆谆之意，其共勉焉。此令。

大元帅（印）

中华民国六年十一月十八日

据《大元帅令》，载广州《军政府公报》第二十五号，一九一七年十一月十九日

关于军政府的宣言

（日 译 中）

（一九一七年十一月二十五日刊载）

依照军政府组织大纲，非至约法完全恢复，国会职权完全行使时，断不废止。其有袭段祺瑞之故智，敢与约法、国会为仇，一息尚存，岂容坐视？

据《粤局又有暗潮发现》，载一九一七年十一月二十五日上海《申报》

定云南护国首义日为国庆纪念日布告

（一九一七年十二月二十四日）

大元帅布告

乙丙之交，逆袁叛国，谬称帝制，国人怵惕于淫威，峻冈敛首屏息，莫敢亢违，民国不绝如缕。时则滇中将帅，未忍坐视共和之沦胥，不辞以一隅之地，数万之卒，投袂而起；于四年十二月二十五日传檄远近，宣告逆袁罪辜，提兵四出，转战半载，北趋巴蜀，东临粤海，绝肮洞膺遗骼载道，而终不反顾，逆势始摇。国内师旅，乃群起应之。逆袁以是穷蹙而死，支党消散，民国复定再造之勋，于斯为大。嗣经国会决议，以云南首义之日为国庆日，岁岁庆祝，以志弗谖。本年十二月廿五日，适届二周。当兹飘摇之运，弥念匡复之功，凡我邦人，允宜一体庆祝，示欢愉之忱，凛惕厉之志，勠力同心，共靖国难。俾此光荣之纪念，与民国永永无极，有厚望焉。

中华民国六年十二月二十四日

据《大元帅布告》，载广州《军政府公报》第三十六号，一九一七年十二月二十四日

元旦勉众军民速图戡定内乱布告

（一九一八年一月一日）

民国肇基，既越六稔，中更祸乱，颠覆者再。文自惭首建，未竟全功，每思往事，辄用危惧。现值建国七周之辰，又为各省义师于役护法之会。叹国难之频仍，哀民生之多艰，午夜彷徨，不遑宁处。

因思吾国昔为君主专制国家，因人而治，所谓一正君而天下定。数千年来，只求正君之道，不思长治之方。而君之正，不可数见，故治常少，而乱常多，其弊极于清季。受当世列强法治潮流之激荡，遂益情见势绌，转觉数千年之旧国，组织尚未完备，海内贤豪相与病之。群谋更张，以备外竞，而辛亥之改革以成。

当是时，文以薄德，恭承国民委托之重，就职南京。莅任之初，即向国民宣誓，以南北统一为解职之期。迨清帝退位，统一告成，遂遵前言，退而下野。夫岂欲藉此以鸣高，良以共和国家，首当守法。藐兹予躬，实欲为法治植其基耳。不谓辞让非人，终于反噬。约法毁灭，国会废弃，燃人治已死之灰，播专制未尽之毒。既已以天下自私，人之欲之，谁不如我。故僭窃继起，叛变屡作，国无宁日，以迄今兹。综过去六载之泯棼，何一非在上者弁髦法纪阶之厉。犹幸共和大义，深浃人心。西南豪杰，义旗屡举，卒使叛盗计不得逞。由是可知国法不容妄干，而人治断无由再复也。

方今各路义师，迭奏奇捷，歼除元恶，指顾可期。际兹新岁，凡我忠勇国民与海陆诸将，当益奋前功，速图勘定内乱，回复平和，使法治之效，与并世列强同轨，庶足以生存发展，保此民国亿万年无疆之庥，愿与国民共勉之。

据《中华民国七年元旦大元帅布告》，载广州《军政府公报》第三十八号，一九一八年一月四日

谕各军将士攻歼不法官僚布告

（一九一八年一月三日）①

照得本军政府由国会非常会决议组织，以护法救国为目的。设立以来，迭遭不法官僚明沮暗挠，一切设施均被阻遏，救国大计无由进行。每加晓谕，冥顽蒌悟，欲民国复安，法律有效，非先驱除此不法官僚不为功。海军、滇军素深明护法之旨，与彼万不相容。粤军将士弥爱共和，即在桂军亦不乏明哲之士。当此机会，可共功名。仰该各军官长士兵，遵依密令，迅行进攻，破灭敌人。功成之后，懋赏有加。如或游移，必贻后悔。特此布告。

据《军政府大元帅布告》，载一九一八年一月十五日上海《民国日报》

为维护国法恢复和平致全国通电

（一九一八年二月二十二日）

广州国会非常会议，莫督军、李省长，海军程总长、林总司令，李总参谋长，外交伍总长，陆军张总长、方总司令，香山唐总长，汕头陈总司令、伍旅长、夏旅长，云南刘代督、唐卫成总司令，贵州刘督军、王总司令，毕节唐元帅并转顾、黄、赵各军长，重庆熊总司令、章太炎先生、夏宣慰使，永宁黄总司令、卢副司令，顺庆石招讨使，叙州李劳军使，长沙谭联军总司令、程总司令、刘镇守使、林旅长，常德张、周、胡总司令，公安黎、石、唐总司令，广西陆元帅、李省长，南京李督军，上海孙伯兰总长、岑云阶先生、谭组庵先生、柏烈武先生、谭石屏先生、卢镇守使、容旅长，苏州朱师长，杭州杨督军、张师长、童师长，南昌陈督军，武昌王督军，北京冯华甫先生、王聘卿先生、段芝泉先生，直隶曹督军，

---

① 底本未署日期，据同日上海《民国日报》报道追述，炮击广东督署事发生在一月三日夜，此件应为三日发布。

河南赵督军，山东张督军，山西阎督军，三原曹、胡两司令，奉天张督军，吉林孟督军，黑龙江鲍督军，甘肃张督军、马将军，新疆杨督军，热河姜都统，绥远蔡都统，察哈尔田都统，各省省议会、省长，各报馆均鉴：国乱经年矣。当列强环伺之时，为阋墙煮豆之举，苟有人心，岂应若是？特好治者，人之天性；战争者，不得已之行为。欲国家臻于治平，惟举国一致尊重国法乃可。此次西南兴师，目的止于拥护约法，根本主张，惟在恢复国会之效力与求国会永久之保障耳。北方爱国同胞，亦无不共抱此旨，虽被武力压伏，意不得宣，然而观北方议员之所主张，自可征其趋向。盖民主主义为世界自觉国民信奉之正义，议院政治为近代国家共由之正轨。民国肇造之基，实建于此。操政者，苟能尊重民国之国本，则其政治生命可全；反是，则未有不踬者。以项城之雄，尤不免于自毙，不如项城者，更何足言！执权者若能共喻斯旨，弃其非法乱命，息战罢兵，一切解决，悉听国会，则国是既一，大乱立定。若徒恃个人之智与力，以图保持权位，不特战祸延长，殃及国脉，即于各执权者自身，亦为速亡之道。南京李督军本息事宁人之心，倡平和救国之议，迭次通电，语重心长。文素以博爱为信条，平和本属初志。此次受国会非常会议之付托，肩继绝扶危之重任，所誓死以争者仅此耳。诸公皆黄族俊良，民国贤者，望以国本为念，速复平和，共图建设，解时局之纷纠，救国家之沦胥。谨沥肝胆，希赐明察。孙文。养①。

据《大元帅主张回复平和尊重国会之通电》，载广州《军政府公报》第四十九号，一九一八年二月二十三日

致西南护法各省析军政府未获支持之危险通电

（一九一八年二月二十二日）

广州国会非常会议，莫督军、李省长，海军程总长、林总司令，李总参谋长，外交伍总长，陆军张总长、方总司令，香山唐总长，汕头陈总司令、伍旅长、夏旅长，广西陆元帅，云南刘代督、唐卫戍总司令，毕节唐元帅并转顾、黄、赵各

---

① 韵目"养"代表二十二日。

军长，重庆熊总司令、章太炎先生、夏宣慰使，永宁黄司令、卢副司令，顺庆石招讨使，叙州李劳军使，长沙谭联军总司令、程总司令、覃理鸣先生、刘镇守使、林旅长，常德张、周、胡总司令，公安黎、石、唐总司令，三原曹、胡两司令，南京李督军，南昌陈督军，上海孙伯兰总长、岑云阶先生、谭组庵先生、谭石屏先生、柏烈武先生，各报馆均鉴：民国成立七年，大乱者四次，国本飘摇，民力凋敝。推原祸始，皆执政者营私乱法之所致耳。夫国家治乱一系于法。法本空文，专赖合法机关之合法行为为之表现。约法为民国命脉，国会为法律本源。国会存，则民国存；国会亡，则民国亡。癸丑、丙辰两役所争者此耳。段氏乱法，摧残国会，致令兵连祸结，于兹经年。我西南诸将帅以护法为标帜，举兵讨贼，大义炳然，全国共喻。前敌将士亲冒锋镝，不惜牺牲性命，捐弃骨肉，以与国贼战。其爱国护法之精神，成仁取义之勇气，尤我国民应永感不忘者也。然吾人今日之所争者，非为攘夺政权也，实为拥护民国根本之约法。破坏民国者，以蹂躏国会为唯一之手段；则拥护民国者，应以尊重国会为唯一之职责。自国会被武力蹂躏以来，爱国之议员诸君来集广东，以道途梗塞及为国事奔走者一时不能来集之故，正式国会急切难成。而对内对外又不能不有继绝扶危之中心组织，于是开国会非常会议，组织军政府，垂绝之国脉，赖是仅存一线。然元帅及各部总长多逊让未就，及今半载矣。举国国民见北京政府既为非法僭窃之机关，而西南护法诸军又未能毅然赞助国会所组织之军政府，乃彷徨歧路，无所适从。世界各友邦见我主张拥护国会者，尚不能服从国会，更疑我护法之战争为割据争雄之举动，内不能示国民以趋向，外不能得世界之同情。是非不明，国是不定，国家危险莫大乎此。试观内外情形，段氏虽辞职，河间冯氏为段所挟持，不特无悔祸之诚，且日事武力压迫，近又以伪令发布，修正国会选举法等条例。而帝制余孽以及亡清旧吏，更事厥阴，复辟之说，近又喧传矣。江苏李督军以息事宁人之心，唱和平救国之议，而唇焦舌敝，不能回乱国者之心。我护法诸公汲汲于谋西南之一致者，亦甲论乙否，不能收理顺势随之效。欧战发生及今四载，一旦战事告终，列强视线咸聚于东方，及今不谋巩固国本，何以图存？民主主义为世界自觉国民信奉之正义，议院政治为近代国家共由之正轨。民国精神既在于斯，则拥护民国之志士仁人，更应以此为唯一之标帜。文受国会非常会议之付托，于正式国会未成立、合法之统一政府未组织之日，肩继绝扶危之重任，虽力微德薄，而顾念职责，惟有誓以一身保民国耳。诸公或为肇造民国之元良，或为恢复共和之贤者，当此国是沦胥，国脉垂丧之日，应有救济良策。倘约法效力朝能恢复，则文夕可引退。谨沥肝胆，伫候德音。孙文。养①。

据《大元帅致西南护法各省将帅电》，载广州《军
政府公报》第四十九号，一九一八年二月二十三日

将两广盐税收归军政府之布告

（一九一八年三月八日）

照得盐税一项，向归中央直接收入。现在护法各省一致讨逆，与北京非法政府完全脱离关系，广东为护法省分之一，惟盐税前此迄未收回。近查北京竟有将两广盐税拨给龙济光扰粤之用情事，是不啻任非法政府敛吾民之财，以供其残杀吾民也。本大元帅以护法讨逆为职志，是用痛心疾首。兹已将盐税一项收归军政府，以我商民之正供，充军府开支国会、海军及其他属中央范围由军府支出之用途，凡我全国，谅有同情。嗣后各盐商应缴盐税，仰仍按照向章向广东中国银行缴纳。倘有奸商违抗命令或故意延宕者，定予截缉严惩，不少宽贷。各该盐商具有爱国热忱，其各激发天良，一体遵照，毋得故违干咎。特此布告。

中华民国七年三月八日

据《大元帅布告》，载广州《军政府公
报》第五十三号，一九一八年三月九日

致西南各省否认北京非法政府发行公债权通电

（一九一八年三月九日）

广州国会非常会议，莫督军、李省长，伍外交总长，林海军总司令，张陆军

---

①　韵目"养"代表二十二日。

总长，汕头陈总司令，潮州许司令，广西陆元帅，云南刘代督、唐卫成总司令，毕节唐元帅并转顾、黄、赵各军长，重庆黄卢总副司令、章太炎先生、夏宣慰使，顺庆石招讨使，成都熊督军、吕卫成总司令，保宁陈总司令，大竹陈总司令，贵阳刘督军、王总司令，长沙谭联军总司令、覃理鸣先生、赵师长、刘镇守使、林旅长，岳州程总司令，常德张、周、胡各司令，津市李总司令，归州黎总司令，三原曹、胡两司令，南京李督军，南昌陈督军，湖北王督军、王汝贤范国璋两师长，武穴冯旅长，上海孙伯兰唐少川两总长、岑云阶、谭组庵、谭石屏、柏烈武先生，各报馆钧鉴：莫督军江电，发现王克敏等假七年公债蠹国肥私，种种黑幕，实堪发指。谭联军总司令微电，声罪致讨，均属义正词严。北京非法政府根本违法，绝对无发行七年公债之权。其宵小金壬，因缘为奸，尤属绝对无效。此项公债，非法政府冀以供其残杀国人，我国民自应一致反对。其王克敏等应得之罪，俟国法效力恢复之日，再行尽法惩治。尚希诸公对于七年公债根本否认，以免人民受愚，幸甚。孙文。佳[1]。（印）

据《大元帅反对伪政府发行七年公债通电》，载广州
《军政府公报》第五十五号，一九一八年三月十三日

着各盐商向广东中国银行缴纳盐税布告

（一九一八年三月十七日刊载）

大元帅布告

照得盐税一项，归中央收入，近查北京非法政府有将两广盐税拨给龙济光之用，殊堪痛恨。现军政府已将盐税收入直接收回，以期统一财政而杜乱源。此后各盐商应缴盐税，仰仍按照向章，向广东中国银行缴纳，倘违抗命令，或故意延缴者，定行截缉惩办。仰各该盐商一体遵照办理，毋得故违干咎，特此布告。

据一九一八年三月十七日上海《民国日报》

---

① 韵目"佳"代表九日。

与林森联名就中国时局通告各国驻华公使书

（英 译 中）

（一九一八年四月十七日）

中华民国军政府为通告事：民国不幸，叛督称兵，陈师近畿，胁迫元首，于民国六年六月十二日遂以非法命令解散国会。继以复辟之变，黎大总统出走，而中华民国根据法律由国会组织之政府，忽焉中断。各省兴师讨逆，兵未及发，而段祺瑞乘机窃据北京，自称总理。黎大总统尚在北京，并未向国会辞职，亦非不能视事，乃不迎之复位，而擅召冯国璋于南京，使以副总统而为代理大总统。国之重器，私相授受，又不恢复非法解散之国会，而任意指派数十人傅会职权终止之临时参议院（参照《临时约法》第二十八条）壤〔坏〕法乱纪，予智自雄，泯泯棼棼，莫知底止。洎为袁世凯称帝以后，以武力乱国实行武人专制第二之奇变矣。

共和国之根本在法律，而法律之命脉在国会。中华民国元年临时约法（以后简称约法）为民国最高之法律，在宪法未施行以前，其效力与宪法等（参照约法第五十四条）。凡为民国之人，皆当遵守，无敢或违者也。按照约法，大总统无解散国会之职权，国会亦无可解散之规定。绳诸命令抵触法律，则命令无效之通例，六年六月十二日非法命令与约法抵触，当然无效。国会虽被阻遏，不能在北京继续开会，然国会之本体依然存在，此民国全国人民所认为应恢复国会原状之理由也。本届国会厥惟民国第一次国会，中经袁世凯、段祺瑞两次以武力阻遏开会，不能行使职权，议员任期实未终止，此又国会继续开会仍应召集旧议员集会之理由也。

国人痛大法之陵替，惧民国之沦亡，一致要求取消非法解散国会之命令，俾国会继续开会，而国之大事，一依法律解决。乃北京非法政府置若罔闻，而非法之代理总统、非法之国务员、叛乱之督军团以及非法参预国政之私人，公然以北洋派相号召，视民国为北洋派之私有，思以武力征服全国，非法缔结借外债及军火之契约（参照约法第十九条四款、第三十五条），以逞其残杀国人之毒焰。乃对川、湘首先用兵，粤、桂、滇、黔不得已而起护法之军，宣布自主。海军第一舰队亦宣言：以恢复约法、恢复国会、惩办祸首三事为救国之要图。当是时，国无政治中心，护法讨逆之功莫由建立。于是，国会应广东省议会之请求，遂开非常会议于广州，于民国六年八月三十一日由国会非常会议公布《中华民国军政府组织大纲》，爰为自主各省组织一戡定叛乱、恢复临时约法之军政府（参照本大纲第一条）。自时厥后，自主各省莫不宣言护法，川、湘逆〈军次〉① 第荡平，其他各省，闻风倾响。凡我国内及国外之人，乃莫不晓然于护法战争之大义，而本军政府之职志，遂以大白。

北京非法政府曾不悔祸，虽以长、岳之战，北京慕义军人不甘为私人效命，相率退却；又重以长江三督军之联名要求，暂免段祺瑞之职。而段祺瑞方且利用特殊之参战督办名义，阳托对外参战，实行对内用兵，不惜欺蒙协约各国，而自亏人格。乃冯国璋者，又思自树势力，一面以停战议和缓义军之进攻武汉；一面命令曹琨〔锟〕、张怀芝、张敬尧南下，积极备战，仇视义军，行同鬼蜮（参照冯国璋青电）。此和议之所以不终，而复出于战也。惟冯、段各具私心，遂生内讧，段派督军团会议再现，而张作霖、徐树铮领兵入关，自由行动。段派叛督之横暴，虽段亦莫能制。长此不振，则民国将成为无法纪、无政府并无人道之国。一任不法之武人割据称雄，分崩离析，其将何以为国？今段祺瑞复任非法总理，逞忿岳、长，纵兵烧杀淫掳，绝无和议之可言。此则本军政府因护法而救国救民，不得已而用兵之苦衷，当为寰球所共谅者也。

国家不可一日无政府，国会非常会议鉴于现以暴力强据北京者为非法政府，是以有军政府之组织。故军政府于约法效力未恢复前，实为执行中华民国行政权之惟一政府（参照军政府组织大纲第三条）；易言之，则为约法上行使统治权存亡继绝之机关（参照同大纲第十二条）。现在本军政府已继续行使昔时北京政府之职权，与昔时北京政府无异，并非新发生之别一建设。诚恐友邦各国尚未了解，

_____

① 据温世霖《段氏卖国记》（一九一九年十月版）校补。

自应即日通告友邦各国，并郑重声明：本军政府承认切实履行中华民国六年六月十二日国会解散前中华民国与各国所缔结之国际及其他一切条约，并承认各有约国人在中华民国内享有条约所许及依国法并成例准许之一切权利。惟北京非法政府违背约法而与各国缔结之一切契约、借款或其他允行之责任，本军政府概不承认。谨布于友邦各国驻华公使，请烦转达于各贵国政府，尚望维持正义，承认本军政府，共敦睦谊，永固邦交，实所厚幸。谨此通告。

中华民国军政府海陆军大元帅　孙文

署理外交总长　林森

据《大元帅通告驻华各国公使书》，载广州《军政府公报》第七十五号，一九一八年四月二十三日

为辞海陆军大元帅职致西南各省通电①

（一九一八年五月四日）

十万火急。广州省议会，莫督军、李省长，伍秩庸先生，海军林总司令②、魏总司令，各报馆，汕头陈总司令、方总指挥，韶州李督办、李总指挥、张总长③、林刘沈刘总司令，南宁省议会、陆巡阅使、陈代督军、李省长，云南省议会、刘代督军、唐卫成总司令，毕节唐元帅，贵阳省议会、刘督军、王总司令，成都省议会、熊督军、吕卫成总司令，重庆黄代省长、章太炎先生、叶顾赵各总司令、卢副司令、夏宣慰使，顺庆石总司令，保宁颜总司令、陈副司令，宁远郭

---

①　在陆荣廷的桂系、唐继尧的滇系军阀势力及政学系政客策动下，国会非常会议于一九一八年四月提出改组军政府议案，拟将大元帅制改为总裁合议制，旨在剥夺孙文的权力。孙文对此坚决反对，但几经努力之后已感无可挽回，乃提出辞职。四月十八日国会非常会议通过改组案，二十日选出包括孙文在内的七名政务总裁（后由政务会议推举政学系首领岑春煊为主席总裁）。次日孙文即乘轮离开广州赴上海。

②　以上诸人为：广东督军莫荣新、广东省长李耀汉、伍廷芳（号秩庸）、海军总司令林葆怿。其后"魏总司令"待考。

③　以上诸人为：援闽粤军总司令陈炯明、征闽靖国军总指挥方声涛、粤赣湘边防军务督办李根源、防务总指挥李烈钧、陆军总长张开儒。其后"林齐刘沈、刘总司令"待考。

军长，永州谭联军总司令、程赵①马陆韦各总司令、刘镇守使、林旅长、林民政处长，归州黎、石总司令，常德张总司令，三原胡、曹、郭②、焦各总司令，上海孙伯兰、汪精卫、王儒堂、张敬舆、岑云阶③先生、民国日报馆及各报馆，各省省议会，各报馆均鉴：慨自国会非法解散，中更复辟之变，民国已无依法成立之政府。使冯、段两氏果有悔祸之心，虽争个人权利，苟能撤销非法解散国会之命令，使国会继续开会，则与一言兴邦何异，夫谁得而议其后者。乃必思以北洋兵力征服全国，遂致衅解川、湘，而全国之统一已破。其时，桂、滇之师皆由地方问题而起，而所谓宣告自主者，其态度犹属暧昧，似尚置根本大法于不问，泯泯梦梦，莫知底止。文不忍坐视正义之弗伸，爰于沪上与民国诸老创议护法。海军将士亦有宣言，相率南来。粤省议会乃有请国会议员来粤开会之决议，由是发生④国会非常会议于广州，于中华民国六年八月卅一日公布军政府组织大纲。文不才，被举为大元帅。虽自知弗能胜此重任，然国家多难，匹夫有责，文忝在手造民国之列，不能视大法之沦亡而不救；是用不避险艰，不辞劳瘁，以为护法讨逆倡，使吾国及友邦之人咸晓然于军政府之职志。至于成败利钝，匪所逆睹，凡以存民国人民之正气于天壤间而已。自是厥后，粤、桂、滇、黔、湘、川莫不一致宣言护法，始以恢复非法解散之国会为共同之目的。于是地方之争，一变而为

① 以上诸人为：两广巡阅使陆荣廷（按：陆此职衔已撤）、广西代督军陈炳焜、广西省长李静诚、云南代督军刘祖武、昆明卫戍总司令唐继虞、军政府元帅唐继尧、贵州督军刘显世、靖国黔军总司令王文华、四川督军熊克武、成都卫戍总司令吕超、四川代省长黄复生、章炳麟（号太炎）、四川靖国联军第八军总司令叶荃、四川靖国联军第一军总司令顾品珍、四川靖国联军第二军总司令赵又新、四川靖国联军援鄂副司令卢师谛、川东宣慰使夏之时、四川靖国联军援陕第一路总司令石青阳、四川靖国联军川东边防总司令颜德基、四川靖国联军川东边防副司令陈炳堃、四川靖国联军第七军军长郭昌明、湘粤桂靖国联军总司令谭浩明、护法军湖南总司令程潜、护法军湖南第一师总司令（师长）赵恒惕。其后"马陆韦各总司令"待考。

② 以上诸人为：湖南零陵镇守使刘建藩、湖南护法军旅长林修梅、湘南民政处长林支宇、鄂省靖国联军总司令黎天才、鄂省靖国联军第一军总司令石青川、湘西护法军总司令张学济、陕西靖国军左翼总司令胡景翼、陕西靖国军右翼总司令曹世英、陕西靖国军第三支队总司令郭坚。其后"焦总司令"待考。

③ 以上诸人为：孙洪伊（字伯兰）、汪兆铭（号精卫）、王正廷（字儒堂）、张绍曾（字敬舆）、岑春煊（字云阶）。

④ 以上"国会议员来粤开会之决议，由是发生"十五字底本漏排，今据云南省档案馆所藏原件增补。

国会之争。军政府虽无天地之凭藉，而此志已范围乎六省。而其他表同情而思附义者，尚复所在多有，均在酝酿发难之中，不得不谓护法之已告一成功矣。顾吾国之大患，莫大于武人之争雄，南与北如一丘之貉。虽号称护法之省，亦莫肯俯首于法律及民意之下。故军政府虽成立，而被举之人多不就职，即对于非常会议犹莫肯明示其尊重之意。内既不能谋各省之统一，外何以得友邦之承认？文于斯痫口哓音，以蕲各省之觉悟，盖已力竭声嘶，而莫由取信。知我者谓我心忧，不知我者谓我何求，斯之谓矣。然个人之去就其义小，国家之存亡其义大。文之所以忍辱负重以讫于今者，良以任责无人，非得已也。凡文之所以谋使各省尊重非常会议为护法之中心者，无所不至。今自岳、长①累败以来，各省始悟分则俱伤，合则两美，然后知有组织统一机关之必要，且知有以非常会议为护法中心之必要。及今图之，犹未为晚。而文之力固已尽于是矣。计自提取盐税存款以充国会正式会议经费，预定六月十二日为开会之期，文之效忠于国会，任务本已将尽；乃者非常会议决改组军政府，以应各省之要求，今而后庶可资群策群力以光昭护法之大业，而告厥成功，岂非民国之幸？文本匹夫，无拳无勇，所以用其全力以拥护非常会议者，其效果亦既如是，庶乎可告无罪于国人。兹仍愿以匹夫有责之身，立于个人地位，以尽其扶助民国之天职。谨略述颠末，向国会非常会议辞大元帅之职，幸为公鉴。孙文。支②。

据《大元帅辞职之通电》，载广州《军政府公报》第七十八号，一九一八年五月十日

留别粤中父老昆弟勉以爱国爱乡书

（一九一八年五月二十一日）

文常闻国人之所以称吾粤者矣，以为粤据南海之形胜，襟带三江，天产至丰，地力至博，与海外交通最先。工商学子又往往航行万里，远适异国，履艰险，辟草莱，所以治贸迁而求学术者，莫不推粤，而从之步趋焉。虽然，此恒人之辞也。

---

① 岳州、长沙。
② 韵目"支"代表四日。

文则以为吾粤之所以为全国重者，不在地形之便利，而在人民进取性之坚强；不在物质之进步，而在人民爱国心之勇猛。挽近几十年来，外怵于异国之侵陵，内鉴于满政之窳败，皇皇然有危亡之惧，乃悉力毕虑，期驱异族，建民治，为全国创。

自乙未以来，大小数十役，断首洞胸，后先相继，而终不反顾。海外侨胞亦复敝衣节食，罄其血汗之资，以扶义举。数国内革命之军，敢死之士，殆往往有吾粤志士从事其间，奋其义愤。辛亥一役，遂涤荡数千年专制之瑕秽，而建立民国，此则吾父老昆弟大有造于国者也。民国既造，吾父老昆弟念缔造之艰难，凛建设之不易，犹欲瘁其心志，进国家于郅治。顾以权邪柄国，良法美政遏绝不行，晦塞之象，剧于专制，此则吾父老昆弟所疾首太息，莫可如何，而亦文夙夜所引为深憾者也。

文去乡之日久矣，虽奔走国事之顷，每念桑梓之乡，钓游之地，斯须之间未尝去怀。颇闻数年以来，民生日以凋敝，物力日以艰难，风俗日以偷薄，寇盗日以充斥，疑以为传闻之过。迨客岁归来，目击所谓民政之不修，财力之支绌，风俗之淫靡，赌博之纵恣，掳人于郭内而不能禁，杀人于通衢而不能救，行旅相戒，动罹祸患，举全国所未有之恶德乱政无不备之，此真吾粤之深耻奇辱，而我父老昆弟所宜力为湔濯者也。夫以吾父老昆弟爱国如是其殷也，进取如是其强也，而独于桑梓之乡日听其窳败坠落而不一加拯救者，是则我父老昆弟爱国之心过厚，而爱国之责太重。故虽意不忘故乡，欲曲尽其维护之任，而力有所不能顾，暴力者乘之，遂肆其摧残劫剥而无以抗也。然国者乡之积也，爱国者亦必爱乡。

文以数十年奔走在外，未能为故乡有所尽力，夙夜耿耿，每用自愧。此一载来，虽处故乡，顾迫于护法之役，备历艰难，独任劳怨，绸缪补苴，心力交瘁，仍未暇有所助于父老昆弟也。今任务稍得息肩，方欲藉此一漫游海外，略事休养，复我元气，俾异日得再效驽钝于我父老昆弟。临别惓惓，窃欲我父老昆弟深念夫爱国固吾人之天职，爱乡亦吾人义所不可废。吾人既负救国之责，而整治乡邦，亦宜引为己任。夙夜孳孳，而致力于所谓培养民力，增进民智，扶持风俗，发展自治，采人之所长，去我之所短，以发扬我粤之光荣，永永为全国之仪型，以驰誉于世界。如是而我父老昆弟爱国之心乃可云尽，救国之责乃可完满而无憾。不然徒舍近而图远，譬之巨厦，第事粉饰外观，不知其内之蠹蚀，日积月累，必至栋摧梁崩而后已。此岂我父老昆弟所忍出也。

文行矣，翊卫桑梓，发扬光大，重劳我父老昆弟之虑划。溯回珠江，瞻望五岭，语长心重，不觉觍缕，区区之忱，维我父老昆弟共鉴之。

孙文

据《留别粤中父老昆弟书》，载南京《中央
党务月刊》第十四期，一九二九年九月出版

附：对草拟留别粤中父老昆弟书之修改意见

（一九一八年五月中旬）①

去乡国之理由：到粤以来，事事皆困苦艰难，遂致神疲力瘁，今稍得息肩之机，不能不借此一漫游海外，略为休养，复我元气。文中须加此意。

据钢笔原件，台北、中国国民党文化传播委员会党史馆藏

离广州前忠告各界务以护法为重之通电

（一九一八年五月二十一日）

文前以国会正式开会有期，各省亦先后表示援助，护法大责，负荷有人，文亦得以卸去微责。故于五月四日，向非常会议辞去大元帅之职，并于同日通电，略罄鄙意。兹于临别之际，惓惓之怀，犹难自已，谨再尽忠告于邦人君子之前，幸垂察焉。国于天地，必有与立，民主政治赖以维系不敝者，其根本存于法律，而机枢在于国会。必全国有共同遵守之大法，斯政治之举措有常轨；必国会能自由行使其职权，斯法律之效力能永固。所谓民治，所谓法治，其大本要皆在此。自民国成立以来，国会两遭非法解散，以致大法陵夷，邦基厄阢，此则秉政者徒

---

① 此系对某文的批语，未署日期。据所批内容推断，末句谓"文中"应指一九一八年五月二十一日发布的《留别粤中父老昆弟书》一文，故此批语当写于五月中旬。

知以武力相雄长，嫉法律为束缚之具，国人又慑于强力，不自尽其护法之责也。然武力角逐，势难持久，竞权力于始，逞意气于后，其极非至牺牲国家同归于尽而不止。即有大力者起，强能并弱，众能暴寡，悉除异己，然恃其暴力欲以恣睢为政治，以刀锯为法律，其极也必至民生嗷嗷，不可终日。亦必为国民所共弃而一蹶不振，陷于势穷力绌之境，征之袁氏，前鉴匪遥。今兹之役，国人既知护法为急务，则务以贯彻终始，使旧国会能回复其效力。其向不满于旧国会者，亦宜摒其固我之见，晓然于舍恢复旧国会以外，更无可以解决国是之方，亟图补过，又岂云晚。倘双方能凛国事之危迫，知民意之难违，各蠲其权利之争，忿嚏之见，咸自纳于法律轨辙之中，则何莫非护法元勋，又谁得而非之也。国会诸君负代表民意之责，际危急存亡之秋，民国一线之命脉，实赖诸君维系而护持之；尤冀排除障碍，力膺艰巨，使正式国会依期开会，以慰国人喁喁之望，则共和前途，实式赖之。时变亟矣，长此相持，国将不国。心所谓危，不敢不告。临行惓惓，谨布悃忱，维诸君子实图利之。孙文。马①。

据《辞大元帅职临行通电》，载《中央党务月刊》第十四期，一九二九年九月出版

附载：军政府改组后对内宣言书②

（一九一八年七月二十四日）

　　中华民国七年五月十八日国会非常会议，既修正军政府组织大纲，绍仪、继尧、廷芳、文、葆怿、荣廷、春煊等，猥以庸愚，被选政务总裁。既宣布就职，建立军府，谨昭告于天下曰：

　　自民国肇基，约法斯缔，由约法产生国会。国会者，唯一之立法机关也。惟我国宪法，既未经正式宣布，则所应恪守者，唯此约法。约法无解散国会之条，解散之者，即为非法。惟若辈每以国会不良为借口，不知其中分子容或有不满人意者，然不得因此解散其机关。即如国家建官分职，不能尽决为奉公守法。然未

---

① 韵目"马"代表二十一日。

② 此件未署月份。按：孙文接受总裁职务是七月十六日，据此推断此电当在七月。

闻因此咸取消其名义。行政且然，何况立法。顾前此艰难恢复之国会，何以再蹈解散覆辙，则以段祺瑞思假外交政策，专制国事，遂倒行逆施而不恤也。

盖自德人以潜艇封锁战略，加危害于中立国，我国对德问题，缘此而起。始则警告，继则绝交。当段祺瑞将绝交案提出国会时，赞成者居四分之三，是国会对德意见本与协约国取一致行动。及对德宣战案提出，段祺瑞深惧国会窥见其借外固权之隐衷，不待国会议决，嗾使党徒，号召无赖，围困国会，殴辱议员。于是，发生六年六月十二日挟迫解散国会之事，倪嗣冲首倡叛变之事，张勋乘机复辟之事。总统被逐，元勋恣睢，叛人之党，争冒功首，是非混淆，国法荡然。北庭遂得恣所欲为，悍然设非法之参议院，通过非法之国会组织及选举法。现又贿赂公行，选举非法之国会议员，是今之民国已名存而实亡矣。

夫国会解散以来，某等或奔走沪、粤，筹议护法；或料简军实，共靖国难。海军将士同具护法决心，程前总长率舰队南下。国会议员亦开非常会议于广州，于中华民国六年八月三十一日公布军政府组织大纲，于是，护法大业始有所寄。其粤、桂、滇、黔、川、湘六省，咸知矢诚卫国。羽檄飞传，则三军感泣；义旗所指，则群奸褫魄。信人心之不死，国命之有托也。乃者国会已于本年六月十二日在广州开正式会议，议员陆续南下，法定人数，计日可足。而某适承负托，非使国会恢复、约法完全回其效力，不敢自荒厥职。曩者，某等念邦基新造，靡堪多难，屡有和平之提议，而所要求，又只恢复国会一事。惟北庭深闭固拒，绝无诚意。即最近庚电，声明如不签亡国之约，我即罢兵和平解决，而北廷务为粉饰之词，绝弃和平之议。

盖非法政府为段祺瑞攘据以来，借外债卖物产，擅结条款，滥购军械。假参加欧战之名，行残杀国民之实；且包买鸦片，破坏禁烟条约，纵容徐树铮擅杀陆建章，迹其怙恶罔利之行，纯为穷兵贼民之计。遂使北军所至，城市为墟。湖南长沙、株州各属，房屋遭焚毁，人民被屠戮，尤其明证。民心愤慨，誓扫凶逆。

粤、桂、滇、黔、川、湘六省，既早以拥护国会恢宏约法为职志，其闽、鄂、陕、豫、鲁、浙、赣、皖诸省，或特起雄师，克复州郡；或阴谋附义，待时而动者，咸存见义勇为之心，具剪此朝食之慨，以此护法，安有不达者哉？然国家大政不得已而诉诸武力，诚可痛心。果北庭悔祸，宣布遵守约法，恢复国会，自可销除兵气，共维国本。

凡我国民，其见兹诚悃，一乃心力，为军政府后盾。民国不拔之基，实嘉赖之。特此通告，咸使闻知。

中华民国军政府政务总裁：唐绍仪　唐继尧　伍廷芳　孙　文

林葆怿　陆荣廷　岑春煊　敬

据一九一八年八月二日上海《民国日报》

附载：军政府改组后对友邦之宣言书

（英译中）

（一九一八年七月下旬）

中华民国军政府改组既成立，政务总裁谨宣言于我同盟国及诸友邦，俾知此次南北构兵之原始护法之目的，与夫争端之所在，两方之曲直，以听世界之判决焉。

此次构兵之总因，则在段祺瑞及其北方武人派肆行其武力主义，而近因则为以非法解散国会。溯自一九一七年二月德人采用无限制之潜艇政策，国际公法破坏无余。美国政府邀中立国筹对付之策，我中华民国因此对德始而抗议，继而绝交时，主持其事者，为大总统黎元洪、国务总理段祺瑞、外交总长伍廷芳也。绝交事务移交国会讨论，两院以大多数同意几占四分之三，足见是时国会对于政府所持之外交政策，因表示一致之趋势也。曾几何时，对德宣战之议案复提交国会，而疑窦乃蜂起，谈者多以为北方武人派非与德宣战也，不过利用宣战之机会，以扩张其势力耳。中国加入战争后，同盟国或将有财政军实及精神上种种协助，彼将不用对于德积极作战，惟将自私自利耳。果也。段氏于战案未决之际，召集各省督军会议于北京，其中如倪嗣冲者，其始对于与德绝交，且极力反对。一入都门，则居然为主战最力之人物，血诚之热。至于国会讨论战案之日，不惜贿买市井无赖、街社乞丐，包围议院嚣喧呐喊，作主战之奋呼，议员中以反对战案著名者，辱之殴之，纷乱扰攘，自朝至暮，而负保护治安之警察，袖手旁观，莫敢谁何。

　　大总统以为段氏信用已失，在此呼吸存亡之际，段氏不宜再当国政，下令免段氏职，段氏悻悻出京，即电告其党人，谓彼去职后，国家秩序一概不负责。有此一电为之暗示，响应立生，于是要求复职之声，相继以起，宣告独立与中央脱离关系者接踵而至。设立总参谋处，占领铁道，进兵首都，大乱掀翻，举国鼎沸。张勋者，以主张复辟著名，又为北洋系内幕中之最有关系人物也。于此，则貌为置身事外，诩诩然入京，自认为调人，调停于叛督及被困大总统之间，其调停之办法，则为解散国会，国会不悦于持武力主义者，固各国所同也。依吾国约法所载，大总统无解散国会之权，国会不特为立法之机关，依约法所赋予亦当为制定宪法之机关，且其时所制之宪法亦将告成矣。国会之组织虽有不善，只能听其自行修正，他人无过问之权。惟此种之辩争，尽归无效。大总统黎公逼于武人之要求，因一时之软弱寡识，遂下解散国会之令。黎公之所以出此冀有止流血之祸，而舒国家之忧。故虽经代理总理伍廷芳以去就争之，亦所不恤矣。

　　张勋带调人之头衔，卫兵数千拥入首都，一夜而复辟之祸作，奉其幼主，自居为议政大臣，以为既与北方武人有不轨之预谋，故有恃无恐。然而张氏亦一旦为彼武人之牺牲，北方武人乃亦反对复辟，摒弃张勋。段氏由马厂兴师进逼京邑，仅两小时竟驱张勋于使馆之内，北京一隅，俨然为段氏之征服地矣。段乃藉黎公之命复职总理，黎公亦引身而退。然段之复职无国会之同意，等于无效。黎公之退位亦未经正式之手续也。黎公既退，冯国璋遂入居代理大总统之位。

　　计自非法解散国会，至于今日阅十有三月。西南护法各省要求恢复国会，热心毅力曾不稍衰，彼盖深信国无法不足与立，彼又深信共和国家之宪法为一国最高之法，盖神圣不可侵犯焉。彼更深信国会为吾国新成立之机关，即有修改之余地，亦须依法而修改之。不能以武人凭藉之长枪大戟以为威力者而解散之，使非法解散而可忍受，则凡国中有长枪大戟附其背后者，便可自由改易国法，亦可自由废置政府，一惟其意旨之是听。彼武人之意旨多便于一己，而不便于国家。护法同人本此信仰，不惮烦劳，要求北京政府恢复国会亦既屡矣。北京政府惟一意孤行，召集临时参议院，其议员由其自由指派，且命之修改国会组织法及选举法焉。今日者组织法及选举法居然告成，囊中国会之滑稽选举居然进行无碍。此等国会固不能代表护法各省，即以彼北方诸省而论，亦何能代表之？彼之选举，纯然出于贿买及恐吓而已。忠告与要求既已无用，武人所知惟有武力，护法同人知非诉之武力不足以达其目的。然犹不惜瘏口哓舌，使彼知护法之本旨，原无他求，不过为恢复国会一事。苟国会朝下令恢复，护法同人夕可罢兵。此种要求，为惟一之正谊显而易明，竟因此正谊之要求，使全国陷于战争之惨祸，果谁为之，而孰令致之乎？彼武人既无和平诚意，肆其武力，图以压服南方。征兵四出，而地方秩序蹂躏矣；敛财无艺，而凡百建设废矣。尤有甚者，庚子赔款延其交付，列强之意原可感也。惟彼武人得此更有以增兵购械，杀其热心护法之同胞；黩武穷兵，财源为竭，则又举债于外，卖矿山、卖铁路，曾无所吝惜焉。

且夫鸦片流毒，在昔满清末祚，犹且著之国法，订为条约，犯者科以重刑，期有以禁绝。今之北京政府，公然自为鸦片行商，购之烟商，售之邦人，冀于此可得大宗赢利，使鸦片之祸绝而复活。其平时侪侣位列将军，稍表同情于南方者，则百计诱之北上，不经法庭审判之手续，一睁目而杀之于庭前。公诉词及罪状，死后乃由总统命令补述之，是尚成为何政体耶？段氏与外交部私订重大之盟约，加入人民以无量无边之负担，既无国会予以承认矣。凡国人之一切诘责，都所不顾，内容秘密，国人无得而过问焉。以吾国人口之众，物产之丰，今既参加战团，宜可以予协约国莫大之助力矣。然环顾今日之中国，所以助协约国绝无有也；是明明中国与协约国同盟，非所以厚同盟之援助，段氏将利用同盟之援助，助其武力政策之成功。北方诸省隶属武力主义之下者，不死于兵戈则死于厉疫，不死于厉疫则死于饥荒，曾无得政府少许救助者。于以土匪蜂起，群盗满山，劫掳谋杀之事，且及于外国人矣。此吾人所以绝对反对武力主义者也。普鲁士以武力主义鞭笞天下，明目张胆，人人得而见之。惟北京政府戴共和民治之假面具，而行其武力主义，且人易受其欺，此吾护法同人之所以大张挞伐也。

除我海军之一部分倡义护法外，我护法军奄有滇、黔、蜀、桂、粤五省之众，其他如湘、鄂、闽、赣、鲁、豫、秦、浙诸省，或占领州郡，或异军特起，或徐图响应，与我护法同人为之一致之行动，所在而有。名义既正，势力日长，以此护法安有不达其目的者哉？正式国会又同时召集于广州，此即一九一三年所选出而成立者，有此国会，列强即承认中国为共和国焉。今日名器犹存，故物无恙，足法定人数，依时开议，在指顾之间耳。国会同人应时势之要求，非使护法各省各军有一实力联合政府，不足以资因应。于本年五月十八日开非常会议于广州，改组军政府，遂选出政务总裁七人，凡兹种种建设，为拥护约法也，为正谊人道也，非欲分裂中国也。由此可见吾人之图建树，彰挞伐，为置吾中国民治主义于万全，吾人之战虽于联军异其地，而反对武力专制政策同其功也。

吾人非不知列强希望吾国之早趋和平，吾人希望和平之心，且比列强为益切。惟希望和平亦有其道。若以和平期望于段氏及其党人，非使彼等豁然开眼不可。运和平之妙用，是在列强承认护法政府，经此一番承认，列强和平之愿望，庶几可以实现也欤。此为代表护法各省各军之诸总裁贡献其悃款之忱，于我诸友邦之前，而听世界正论之裁判。当兹军政府改组成立，并恳诸友邦予以承认焉。

据《军府对友邦之宣言书》，载一九一八年八月二十二日上海《民国日报》

致海外同志通告离粤情由并拟扩张党务书

（一九一八年八月三十日）

同志诸先生均鉴：

敬启者：文以五月辞大元帅职，离粤赴汕，经将去粤情形通告，谅尘青鉴。溯自去年以护法间关来粤，无非欲与诸有志者，翦除暴逆，纳举国之人于法轨，以自进于文明。其时护法之声，几遍国中，文以为藉此可以拯大法之沦亡，宁民国之危厄。不期世之所谓护法，恒与文异，始不过徒饰护法之词，未尝以一纸书为国会谋恢复。文所组织之国会非常会议暨谋召集国会开会于粤，果有何人为我赞助？前事具在，非有饰言。其所以治兵西南者，迹彼用心，只欲分中央专制全国之权，俾彼得专制于二三行省。故自独立而后，骫法营私，稗政百出；甚且纵赌以餍其欲，滥杀以示其威，以言护法，诚不知视中央之毁法者何若？有识者以为段氏枉法之罪，固无可逭，若以之相衡，则段氏且振振有辞矣。

文早知非可与谋，久欲离而去之，别求所以适于吾志者。时值改组军政府之议成，而文之责任已尽，惟有还本匹夫有责之谊，以期致力于国家，由是自潮东渡，由东归沪，救国主旨，未尝或息。伏念文行年五十有二，奔走国事者垂三十年，无非欲奠定邦家，使臻强富；此心此志，为公为私，当为我党所共喻。近虽屡遭挫败，而得百折不挠者，此非尽文一手一足之烈，纯恃吾党诸君子竭力相维，故文深信吾党实系于中国之存亡。使吾党弛而不张，则中国或几乎息，是断不能以蹶踬而磨灭其壮志，犹之操舟逆流，须策群力以相搘柱，文深有望诸君子之同喻斯旨也。

归沪而后，益感救亡之策，必先事吾党之扩张，故亟重订党章，以促党务之发达。并与同志诸君约，务期依照党章，缴纳年金，以供总部经费，俾文得专力于国事，而无窘乏之虑。所有各项义捐，并期一律汇沪，由沪签还收据。谨此布达，希为朗鉴。党章一俟刊行，再为奉寄。顺颂

均安

孙文启

八月三十日

据原件，台北、中国国民党文化传播委员会党史馆藏

护法救国通电[①]

（一九一八年九月二十五日）

护法，须护到国会确能完全自由行使职权为止。救国，须救到无条件收回青岛及其他一切领土主权为止。若议救之军行使至半途即畏难苟安，忍弃永久和平，而求暂时和平，忍牺牲公众永久之权利幸福，而谋个人或一派暂时不正当且不永久之权利幸福，即中止者；又或互相猜忌，倾轧残害，不求根本团结，不能诚恳互助互让，口是心非，背道而驰，阳藉护法之名，实行违法之事；外标救国之帜，实酿亡国之祸者，其罪均与公然毁法卖国者相等，则迭次所高张之护法救国等旗帜，均为多事，不如痛痛快快直接投降国贼，间接投诚日本，早亡民国为完事。

据中国第二历史档案馆编：《中华民国史档案资料汇编》第四辑（上），南京，江苏古籍出版社一九八六年版

① 当时，岑春煊、陆荣廷在广东专横，伍廷芳亦甚不惬，曾函商孙文与之同进退。孙文乃电嘱孙科转请伍廷芳父子赴沪。

关于先制定宪法后选举总统的主张①

（一九一八年十月二日刊载）

中山在沪患目热病才愈，但仍须静养，其最近政见无他表示，惟期望国会者甚切。以为国会成立后，最重之职责应以宪法及选举总统为要，意则以为制定宪法，尤宜较选举总统为先，必使民国先有宪法而后有总统，切不可先有总统而后有宪法。盖有宪法不患无总统，而先有总统则恐终无宪法，诚以总统先宪法而产出，则今日之民国总统者未必即为缔造民国之人，不能尊重民国政体受宪法之束缚自在意中。其桀②者则不使宪法成立，即其驯者能厌恶其条项之束缚，而令国会迁就其个人之意思，是无宪法与有等于无之。宪法皆由总统之选出，而致□中华民国之危机也。

民国二年国民党失败后，不惜变其先定宪法后举总统之主张以先举总统，其结果袁氏当选，而宪法、国会随之而毁。宪法方在审议，而先补选副总统问题又起，其结果补选之副总统，即为领衔干涉宪法、解散国会之人，此皆前车之鉴，为国会议员所宜大觉悟。是以今之国会议员诚能先定宪法后举总统，则中华民国之基既归巩固，虽有野心者不敢冒违宪之名。然其悍然出于违宪，自有弹劾权与叛逆之罪刑随之，吾人亦可以护宪法而问罪。讵不胜于拥护临时约法，使违法者得以反唇相稽耶！

据《孙中山最近政见——先定宪法，后举总统》，载一九一八年十月二日长沙《大公报》

---

① 此件是国会议员叶夏声在沪对采访记者转述孙文对宪法、总统问题的政见。

② 桀，指凶暴。

致参众两院电①

（一九一八年十月七日）

参众两院均鉴：吴师长、谭联军总司令等之寝电、江电，顾全统一，维持正谊，民意藉兹以伸，不特全国人心所同然，抑亦世界公理所当然者也。护法各省，以拥护国家根本大法，不得已而用兵，迭次函电交驰，苦口危词，深冀北方当国者，有悔祸之心。虚中退舍长岳屯兵，有可乘之机而不乘，遇取胜之时而不取，证诸事实，不欲用兵求胜之心，亦既昭然于天下。而彼昏不悟，倒行逆施，借外债，订密约，自知不足以胜护法各省，日夕思借外力以残同类。自吴师长仗义执言，恺倦护国，惕然外祸之日急，内讧之速亡。于是湘中两军，停战四阅月，信使往还，相见以诚，寝、江两电，用意昭然。使西南无欲和之诚意，曷为言之不惮烦若此？顾煊等渴望统一，然所望者，巩固共和，崇尚法治之统一，而非武力压制之统一。又酷爱和平，然所爱者，确立保障，垂诸永久之和平，而非苟且偷安之和平。倘不顾国家之根本，舍法徇人，养痈贻患，行见一波未平，一波又起，将欲求治，适以滋乱，幼稚之民国，凋敝之民生，何堪再经变乱？此煊等所为凛凛而以求和平之根本解决为救国惟一之方针也。古今立国，首重纲维，共和之治，尤为法纪。苟国会可以意造，议员可以指派，则国中强有力者，孰不可以自造地位，假名号以为娱？国会总统，将如昔人之称帝称王，所在并起；墨西哥五总统之乱，可为寒心！既阶之厉，乱将靡已。护法各省，叠以同一护法为请者，良以惕于乱机之不可再萌，务求根本之统一与和平，一切依法解决，非得已也。夫外患之凭凌，群黎之困危，财政之艰难，兵燹之惨苦，海内贤达，既多痛切言之，护法各省将领，亦曾再三陈说，声与泪俱，战祸之不可再延，和平之急待恢复，各方具有同情。惟必须废斥首祸之人，实行罢兵之举，而尤以徐菊人先生不就非法选举之职为要义。如能以资望与仲珊、秀山、子春、秀峰诸督军实心救国，消

---

① 此件见于《吴山吁求国会速行制宪速组正式政府通电》中"孙总裁曰"，标题为编者所加。

除昔日袁氏以武力征服全国之野心，使民宪政治回复正轨，则煊等岂有他求？苟有残民以逞之心，必受降殃及身之祸，殷鉴非遥，即在袁氏。若夫诡行乱法，巧言文奸，必以绝灭正谊民意为快，煊等不才，所以拥护国法、戡定内乱者，惟力是视，生死以之，邦人君子孰不念乱？敢贡愚戆，幸鉴区区。岑春煊、伍廷芳、唐继尧、陆荣廷、林葆怿、孙文、莫荣新、刘显世、熊克武。阳①。（印）

据中国国民党中央委员会党史委员会编订：《国父全集补编》（转录《众议院公报》第三册，一九一八年十月广州印行），台北，中国国民党中央委员会党史委员会一九八五年六月出版

致军政府暨国会论外交书②

（一九一八年十一月上旬）

（衔略）昨接汕头抄录精卫致竞存电，述美领事传达其驻京公使之言，阅之不胜诧异，果尔是袒庇北京武力派以压迫我也。欧战告终，非一国战胜一国，实正义民权战胜武力之结果。美总统之宣言具在，今后惟正义民权可以风动世界，必不能再有以一部分人压制其他部分人之事，更不能再有一国干涉他国国民之事。我爱和平不尚侵略之民族，向受陵轹于各国者，从此将为世界之天骄。而我民党及国会，向受摧残于暴力者，从此亦将为国内之天骄。吾人正当应此潮流努力奋斗以表示威武不屈之志，世界文明国人，乃能以我为新进之国民而引为同类也。

吾人外交上之危险，无过于欧战未决之期间，北方藉加入协商之优势，压迫南方，是非混乱，公理不昌；而日本又以金钱武器协助北方，各国之舆论亦不我助，然公等尚能排大难，冒万险，毅然坚持至今。今正拨云雾而见青天之日已到，为山只少一篑之时。昔日之危险尽移于北方，北方之优势尽归于我。昔南方武人向北方求和，而北方不允；今北方反向我求和，且不惜乞怜各国，此乃彼自知大

---

① 韵目"阳"代表七日。

② 此件未署日期。据文中"十日前……某当发一电与美总统"（按：孙文十一月十八日曾致电威尔逊）推断，此书应写于十一月上旬。

势已去，死期将至，辗转穷蹙，而出于此。如我再能如前，稍予支持则完全之收功不远矣。十日前得北方传说，伪政府已求美国作调人，且有威迫南方服从之语。某当发一电与美总统，更由路透〈社〉传布欧美各报，舆论当为赞许，且必共祝望我为正义民权坚持到底。前派王正廷等赴美要求承认，当欧战正酣之时，未有过而问者，今则渐为美人所注意。最近消息，美国国会乙治郭君已提起承认南方交战团体之议。即章士钊之赴日本，彼朝野上下亦颇注目，其民党且预备开大会促其政府承认南方。乃章到后之表示，非为要求承认，乃电〔为〕运动妥协而来，日人大为失望。然其国民殷殷表同情于我者，犹未少替也。

夫交战团体，惟能继续作战则有之，要求承认方在进行之中，又忽息兵降伏，狐撑狐埋，直等儿戏。而彼提议承认我者，将反成为国外之煽动人，岂不辜世界仁人义士之望。而数月来，外交上运用之功亦且付之流水。是盖表示中国之无人权，惟有坐待他人之瓜分宰割而已。且美公使之劝告本出于一种好意，惜彼不明中国内情，致其所施于中国者，不啻与其所抱之主义相反。吾人正宜藉此机会，据理抗争，使吾国民真意之所在表襮于世界。彼主民权正义者，必能回易视听以对我。若遂从而默受之，是陷友邦于不义，而重贻吾国民之羞也。

吾人所希望之和平，其唯一无二之条件，即国会必当有完全自由以行使其正当之职权是也。某以为此简单、至合理、至易行之条件，无论何国政府、何国国民苟知我只为此纯正之要求，必不能以我为非。是公理所在，不能一毫迁就也。（下略）

据《孙总裁致军政府暨国会书》，一九一
八年十二月四日上海《民国日报》第三版

致参议院电①

（一九一八年十二月三日）

参议院鉴：兹致北京徐菊人②先生一电，文曰："北京徐菊人先生鉴：接钱君翰

---

①　此系与岑春煊等联名致参议院电。收入时参照一九一九年一月九日上海《民国日报》所载此电校核。

②　徐世昌，号菊人，时任总统。

臣①宥电，斤斤致辩于军与匪之区别。夫淫杀掳掠谓之匪，试问陈树藩②、李厚基部下，军其名而匪其实着，何限外人指责，舆论抨击，事实具在，若必指定某某人为匪，则此间亦不难胪列陈、李罪状，以相诘责，因内争之影响，土匪乘机窃发，煊等亦所痛心，然不能牵连混合，藉为一网打尽之计。兹以事实而论，钱电谓许、张所部入关，系本年九月间，陈树藩所请事在停战令前，然何以下令停战后，不即停止进兵，而仍兼程开往？井道之死，钱电谓为郭坚使李良材所刺杀。查李良材诈降诱杀井道，即割首级献陈树藩，确凿可证，谓果郭坚所杀，何以反献首于陈？钱电谓闽中于十一月二十、二十一、二十四等日，涵江、蒲田均有战事。查此间于十一月二十二日下令停战，在未奉令以前，前敌发生战事容或有之。至于永泰之失而复得，明明北军先袭聘皋所致，现据陈炯明俭电③报告，永泰方面本月十四日，北军有公文来商停战，忽于十五日拂晓分路来攻，内有奉军一部，激战至一昼夜，现粤军已退守嵩口，此又何谓者？钱电谓王旅赴闽，系隶于萨督办，以备清乡之用；闽中军队甚多，用以清乡颇有余裕，更加劲旅，岂非增兵？鄂西方面，川军早退，而近据柏文蔚漾电④，王督军忽向成鹤峰进兵，且闻有限四星期收复恩鹤之说。至于宁羌、沔县之事，系在十一月二十四日以前，彼时尚未停战，何能引为口实？又据熊督军来电，自奉令后，已一体休战。总之剿匪与停战事难分明，若剿匪无已时，亦即停战无期日，待恃往复答辩，迁延时日，恐愈陷大局于纷纠。兹为避免争执，促进和平起见，特以三事相商：一宜定划定停战者，暂就现在驻扎地点为其界线，不妨邀请就地领事或教育会为之证明。二宜担任区域内之治安，各剿其匪，各卫其民，毋相侵犯。三宜禁止逾越界线，如甲军队越入乙军队区域时，即认为有意开衅。对于陕西方面，由双方公推威信素符之大员，前往监视划定驻兵区域，以免纠纷，亦是正办。以上各节关系和议之成否，亦即关系大局之安危，执事素以悲悯为怀，即希迅饬北方各军遵照办理，伫候见复。岑春煊、伍廷芳、陆荣廷、唐继尧、孙文、唐绍仪、林葆怿。冬"等语，特

---

① 钱能训，字翰臣，时任内阁总理。
② 陈树藩，时任陕西都督兼民政长。
③ 即二十八日电。
④ 即二十三日电。

闻，乞主持公论，促成和局，是所切盼。岑春煊、伍廷芳、陆荣廷、唐继尧、孙文、唐绍仪、林葆怿。江①。（印）

据中国国民党中央委员会党史委员会编订：《国父全集补编》（转录《参议院公报》第二会期临时会第四号，一九一九年广州印行），台北，中国国民党中央委员会党史委员会一九八五年六月出版

护法宣言②

（一九一九年五月二十八日）③

　　南北交战已过二年，将士劳苦，人民涂炭。今者，两方将领已各有以救国为先之表示，无必以战争贯彻主张之意，而人民犹受因战争牺牲生命财产之苦。夫战争以求达目的，因致殃民，不得已也；无意于以战达目的，而徒以不和殃民，则大不可。今日力求救国，人民无不希望速得合法永久之和平，职是故也。而至今和议不成者，罪在不求之于国家组织之根本，而求之于个人权利之关系。

　　须知国内纷争皆由大法不立。在法律，国会本不能解散，若不使国会复得完全自由行使其职权，则法律已失其力。根本先摇，枝叶何由救正？内乱何由永绝？况国家以外患而致艰危，一切有损主权危及国脉之条约，其订立本未经国会之同意，故亦惟恢复国会完全自由行使职权，始能解除之。盖订约、解约之权本在国会，擅订固属违法，不以未经国会意为基础而言解约，亦无可解之理由。故和议初开，文即以恢复国会完全自由行使职权为唯一条件，必令此后南北两方蔑视合法国会之行动一切遏绝，凡与合法国会不相容之机关组织悉归消灭，则和平立谈

---

　　①　韵目"江"代表三日。

　　②　此为孙文就广州军政府与北京政府在上海举行"南北议和"发表的宣言。而据其末段语气，当有通电上款，但未找到原始版本。

　　③　底本无发表时间，后出版本有标为"一九一九年"或"该年二月"者。而《国父全集》第一册（台北、中国国民党中央委员会党史史料编纂委员会编订出版，一九七三年六月）所收《护法宣言》则具体定为五月二十八日，但未说明何所依据。按其宣言内容，似指五月中旬"上海和会"宣告破裂一事，故暂采用此日期。

可致，外患内忧皆不足虑也。国民对我主张，多数赞许，乃不幸议和数月，竟无结果。今虽日言续议，理固无由可成，抑且外法律以言和平，其和平岂能永久，外患又何由可息哉？今日言和平救国之法，惟有恢复国会完全自由行使职权一途。

诸君虽处境不同，置籍于中华民国则一，栋折榱崩，岂能无惧。希以中华民国国民之资格，受此忠言，一致通电主张，共谋救国之业。苟使国会得恢复完全自由行使职权，永久合法之和平于焉可得，则外之至愿也。若有沮格此议以便其私者，则和平破坏之责，自有所归。尤望诸公以救国之本怀，捐弃猜嫌，与文共达此重新改造中华民国之目的。国步方艰，时不待人，苟且迁延，为厉滋大。诸公爱国，幸速图之！

孙文

据《初次护法宣言》，载吴拯寰编校：《孙中山全集》
第四集，上海，三民公司一九二七年一月精校增订再版

中国国民党本部关于改名颁行新章之通告[1]

（一九一九年十月中旬）[2]

启者：本党规约及海外总支部通则、海外支部通则，为时势变迁，由本部提出改正案，经长时间审议，多数可决，业于民国八年十月十日公布施行，颁寄各总支部、各支部、各分部。务祈各按照新章组织，从前所有《中华革命党总章》及各支部通则一律废止，所有印章图记一律照本规约所定改用中国国民党名义，以昭统一，而便进行。除由本部赶制颁发外，特此通告。

据邹鲁编著：《中国国民党史稿》第一篇第五章"中
国国民党"，长沙，商务印书馆一九三八年七月第一版

---

[1]　本通告发自上海。

[2]　底本未录此件下款及发出日期。按通告中所言，当稍迟于一九一九年十月十日，故酌为十月中旬。

为在上海创设英文杂志及印刷机关致海外同志书

（一九二〇年一月二十九日）

海外各埠同志公鉴：

敬启者：迭接海外各支分部来缄，称党务日见发达，吾党同志亦正磨砺以须，此则足为吾党庆也。兹有最近弟所计划举办二事，请各地同志赞成资助者，谨布如左：

一、设立一英文报机关

查芝加哥各同志曾办一英文月刊杂志，鼓吹本党宗旨；嗣以事故停版，然而此志迄未少衰，拟将该报移归中国，由本党干部继续办理。弟意以为吾党在本国上海设一英文杂志，冀于言论上得与外国周旋，同时以吾党政治上之主张、建设上之计划，宣传于世界，殊为切要之着。此其事有关于本党者甚大，姑举其要略言之。本党同志设立之言论机关，如《建设》月刊、《星期评论》、《民国日报》，以及海外各支分部所办之日报等，大声疾呼，功效显著。惟以中国文字外人无从了解，其所影响者止于吾国人，我党之精神义蕴，无从宣示于外国，凡有关于外交上之事，动以言论不能抒之故，因而痛受损失者甚多。况近日舆论喉舌，端在报章，试观各国之各大政党，无不一言既出，耸动全球，夫岂不借报章鼓吹之力？而我党独以缺乏外国文报纸机关之故，遂令虽有绝大之计划，亦无由披露于世界。是故吾党苟能设立一英文杂志，其利益诚不可量，最少则有下列之三项：

（一）直接参加于世界舆论，将吾党之精神义蕴，宣达于外，以邀世界对于吾党之信仰。

（二）生外交上积极的作用（期得精神上、物质上之援助）。

（三）生外交上消极的作用（排斥各种侵略主义）。

观以上要点，则吾党之实行设立一英文杂志，为必不可缓。兹因芝加哥同志有将杂志移归本部开办之议，现拟实行办法如下：

（一）开办费并第一年维持费，须二万元（概算另表开列）。

（二）此项经费，拟由各分部酌量担任，总期达到此数。

（三）各埠支分部认定此项数目通知本部后，杂志即行开始，所认定之款，务请于通知本部后三个月内汇沪，以为经费。

（四）杂志发行伊始，世界未能周知，阅者之数未能增长，维持生存仍赖各支部、各分部每年代销至若干份；至一年后发行增加，则此报可以独立，无须捐助。

概算表如左：

（一）英文印字机全副，连运费约计四千元。

（二）纸价（每年十二期，每期印三千册，每册约一百页），约计六千元。

（三）印刷工费约计二千五百元。

（四）主笔、翻译、司事及杂役等薪工，约计四千五百元。

（五）邮费约计一千二百元。

（六）屋租约一千二百元。

（七）电灯、燃料及其他杂用，约计六百元。

二、创办最大最新式之印刷机关

本党向有爱国储金一项，原为备本党救国之急需。此项储金，应以充最有实效之用途，方不负我党同志拳拳之意。若以之充军饷，究非有效之举。盖现在属于本党之军队，如在四川、陕西、湖南、福建、广东等处，不下十余万人，月饷动需百万以外，谓储金一项而能供其浩大之饷糈，实属不能。抑或仅供一部，则受歧视之消。况各处军队，皆靠就地征发以自养，此又无待于储金一项。若为将来大举计，则以本党最近两次举事时所得之经验而论，亦非有大宗固定之巨款不济，储金之为助甚微。故苟以吾党同志热心所集之储金，择一最为有裨于党、有益于国之事而举办之，诚莫如设立一大印刷机关，其理由如下：

自北京大学学生发生五四运动以来，一般爱国青年，无不以革新思想，为将来革新事业之预备。于是蓬蓬勃勃，抒发言论。国内各界舆论，一致同倡。各种新出版物，为热心青年所举办者，纷纷应时而出。扬葩吐艳，各极其致，社会遂蒙绝大之影响。虽以顽劣之伪政府，犹且不敢撄其锋。此种新文化运动，在我国今日，诚思想界空前之大变动。推其原始，不过由于出版界之一二觉悟者从事提倡，遂至舆论放大异彩，学潮弥漫全国，人皆激发天良，誓死为爱国之运动。倘能继长增高，其将来收效之伟大且久远者，可无疑也。吾党欲收革命之成功，必有赖于思想之变化，兵法"攻心"，语曰"革心"，皆此之故。故此种新文化运动，实为最有价值之事。最近本党同志，激扬新文化之波浪，灌输新思想之萌蘖，树立新事业之基础，描绘新计划之雏形者，则有两大出版物，如《建设》杂志、《星期评论》等，已受社会欢迎。然而尚自慊于力有不逮者，即印刷机关之缺乏是也。

夫印刷机关，实出版物之一大工具。我国印刷机关，惟商务印书馆号称宏大，而其在营业上有垄断性质，固无论矣，且为保皇党之余孽所把持。故其所出一切书籍，均带保皇党气味，而又陈腐不堪读。不特此也，又且压抑新出版物，凡属吾党印刷之件，及外界与新思想有关之著作，彼皆拒不代印。即如《孙文学说》一书，曾经其拒绝，不得已自己印刷。当此新文化倡导正盛之时，乃受该书馆所抑阻，四望全国，别无他处大印刷机关，以致吾党近日有绝大计划之著作，并各同志最有价值之撰述，皆不能尽行出版。此就吾党宣传宗旨之不便言之。至由营利上观察，现在出版书报，逐日增加，商业告白与时俱进，而印刷所依然如前，无资力者不能改良机器，扩张营业，故印刷事业为商务印书馆所独占，利益为所专，而思想亦为所制。近者陈竞存兄提倡在广东设西南大学，已有成议。大学成后，于印刷事业上又增一新市场。吾党不起而图之，又徒为商务印书馆利。综观近日印刷品之增进，其所要求于印刷机关之供给者甚多，断非一二印书馆所能供其要求，又断不能任一二家所垄断。试观日本一国印书馆，大者何止十数，小者正不可胜计。其营业之发达，乃与文化之进步为正比例。今者我国因新文化之趋势，一时受直接影响者，如全国各学校之改良教科、编印讲义，硕学鸿儒之发愤著作，等等，均有待于印刷事业之扩张。至于商场上之各种新式告白，需求更切。故以现势度之，此种印刷机关，营业上必可获利。以故吾人深感现在之痛苦，预测将来之需要，从速设立一大印刷机关，诚不可谓非急务矣。果能成事，其利如左：

（一）凡关于宣传吾党之宗旨、主义者，如书籍、杂志等类，可自由印刷，免受他人制肘。

（二）本党常有价值券、褒奖状，以及各秘密文件、图籍等，均不必远托外国。

（三）本党自行编译各种新式教科书，以贡献于吾国教育界。

（四）国内各种有益于思想革新之著作，可以代印，并可改良告白，以益商业。

（五）仿有限公司办法，可为本党之一营利机关。

据上理由，设立此印刷机关，拟先暂定为资本伍拾万元，拟分作伍万股。此项资本，拟以爱国储金充之。如不敷此数，则各支分部之已办储金者，请益集多数，其未举办者，请早日极力举行。以本党在外国数百之分支部计，每支分部集千数百元，即可成此最有裨于党、有益于国之大事业。此而能举，则革命之成功，必可操券（此印刷机关绝对不招外股，实以吾党精神贯注之）。现本党极力筹度，务祈早日实现。请〔若〕在外同志有印刷上智识及技能、足赞助此事者，均请将姓名、住址开列寄来，以便请其回国相助。如未有此项熟识之人，亦应就近派遣子弟专习种种印刷技术，以为将来此项人才之预备。此诚久远宏大之事，望诸同志极力赞助，〈俾得〉早日成事为幸。

右凡两端，均请贵支分部赞助。如荷同意，速惠复音，俟本部得各支分部复信后，即行编定详细章程奉上。专此，并颂

公安

　　　　　　　　　　　　　　　　　　　　　　孙文谨启

　　　　　　　　　　　　　　　　　　　　　九年一月二十九日

据《与海外国民常同志书》，载吴拯寰编校：《孙中山全集》第四集，上海，三民公司一九二七年一月精校增订再版

与唐绍仪等联名发表移设军政府宣言①

（一九二〇年六月三日）

重庆联军②总司令部转西南各省、各军，海军将领，北京徐菊人先生、段芝泉先生、萨鼎铭先生③，各省各议会、督军、省长均鉴：

自政务总裁不足法定人数，而广州无政府；自参、众两院同时他徙，而广州无国会。虽其残余之众滥用名义，呼啸俦侣，然岂能掩尽天下耳目？即使极其诈术与暴力所至，亦终不出于两广，而两广人民之心理初不因此而淹没。况云南、贵州、四川固随靖国联军总副司令④为进止，闽南、湘南、湘西、鄂西、陕西各处护法区域亦守义而勿渝。以理以势，皆明白若此。固知护法团体，决不因一二人之构乱而涣散也。

慨自政务会议成立以来，徒因地点在广，遂为一二人所把持。论战则惟知拥兵自固，论和则惟知攘利分肥，以秘密济其私，以专擅逞其欲。遂有所谓五条办法⑤者，护法宗旨久已为所牺牲。犹且假护法之名，行害民之实。烟苗遍地，赌馆满街，吮人民之膏血，以饱骄兵悍将之愿。军行所至，淫掠焚杀，乡里为墟，非惟国法所不容，直人类所不齿。文等辱与同列，委曲周旋，冀得一当，而终于忍无可忍，夫岂得已。惟既受国民付托之重，自当同心勠力，扫除危难，贯彻主

---

① 一九二〇年四月，广州军政府总裁伍廷芳、唐继尧及向未就职的唐绍仪，参议院议长林森、众议院议长吴景濂及议员多人均宣布脱离该政府。六月二日，孙文在上海寓所与唐绍仪、伍廷芳、唐继尧之代表李烈钧等举行会议，决定否认广州军政府及其国会，择地移设军政府及国会，并由"四总裁"发表宣言。

② "联军"即滇川黔靖国联军，当时总司令部设于重庆。

③ 徐世昌，字菊人；段祺瑞，字芝泉；萨镇冰，字鼎铭。

④ 滇川黔靖国联军总司令唐继尧、副司令刘显世。另据广州《军政府公报》光字第一号（一九二〇年十二月四日）所载《四总裁第一次宣言》，此处作"总司令"而非"总副司令"。按：孙文于十一月二十九日在广州重组军政府后，由军政府总务厅重新发行《军政府公报》，此为其补刊文件之一。因该文错漏字较多，且未录通电上款，故未采为底本。

⑤ 此指一九一九年二月六日江苏督军李纯在"鱼电"中提出南北停战议和的五条办法，为广州军政府所接受者。

张，前已决议移设军府。绍仪当受任议和总代表之始，以人心厌乱，外患孔殷，为永久和平计，对北方提出和议八条，尤以宣布密约及声明军事协定自始无效为要〈义〉；今继续任务，俟北方答复，相度进行。廷芳兼长外交、财政，去粤之际，所余关款妥为管理，以充正当用途，其未收者亦当妥为交涉。文、继尧倡率将士，共济艰难，苟有利于国家，惟力是视。

谨共同宣言：自今以后，西南护法各省区、各军，仍属军政府之共同组织。对于北方继续言和，仍以上海为议和地点，由议和总代表准备开议。其广州现在假托名义之机关，已自外于军政府，其一切命令、行动及北方私行接洽并抵押借款，概属无效。所有西南盐余及关余各款，均应交于本军政府。〈在军政府〉移设未完备以前，一切事宜委托议和总代表分别接洽办理。希北方接受此宣言以后，然于西南〈公意〉所在，赓续和议，庶几国难救平，大局早日解决。〈文等〉不胜厚望，惟我国人及友邦共鉴之。

孙文　唐绍仪　伍廷芳　唐继尧

六月三日①

据《在沪军府四总裁宣言电》，载一九
二○年六月四日上海《申报》第十版

与唐绍仪等联名重申护法救国宣言

（一九二○年七月二十八日）

北京徐菊人先生、萨鼎铭先生，云南褚慧僧议长转参、众两院诸公，各省省议会、督军、省长鉴：

西南义师之起，原以护法救国为职志。故无论南北，苟与护法救国主义相容者，友之；苟与护法救国主义相反者，仇之。此文等所以有六月三日之宣言，冀国民与友邦了然于是非邪正之所在也。宣言书发表后，北方通电赞成者，只有段

---

① "六月三日"四字据广州《军政府公报》光字第一号（一九二○年十二月四日）所载《四总裁第一次宣言》增补。孙文于十一月二十九日在广州重组军政府后，由军政府总务厅重新发行《军政府公报》，此为其补刊文件之一。该文错漏字较底本为多，且未录通电上款。

祺瑞及其部曲等。而段祺瑞漾日答复宣言之电，悔祸之心，露于言表。文等本以护法救国为标，故和议条件，注重于取消中日二十一条，及宣布民国六年六月十二日非法命令之无效；在和议未赓续前，须先宣布废止中日军事协定以示决心，始有和之可言。于是北京边防处，遂有决定废止中日军事协定之寒电；而对于二十一条之废止，亦有承认之表示。由是言之，彼方既有改变外交政策、不计后此利害之决心，则和议当然有续开之期。乃北方内讧由是而起，合法和议为之顿挫。

文等持本国民公意，用再宣言：无论北方内讧如何结束，无论当局者为何派何人，惟我西南护法救国主张，必始终贯彻。北方果有希望统一诚意，必须首先废止中日军事协定，并有宣布废止中日二十一条之表示，然后和议乃可赓续，而国本乃不至动摇。倘有违背护法救国主张，复假借名义以谋个人权利者，不问南北、不问派别，当与国民共讨之！

特此宣言。

孙文 唐绍仪 伍廷芳 唐继尧 俭①

据《四总裁重申护法救国宗旨》，载一九二〇年七月二十九日上海《民国日报》第二版

与唐绍仪等联名重申南北和议立场之宣言

（一九二〇年七月下旬）②

护法之师本因戡乱诛奸而起。乱莫甚于坏法，奸莫大于卖国。尸其咎者，昔实以段祺瑞为罪魁，护法军自始即标讨段之旗帜。然如叛变之督军团、复辟之张勋及同谋复辟者，招集伪参议院，颁布伪两院选举法、伪国会组织法及依伪法招集安福国会者，与夫由安福国会产生之非法机关，凡属坏法卖国，无分皖系直系，罔不在应讨之列。此护法军之职志，早为国民共鉴者也。

---

① 韵目"俭"代表二十八日。

② 此电时间，《国父全集》定在一九一九年。据该电称："今皖系已有失败之势，而岑春煊等乃竟附和直系讨段，将来皖系完全失败后……"等语，当是一九二〇年七月十一日直皖战争已爆发，皖系尚未完全失败之前事。据此酌定为一九二〇年七月下旬。

惟自欧战告终，世界潮流趋于和平。吾国内乱，苟能以和平方法改正坏法卖国之事，自不必再事杀人而流血，是以有上海议和之会。其和平条件，约为对内对外两要点：对内期改正坏法之事，则在尊重约法效力，使前被非法解散之国会完全行使职权；对外期改正卖国之事，则在废止中日军事协定，并废止民国四年五月二十五日之中日条约，即通称之二十一条，使民国主权完全独立。乃条件甫提出，而和议即破裂，足征北方不愿改正坏法卖国之事。按之护法初衷，和既不成，即应再行致讨。无如西南之桂系，早与北方之直系暗中勾结。而军政府中之岑春煊，亦早为徐世昌之高等顾问。若辈惟务单独言和，阴排异己，只图造成一党一派之势力。而对于上海之正式和会，则惟恐其再开，是以欲战不能，欲和不可，遂成一长此不战不和之局。其故皆由北方则直系争权，南方则岑、陆垄断，以致欧和已成，而沪会讫未续议。此文等所以有前之宣言，冀国民与友邦了然于是非邪正之所在也。

自宣言发布后，段琪〔祺〕瑞颇有悔祸之心，通电赞成，并由王揖唐表示言和诚意。而文等仍以改正坏法卖国之事为标的。在和会未赓续前，至少须先宣布废止中日军事协定，以示决心，始有和之可言。于是王揖唐遂有江日通电，声明准边防处函电……取消中日军事协定，现俟手续商妥实行正式废止等语。至废止二十一条，电中虽未述及，亦有口头之承诺。此又文等所认为有续开和议之理由，而不问对手方为何人，亦不问其为皖系、直系，凡愿改正坏法卖国之事者，即可与言和者也。不谓岑春煊等既思百计破坏，而北方则因此遂生直、皖两系之战争。在此议和时期，北方内讧，只能认为私斗。是以文等仍持与北方言和态度，于其内讧无所偏袒。今皖系已有失败之势，而岑春煊等乃竟附和直系讨段，将来皖系完全失败后，岑春煊等殆惟有投降于直系，岂有和议之可言？而坏法卖国之事，恐亦将置之不问。殊不知同为北方之人，不能分皖系与直系，纵使皖系已去，而直系如不愿改正坏法卖国之事，即与昔之皖系无异。是以文等为代表国民真意，特再宣言，无论北方内讧如何结束，今后国事仍当由上海和平会议根本解决，务期改正一切坏法卖国之事。将来北方如由直系主持和议，亦必须首先宣布废止中日军事协定，并承认废止二十一条，始能继续开议。倘岑春煊等此后竟与直系私和，而坏法卖国之事竟不改正，则国民仍当认为乱与奸而讨之。

据原件，台北、中国国民党文化传播委员会党史馆藏

与唐绍仪等联名公告岑春煊陆荣廷
与北方订约无效之宣言①

（一九二〇年十月二十三日）

北京徐菊人先生、靳翼青先生，各省、各议会、各报馆均鉴：

粤军回粤，两月以来，全省九十余县，为粤军收复及响应附义者，计逾八十。就省会言，各车歪炮台、中流砥柱等要塞、菁华所在之西关一带、河南全岛，及海防、江防全数舰队，均隶粤军范围。莫荣新困守老城，负隅抗拒，岑、陆计穷力蹙，惧失地盘，先后派遣代表，星夜晋京，促签条件，卑鄙龌龊，摇尾乞怜，殆欲趁此在粤生机垂尽之时，求与北方订约，冀得现在或今后之援助。以事实论，岑、陆匪特不能代表西南，广东一省，已十九为粤军所有。以法律论，七总裁缺其四，广州已无军政府。岑、陆私人签订之条件，直等废纸，绝对不生效力。倘或北方不察，贸然与签，固不能拘束西南，亦足贻笑中外。文等护法救国，矢志靡他，酷爱和平，岂在人后？北方果诚意谋和，不仅图纸上空文之统一，则固不必与秘密勾结暮夜乞怜之辈，订定条件；应将一切法律事实问题，付之沪上和会，公开解决。迳经文等郑重宣言，邦人君子，其共鉴之。

孙文　唐绍仪　伍廷芳　唐继尧

据《四总裁第三次宣言》，载广州《军政府公报》光字第一号，一九二〇年十二月

与唐绍仪等联名不承认北方宣布伪统一之宣言

（一九二〇年十月三十一日）

北京徐菊人先生、靳翼青先生，各省议会、督军、省长，各报馆均鉴：窃文

---

① 粤军十月二十二日攻占惠州城，桂军溃退，广东局势解决在望，岑春煊、陆荣廷却代表西南以军政府名义，企图与北京当局签订和约，孙文等为此通电反对。

等尝以南北构争数年，海内困苦，而友邦劝告，亦望早息兵争。文等夙爱和平，因而与北方开诚相见，企外交、法律一切问题得正当之解决。盖西南兴师，所以护法救亡，非有个人权利之见。故和会公开，将示天下无所私隐，中虽一度议无结果，然和会正式之机关并未废止。文等亦既于六月三日、七月二十八日、十月二十三日再三宣言通告中外，以为北方苟有诚意谋和，决无有舍正式公开之和会，而与一二不负责任之人私相勾结，认为得当之理。最近粤军回粤，岑、莫败亡，乃相率逃窜之余，辄为取消自主之说，其情可怜，其事可笑。初不意北方竟引为口实，遽闻有伪统一之宣布，似此举动过于滑稽儿戏，直无否认之价值。惟深察北方之用意，实思以伪统一之名义，希图借取外债，以延长其非法政府之命脉。文等用不惮烦，更为正式宣告：须知岑春煊早丧失地位、资格，而军政府依然存在，初不因岑等个人反覆，致生问题。此次北方宣言，文等绝不承认，内而国民，外而友邦，勿为所欺。北方既毫无诚意，而用此种狡狯无聊之手段使大局更起纠纷，咎有所在。为此通告中外知之。孙文、唐绍仪、伍廷芳、唐继尧。电。卅一。

据《孙中山等否认取消自主电》，载一九二〇年十一月二日上海《申报》第十版①

与唐绍仪等联名提出南北和议办法通电

（一九二〇年十一月七日）②

南北统一，诚不反对，但政府手续，殊欠明晰。兹特提出办法四条：一、于最后宣布统一之前宜开和会；二、取消中日军事协定；三、和会讨论法律上难题；四、公布各项密约。

据《四总裁和议主张京讯》，载一九二〇年十一月八日上海《民国日报》

---

① 孙文于一九二〇年十一月二十九日在广州重组军政府，十二月四日发行的《军政府公报》光字第一号补刊该电文，但未录上款。英文版译文另见一九二〇年十一月二日上海《时报》（五）所载《军政府四总裁之宣言》。

② 此件系孙文与唐绍仪、伍廷芳、唐继尧联名通电。

与唐绍仪等联名历数岑春煊陆荣廷等人罪状并盼西南各省各军合力革新通电①

（一九二〇年十一月九日）

云南唐联军总司令并转李参谋长、周省长②暨各军司令、指挥、师旅长、梯团长，贵阳刘联军副司令③并转各军司令、指挥、师旅长、梯团长，长沙谭总司令、赵总指挥④并转各军司令、指挥、师旅长，广州陈省长⑤并转各军司令、师旅长，三原于总司令、张副司令⑥并转各军司令、师旅长，夔州黎、蓝、王、张⑦并转各军司令、师旅长均鉴：组庵东电，否认岑、陆、林宣言及岑漾、敬两电⑧，词严义正，钦佩莫名。自西南护法，国会南迁，由各省、各军合组军政府，原期同心协力，贯彻始终。不意劣马害群，莠草乱苗，岑、陆与政学系诸奸盘踞军府，扰乱国会，种种罪恶罄竹难书，揭其大端：（一）对于湘军，则长、岳既复，即力阻其进行，专制自私，致并弃湘省以资敌。（二）对于北廷，则密使往还，日夕私议条件，以破坏上海之正式和议。（三）对于宪法，则地方制度将完二读，彼少数人即结合捣乱，屡次缺席，致功败垂成。（四）对于驻粤滇军，初则擅易师长，继则助逆抗命，终则威迫改编，致内讧不已，竟召分裂。（五）对于川事，

---

① 自一九二〇年春起，孙文一再指令和部署粤军及地方部队讨伐盘踞广东的桂系军阀，并多次吁请西南各省各军协力进行。八月以后，桂军节节败退，援闽粤军于十月二十九日攻克广州。岑春煊等相继出逃，并发表宣言取消军政府。

② 滇川黔靖国联军总司令唐继尧、军政府参谋总长李烈钧、云南代省长周钟岳。

③ 滇川黔靖国联军副司令刘显世。

④ 湘军总司令谭延闿、总指挥赵恒惕。

⑤ 广东省长陈炯明。一九二〇年十一月一日，孙文在沪以军政府名义任命陈为广东省长兼粤军总司令。

⑥ 陕西靖国军总司令于右任、副司令张钫。

⑦ 黎天才、蓝天蔚、张学济，"王"待考。

⑧ 谭延闿，字组庵，十一月一日发出通电（韵目"东"代表一日）；岑春煊、陆荣廷、林葆怿等于十月二十四日发表宣言；岑春煊于十月二十三、二十四日相继发出通电（韵目"漾"代表二十三日，"敬"代表二十四日）。

则挑拨熊氏①反对联军出师，并离间滇军之顾、赵②，使川军与川军战，与滇、黔军战，致联军失败，出师绝望。（六）对于粤军，则汀、漳③方复，即断其后援，近复逞其假道灭虢之计，增兵进逼，欲消灭之而甘心。及粤军自卫反攻，桂军屡战皆北。岑、莫④逃亡，乃通电取消军府及广东自主，滑稽儿戏，无聊亦复无耻！竞存来电，谓彼等仅能取消其窃据之名器及其自身之人格，诚哉是言。夷午东电⑤，提议联省组织，尤具卓识。窃念我西南各省、各军，以护法救国为职志，支撑数载，艰险备尝。现在人民自决，潮流所趋，吾人正宜本真正之民意，革故取新，推广平民教育，振兴农工实业，整理地方财政，发展道路交通，裁撤无用军队，实行地方自治。我护法各省联合一致，以树全国之模范。诸公艰难共济，久证心期，尚望共策进行，国家前途实利赖之。孙文、唐绍仪、伍廷芳等。佳⑥。

据《孙唐伍宣布革故取新之主张》，载一九二
〇年十一月十日上海《民国日报》第三版⑦

附：另一版本⑧

　　（衔略）组庵东电否认岑、阳、林宣言及岑漾、敬两电，词严义正，钦佩莫名。自西南护法，国会南迁，由各省各军合组政府，原期同心协力，贯彻始终；不意劣马害群，莠草乱苗，岑、陆、林、莫与政学系诸奸，盘踞军府，扰乱国会，种种罪恶，罄竹难书，揭其大端：（一）对于湘军：则长、岳既复，即力阻其进攻武汉，致并弃湘省以资敌。（二）对于北廷：则密使往还，日谋单独乞降，以

---

①　即熊克武。

②　即顾品珍、赵又新。

③　汀州、漳州，均沿用清末福建府名，民国初已废。漳州原府治龙溪县，今与海澄县合并为龙海县，另析其城区置漳州市；汀州原府治长汀县，县城今名汀州镇。

④　即莫荣新。

⑤　赵恒惕，字夷午，十一月一日发出通电，韵目"东"代表一日。

⑥　韵目"佳"代表九日。

⑦　台北、中国国民党文化传播委员会党史馆另藏有该电文原稿，其内容文字稍异。

⑧　《国父全集》收入时题为《致护法各省各军责岑春煊等破坏护法经过通电》，今据一九二〇年十一月十日上海《民国日报》所刊此函校改。

破坏上海之对等和议。（三）对于宪法：则地方制度，方经二读，彼少数人即结合捣乱，屡次缺席，致功败于垂成。（四）对于驻粤滇军：初则擅易师长，继则助逆抗命，终则威迫改编，致内讧不已，竟召分裂。（五）对于内川事：则挑拨熊氏反对联军出师，并离间滇军之颜（顾）、赵，致川军与川〈军〉战、与滇、黔军哉，致联军失败，出师绝望。（六）对于粤军：则汀、漳方复，即断其后援，近复遏其假道灭虢之计，增兵进逼，欲消灭之而甘心。及粤军自卫反攻，桂军屡战皆北，岑、莫临逃，乃通电取消军府及广东自主。滑稽儿戏，无聊亦复无耻。竞存电谓：彼等仅能取消其窃据之名器及自身之人格。诚哉是言。因思我西南各省、各军，坚苦卓绝，转战数年，支撑危局，砥柱中流。此后仍宜联合一致，共策进行，本护法之初衷，成救国之大计，实行民治，永奠国基。艰难共济，始终如一，惟诸公实图利之。

据秦孝仪主编：《国父全集》第五册（转录史委会藏原稿），台北，近代中国出版社一九八九年十一月出版

统一国民党译名通告[①]

（一九二〇年十一月十日）

本党自成立以来，国外各部曾经以国民党名义向各该地政府注册，但其所用英文名称，各处未能一律，殊多不便。兹〈特〉规定英文译音并译意式如左：

The Kuo Min Tang

（Chinese Nationalist Party）

至他国文，则只译作 Kuo Min Tang。

自此规定通告之后，仰各总支部、各支分部一体遵用，以免纷歧。此布。

中华民国九年十一月十日

孙文启

据《总理为划一本党译名通告》，载南京《中央党务月刊》第五期，一九二八年十二月一日出版

---

① 本通告发自上海。

与唐绍仪等联名宣布军政府
在广州继续行使职权之通告

（一九二〇年十二月一日）

　　各省省长、总司令、督军、省议会，各团体，各报馆均鉴：本军政府于十一月二十九日在广州重开政务会议，继续执行职务，特此通告。孙文、唐绍仪、伍廷芳、唐继尧。东①。

据《军政府通告重开政务会议继续执行职务电》，载广
州《军政府公报》光字第一号，一九二〇年十二月四日

与唐绍仪等联名为重组军政府发表政见宣言

（一九二〇年十二月一日）

各省省长、总司令、督军、省议会，各团体，各报馆均鉴：

　　文等前因北方军阀毁法祸国，乃在粤建立护法政府。中经奸人扰乱，致阻进行。兹则障碍既除，建设伊始，谨为宣言以告国人曰：

　　民国成立，于今九年，始以袁世凯称帝，继以督军团叛国，张勋复辟，祸乱相寻，建设事业，百未一举。今当以护法诸省为基础，励行地方自治，普及平民教育，利便交通，发展实业，统筹民食，刷新吏治，整理财政，废督裁兵，进国家于富强，谋社会之康乐。共和政治，民为主体，同心协作，有厚望焉。

孙文　唐绍仪　伍廷芳　唐继尧　东②（印）

据《布告》，载广州《军政府公报》
（光字第一号），一九二〇年十二月四日

---

　　①　韵目"东"代表一日。
　　②　韵目"东"代表一日。

与唐绍仪等联名要求北方
消除三项害国行动之宣言

（一九二〇年十二月六日）

三年以来，本政府欲以和平之方法，使毁法卖国之人厌乱悔祸。对内，必使法律之效力胜武力；对外，必使卖国条件悉行废弃，俾建设事业得以具举，是以停战言和。乃岑春煊等与北方暗中勾结，各谋私利，本政府乃令粤军返粤，将内乱之人，悉行驱除。

今再宣言曰：北方频年行动，最有害于国者三：一、利用军阀盗窃政权；二、以善后赈灾等为名，欲欺骗新银行团，而得未经国民承认之借款，擅加国民之负担；三、宣布伪统一，自认非法，而又以无国法上地位之机关，擅令各省举行伪国会选举。凡此三者，苟有其一，已足破坏和平，陷国家于危境。本政府仍盼北方速行屏除军阀，停止借款，取消伪令，庶可相见以诚，继续和会，为正当之解决，以副人民之希望。

孙文　唐绍仪　伍廷芳　唐继尧

据《四总裁第六次宣言》，载广州《军政府
公报》光字第二号，一九二〇年十二月六日

治粤约法三章

（一九二〇年十二月八日刊载）

孙中山现与粤省各界业经宣布三种办法：（一）重组军府亦为总结、整理护法事项，决不扰及广东各界。（二）筹款目的，嗣后首在借款及募捐性质，断无加税之处。（三）将来全粤治安由军政府保〔维〕持，各首领允负全责。

据《孙文对粤之约法三章》，载一九
二〇年十二月八日天津《大公报》

与唐绍仪等联名嘉慰恢复全粤诸将士宣言

（一九二〇年十二月十日）

自护法战争以来，诸将士转战前敌，既逾三年，劳苦甚矣！

共和既达，付托非人，军阀盗魁乘之而起，遂致政治不良，社会退化，武人积富万亿，人民困苦死亡，无所告诉。文等与民国关系至深，乃亲见其败坏至于如此，宁不痛心！两广受盗祸尤深，遂至官开赌博，暴敛横征，竭百姓之膏脂，供贼酋之挥霍。今幸赖诸将士之力，恢复全粤。尤望继续奋斗，肃清贼巢，使两省人民重睹天日，从此改良政治，发展生计，以南方诸省为民国巩固基础。诸将士之功勋，诚永世不朽矣！

据《军政府慰劳将士宣言》，载一九二〇年十二月十九日上海《民国日报》

向北方提出议和三条件通电

（一九二〇年十二月十五日）①

须实行下述三项办法，否则广州不能议和：（一）政府军阀中人一概免职；（二）撤回统一命令；（三）不借外债。

据一九二〇年十二月十六日上海《民国日报》

---

① 原标题为《南方三项警告之京讯》。按：讯期为十五日，此电应于是日发出。

组织联军的条件①

（一九二〇年十二月二十六日刊载）

（一）联军目的在防边御海，实行铲除内部扰乱，与护法实无关系。

（二）联军行政由各方通电，择相当地点召集会议讨论进行。

（三）联军手续各出对等兵力，分配布防七省边境，以资联络。

据《最近之统一消息》，载一九二
〇年十二月二十六日上海《申报》

致西南各省要员宁为玉碎争我人格通电

（一九二一年一月二十六日刊载）

个人此次赴粤实为默察民心，群起护法只在酝酿之中，无人提倡，终难获有成绩。是以毅然不避艰险，随诸各首领出担巨任，深望向在团体省份出兵出资，竭力辅助，乃多有漠视之弊。嗣后在粤，公仆愿与起义各省相约，宁为玉碎，争我人格，专冀北方之省悟。

据《孙中山训诫西南各省》，载一九
二一年一月二十六日天津《大公报》

与唐绍仪等联名反对徐世昌非法重选国会通电

（一九二一年三月十六日）

广东参众两院，陈总司令兼省长，云南顾总司令、周省长，贵阳卢代总司令、

---

① 报载称："孙文近拟组织之联军政府，虽邀湘省之赞同，闽督之默认，然赣、黔业已表示反对，孙氏又恐他方面诸多误会，特将联军条件详为宣布。"

任省长、长沙赵总司令、林省长，三原于总司令、张副司令，各省省议会、军民长官公鉴：卢子嘉先生佳、江两电，根据法律参证事实，对于北庭选举，力加反对，钦佩无已。自民国六年正式国会被违法解散之后，北京伪政府以旧选举法于己不便，乃号召私人创立新选举法，召集新国会，产生北京非法之伪总统。今被选出之伪总统，又以新选举法为不便，而旧选举法较为有利，复欲用旧法选举国会。对于国家重要法律，可以上下其手，随意变更，法律何辜，乃为奸人播弄一至于此？徐世昌本为非法新国会所选出之非法总统，虽无法律上之地位，尚有一非法地位，今乃自行取消新选举法，是即自行取消其非法总统，则并〔其〕非法之地位亦丧失无余，何从有权施用旧法重召国会？前者南北和会，本有合法解决和平之希望，而徐世昌则以舞文弄法之手段破坏之，又复伪称统一，以欺天下，而图自固其私人篡据之地位。曾不思公论在人，识者早议其后。可知护法大义，本无南北可分。是非既明，顺逆斯见。我国人之取舍从违，至此亦可不烦言而决矣。孙文、唐绍仪、伍廷芳、唐继尧、刘显世。铣①。

据《军政府总裁对于非法选举通电》，载广州《军政府公报》光字第二十八号，一九二一年三月十九日

附载：军政府办公厅奉孙总裁谕宣布
当选中华民国大总统及定期就职通告②

（一九二一年四月二十二日）

准国会非常会议议决《中华民国组织大纲》，并依大纲第二条选出孙文为中华民国大总统。兹定于五月五日在广州就职，应由秘书厅先行通告。

据一九二一年四月三十日上海《民国日报》

---

① 韵目"铣"代表十六日。
② 此件由军政府秘书厅奉孙总裁谕就非法大总统职，布告广州参众两院、各总裁、陈总司令兼省长、省议会、各省总司令、各团体、各报馆知照。

与唐绍仪等联名宣告于正式政府
成立之日取消军政府通电

（一九二一年五月四日）

各报馆鉴：中华民国大总统已定于五月五日就职，正式政府成立；军政府即应于是日取消，所有军政府政务总裁职务自应解除。除咨明国会非常会议外，特此电闻，望为察照。军政府政务总裁孙文、唐绍仪、伍廷芳、唐继尧、刘显世。支①。

据《取消军政府政务总裁之通电》，载
一九二一年五月九日广州《广东群报》

中华民国大总统就职宣言②

（一九二一年五月五日）

文受国会付托之重，膺中华民国大总统之选，兹当就职，谨布所怀以告国人。

前清末季，文既愤异族之专政，国权之日落，乃以民族、民权、民生三主义提倡革命，赖国人之力，满清覆亡。文喜共和告成，战争可息，慨然辞总统职，以政权让袁世凯，而自尽力于铁路事业。不谓知人不明，民国遂从此多事。帝制议起，舆论哗然，虽洪宪旋覆，而余孽尚存。军阀专擅，道德坠地，政治日窳，四分五裂，不可收拾，以至于今。文既为致力于创造民国之人，国会代表民意复责文以戡乱图治，大义所在，其何敢辞？

---

① 韵目"支"代表四日。

② 一九二一年四月二日，国会非常会议决定取消军政府，在广州成立中华民国正式政府；十日选举孙文为大总统（因产生于国会非常会议，故外界有称之为非常大总统者）。是日上午孙文在国会（今址为广东革命历史博物馆）宣誓就职，旋至北较场阅兵，又往广东省财政厅前观看有一二十万人参加的庆祝游行。同日发表就职宣言和对外宣言。

　　窃维破坏、建设，其事非有后先。政制不良则致治无术，集权专制为自满清以来之秕政。今欲解决中央与地方永久之纠纷，惟有使各省人民完成自治，自定省宪法，自选省长。中央分权于各省，各省分权于各县，庶几既分离之民国，复以自治主义相结合，以归于统一，不必穷兵黩武，徒苦人民。至于重要经济事业则由中央积极担任，发展实业，保护平民，凡我中华民国之人民不使受生计压迫之痛苦。对于外交由中央负责，根本民意讲信修睦，维持国际平等地位，保障远东永久和平。

　　际兹拨乱返治之始，事业万端，所望全国人才各尽所能，协力合作，共谋国家文化之进步。文誓竭志尽诚以救民国，破除障碍，促成统一，巩固共和基础。凡我国人，幸共鉴之。

孙文

据《孙大总统就职记——大总统就职宣言》，载
一九二一年五月十二日上海《民国日报》第三版

中华民国大总统就职后对外宣言

（英 译 中）

（一九二一年五月五日）

　　四年以来，爱国之士讨伐军阀及卖国贼，无非为护法主义及国家生存计。此不能名为南北之争，实共和主义〈与〉军阀主义宣战，爱国者与祸国者宣战而已。

　　北方人民对于南方宗旨，固表示同情，观其历次所行运动及抵抗，与南方同一宗旨，此其明证矣。北京政府对于名义上受其管辖之省份，亦失其统治之权力，一任军阀之劫夺人民，荼毒地方。北京政府反须听军阀之命令，而军阀且争权而互斗；近彼派中竟有大逆不道、与俄国帝党联络攻陷库伦者。前北京政府内部空虚，呈倾覆之势，外人之占据，且骎骎由北而南，中国之为国，正处于最危险之地焉。自一千九百十七年六月，非法解散国会，北京已无合法政府存在，虽有新选举法制造新国会之成立，均无法律之根据。凡〈此〉种种行为之不合法，竟由

徐世昌自行承认。去年十月，彼曾命令行新选举，不依新选举法而依旧选举法。然而新选举法者，徐氏地位之根据也；旧选举法者，与徐世昌地位不相容者也。是已自称总统者，已自认其名分之不正矣。

际此时期，国家生命如此危险，北京又无合法能行使职权之政府。国会为全国各省、各区惟一之合法代表机关，因是组织政府，举文为中华民国大总统。文为建设民国之人，不能坐视民国处危急之秋，自惜其力，不加援手。一千九百十一年，文曾被选为大总统，执政未久，旋即辞职；当时用意，在促成南北之统一。今决意殚竭能力，忠诚奉职，俾我国民咸获满意焉。

举文为大总统之国会，固代表完全国〈家〉、不分南北者。是以文之第一职务，在统一民国各省、各区，置诸进步的、修明的政府管理之下。列强及其人民依条约、契约及成例，正当取得之合法权利，当尊重之。今图最大之利源，或为天然，或为工艺，必悉与开发，则全世界经此数年大战损耗之后，亦可因此获有裨益。诸所措施，抱开放门户主义，欢迎外国之资本及技术。南方各省既处良好政府之下，享受正直的、建设的政治而益发达。深仗其他各省，不久即脱离军阀之羁勒、腐败之政治，而奉由本政府之主义。于是渴想之统一，即可成为事实矣。文责任虽重，然以北京政府之不合法及无能力，自信尚能达其目的。

北京政府已不为国人所公认，彼之幸存，不过据有历古建立之国都，因而得外国之承认。一千九百一十三年，国会组织之民国政府，曾经友邦之承认；本政府亦为此国会〈所〉组织者，应请各友邦政府援此先例，承认为中华民国惟一之政府。本政府当局绝无挟私图利之见，咸怀竭力为国之心。其所代表之主义，民国而得生存，且得在国际上占有其应有之地位，则其主义终必优胜。主义维何？曰自由、曰法治、曰公益。

孙文

据《孙大总统就职记——大总统对外宣言译文》，
载一九二一年五月十二日上海《民国日报》第三版

致美国总统哈定呼吁承认本政府函^①

（英 译 中）

（一九二一年五月五日）

阁下：

我刚刚发表了致各友邦的宣言，但我不得不以我同胞的名义，特别向阁下呼吁，因为我们认为美国是民主之母，是自由和正义的捍卫者，它已在中国危难的时刻不止一次向我们表明了它对中国的无私友谊和支持。中国现正处于她生存的最危急的时刻。民主是获胜还是失败，在很大程度上取决于美国的协定。如今我们又一次指望美国坚持正义事业，帮助伸张中国人民的意愿。

如我在致各友邦的宣言中所说，所谓中国南北之间的战争，不是中国不同派别的战争，而是一场全国性的军阀主义与民主的斗争，是爱国主义与卖国主义的斗争。北方人民自发组织示威游行和抵制运动，反对支持这些卖国贼的外国压迫者。这一事实表明，北方人民是同情南方并与南方合作的。

大战结束时，列强劝告我们停战，实现国家统一，南方照此办了，在上海与北方会谈。南方曾准备为了早日恢复和平作出实际的让步。但有一个条件，即北京政府要拒绝承认一切秘密条约，尤其是日本的二十一条，这是在非法解散国会以后订立的，它只是袁皇帝为使他流产的帝国得到承认而提供的诱饵。但南方的这一简单的正义要求却遭到拒绝。南方不愿为名义上的统一牺牲国家的独立，和谈陷于僵局，战争状态继续下来。

此外，仅仅由于中国公众舆论的力量，才迫使中国出席巴黎和会的代表提出山东归还中国的呼吁，然而北方军阀却秘密地反对这一计划，因为一旦日本被迫归还山东，他们就将失去日本的物质支持。

中国国内局势越来越坏，华北人民正因饥饿面临死亡的威胁，而这些军阀却就在灾区附近囤积了大量粮食以营私。这一点可以由下面事实得到证明：一些外

---

①　此函由中华民国政府派驻华盛顿代表马素于一九二一年六月十六日交给美国国务院。

国慈善家建议提供大量稻米以解救灾情，但中国义赈救灾会却拒绝这类建议，而要求提供等值的现款，因为即使在灾区也可以得到大量食品。

这就是中国的状况。除非美国——中国传统的朋友和支持者在这危急时刻前来伸出援助之手，否则我们将违心地屈从于日本的 二十一条。因此，我通过阁下向贵国政府发出这一特别呼吁，再一次拯救中国。因为正是通过美国的真诚友谊—海约翰主义（即美国政府在一八九九、一九〇〇年提出的门户开放政策）就是这种友谊的例证—中国才得以作为一个国家存在下来。海约翰主义对于中国就像门罗主义对于美洲一样。对海约翰主义的违反意味着我们丧失国家的完整，随之便是中国的瓜分。如同美国要竭力保持门罗主义的精神与字面上的完整一样，我们中国也要竭力维护海约翰主义的这种精神。正是本着这种精神，我才向海约翰主义的倡导者发出呼吁：在中国遭遇民族危难的时刻再一次帮助中国，迅即承认本政府。

满怀信心地……（原文下略）

孙逸仙

据陶文钊：《孙中山致美国总统哈定的信》（译自《美国外交文件》一九二一年第一卷），载一九九〇年六月二十日《团结报》

拯救国家困境的声明

（英 译 中）

（一九二一年六月二十九日刊载）

孙总统在向列强发布的声明中详细回顾了南北政府的立场差异，并表明眼下的战争是其实是叛国与爱国之间、黩武与民主之间的较量。

"北京政府完全丧失了控制力，目前各督军正忙着攻城略地、蹂躏百姓，为争权夺利，这些军阀甚至发生内讧，举国陷入一片混乱。……自从国会在一九一七年六月被非法解散后，北京方面并无合法政府。唯一由各省代表推选出来的合法政府是广东国民政府，并选举我为民国非常大总统。

　　作为民国建立者，我无法坐视本国深陷危险而不施拯救。我的首要职责是建立一个进步政府领导团结全国各省，其次是尊重外国列强的合法权益，最后是有效开发我国庞大的自然资源及工业资源。如此一来，长年饱受战争灾难的国民便可得到缓解。

　　为响应门户开放政策并实现上述目的，我方热切期待引入外资及专业知识。……我呼吁各国政府一如一九一三年承认国民议会组建的民选政府，承认本政府为中华民国之唯一合法政府。

　　本政府是自由主义和宪政主义的化身，不谋私利，只求扩大民众福祉、尽力推进共和事业。"

　　此外，在《告国民》长文中，孙总统详细阐述了施政方针。他庄严宣布将尽力拯救中国并扫除所有障碍，快速统一国家。

　　孙大总统同时十分坦率地向徐世昌发出一份长篇电文。孙在该文中称徐世昌为袁世凯走狗，并坦言袁至少可称为奸雄，而徐只是庸才。

　　"如果你早几十年出生，"孙说道，"或许可凭言谈举止享誉朝廷上下，然而不幸的是你生不逢时。这便是你身居庙堂则清廷覆没、身处北京政府则袁世凯垮台的原因。你既然缺乏政治才能，我们又岂能奢求你拯救共和国于水火？难怪国家陷入了麻烦。人尽皆知，今日中国政府之所以腐败不堪，原因全在于士兵的无礼傲慢、军官的野蛮好斗、大臣的贪婪成性和公职人员的贪污腐败。而你居然会想寻求他们的庇护、听从他们的指令？你表面上似乎受到尊重，实际上却只是一个无能的傀儡。……你现在应该意识到，你的存在对中国共和大业有害无益。你必须即刻辞职，以向国民同胞谢罪，人民自会原谅你过去的所作所为，并赞许你的忏悔。我现在和你说这些话，是因为想要拯救你摇摆不定的灵魂。如果你还是冥顽不化，不愿放弃虚名以国家为重，这绝不是我所希望看到的。"

据 "President Sun of China is in Sea of Trouble"，
Berkeley Daily Gazette，June 29，1921 ［《中华民
国临时大总统孙中山先生陷入麻烦》，载一九二
一年六月二十九日《伯克利日报》］（方露译）

英文原文见本册第 793—796 页

致海外同志告以发起中央筹饷会望合力募捐函①

（一九二一年八月十七日）

某某同志兄台鉴：

文奔走国事迄数十年，困心衡虑，冀除暴乱，奠我邦家。今西南再造，响应自治之声弥漫宇内，吾辈当如何自勉，以求偿厥素愿，慰我国民？顾自治非可托诸空言，必挟实力以坚其后盾。今前敌杀贼，义不反顾，虽断脰裂身，犹冒锋突进。文每轸念其劳，彼则曰：男儿爱国当如是也。我父老兄弟姊妹之寄居海外者，其志斯言！

文终日焦劳，冀我海外同志念前敌之艰苦、祖国之阽危，勃然有作，踊跃输将。兹中央筹饷会由发起人等，公举干事十人主持会务，广设劝捐员，一面于国内分别募捐，一面函托海外同志担任募捐之事，内外合力，共襄进行。

夫国家兴亡，匹夫有责。今日四百兆同胞以重任付托于我同志，则共同尽力，以解②其倒悬。致民国于福利者，即我同志之责也，我同志其力图之。〈临〉□□驰③，努力自爱！

孙文

中华民国十年八月十七日

据《孙文函电汇录》，载一九二一年八月二十日香港
《华字日报》（亦名《香港华字日报》）第三张第四页④

---

① 本件系通函，此为所见最早发出者。

② 此处删一衍字"临"。

③ 以上误植共四字，所见其他版本皆作"临颖神驰"。

④ 另见该函有铅印原件及其照片数种，分别藏于中国国家博物馆（北京）和中国国民党文化传播委员会党史馆（台北），内容相同而个别文字略异。其原来上款空白处被分别填上彭泽文、李源水、饶潜川、杨纯美等名字，下款后面所写发函日期自一九二一年十二月至一九二二年五月不等。

否认徐世昌非法发行公债之布告

（一九二一年八月二十九日）

　　自民国六年国会被非法解散以后，伪廷所发各种公债，迭经国会及前军政府声明否认在案。乃伪总统徐世昌日暮途穷，倒行逆施，竟敢以伪令发行民国十年公债，逼迫各地商会认销。查徐世昌伪总统资格，自伪国会解散，已不复存在，早为中外所共弃。似此弁髦国法，横征暴敛，言之殊深痛恨。近年水旱频仍，干戈未息，田野荒芜，庐舍荡析，民生憔悴，亦已极矣！嗟此喘息未定之孑遗，何堪再受不道之搒克？兹特布告国人，须知伪廷徐世昌命令所发行之民国十年公债，及其余一切之公债，未经合法国会通过者，均属无效。将来统一之后，政府不负偿还之责。中外人士其一致拒绝，勿得受愚购认，或代为募集，致干法纪而受损失，以副本总统轸念民生、整饬纲纪之至意！

中华民国十年八月二十九日

据一九二一年八月三十一日香港《华字日报》

关于中国出席华盛顿会议代表资格之对外宣言①

（英 译 中）

（一九二一年九月五日）

　　欧战告终，太平洋及远东为世界视线之焦点。美国大总统发起华盛顿会议，以图解决太平洋及远东各问题，柬请吾国与会。夫远东问题，实以中国为枢纽。而中日"二十一条"，高徐、顺济、满蒙四路密约及其他秘密协约，制我死命，

---

　　① 由美国发起的国际会议将于本年十一月在华盛顿举行。因华盛顿会议以远东及太平洋问题为主要议题，故又称太平洋会议。美国政府于八月十三日邀北京政府派代表与会，北京政府于十六日复文接受，孙文就此发表宣言表示强烈反对。下篇译文乃据日人通信社电讯，其内容文字有异。

夺我主权，不废弃之，国将不国。追原祸始，此种条约实缔结于徐世昌及其党徒之手。以手订祸国条约之人，膺解决远东问题之任，狐埋狐撋，必无所幸。况徐世昌之地位产生于非法国会，自其去年布告旧法新选，其所取得之伪资格亦已丧失无余。故徐世昌对于中国问题，以道德言，以法律言，均无发言之余地，更无派遣代表之资格。绝非假借纸上政治统一，而可以盗权妄为者。

本政府职权由法律所赋予，为中华民国正式政府，向来对外交涉均系秉诸公道，故周旋国际绝对不受何种缚束。本大总统谨代表政府及中华民国国民郑重宣言：将来华盛顿会议，苟非本政府所派之代表列席与会，则关于中国之议决案概不承认，亦不发生效力。凡我友邦及我国民，幸共鉴之。

中华民国十年九月五日

据《大总统否认伪廷对外资格宣言》，载一
九二一年九月六日广州《广东群报》第三页

附：另一译文

余为正式总统之中华民国政府，苟非脱出"二十一条"中日秘密条约及日本利益，而由徐世昌政府缔结或让与其他让步政策之羁绊，太平洋及远东问题可断言决不能解决，至其他问题抑又其末矣。

夫如前记之威吓政策之遂行，乃举中国富源置诸日本支配之下，中国而欲脱此羁绊，必由不受他国拘束之。广东正式政府送代表与会议，徐世昌及其政府已十分为日本所束羁，十分与日本妥协。彼为与"二十一条"协约关系而误交涉，及丧失国权之内阁国务总理，彼与彼之政府缔结一九一八年之中日密约及其他非法交涉，以中国之富源伴日本之侵略政策而提供开发，彼为违反宪法而组织之国会所选出之总统，其国会又因彼而为非法国会，至昨秋遂不能不被解散矣。广东政府因为绝对不受外国拘束之正式政府，故苟非广东政府派遣之代表列席会议，则关于中国之决议一切无效。

据《孙总统为太平洋会议事告列强宣言》，
载一九二一年九月九日上海《民国日报》

附载：总统府公报局对对外宣言之诠释①

（英译中）

（一九二一年九月五日）

美国之军备因直接与日本之军备多少有关系，故美国以日本之军备增减为标准，而有决定军费之支出之必要。此第一须注意者也。

夫日本帝国主义之直接目的，因在支配中国，故自然有充实军备之必要。此证诸"二十一条"中日军事协定、一九一八年之中日密约，及其他北京政府有责任之对日交涉而可明。日本之宣传家，虽附以日本欲求过剩人口之排泄地于中国，及受工业原料之供给于中国，为绝对必要之理由。然苟离日本于中国欲于军略上之中心点、为政略的殖民之意味而言，则中国关内各地人口已见过剩，关外如满蒙地方则气候极寒，于真意义之日本殖民非常不适。若更就其工业原料之供给而言，则依普通通商贸易之线路而受供给，岂不易易？然则日本欲谋支配中国之目的，岂不明在其中乎！盖其大方针，不外欲以中国②人力及富源由彼制御之，次又制御太平洋，再次又迫澳洲及美国因日本移民而解放之耳。

北京政府乃欲以有力之巡阅使数名使之维持，不知此等巡阅使，皆在受日本之好意与援助之张作霖支配之下。故日本之此等政策，苟集中于北京之间，则无论如何之代表，欲适当提出中国问题于会议，断断不能。

据《解决远东问题之前提》，载一九二
一年九月九日上海《民国日报》第四版

否认徐世昌非法发行国库券之布告

（一九二一年九月十四日）

伪庭徐世昌所发行民国十年公债，及其他未经国会通过之一切公债，业经本

---

① 在发表前篇宣言的同时，总统府公报局公布对该宣言的注释。
② 此处删一衍字"国"。

大总统布告否认在案。

近复查得徐世昌于去年以来，秘密发行国库券，由伪财政部交付不法武人及京内外官僚，私向中外银行以低价抵押现金，供给军费、行政费；发出额数，漫无限制。查徐世昌假窃名号，恣行不义，政令不行，度支匮绝，乃复发行国库券，为变相之借款。似此假政府之名，行穿窬之技，破坏国家财政，增重人民负担，言之殊堪痛恨。

本大总统不忍使国人汗血之资，徒饱伪庭贪官污吏之囊橐。兹特布告中外人民，须知伪庭徐世昌命令伪财政部所发行之国库券，纯系徐世昌及其党羽非法增加国库负担之行为，概属无效。将来政府统一之后，不负清理偿还之责。中外人民，务各转相劝告，一致拒绝；勿得收受行使，自招损失，以副本大总统轸念民生、维护国库之至意。

中华民国十年九月十四日

据《大总统之布告》，载一九二一年九月十五日广州《广东群报》

宣布徐世昌卖国奸谋令

（一九二一年十二月十五日）

山东问题，徐世昌久欲与日本直接交涉，只因国民监视綦严，不敢肆行己意。今竟借华盛顿会议，派遣代表赴美，以英、美两国代表劝告为词，悍然与日本直接交涉而无所忌惮。似此甘心卖国，挟外力以压国民，实属罪不容诛！本大总统以救国讨贼为己任，除对外竭力主张无条件收回山东一切权利、废除二十一条款外，特宣布徐世昌及其卖国奸谋。凡我国民，其共起诛之，毋后！

民国十年十二月十五日

据《大总统命令》，载一九二一年十二月二十三日上海《民国日报》

宣布徐世昌梁士诒卖国殃民之罪状通告

（一九二二年一月九日）

民国肇造，于今十一年矣。祸乱相寻，民无宁息，推原祸始，实由帝制与复辟之余孽，未能根本芟夷；谁生厉阶，至今为梗？此本大总统所日夜引为深忧而亦国人亟当警觉者也。

徐世昌以洪宪之枢臣，复辟之领袖，居心煽乱，曲尽其能。卒至群督叛〈法〉称兵，奸宄乘机复辟；武夫构怨，天下骚然，乃复窃据北庭，僭称总统。数年之间，靡恶不作。其卖国殃民之罪，迭经本大总统明令宣布；中外舆论，亦起攻之。假使徐世昌稍具天良，必能外怵国交，内惭民意，幡然悔悟，束身归罪，使国事易底于敉平。不图包藏祸心，变本加厉，近更伪令梁士诒为伪国务总理，同时有伪代表在华盛顿与日本代表秘密商妥山东事件，急谋向日本借款之事。

查梁士诒本帝制罪魁之一，民国八年，曾经明令通缉；去年谋扰乱西南，又经本大总统令行通缉各在案。似此国法不容之人，徐世昌竟敢于全国鼎沸之时，公然使柄伪政而无所忌惮，复不恤牺牲山东问题，为借款之交换品。

大盗窃国，群凶弹冠。徐世昌及其党羽，倾覆民国之阴谋，暴露已无余蕴。凡我中华民国国民，必能视听不淆，明辨黑白。即北庭文武官吏，亦不乏爱国忧时之士，见微知著之人。其速奋兴，共锄国贼，有依违观望之心，必贻谋国不忠之悔。本大总统受国民付托之重，念共和缔造之艰，戡乱建设，不敢告劳，愿与天下共诛危害民国者，特举徐世昌及其党羽之罪状，宣布中外，咸使闻知。

据《本社专电》，载一九二二年
一月十一日上海《民国日报》

再揭徐世昌所派代表与日本订约罪行之布告

（一九二二年二月二十日）①

华盛顿会议，徐世昌伪令代表参与。经本大总统郑重宣言，苟非本政府所派之代表列席与会，则关于中国之议决案概不承认，亦不发生效力等语。

乃徐世昌阴谋日亟，对于山东问题竟授意伪代表与日本直接交涉，举国愤争，悍然不恤。近与日本协定条件，背叛民意，丧失利权，危祸国家，惟恐不速，似此怙恶不悛，实为国民公敌。

本大总统维护国脉，杜绝奸谋，特将徐世昌罪恶再为揭布。凡我国民，当洞知徐世昌窃位数年，秽德昭著。万目睽睽，历年争持之山东问题尚敢倒行逆施，专欲祸国。若再贻姑息，势必益恣诡谋，偕亡无日。讨贼救国，愿与国民急起图之！

据《北伐声中之粤讯》，载一九
二二年三月八日长沙《大公报》

北伐誓师词②

（一九二二年二月二十七日）

民国存亡，同胞祸福，革命成败，自身忧乐，在此一举。救国救民，为公为私，惟有奋斗，万众一心，有进无退。

据《本社专电》，载一九二二
年三月二日上海《民国日报》

---

① 此件未署日期，据上海《民国日报》一九二二年二月二十一日在《本社专电》内以《大总统咨日布告》为题对此布告作了简介，故此件发于二月二十日。
② 此系孙文在桂林南教场粤军北伐誓师典礼上颁布的誓词。据一九二二年五月十日广州《广东群报》报导，孙文在五月六日抵韶关后亦集合当地驻军，用同一誓词，在北伐誓师仪式上宣读。

出师北伐紧急通告①

（一九二二年三月十一日）②

照得民国肇造十有一年，内治不修，外患日亟，政变纷乘，民生凋敝。徐逆③窃权僭号，国人尤所痛心；近且引用帝孽④，互相狼狈，卖国鬻路，甘丧主权，驱人民于水深火热之中，置国家于累卵覆巢之地。全国志士，引为深忧。

本大元帅上体国势，下察舆情，非扫除元凶不足以清障碍，非发扬民治不足以应潮流，是以数月于兹，筹定方略，搜讨军实，本百折不回之志，作一劳永逸之图。业经成立大本营分处办事，各专责成，其兵站一部及所管征发夫役、输送事项，尤赖地方官绅相助为理。动员在即，筹备宜先，行将自桂出发，取道长岳，会师武汉，直抵幽燕。凡所经县境地方官厅，对于兵站所需夫役、品物等项，务宜联合绅耆协同妥办，毋得稍存诿卸，致碍进行。各该部队则向兵站处核实领给，照章支配，勿许再向民间搜求，致兹纷扰。

本大元帅负国民付托之重，尽拨乱反正之责，势达统一之目的，期奠国基于巩固。望尔百官人民共体此意，勠力同心，其在事出力有劳足录者，得予从优叙奖，其临事规避或竟抗违者，查明分别惩罚。除将夫役征发令另案公布外，尔地方官人民等各宜激发热诚，分担义务，本大元帅有厚望焉。

（十一日）

据《大总统出师北伐通告》，载一九二二年三月二十日上海《民国日报》第二版

---

① 一九二二年二月二十八日，粤军第二军以一旅之兵力自桂林向湘桂边境开拔，是为北伐军大队人马出发之始。孙文除将本通告发至各地方官厅外，又以内容相同的大元帅第十八号训令送达广东省长陈炯明，陈则将该训令转发给所属各机关。

② 底本注明通告日期为"十一日"，并称系"最近……紧急通告"，所标时间即据此确定。

③ 指徐世昌，一九一八年十月在北京被皖系军阀操纵的安福国会选为总统。

④ 此指徐世昌于一九二一年十二月任命袁世凯的亲信梁士诒为国务总理。

对待直奉两系方针之宣言①

（一九二二年三月十一日）

（一）北伐不能因奉直两系有代表而不积极前行，正式政府仍必执行为国讨贼之权。

（二）对奉直双方原无意见，如实心为国家起见，宜服从正式政府命令，移兵为政府作前驱，不得专顾个人军权地盘。

（三）正式政府置最高民权政治于军权之上，将来中国废去军阀盘据各省为地盘之习，还权之地方人民，奉直宜首为之倡。

（四）旧国会解决中国纷乱政局，使中国成一永久宪法上之国家政府，巩固国基。

（五）正式政府对中国责任，为一劳永逸之计，态度光明，以国家为重者为国友，争私人权利者为国仇。从前交换结合之习，皆认国家在后，私人在前，长此相沿，何以对国家人民，亦不必多此用兵一举，故西南决不苟且结合，致蹈从前覆辙。

据《大总统宣言节略》，载一九二二年三月十七日上海《民国日报》

誓言岁末将重新统一中国的声明

（英译中）

（一九二二年四月二日）

广西桂林，一九二二年四月二日，在我（孙文）即将代表民众发动北伐去拯救中国之际，收到了北京查尔斯·戴利先生的电报，他请求我向《芝加哥论坛

---

① 《孙中山全集》第六卷第八十五页载《对奉直两系派代表至粤的宣言》一文仅系此件第五点的后部分，内容简略，此件从第一至第五较为完整。

报》陈述关于华盛顿限制海军军备条约签定之后中国所处的境况，以及中国尽快恢复有序共和政府的可能性。

我很乐观地回复称，我将在年内重新统一中国。中国政府将不再是军人的傀儡，她将从人民的意愿那里获取权力和威信，而这正是我国宪法的明文规定和我们一直为之奋斗的目标。国家的权威必须建立在军事实力之上，以保证中国的和平发展进程。

强权的日本

尽管全世界即将庆祝华盛顿限制军备条约所达成的一致协议，但它并未从实质上给中国的国际和国内处境带来什么影响。必须实事求是地指出，日本在远东的霸权地位没有多大程度的改变。实际上，日本在中国继续执行优势政策的权限有增无减。因为美国海军力量的发展壮大作为唯一一个限制日本的因素已经消除。这很可能将对中国不利。

明摆着的一个事实是，近些年来中国国内的每次斗争，日本总是支持一方或另一方，此举使得中国持续不断地发生动荡。

内部解决办法

解决当下的中国问题必须从内部寻找办法，目前我领导下的统一中国运动日渐壮大。由于北京政府行政机关的无能和腐败，使改革进程能够归在我的政府领导之下。我相信随着列强撤回对北京政府的承认，不再视之为一个法律或事实上的政府，而这种政府早已遭到人民的唾弃，那么，众望所归的统一步伐必将加快。

我的统一中国的策略就是通过各种和平手段。但列强的对外政策，是继续承认北京政府在中国的统治地位，这就使北伐显得很有必要。

据 "Dr. Sun Pledges Reunited China by End of Year", *Chicago Tribune*, April, 1922 ［《孙博士誓言岁末将重新统一中国》，载一九二二年四月《芝加哥论坛报》］（张金超译）

英文原文见本册第796—797页

关于南北议和的条件宣言

（一九二二年四月十八日刊载）

某外人消息：孙文近在桂林对于南北统一问题，曾提出三不开议宣言，向某方答复：

（一）非北方军队退出武汉，或联军会师武汉时，不能开议。

（二）总统地位非同时取消，不能开议。

（三）南方非有十省以上之根据地，不能开议。

据《孙中山之三不开议》，载一九
二二年四月十八日长沙《大公报》

讨伐徐世昌通令

（一九二二年五月四日）

祸国元凶徐世昌，窃位以来，怙恶日甚，内政之危害国本，外交之违反民意，其罪犹已为天下所共见恶，复躬为鬼蜮于内，而嗾其鹰犬纵横于外，遂致残民以逞之事，层见叠出。去岁弄兵湘鄂，无辜之民，不死于战，即死于水，疮痍未复，呼吁彻天。近且野心不戢，构成大战，使河北州郡，悉罹锋镝；充患得患失之所至，不惜以国家为孤注，以生民为牺牲，倒行逆施，至此而极。

本大元帅受国民付托之重，深念连年国难未定，人民痛苦益深益烈，爰命诸将，分道出师，亲履行间，以除民贼。出师宗旨，在树立真正之共和，扫除积年政治上之黑暗与罪恶，俾国家统一，民治发达。所认为民贼者，惟徐世昌及共恶诸人。师行所过，如有去逆效顺者，必视同一体，其毋自贰。我国民当知，国事如此，非以彻底之主张，为根本之解决，罔克有济，同心勠力，以成大功，有厚望焉。此令。

据《本社专电》，载一九二二
年五月六日上海《民国日报》

与伍廷芳联名就徐世昌退职发表对外宣言①

（一九二二年六月六日）

自徐世昌退职，统一全国机关之国会，其恢复之前途，业除去最初之障碍。溯自黎元洪于一千九百十七年非法解散国会，全国政治即呈分裂之象。迨徐世昌于一千九百十八年非法就任总统，分离乃益以加甚。更因徐继续在位之结果，政府遂尔解体，国家之威信因亦堕落至往日未有之程度。夫政象至于如是，缔约各邦亦不能全辞其咎。政府对于各邦，曾屡次提出警告及抗议，请各邦勿承认徐为中国之总统，而各邦不顾。在此种情形下之承认，直无异于干涉中国内政。如徐因此乃得提支在外人管理下而非由外国承认不得支取之国税余额，更取得向外国订借外债之地位。苟无此等税收及外债，徐之总统或仅可任四星期，何至竟至四年之久！

予今以中国事实上、法律上唯一政府行政首领之资格，谨宣言于条约国：请于现在中国内争之时，重申不干涉中国内政之宣言，并请对于此语之精神及字面同一尊重。要知现在中国之内争为全国改造之一事实，吾人今日正从事于改造中国旧生活之事业，而使之适合于政治及经济的环境。欲此种改造须成为真正之改造，则惟有任中国人民自己求之，列强固不可加以干涉。假使列强现承认北京之伪新总统，则其行动仍为干涉中国内政，其结果将更劣于承认徐世昌也。

大总统（印）

外交总长伍廷芳副署

据《总统对外宣言与谈话》，载一九
二二年六月十三日上海《民国日报》

---

① 一九二二年六月二日，徐世昌在直系军阀曹锟、吴佩孚等的胁迫下，辞去大总统职务，退往天津，孙文就此向全国发表宣言。

工兵计划宣言①

（一九二二年六月六日）②

溯自民国六年武人称兵，国会被非法解散，构成大乱。本大总统受国民付托之重，统帅陆海军将士以护法戡乱，致力所在，务扫除不法之武力，俾国会得以自由行使职权。本斯主旨，遂有七、八年正式国会及宪法会议之集会，十年正式政府之成立。乃跋扈之武人怙恶不悛，纠众顽抗，以致干戈相寻，生民涂炭。而倒行逆施者，遂至窃盗名器，不恤卖国以求一逞。坐是分崩离析，以迄于今。国力之凋残，民生之颓敝，岌然不可终日。言念及此，可为疾首！

比年以来，北方握兵秉政之人，有痛悼国难、赞同护法戡乱之主张者，本大总统无不乐与开诚相见，以图共济。惟徐世昌及其党羽则弄兵如故，残民有加。本大总统之毅然兴师讨贼，以期贯彻护法戡乱之职志。顷闻徐世昌业已潜逃，直军诸将亦有表示服从国会之事，此诚所谓无悖于护法戡乱之主张，可为嘉慰者也。

六年以来战事延长，是非莫定，直至今日，法之不可毁始大白于天下。用兵数载，得此效果，国内问题似可平和解决。惟现在北方拥有重兵而能操纵北京政权者，厥惟直军。若直军诚意护法，则从此兵不血刃，而国是可定。否则徐世昌虽已潜逃，而直军犹无悔祸诚意，则祸变之来，不知伊于胡底！惩前毖后，洵不可忽，用布悃愊，以告国人。

夫欲约法之效力不坠，在使国会得自由行使其职权，在扫除一切不法之武力。否则国会之行使职权不但徒托空言，抑且供人利用，苟求已乱，适以长乱。故欲使今日以后国会有自由行使其职权，不再受非法之蹂躏，第一当惩办祸国罪魁，

---

① 一九二二年五月奉系军阀在第一次直奉战争中失败，直系军阀进据北京，徐世昌于六月二日被迫下野，退居天津。孙文发布此宣言，乃鉴于政局变动，为争取国家和平统一所作的一次努力。所拟标题，系据本年八月十五日宣言（本书题为《缕述广州兵变始末与论列建国最大方略之宣言》，见后文）中"文于六月六日宣言中所陈工兵计画"一语。

② 底本称此宣言系《民国日报》记者于六月七日自广州电发，却误标为"虞日宣言"，韵目"虞"即七日。其实在六日该报第二版所载广州五日专电，已预告"大总统对时局将有重要宣言，鱼日（六日）可发表"。

第二当保障国会安全。盖数年以来，丁壮涂肝脑，老弱死沟壑，均此辈所构成，此而不惩，则人何惮而不为恶？此首当申儆于国人者也。

祸首既惩，则乱法之武力无自发生，故军队之安置宜为要图。军兴以来，兵额较前增至倍蓰，此等兵士来自民间，为不法武力所驱使，非其本意，一旦裁汰，使之骤失所业，亦所未安。宜以次悉改为工兵，统率编制，一切如旧。收其武器，与以工具，每日作工约六小时至八小时，先修治道路，次及其他工事。工兵月饷较现时倍加，将弁月饷百元以上者加五，其百元以下者加倍。此外则其工作所生产之纯利，以一半归于国家，以一半归于工兵，论人数均分，无自差等。如此则一转移间，易战事为工事，兵不失业，无铤而走险之虑；工事日繁，有生产发达之象。然后善用外资，投之实业，以起积年之疲弊，谋社会之繁荣。转危为安，悉系于此。现有兵数既以次悉改为工兵，征集爱国之士编制国军，定为义务，两年一易，其兵额以二十万人至三十万人为止。此法既行，即有不逞之徒，亦无武力以为〈之衅〉，毁法之祸可不再作。国家机关依照法令行使职权，无能妨阻之者，然后政治乃可入新轨道，而国家乃有长治久安之望也。

今者直军诸将既能知毁法之为非而忏悔之，犹当知护法之为是而服从之。数年以来国内战争，乃护法与毁法战争，绝非南北战争。苟北方武人赞同护法，即此共同携手，以济时艰。故直军诸将为表示诚意服从护法起见，应首先将所部半数由政府改为工兵，留待停战条件。其余半数，留待与全国军队同时以次改编。直军诸将如能履行此项条件，本大总统当立饬全国罢兵，恢复和平，共谋建设。若进退失据，惟知假藉名义以涂饰耳目，则岂惟无悔祸之诚，且益长诪张为幻之习。本大总统深意民国以前〔来〕祸乱之由在于姑息养奸，决为国民一扫凶残，务使护法戡乱之主张完全贯彻，责任始尽。惟我公忠体国之人民，深喻斯旨。为此布告，咸使闻知。

据《大总统虞日宣言》，载一九二二年六月十一日上海《民国日报》第二、三版

附：英文版译文

广东国民政府今晚授权我报发布孙大总统关于中国时局之声明：

北方军阀近日似乎逐渐认识到，惟有恢复国会职权、重新施行宪政，中华大地才可重获和平。即使曾遭遇过巨大的军事压力、被民众所误解，护法派的这一立场五年来从未动摇过。如果当权者背弃国民，肆意践踏基本法，推翻最高权力机关，摇身一变而成为独裁者，则国家将永无宁日。如今北方握兵秉政之人，终于认识到法律的重要地位并建议恢复国会职权，五年来为此奋斗不已的仁人志士颇感欣慰——你们的努力终究没有白费，宪政事业最终大获成功。

与此同时，我们应当确保军阀此举并非一时兴起。要知道，当前要求恢复国会职权的正是五年前遣散国会的那群人。在此期间他们对待国会的态度是否发生了重大转变？又或者重组一事只是兴之所至，根本不足为信？如果是后者，那么该倡议的提出确实没有任何意义。罗马御卫队和土耳其士兵曾随时拥立新君，而中国人民并不希望国会的存在朝不保夕。国会若被军阀玩弄于股掌之间，便没有存在的必要。那么，该如何阻止军阀凌驾于国会之上呢？显然有两大必备要素。

首先是刑罚。五年前某些官员肆意践踏法律，如今仍逍遥法外。倘若对此事不加追究，则法律之颜面何存？从维护国家权益的角度来看，即使蔑视宪法的国民也应受到严惩。

其次应注重加强保障。必须采取有效措施保障基本法的地位和国会的效力。在我国，政治动乱源于军事争霸，因此若求国家和平，则必须铲除军国主义。我建议将军队数量缩减至可维护国家安全的最低限度，与此同时加强退伍军人的生活保障，如此方可体现政府的智慧。这些身强体壮的人们显然可以在退伍后组建劳动营并共同参与修建工事。如此一来，不仅工时合理，而且收入体面。眼下这些突然转向的军阀表现诚意的机会来了，他们可以各自裁减一半的兵力，并将相关人员组成劳动营。政府随后便会全面推行此计划，国家亦可实现持久统一。

本政府认为上述条件实乃保障持久和平、增进国家福祉之必需。如果各军阀确有诚意支持宪政，就应立即接受上述提议。本政府需向饱受内乱之苦的国民保证，国难绝不会重演。我受国会重托，力求恢复法制地位、平息国家内乱；若不能在法制的基础上维护国家统一，实在有负民众所托。祈愿与各位仁人志士携手并进，共促中华统一大业。

孙逸仙（总统府）

一九二二年六月六日

据 "The Political Situation in China: Essential Conditions of a Settlement", *The Hongkong Daily Press*, June 8, 1922, Page 5 [《中国的政局——和解的基本条件》，载一九二二年六月八日香港《孖剌西报》第五页]（方露译，高文平校）

英文原文见本册第797—800页

反对协约国插手中国事务的宣言

（英译中）

（一九二二年六月六日）

广东国民政府今晚授权我报发布孙大总统对外国列强所发布的声明：

"徐世昌政府的垮台扫除了重组国会的一大障碍，推进了统一中国的进程。黎元洪于一九一七年非法解散国会，此后国家陷入一片混乱；而徐世昌却趁机篡权，于翌年就任中华民国大总统，此举无疑加深了国家的分裂。几年后徐世昌连任总统职务，这不仅导致了北京政府的彻底垮台，而且极大损害了中国的声誉。

对于中国今日之政局，协约国似乎难辞其咎。这些外国列强不顾我方屡次警告，执意承认徐世昌政府的合法性，此举已涉嫌干涉我国内政——对于我国的财政收入，列强不仅享有监管权，而且享有所有权。若不是凭借出卖国税，徐世昌政府根本无力统治中国。

无论从法律意义抑或实际意义上看，广东国民政府皆为中华民国之唯一合法政府。我作为政府首脑，有幸提醒协约国，切勿干涉中国内政。这既是各国所做出的承诺，万望切实履行。事实上，我国正处于调整期，内部冲突在所难免。历史经验告诉我们，自我调整实乃生存之必需。眼下我们之所以改造中国，正是为了使其适应变化了的国际政治经济格局；而要真正达成这一目的，则必须确保由国人自主处理内政。倘若列强再次扶持傀儡政权，中国之主权将难以得到维护，一连串恶性事件亦在所难免。"

据"President Sun Yat-sen and the Treaty Powers：Protest against Interference"，*The Hongkong Daily Press*，June 8，1922，Page 5〔《孙中山总统反对协约国插手中国事务》，载一九二二年六月八日《孖剌西报》第五页〕（方露译，高文平校）

英文原文见本册第 800—801 页

讨伐陈炯明宣言[①]

（一九二二年六月中旬）

余已召回江西北伐军之一部，北伐军在江西节节胜利，以对付陈炯明及其叛军，此次之变，乃以极恶之奸叛情形为之。

据《西报纪广州之变局》，载一九二二年六月二十六日上海《申报》

缕述广州兵变始末与论列建国最大方略之宣言

（一九二二年八月十五日）

六年以来，国内战事为护法与非法之争。文不忍艰难创造之民国隳于非法者之手，倡率同志奋斗不息，中间变故迭起，护法事业蹉跎数载，未有成就，而民国政府遂以虚悬。国会知非行权无以济变，故开非常会议，以建立政府之大任属之于文。文为贯彻护法计，受而不辞。就职以来，激厉将士，出师北向，以与非法者战。最近数月赣中告捷，军势远振，而北军将士复于此时为尊重护法之表示。文以为北军将士有此表示，则可使分崩离析之局归于统一，故有六月六日之宣言，

---

① 此件系西报记者采访时，在陈友仁处见到孙文宣言的一部分。

愿与北军将士提携，以谋统一之进行。

不图六月十六日护法首都突遭兵变，政府毁于炮火，国会遂以流离。出征诸君远在赣中，文仅率军舰仓卒应变，而陆地尽为变兵所据，四面环攻，益以炮垒水雷，进袭不已。文受国会付托之重，护法责任系于一身，决不屈于暴力，以失所守。故冒险犯难，孤力坚持至于两月之久，变兵卒不得逞。而军舰力竭，株守省河，于事无济，故以靖乱之任付之各处援师，而自来上海，与国人共谋统一之进行。

回念两月以来，文武将佐相从患难，伤亡枕藉。故外交总长伍廷芳为国元老，忧劳之余，竟以身殉，尤深怆恻！文之不德，统驭无方，以至变生肘腋，咎无可辞。自兵变以后，已不能行使职权，当向国会辞职，而国会流离颠沛之余未能集会，无从提出。

至于此次兵变，文实不知其所由起。据兵变主谋陈炯明及诸从乱者所称说，其辞皆支离不可究诘。谓护法告成，文当下野耶？六月六日，文对于统一计画已有宣言，为天下所共见。文受国会付托之重，虽北军将士有尊重护法之表示，犹必当审察其是非与诚伪，为国家谋长治久安之道，岂有率尔弃职而去之理？陈炯明于政府中为内务总长、陆军总长，至兵变时犹为陆军总长，果有请文下野之意，何妨建议，建议无效，与文脱离，犹将谅之。乃兵变以前默无所言，事后始为此说，其为饰词，肝肺如见。按当日事实，陈炯明于六月十五日已出次石龙，嗾使第二师于深夜发难，枪击不已，继以发炮，继以纵火，务使政府成为煨烬，而置文于死地。盖第二师士兵皆为湘籍，其所深疾，果使谋杀事成，即将归罪以自掩其谋，而兼去其患。乃文能出险，不如所期，始造为请文下野之言。观其于文在军舰时所上手书，称大总统如故，可证其欲盖弥彰已。谓陈炯明以免职而修怨，叶举等以饬回防地而谋生变耶？无论以怨望而谋不轨，为法所不容。即以事实言之，文于昨年十月率师次于桂林，属陈炯明以后方接济之任，陈炯明不惟断绝接济，且从而阻挠。文待至四月之杪始不得已改道出师，于陈炯明呈请辞职之时，犹念其前劳，不忍暴其罪状，仍留陆军总长之任，慰勉有加，待之岂云过苛？叶举等所部，已指定肇、阳、罗、高、雷、钦、廉、梧州、郁林一带为其防地，乃辄率所部近〔进〕驻省垣，骚扰万状，前敌军心因以动摇，饬之回防，讵云激变，可知凡此种种亦非本怀，徒以平日处心积虑，惟知割据以便私图，于国事非其所恤，故始而阻挠出师，终而阴谋盘踞，不惜倒行逆施，以求一逞。诚所谓苟患失之，无所不至者。

　　且即使陈炯明之对于文积不能平，至于倒戈，则所欲得而甘心者，文一人之生命而已，与人民何与？乃自六月十六日以后，纵兵淫掠，使广州省会人民之生命财产悉受蹂躏，至今不戢。有纵其凶锋及于北江各处，近省各县，所至洗劫一空。人民何辜，遭此荼毒，言之痛心！向来不法军队于攻城得地之后，为暴于一时，已犯天下之大不韪，今则肆虐亘于两月。护法以来，各省虽有因不幸而遭兵燹，未有如广东今日所处之酷者。北军之加兵于西南，军纪虽弛，有时犹识忌惮。龙济光、陆荣廷驻军广东，虽尝以骚扰失民心，犹未敢公然纵掠。而此次变兵则悍然为之。闻其致此之由，以主谋者诱兵为变时，兵怵于乱贼之名惮不敢应，主谋者窘迫无术，乃以事成纵掠为条件，兵始从之为乱。似此煽扬凶德，泯没人道，文偶闻野蛮部落为此等事，犹深恶而痛绝之；不图为此者即出于同国之人，且出于所统率之军队，可胜愤慨！文夙以陈炯明久附同志，愿为国事驰驱，故以军事全权付托。今者甘心作乱，纵兵殃民，一至于此，文之任用非人，诚不能辞国人之责备者也。此次兵变主谋及诸从乱者所为，不惟自绝于同国，且自绝于人类，为国法计固当诛此罪人，为人道计亦当去此蟊贼。凡有血气，当群起以攻，绝其本根，勿使滋蔓。否则流毒所播，效尤踵起，国事愈不可为矣！

　　以上所述，为广州兵变始末。至于国事，则护法问题当以合法国会自由集会、行使职权为达到目的。如此则非常之局自当收束，继此以往，当为民国谋长治久安之道。文于六月六日宣言中所陈工兵计画，自信为救时良药。其他如国民经济问题，则当发展实业以厚民生，务使家给人足，俾得休养生息于竞争之世。如政治问题，则当尊重自治以发舒民力。惟自治者，全国人民共有、共治、共享之谓，非军阀托自治之名阴行割据所得而藉口。凡此荦荦诸端，皆建国之最大方略，文当悉其能力以求贯彻。自维奔走革命三十余年，创立民国实所躬亲，今当本此资格以为民国尽力，凡忠于民国者则引为友，不忠于民国者则引为敌。义之所在，并力以赴，危难非所顾，威力非所畏，务完成中华民国之建设，俾国民皆蒙福利，责任始尽。耿耿此诚，惟国人共鉴之。

孙文

民国十一年八月十五日

据《孙中山之正式宣言》，载一九二
二年八月十六日上海《时报》（五）

为陈炯明兵变与和平统一主张之对外宣言①

（英 译 中）

（一九二二年八月十七日）

自民国六年国会遭非法解散，遂启中国政治分裂之端，由是而有所谓统一问题。护法分子之主张，谓非恢复国会不足以统一。然北方军阀领袖则始终反对此说，历时五载。北方军阀悟无合法国会则政治无由进行，事势所逼，乃不得不承受护法分子之要求，而以恢复法统相号召。夫以当日躬行摧残国会之人，以五载以来凭藉兵力压迫南方之人，而一旦改变态度，表示其主张与南方相同，此为可欣幸之事，予于六月六日之宣言中所引为庆慰者也。

予在当日曾与南方耆宿、多年同事之伍廷芳协商应付，其结果请北方提出具体办法，以为承受护法分子主张之表示。正在计画如何与北方开诚协诚〔议〕之际，而突有六月十六日之变。护法政府之同僚陈炯明氏忽谋加危害于予躬，称兵叛变，推翻公府，使老成硕德如伍氏者悲伤忧愤，病剧而死。夫陈炯明非护法政府下之官吏乎？护法政府正在计画与北方提携协定国是，而陈氏突然执取革命手段，是果何因，岂唯友邦人士所惊疑，即予亦百思不得其解。陈氏之行动实足破坏中国依古相传之道德信条，而使中国可宝之伦理观念粉碎无余，此中曲折，予于对内宣言中已详叙之。本文为对外发，似无详述之必要。

唯欲为友邦人士告者，则陈炯明谋乱之动机，无非欲攘夺广东以为己有。陈氏知南北接近渐趋可能，北方电邀伍氏共商国是②，伍若应招北上，则南北两政府开诚相见，真正统一不难实现，若非乘此时会占领广东，则割据之私将无所逞。一言蔽之，陈氏欲据广东为个人之藩地，所以不惜出奸回之行动也。予于陈氏为

---

① 原为英文，是日交由路透社发布。
② 伍廷芳时为孙文领导下的南方政府外交部长、财政部长兼广东省长。黎元洪在直系军阀支持下，于六月十一日再度到北京任总统后，邀请伍廷芳北上担任国务总理。伍廷芳于是月二十三日在广州病逝。

广东总司令之日，察其行动，早已疑彼隐蓄割据野心。陈之希望，欲使中国割成多数小邦，各自独立而不相联，而先由广东开其先例。所谓"模范省分"，所谓"广东人之广东"，无非假托名义以遂其私。予在当时认此政策实为祸国，所以不惮众议，除保留陆军总长之职务外，悉解陈氏之现职。由陈氏今日之行动观之，则予之此举未为过当矣。

陈既称兵谋乱，两月之间遂使予不能于统一问题有所尽力。予之初意，本欲将粤中军务作一结束，然后抽身北来，以策国是之解决。既而思之，予在广州困处一隅，于国家大计已不能有所为力，不如移居中心地点，得与各方要人会晤商榷，以定国是。责任所在，几经权衡，粤局事小，全局事大，此予亲来上海之原因也。

至于国是意见，则以予观之，统一之计所以策进和平，苟表而统一，而不平之潜因犹是暗伏，一触即发，则统一云云亦成虚语。政治上之统一，自以国会真正恢复为必要条件。若全局之和平，则非实行下列四端不可得而致。此四端者：

（一）必全国上下有服从国会之诚意。予敢郑重声明，予之地位愿依国会之解决。

（二）必划除多年祸根之军队势力。予敢言，非各省督军统治下之兵队悉照予六月六日改编工兵之计画，则和平不得而期。

（三）必全国之天产财富有极适宜之发展。而发展产业之目的，不仅在跻国家于富庶，必使全国人民家给人足，共享乐利。予之理想，以为国多富民，不如国多幸民。关于此点，拙著《国际发展中国》足资参考。

（四）必全国政治制度之改革，依"县单位"制而实施民政。换言之，即以一县区为行政单位。此种主张貌依〔似〕过于急迫，实则适合国情。盖中国之乡村自治制滥觞于远古，习惯久已确立，予之主张无非将本来有自治组织之各个乡村联合而成一县，使每一县区成为行政单位，以谋运用之便利而已。予对于"省区单位"之说与"联省政府"之说均不赞成。予确信地方自治为良制，同时予又确信目前状况行联省政治，必使政治上之离心力愈趋愈强，必使中国四分五裂成为各个之小邦，而各小邦间又以猜防忌嫉阶祸乱，而阻进步。中国所以成为统一国家如此悠远，其建国精神全在历史的整个民族之自觉性。中国人惟自觉为整个不可分之一民族，所以历来外力侵力据妨碍立国之基础①。若由联省之说复封建之旧，则此遗传甚久之德必受极大之影响，非予所愿闻也。

孙逸仙

一九二二年八月十七日上海发②

据《孙中山之对外宣言》，载一九二二年八月二十日上海
《商报》第一张第三版，译自十八日英文《大陆报》③

附：另一译文④

（英 译 中）

一九一七年国会遭非法解散，中国政治呈现分裂局面，从而产生了重新统一的问题。宪政论者认为，如不重新召开国会则不能重新实现国家统一。五年多来，这一主张遭到北军领袖们的抵制。但由于他们无一合法的国会，根本无法统治中国，所以才不得不接受宪政论者关于重新统一的主张。

今年六月六日，我曾发表宣言，欢迎那些对强行解散国会应负主要责任，并在历时五年的内战中企图压制护法运动的人这种态度上的明显转变。经与我的尊敬的同事和贤明的顾问伍廷芳博士协商，我敦请北军领袖们以肯定而客观的言词表明他们接受宪政论者的主张。正值我的政府同北方就此问题采取步骤开始正式谈判之际，六月十六日，即我发表上述宣言之后十日，陈炯明竟企图在广州谋杀我，并颠覆了政府（他也是其成员之一），而且在实质上招致了中国一位重要政治人物的死亡。这里我所指的就是伍廷芳博士。他因忧劳而死，因愤恨这一背叛行为而死，正是这一行为毁灭了他重见中国统一的希望。他临死前给国家的电报

---

① 原文如此。此句英文原意是：因有此种自觉（或意识），故以往中国民族虽历遭破坏势力，国家仍得以保存。

② 本行文字据英文件增补（出处见下注）。

③ 上海 The China Press（《大陆报》）原文未见，惟见 "Statement by Dr. Sun Yat-sen"，*British Foreign Office Archives*, Public Record Office, London（英国外交部档案《孙逸仙宣言》签名打印件，伦敦、英国国家档案馆藏）。今人另有白话文翻译，可参阅下篇。

④ 文末有孙文亲笔英文签名，并署"一九二二年八月十七日上海发"。

非常清楚地表明了这一点。

为什么陈炯明在他的领袖和他效忠的政府行政首脑正开始进行必将导致中国重新统一的谈判时，突然发动兵变呢？对这个问题，我尚不能做全面的回答以供外国人士参考。这真是人类的一个可憎可恨的行为，依我看，它在那些不了解中国道德力量源泉的人们眼中，将降低我们中国人的人格。我在一份向同胞发表的宣言中，已对陈炯明的行为做了比我在这里所能够做的或愿意做的较更全面的剖析。但我还要在这里补充几句。陈炯明本知道开始举行的谈判必将导致国家在六年灾难性的纷争和冲突之后重新实现政治统一，他也知道伍廷芳博士已被邀请在北京领导一个政府，而且还知道，这一邀请首先就已为我的政府同北方军政领袖进一步举行实质性的谈判奠定基础。然而，他也知道，如果在他未重新获得在广东的统治地位之前实现重新统一，那么不论在任何统一方案中，他都不能实现保证将广东作为他的战利品的计划。他急欲将广东变成一个封建领地。这就是他要发动兵变的原因。

我对陈炯明的政策的理解是，他要当广东省的统治者。这一理解使我怀疑，他已回复了封建的观念，将中国变成为一由许多小国或诸侯组成的松散国家，这种国家将首先在他统治下的广东省获得具体的体现。正是这种判断才使我认识到，他统治广东的企图就是要假借把它建成为一个"模范省"，和实现所谓"广东人的广东"的要求的名义，使它脱离其他各省而独立。我现在可以明言，正是这一怀疑才在一定程度上促使我于今年四月解除他陆军总长之外的一切高级职务。他的现在的行为证明，我对他的意图的理解是完全正确的。

由于陈炯明的兵变，我两个月来不能继续进行谈判，以实现国家的重新统一。我曾认为，我应先设法结束广东的战争局面，然后再去北方参加解决更重要的国家问题。但是现在，我不得不先把广东问题搁置下来，这是因为我继续留在这里不如去一中心地区更重要些，在那里我将有可能为实现中国的重新统一而会见国家的其他领袖，或本人，或他们任命的代表。这就是我前来上海的原因。

然而，我要强调指出，不采取和平的办法，要想达到统一，那完全是幻想。尽管有效地恢复国会的职权意味着国家政治的重新统一，但要保证国家的和平和福利，只能靠：

（一）共和国的每个公民都愿意服从国会。我在这里再次重申，我愿意遵守国会关于我的宪法地位的决定。

（二）彻底消灭造成国家一切混乱的主要根源——军阀主义，如不取消督军的军队而代之以工兵，中国将永无宁日。

（三）慎重地开发中国广大的天然和其他资源。开发资源不仅仅是为了富有，而更重要的是为了我国人民的满足和幸福。我认为一个国家的伟大，不在于它的人民富有，而在于它的人民幸福。我相信，如能按照我在《中国的国际发展》一书中提出的路线发展我国实业，这一目标大都可以达到。

（四）在以县为民治政府的基本单位的基础上改革我国政治制度。这一点看来十分革命，其实不然。自古以来，中国就有乡村自治的存在。我的建议，其目的在于将一个县的全部农村组成为一个地方自治的基本单位，以利于提高政治效率和管理效率。在这一点上，我既反对那些热衷于把省作为地方自治基本单位的人，也反对那些提倡将联邦制的原则应用于各省的政府的人。我极力主张地方自治，但也极力认为，在现在条件下的中国，联邦制将起离心力的作用，它最终只能导致我国分裂成为许多小的国家，让无原则的猜忌和敌视来决定它们之间的相互关系。中国是一个统一的国家，这一点已牢牢地印在我国的历史意识之中，正是这种意识才使我们能作为一个国家而被保存下来，尽管它过去遇到了许多破坏的力量，而联邦制则必将削弱这种意识。

孙逸仙

一九二二年八月十七日于上海

据伦敦、英国国家档案馆藏英国外交部档案英文原函影印件《孙逸仙宣言》（Statement by Dr. Sun Yat-sen）译出（马宁译）

关于中国财政状况的声明

（英 译 中）

（一九二二年九月十六日）

上海九月十六日讯（美联社）——日前逃离广州的中国南方政府前总统孙逸

仙博士，今天向美联社发布一份涉及中国财政状况的声明。

"通过驳斥北京政府企图利用我修正的财政计划，我要着重警告在北京的那些仅在名义上统治国家的人，不要进一步制定随意和灾难性的法律，"他继续说道，"如果外国资金继续向这样一个根本无法管理北京之外的政权贷款，将对中国造成严重伤害。这样的贷款就像是把水倒进了筛子中。"

据"Sun Yat Sen Talks on Chinese Finance"，*The Escanaba Daily Press*，September 17，1922，Page 1〔《孙逸仙谈中国财政》，载一九二二年九月十七日《埃斯卡纳巴每日新闻》第一页〕（黄绪刚译，邹尚恒校）

英文原文见本册第 802 页

就陈炯明叛变始末与未来
方针计划致海外同志书

（一九二二年九月十八日）

同志公鉴：

　　文于八月十三〔四〕日抵沪，曾致海外同志一电，并于十五日发表宣言，想已鉴及。兹再以事变始末及将来计画，为同志述之。

　　此次陈炯明叛变，非惟文与诸同志所不及料，亦天下之人所不及料。盖以陈炯明之性质而论，其坚忍耐劳自有过人之处，然对于国事常存私心，且城府深严，不以诚待人，则早为文与诸同志所瞩及。顾以为人各有短长，但当绳之以大公，感之以至诚，未尝不可为用；即使偶有差池，亦何至于决裂，更不虞其阴毒凶很〔狠〕至此也。以陈炯明与文之关系而论，相从革命以来十有余年，虽元、二之际阴谋左计，稍露端倪，及六年乱作，陈炯明来沪相见，自陈悃愊，再效驰驱，文遂尽忘前嫌，复与共事。嗣是广州处困，闽疆转战，久同艰苦；回粤之役，相倚尤深。方期戮力中原，以酬凤志，乃出师甫捷，而祸患生于肘腋，干戈起于肺腑，不但国事为所败坏，党义为所摧残，文与诸同志为所牺牲，即其本身人格信用亦因以丧失无余。果何所乐而为此？此诚所谓别有肺肠，不可以常理推测者也！

　　溯民国九年之秋，我海内外同志所以不惜出其死力以达到粤军回粤之目的者，良以频年祸乱，不但民国建设尚未完成，即护法责任亦未终了，故欲得粤为根据地，群策群力，以成戡乱之功，完护法之愿。乃陈炯明自回粤后，对国事则有馁气，对粤事则怀私心。其所主张，以为今之所务，惟在保境息民，并窥测四邻军阀意旨，联防互保，以免受兵，如此退可据粤，进可合诸利害相同之军阀，把持国事，可不烦用兵而国内自定。文再三切戒，譬之人身，未有心腹溃烂而四肢能得完好者，国既不保，吾粤一隅何能独保？且既欲保境，则须养兵，所谓养兵以保境，无异谓扫境内以养兵，民疲负担，如何能息？民疲其筋力以负担兵费，犹尚不给，则一切建设无从开始，所谓模范省者，徒托空言。一省如此，已为一省之害，各省如此，更为各省之害，所谓联省自治，又徒托空言。谋国不以诚意，未有不误国者。况各省军阀利害安能相同，而伪中央政府又操纵挑拨于其间，祸在俄顷，何可不顾？保境息民，亦为幻想。凡此所言，陈炯明虽无以难，而终未肯信；直至桂军发难，边隅震惊，始知晏安鸩毒之不诬。文以为自此以后，庶几可期其恢复勇气，以勠力进行矣，故仍命诸同志于政治上、军事上悉力助之，俾桂事早平，国难亦得以早赴。不图陈炯明于破敌之后故态复萌，昔惟欲据粤以自固，今更欲兼桂以自益，北伐大计漠然不顾。文乃自统〈诸〉军以当此任，以完戡乱护法之夙志。此文率师北伐以前与陈炯明相处之大略也。

　　当文率北伐诸军次于桂林，以为陈炯明虽不肯自赴前敌，后方接济当不容辞，初不意其阴蓄异谋，务欲陷我于绝地。自去年十月以至于今年四月半载有余，种种异谋始渐发觉：其一，文自桂林出师，必经湖南，而陈炯明诱惑湖南当局多方阻遏，使不得前，其函电多为文所得。其二，诸军出发以来，以十三旅之众，而行军费及军械子弹从未接济；滇、黔诸军受中央直辖者，并伙食亦靳而不与，屡次电促，曾不一诺。综此二者，一为阻我前进，一为绝我归路。文所以能在桂林拮据支持半载有余者，全恃临行借提广东省银行纸币二百万为陈炯明所未及知，得以暂维军用。及粮饷告绝，按〔接〕济不至，北伐诸军不为流寇则为饿殍，计无所出，始有改道出师之举。

　　四月之杪，文率北伐诸军回次梧州，其本意在解决后方接济问题而已。及陈炯明辞职而去，文初以为感〔憾〕，盖犹以君子之心度之，以为陈炯明将让我独行其志，故悒然舍去也。文虽不得陈炯明为助，但使不为梗，亦已无憾。然又念兵前功，不忍其悒然舍去，于是电报、信使不绝于道，所反复说明者，但使对于大计不生异同，必当倚畀如故。陈炯明于此，亦愿留陆军总长之职，并称稍事休息，再效力行间。当时有人建议，陈炯明狼子野心，不可复信，北伐诸军宜留粤缓发，先清内患，再图中原。卒以此次目的，在于改道出师，而奉直战事方炽，北方人民水深火热，若按兵不发，坐视成败，则与拥兵自卫者果何以异？遂决出师江西，悉命诸军集中韶州，以大本营设于韶州。文于五月六日亲临誓师，李烈钧、许崇智、朱培德、李福林、黄大伟、梁鸿楷诸将遂各率所部，向江西前进。

叶举等所率援桂之粤军，在北伐诸军改道以前，已有撤回之议；及陈炯明在惠州与文电报相商，委任叶举为粤桂边防督办，令率所部分驻肇、阳、罗、高、雷、钦、廉、梧州、郁林一带。及北伐诸军已入江西，大庾岭已发生战事，叶举等遂率所部五十余营突至省垣，广州卫戍总司令魏邦平力不能制。在叶举等各有防地，乃不俟命令，自由移动，罪已无可逭。然前敌战事方亟，后方空虚，若有骚扰，前方军心必因以动摇。文为镇静人心计，乃晓叶举等以大义，令加入北伐，共竟全功。叶举等则以要求陈炯明复出，规复粤军总司令为请。文以粤军总司令部已并入陆军部，陈炯明现为陆军总长，有管理之责，初拟令率所部自当一面，故以中路联军总司令相属；旋以陈炯明不欲出战，而欲以地方善后自任，乃命以陆军总长办理两广军务，所有两广地方军队悉归节制调遣。陈炯明来电，愿竭能力以副委任，并称已催叶举等部迅回防地，且言叶举等部必无不轨行动，愿以生命人格为保证。然叶举等部则逗遛省垣如故。财政部供给饷糈从无歧视，犹以索饷为名，操纵金融，致纸币低跌，人心恐慌。且不载所部，横行无忌，举动诡异，叛状渐露。文以省垣镇摄无人，乃于六月一日留胡汉民守韶州大本营，自率卫士径至省垣，仍驻总统府，示前敌诸军以省垣无恙，安心前进。而前敌诸军捷报迭至，赣南诸县以次攻克，陈光远兵破溃略尽。屈指师期，克赣州后进取吉安，拔南昌，至九江，不逾一月；文将亲率海军舰队至上海，入长江，与陆军会于九江，以北定中原。乃命汪精卫至上海，料量此事。

其时，北方将士已有尊重护法之表示，不妨碍国会之开会于北京，文对之因有六月六日之宣言。北方将士若能依此宣言，则以商订停战条件为第一步，以实行统一为第二步，戡乱护法之主张可以完全达到，六年以来之祸乱可以归于平复。江西战事如此，北方将士表示又如此，苟无六月十六日之变，则政府无恙，无论为和为战，定能贯彻所期也。

六月十六日之变，文于事前二小时得林直勉、林拯民①报告，于叛军逻弋之中，由间道出总统府，至海珠。甫登军舰，而叛军已围攻总统府，步枪与机关枪交作，继以煤油焚天桥，以大炮毁粤秀楼，卫士死伤枕藉，总统府遂成灰烬。首事者洪兆麟所统之第二师，指挥者叶举，主谋者陈炯明也。总统府既毁，所属各机关咸被抢劫。财政部次长廖仲恺，事前一日被诱往拘禁于石龙；财政部所存帑项及案卷部据，掳掠都尽。国会议员悉数被逐，并掠其行李。总统府所属各职员，或劫或杀。南洋华侨及联义社员亦被惨杀。复纵兵淫掠，商廛民居横罹蹂躏。军士掠得物品，于街市公然发卖。繁盛之广州市，一旦萧条。广州自明末以来二百七十余年，无此劫也。五年逐龙济光之役，九年逐莫荣新之役，皆未闻有此，而陈炯明悍然为之，倒行逆施，乃至于此！

文既登兵舰，集合舰队将士，勉以讨贼。目击省垣惨罹兵燹，且闻叛军已由粤汉铁路往袭韶关，乃命舰队先发炮，攻击在省叛军，以示正义之不屈，政府威信之犹在。发炮后始还驻黄埔，以俟北伐诸军之旋师来援，水陆并进，以歼叛军。此为当日决定之计画，而文久驻兵舰之所由也。

其时，虎门要塞已落叛军之手，惟长洲要塞司令马伯麟能坚守，与舰队相犄角，合以海军陆战队及新招诸民军，为数虽少，尚能牵制叛军兵力，使不能尽聚于北江，以御北伐诸军之归来。故叛军必欲得此而甘心，一欲终置文于死地，一欲以死力攻下长洲，使舰队失陆地以为依据也。相持二旬有余，叛军终不得逞。而舰队中竟有一部分将士受其运动，使海圻、海琛、肇和三大舰驶出战线，长洲要塞孤悬受敌，遂以不守。文乃率余舰驶进省河，沿途受炮垒轰击，僚属将士皆有死伤，所驻永丰舰亦被弹洞穴，然以奋斗不馁之结果，竟于七月十日进至白鹅潭。此役也，以兵舰数艘，处叛军四集环攻之中，不惟不退，且能进至省河，以

①　林树巍，字拯民。

慑叛军之胆，而壮义士之气，中外观听亦为之耸。海防司令陈策等更分率兵舰及民军往袭江门等处，以牵制叛军兵力，事虽未就，而诸将士之忠勇劳苦诚可念也。

北伐诸军未闻变以前，已攻克赣州，进至吉安。陈光远既逃，蔡成勋亦不敢进，南昌省城指顾可得。然北伐诸军入赣州后，搜得陈光远致其部将电报，已尽悉陈炯明谋叛事实。盖陈炯明坚嘱陈光远固守赣州，以扼北伐诸军之前进，而己则将率兵以袭北伐诸军之后，故陈光远据此以严饬所部死守以待也。北伐诸军将领见此等电报，已知陈炯明蓄谋凶险，祸在必发。及胡汉民自韶州驰至，告以六月十六日变乱消息，军心激昂。许崇智、李福林、朱培德即日决议旋师讨贼，黄大伟继归，李烈钧留守赣南，以为后方屏蔽。惟梁鸿楷所部第一师于议决之后，潜归惠州与陈炯明合。第一师为邓仲元所手创，入赣之役与许崇智等部共同作战，乃闻变之后，始而踌躇不决，终乃甘心从逆，仲元之目为不瞑矣。许、李、朱、黄诸部自南雄、始兴进至韶州，七月九日开始与贼剧战，复分兵出翁源，湘军陈嘉祐所部亦来助战。前后二旬有余，其始军锋甚锐，屡挫贼势，贼恛扰欲退者屡矣。然贼据粤汉铁路，运输利便，且凭藉坚城以为顽抗，而西江等处响应之师不以时应，使贼得倾注全省兵力以萃于韶州、翁源一带，与北伐诸军相搏。北伐诸军饷弹不继，兵额死伤者无可补充，犹力战不屈。直至蔡成勋、沈鸿英之兵自后掩至，李烈钧所部赣军与敌众寡悬殊，至于挠败。于是许、李、黄、陈等部首尾受敌，无可再战。许、李、黄等部退至赣东，朱、陈等部退至湘边。是次北伐诸军自五月初至八月初旬，凡三阅月中，始而由粤入赣与陈光远之敌兵战，继而由赣回粤与陈炯明之叛军战，曾无一日之休息，不但久战而疲，即远道之劳殆已非人所堪，其坚苦卓绝，洵足为革命军人之模楷！而陈炯明辈以欲遂其把持盘踞之欲，至不惜勾通敌人，以夹击其十余年同患难共死生之袍泽，廉耻道义扫地以尽矣！

文率诸舰自黄埔进至白鹅潭后，贼以水雷狙击永丰舰不得逞，又欲以炮击沙面酿成国际交涉不得遂。诸舰虽孤悬河上，无陆地以相依倚，无可进展；然以为北伐诸军果得进至省城附近，则水陆夹击，仍非无望，故坚忍以待之。自六月十六日至八月九日，历五十余日之久，舰中将吏虽极疲劳，意志弥厉。及闻北伐诸军已由始兴、南雄分道退却，知陆路援绝，株守无济，文始率将吏离舰，乘英国兵舰至港，转乘商轮赴沪。

文于八月十三〔四〕日抵沪，十五日发表宣言，进行方针大略已具，撷其要旨，不外数端：其一，文任用非人，变生肘腋，致北伐大计功败垂成，当引咎辞职；其二，对陈炯明所率叛军当扫灭之，毋使以祸粤者祸国；其三，护法事业，当以合法国会完全自由行使职权为究竟；其四，关于民国统一与建设，当实行工兵计画，发展实业，尊重自治。至文个人，以创立民国者之资格，终其身为民国尽力，无间于在位在野。凡此荦荦诸端，凡我同志所宜深喻者也。

近据报告，许崇智、李福林、黄大伟等部现在赣东者有众万余人，朱培德、陈嘉祐等部现在湖南者亦有众万余人，服装饷糈固待补充，而军力未失，士气至厉，疲劳恢复，不难再举。黄明堂在高、雷、钦、廉举兵讨贼以为响应，迟不及事，退至桂境。而两粤同志军队蓄志杀贼、待时而动者，为数尤多。陈炯明叛党祸国，纵兵殃民，罪恶贯盈，难稽显戮。凡我同志，但当踔厉奋发，努力不懈，粤难平定为期必不远也。

至于国事，北方将士既有尊重护法之表示，援洁己以进之义，开与人为善之诚，理所当尔。各方面使者来见，一切言论悉取公开，但以主义相切磋，则举凡营私垄断之言悉无自而入。若能以同力合作之结果，俾护法事业完全无憾，则数年血争，卒能导民国入于法治之途，庶几牺牲不为徒劳，而吾党报国之忱亦得以少慰。至于以息事宁人为藉口，而枉道以求合，吾党之士所不屑为，无俟言也。

于此犹有言者：文率同志为民国而奋斗垂三十年，中间出死入生，失败之数不可偻指，顾失败之惨酷未有甚于此役者。盖历次失败虽原因不一，而其究竟则为失败于敌人。此役则敌人已为我屈，所代敌人而兴者，乃为十余年卵翼之陈炯明，且其阴毒凶狠，凡敌人所不忍为者，皆为之而无恤，此不但国之不幸，抑亦人心世道之忧也。迹其致此之由，始则虑文北伐若有蹉跌，累及于己，故务立异以求自全。充此一念，遂冒天下之大不韪而不恤，其心虽骛，其胆则怯。顾革命党人常以国民之前锋自任，当其一往直前之际，前敌未可料，后援亦未可必，其所自任者本至险而至难，苟无坚确之操，则中道溃去，或半途离畔，亦事所恒有。数年以来护法事业蹉跎未就，与于此役者，苟稍存畏难苟安之意，鲜有不失其所守者。特陈炯明之厚颜反噬，以求自全，为仅见耳。然疾风然后知劲草，盘根错节然后辨利器。凡我同志，此时尤当艰贞蒙难，最后之胜利终归于最后之努力者，此则文所期望者也。

　　余不一一。此候

公安

孙文谨启

十一年九月十八日

据《孙中山对于本党之宣言》，连载上海《商报》一九二二年九月二十四日第四张第二版，二十五、二十六日第四张第三版①

沪寓秘书处就陈铭鉴等电的声明②

（一九二二年九月二十日）

各报馆均鉴：

　　昨日中山先生收到北京寄来陈铭鉴等二百零九人快邮代电一通，内有"报载先生曾致曹、吴电，内有与我共难功高之护法议员竟拒绝出席两院，未免不符诸公恢复法统之初意。文恐真伪不明，法律仍无解决之望，对此民六、民八双方之争执应作公道正义之处置等语"云云。

　　查中山先生于八月删日发表宣言后，曹、吴艳电踵至，中山先生因有九日之江电，并已载诸各报，此外绝无致曹、吴电如陈铭鉴等所援引者。至其全文如何无从查考。中山先生以陈铭鉴等所根据以发言者既虚无缥缈，自无答复之必要。且此快邮代电是否陈铭鉴所发亦无从知，是否二百零九人所发更无从问，只可搁置不理。惟顷见各报亦有载陈铭鉴等来电云云，深恐以讹传讹，特为辨证〔正〕。

　　政海之诪张为幻如此，良可叹也！抑尚有言者：已除名之议员决不能因中山先生无此电文遂自鸣得意，彼辈当日除名合法与否？彼辈宜问诸彼辈所拥为议长

---

　　①　另见《陈炯明叛国史》第十五章附录"孙总统致海外同志书"（谢盛之、李睡仙、鲁直之编辑发行，上海印行，一九二二年十一月出版），文字略异。

　　②　此件系秘书处根据孙文意旨起草发表的声明，现作为孙文文献收录，供研究参考。

之吴景濂，因当日彼辈被除名时为议长者即亦吴景濂也。狐埋狐搰，具何深心，我等不屑过问。

惟以国民道德言之，六年以来之战争原于护法，而护法之目的在于国会恢复。为国民者因此一役生命财产丧失无算，国民所以不恤为此牺牲者为国会，非为议员之个人，彼辈身为议员，当国民隃首喋血以争恢复之时则缩颈事外，并开会时之报到亦有所惮而不敢，甚至有卖身失节以自绝于国会者。试问今日适从何来邍集于此？即无起而斥之者独不内愧于心乎！

礼义廉耻国之四维，四维不张国乃灭亡，昔人之于冯道所由痛心疾首者如此。须知国会议员不过国民之公仆，并非有何神圣，苟其渎职即须受法律之制裁，舆论之唾骂。即使偷位一时，而人格已失，所窃据者亦必不能久，勿遂以国民为可悔也。平日闻中山先生之言论，对于因渎职已除名之议员绝无恕词。敢负责声明，惟垂察之！

孙寓秘书处启

九月二十日

据《孙中山秘书处之负责声明——对于陈铭鉴等电之辩正》，载一九二二年九月二十一日上海《申报》

孙宅重要辨正

（一九二二年九月二十日）

中山先生于八月删日发表宣言后，曹、吴艳电踵至，中山先生因有九月之江电，并已载诸各报，此外绝无致曹、吴电如陈铭鉴等所援引者。至其全文如何？无从查考。

中山先生以陈铭鉴等所根据以发言者，既虚无缥缈，自无答复之必要，且此快邮代电是否陈铭鉴所发？亦无从知；是否二百另九人所发？更无从问。只可搁置不理。惟顷见各报，亦有载陈铭鉴等来电云云，深恐以讹传讹，特为辨正。政海之诪张为幻如此，良可叹也！

抑尚有言者，已除名之议员，决不能因中山先生无此电文，遂自鸣得意。彼辈当日除名，合法与否？彼辈宜还问诸彼辈所拥为议长之吴景濂。因当日彼辈被除名时，为议长者，即亦吴景濂也。狐埋狐撡，具何深心，我等不屑过问。惟以国民道德言之，六年以来之战争，原于护法，而护法之目的，在于国会之恢复。为国民者，因此一役，生命财产丧失无算，国民所以不恤为此牺牲者，为国会，非为议员之个人。彼辈身为议员，当国民陨首喋血以争恢复国会之时，则缩颈事外，并开会时之报到，亦有所惮而不敢，甚至有卖身失节，以自绝于国会者。试问今日适从何来？遽集于此，即无起而斥之者，独不内愧于心乎！

礼义廉耻，国之四维，四维不张，国乃灭亡。昔人之于冯道，所由痛心疾首者以此。须知国会议员，不过国民之公仆，并非有何神圣，苟其渎职，即须受法律之制裁，舆论之唾骂。即使偷位一时，而人格已失，所窃据者亦必不能久，勿遂以国民为可侮也。平日闻中山先生之言论，对于因渎职已除名之议员，绝无恕词，敢负责声明。惟垂察之。

孙寓秘书处启
九月二十日

据《孙宅秘书处重要辨正》，载一九二
二年九月二十一日上海《民国日报》

对联俄联德外交密函之辨正①

（一九二二年九月二十九日）

此种记载本无答辩之必要，惟其所称"根据过激主义"一语事关重大，不得不一言以明此说之愚昧无稽。夫谓中国有如俄国之历史与经济情形，其结果足以产生过激主义者，其说固无人能信，即孙氏亦未尝有变更中国为共产主义国家之

① 此文系上海孙文秘书处就陈炯明公布孙文在广州任大总统期间有关联俄联德外交文件的辨正。该密函原刊于香港《电信报》，上海《民国日报》载有译文。孙文从当时形势出发，确有与俄、德合作的计划。联德计划，因故未能实行。联俄外交，则自一九二一年年底孙文在桂林会见共产国际代表马林之后，加紧进行。否认密函内容的真实性，可能是出于策略上的考虑。该件最初发表日期不明，现据《孙中山对于报载外交密函的辨正》报道推定。

计划，更未尝信其事之可能。试阅其所著《中国之国际发展》一书，孙氏固力主赖外国资本与技术之协助，以发展国家而利用无穷之富源，而于英、美诸国之协助亦尝一再称道不置。

惟俄、德两国，孙氏以为德自减缩军备、取消治外法权以来，对于中国已可列诸不事侵略者之林。而俄自苏维埃政府成立，向之足以为中国政治独立与领土完全之最大危害者，业已完全消除。苟俄政府继续确守其反对帝国主义之政策，中国亦可不复以俄为虞。夫以中国今日之积弱，凡能平等视我、尊重我完全主权之友邦，亟宜引为与援。德、俄两国环境变迁，政治更改，必能与中国以平等条件相待遇。故孙氏赞成与两国愈益亲善之政策，并以为此种政策当不致与望吾强盛统一各友邦之合法利益相冲突。总之，此种政策乃深有益于非帝制非守旧之中国，孙氏之意实在于斯。其或曰孙氏为袒德、为赞成过激主义，与夫敌人之诬蔑，固非孙氏之所惧也。

至所谓秘密文件，陈炯明使其披露于香港报纸，其意甚显。孙氏以为除向国会外，毋须为之解释。惟究竟是否欲根据过激主义以谋中、俄、德三国之联盟，观于华文原函自可明白。如广州陈炯明某机关所披露之英文译稿，亦徒见其毫无根据肆事宣传而已。

据《孙中山对于秘密信件之声辩》，载一
九二二年十月一日上海《申报》（十三）

附：另一版本

孙君对于用斜体所作之数字①最为注意。彼认此数字乃一愚而妄之说词。孙君以为，诬彼之词载于一南方某著名方面之机关报，本无答复必要，但有不能已于言者。何以云该报之说为愚？因谓中国已存有产生俄国布尔什维克主义的事情之同一历史及经济情形，决无人能真信之故。何以云该报之言为妄？因孙君从未计划、且从未想及变中国为一共产主义国家之故。试阅彼所著《中国之国际发展》一书，即可知彼实抱有欲切实发展及利用中国莫可限量之天产，必须外国资

---

① 指港报中依布尔什克理想一语。

本及技术合力提携之见解，极为强固，且彼曾屡次向美国、英国及其他方面招请此等合作。

孙君特别提及德国及俄国。据彼之意，德国之解除军备及取消在中国之治外法权，就中国方面而论，业已使彼①自处于非侵掠〔略〕国之列。

孙君又以为，自苏维埃俄罗斯崛起后，中国从前政治独立及领土完整之最大危机之一已经消除。苏维埃政府苟一日继续固守其非侵掠〔略〕政策，中国即一日无所惧于俄罗斯。

孙君熟思审虑，以为中国在其目下革新之阶级〔段〕中，极需要以对等及完全主权国待诸列强之赞助。彼信德国及俄国现已情形变迁，政治改更，中国能以对等之条件与之周旋。故彼赞成一种与彼两强更加亲善为目的之政策。彼以为此种政策，最利于一非帝制及非顽强之中国。孙君最主要之考虑，即在于是。彼或被谥为亲德或亲布尔什维克，此种怨毒之词，虽曾不幸阻碍许多他人尽其严正而真实爱国爱同胞之责任，但殊不足以吓孙君。

孙君最后述及某种信稿，即彼知为陈炯明以一种显然目的而使其揭布于香港者。孙君谓：彼为护法政府首领时所为之任何行动或事情，彼除向国会外，并无任何解释之义务。但若谓前指之信稿证明彼曾谋根据布尔什维克理想缔立中德俄同盟，则彼以为应阅信件之中文原稿。现拟将此等函件译成可信之英文供众览。然即就陈炯明机关报所登颇劣之英译文观之，其诬诋之辞，亦属无据，徒见其为宣传作用而已。

据《孙宅秘书处辨正外交密函》，载一九
二二年十月二十四日重庆《国民公报》

---

① 指德国。

中国国民党关于三民主义实施计划之宣言①

（一九二三年一月一日）

　　中国之所以革命与革命之所以成功，原因虽繁，约而言之，不外历史之留遗与时代之进化而已。盖以言民族，有史以来，其始以一民族成一国家，其继乃与他民族糅合抟聚以成一大民族；民族之种类愈多，国家之版图亦随以愈广。以言民权，则"民为邦本"之义深入于人心，四千余年残贼之独夫鲜能逃民众之斧钺。以言民生，则"不患寡而患不均"② 之说由学理演为事实，求治者以摧抑豪强为能事，以杜绝兼并为盛德，贫富之隔未甚悬殊。凡此三者，历史之留遗，所以浸渍而繁滋者，至丰且厚，此吾人所以能自立于世界者也。然民族无平等之结合，民权无确立之制度，民生无均衡之组织，故革命战争循环不已，盛衰起伏，视为固然，而末由睹长治久安之效。近世以来，革命思潮磅礴于欧，渐渍于美，波荡于东亚。所谓民族主义、民权主义、民生主义乃由磨砻而愈进于光明，由增益而愈趋于完美，此世界所同，而非一隅所能外者。我国当此，亦不能不激励奋发，于革命史上开一新纪元矣。

　　本党总理孙先生文，内审中国之情势，外察世界之潮流，兼收众长，益以新创，乃以三民主义为立国之本原，五权宪法为制度之纲领。俾民治臻于极轨，国基安于磐石，且以跻于有进而无退、一治而不复乱之域焉。夫革命之内容既异于

---

　　① 孙文至上海后，决定改进中国国民党的党务，于一九二二年九月召开各省籍党员会议统一思想，并接纳中国共产党若干核心党员入党，指定丁惟汾、管鹏、茅祖权、陈独秀（共产党员）、覃振、田桐、张秋白、吕志伊、陈树人九人为规划国民党改进方略起草委员（其中国会议员丁、覃、田、吕四人旋因赴北京开会，又改派叶楚伧、刘芷芬、孙科、彭素民补任）。本宣言系起草委员会于十一月另请胡汉民、汪精卫起草，再经委员会成员及邀约重要党员共五六十人多次开会讨论修订，最后由孙文审定（按：台北、中国国民党文化传播委员会党史馆藏有孙文亲笔修改稿）。后人亦有称此件为《中国国民党改进宣言》者。

　　② 一九一九年春《三民主义》一文又作"不患贫而患不均"，语出《论语》"季氏第十六"，原文是："丘也闻有国有家者，不患寡而患不均，不患贫而患不安。"按：紧接下文为"盖均无贫，和无寡，安无倾……"，则于此当作"不患贫而患不均，不患寡而患不安"为妥。

前代，革命之手段亦因以不同。前代革命虽起于民众，及其成功，则取独夫而代之，不复与民众为伍。今日革命则立于民众之地位而为之向导，所关切者民众之利害，所发抒者民众之情感。于民众之未喻，则劳心焦思，瘏口哓音以申儆之，且不恤排万难、冒万险，以身为之先；及其既喻，则相与勠力，锲而不舍，务蕲于成而后已。故革命事业由民众发之，亦由民众成之。本此宗旨，爰有兴中会之组织，事出非常，顿遭挫折。继以时势之推移，人心之感动，志于革命者乃如水之随地而涌，于是更扩而为同盟会，党员遍于各省而弥漫于海外；主义之宣传与实行，前仆后继，枕藉相望，党员为主义而流之血，殆足以涤尽赤县之腥膻矣。清廷既覆，民国肇兴，以为破坏已终，建设方始，宪政实施宜有政党，故国民党因以成立。中更癸丑之变①，痛邦基未固，国难方殷，复有中华革命党之改组，集合同志，努力与卖国称帝者为敌。及帝制既蹭，革命之进行于以停止。既而武人毁法倡乱，国内汹汹，连兵数载，未获宁息，同人感于主义之未贯彻，责任之无旁贷，乃更组织中国国民党，以与全国人士共谋完成民国建设之大业，而期无负初衷焉。盖吾党名称虽有因革，规则虽有损益，而主义则始终一贯，无或稍改。

　　溯自兴中会以至于今，垂三十年。吾党为国致力虽稍稍有所成就，而挫折亦至多。顾所成就者为主义之成就，而所挫折者则非主义之挫折，特进行之偶然颠踬而已。民国以前，吾党本主义以建立民国；民国以后，则本主义以捍卫民国。前此数年为民国与非民国之争，最近数年为法与非法之争。反对者所挟持之力非不甚强，然卒于一蹶而不能复振。盖其所施为者，违反国情，悖逆时势，有以使然也。然亦惟反对者之梗阻与中立者之观望，遂致民国之建设事业进行迟滞，三民主义尚未能完全实现，五权宪法亦未得制定施行，此吾党所为旁皇不可终日者。抚已有之成效既不敢不自勉，思现存之缺憾又不敢不自奋，则惟有夙夜黾勉，前进不已，以求最后之成功已耳。所谓成功者，非一人一党之谓，乃中华民国由阽危而巩固、而发扬光大之谓也。本党同人爰据斯旨，依三民、五权之原则，对国家建设计画及现所采用之政策，谨依次陈述于国民之前：

―――――――――――――

　　①　指一九一三年"二次革命"反袁而遭镇压。

一、前清专制，持其"宁赠朋友，不与家奴"之政策，屡牺牲我民族之权利，与各国立不平等之条约，至今清廷虽覆，而我竟陷于为列强殖民地之地位矣。故吾党所持之民族主义，消极的为除去民族间之不平等，积极的为团结国内各民族完成一大中华民族。欧战以还，民族自决之义日愈昌明，吾人当仍本此精神，内以促全国民族之进化，外以谋世界民族之平等。其大要如左：

（甲）励行教育普及，增进全国民族之文化。

（乙）力图改正条约，恢复我国国际上自由平等之地位。

二、现行代议制度已成民权之弩末，阶级选举易为少数所操纵。欲践民权之真义，爰有下列之主张：

（甲）实行普选制度，废除以资产为标准之阶级选举。

（乙）以人民集会或总投票之方式，直接行使创制、复决、罢免各种〔权〕。

（丙）确定人民有集会、结社、言论、出版、居住、信仰之绝对自由权。

三、欧美经济之患在不均，不均则争；中国之患在贫，贫则宜开发富源以富之。惟富而不均则仍不免于争，故思患预防，宜以欧美为鉴，力谋社会经济之均等发展，及关于社会经济一切问题同时图适当之解决。其纲领如左：

（甲）由国家规定土地法、使用土地法及地价税法。在一定时期以后，私人之土地所有权不得超过法定限度。私人所有土地，由地主估报价值于国家，国家就价征税，并于必要时得依报价收买之。

（乙）铁路、矿山、森林、水利及其他大规模之工商业，应属于全民者，由国家设立机关经营管理之，并得由工人参与一部分之管理权。

（丙）清查户口，整理耕地，调正粮食之产销，以谋民食之均足。

（丁）改良币制，以实货为交易之中准，并订定税法，整理国债，以保全国经济之安宁。

（戊）制定工人保护法，以改良劳动者之生活状况，徐谋劳资间地位之平等。

（己）确认妇女与男子地位之平等，并扶助其均等的发展。

（庚）改良农村组织，增进农人生活，徐谋地主、佃户间地位之平等。

同人所计虑尚有不止于是者，右所陈述，特其崖略。其余国家重大事项，将依本党规程，就专任委员研究之结果，继续就商于邦人君子。谨此宣言。

中国国民党本部

中华民国十二年正月一日

据《中国国民党宣言》，载一九二三年
一月一日上海《民国日报》增刊第三版

致广东全省人民讨伐陈炯明通电①

（一九二三年一月四日）

广州、汕头、香港各报馆转广东全省人民公鉴：陈逆炯明叛国之罪，擢发难数。半载以来，倒行逆施，纪纲荡然，骄兵悍将、贪官污吏以百姓为鱼肉，尤复阴弛赌禁，操纵金融，以至民生憔悴，不可终日，祸粤之罪更不容诛。近更野心不戢，肆毒邻省，西则对于驻桂滇军及桂军，穷极挑拨离间之技，诱使相攻，以为得计；东则对于福建，居心吞噬，不惜勾引赣兵，以施行夹攻计画。穷凶极恶，实为国民所同愤。

文自昨年八月离去广州，即分命诸路将士同心讨贼，兹据西路讨贼诸军报告：滇军总司令杨希闵会同桂军总指挥刘震寰，于昨年十二月二十七日克藤县，随于二十八日会同粤军第三、四师克梧州，整军东下，直指肇庆，并得沈总司令鸿英②协同动作，军威远振，贼势不支。闻报之余，深为嘉慰。诸军将士奋勇杀贼，为民除害，凡我粤人，务宜敌忾同仇，以成拨乱反正之功。

近闻贼军布散流言，谓客军入境，亡省可虞。此等谰言出于贼军之口，乃其平日诪张为幻之惯习，不足置辩。须知此次讨贼诸军，深明大义，恪从命令，为国家除叛逆，为广东去凶残，纯以人道国法为依归，绝无部落拘墟之见。讨贼功成，诸军各有任务，或尽瘁国防，或服务乡土，奉公守法，惟日且不暇给，岂屑

---

① 在孙文领导和推动之下，近两月来各路讨贼军在闽、桂、粤各地与陈炯明叛军交战中接连获胜，滇桂联军又于一九二三年一月十六日攻克广州。此为各军进逼省城之际发自上海的通电。

② 当时广西陆军第一军军长沈鸿英被孙文委为靖国军总司令，率部来粤协同作战。

如陈逆等之惟知盘踞地方以土豪自命乎？我广东全省人民既备受陈逆之毒害，必深知陈逆之诈伪，际此义师奋发，叛徒丧胆，当急起直前，以人心为士气之后盾，俾肤功早奏，四境乂安，有厚望焉。孙文。支①。

据《孙大总统讨陈炯明电》，载一九二
三年一月五日上海《民国日报》第三版

中国国民党为实施新颁宣言党纲党章之通告②

（一九二三年一月十日刊载）

敬启者：

本党宣言业于本年一月一日宣布，其党纲及总章同于翌日宣布。国内各支部筹备处、各通讯处，国外各总支部、各支部、各分部、各通讯处，自接到此项宣言、党纲、总章之日起即发生效力。民国九年十一月公布之中国国民党总章及规约即行废止。

次入党手续，誓约改为愿书。国内外各部处，以后对于新进党③员应按照总章所规定之愿书式办理。所有从前由本部颁发之空白誓约，或由各部处自行印用之空白誓约，于愿书行用之后一律作为废纸，由各部处自行销毁。

复次，本部此后事务悉由中央干部执行，现已着手组织，不日宣布。国内外各部处职员在任期中照常服务，各项新通则未颁布之前，一切规程仍照《海外总支部通则》《海外支分部通则》及《通讯处通则》办理，不得纷更。

特此通告。

中国国民党总理　孙　　文
总务部部长　居　　正
党务部部长　谢　　持

---

① 韵目"支"代表四日。

② 孙文于一月二日在上海召开国民党党务改进会议，宣布新制定的《中国国民党党纲》及《中国国民党党章》。而实际上，新党纲已提前一日在增刊的《民国日报》上公布。

③ 此处删一衍字"党"。

财政部部长　杨庶堪

宣传部部长　张　继①

据《本部通告第九号》，载上海《中国国民党本部公报》第一卷第一号，一九二三年一月十日出版

和平统一宣言

（一九二三年一月二十六日）

北京黎宋卿先生、张敬舆先生、冯焕章先生，天津段芝泉先生，奉天张雨亭先生，保定曹仲珊先生，洛阳吴子玉先生，南京齐抚万先生，杭州卢子嘉先生②，并各省农、工、商、学各界及各报馆转全国国民公鉴：

文于往年八月十五日发表宣言，对于国事，主张使护法问题完全解决，以和平方法促成统一；对于粤事，主张讨伐叛国祸粤之陈炯明，以申国法而靖粤难。今者讨贼诸军已逐去陈逆而戡定粤局，则障碍既除，建设斯易。文于抚辑将士及绥靖地方外，当竭尽心力以敦促和平统一之进行，并务以求达护法事业之圆满结束。如是，庶几六年以来之血战卒得导民国于法治之途，凡诸为国牺牲者可得代价而少慰，而此分崩离析之局亦卒得归于统一，文始获与国人雍容讨论以图治。

惟旷观全国，以北京政府尚未纯践合法之途辙，故犹多独立自主省分，北京命令不能遽及，统一之业仍属无期。回忆年来南北纷争，兵灾迭见，市廛骚扰，闾阎为墟，盗匪乘隙纵横靡忌，百业凋残，老弱转徙，人民颠连困苦之情状悚目恫心。文窃以为谋国之道，苟非变出非常，万不获已，不宜轻假兵戎，重为民困。前者西南起义，特因护法之故，不得已而用兵。至于今日，则各方渐有觉悟，信使往来，力求谅解，较之昔时已为进步。曩者法统之复，亦可为时局一大转捩，

---

① 以上各部部长系新党章制订前任职者，孙文于一月下旬另有任命。

② 以上诸人为：北京政府总统黎元洪，字宋卿；署理国务总理兼陆军总长张绍曾，字敬舆；陆军检阅使冯玉祥，字焕章；前国务总理段祺瑞，字芝泉；东三省保安司令兼奉天督军张作霖，字雨亭；直鲁豫三省巡阅使兼直隶督军曹锟，字仲珊；两湖巡阅使吴佩孚，字子玉；江苏督军齐燮元，字抚万；浙江军务善后督办卢永祥，字子嘉。

诚得西南护法诸省监护匡助，以底于成，此时之中国当已入于法治之轨。徒以陈逆叛变，护法政府中断，而北京政府所为，遂致任情而未及彻底。且以毁法之徒，谬托于恢复法统，国会纠纷及今未解；而于人民所渴望之裁兵、废督诸大端，反言行相违，不复稍应其求，而增兵备战之息乃嚣然尘上。不知兵日益增，政日益弊，长此不悛，匪特求治无期，助乱速祸，实未知所止。

今之大病，固在执政柄兵者未有尊重法律之诚心，而国中实力诸派利害不同，莫相调剂，亦其致此之缘故①。试举今日国内势力彼此不相摄属者，辜较计之，可别为四：一曰直系，二曰奉系，三曰皖系，四曰西南护法诸省。此四派之实际利害，果以何冲突亦自难言，然使四派互相提携，互相了解，开诚布公，使率归一致，而皆以守法奉公引为天职，则统一之实不难立见。文今为救国危亡计，拟以和平之方法图统一之效果，期以〔与〕四派相周旋，以调节其利害。在统一未成以前，四派暂时画疆自守，各不相侵，内部之事各不干涉，先守和平之约，以企统一之成。倘蒙各派领袖谅解斯言，文当誓竭绵薄，尽其力所能及，必使和平统一期于实现。而和平之要首在裁兵，未有张皇武力，滥行招募，而可讼言和平以饴人者。诚知兵多之足以乱国祸民，则减之惟恐不速，不容藉端推诿，以黩武之私衷为强国之督论。各派首领不乏明达，见义勇为，当仁不让，其间当大有人在也。

当此谬说有谓须俟统一后始可议及裁兵者，此未免为怙乱之谈。何者？兵不裁则无和平，无和平则难统一。盖拥兵以言政而政紊，拥兵以言法而法斁。强权盛则公理衰，武力张则文治弛。此必至之期，国人所身受而语焉能详者也。不裁兵而言和平，犹挟刃以谈揖让；不和平而言统一，犹视斗争为求友好。愚者且窃然嗤之，而况并世之贤豪岂复昧此，而谓国人可欺耶！然此非徒责难之谈、堕空之论，其裁兵办法可以坐言起行者，文筹之已审，其纲要有三：（一）本化兵为工之旨，先裁全国现有兵数之半；（二）各派首领赞成后，全体签名，敦请一友邦为佐理，筹画裁兵方法及经费；（三）裁兵借款，其用途除法定监督机关外，另由债权人并全国农、商、学、报各团体各举一人监督之。其详细条目，则由专员妥订。诸公朝赞，则夕可见诸施行。此在诸公一转念间，而国民将咸拜嘉赐，文亦当率西南诸将敬从诸公之后，不敢有避。

---

① "缘故"二字，宣言铅印原件另作"一原"。

统一成而后一切兴革乃有可言，财政、实业、教育诸端始获次第为理，国民意志方与以自由发舒，而不为强力所蔽障。其为统一，则永久而非一时，精神而非形式，国人同奋于法律范围之内，而无特殊势力之可虞。盖兵者所以防国，而非私卫及假以窃权之具也。能如是，乃真民治，重符共和盛轨，以与列强共跻于平等之域，百世实利赖之。不然者，民岩可畏，不戢自焚。文爱国若命，将不忍坐视沦胥，弗图振救①。诸公之明，当不复令至此。语曰："人之好善，孰不如我。"诸公当代人贤，谋国有素，其一聆鄙言而决然许之、毅然行之乎？此实诚悃之忠言，期代人民呼吁，而冀诸公相与为实践，以矫虚与委蛇之失，而塞河清难俟之机〔讥〕也。

敬布区区，愿闻明教。

孙文

民国十二年一月二十六日发于上海

据《孙中山先生和平统一宣言》，载一九二三年
一月二十六日上海《民国日报》第二、三版②

孙文越飞联合声明③

（英译中）

（一九二三年一月二十六日）

越飞君此次在沪曾与孙中山会谈数次，关于中俄关系各问题意见一致，而以下列数端为尤著：

---

① "振"原具救、救助义，"振救"与"拯救"可通。
② 另见台北、中国国民党文化传播委员会党史馆所藏《和平统一宣言》铅印原件，其文字仅与底本有个别出入，且各有错字，底本讹脱者据其勘正。
③ 越飞于本月十七日到上海，与孙文进行数次会谈，此宣言即为其会谈结果。宣言用英文写成，由孙文交付上海《大陆报》（The China Press）于一月二十七日刊布。宣言发表后，孙文派廖仲恺与越飞同赴日本继续会谈。另按：苏联（"苏维埃社会主义共和国联盟"简称）成立于一九二二年十二月三十日，乃由苏俄联合其他社会主义共和国组成；故本书标题，自该日起改用"苏联"。

（一）中山以为共产主义甚至苏维埃制度均不能实施于中国①，因中国并无可使共产主义或苏维埃制度实施成功之情形存在之故。越飞君对于此项意见完全赞同，并以为中国之最重要、最急迫问题为完成全国统一，并取得完全之国家独立。关于此项大业，越飞向中山保证：俄国人民对于中国表最热切之同情，并愿予以赞助。

（二）中山为解释误会起见，曾请越飞君重行声明俄国于一九二〇年九月二十七日致中国政府通牒中所宣布之原则。越飞君当即重行声明此等原则，并向中山切实宣称：俄政府愿意并准备以俄国放弃俄皇时代对华一切条约及强索之权利为根据，与中国开谈判。上述各条约中，包括关于中东铁路之各项条约及协定在内（关于此路之管理，上述通牒中第七条曾特别叙述之）。

（三）中山以为中东铁路之全部问题，只有开一有力之中俄会议始能满意解决；而时局之肯綮，则为宜于目下该路之管理上觅一相当办法。中山与越飞意见相同，以为该路之管理应由中俄两国政府协商，暂时改组，但不得损害两方之真实权利及特别利益。同时中山以为此事应与张作霖商之。

（四）越飞君对中山切实声明（中山对于此层完全满意）：俄国现政府现在及以前从无欲在外蒙施行帝国政策或使外蒙脱离中国之意思或目的②。中山因此不以俄兵立即退出外蒙为急要，或真于中国有利。诚以北京现政府庸弱无能，俄军退后未必能阻俄国白党之活动，再与俄政府为难，而造成一种比目下更严重之时局。

越飞君与中山非常友睦，欢然而别。越飞君现赴日本，将来离日时将重至中国南方，然后回北京。

---

① 与底本同日发表该宣言者尚有上海《民信日刊》第二版所载世界新闻社译文，而以往孙中山全集本亦有采用北平《外交月报》第二卷第一期（一九三三年一月十五日出版）所载《孙越宣言全文与国共联合》的译文，两种版本于此句皆作"孙逸仙博士以为共产组织甚至苏维埃制度，事实均不能引用于中国"。据《大陆报》所刊原文，"Communistic order"即共产主义制度，底本译为"共产主义"，而《民信日刊》等译成"共产组织"则显属错误，况且当时中国共产党业已存在，孙文亦曾与陈独秀等中共党员联络并接纳其加入国民党。

② 在苏联支持下，外蒙古于一九二四年六月宣布独立，成立蒙古人民共和国。

（此宣言于一九二三年一月二十六日在上海发表）

据"Joint Statement with A. A. Joffe"，*The China Press*（Shanghai），January 28，1923，Page 5［《孙中山与越飞氏之宣言》，载一九二三年一月二十八日上海《大陆报》（五）］①

英文原文见本册第802—804页

附：另一版本

（英 译 中）

孙博士声言俄国将宣布放弃在华所有特权

南方领袖和莫斯科代表越飞就所有争议事项达成协议

俄国宣布将放弃在中国东北所攫取的利益

考虑到北京局势，双方都认为，俄国从外蒙古地区紧急撤军的做法并不十分妥当

孙逸仙博士和越飞先生授权我报发表如下声明：

越飞先生在上海逗留期间与孙逸仙博士进行了多次会晤，双方就中俄关系相关议题交换了意见，特别是关于下列几点看法：

孙博士认为，中国目前并无发展共产主义或苏维埃制度的成熟条件，因此实际上并不能在中国引入共产主义。越飞先生完全赞同孙博士的观点，并认为眼下中国的头等大事是争取国家统一、赢得民族独立。对于这一艰巨任务，越飞先生转达了俄国民众的最热切同情并向孙博士保证俄国人民必将鼎力相助。

苏俄的态度

为了廓清局势，孙逸仙博士曾请求越飞先生重新确定中国政府一九二〇年九月二十七日外交照会中所定原则。越飞先生当即重申这些原则并明确告知孙博士，

---

① 此为中译文。底本说明，本宣言由《大陆报》宣布。另见上海《东方杂志》第二十卷第二号（一月二十五日发行）所载《中俄交涉与越飞赴日》，其四点内容及文字与此完全相同（按：《东方杂志》亦谓此宣言发表于二十六日，则该期的实际发行时间决非二十五日而是在二十六日之后）。又同在二十八日上海尚有数家报纸刊载此宣言译文，所见如前注提及的《民信日刊》，其内容基本相同而文字略有出入。

俄国政府愿意在终止沙皇政府迫使中国签订的各项不平等条约基础上与中国磋商，其中包括关于中东铁路的各项条约协议（关于此铁路的管理在上述照会声明第七条中有详细阐述）。

孙博士认为，中东铁路的全部问题，唯有召开有效的中俄会议才能妥善解决，如今形势的实际情况均指向就目前该铁路管理达成妥协的愿望。孙博士与越飞先生均认为，现有铁路管理应通过中俄政府协商，暂时重组，然而不得损害任一方的真正权利和特别利益。与此同时，孙逸仙博士认为有必要就此事征询张作霖将军的意见。

俄国并非帝国主义国家

越飞先生向孙逸仙博士明确表示（孙博士对此十分满意），现在或以往俄国政府都绝无意图在外蒙古地区奉行帝国主义方针，推其脱离中国领土。因此，孙博士并未将俄国从外蒙古立即撤军视作紧急事项或真正事关中国真正利益。尤其鉴于目前北京政府无法阻止俄军撤退后俄国白党的敌对行动，酿成比现状更严重的局势。

越飞先生向孙逸仙博士亲切道别并启程前往日本。在将来离开日本重回北京之前，越飞先生将再次造访华南。

上海，一九二三年一月二十六日

据 "Russia Will Renounce All Czarist Exactions on China, Dr. Sun Told", *The China Press* (Shanghai), January 27, 1923, Page 1 ［《孙博士声言俄国将宣布放弃在华所有的特权》，载一九二三年一月二十七日上海《大陆报》第一页］（方露译，许瑾瑜校）

英文原文见本册第 804—806 页

裁兵宣言[①]

（一九二三年二月二十四日）

北京参众两院议员及护法议员诸先生、黎宋卿先生、张敬舆先生、冯焕章先

---

① 孙文于二月二十一日自香港抵达广州，三月一日重建陆海军大元帅大本营于东郊农林试验场（原粤军总司令部所在地，四月迁珠江南岸士敏土厂），履行军政府职权。

生、王亮畴先生、各部总次长，天津段芝泉先生，奉天张雨亭先生，保定曹仲珊先生，洛阳吴子玉先生，杭州卢子嘉先生，南京齐抚万先生，上海岑西林先生、何茂如先生、章太炎先生、蔡孑民先生，南通张季直先生，成都刘禹九先生、熊锦帆先生，云南唐蓂赓先生，湖南赵夷午先生，贵州袁鼎卿先生，南宁林莆田先生①，各省省议会、省长、督军、总司令、各师旅团长，并各省教育会、商会、工会、农会、各法团及各报馆均鉴：文曩在上海，于一月二十六日宣言和平统一及裁兵纲要，并列举国内实力诸派，冀共提携，推诚相与，以酬国人殷殷望治之盛心。其后迭奉芝泉、雨亭、子嘉、宋卿、敬舆诸公先后复电，均荷赞同。文亦以叛陈既讨，统一可期，虽滇、桂、粤海〈军〉诸将及人民代表屡电吁请还粤主持，文仍迟回，思以其时为谋和平统一良好机会，又以沪上交通便利，各方接洽亦最适宜，故陈去已将弥月，而文之返粤固尚未有期也。不图以统筹全国之殷，致小失抚宁一方之雅，江防司令部会议之变②，哄动一时。黠者妄思从而利用，间文心膂，飞短流长，以感〔惑〕蔽国人耳目，以致黎、张③南下代表因而中止，其为浅薄已可慨叹。文之谋国，岂或以一隅胜负生其得失也！

　　而直系诸将据有国内武力之一，乃独于文裁兵主张久付暗默，怀疑之端，亦无表示。报纸所传，竟谓洛吴对于自治诸省均欲以武力削平。以平昔信使往还，推之当世诸贤，不容独有此迷梦。贤者固不可测，文于今日犹未忍遽以不肖之心待之，而深冀其有最终之一悟也。抑文诚信尚未孚于国人，致令此唯一救国之谟，或反疑为相对责难之举。藉非然者，何推之浙卢、奉张而准，而于举国人心厌乱之时，复有一二军阀逆此潮流而趋，而邻于悍然不顾一切也？以文与西南护法诸

---

　　①　以上诸人为：黎元洪、张绍曾、冯玉祥、王宠惠（字亮畴，前署理国务总理）、段祺瑞、张作霖、曹锟、吴佩孚、卢永祥、齐燮元、岑春煊（号西林，曾电邀沈鸿英入粤讨伐陈炯明）、何丰林（字茂如，淞沪护军使）、章炳麟（号太炎）、蔡元培（号孑民）、张謇（字季直，江苏运河督办）、刘成勋（字禹九，四川临时省长兼川军临时总司令）、熊克武（字锦帆，前四川督军、省长）、唐继尧（字蓂赓，云南督军兼省长）、赵恒惕（字夷午，湖南省长兼湘军总司令）、袁祖铭（字鼎卿，贵州督军兼省长）、林俊廷（字莆田，广西督理军务兼自治军司令）。

　　②　上月二十六日，桂军将领沈鸿英借在广州江防司令部开会之机，拘留广东地方将领魏邦平，并谋捕杀刚任广东省长的胡汉民、孙文特派员邹鲁等国民党要人，胡、邹逃脱赴港。史称"江防会议之变"。

　　③　黎元洪、张绍曾。

将讨贼伐暴之初志，国〔固〕有大梗，何难重整义师与相周旋？

　　顾国人苦兵久矣，频年牺牲已为至巨，而代价复渺然不可必得。文诚思之心悸，万不获已，唯有先行裁兵以为国倡。古人言："请自隗始。"以是之故，断然回粤，决裁粤兵之半，以昭示天下。文兹于今月二十一日重莅广州矣，于抚辑将士、绥靖地方外，首期践文裁兵之言，同时复从事建设以与吾民更始，庶几文十数年来苦心经营之建国方略，一一征诸实现。以吾地广人众之中华民国，卒与列强共跻于平等大同之域，共和幸福乃非虚语。天相中国，能进而推之西南诸省，以暨全国，其为闳愿，岂胜企仰！然一隅之与全国，渐进之与顿改，其图功之利钝，收效之速缓，昭然未可同日而语，称铢而计。故文之愚，尤以统一为能立供国民以福利，遂不惜举当世所矜之武力，以为攘窃权利之具者，躬自减削，以导国人。亦冀拥节诸公翻然憬悟，知今日而言图治，舍裁兵实无二途。文倡于前，诸公继之，吾民馨香之祷，岂有涯涘！若必恃暴力以压国人，横决之来，殊可危惧。诸公之明，当不出此。披沥陈言，鹄候裁教。孙文。敬①。（印）

据《大元帅敬日通电全国》，载广州《陆海军大元
帅大本营公报》第一号，一九二三年三月九日②

与唐继尧等联名宣告西南诸省
将合作防卫直系侵扰致全国通电③

（一九二三年四月十四日）

　　参众两院议员、各省省议会、各省军民长官、各法团、各报馆鉴：文等不佞，昔以护法之旨，为人民所推，转战数年，幸告无罪。兹值人心厌兵，天道将复，于是有和平统一之宣言，愿与直系诸将共图善后。意谓人情助顺，直系诸将当亦

---

　　①　韵目"敬"代表二十四日。

　　②　孙文重建大本营后，《陆海军大元帅大本营公报》随之恢复，由大本营秘书处发行。各年分别以第一号起编次。

　　③　据当时报纸记载，该电系由章太炎在上海起草，稿成后曾寄给孙文，同时由在沪各省代表请示本省当局征得同意。孙文了解上述情况后，乃同意在沪拍发。

同此觉悟。不意言之谆谆，听者藐藐。闽粤督理诸令随下，而又驱策川黔亡将乘间为寇，增兵直北，图扰关东，屯戍闽赣，冀侵两浙。所幸滇、桂将领，素明大义，不肯苟从，其计不能行于岭海。而川峡之间尚为毒螫所集。窥其用意，非吞龁西南、摧残民治不止。是则和平统一，只为片面之要求，强敌在前，果非文辞所能御。文等岂敢自食前言，而正当防卫，有不得已。自今以后，我西南各省决以推诚相见，共议图存，弃前事之小嫌，开新元之结合。分灾恤患，载之简书，外间内谗，一切勿受。兵为防守，不为争权，虽折冲疆场，为义兴师，而终不背和平主旨。我西南诸省父老兄弟当亦以敬恭桑梓，鉴其不得已之苦衷。其他省有被直系蹂躏，愿同心敌忾者，文等为之敬执鞭弭，所不辞也。孙文、唐继尧、刘成勋、熊克武、赵恒惕、谭延闿、刘显世。寒。

据《西南之重要表示》，载一九二三年四月十五日上海《民国日报》

讨伐沈鸿英通令[①]

（一九二三年四月十六日）

大元帅令

　　沈逆鸿英反复无常，奸诈成性，阴谋内乱，逆迹久彰。本大元帅念其微劳，恕其既往，屡示优容，冀与感化。不意狼子野心始终不悛，一面呈报移防，一面阴行鬼蜮，竟于昨夜擅自称兵，进袭省城。幸我军将士用命，戒备有素，当经击退。似此恣行叛逆，甘为戎首，扰乱军纪，贻害地方，实属罪不容逭，法所必诛。沈鸿英应即褫夺桂军总司令本职。着滇军总司令兼广州卫戍总司令杨希闵、东路讨贼军总司令许崇智、西路讨贼军总司令刘震寰、大本营驻江办事处全权主任古应芬、东路讨贼军第三军军长李福林、中央直辖第七军军长刘玉山、中央直辖第三军军长卢师谛、海军舰队司令温树德、驻汕海军各将领、广东江防司令杨廷培、广东海防司令

---

　　① 原据孙文命令率部移驻肇庆的沈鸿英，在直系军阀支持下公开发动叛乱，是日凌晨派兵万余人分三路进攻广州，激战四日后被击退。孙文随即调动军队分向西江、北江进击，至七月将其逐出广东。孙文曾多次亲临前线督战。

陈策等，各督饬所部乡分途兜剿，迅速扑灭，以正法纪，而遏乱源。此令。

中华民国十二年四月十六日

据《大元帅令》，载广州《陆海军大元帅大本
营公报》第八号，一九二三年四月二十七日

致日本国民书①

（英 译 中）

（一九二三年五月十九日）

贵国在过去的半个世纪里发展迅猛、万象更新，对日本国民所做成就，余深表钦羡。日本本是一个封建国家，保守主义盛行、发展程度甚至不及中国，而如今却一举成为世界强国，实力不容小觑。然而，不可否认，贵国确实是以军国主义国家的身份活跃于国际政治舞台。余真切期望日本能永远作为一个热爱和平的伟大国度而存在。

中国历来热爱和平，本人亦力倡以和平手段实现国家统一，然此大业终因北京政府之阴谋诡计与军阀吴佩孚之蓄意破坏而横遭阻断。若非出于自我防卫，余并不甘愿采用战争手段统一中国。然而北方政权罔顾中华整体利益、肆意破坏和平大业，为遏制其破坏计划并捣毁其在南方所培植的势力，我被迫采用军事手段。

为求共同利益，中日两国须当携手并进、共促友好合作。合作意味着共同进步，阻挠与自私则必将导致国力衰退。两国人民若能对彼此心怀同情，则必将形成真正的友谊。期盼日本国民能弥补贵国政府之未竟事业。

孙逸仙（签名）

据 "President Sun Yat-sen's Message to the Japanese People", Sun
Yat-sen Memorial Hall（Japan），May 19，1923［《孙逸仙总统致
日本国民》，馆藏于日本神户孙文纪念馆，英文原件照片由滨
野宪氏提供，一九二三年五月十九日］（方露译，许瑾瑜校）

英文原文见本册第 806 页

---

①　一九二三年五月十九日，滨野末太郎收到孙文的上述邮件，东京滨野末太郎のご子孙滨野宪氏提供的英文原件照片，神户孙文纪念馆藏。

附载：中国国民党为临城劫案
致各国驻华公使团电[①]

（英 译 中）

（一九二三年五月二十四日）

北京驻华领袖公使并转各公使钧鉴：此次临城劫案，固完全由于北京政府及其所任命之巡阅使督军之溺职所致，而根本原因，则在不能裁兵与统一。本党总理孙中山先生前曾代表本党及西南各省迭发警告，倡议裁兵，并派遣使者，冀与北政府及其将吏协商一切，讵北政府仍悍然扩张军备！孙先生曾主张用和平方法促成统一，而北政府与其将吏，反以穷兵黩武相号召！征诸全国国民所屡次呼吁，及四川、福建、广东等省痛遭北兵蹂躏之事实，即可证其不诬。因不裁兵不统一之故，以致兵愈多，匪愈炽，国家分裂，地方糜烂，吾人民被其害者不知凡几，今更波及外国人士矣！彼僭窃之北京政府及其将吏，溺职肇祸，固属责无旁贷；惟本党负有改进国家责任，对于贵公使及曾有被难人民之友邦，实应深致歉忱。犹有进者：北京僭名窃位之徒，已为国民所共弃，现在其所以苟延残喘者，无非仅赖诸友邦之尚予承认而已。以如此不克尽责之政府，而使其存在，徒足以延长中国之内乱；各友邦对之，竟仍予以维持，直不啻无意中干预中国之内政也！今吾人以最诚恳之意志，希望各友邦对于北京政府之承认立予撤销，并予中国人民以另行建设全国公认之政府机会。中国国民党。一九二三年五月二十四日。

据《本党为临城事件致公使团电》，载南京《中央党务月刊》第五期，一九二八年十二月出版

---

① 五月五日夜，津浦线一辆火车北行路经山东滕县临城镇时遭土匪洗劫，并掳去全部中外乘客三百余人（外籍三十九人）以勒索赎金，酿成国际交涉案。

劝谕陈炯明叛军胁从者自新之布告[①]

（一九二三年六月一日）

我军攻惠，伐罪吊民。陈逆凶顽，天讨天申。胁从罔治，咸与自新。本大元帅，出师亲征；东西会攻，海陆并进。大军所至，纪律严明，对我良民，保护维殷。去逆效顺，毋入迷津。

六月一日

据《孙总统赴前线督战》，载一九二三年六月十二日上海《民国日报》

大本营军纪布告二则[②]

（一九二三年六月上旬）[③]

军纪布告

一、临阵退缩者枪毙。

一、不服命令者枪毙。

一、私通敌人者枪毙。

一、奸淫妇女者枪毙。

一、掳掠财物者枪毙。

一、无故杀人者枪毙。

---

①　此系孙文赴东江前线督战时发出的布告。

②　上月，盘踞东江的陈炯明所部降而复叛，孙文即部署兵力讨伐，并曾多次亲赴前线劳师督战。后来战事又延及西江、北江一带，半年之内双方互有胜负，并未能肃清陈军。是时孙文在东莞县石龙车站设行营，因恐有不肖军人乘机骚扰及地痞匪徒滋事，特拟就大本营布告两则印发，令战地各军张贴。

③　底本未说明布告时间。但其新闻来源为一"粤函"，内称"昨已拟就布告两道，印发前敌各军张贴"，据函中所述各节判断，该函似写于六月六日。所标时间即据此酌定。

一、私离队伍者枪毙。

一、强买强卖者重罚。

一、骚扰民居者重罚。

一、拉伕索贿者重罚。

奖惩布告

一、纠集党羽阻挠义师者，杀无赦。

一、故造谣言煽惑军心者，杀无赦。

一、无故放枪暗中助逆者，杀无赦。

一、侦探军情私报敌人者，杀无赦。

一、报告敌情查明确实者，赏给二等奖章。

一、引导义师攻克城池者，赏给一等奖章。

一、集合民团截击敌军者，分别重赏。

一、执获敌械来营呈缴者，分别重赏。

据《孙总统亲赴前敌督战》，载一九二三
年六月十二日上海《民国日报》第三版

与伍朝枢联名不满列强承认北方政府之对外宣言①

（英 译 中）

（一九二三年六月二十九日）

　　比年以来，军阀肆祸，中国骚然，人民受害，水深火热，情状之惨，殆难言馨。临城劫车一案，外人诧为奇闻，吾民则司空见惯，类此之案，且未可更仆数。试观临城四周百英里以内，北方军阀奄有五省之地，拥有五十万之兵，而尚出此巨案，其祸国殃民，颠顸偾事为何如耶？

　　一年以来，北方政状之滑稽，有甚儿戏。所谓总统、总理、阁员者，爱之则呼之使来，恶之则挥之使去。一举一措，惟意所欲，以营其私利，填其欲壑，其

---

　　①　孙文于五月二十六日召集党政要员开会，提议发布此宣言，由伍朝枢用英文起草。

败坏纲纪，任性妄为为何如耶？吾民对此万恶之军阀，靡不异口同声表示厌恶。喁喁之望，厥惟南北统一与地方和平。

文熟察国民心理，以为今日救国之道，莫急于裁无用之兵，而立一统一强有力之政府。故于去岁建议招集军政各方领袖，会议救国方案，如裁撤全国过量之兵，使操生产工作也；组织一能得各省拥护而又能行使职权之开明的、进步的、民治的政府也；规定中央及各省建设程序也；解决有关于将来之和平幸福及中央与各省之权限分配各政治问题也。凡此诸端，北方军阀虽不敢昌言反对，而暗中阻挠，藉词推诿，无所不用其极。盖上列各案实行，则彼辈失其凭藉挟持之具，故与彼辈谋裁兵，无异与虎谋皮也。不宁惟是，彼辈迷信其武力主义，近且资助叛将，遣派军队以扰乱粤、川、闽诸省，其蔑视国民公意，彰明较著矣。

然则彼辈果何所恃耶？亦因其蟠踞历代中央政府所在地，藉得列强之承认耳。北京政府职权不行，责任不属，法律事实两无可言，国民视之有如无物。然而列强尚承认之，得无存一慰情胜无之思，以为国际交涉之地乎？列强承认北庭，即不啻予北庭以精神上、物质上之援助，彼辈遂藉为荼毒吾民之资，否则北庭不可以一朝居，可断言也。列强固声言不干中国内政者，按之事实，竟强置全国否认之政府于吾民之上矣。华盛频〔顿〕会议固决议给中国以完满之机会，使得自由发展，并维持一有力之政府者，竟妨碍之，使不能实现矣。战争延长，秩序紊乱，即列强之商务亦受巨大之损失矣。凡此种种，列强或未计及欤？即以交涉言之，承认北庭，于列强使馆亦无何等便利。盖北庭不能行使职权，有事仍须与各该省交涉始克了结，虽有政府如无也。

溯满清既倒，民国肇兴，列强未承认民国之期凡二十月，国际交涉无不便之感也。使北庭无列强之承认，则彼军阀辈威信扫地，饷源无出，其必赞成裁兵统一无疑。比者北庭轩然大波，陷于无政府状态，各派惟知互争虚荣，正宜保留承认，待有能代表全国而又为各省拥戴之政府产出，然后再予承认。吾民无他望，惟愿列强不干内政，严守条约，同谋列强之利益而已。列强其留意焉。

中华民国十二年六月二十九日

大元帅 孙 文

外交部长 伍朝枢

据《大元帅对外宣言》（原英文），载广州《陆海军大元帅大本营公报》第十九号，一九二三年七月十三日

致美国公使舒尔曼的反帝声明

（英 译 中）

（一九二三年六月二十九日）

新广东国民政府外交部部长伍朝枢将孙中山先生签字的一份宣言交给美国驻广州公使馆，请求转交给公使舒尔曼。孙中山先生与一九二三年六月二十九日发表的宣言，可以代表孙先生最早的反帝国主义声明。这份文件强调了西方政府持续承认北京政府所带来的后果：

列强固声言不干中国内政者，按之事实，竟强制全国否认之政府于吾民之上矣。华盛顿会议固决议给中国以完满之机会，使得自由发展，并维持一有力之政府者，竟妨碍之，使不能实现矣。……使北庭无列强之承认，则彼军阀辈威信扫地，饷源无出，其必赞成裁兵统一无疑。

据 "Sun's Letter to Jacob Gould Schurman", *Bulletin of the Institute of Modern History Academia Sinica* （Taibei）, Vol. 8 （October, 1979）, Pages 274-275 ［《孙逸仙写给雅各布·古尔德·舒尔曼的一封信》, 载台北《"中央"研究院近代史研究所集刊》第八期（一九七九年十月），第二百七十四至二百七十五页］（高文平译，许瑾瑜校）

英文原文见本册第 807 页

斥责黎元洪及政学系欲妨害民党通电①

（一九二三年七月十一日刊载）

（上略）民六往事，姑无论黄陂为酿成复辟危害民国之人，即以此次被直系逐走之行为而论，即已与曹、吴立于敌对之地位矣。在理测度，莫不谓黎氏将令沈鸿英停战，切示向我方求和之诚，一方更以政系之全力助协和②攻取江西，以

---

① 一九二三年六月十三日，黎元洪被直系军阀剥夺大总统职务，逐出北京，客寓天津租界。
② 李烈钧，字协和。

削直系之势。试观近日事实之所在，仍不脱政学系诡诈反复之故态。李根源招集残部，窜扰西江；沈逆则依然向北江进攻，图夺省垣。此犹以为未足，一方更假托租界内阁之名号，乱下无效命令，希冀协和、锦帆①诸人变节来归，以试其操纵西南之惯伎。迹其所为，盖欲妨害民党发展之志，较之报复曹、吴为尤烈。固然天下事黠者不必占便宜，而诚实者未必吃亏，然吾党今日若仍认为此辈末路乞怜，可与自新，则政系未免太巧，民党亦未免太拙矣！

黎本庸才，善恶两无可言，惟愚而不安于愚，使当大位，其祸宁有底止。吾党欲图救国大计之实现，若激于一时客感，一误与无定力、无才能、无道义之人为暂时之结合，恐利未见而害先形，甚非所以策久远也。（下略）

据《孙文痛诋黎元洪之通电》，载一
九二三年七月十一日天津《益世报》

附载：中国国民党谴责曹锟贿选窃位之宣言

（一九二三年十月七日）

本党《建国方略》及护法以来勘乱②讨贼之主张，屡经宣揭，凡我国人当已闻知。乃者曹锟跋扈，怙恶不悛，竟于本年十月五日勾结罔利无耻之吴景濂等，贿赂公行，斁法窃位，几举我中华民国之纪纲道义，扫荡无遗！此而不讨，国何以立？本党特再郑重宣言，誓奋一贯之精神，伸大义于天下，为国家存正义，为国民作先锋。务使积年混秽恶浊之稗政，悉摧陷而廓清之。取彼凶残，纳民轨物，庶在位无好〔奸〕慝之行，政治有清明之望。

更有进者，本党主张之民权主义为直接民权，国民除选举权外，并有创制权、复决权及罢免权，庶足以制裁议会之专恣，即于现行代议制之流弊亦能为根本之刷新。又五权宪法中之考试、监察二权，既有以杜幸进于前，复有以惩溺职于后，尚安有崇拜金钱、丧失人格之贿选！此尤民国百年之大计，本党愿携〔竭〕无上之真诚，以与国民努力建设者也。

---

① 熊克武，字锦帆。
② “勘”通“戡”，勘乱与戡乱同义。

呜呼！来日大难，忧心孔殷，兴亡有责，不尽欲言。邦人君子，其慎思而善处之。

中国国民党

中华民国十二年十月七日

据《本党宣言》，载上海《中国国民党本部公报》第一卷第二十八号，一九二三年十月十五日出版

讨伐曹锟通令[①]

（一九二三年十月八日）

大元帅令

伪巡阅使曹锟，贿诱议员，迫以非法，僭窃中华民国大总统，其背叛民国，罪迹昭著。当贿选将行之顷，奉、浙当局与西南诸将领暨海内名流硕彦，以及公私各团体，函电交争，冀阻非分。该逆充耳无闻，悍海〔然〕不顾天下之是非，其怙恶不悛，甘自绝于吾民，已可概见。年来于粤、蜀、湘、闽、桂诸省，犯顺侵疆，屡为贼害，虽被歼克，狼心未已。我同胞将士护国护法已历年所，岂能容庇国贼妄干大位？兹特宣布罪状，申命讨伐。我全国爱国将士，无问南北，凡能一致讨贼者，悉以友军相视，共赴国难，以挽垂危之局。庶我先烈艰难缔造之国，不因逆贼而中斩，亿兆人民实利赖之。此令。

（中华民国陆海军大元帅之印）

中华民国十二年十月八日

据《大元帅令》，载广州《陆海军大元帅大本营公报》第三十三号，一九二三年十月十九日

---

① 本年六月，直系军阀在北京胁逼黎元洪辞总统职。曹锟于九月重贿议员，十月五日由北京国会选为总统。此举遭到社会各界及舆论强烈谴责，且称受贿议员为"猪仔议员"，选曹之国会为"猪仔国会"。孙文除下讨伐令外，并电段祺瑞、张作霖、卢永祥共同讨曹。

反对曹锟贿选对外宣言①

（英 译 中）

（一九二三年十月九日）

关于北京日前举行之所谓总统选举会，余须特别唤起列强之注意者，即举国反对曹锟为中国总统是也。曹氏目不识丁，未受教育，今之反对及否认其为总统者，不独因其为一千九百十二年二月间劫掠北京之人，又不独因其为临城案直、鲁、豫最高级军官之负责人，而实因其选举之种种非法与贿赂情形，玷辱有教化之国家太甚也。

历史中污秽事迹甚多，而从未有此次争夺权位无耻之甚者，国民若默认此种行为，则不复能自号为有人格之国家以生存于世界。

所以，中国人民全体视曹锟之选举为僭窃叛逆之行为，必予以抗拒而惩伐之。吾国民此种决心不日即有具体之表示，由足以代表人民之各首领联合组织一中央政府。

余今请列强与其驻北京之代表，避免足使僭窃者可作为国际承认或赞助之任何行动。若列强果承认曹锟，则将延长中国内乱与纷扰，使吾民对于破坏国家纪纲道德之行为，不得伸其真确之意志矣。

孙文

中华民国十二年十月九日

据《大元帅致列强宣言》，载广州《陆海军大元帅大本营公报》第三十三号，一九二三年十月十九日

英文原文见本册第 807—808 页

---

① 据本篇的英文版本之一——“Tsao Kun 'The Usurper'”, *Singapore Free Press and Mercantile Advertiser*, October 20, 1923, Page 5〔《篡位者曹锟》，载一九二三年十月二十日新加坡《自由西报》第五页〕说明：曹锟贿选事件发生后，中国各地纷纷电粤请孙文革命政权发表宣言予以声讨，孙文乃召集大本营各军政要员开会，一致同意发布这份对外宣言，并即通过英国驻粤公使詹姆斯·贾米森（James Jamieson Thorburn）递交北京外交使团及各国列强。

嘉奖克复重庆有功将校通令

（一九二三年十月二十三日）

　　自直系军阀挟其武力，勾结金壬，扰乱四川，本大元帅特令川军将帅，分道讨伐，来犯各股以次廓清。顷据该总司令巧、号两电报称：敌据重庆江北两城负隅，我军四面环攻，鏖战数旬，由赖总指挥严督各军，肉搏血战，于十月十六日克复重庆，贼众崩溃，已不成军。皆由我将士忠勇奋发，克集大勋，闻讯之余，深为嘉慰。着该总司令等督率各军，迅速扫荡，肃清川境，并力中原，以副本大元帅伐罪吊民之意。至此有功将校，着先传令嘉奖，并由该总司令等择尤保荐，以昭懋赏。特此通令知之。此令。

据四川省文史研究馆编：《四川军阀史料》第三辑，成都，四川人民出版社一九八五年七月出版

中国国民党改组宣言[①]

（一九二三年十一月二十日刊载）

　　吾党组织，自革命同盟会以至中国国民党，由秘密的团体而为公开的政党，其历史上之经过垂二十年。其奋斗之生涯，荦荦大者，见于辛亥三月广州之役、

---

　　①　孙文为加快改组国民党的步伐，于一九二三年十月十九日委派廖仲恺、汪精卫、张继、戴季陶、李大钊（共产党员）五人为国民党改组委员，负责办理党本部改组事宜；同月下旬成立以孙文本人为主席的国民党临时中央执行委员会，委派胡汉民、林森、廖仲恺、邓泽如、杨庶堪、陈树人、孙科、吴铁城、谭平山（加入共产党的国民党员）九名委员以及汪精卫、李大钊、谢英伯、古应芬、许崇清五名候补委员（十一月增派林云陔、冯自由、徐苏中、林直勉、谢良牧五名候补委员）组成，负责草拟有关改组国民党文件及加强组织、宣传、培训等工作，并筹备召开全国代表大会；另聘苏联政府派遣来华的鲍罗庭（Михаил Маркович Вородин，亦译鲍罗廷）为顾问（任"国民党组织教练员"）。临时中央执行委员会成立后，国民党本部实际上已移至广州，十二月初孙文电令上海即行撤销本部而另组执行部。在代表大会召开之前，临时中央执行委员会共开会二十八次，议决事项四百余件。本宣言即以该委员会的名义发表。

同年十月武汉之役、癸丑以往倒袁诸役、丙辰①以往护法诸役。党之精英，以个人或团体为主义而捐生命者不可胜算，当之者摧，撄之者折。其志行之坚，牺牲之大，国中无二。然综数十年已往之成绩而计效程功，不得不自认为失败。满清鼎革，继有袁氏；洪宪②堕废，乃生无数专制一方之小朝廷。军阀横行，政客流毒，党人附逆，议员卖身，有如深山蔓草烧而益生，黄河浊波激而益涸，使国人遂疑革命不足以致治，吾民族不足以有为。此则目前情形无可为讳者也。

窃以中国今日政治不修，经济破产，瓦解土崩之势已兆，贫困剥削之病已深。欲起沉疴，必赖乎有主义、有组织、有训练之政治团体，本其历史的使命，依民众之热望，为之指导奋斗，而达其所抱政治上之目的。否则民众蠕蠕，不知所向，惟有陷为军阀之牛马、外国经济的帝国主义之牺牲而已。国中政党，言之可羞：暮楚朝秦，宗旨靡定；权利是猎，臣妾可为。凡此派流，不足齿数。而吾党本其三民主义而奋斗者历有年所，中间虽迭更称号，然宗旨主义未尝或离。顾其所以久而不能成功者，则以组织未备、训练未周之故。夫意志不明，运用不灵，虽有大军无以取胜。吾党有见于此，本其自知之明、自决之勇，发为改组之宣言，以示其必要。先由总理委任九人组织临时中央执行委员会，以始其事；行将召集海内外全党代表会议，以资讨论。关于党纲、章程之草定，务求主义详明，政策切实，而符民众所渴望。而于组织、训练之点，则务使上下逮〔沟〕通，有指臂之用；分子淘汰，去恶留良。吾党奋斗之成功将系乎此，愿与同志共勉之！

临时中央执行委员会

据临时中央执行委员会：《中国国民党改组宣言》，载上海《中国国民党本部公报》第一卷第三十一号，一九二三年十一月二十日出版

---

①　即一九一六年。
②　"洪宪"为一九一五年十二月袁世凯称帝时宣布的年号。

中国国民党改造宣言①

（一九二三年十一二月间）②

长河大江，波波相续，自古迄今，无或间息，川流所汇，终入于海。或遇礁石，则奔腾激越而超过之，不以障〈碍〉而阻其途、纡其道也。浩浩荡荡，一泻千里。或变急湍，或成平流，因地而异其状，因时而呈其态，此水之性也。物性如此，人性亦然。群众心理对于国家必有附丽，其所同趋之目的，即为众意之所在。本此众意加以组织而政党成焉，此立宪国家之产物也。

民国建立，肇自吾党，乃阅十有二年。军阀、官僚、政客朋比为奸，播弄政潮，无时或已，以致内乱频仍，政变迭起，国几不国，行将见吾党艰难缔造之功，为之断丧殆尽。时局至此，势非改造不可，而吾党则肩负此改造之重责者也。然政党者，政党政治之所由成，政党政府之缩影也。本总理以"以党治国"之主旨宣示国人亦既有日，惟完成此旨，非先从事于本党之改造不可。

溯本党自成立以来，垂三十载。秘密、公开不一其期，兴中、同盟不一其号者，然有其变者，有其不变者。变者其组织，不变者其精神也。今日之中国国民党本由于中华革命党蜕化而成，亦既十年于兹矣。五年一小变，十年一大变，而变之速且剧者，尤莫此十年。若洪宪帝制一变而有宣统复辟③，再变而有武人弄兵、解散国会，今则藩镇割据之局成矣，国家法纪荡然无存，国乌乎立，此政治上之剧变也。北洋军阀拥兵一百三十余万，争地以战，血膏原野，全国财富不足以供军费，则巧立名目四出借款，卒至罗掘俱穷，金融大乱，救济无术，此经济上之剧变也。民生憔悴，社会骚然，生产能力几全消失，实业不兴，游民日众，

---

① 本宣言未能找到刊布的出版物，底本缺下款。文内自称"本总理"，当系以孙文名义发表。

② 底本无撰写或发表时间。文内有"民国建立，肇自吾党，乃阅十有二年"等语，当在一九二三年无疑；且称"全国党员代表会议……定于最短期间举行"，故酌定为该年十一二月间。

③ 一九一七年七月张勋等拥清宣统帝溥仪在北京复辟，仅十二天即告夭折。

归纳之途非兵则匪，全国破产在眉睫间，此社会上之剧变也。民六以还，法统隳坏，窃位干政，视为固然，乃彼小竖惟知目利，统治乏力，国权土崩，共管之说嚣然尘上，华会①利益且将取消，此国际上之剧变也。统此四者而观察之，时局变坏至此已极，从事改造岂徒空言？

夫吾党以革命为宗旨者也，非重革命之精神断不足以救今日之国变，然非有严密之组织亦断无可以刷新革命之精神，为其然也。故吾党适应一时代之环境，即须有一时代之党制，此则今度改造所由来也。语其要旨：

一曰了解主义。主义为党之命脉，亦一党之精神所寄。以党治国，换而言之，则以实施主义于全国之谓也。党员于此而不了解，遑言普及国人。

二曰提出党纲。有良好之主义，尤须有明了之党纲。建一议、立一法、行一政，均须有所根据而设施，然后国人乃能共喻，国民心理将由此养成之。

三曰训练党员。党之组织，其能称为完善者，必党员人人能在党之组织下为有秩序之活动。现在组织多失于松懈，无复一致协进之可能。参政能力，群众运动，非经训练不能为功。

四曰征求党意。集多数人之意而成公意，集合全党之公意即成党意。改造一事关系殊重，非召集全国党员代表会议不足以见党意之所在，故定于最短期间举行之。

此为改造之相手方，苟由此相手方而达此度之改造目的，则党治而国亦治矣。吾党诸子宜共勉之！

据《改造宣言》铅印原件，台北、中
国国民党文化传播委员会党史馆藏

---

① 指华盛顿会议。

粤海关事件宣言①

（英 译 中）

（一九二三年十二月九日）②

余于本年二月间回粤时，决计实行改造事业。乃直系利用北京政府为傀儡，以金钱、武力肆行捣乱，侵略粤省，致余之改造工作未能实行。直系之破坏政策，苟彼一日能用被发放之剩余国家收入③以充此政策之费用，必一日继续厉行之，此乃显然也。此等剩余国家收入现多解交北京，供直系利益之用。但其中有一部分为余之政府辖境内之关税，倘将其保留，代为裨益粤省人民之用途，则直系即无从染指。今欲粤省得享和平秩序，以后粤省关税解交直系之举必须停止。本政府因此意在行使其固有之权，管理支配此等税款。并要求总税务司及广州税务司于中国东部所收关税，足够应付关税所抵押之外债时，保留本政府辖境内所收一切关税，供本政府拨用。彼等均为中国政府之公仆，对于粤省自在本政府节制下，并应服从其命令也。

至列强对于此事绝无干涉之权，因在本政府辖境以外之各埠税关，每年所收税款，除抵当所押外债之外尚有剩余数百万元，于外债抵当毫无妨碍也。中国对外条约中，从未有一约许列强全体的单独的有权干涉中国海关（完全为一中国政府机关），于中国并不拖欠关税所抵外债之时。且列强固亦承认关税余款之处置及使用，乃纯为中国内政问题也。至于目下关税半归列强管理之办法，本非为任

---

① 孙文因北京外交使团对其关余要求一直不予理睬，故曾指令外交部长伍朝枢照会外交使团及总税务司，拟将粤海关关余"截留"。本月三日外交使团复电广州政府坚决反对，各国军舰亦驻往广州以武力相威胁（后达二十余艘）。孙文除发表本宣言外，在此前后还与广州政府分别发出函电多通，重申原有立场，据理力争；广州各界亦掀起反对帝国主义列强干涉中国内政的盛大运动。

② 底本未说明首发日期，今据一九二三年十二月十三日北京《益世报》所载《孙中山对外宣言》确定。

③ 底本译者按："即指抵押外债以外之余款。"

何条约所特许，实纯系列强所为之一种约外举动，此乃无可讳言者。利用此款以武力捣乱余之乡土，列强在情理上亦应加以反对。兹更有声明者，本政府愿担任：倘中国他处关税收入不足应付对外债务时，本政府当依其所收关税，随时酌量抵补。

据《大元帅对粤海关事件之宣言》，载一九二三年十二月十三日上海《民国日报》第三版

致美国国民谴责美政府用武力阻挠截留关余电

（英 译 中）

（一九二三年十二月十七日）

　　美国国民朋友们：当我们开始发动革命、以推翻专制腐败政府并在中国建立共和国之时，就以美国为鼓舞者和榜样。我们曾热切期望能有一位美国的拉法叶特①同我们一起为这一正义事业而战斗。然而，在我们为自由而奋斗的这第十二个年头，来到的不是拉斐特，而是一美国舰队司令率领较他国更多的军舰驶入我国领海，妄图共同压垮我们，以消灭中国的共和国。难道华盛顿和林肯的祖国竟断然抛弃了其对自由的崇高信仰，从一解放者而蜕化成一为自由而斗争的人民的压迫者吗？我们不能相信这一点，并希望你们舰队的官兵在炮击我们之前认真考虑这个问题，尽管他们的炮口已对准广州这一未设防的城市。

　　他们为什么要炮击我们呢？是因为我们提出了合理的要求，即经扣除由全国关税偿付外债的适当份额之后，我们有权在本政府辖境内征收关税，这是任何政府都拥有的权利，因为尽人皆知，这项税收理应属于我们。我们要像你们祖先之将茶叶倒入波士顿港湾、以阻止税收落入英国国库一样，竭力阻止此款落入敌手，用以购置武器屠杀我们。

　　你们目前的当权者或许竭力阻止中国的自由事业，不让这人类的自由事业得

---

　　①　拉法叶特（Marie-Joseph Motier La Fayette，1757—1834）：旧译拉斐德或辣斐德。法国资产阶级革命家，曾参加北美独立战争。

到别处的慷慨援助。但是，如果美国海军在本政府辖境内强行征收关税，而使北京的卖国贼和军阀势焰更张，这实是一种罪恶和永洗不掉的耻辱。孙逸仙。一九二三年十二月十七日于广州。

据《孙逸仙博士致美国国民书》译出，载一
九二三年十二月二十日《香港日报》，伦敦、
英国国家档案馆藏（段云章译，马宁校）

关于海关问题之宣言

（一九二三年十二月二十四日）

（一）中国海关实一中国国家机关，所有收入，为国税之一部分。海关税收，按辛丑条约，作为拳匪赔款及别项外债之抵押，除偿还此种债务本息外，所余之款，则为关余。

（二）此项关余，平时系交与北京中央政府，迨民国六年，因北京政府非法解散国会，并发生其他之种种叛国行为，护法政府遂以成立，于民国八年分得关余一部分，即百分之十三点七也。

（三）此份关余，按月交与护法政府，共有六次。迨民国九年三月，政府内部分裂，因而暂停交付，以后此间政府曾经迭催照旧付款。复于本年九月五日照会北京公使团，以关余之处分，全属中国内政问题，非列强之权限所能及，各国对于关税之关余，仅还付于关税作抵之各外债而已。用特商请公使团，饬令银行委员会，立将关余交与总税务司，由总税务司摊分与本政府，且须拨还民国九年三月以后西南应得之积存关余。

（四）九月二十八日外交团简单电复，谓本政府照会正在考虑中，迨历三阅月之久，仍无切实答复。本月三日，外交团忽来一电，谓近闻本政府不俟使团答复九月五日之照会，拟径行迫胁收管广州税关，此种干涉税关之举动，使团断难承认，倘若竟然为此，当以相当之强硬手段对付。

（五）本月五日本政府答称，中国海关始终为中国国家机关，本政府辖境内各海关，自应遵守本政府命令。且关税之汇交北京，不啻资助其战费，以肆其侵略政策。本政府今欲令税关官吏，以后不得将此款交与北京，应截留为本〈地〉方之用；且声明并无干涉税关及迫胁收管海关行政之意。此乃完全中国内政问题，无与列强之事。本政府静候三月，未得答复，而公使团竟责备本政府不应急迫从事，殊失情理之平。然本政府为尊重使团之表示及证明本政府之谦让精神起见，仍复延期两星期，不作如何举动，以再待使团之解决。

（六）本月十四日接到公使团由北京十一日电达详细考虑之答复，声称根据辛丑条约，列强对于关税，只有还付以关税作抵之各外债本息，及该约第六条所订之赔款本息之优先权，而无处分关余之权。

（七）使团复文，尤证明本政府所持之理由甚为正当，而从前所有对于本政府的举动之怀疑，亦可冰释。盖关余之处分，本政府与列强既同认为中国内政问题，则本政府于所争收关余一事，仅须与总税务司交涉而已。即使北京政府不服，可以武力阻止本政府收取关余，而列强借保护其尚未确定之权利为名，集军舰于省河，实无异帮助北京政府，以压制本政府，诚不平之甚也。

（八）按以上情形，则本政府之应如何措施，显而易见。北京政府系属非法，且为全国所弃，当然无权处分本政府辖境内之关税余款。故本政府今日已经饬令总税务司：（甲）在本政府辖境内，各关税收，除按比例摊扣还付以关税作抵之各外债及赔款外，其余应妥为保管，听候本政府命令交付。（乙）并将民国九年三月以后，所欠本政府应得之积存关余，照数归还。

（九）总税务司倘不遵命令，本政府当另委能忠于职务之人为税关官吏，以免税务之废弛中断。苟因此而秩序有所紊乱，亦由总税务司之不允协助本政府管理各关税之所致也。

（十）关于此问题，尚有道德上与法律上两要点，须略为声叙。就法律上言之，外债与赔款系以关税作抵押，非以海关屋宇及税关一切有形的产业作抵押。如遇必要时，本政府改委税关官吏，列强按诸条约，亦无干预其行使职务之权。且全国关税之收入，除本政府辖境内之收入以外，仍不下数千万，足以还付外债而有余，毫无疑义。列强明此，更无干预之理，是则关税官吏之更动，亦不致有危及外债之虞矣。

（十一）就道德上而言，列强对于关税之关系，多因庚子赔款而发生也。查此系一种罚款性质，施诸战败之国家，在欧战以前则有之，今查世界各种条约上并无此种罚款。即以凡尔赛之约而论，亦未尝征取罚款，只要德国赔补修建费而已。况今日英、法、美、日列强对于庚子赔款，各皆有意退还中国，用诸有益于中国事业乎！

（十二）至于北京政府历年所发行国内公债，内有直接间接为侵略南方及为贿赂选举总统之费用者。民国十年，北京政府厘定整理内债案，以关余、盐余与烟酒税作基金，且委总税务司为保管人。十二月十一日公使团之答复本政府文内，亦谓此种债务之清还，与使团无关，因事前并未曾与之商榷也。本政府对于北京整理内债案，无论就道德法律方面而言，当然不能认为有效。盖就法律上言之，自民国六年以来，始终认北京政府为非法，其一切行为当然不能承认。就道德上言之，何可济〔赍〕盗以粮，其理至明。若人民因本政府收取关余，恐影响内债基金，是亦过虑。盖按北京整理内债案，尚有盐余、烟酒税作抵，北京政府果按该案条例办理，基金决不致摇动也。

据胡汉民编：《总理全集》第二集，上海，民智书局一九三〇年版

为争关余税收致美国国民书

（英译中）

（一九二三年十二月三十日）

略谓当吾人首倡革命，推倒专制及腐败政府而设立民主之时，吾人实以美国为模范，且深望得一美国剌花逸协助吾等，使得成功，吾人之力争自由，于今已十二年矣。但今由美国而来者非剌花逸，乃美国之罗连臣提督，同来之战舰较多于别国，而与欲推倒吾等，以使中国之民主得以灭亡者相联。华盛顿及林肯之国是否誓拒其对于自由之信仰，而转为力争自由国民之压制者乎？吾人实不信此，并深愿贵国舰队人员详思此问题，然后放炮向吾等轰击。现彼等之炮已向此无炮垒抵御之广州城矣，因何而欲炮击吾等乎？实因吾人对全国税关之收入，有合理要求，除清偿以税关作抵押各外债之后，得取得余政府治下内各处收得所余之关

税。夫此项收入，实属吾人，故余政府定有此权。且此款为敌人所得，遂用之以购军械，转杀吾等，故不得不阻止之，与君等先代投英国茶于波士顿埠港口之事无异。现贵国执政者或不肯扶助中国争自由，等于扶助他方。设若贵国以海军军舰向我所辖境内争收关余，而令北方不良之军阀得获胜利，实为一种惩咎及无穷耻辱也。

据刘成禺：《最近关余交涉始末》之（丁）英文节译《大元帅致美国书函》，载广州《中国国民党周刊》第六期，一九二三年十二月三十日

形成反帝国主义联合战线之宣言①

（一九二四年一月六日）②

世界弱小民族听者，兄弟姊妹：

我等同在弱小民族之中，我等当共同奋斗，反抗帝国主义国家之掠夺与压迫。帝国主义国家形成帝国主义联合战线，不但为压制中国自由运动及国民运动而奋斗，亦不但为压制亚洲弱小民族自由运动及国民运动而奋斗，且亦为压迫世界弱小民族自由运动及国民运动而奋斗。

帝国主义之英、美、法、日、意，各皆坚心毅力与中国少部分著名的封建督军、破产的官僚、投机的政客此三种人形成中国之军阀政客，买卖中国矣。彼等又助力反革命派完成地方封建政治矣。彼等又将把持革命政府所应有之关余，束缚革命政府手足，使不能为人民谋利益、反抗军阀而奋斗矣。彼等又以前所以压迫汝等之方法压迫中国之革命派矣。彼等又接济杀工人、杀学生、杀代表、封报馆及不利于民之事无所不为之北京政府，以金钱枪械延长中国内乱之生命矣。彼等又口头和平，实则暗里挑战矣。彼等又将"亲善"之假面具打得粉碎矣。彼等

---

① 此宣言发表于北京，他处未见。孙文在宣言中呼吁形成反帝联合战线，要求各弱小民族在关余事件中予以声援，其主要目的似是向北京外交使团施加压力。本年四月，外交使团终于同意将粤海关关余拨交广州政府。

② 底本说明"于前日发表宣言"，日期即据此确定。

又伸出野心之手矣。彼等又掠夺矣。

广州政府现正与帝国主义国家相见．非以和平态度，而以剧烈态度。美、英、日、法、意之战舰已驻广州省河①武装示威，汝等为中国正义而奋斗之时期已到矣！

起！起！速起！形成反帝国主义联合战线！

据《形成反帝国主义联合战线！》，载一九二四年一月八日北京《晨报》第二版

统一财政的通令

（一九二四年二月三日）

统一财政，曾通令遵照在案。兹据统一财政委员会呈复接管财政办法：（一）凡为各军一时权宜派员管理之财政收入机关，概由财政主管机关先行加委；所加委各机关，以后即应禀承各财政主管机关办理。另由财政主管机关，或先加派副员一员，于各收入机关，襄助调查稽核整理一切事宜，其暂时特别收入之款项，另由财政主管机关特设机关管理之。各军管区权委之各财政委员，自加委后，应格外谨慎奉公，以后察看贤否，由各主管机关妥酌之。（二）凡各军驻在管区收入之财政，应由财政主管机关通盘筹画，除奉大元帅核定各该军之饷额遵令指拨外，盈余之款，仍由财政主管机关遵令办理等条前来，详加察阅，事尚可行，特此令达，着即遵照切实办理。

据《孙大元帅通令统一财政》，载一九二四年二月十三日上海《民国日报》

---

① 广东人称依傍广州城区的珠江水道为"省河"。

关于整饬大本营所属各军军额之通令①

（一九二四年二月十六日至二十六日间）②

军兴以来，各军自行扩充兵额之事，所在多有。各游击、别动、挺进梯团支队以及各路司令之数，名目繁多，核其人数、枪枝两俱不足。其原虽由各军因战事紧急，为一时权宜之计，然与国家预算及军政统一有至大之妨碍。现值统一财政时期，凡未奉核准前列各种名目之部队着一并裁汰，照枪枝数目归并正式军队编制，以资整饬。又，在统一财政进行时期内，无论何军不得有扩充军队等事。仰各军一体遵照。切切。此令。

据《粤省统一财政之进行》，载一九二四年二月二十七日天津《大公报》

就中国国民党改组原因致海内外同志书

（一九二四年三月二日刊载）

同志均鉴：

本党此次改组之原因，曾经本总理在大会宣布明白，兹复撮言其要。

本党前此注名党籍之党员为数二十余万，同志不为不多，然按之实际，则除在册籍上载有姓名外，实不知党员在于何所。以故党员虽多，毫无活动，衡量党力，更属微渺。夫所贵乎有党者，盖在集合国民力能活动之分子结为团体，在一主义之下为一致之奋斗。故其要义，一在有主义，二在有团结，三在有训练。而欲求主义之鲜明，团结之坚实，训练之整齐，则不得不先揭三民主义之真解，而

---

① 当时大本营财政极其紊乱，各军自行扩军征饷，大有失去控制之势。孙文乃于一九二四年二月十五日召集军政要员举行会议，商讨统一财政事宜。会议通过收回征税权限及整饬军额、枪支等多项决议，由孙文下令贯彻施行。本篇是会后所发的重要通令之一。

② 底本未说明通令具体日期，此据财政会议结束后至刊布于报章这段时间标出。

萃力于基本之组织。此次新章①所订之组织方法，其意义即在从下层构造而上，使一党之功用，自横面言，党员时时得有团结之机会，人人得以分担责任而奋斗；自纵面言，各级机关完全建筑于全体党员之上，而不似往时之空洞无物，全体党员亦得依各级机关之指挥而集中势力，不似往时之一盘散沙。此种办法，在能自由办党之地固易获效，即在不能自由办党之地亦殊有活动之可能，本党之决心改组以此。

抑党人之入党，固为实行主义而来。然既为实行，则对于主义自不能以模糊的认识为了事，须透彻了解于主义之全蕴乃可。吾党主义，析言之固为民族、民权、民生；至其致用，实是一个整的，而非三个分的。不过因时机之关系，有时仅实现其一部，而未能施及全体。如往者萃全力以排满，似吾党主义专在民族，而不知吾党之实行民族主义，即欲以实现民权、民生两主义。且民族主义亦不止推翻满清而已，凡夫一切帝国主义之侵略，悉当祛除解放，使中华民族与世界所有各民族同立于自由平等之地，而后可告完成。顾欲臻此，即非以三民主义整个的进行不可。推类言之，则欲达民权、民生两目的，亦不能置民族主义于不顾。辛亥革命后，民权谓可见端，然未几即有袁氏篡夺。袁氏所以敢冒犯不韪，则以有外国帝国主义为之后援，遂致十年大乱，不能平治。此则民族主义不行为之因，至于民权、民生更不暇顾。

欧战发生而后，各国社会党乘机勃发，俄国共产党竟一举成功，而我国青年乃亦感乎民生问题之不得不急为解决，于是社会之研究运动始发轫于民间，然此即吾党所欢迎而引为同调者也。夫吾国之革命在前，俄国之革命在后。俄乃以六年之短期，划除根深蒂固之专制阶级，战胜其四围之帝国主义之恶魔，且以其势力振发全世界被压迫民众之奋斗精神。而吾党自辛亥迄今垂十三年，国内军阀官僚之横暴日甚一日，国外帝国资本主义之侵凌日迫一日，以视乎俄，瞠乎其后，则俄诚足为吾党借镜之资，而亦当引为吾国互助之友。盖以言主义，则彼此均能吻合；以言国情，则彼此有若弟兄。数年前予曾有联俄主张，国人不察，骇为险着。曾几何时，英、意已联翩承认俄国，美国舆论亦极怂恿其政府毋持偏见，足

---

①　此指本年一月二十八日国民党代表大会通过的《中国国民党总章》。

见潮流所至，莫能抵御。本党先几〔机〕，于兹可证。夫以资本称雄之国尚复尔尔，则我之为他人殖民地者尚何所忌避，而惧与努力图谋解放被压迫民族之俄国提携乎？毋亦不思之甚矣。

顾有好造谣生事者，谓本党改组后已变为共产党。此种谰言，非出诸敌人破坏之行为，即属于毫无意识之疑虑。欲明真象，则本党之宣言、政纲具在，覆按可知。本党之民生主义，早以平均地权、节制资本两方案著于党纲，自始至终未尝增减。至若进行之有缓急，分量之有重轻，此则时势之推迁，而非根本之改变。故为上说者，不特不知本党之主义，并未识本党之历史，亦徒见其谬妄而已。

至于社会主义青年团之加入本党，在前年陈炯明叛变、本党经一度顿挫后，彼等认为共同革命非有极大之结合，事不克举，故欣然同趋一致，以期有益于革命之实行。本总理受之在前，党人即不应议之于后。来者不拒，所以昭吾党之量能容物，而开将来继续奋斗之长途。吾党之新机，于是乎在。彼此既志同道合，则团体以内无新旧分子之别。在党言党，唯有视能否为本党、为主义负责奋斗而定其优劣耳。

以上种种，略明大要，其详则具载于演讲录中。切愿诸同志祛除臆惑，协力刷新，以达吾党远大之目的，本总理有厚望焉。

孙　文

据《总理致海内外同志训词》，载广州《中国国民党周刊》第十期，一九二四年三月二日

中国国民党奉总理谕各地组织须遵守党章之通告

（一九二四年三月十六日前）①

通告第二十三号

为通告事，现奉总理面谕："本党改组后所有各种组织，皆照本党总章办理，

---

① 底本未录下款及发出通告日期，但谓国民党"最近发出廿三、廿四两种通告，对于组织及纪律特别注意"。按：第二十四号通告即下篇，可知此两通告皆为中央执行委员会编号所发，且发出日期相近；第二十四号通告发于三月十六日，则本通告当在十六日前数日内所发。

凡以前所有冠以'中国国民党'字样等团体而总章未有规定者，均应即日取消。以后如有组织此项团体之必要时，应由所在地之最高党部直接组织并指挥之。凡属党员，不得假借名义自由行动，如敢故违，应即执行纪律从严惩办，以肃党纪。"等因奉此，为此通告各地同志。如在本通告未发出以前所有"中国国民党某某"等团体，一律即行取消，以后不得任意设立此项团体，以破坏总章。特此通告。

据《中国国民党重要通告》，载一九二四年三月十八日《广州民国日报》（六）

国民党员须服从党义严守党纪之通告①

（一九二四年三月十六日）

通告第二十四号

　　为通告事：本党自革命同盟会以来，历三十余年之奋斗，苦心孤诣，百折不挠，立志不可谓不专，用力不可谓不勤。然时至今日，核其成功，仍若是之鲜者，固由于其始之组织未密、训练未周所致。然而一般党员对于党与个人之关系，容有未能彻底了解，亦是重要原因之一也。兹重为我一般同志恺切言之。

　　夫结合多数之同志以成党，即应集中权力于党，以约束多数之同志。故凡属党员，只有服从党之行动，而无党员个人之自由；只有以本身之能力贡献于党，以达党之目的，断不能反藉党之能力以谋党员个人之活动。盖党之成功，即党员个人之成功。若各自藉党以求党员个人之成功，其结果必令党受莫大之损失，而总归于失败，是以在党员个人亦无成功之可言。故牺牲党员个人之自由，即所以保障党之自由。集合多数党员之能力而成党之能力，即为一党成功之张本。反是，有未〔未有〕不归于失败。

　　党与个人之关系既如上述，因此凡属党员之任职于党政府下之军政、民政、财政各机关者，无论任职之大小，皆须明了本身之置身仕途，乃为希望达到党之

---

　　①　本通告经三月十五日孙文主持的国民党中央执行委员会第十四次会议决定颁布。

目的而从政，非为希望达到个人之目的而从政。若误认为希望达到个人之目的而从政，根本上既发生矛盾，则操之无本，措亦乖宜，且不啻于党中自树一敌，其损害何可胜道！各同志当知本党万不能牺牲一党以满足个人欲望，故任职之党员，比之一般党员须格外绝对服从党义。一经入党，则个人行动一切皆范畴于党的行动，谨守本党政策，以博得多数人民之信仰，而本党基础乃赖之巩固。兹为策励各同志益加奋勉起见，标明三义，俾有遵循。若夫防制逾越，则有本党纪律在焉。

第一，严守本党主义。本党第一次全国代表大会宣言，已证明实行三民主义为中国唯一生路。本党总理历次演讲，对此曾加以郑重阐明。各同志之任职于党政府之下者，对于主义之宣传与运用须加倍努力，使本党成为革命民众之根据。

第二，实行本党策略。本党所定对外政策凡七事、对内政策凡十六事，既条张目举，准备实行，任职党员握有权位，当奋全力以赴之，庶几代表本党行动，以饫群众所望。

第三，与民众同甘苦。革命期间须先有所牺牲，以为取得成功之代价。今日党政府下之民众，其所牺牲者甚巨，然而不稍形畔者，盖期望于本党良殷也。任职党员当如何刻苦自励，以慰藉民众。其有纵恣骄横、尊养而优处者，已为民众所弃。甚焉者，藉党营私，务充一己欲壑，固不独腾谤民岩，而使本党失去信用于民众，徒供彼一人为府怨之具，此尤为本党所不容者矣。

上述三义，所以促各同志之醒悟。各同志须知本党此次改组动机，原欲令本党成一有组织、有权威之党，以负荷国民革命之重大使命。若是，则端赖各同志为党努力，以党的成功赅括个人的成功。不然，步骤之不整齐者如故，叫嚣躁突而莫衷一是者如故，是则本党之改组为多事，同志之入党为别有所图，甚非本党总理毅然改组之所望也。愿与各同志共勉之！

中国国民党中央执行委员会（印）

主席　孙文

中华民国十三年三月十六日

据中国国民党中央执行委员会《通告第二十四号》铅印原件，北京、中国国家博物馆藏

附载：中国国民党中央执行委员会
宣传部辟谣声明①

（一九二四年三月二十六日至四月八日刊载）

自本党改组以来，一般反对者造作种种谣言，不曰"国民党已变为共产党"，即曰"共产党实为灵魂，国民党仅为皮壳"；不曰"广州将于四月一日宣布实行共产"，即曰"孙中山、胡汉民、汪精卫、廖仲恺均已加入共产党"，类于此者之谰言，兹亦不暇尽举。惟归纳若辈之动机，仍不外直接间接助反对本党之军阀或逆贼张目，而破坏本党之进行。归纳若辈之伎俩，终不外穿凿事实，颠倒因果，捕风捉影，肆意诋毁。归纳若辈造谣之焦点，要不外国民党变为共产党，以国民党之主义变为共产党主义而已。

本党数十年在政治上经历尔许之风波，于此种含有阴险卑劣的政治意味之莠言，原不视为有一辩之价值。惟反对者利用政治空气之混浊与国民智识之低下，以为一旦以一般人视为等于洪水猛兽之共产主义加诸国民党，则国民党必外受列强之压迫，内遭国民之反对，而国民党危矣。无理之压迫与反对，本党所不惧，惟若辈思欲引不可必得之压迫与反对以害本党，其用心实可怜而可鄙。共产主义之是否等于洪水猛兽，本党固亦不与一般以耳为目者同下断语；惟若辈以其心中龌龊不堪之思想解释共产主义，更以其所谓主义解释国民党之政纲，从而鼓惑国民，搅乱舆论，其手段之奸险尤为可诛。兹为提醒国民之耳目，故不能不将各种莠言之根据，完全指破。

反对本党者之莠言，其所利用者，乃一般国民对于"赤俄"与"共产"之恐怖心。此种恐怖心，一半起于不明苏俄之真相与共产之果为何物，一半起于欧战后协约国对于苏俄制造一种骇人之空气。在自己无独立的世界新闻机关与事事受

---

① 自国民党举行代表大会并完成改组后，以香港为主的报章编造大量谣言，将攻击矛头直指国民党和孙文。国民党要人汪精卫、廖仲恺、胡汉民、叶楚伧、伍朝枢等以至孙文本人均曾发表谈话予以驳斥或澄清，而国民党上海执行部亦发表声明，《中国国民党周刊》及《广州民国日报》等亦组织文章进行反驳。国民党中央宣传部（部长戴季陶）此篇辟谣声明，当系经孙文授意或核准始予刊布。

帝国主义者支配之中国，一般国民自无从伸首于地平线上，以窥明他国人民思想、政治、社会真相之机会。欧战告终以前，列强之帝国主义者以野蛮之普鲁士主义①骇世人，而世人信之；以大战衅端开自德国之说欺世人，而世人信之；以"社会主义"、"波布〔希〕维克"②、"马克③思主义"与"无政府主义"骇世人，一若其害甚于毒蛇猛兽，而世人亦信之。今欧战告终已六年矣，凡斯种种恐骇人心之谈，在列国已失其神效，而吾国愚顽卑劣之徒，则仍思以他人之旧骨董售诸国民，宁不可笑！

实在言之，苏俄不惟已得英、意等国之承认，而英、美舆论且久已有应请苏俄参加各种国际会议，以共谋解决欧洲政治上经济上建设问题之主张。共产主义不惟不为世人所恐怖，且已为各国智识界公开研究之题目。以前英国保守党与自由党尝以"社会主义"、"波希维克主义"之名加诸劳动党④，谓苟一旦劳动党组织政府，则英皇、大不列颠帝国、私人财产、个人自由一切均将被毁。今劳动党果已组织政府矣，劳动党在国会六百一十六名议员中已占大多数之议席矣，而英皇固未毁也，大不列颠帝国未毁也，私人财产与个人自由亦未毁也。依英国宪法，凡一党出而组织政府，必须其已得国会中大多数之信任，劳动党此次组织政府，由于去年十二月国会议员大选举获胜。换言之，即英民选出大多数之工党议员，依法由工党议员之领袖出而组织内阁，于此可知从前被反对党诬为"赤化"之劳动党，今已得英民之赞助与国会之信任。反言之，即从前反对党用以诬蔑劳动党种种骇人之说，今已不复能鼓惑英国一般人民。英国人民经数〈十〉年来之教训，已祛除对于苏俄及共产主义所怀之恐怖，已洞明共产党与劳动党相异之真相，已能以清晰之眼光评量劳动党之政纲。自今以后，吾人亦希望吾国民祛除对于"赤俄"、"共产"所怀之恐怖。当知世间一切新发见之思想或主义，苟能在日光底下与世人共相研究者，决无危险，决非可怖。吾国民果能了解此默〔点〕，则凡假"共产党"一类之名词思欲以之鼓惑人心、诬陷国民党者，其术立穷。

---

① 普鲁士主义（Prussianism），亦即军国主义之别称。
② 波希维克（Bolshevik），今译布尔什维克。
③ 此处删一衍字"斯"。
④ 劳动党，即下文所称工党。

　　制造莠言者，以此次新加入本党之同志有属于社会主义青年团者，因而遂谓"国民党已变为共产党"。殊不知本党在历史上，为谋结合全国人民以图革命之政党，凡愿集合在本党旗帜之下共同奋斗，以求实现三民主义者，皆得加入本党，此乃本党素来所持之方针，为国人所共见者。辛亥以前，不少主张无政府主义之士固已加入本党矣，而未尝有以国民党变为无政府党之说诋难本党者。近数年来，北方军人渐渐明了本党之主义，奉之张、皖之段、浙之卢①亦尝与本党合作，共谋解决国事矣，然亦未尝闻有谬称本党为张党、段党、卢党者。今乃因本党新同志中有一部分倾向共产主义之故，遂嚣嚣然谓本党变为共产党，其荒谬可笑，岂不显然可见！今吾人假设造谣者之中有属于陈炯明之逆徒，使有人用造谣者所用之论理方法，谓其人因厕身于言论界，遂目言论界已变为陈炯明之逆党，可信乎？抑不可信乎？虽妇人孺子亦必不信之矣。然而造谣者正用此等含沙射影之法，以共产党诬国民党，一般无知之民亦竟有信之者，是诚天下至可怪之一事，抑于此有不可不为国民申述者。

　　此次加入本党新同志，非以何等团体之资格加入，乃以各个人之资格，诚心实行本党主义、服从本党党纲、遵守本党纪律而加入。此非本党一部分之饰词，李大钊等在本党全国大会中固已郑重申明，而为本党同志与国人所共见者。既在本党，则无论何人，皆当以其能力、精神为本党努力，苟有违反主义、党纲之行为，则以纪律绳之，无所姑容。中国之革命当以国民大多数之力行之，欲期革命之成功，则凡国中各阶级、各党派与本党在思想主张上相接近者，皆当合作于本党之下，此为本党同志所同认者也。今本党制定一适应全国民众所要求之政纲，明白宣言，本党同志亦皆以之为今后共同努力之目标。彼造谣者乃竟以"共产党"与"国民党"两名词为播弄之资料，时而将两名词合为一谈，则曰"国民党成为共产党"也；时而将两名词变为相对体，则曰"共产派与非共产派分裂"也。呜呼！何其陋也。

　　顾有人疑本党改组后之主义与政纲亦已变易，甚至谓"平均地权、节制资本为实行共产主义"。此其穿凿附会，尤为可嗤！本党三民主义始终未尝移易，其

----

　　①　奉系张作霖、皖系段祺瑞、浙江卢永祥。

内容之说明，以此次宣言比较的更为恺切详尽，而谓其根本原则有所变更则谬也。本党总理民生主义之演说①，于范围上，曾言社会主义、共产主义与集产主义均包括于民生主义之中。然不可因此而误会其说，谓民生主义即社会主义，抑或即为共产主义，抑或即为集产主义。盖民生主义实包括一切关于经济问题之主义，此乃本党总理所创一个含有经济的哲理之名词。不明其内容之意义者，目之为专指一种狭小之经济政策或主义而言，实为妄解。今本党宣言，根据民生主义之精神而标出其主要原则，曰平均地权与节制资本，二者乃本党数十年未尝变易之主张，非由模仿任何国家之经济政策或任何外国所谓激烈派之学说而来也。试更观本党根据此二原则所定之具体政纲：关于平均地权者，为"由国家规定土地法、土地使用法、土地征收法及地价税法，私人所有土地，由地主估价呈报政府，国家就价征税，并于必要时得依报价收买之"；关于节制资本者，为"企业之有独占的性质者，及为私人之力所不能办者，如铁道、航路之属，当由国家经营管理之"。凡此政策，在今日欧美各国均已实行。若如造谣者之所指，谓此种政策为行共产主义，则各国之久已行此政策者岂非皆成为共产的国家，有是事乎？至若本党对于农民，其缺乏田地沦为佃户者，主张由国家给与土地，资其耕作，并以国家之力为之整顿水利，或移殖荒徼以均地方；其缺乏资本者，主张由国家为之筹补助之方，如设农民银行等以供其匮乏。又本党对于工人，其团体之受摧残压迫者，主张由国家保障之、扶助之；其生活状况之不良者，主张制定劳工法以改良之；其失业者，主张合政府与社会之力设法救济之。凡所列举之政纲，无一而非现代各国社会所必需而已行之者。顾各国行之，未尝引起何种之怀疑；本党思欲行之已非一日，徒以一般国民尚未了解其必需，怀之至今宣诸全国，乃竟有执之加以曲词妄解，以扰乱耳目、破坏本党进行者，斯真为国民生活改革前途之贼矣！

抑有进者，现在造谣者对于本党政纲指为"赤化"之处，不在根据民族主义及民权主义而定之政纲，乃在根据民生主义而来之政纲。欲证若辈所指之谬妄，吾人可举他国所有关于人民生计问题之政纲，与本党政纲互相比较，以明真相，

---

①　此指本年一月二十一日下午孙文在国民党代表大会上作《关于民生主义之说明》的演说。

并且由此比较，即可祛除一般国民对于本党政纲所怀种种无根据之误会。

俄国无产阶级专政之始，其所主张实施之政策，概括言之为：（一）收没资产阶级财产，将生产的及流动的资本变作全体劳动家之公产；（二）将生产之源流、生产之组织与生产之管理权，集中于最大统系之下；（三）现有之微小企业及家庭实业，由劳农政府筹设辅助及奖励之方法使其联合，成为原料生产之大组合；（四）关于公有实业之组织，将全国各种专门职工同盟联合为伟大之生产组合，并使各职工同盟尽量将生产事业之管理权握于自己手中；（五）为平均人民经济发展之起见，由劳农政府将全国劳动力运用之分配之，于政府举行一定之社会工作时，得依各职工同盟之协力而征集全体力能工作之人民作工；（六）废除土地私有①，组织农村之共产团以从事于伟大之共同农业生产，关于畜种之改良、土地之整理、器用之供给等，皆由所设之特别机关处理之；（七）依合作社之基础组织全国人民与工人之消费共产团，以分配各种必要物品；（八）籍没各种公家银行储蓄机关及私立银行等，以为建设劳农民主国平民银行之基础，将全体银行事业独揽于劳农国家之掌握。然此种政策已归失败，于是乃舍弃其共产的根本经济政纲，而施行今之俄国所称"新经济政策"。施行新经济政策以前之俄罗斯为共产的俄罗斯，施行新经济政策后之俄罗斯则已一变而为非共产的俄罗斯，此为吾国民所不可不注意辨别者也。所谓"新经济政策"者，其细目兹者不暇列举，然其性质属于集产主义者有之，属于国家社会主义者有之，如关于独占性质之企业及矿产、铁路等收归国有，并由国家经营管理，凡为显明属于国家社会主义范围之政策。是故以俄国从前之共产的政策与国民党之政纲较，则前者与后者完全无相同之点。换言之，即本党实无一政策能指为有共产之意味者也。以本党之政策与俄国今之新经济〈政策〉较，则唯于国家社会主义范围内之主张有互相印证之点。关于此点，即谓本党实为俄国之先进亦不为过，盖本党总理持此主张，实已数十年于兹也。

次举英国现在握政之劳动党，其明白宣布之目的为打破资本主义与资本制度，建设一以合作事业为基础之共和国，其所主张之政策为：（一）生产事业、分配

---

①　此处原排有"（七）"，系衍文，已删。

事业、银行事业均归公有，并由国家经营管理之；（二）土地、矿产、水利、电力、铁道与其独占性质之企业概归国有，而由合于民主精神之方法经营管理之；（三）增进工人生活上之幸福，改良劳动状况，关于工人受雇条件由工人自决，于各种专门工业之管理上应增加工人参预之权。诸如此类列举之政策，若以所谓"激烈"、"急进"一类之形容词描绘之，则诚较国民党之政纲为激烈数十倍、急进百里程矣。然而英国普通之选民不特不以所谓"共产"、"赤化"之恶名而攻毁之，反于屡次普选时赞同之、拥护之。盖在英国人民生活之状况，久已有实行劳动党列举之政纲之需要。如土地国有，为土地国有会与许多国会议员数年前主张最力之政策，然彼等皆非劳动党之党员；矿产国有，昔亦尝为政府所提议；铁路国有，则当一千九百二十一年补选竞争时，为政府党政纲之一。

即以英、俄两国握政之政党所持之政纲，可以概知国民党此次所公诸全国之政纲，不特不能称为有所谓"共产"之彩色，抑且不及他人所行政策之急进。若更举美、法、德、意等国政党所已见诸实事、形诸言辞之政策与思想言之，则处此民智昏昧、社会混乱之中国之国民党，方且自叹相形见拙〔绌〕之不暇矣。今本党以最低限度之政纲，期以与国民共济时艰，原以体察吾国实在情形，非从实行此种政纲不可，固非有所盲师任何先进国之成法，亦非有所取慕何种最新思想之虚声。至于如一般反对者妄加诋毁，无论其指本党为共产主义抑或为资本主义，皆与本党主义毫不相关，与本党救国之本心渺不相涉。

兹为总括之言，正告国民曰：国民党之本体不变，主义不变，政纲之原则不变。此次改组，乃改党之组织采用俄国委员制。然此制在各国均有之，亦非俄国之新产物；特俄国应用于上自国家政府下至乡村公共团体之上，为一特殊之点耳。国民党期以此制组党，使之能集合全国人民共同担负革命之责任，完成国民全体建设一良好新中国之使命。吾屈伏于国内军阀与国外帝国主义者压迫之下之国民，其勿怀疑，勿虑听莠言，且速起！且速起！

据《国民党中央执行委员会宣传部辟谣》，连载一九二四年三月二十六日至二十九日、三月三十一日至四月四日、四月七日至八日《广州民国日报》（七）

附载：致学农工商各界通电

（一九二四年三月二十八日刊载）①

本党为救国之政党，为中国之主权而奋斗，为青年国民之利益而奋斗，为全体国民脱离军阀压迫、外国帝国主义压迫而奋斗。

革命的青年国民为中国唯一之希望，当在本党旗帜之下，为中国之主权、为青年国民之利益、为全体国民之利益而奋斗，当为本党之前锋，当干青年之事业。土耳其之复兴，出于土耳其青年之奋斗；俄国之复兴，出于俄国青年之奋斗。中国之复兴，当亦出于中国青年之奋斗。

农民之生活，五十年来日见苦痛。蚕丝之出产，日受外人之操纵。非收回我国之主权，农民之生活愈趋愈苦，城市无容身之地，乡村无养身之地。中国不革命，农民方面实无"发财"机会；农民不参加革命，不能速"发财"机会之来。

工人失业日多，实业不发展，不但不做工不得食，且无机会做工。中国实业之发展须待革命之成功，工人当参加革命，以促其成功。工人为本党之基础，本党之奋斗乃为发展实业而奋斗，为工人利益而奋斗，工人当与本党共同奋斗。

商务日见零落，外货日见充斥，此非一时之现象，乃永久之现象。革命不成功，则此现象将长此不灭。本党为主权而奋斗，即为保护国民贸易而奋斗。商人实为本党之主力军，商人当与本党共同奋斗。本党革命成功之日，即商务发展之日。

据《国民党致各界书》，载一九二四年三月二十八日《广州民国日报》（六）

---

① 底本说明，本件为国民党中央执行委员会于三月二十八日发布。

附载：中国国民党为京汉同志被捕告国民书[1]

（一九二四年六月八日刊载）

中国国民党自开第一次全国代表大会以来，宣言、章程公布于世。察宣言之内容，则中国国民党之主义及其最小限度之政纲，可以明了。察章程之内容，则中国国民党之组织及其进行方法，亦可以明了。以今日中国之现状，苟无适宜之主义与政纲，何由能收转危为安之效？苟无组织有纪律之政党，以期主义与政纲之贯彻，则亦何由实行？凡我国民苟读本党[2]之宣言与章程，必能信为救国之唯一方法。

乃旬日以来，汉口既发生党狱，藉口传过激主义，捕去刘芬、杨德甫、许白昊等数人，北京亦有捕拿张国焘等数人之事。本党宣言及章程性质公开，与所谓过激主义绝非同物，人所共见，无从厚诬。本党党员为主义而活动，亦绝无轨外之行为，可以供人罗织。军阀之出此，无非本其盗憎主人之意，知国民苟为国事而奋起，则彼之违法乱纪必将无所逃罪，故敢悍然对于国民之前驱而加以妨害，且不恤加以诬蔑，以期阻止国民之进行。本党党员入党之始，已决以此身为主义之牺牲，夫何淫威之足恤！惟我国民当知军阀此举，非仅向中国国民党而挑战，乃向中国国民而挑战。盖今日军阀心目中之大敌，实为国民，本党党员特为国民之前驱而已。

本党党员以国民之前驱自任，前仆后继，猛进而不已，适足以发扬国民之勇气与固结国民之决心。中国今日受军阀之蹂躏，固无一片干净土。而本党与国民相依为命，国民之痛苦，适足以激发本党党员之妄〔忘〕身奋斗。在中国以内，无时无地不为主义与政纲之宣传，即亦无时无地不与军阀为敌。经一次之挫折，得一次之进步，必蕲于成功而后已。凡我国民，实式凭之。

据《中国国民党敬告国民》，载一九二四年六月八日《广州民国日报》（三）

---

①　五月十三日，湖北督军萧耀南派军警逮捕京汉铁路总工会委员长杨德甫（国民党员）及刘芬、许白昊（均加入国民党的中共党员）等数人；同月二十一日，直系军阀控制的京师警察厅派遣侦缉队逮捕全国铁路总工会总干事张国焘（加入国民党的中共党员）等数人。本文告即为针对此二事件而发。

②　此处原误植为"读本苟党"，今改"苟读本党"。

附载：中国国民党关于"德发债票案"宣言

（一九二四年七月三日）

比年以来，北洋军阀盘踞北京，盗窃政府名义，以遂其卖国殃民之欲。本党为保护国家及人民利益计，一面宣言所有伪北京政府之行为，概不承认；一面对于伪北京政府声罪致讨，务使城狐社鼠，无所凭藉；耿耿此志，凡我国民，当所共喻。最近所传德发债票案，据本党调查观察之结果，仍不外伪北京政府卖国殃民之一种行为，用抉真相，以告国人，惟垂察焉。

我国在欧洲战争及对德宣战期内所受各种损失，应由德国赔偿者，据册报总数，为一万二千二百余万元，而参战军费一万零五十余万元，尚不在内。其间如间接损失、赔偿标准等等问题，虽尚有讨论之必要，然此事关于赔偿国家及国民损失，且为数之巨，以万万计，其关系既甚重大，其性质又无须秘密；伪北京政府果无愆法作弊之意存于其间，当即以此案完全公开，以求适当之解决。乃伪北京政府办理此案，绝端诡秘；其始惟以曹锟嬖人李彦青独司其事，并其所奴蓄之伪国务院，亦不使闻知；其继则伪国务院承伺曹锟嬖人李彦青意旨，相与上下其手，并其所傀儡之伪国会，亦不使参与，因以惹起伪国务院间之倾轧，与伪国会之喧阗。从来罪恶起于黑暗，以不应秘密之事而付之秘密，其包藏罪恶，不难推见。况据其所传此项赔款方法，除曾由德政府交纳现款四百万元以外，并由德国政府将其所收集之津浦、湖广铁路债票及到期息票，暨善后到期息票约四千余万元，交付中国，作为赔偿之一部分，暨扣除中国政府对德债务约四千万元，为数与册报总数，相差甚巨。况债票价格及对德债务，在未清查以前，何由知其真额？此案既为国家及国民利益所关，庸可听伪北京政府为所欲为，以一手掩尽天下耳目耶！

以上所言，犹专注意于赔偿方法，至于赔偿之用途，尤有当为国民所注意者。案庚子赔款对德部分为数一万零八百万元，早已退还，而退还之后作何用途，至今无人过问。此次债票总数为四千余万元，据上海《新闻报》六月十八日载伪国务院致吴佩孚、齐燮元等寒电，内称德发债票解决经过，该款如无意外，即可收回现款四千余万，现经国务会议议决，由财政部体察情形，开列支配清单，提交两院云云。北京伪政府甘为军阀鹰犬，以残虐国民，久为历年昭著之事实。以国家及国民利益所关之事，付之彼辈，其为危险，宁可思议！必与庚子对德赔款，及前次德国对我赔款四百万元，同葬送于黑暗罪恶之中，不特无以弥补国民之损失，且适以增加国民之负担已耳！况寒电所传，犹为表面之语，据近日各报馆所载，伪北京政府已与各省军阀协定分赃计划，数目分配，灿然已备。然则此四千余万之赔款用途，小则饱军阀之私囊，以供无餍之欲，大则以之为摧残异己之用，其结果适足以增长内乱，蔓延兵祸，此不独本党所极端否认，亦国民所同声反抗，抑亦有友谊关系诸国所不能坐视者也。

综之，伪北京政府对于德发债票案，其办理经过之诡秘，方法之糊混，用途之叵测，皆足以构成其卖国殃民之罪状。本党对伪北京政府早已不屑与言，惟我国民对此利益所关、危机所伏之德发债票，实不宜漠视。本党以为全国以内，各国民团体如省议会、教育会、商会、农会、工会等，宜及时奋起，对于此案，一致主张应共同组织合议机关，直接处理一切；办理务使公开，方法务使正当，用途务使其有裨于民生国计。庶几国家及国民利益，不致为少数军阀垄断以尽。其他于此案有相类之性质者，如金佛郎案，如各国退还庚子赔款案，国民亦当以同一态度而处理之。若犹疑不决，或少尝辄止，则国民不啻自暴其弱点，终必为军阀所乘；在军阀固得以纵卖国殃民之欲，而国民亦不能辞姑息养奸之诮。是非利害，惟国民知所从事焉。

据《总理遗教·宣言》，中国国
民党中央党部宣传委员会编印

中国国民党为解免共产党人
加入本党引起误会之宣言①

（一九二四年七月七日）②

吾党自提倡革命运动以来，内审本国之国情，外按世界之趋势，几经斟酌，始确定三民主义为中国革命运动中唯一之根据。三民主义之革命，为中国革命运动中唯一之途径，而最适合于中国之国情及环境，奋斗既久，信守弥笃。惟以向者组织未善，运用之际效力遂减。本年全国代表大会，即根据吾党固有之三民主义而改善其组织运用之方法，俾革命事业得以早成。同时又以中国现在之大多数人民皆陷于压迫痛苦之中，则革命之基础，自以联合全民共同奋斗，始能益显其效力。故凡有革命勇决之心及信仰三民主义者，不问其平日属何派别，本党无不推诚延纳，许其加入，态度本极明显。

惟数月以来，党内党外间多误会，以为已加入本党之共产派党人，其言论行动尚有分道而驰之倾向。于是反对派得藉此而肆其挑拨，同志间遂由怀疑而发生隔阂；社会群众之莫明真相者，更觉无所适从，减少其对革命运动之同情及赞助。此种情状，若不亟事矫正及补救，恐直接影响于党务之进行者，间接亦影响于全民革命之发展，关系实至深且巨。

中央执行委员会负有指导党务及解释党义之责任，兹为解免党内外之误会及隔阂起见，不能不再为郑重之声明，即本党既负有中国革命之使命，即有集中全国革命分子之必要。故对于规范党员，不问其平日属何派别，惟以其言论行动能否一依本党之主义、政纲及党章为断。如有违背者，本党必予以严重之制裁，以整肃纪律。同时又为谋慎重的及周密的解决起见，特呈请总理，在短期内召集中

---

① 六月十八日，国民党中央监察委员张继、谢持、邓泽如三人向孙文及中央执行委员会提出"弹劾共产党案"；此外，各地尚寄来相关检举信多件。中央执行委员会决定提请孙文召集全体委员会议进行讨论，而在此之前先发表一宣言就有关问题表明态度。为此，推定汪精卫、邵元冲起草本宣言，并经七月七日举行的中央执行委员会第四十一次会议议决通过。

② 中执委会议通过文告后惯常是在当日或次日发布，此据上注通过宣言的日期标出。

央执行委员会全体委员会议，以期讨论周详，妥筹解决。仍望我诸同志在此时期中继续努力，本革命之精神为主义而奋斗，屏除疑惑，奋励进行，以静待全体委员会议之解决，俾革命工作不致中顿。此则本委员会同人殷殷相企者也。特此宣言。

据《中国国民党中央执行委员会第四十一次会议录》（一九二四年七月七日）油印本，台北、中国国民党文化传播委员会党史馆藏

附载：中国国民党对各国退还庚子赔款之宣言

（一九二四年七月十日）

　　庚子之役，赔款四百五十兆两，分三十九年摊付本息，合计九百兆两有奇。比者英、俄、美、日等国，均以退还赔款见告，他如法、比等国，亦有退还之议，盛意良可感谢。退款之数目不一，综而计之，凡数万万元；使不幸而落军阀官僚之手，则中饱私囊，或败坏政治，或助长内乱已耳。是各国退还赔款，不独不能造福于吾民，反以祸吾民，岂各国之本意哉！夫庚子赔款，取诸全国四百兆人民者也；故本党主张今之退款，应举而措诸为四百兆人民谋幸福之教育事业，此本党全国代表大会所列之政纲也。数月以来，国中舆论，对此主张，多表赞同，足见公道在人，无间南北。

　　惟最近竟有持异议者，以为退款筑路导淮或办其他实业，岂不直接有益于民；或再以筑路导淮及其他实业之收入以兴学，似属一举两得。殊不知筑路导淮，工难事巨，其收效恒在十年及二十年之后。必俟筑路导淮之收效而始兴学，不知俟之何时。况京汉、津浦等路，每年赢利，何啻数千万，曾有些须用之于兴学否耶？惟见军阀任意截留，以为其招兵买马、荼毒吾民之具耳。欲以退款筑路导淮等说，是自欺欺人之谈，吾人惩前毖后，决不为所惑也。

　　且实业为生利之营业，可以借款理办，外人以有利可图，亦乐于投资。教育则不然。吾国兴学，垂数十年矣，然多具形式而乏精神，有空名而无实际。欲求一规模宏敞、设备完全、名实相副者，环顾中国，殆不数见。此其故不一端，而经费缺乏，则其惟一之致命伤也。军兴以还，此弊尤著，教育命脉，久已奄奄一

息，不绝如缕矣。维持现状，已觉万难，改善扩充，云胡可望。今何幸得各国退还之款，为学界馈贫之粮，揆诸情理，名至正而言至顺。

若夫教育用途，非一言所能尽，应由教育团体组织一审定用途委员会，调查设计，假以全权，积极进行，务合适应潮流振兴文化之旨。并应由教育团体，组织一保管退款委员会，对于退款严格保管，一分一文，不得移作别用，以免军阀官僚穷兵侵蚀之弊。至于收入支出，务取公开，理所当然，无待赘述。凡此种种，本党熟思审定，一秉至公。福国利民，胥赖乎是。邦人君子，幸采择焉。

据《总理遗教·宣言》，中国国
民党中央党部宣传委员会编印

附载：中国国民党对于《中俄协定》之宣言

（一九二四年七月十四日）

本党领有历史的使命，为中国之独立与自由而奋斗；三十年来，努力欲使中国脱离次殖民地的地位，以与各国平等共存于世界。本年第一次全国代表大会宣言，确定政纲，其对外政策第一条，一切不平等条约——如外人租借地、领事裁判权、外人管理关税权，以及外人在中国境内行使一切政治的权力，侵害中国主权者——皆当取消，重订双方平等互尊主权之条约。第二条，凡自愿放弃一切特权之国家，及愿废止破坏中国主权之条约者，中国皆将认为最惠国。本此对外政策，以与各国周旋，强御非所畏，艰难非所恤。

俄国自革命以来，君主专制时代之帝国主义，已根本摧破，故对于中国，尝明白表示自愿放弃一切特权，及废止破坏中国主权之条约。倘使当时北京政府不为非法军阀官僚所窃据，则必能代表民意，开诚相见，新约早成，邦交早复。无如此辈军阀官僚，惟知把持政府，以遂其私，国事非其所恤。且对于俄国革命真相，既熟视无睹；对于各国对俄态度，复首鼠两端；故对于俄国所提议，竟茫然昧然，不知所措。以致与国家及国民利益极有关系之中俄交涉，竟无从进行。蹉跎苒荏，以至今年春间，始有协定成立之讯；而又因当事者间嫉妒之私，忽然停顿，必待当事者私人间嫉妒既已平复，协定才得成立。其儿戏国事，一至于此！夫中俄协定之成立，其中俄国对于中国放弃其从来获得之特权，及废止从来破坏

中国主权之条约，皆俄国根据其革命主义，所自愿抛弃，绝非伪北京政府所交涉而获得；此皆经过之事实，国人所共喻者。故就中俄协定而论，对于俄国一方面，国人诚当感其正义与友谊。盖自数十年来，中国与外国所结条约，皆陷于侵害中国主权及利益之厄境。此固由中国当局愚弱所致，亦由列强怀抱实行帝国主义，实使之然。

此次中俄协定，则能适合于双方平等互尊主权之原则。故当协定将成，俄国驻广州代表鲍罗廷君自北京致电本党总理，称此协定之精神，实准依本党政纲之对外政策，洵非虚语也！对于北京伪政府，一方面则虽目前盗窃名器，未为国民所掊击以去，犹处于国际间被承认之地位，因得以承受此中俄协定；惟此协定在北京伪政府存在期内，决无实行之希望。盖北京伪政府，惟知谄事列强，仰其鼻息，以偷生苟活；欲责以保持国家主权，及维护国民利益，不特非其所能为，亦非其所愿闻。如此，则实行中俄协定，尚何能望！证之近事，对俄使馆之交还，怯懦无能，不敢有所主张；对于庚子赔款之退还，全国舆论，皆主张全数拨作教育经费，而彼独奉承军阀颐指，巧立导淮筑路诸名目，谋攫此款，以饱私囊，至于悍然违反民意而不恤。凡此皆足证明欲实行中俄协定，非具有决心，努力致中国于独立自由者，必不能负荷；北京伪政府，徒足为实行中俄协定之阻梗而已。然则俄国此次与北京伪政府成立协定，与其谓俄国承认不能代表公理及民意之北京伪政府，以增进其国际的地位，无宁谓北京伪政府得俄国之承认，愈足以暴其恶劣于国民及世界也！

故本党以为国民关于中俄协定，对俄一方面，当感其厚意。此后两国人民，益当互相了解，以共同努力于互尊主权、互助利益之途。对北京伪政府一方面，当知名器之不可久假，大任之不可虚悬，此后益当以国民之力，锄而去之。本党总理在中俄协定未签字前，曾对于广州通讯社员，有所解答，关于此意，已极明显。当时党员，尚有观察未周之谬误者，而国民对于中俄协定，亦不免仍其漠视之常态，与放弃责任之故智，皆非所宜。本党有指导党员，实行政纲之责；有主张正论，为国民向导之责；故秉承总理意旨，发此宣言。

据《总理遗教·宣言》，中国国民党中央党部宣传委员会编印

陆海军大元帅大本营关于农民运动宣言①

(一九二四年七月十五日刊载)②

本政府为代表全国民之利益，贯彻三民主义，实行国民革命。故在革命期间，本政府有督促全国民加入国民革命运动之使命，而其特别之任务尤在于督促占全国民百分之八十的农民使之加入国民革命运动。

中国自开国以来，以农业经济为立国之基础。自国际帝国资本主义侵略以来，农业经济之上层建筑物、小商店、家庭手工业等皆为之破坏净尽，而代以外国之大工厂、大商店，输进外国货物于全国各商埠市场，而吸收中国之现金；同时又以关税政策阻碍中国国内出产品之输出，使中国产业界陷于萎靡不振之状态。而对于居中国出产品最大宗之农产品，更日见零落衰微，故农产品之价格平均几不能保持原状。一切物价突飞增涨，农民以有限之收入应生活程度无限之增高，结果收入不敷支出，使自耕农、佃农相继沦落而为兵匪、流氓，贫困日甚，骚扰日多，中国国家根本遂以摇动。而国际帝国主义者欲达其以经济灭亡中国之目的，复笼络北洋军阀以延长中国之战祸，北洋军阀更藉此勾结国际帝国主义，企图以武力统一中国，而完成其万〈世〉家业之野心。十数年来，兵灾遍于全国，一切军费负担无非直接间接取之于农民，于是农民益陷于水深火热。而乡绅之把持乡政，为富不仁者之重利盘剥，贪官污吏〈之〉横征暴敛，盗贼土匪之焚杀掳掠，无时不闻，祸国殃民一至于此。

本政府根据农民目前所受之痛苦，认为应督促一般农民之自觉，引导其团结于国民革命旗帜之下，为全国国民一大联合之奋斗。兹对农民运动有应为规定者

---

① 本宣言由国民党中央执行委员会农民部起草，经国民党中央执行委员会修正后呈送孙文审定，以军政府名义发布。七月二十三日，广东省长廖仲恺将本宣言及《农民协会章程》印发各县，并行文训令各县县长诱掖当地农民组织农民协会及农团军，同时尽力协助国民党从事此项组织工作［参见一九二四年七月二十四日《广州民国日报》（六）报道］。

② 本宣言制定日期不详，今据底本发行日期标出。按：廖仲恺训令中有"订定农民协会章程，随由政府发出宣言"之语，则可知宣言的制订发布稍迟于章程。

如左：

一、农民欲达到解除上述种种压迫，应即时组织农民协会。此种农民协会之性质，为不受任何拘束、完全独立之团体。

二、农民协会在目前战争过渡期间之重要工作，为防御土匪兵灾起见，特许其在一定计画之下组织农民自卫军。其办法如下：

（一）得按照军队纪律及义务军办法组织之；

（二）非农民协会会员不得加入为农民自卫军；

（三）农民自卫军得解除村中非会员之武装；

（四）农民自卫军当受政府之绝对的监督，但政府不得以农民自卫军充作别种攻击非本村直接防御行动之用。

三、农民协会与其各级中之各部，均有警告、控告，以及管理地税之征收及解决地税问题（如平均问题、分任问题、交付问题、额外征收问题等），但无直接行政之权。在控告时，村农民协会及区农民协会得控告于区官署，县农民协会得控告于县官署，省农民协会得控告于省长，全国农民协会得控告于大元帅。他如向军事长官控告，亦得按此程序行之。至于各农民协会（村、区、县、省）各该地之官厅有问题不能解决时，该农民协会应请托其较高一级之农民协会，与其所在地方官厅解决之。

四、各级农民协会及农民自卫军有使用农旗之特许权。农旗之制式为青天白日满地红之国旗，复于红幅上绘一犁，旗之正幅上另备一黄幡，上书“中华民国某省、某县、某区、某村农民协会”字样。

五、各村中之农民协会为基本组织，每一村农民协会须有十六岁以上之会员廿人以上方能成立。如人民入会之时，有左列条款之一者皆得拒绝其为会员：

（一）有田地百亩以上者；

（二）以重利盘剥农民者；

（三）为宗教宣教师者如神甫、牧师、僧、道、尼、巫等类；

（四）受外国帝国主义操纵者；

（五）吸食鸦片及嗜赌者。

六、各级农民协会之组织，对于契约承受财产等贸易均得享有法律保护权。

七、农民协会对于横暴官吏有请求罢免之特权。但此等请求，如反抗行政官、司法官或军官个人等，必须经过会员全体大会四分之三之通过，地方或中央审查委员会之审查始能执行。审查委员会之主席为检察官，委员为农民协会代表二人，工会、教育会、商会、国民党代表各一人。此审查委员会之判决，应由政府机关执行之。

八、农民协会得派代表至各地方或中央政府之各机关之农务会议，讨论各种之农业问题，如整理水利、救济灾荒、信托贷款及农民教育等。

九、农民协会之章程须根据三民主义，由会员自己定之。

以上所举均为中国农民目前所应努力之点，亦为农民运动所应注意之点。本政府唯有根据正义，作切实之辅助及诚恳之指导，使我全国农民从痛苦压迫之中达于自治自立之地位，以完成三民主义之工作。特此宣言。

据《政府对农民运动宣言》，载一九二四年七月十五日《广州民国日报》（六）

中国国民党中央执行委员会对上海党员之训令

（一九二四年七月二十一日）

顷接上海党员报告，七月三日上海公共租界工部局公报载有工部局总董费信惇六月二十日覆领袖领事意总领事罗西公函，其中辞意显系欲应伪北京政府之请求，以加危害于本党。本党党员非常愤激，至有主张要求本党取消历来禁止排外之命令，放任青红帮等自由回复庚子以前之活动者；又有主张要求本党鼓励在租界内为总罢工之运动者。本党对于此等要求，不能许可。爰发训令如左：

本党之职务，在根据三民主义，以实现独立平等的国家，对于狭隘酷烈的排外思想，认为于世界及人道有害，于国家及民族之独立平等，亦有害而无利，故常努力防止之。当庚子之岁，满洲太后及其王公大臣提倡义和拳，揭扶清灭洋之旗帜，以实行虐杀外国人，其时本党起革命军于惠州，则依照国际公法，对于居留境内之外国人民生命财产加以保护，证明满洲政府野蛮排外之行为为本党所反对。自是以后，凡各处崛起之革命军，莫不对于外国人民生命财产加意保护。辛亥之役革命军遍于各行省，而外国人民生命财产秋毫无犯，此皆本党主张足以转移国人之心理，而党员能受本党约束之明效大验也。元年一月一日，本党总理孙先生就职临时大总统宣言谓："当尽文明国应尽之义务，以享文明国应享之权利。"本党正大之主义与态度，久已昭著于世界矣。

十三年来，北洋军阀窃据北京政府，此辈为营私罔利起见，不恤与帝国主义者相勾结，以售其卖国之谋，国人常以其媚外而诟病之。然此辈脑中满贮复古帝制迷信诸思想，此诸思想与排外思想深相胶附。其媚外行动，适有思想与手段相矛盾之象，证之近来北方秘密结社，到处流行，皆以北洋军阀为中坚，而腐败官僚从而依附之。其最大之结社，奉唐代神仙吕纯阳为正会长，曹锟为副，王怀庆等为干事，发号施令，依于扶乩，副会长以下，奉事维谨，谓"吕纯阳能运飞剑尽刈敌人"云云。此等结社，其目的及性质，皆与庚子义和拳相同，本党对之正谋从事芟夷。因此等结社为复古帝制迷信诸思想所寄托，危及国本，不独排外思想有妨国际已也。凡本党势力所及之地，此等思想自然绝迹；反之，本党势力所不及之地，此等思想即潜滋暗长。例如安徽为本党势力所不及，即有大刀会之发生；四川甫脱离本党之势力，即有神打会之发生，皆可以类推者。故本党今日当自知其历史的使命，有指导全国从事革命活动之责任，对于革命军向来约束及本党向来宣传宗旨，不宜抛弃，宜继续禁止一切不文明之排外举动，所有党员皆当本此意旨，以指导国民，使勿入于歧途。即使外国人方面不能深知本党主义所在，至于扶助伪北京政府，以加危害于本党，对于本党为以怨报德之举动，对于伪北京政府承认敌为友之错误，致使本党不能不采用种种自卫手段，而本党终不欲放弃其禁止排外之主张，以保其对于国际始终一致之态度。

至于运动租界以内总罢工之提议，本党认为过为已甚，亦不能许可。

且核阅费信惇覆罗西之函，其中所云"反抗中国政府之徒"，未必即指本党。本党固为始终反抗伪北京政府之最力者，然去岁以来，曹锟以非法行贿窃据北京政府，惹起全国人民之反对，除其淫威所及之地方，人民敢怒而不敢言外，西南各省及东三省、浙江、淞沪皆明白反对，不承认其政府地位。即如上海总商会，固曾公然发否认北京政府之通电；上海护军使亦即为反抗北京政府之重要方镇。上海公共租界工部局对于国民意向所在，安能熟视无睹？亦安能悍然不顾，扶助伪北京政府以与公理与民意为敌？即使果尔，公共租界之工部局亦当得领事团之允许、公使团之同意，及各该外国政府之承诺，而此种反于文明国家所采中立态度之举动，逆料领事团、公使团及各该外国政府必不能容许也。

如上所论，工部局总董覆函所言，并未明指本党，即使解释为隐指本党，而本党亦不以为意。故本党党员应以忍耐镇静之态度处之，一切躁急举动皆当禁止，以静待本党继续之训令。

据《中国国民党第一届中执会第四十五次
会议录》（一九二四年七月二十一日），台
北、中国国民党文化传播委员会党史会藏

附载：中国国民党关于"金佛郎案"之宣言

（一九二四年七月三十一日）

近据报载，北京伪政府与法国政府，将根据去岁协定，以解决金佛郎案。查此案喧传日久，已成国民注意之问题；其中是否利害，所关甚巨，列举如下：

一、自法理上观察，辛丑和约有"用金偿付"之规定，并有"金债"字样，为法国政府要求付金佛郎之理由。然一九〇五年之换文，法国政府已经自己择定以汇兑时价付款，历来行之未改，久成惯例，何至今日乃忽要求付金佛郎。此在法国政府方面，已无理由足据。且法国政府，既于国内发布明令，禁止本国通货有金纸之差别，是法国法律上已明明承认法国通货金纸同等。今于我国赔款，则必要索取现金，而拒绝收用其本国通行之纸币，其于事理，尤不可通。

二、自财政上观察，赔款改付金佛郎，国民之损失若干，未可预计。盖将来佛郎价格，诚不必绝无高涨之事，然若照目前汇价，则金纸之差，已至四倍。未识以何理由，而使国民增加如许之负担。

三、自政治上观察，数年以来，北京伪政府倒行逆施，蠹国自肥，罪状累累，指不胜屈。金佛郎案适予以敛财之机会，其结果徒以延长战祸，重苦吾民；此尤应绝对反对者。论者或以为协定上已指定以赔款之一部分，拨作教育经费，此于吾国有利。殊不知此一部分之赔款，若落于北京伪政府之手，欲其还诸教育经费，又安可得？况此仅为一部分，其他部分将何从究诘。论者或有以为协定解决，于关税问题有密切之关系。殊不知金佛郎案，虽如法国政府意以解决，关税问题未必即蒙影响。即令关税会议因此开会，关税特别附加税因此增加，而关税根本问题为梗如故，于国民经济无所裨益，徒使北京伪政府攫钱益多，为恶益肆；此所谓藉寇兵赉盗粮者也。

根据以上种种理由，本党主张从根本上反对金佛郎案，勿使北京伪政府得以凭藉，以纵其祸国殃民之欲。尤望国民知名器之不可久假，太阿之不可倒持，速以全体国民之力，锄北京伪政府而去之；庶内政整理，而外交亦无虞丛脞。图存之道，惟在于是，谨此宣言。

据《总理遗教·宣言》，中国国
民党中央党部宣传委员会编印

附载：中国国民党忠告日本国民宣言

（一九二四年八月七日）①

迩来迭据驻日华侨联合会暨华侨团体及个人报告，日本自去岁震灾②而后，强用种种方法实行取缔华工入境。内务省所发布之命令，对于劳动者入境之限制已极苛酷，而东京、横滨、神户、长崎、门司各海岸警察，复将内务省命令所指之劳动者，变更其界说，扩大其范围，竟将厨师、理发师、裁缝师等悉数纳入，屡次拒绝登岸，遣送归国，或被拘留。本年三月间，神户兵库县厅外事课复订苛例八条，关于华侨商店之店员及雇主所雇之佣人，入国之际应具身许引受书，其中规定非常严酷。则取缔不止于华工，华商亦在限制之列。推此以往，势必至日本境内无华侨之足迹然后已。迭经本党政府向日本当局据理力争，本国各团体亦群起以谋对待。依日本当局及实业团体所解答，不外以震灾为理由，并声明所限制者不仅华人，对于各国人亦无例外。因是蹉跎，未获解决。

---

① 本件由一九二四年八月七日举行的国民党中央执行委员会第四十九次会议议决通过。著述时间据该日期标出。

② 此指一九二三年九月一日关东大地震，造成十多万人丧生，东京、横滨等被摧毁。孙文曾于九月四日代表中国人民致电裕仁摄政表示慰问，并向多位朝野人士发出慰问信。

本党于此有欲为日本国民忠告者，去岁震灾，在日本国民诚为非常之损失，而各国人民侨居日本者亦同蒙其害。揆之患难相共之情，则震灾以后汲汲于排斥少数入境之外国人民，于日本国民物质的方面为益甚微，而于各国人民感情的方面则所损实巨，诚非计之得者。且此种对于劳动者之限制，虽曰不专为华工，而揆之事实，则无异专为华工而设。盖欧美之劳动者以习俗及工价之关系，恒不愿远至日本从事劳动，故此种限制对于欧美实为不感痛痒，所身受其害者特华工而已。日本国民于震灾之际曾有虐杀华工情事①，今又以震灾为口实禁止华工入境，则吾国人民感情的方面所受印象，当较各国人民为尤深。日本国民之侨于中国者以劳动者占多数，若吾国以同样之手段为报复，未识日本国民对之又将如何？凡此皆本党所薪日本国民之反省者也。

抑有进者，日本国民对于美国新订移民法律②，举国一致表示反抗，岂不以人种之限制，非人道主义所宜尔。今日本以其不愿受之于美国者施之于中国，即使美国不反唇相稽〔讥〕，而揆之"己所不欲，勿施于人"之义，日本国民将何以自解乎？况美国之移民法律，仅以施诸不同种不同文之国，其对于同种同文之国初不如是。而日本之苛例，乃专以施诸同种同文之中国，宁不为美国所笑乎！日本朝野感于美国之移民法律，方盛倡亚洲人种大团结之论，亚洲人种闻而感动。良以日本维新以来政治学术着着进步，实足为亚洲人种之先导。今日以前，亚洲人种对于日本所以不能挟同情而反挟疑虑者，以日本恃一日之长以凌轹同种，豆箕〔其〕相煎，较异种为尤烈耳。故一闻日本将舍弃其同种相残之政策，而努力于亚洲人种之大团结，则莫不悠然生其属望，而中国人民为尤然。然一证之日本排斥华工之事实，则不能不有疑于日本所倡亚洲人种大团结之论为别有作用，或绝无诚意。故本党以为日本国民而果欲实行亚洲人种大团结之抱负者，则不可不留意于此，毋以小而失大也。

中国与日本壤地密接，历史上精神物质之关系至深且切，论其情谊，俨如兄

① 地震发生后，日本军警及右翼分子曾以防范瘟疫、强化治安为由，大肆杀戮进步人士及中韩侨民，华工七百余人被杀害。

② 此指一九二四年五月颁布的美国新移民法。其中关于未能归化入籍者不准移居美国的条款主要是针对日本移民而订，故此项新法律被喻为"排日法"。

弟。迩来感受人种间歧视之影响，两国人民方将相与努力以谋亲善，本党认此为东亚大势之转机，故对于足为此转机之阻梗者，不能不思有以消除之。故对于日本国民进此忠告，惟明察焉。

据《中国国民党忠告日本国民》，载广州《中国国民党
周刊》第三十五期，一九二四年八月二十四日印行①

通谕广州商团勿附和陈廉伯谋叛
并助政府淘汰内奸书

（一九二四年八月十九日）

商团诸君公鉴：

陈廉伯所私运之军火，其一部分为诸君集资而购者，政府已可承认，行当令省长按照民团条例，交给诸君，故对于诸君之枪枝问题，已可作为解决矣。此外，尚有二事，必须诸君协助政府以解决之。近日由商团本体及各方面发现出陈廉伯有极大阴谋，欲藉商团之力，以倾覆政府，而步意国墨素连呢②之后尘。此事前一两月香港、上海、天津各西报已有访闻，登诸报章，言之凿凿。昨日陈廉伯托香港某西报著一论说攻击政府颂扬商团者，犹声声称广州商团为"化思时地"党③，即意大利之资本家顽锢党也；而沙面领事团亦有证明陈廉伯确有谋为不轨之事。闻其中策画者有外国人，定期八月十四日推翻政府，取而代之，以陈廉伯为广东督军，取消独立，投降北方。近日陈廉伯派代表往洛阳勾结吴佩孚，乃用商团名义，此等事实彰彰，中外人民皆知，则证以此次君等庆祝牌楼各对联之口气，亦与此事吻合，实已不打自招。此等谋为不轨之事，竟公然明目张胆而为之，陈廉伯等之视政府为无物，于斯可见矣，商团中人当不能委为不知也。政府宽大为怀，不忍株连，故除廉伯一人外，分作两层办法：其一，其知情而悔悟者，能

---

① 另见台北、中国国民党文化传播委员会党史馆所藏《中国国民党中央执行委员会第四十九次会议录》（一九二四年八月七日）油印本，该件内容文字与底本同。

② 今译墨索里尼。

③ 今译法西斯蒂或法西斯。

自行检举，政府当宥其既往，不事深究。其二，尚有执迷不悟，仍欲图谋不轨者，则责成诸君自行指出，送交政府惩办。吾信诸君中大多数为深明大义、拥护共和之人，必不容有败类混迹商团中，假借名义而危害政府也。此事关于民国存亡、革命成败，而本大元帅必当彻底查究者。望诸君切实协助政府，淘汰商团内奸，使商团与政府能联成一气，捍卫乡邦，剪除残暴。倘能如此，则本大元帅必倚商团为手足，视诸君为心腹，此不独商团之幸，亦广东之福也，政府实有厚望焉。

兹派秘书林直勉、连声海，副官邓彦华三人为政府代表，来与诸君接洽，以解决以上两问题。并派邓彦华为常驻商团总所委员，协助诸君整顿商团内部。倘商团果能从此消除反对政府之嫌疑，则省、佛二地市内，不需驻扎军队以防不测；而商民更可安居乐业，共享太平。此实人民莫大之利也。惟商团诸君图之。

孙文

八月十九日

据国父遗墨筹印委员会编《国父墨宝》（北平，
北方杂志社一九四八年三月版）影印原稿

中国国民党中央执行委员会第二次全体会议
关于国民党内之共产派问题决议①

（一九二四年八月二十一日）②

本党中央执行委员会第二次全体会议关于容纳共产党员之决议，其要如下：

一、现在中国处于半殖民地之下，各阶级中自有力求解放中国、要求独立、脱离帝国主义压迫之共同倾向，中国国民党即为代表此等阶级之共同倾向，从事

---

① 据孙文指示，七月十一日成立国民党中央执行委员会政治委员会（通称中央政治委员会），孙文自任主席，并指派胡汉民、汪精卫、廖仲恺、邵元冲、谭平山（数日后辞职而改派瞿秋白）五人为委员。政治委员会于八月十三日、二十日先后举行会议（顾问鲍罗廷列席），拟就《国民党内之共产派问题》《中国国民党与世界革命运动之联络问题》两议案。中央执行委员会第二次全体会议于八月十五日开幕，十九日至二十一日连续三天审议张继等弹劾案及党内纠纷问题，并于二十一日表决通过政治委员会提交会议的上述两议案，本文即为原第一案。

② 此据上注通过第一案的日期标出。

于国民革命运动之三民主义政党。故凡属一切真正的革命分子，不问其阶级的属性为何，吾党皆应集中而包括之。

二、本党章程规定："凡志愿接收本党党纲，实行本党议决，加入本党所辖之党部，依时缴纳党费者，均得为本党党员。"故凡党员之行动，并未违反此章程之规定者，本党殊无干涉之必要。至于行动违反党纲、章程，不愿积极从事于三民主义之革命运动，既不反对军阀及帝国主义，又不赞助劳动平民者，则不问其思想上属何派别，概当以本党纪律绳之。

三、中国共产党并非出于何等个人之空想，亦非勉强造作以人力移植于中国者。中国共产党乃中国正在发展之工业无产阶级自然的阶级斗争所涌现之政治组织。中国共产党之组织既系如此，则自不能不为国际无产阶级政治组织之一部。即使吾人能以人力解散现存之中国共产党，中国无产阶级必不能随之消灭，彼等必将另行组织，故中国国民党对于加入本党之共产主义者，只能问其行动是否合于国民党主义、政纲，而不问其他。因本党无论在任何地点、任何时间，只应就本党政纲与章程以管理一切党员。共产主义者之接受本党党纲而加入本党，即当视为本党党员以管理之。

据《中国国民党重要宣言集》（出版项不详），转引自陈旭麓、郝盛潮主编，王耿雄编：《孙中山集外集》，上海，上海人民出版社一九九〇年七月出版

中国国民党中央执行委员会
关于党内共产派问题之训令①

（一九二四年八月二十三日以后）②

本会前因党内共产派问题，建议总理召集中央执行委员会全体会议，以期妥

---

① 中央执行委员会第二次全体会议审议党内纠纷问题并作出相关决议后，决定对全体国民党员发布这一训令。

② 底本未署日期，按该训令系于八月二十三日中执委全会闭幕后发布，当在八月下旬。

筹解决。自八月十五日开会以来，综合中央监察委员会之报告暨各级党部及各党员之提议或报告，经详细之讨论，为郑重之决议，呈请总理裁可，特发训令如左。

今年全国代表第一次大会发表宣言，说明中国之现状，同时对于此现状以三民主义为根本解决方法，复制定最少限度之政纲，以求救济。全国以内，凡具有革命之决心、不恤牺牲、以为国民而奋斗者，皆一致集于本党旗帜之下。诚以构成中国现状之原因，实为军阀与帝国主义之互相勾结，此种恶势力酝酿既久，蔓延复广，欲谋扑灭，其事非易。大多数人民呻吟痛苦，而莫知其所以然。少数之谈政治者，又相率倾于保守与妥协，不能知症结之所在，或虽知之而不敢献身从事。故凡属革命派，鉴于环境之艰窘与情势之危急，一方面须为国民前驱，以与恶势力奋斗，一方面须指导国民毋入歧途，以成为恶势力之助长者。其责任至重，其需要共同努力亦至殷。虽早在平日思想派别或有参差，而对于中国之现状既已认识，对于本党之主义与政纲复已了知，为中国革命所必由之途径及当然之步骤则无疑无贰，加入本党以期集中势力一致进行。此诚所谓同声相应、同气相求，不但休戚相关，抑以生死相共，至诚结合，始终无间，庶于革命之责任能负之以趋。凡在同志，所有同感者也。

中国共产党之加入本党，其事远在改组以前。溯其加入主原因，在于灼知中国今日军阀与帝国主义勾结之现状，非国民革命而无由打破；而国民革命惟本党负有历史的使命，非加入本党无由为国民革命而尽力。且当国民革命时代，一心一德，惟本党之主义是从，其原有之共产主义固不因之抛弃，而鉴于时事之关系，初不遽求其实现，故与本党主义亦无所冲突。至于加入本党以后仍不脱离中国共产党，则以中国共产党为第三国际之一支部，与国内角立之政党性质不同，故其党员之跨党，与元年以来国内政党党员跨党为风气者异其旨趣。且本党为代表国内各阶级利益而奋斗，中国共产党则于各阶级中之无产阶级特别注意以代表其利益。无产阶级在国民中为大多数，加以特别注意，于本党之主义、精神无所违反。中国共产党员李大钊等加入本党之始，曾以此意陈之总理，得总理之允许。全国代表大会第一次开会之际，有提出党员跨党问题者，及其决议卒不执此以绳党内共产派，职此故也。

如上所述，则党内当不致因有共产派而发生问题。盖中国共产党在本党之外，其党员之加入本党者，本党以本党党员待遇之，未尝有所歧视。谓本党因有共产党员之加入，而本党之主义遂以变更者，巨谬极戾，无待于辩。即谓本党因有共产党员之加入，而本团体将以分裂者，亦类于杞忧。证之本党改组以后发展情形，益可以无疑。

其足以发生问题而有待解决者，盖数月以来，迭次发现"中国社会主义青年团第二次大会决议案"①暨青年团团刊第七号等印刷品②。前者发行于十二年八月二十五日，后者发行于十三年四月十一日。就于此等印刷品，党员之观察各有不同：其一以为共产派加入本党之后不应再有歧视本党之见，且李大钊同志于全国代表第一次大会曾郑重宣言，"共产党员之加入本党得谓之跨党，不得谓之党中有党"③，今按此等印刷品所载显然为党团作用，为本党计，不许其存在；其二以为中国共产党于其党员加入本党之后施以告诫，俾知对于本党何者当为、何者不当为，此不能视为恶意，以此之故而被以"党团作用"之称，实为过枉。此两种观察既趋分歧，遂致争议起于党内，谣言兴于党外，一时若甚嚣尘上。中央监察委员认为情形重大，故搜集证据，提出报告，并拟具体办法，以期解决；各级党部及党员亦相与贡献其所观察与判断。由此可知纠纷之由，实不外乎党团作用之一点。

本会讨论结果，以为凡属本党党员，不容有党团作用，共产派之在党内者前此亦并无党团作用。盖所谓党团作用，必为一有特殊政见之团体加入其他普通团体，以求其政见之发生影响。今中国共产党与本党同为革命组织，对于现时中国之政见又尽相同，故决不能发生党团作用。而加入本党之共产派，既服从本党之主义，更不致有党团作用。其所以有党团作用之嫌疑者，由于此等印刷品，其性质非属于公开而属于秘密。既属于秘密，则无论其对于本党怀有善意抑怀有恶意，

---

① 中国社会主义青年团第二次全国代表大会于一九二三年八月二十日至二十五日在南京举行，二十五日通过《关于中国共产党第三次大会报告决议案》等九项议案。

② "青年团团刊"似指在上海出版的中国社会主义青年团机关刊物《中国青年》（半公开发行），但第七期的发行日期与下文所叙不同，待考。而其他"印刷品"，在"弹劾共产党案"中则指中国共产党中央主办的刊物《新青年》和《向导周报》，以及一九二四年四月二十三日上海《民国日报》附刊"觉悟"所载《中国国民革命与无产阶级》一文。

③ 此指本年一月二十八日上午李大钊在代表大会讨论党章时的发言。

而常易被认为恶意。同志平日相与勠力，其精神之浃洽，不外于理智之互浚与感情之相孚，而此等之秘密行为实足为感情隔膜之导因。中国共产党关于党务之秘密，本党固无须过问，然其活动之有关于国民革命者，本党则欲知之，以期对于国民革命得齐其趋向与步骤。至于中国共产党对于其党员之加入本党者施以指导，俾知对于本党应如何尽力，此在中国共产党为当然之事；而本党则认为，此于本党之党务进行及党员纪律有直接间接之关系。倘使中国共产党关于此等之讨论及决议，使本党得以与闻，则本党敢信党内共产派所被党团作用之嫌疑无从发生。而今者补救之方法，亦惟对于此一点而求处置。故本会决议，在中央执行委员会政治委员会内设国际联络委员会①，其职务之一，即在务期了知中国共产党之活动与本党之关系。如是，则党内之共产派所被党团作用之嫌疑可因而消灭，而党员之对于共产派亦无所用其猜忌，此本会为解决纠纷计所愿自进而负此全责也。

自经此决议之后，党内共产派问题已告解决。凡我党员，当知所负革命责任之重大，与同志间之感情固结为团体生命所不可缺之条件。前此争议，付之澹忘，惟相与努力于将来，以完成革命的工作。本会对于党员不胜厚望！

于此有当犹为党员告者：党内同志对于国民革命之理论上解释，往往不免参差，遂致互相指摘，疑为无诚意参加国民革命。不知本党对于党员其思想上之派别，原可为学理上之讨论，只求其殊途而同归于革命。至于共产派之文字著作，语句之间每有不逊，辞不驯雅，则伤感情，实有可责备者。而诸党员之反对共产派者，往往激昂过甚，逸于常轨，此皆所谓意气用事，本会于此不能不申以告诫。"君子之过也，如日月之食焉。过也，人皆见之；及其更也，人皆仰之。"② 诸党员对于道义上应同有此觉悟，对于同志间关系尤应同有此忏悔。往者不可谏，来者犹可追，其各留神省察。

据《国民党中央执行委员会全体会议对于全体党员之训令》，载广州《中国国民党周刊》第四十期，一九二四年九月二十八日

---

① 此即中执委第二次全体会议通过的《中国国民党与世界革命运动之联络问题》议案中第一条规定。后因遭到共产党方面陈独秀等的反对，该委员会未能成立。

② 语出《论语》"子张篇第十九"孔子门徒子贡（端木赐）之言，原文是："君子之过也，如日月之食焉。过也，人皆见之；更也，人皆仰之。"

附载：中国国民党对广州罢市事件之宣言

（一九二四年八月二十九日）

连日以来，广州一部分商民运动罢市，本党对国民各种运动，均有指导矫正之责任，爰举所见，为党员告，且为国民告，俾知所从事焉。广州商民对于罢市运动，其心理之灼然可见者如左：

（一）坚决为罢市之主张者。

（二）坚决为不罢市之主张者。

（三）对于罢市与否，本无主张，但牢守其"有千年街坊无千年政府"之格言，俯仰随人。在罢市之环境中，则随罢市；在不罢市之环境中，则随不罢市。

（四）本不主张罢市，但为罢市运动所胁迫，不得已而为之，例如某公司因开业之故，为人提取储金，惧而停业；某茶居因开业之故，为人纠众滋扰，惧而停业。

以上四种，以第三、第四两种为最大多数。商民平日对于国事无研究、无主张，乃至对于切近本身利害之事，亦复持此态度，深为可慨。对于此两种心理，惟有促其觉悟一己与社会之关系，因而以渐增进其决心与勇气。

第二种坚决为反对罢市之主张，在商民中为次多数，证之河南全体反对罢市，及广州东南北马路街市之商店，较罢市者为多，可以概见。其反对罢市之理由如左：

（一）灼知商团中有少数败类，如陈廉伯、陈恭受其人及其党羽，有破坏政府之阴谋，故反对此阴谋，而同情于政府。

（二）即以上阴谋，尚无所知，而就于此次输运军械事件，据政府所宣布，则此次入口之军械，手续不合，固无待言；时日不符，枪式各异，更滋疑窦；而藉端渔利，黑幕又在发觉。商团对于以上各点，虽有答辩，而无理由；陈廉伯致许崇灏书，尤不能掩其作伪之形迹。故对于政府之扣留查办，认为当然。

（三）即使认商团之答辩为有理由，然政府当查办期内，尚未能决，则不能即出于要挟政府之行动。

据此，则商民中有坚决为不罢市之主张者，其理由至为正当，宜与以赞助，使其普遍。顾此次坚决为不罢市主张者，于理论一方面固为明彻，而于实行一方面，则尚不免于薄弱。既无猛勇贯彻其所主张之志气，亦无与反对者奋斗之决心，此为国民向来之弱点，宜有以提撕矫正之。

第一种坚决为罢市之主张者，在商民中居最少数。而其原因则比较复杂，兹分析之如左：

（一）陈廉伯、陈恭受暨其党羽，对于政府，欲乘隙破坏，对于商民，欲藉端渔利。一旦发觉，舍造谣生事，别无他法以自掩其罪恶。

（二）商团中其他分子，虽未与陈廉伯、陈恭受之阴谋，然中于客气，为顾商团体面，遂不恤反抗政府。

（三）商团中其他分子，于此次扣留军械之理由及其内容，皆未遑过问，但知主张军械为商团所自购，政府予以扣留，则不恤反抗政府。

（四）商民对于尔〔迩〕年战事担负加重，其希望和平，不恤苟且姑息，较之往时，尤为急切。因之对于积极革命之政府，意向每致相左。

（五）最近二三年来，在军事区域以内，或因军纪不修，或因土匪滋扰，商民感其痛苦，故亟求自卫。今闻政府扣留军械，以为政府既不卫民，又不许人民自卫，故其愤怨遂不可遏。

以上五者，以第一项人为中坚，而其他四项适以供其利用。第一项人之用心行事，完全为帝国主义及北洋军阀之附属物，与本党之救国主义，极端不相容。欲使中国脱离次殖民地之地位，而造成独立的国家，则此等人在所必除。此非理论所能感动，亦非弥缝苟且之术所能相安于无事，此当诉诸国民之决心，而在党员尤为义无反顾者也。第二、三两项人，其理由至为薄弱，可以姑置。至第四、五两种人，则是代表一部分畸形之商民心理。盖其平日只求有利于商业，国事在所不问；而国事之影响于商业，亦在所不问。故既缺为国牺牲之精神，亦苟且姑息之大害。试回溯民国二年之际，龙济光率兵入粤，此等人则相与鸣炮欢迎。陈景华遇害，此等人则又相与鸣炮以示得意。然曾几何时，而龙济光之为暴于粤，又大惹商民之怨嗟。凡此种种，有如循环，迷而不复，可为慨叹。

本党总理孙先生之救国精神与救国主义，三十余年来，渐为吾人所认识。今者广州政治上、军事上不良之现状，决非主义本身所招致，乃不能实行主义有以使然。孙先生一方面尽力于破敌，以扫除主义之障碍，一方面大声疾呼，唤醒国民，俾共同努力于主义之进行。良以广州今日尚未能实行主义时代，仅仅为实行主义之准备时代，以准备条件之未具备，而訾议主义之不能实行固谬，訾议及主义之本身则尤谬。商民既对于广州现状而感痛苦，当知此痛苦为孙先生与广州人民所同受，且欲努力为广州人民解除。广州人民诚能解除此痛苦，则舍协助孙先生实无他策。不此之务，而徒对于政府表示失望，遂于不知不觉之际，致为反对政府者所利用，此诚可痛惜者也。党员于此应努力说明，使一般国民咸喻此旨；庶几此等商民，亦可祛其成见，以明本党主义之真相。

于此犹有言者：近来发现"政治定国军"一种宣言，不署负责任者之名氏，等于匿名揭帖，本无足论。有谓为商团军一部分人所为者，亦姑不必究。但就其宣言而寻绎之，不能不叹国人政治识力之幼稚。对于今日政治之现象而求救济，当有系统的研究，确立主义，整列政纲，然后可以有为。断非枝枝节节，举行一二有利于某种阶级之事件，即可以奏功。国人挟此见解与政治相周旋，无怪政治之无起色。本党于此，愈感宣传之必要。

最后犹有言者：此次广州罢市之运动，以一部分商民为限，其他商民，或坚决反对，或意思不明，已如上述。此犹专就商民阶级言之，至于工人阶级、农民阶级，其反对罢市之态度，则更为鲜明。一部分之商民，对此或存疑忌，或更因以发生误会。须知本党为代表各阶级之利益而奋斗，对于工人、农人两阶级，素与其他阶级平等同视。征之世界无论何国，莫不以保护工农利益为当务之急。此为人道计，为社会经济计，皆所必然，何所用其疑忌。至于实行共产云云，则本党主义所在，无从误会。若有意挑拨，以资利用，亦适见其心劳日拙而已。党员于此，尤宜与各阶级共同尽力于国民革命之必要，昭示国民。

以上所述，盖欲指陈凡一事件之发生，必分析其原因，乃能明其真相，而施以指导或矫正。愿国民于此留意。凡我党员，更宜本此意旨，努力宣传，勿忽！中国国民党中央执行委员会。

据《总理遗教·宣言》，中国国
民党中央党部宣传委员会编印

为广州商团事件反对帝国主义干涉之宣言[①]

（英 译 中）

（一九二四年九月一日）

　　自广州汇丰银行买办反叛政府逆谋发见之始，余即疑其此种反国民运动必有英国帝国主义为之后盾。然尚未敢深信此说，以英国现为工党主政，而工党固尝于其党员会议及政纲中屡有同情于被压迫民族之宣言者也。故余仍望以工党政府既获政权，必将履行其主义，至少亦能放弃向来为祸而屈辱中国之炮舰政策，而能在此邦辟一国际信义之新纪元，以实践其政治理想也。

　　吾人今乃知其真相矣。八月二十九日英国总领事对吾政府通牒，言沙面领事团"抗议对无防卫都市开火之残暴举动"，并为下列之强横态度且近似宣战之通告曰："本总领事现接到英国（驻粤）领袖海军军官来讯，谓经奉香港舰队司令命令，如遇中国当道有向城市开火之时，英国海军即以全力对待之。"

　　吾政府否认"对无防卫都市有开火之残暴举动"，盖广州市中政府有用武力镇压之必要者，只有为陈廉伯叛党所作为根据地之西关一隅之地。然此不名誉之诬语乃出诸星加坡残杀案之主使者，及屡施暴政予印度[②]、埃及、爱尔兰者之口，则可知帝国主义者之伪妄矣。即在我国最近发生之万县案，须牺牲我国民之未经审判而斩首者二人，始得免于受英国海军炮击之祸，则又可知帝国主义者之残暴为如何矣。

　　今英国海军在广州河面又有轰击中国政府之威吓，岂非以我国现当分崩衰弱得以横行无忌耶！然余对于帝国主义之英国此种挑战行为，尚有更深远之见解。即对于帝国主义诸强于此十二年来所授与反革命者之外交上、精神上及数万万之借款之援助，不能不信此种帝国主义的举动，实欲以之摧残国民党之政府而已。

---

　　① 孙文在处理商团问题时，因收到英国代理总领事霍比南的武力威胁函件而引起极大愤慨，发表此宣言以在国际上揭露英国工党政府的帝国主义行径。

　　② 据英文原文，此处"印度"本作 Amritsar，中文译为阿姆利则，印度埠名。

盖此次之叛乱，指挥之者为英国帝国主义在中国最①有势力之机关之〈代〉理员；而英国之所谓工党政府者，乃以轰击恐吓中国政府使不能以威力平乱，以维持其存在者也。

帝国主义所欲摧残之国民党政府究为何物乎？盖此实今日中国唯一之革命团体，反抗反革命运动之中心势力。惟其然也，故英国乃以炮指之。

吾人前此革命之口号曰"排满"，至今日吾人之口号当改为推翻帝国主义者之干涉，以排除革命成功之最大障碍。

孙文

一九二四年九月一日②

据《大元帅反对帝国主义干涉吾国内政之宣言》，
载一九二四年九月四日《广州民国日报》（二）③

附：另一译文

（英 译 中）

自广州汇丰银行买办④开始公然叛抗我政府后，我即怀疑他的叛国行动是得到英国帝国主义支持的。但我看到工党在英国登台执政，因而迟疑不能深信这一点，该党在其会议上和政纲中，曾屡次表示对被压迫民族的同情。工党政府既已政权在手，我仍希望他们至少会以抛弃从前使中国饱受祸害和屈辱的老一套炮舰政策之举，来证实其表白。也希望他们在中国开创一个国际公正的时代，国际公正一般被认为是英国工党政治理想的原则。

---

①　此处删一衍字"代"。

②　本行文字据《孙中山先生遗言》（上海书店编辑发行，一九二五年三月出版）所收《为商团事件对外宣言》增补；其译文与底本文字互有出入。英文原文亦有署名及日期。

③　宣言原文当时刊登于香港各英文报，如"Sun Yat-sen and 'Imperialist England'：'The Time is Come'"，*The Hongkong Daily Press*，September 5，1924，Page 5（《孙逸仙与"英帝国主义"：时候已经到来》，载一九二四年九月五日香港《孖剌西报》第五页）。今人另有白话文翻译，参阅下篇。

④　指陈廉伯。

八月二十九日，英国总领事向我政府发来紧急公文①，声称沙面领事团"抗议对一个无防御城市开火的野蛮行动"，公文最后几行的威胁语气无异于宣战：

"现接英国（驻粤）海军长官通知，云他已奉香港海军司令之令，如果中国当局向城内开火，则所有可动用的英国海军部队将立即采取行动来对付他们。"

我政府坚决驳斥关于它可能犯有"对一个无防御城市开火的野蛮行动"之说，因为我政府不得已而采取行动者，仅为广州之一部分，即西关郊区，该处乃陈廉伯武装叛乱之基地。上述无耻之说，与星加坡之屠杀事件及阿姆利则②、埃及、爱尔兰等地的残杀行为出自同一帮人，这是帝国主义伪君子的典型，在我国，情形亦如是，我仅须指出英国最近在万县的暴行。这个无防御的城市，是在我国两位同胞牺牲之后，才得仅免英国海军炮击之祸的。为满足帝国主义者的凶残，这两位同胞未经审讯而立即被处决。

如今在广州河面，英国海军又发出要炮轰另一中国城市当局的威胁，莫非以为对一个孱弱、不统一的国家，可以如此逞凶肆虐而不受惩罚！我看出在英国帝国主义的这项挑战中，还有更深远、更险恶的用意。从十二年多的时间里，帝国主义列强一贯给予反革命以外交、精神上的支持并给以数以百万计的善后及其他名目的借款可以明白，对帝国主义的行动，除了是摧毁以我为首的国民党政府的蓄谋而外，不可能有别的看法。因为此间就有一场反对我政府的公开叛乱，其首领是英帝国主义在华最有势力的机构的一名受到信任的代理人，而一个所谓的英国工党政府则威胁要打倒广州的中国当局，如果它采取唯一有效的行动方式来对付意图推翻它的叛乱行动的话。

帝国主义企图加以摧毁的这个国民党政府是什么呢？它是我国唯一的力求保持革命精神使之不致完全灭绝的执政团体，是抗击反革命的唯一中心。所以英国的大炮对准着它。

曾有一个时期，其时要办的是推翻满洲征服者；而扫除完成革命历史任务的

---

① 该公文由英国驻广州总领事贾尔斯（B. Giles）送致陆海军大元帅大本营外交部广东特派交涉员傅秉常。

② 阿姆利则（Amritsar），印度旁遮普省一城市。

主要障碍——帝国主义对中国的干涉，以此为其议事日程的时期已经到来。

孙逸仙

一九二四年九月一日于广州

据一九二四年九月五日香港《孖剌西报》（*The Hongkong Daily Press*）载《孙逸仙与"英帝国主义"："时候已经到来"》（Sun Yat-sen and "Imperialist England"："The Time is Come"）英文影印件译出（陈斯骏译，金应熙、吴开斌校）

讨伐曹锟吴佩孚通令[①]

（一九二四年九月五日）

大元帅令：

去岁曹琨〔锟〕骹法行贿，渎乱选举，僭窃名器，自知倒行逆施为大义所不容，乃与吴佩孚同恶相济，以卖国所得为穷兵黩武之用，藉以摧残正类，消除异己，流毒川、闽，四海同愤。近复嗾其鹰犬踬突浙江，东南富庶，横罹锋镝。似此穷凶极戾，诚邦家之大蠹，国民之公仇。比年以来，分崩离析之祸烈矣。探其乱本，皆由此等狐鼠凭藉城社，遂使神州鼎沸，生民邱墟。

本大元帅夙以讨贼戡乱为职志，十年之秋视师桂林，十一年之夏出师江右，所欲为国民蕲此蟊贼。不图宵小窃发，师行顿挫，遂不得不从事于扫除内孽，绥辑乱余。今者烽燧虽未靖于东江，而大占之机已发于东南，渐及东北，不能不权其缓急轻重。古人有言："豺狼当道，安问狐狸？"故遂克日移师北指，与天下共讨曹、吴诸贼。此战酝酿于去岁之秋，而爆发于今日，各方并举，无所谓南北之分，只有顺逆之辨。凡卖国殃民、多行不义者，悉不期而附于曹、吴诸贼；反之，抱持主义、以澄清天下自任者，亦必不期而趋集于义师旗帜之下。民国存亡决于此战，其间绝无中立之地，亦绝无可以旁观之人。凡我各省将帅，平时薄物细故

[①]　九月三日江浙战争爆发，以直系的江苏督军兼苏皖赣三省巡阅使齐燮元、福建督理孙传芳为一方，皖系的浙江军务善后督办卢永祥为另一方。孙文视卢永祥为友军，决定乘时北伐，并于十二日将大本营移设韶关。

悉当弃置，集其精力从事破贼，露布一到即当克期会师。凡我全国人民，应破除为〔苟〕安姑息之见，激厉勇气，为国牺牲。军民同心，以当大敌，务使曹、吴诸贼次第伏法，尽摧军阀，实现民治。十三年来丧乱之局于兹敉平，百年治安大计从此开始，永奠和平，力致富强，有厚望焉。布告天下，咸使闻知。

（中华民国陆海军大元帅之印）

中华民国十三年九月五日

据《中华民国十三年九月五日大元帅令》，载广州《陆海军大元帅大本营公报》第二十五号，一九二四年九月十日

勉广东人民为征讨曹吴出力通令

（一九二四年九月五日）

大元帅令：

本大元帅于去岁之春重莅广州，北望中原，国本未宁，危机四布。而肘腋之地，伏莽纵横，乘隙思逞。始欲动之以大义，结之以忠信。故倡和平统一之议，以期消弭战祸，扶植民本。不图北方跋扈武人曹琨〔锟〕、吴佩孚等，方欲穷兵黩武，摧锄异己，以遂其僭窃之谋；乃勾结我叛兵，调唆我新附，资以饷械，嗾其变乱，遂使百粤悉罹兵燹。北江群寇，蜂拥而至。东江叛兵，乘时蠢动。西江、南路，亦跳梁并进。当此之时，以一隅之地，揩四面之敌。赖将士之勤力，人民之同心，兵锋所指，群贼崩溃。广州根本之地，危而复安。在将士劳于征战，喘息不遑；在人民疲于负担，筋力易敝。然革命军不屈不挠之精神，已渐为海内所认识矣。曹、吴之贼既不获逞于粤，日暮途远，姑窃名器以自娱。于是有散法行贿、渎乱选举之事。反对之声，遍于全国。正义公理，本足以褫奸宄之魄。然天讨未申，元凶稽戮，转足以坚其盗憎主人之念。湖南讨贼军入定湘中，四川讨贼军规复重庆。形势甫展，而大功未就。曹、吴诸贼，乃益无忌惮，既吮血于福建，遂磨牙于浙江，因以有东南之战事。逆料此战事，且将由东南渐及于东北。去岁贿选时代所酝酿之大战，至此已一发而不可遏。以全国言，一切变乱之原动力，在于曹、吴。其他小丑，不过依附以求生存。苟能锄去曹、吴，则乱源自息。以

广东言，浙江、上海实为广东之藩篱。假使曹、吴得逞志于浙江、上海，则广东将有噬脐之祸。故救浙江、上海，亦即以存粤。职此之故，本大元帅已明令诸将一致北向讨贼，并克日移大本营于韶州，以资统率。当与诸军会师长江，饮马黄河，以定中原。此后方留守之事，责诸有司。去岁以来，百粤人民供亿军费，负担綦重。用兵之际，吏治财政动受牵掣，所以苦吾父老兄弟者甚至。然存正统于将绝，树革命之模型。吾父老子弟所有造于国者亦甚大。当此全国鼎沸之日，吾父老子弟尤当蹈厉奋发，为民前驱，扫除军阀，实现民治，在此一举，其各勉旃，毋忽。

（中华民国陆海军大元帅之印）

中华民国十三年九月五日

据《命令》，载广州《陆海军大元帅大本营公报》第二十五号，一九二四年九月十日

附载：中国国民党关于"九七"国耻纪念日之宣言

（一九二四年九月七日）

什么叫做"九七"国耻纪念日？

因为这一日是辛丑和约签字的一日。

辛丑和约签字何以是国耻纪念呢？

试看看辛丑和约的内容。他的内容，无一不是丧权辱国的条件，其尤重大的，是下列几个条件：

（一）中国允付赔款海关银四万万五千万两于各国。

（二）各国在北京划定公使馆境界，在公使馆境界内完全由公使管理。为保护公使馆，各国得设置护卫兵。

（三）中国政府要将大沽炮台，及有碍北京至海滨间交通之各炮台一律削平。

（四）中国政府承认各国占领黄村、廊坊、杨村、天津、军粮城、塘沽、芦台、唐山、昌黎、滦州、秦皇岛、山海关等处，以保北京至海滨无断绝交通之虞。

以上四项，第一项，使我中国人民负担屈辱的赔款，不但物质上此重大负担，至今未能清偿，成为中国民穷财尽之原因，而精神上使我中国人民的人格，至今

未能昭雪。第二项，不但使北京丧失一部分之土地主权，而且各国得驻兵于北京。第三项，使北京至海滨间，中国不得为军事防御之设备，各国可以随时进兵，直达北京，如入无人之境。第四项，则北京附近一带要地，完全在各国控制之下。有了第三、四各项，所以辛丑以后，北京便低头受制于各国，没有一些抵抗的力量。所以北京政府中人，对于各国，宛如牛犊，听人穿鼻；媚外不知耻，卖国亦无所顾忌。唉！你说是国耻不是！你说是应该纪念不是！

有人说道："辛丑条约由于庚子八国联军入京，而八国联军入京由于义和团事件。"这话不错，只是我要问的，义和团事件何以发生呢？

中国自有历史以来，以和平为民族之特性。有时不幸遇着他民族的侵略，方不得已而抵抗。例如殷以前的荤粥，周之玁狁，汉之匈奴，都因为他无故扰边，才出兵征伐。又如东晋之五胡，北宋之女真，或则分裂中国，或则将中国抢去了大半，才要合中国人来驱除他。又如南宋末之蒙古，明末之满洲，并吞中国，才要合中国人来光复。我们根据历史，可以确确实实的说：如果别人不欺负中国，中国决不欺负别人的。再拿一个例来说，印度和中国之交通，自东汉时代已经开始，彼此以和平相往来，做学问思想的交换。彼此何等互相钦敬、互相爱慕，何尝有些微的冲突。更可以证明中国的民族是和平的，不是空言，是可以将历史的事实来说明白的。然则义和团事件何以发生呢？

我们要答这一问，先要知道现时所谓列强，他对于美洲的红人是怎样？对于非洲的黑人是怎样？对于澳洲的棕色人是怎样？对于亚洲的印度人是怎样？世界上五大洲之土地，被他改换了三大洲有半的颜色；五大人种，被他翦灭或奴隶了三大人种有半。我们想想，中国能在例外吗？能得他格外的矜恕、格外的礼遇吗？自从鸦片战争以来；我们的藩属安南、缅甸等等，次第被他割去；我们的海口胶州湾、旅顺、大连、威海卫、广州湾、九龙、香港等等，次第被他抢去；各省势力范围，次第被他划定。到了前清光绪二十四年的时候，瓜分中国的论调，可谓到了极盛的时代了。怎怪得两年之后，便发生义和团事件呢！

以上所说，还单指政治上武力上的侵略，至于经济上财政上的侵略，还要利害十倍，以至万倍。自从鸦片战争以来，强迫中国定了种种不平等的条约，领事裁判权啊、租借地啊、税关权啊，已筑了经济上财政上侵略的基础。于是大发挥其对于殖民地之策略，将中国作成他的商场，源源不绝的销售商品，一方面又将中国的土地出产及人民劳力，来满足他掠夺原料、榨取劳力的欲望。这样绝人生计、灭人种族的政策，在美、非、澳诸洲，都是百发百中的，不怕中国会逃到哪里去。那时候的中国人民，虽然没有明白透了他的灭种政策，只是生计的压迫，一日紧似一日，不由得不害怕，不由得不着急。这也是义和团事件发生的重要原因啊！除了以上两般之外，还有宗教的侵略。他们用政治力、经济力来耗夺中国人的物质还不算，又用宗教来耗夺中国人的精神。一般神甫、牧师，倚仗着他们的国力，包庇教民，干与词讼，欺压吃教以外的人，无所不至；受其虐者，忍心刺骨。这也是义和团事件发生的重要原因啊！如此说来，我们对于"义和团事件何以发生"的一问，可以无疑无二的答道："是因为帝国主义逼着他发生的！"我们也承认义和团观察既有错误，方法更为笨劣。须知我们所反对的，不是外国，是外国的帝国主义。外国之持帝国主义者，固是我们的敌人，外国之不持帝国主义，或已抛弃帝国主义者，便是我们的朋友。怎好不分别清楚，笼统的说排外呢！所以说他观察错误。帝国主义者的势力，岂是舞大刀、练拳头所能打破的！所以说他方法笨劣。他还有个极大的错误，想依靠满人来驱逐洋人，贸贸然的揭起"扶清灭洋"的旗帜，遂致为满洲所利用，徒然牺牲了无数的精神物质，却唤不起国民的自觉，真是一件可痛的事情。这些地方，我们不为义和团掩饰的。

然而拿义和团的人格，与庚子、辛丑以后一班媚外的巧宦和卖国的奸贼比较起来，真是天渊之隔。可怪他们还笑义和团野蛮。哼！义和团若是野蛮，他们连猴子也赶不上。

庚子、辛丑以后，中国人的脾气，被帝国主义者认识清楚了些。知道一味的强硬手段，还不济事，必须用些柔和方法，才能将爱和平讲礼貌的中国人压伏得住。所以政治上武力上的侵略便放松了些，经济上财政上的侵略却加紧起来。从前对于中国官吏，是一味的恃蛮逞强，如今不然了，留心的寻着一个傀儡，颠之倒之，无不如意。既不必生气，又用不着费力，真是得心应手。皇太极说得好："朕得洪承畴，犹水母之得虾。"这个秘诀，竟被帝国主义抄了去。从前只用这方法对于中国官吏，渐渐的竟适用于一般社会了。说也奇怪，义和团起，倒唤醒了中国无数热血之人；而共管说起，竟会大家都不甚理会。看见了中国人如此的麻木，不能不惊讶帝国主义者的大成功。十三年以来，帝国主义者对于中国有一件鲠心的事，便是中国忽然成了中华民国；有一班革命党，要实行他的主义，将中华民国造成在世界上独立自由的地位。帝国主义者对之，自然是眼中钉、肉中刺了。这个原因，说来却甚简单：帝国主义者要将中国来做他们的殖民地，革命党要将中国造成在世界上独立自由的地位，这不是和他利益正正冲突么？他如何容得过。所以立定主意，利用中国一般官僚武人来做他的傀儡，对付革命党。试看看有民国二年袁世凯和革命党作战，便有五国银行团的大借款；有民国六年的冯国璋和革命党作战，便有日本的大借款；近年有曹锟、吴佩孚和革命党作战，便有无数零星杂凑的大小借款。现时国民革命的口号是"打倒军阀，打倒帝国主义"，其实拆穿西洋镜，军阀便是帝国主义的傀儡，帝国主义便是军阀的牵线。十三年来，自袁世凯以至曹锟、吴佩孚，先后傀儡登场；一个傀儡扑了下去，又一个傀儡蠢了起来。傀儡所以如此层出不穷，是有人在后台牵线的缘故。

以上所说，都是辛丑条约的前因后果。有了以前种种，才会发生辛丑条约；发生了辛丑条约，才会有以后种种。我们今日纪念国耻，并不是痛定思痛，乃是在痛愈深创愈巨的时候，追究痛创的来源。我们今日纪念国耻，并不是专从过去着想，乃是从现在及将来着想，所以纪念国耻的目的，在于昭雪国耻。不然，那就不是国耻纪念会，简直是国耻追悼会了。这还有什么意义呢！

我们既然要雪国耻，则有千万要注意的两件事：一是认清对象。如今站在我们面前，压在我们头上的，是帝国主义。以上所说，已极明白。二是慎选方法。帝国主义的势力，如今还是不可向迩。我们要打倒帝国主义，必须有全盘的计划准备，决不是轻举妄动，所可以奏效，也不是侥幸尝试，所可以成功。要达到打倒帝国主义的目的，至少限度，我们必须针锋相对，确立一种主义，并严定实行主义的步骤，纠合大多数的人民，团结一个牢不可破的团体，方才能将打倒帝国主义的责任负荷起来。不然，中国人民依然一盘散沙似的，只有永远地给帝国主义之践踏，还能说什么打倒帝国主义呢！

因此，我们不能不介绍中国国民党的主义与政纲于大多数的同胞。这是雪耻的唯一方法。我们努力于雪耻，才不辜负今日的国耻纪念。

中国国民党中央执行委员会

据《总理遗教·宣言》，中国国民党中央党部宣传委员会编印

率师北伐宣言[①]

（一九二四年九月九日）

　　孙文九日发布宣言略谓："迩年以来，国事日亟，军事日繁，骄兵悍将为暴于民，贪官污吏因缘为利，致人民生命财产无所保障。今者曹、吴黩武浙江，蹂躏东南完善之区。本大元帅统率各军，提师北伐。以粤政付之粤人，实行自治。"

据《快信摘要》，载一九四二年九月十八日长沙《大公报》

昭告国人关于创立建国政府四项任务之宣言

（一九二四年九月上中旬）

　　文往年一月揭橥和平统一于上海。及二月返粤，曾于二十四日宣言首裁粤兵，以为国倡。此于国人苦兵厌乱之衷，未尝不反覆致意。而复曲冀直系诸将悔祸有日，相与共匡国难，此天下所知闻也。殊未及浃月，曹锟、吴佩孚遽嗾沈鸿英叛变，而来寇之直军复麋集至数师以上。幸我将士用命，追奔逐北，曾不数旬而西北两江以定。乃贼心未厌，又复勾结陈逆残部扰我东江，而北道复时时乘隙入寇，旁攻川湘，伏尸千里，公冒不韪，黩武罔忌，致令暴师弥年，余栖未殄。此尤重苦我人民，频劳我师旅；每一思之，难安寝馈。今敌氛屡挫，已数道奔溃，不遑来侵矣。而国人奋义，乃复函电纷驰，共期重组政府，以昭海内外视听，而维护中华民国于不坠。盖自贿选告成，曹逆篡国，民国正统，不绝如线。国会受人民付托，溺职获罪，构此奇变，弗申诛讨，不亦羞国民而轻当世之士耶？吾民今日实舍革命而无他道足拯危亡者。法律既穷，则诉诸政治以解决之，近世国家不逾斯轨。文以不德，谬附于创造民国之林，爱护之私，尤为挚烈，巨艰重责，敬当自策以为匪异人任也。

---

　　① 此系报载摘要。

民国成立迄于今十有三年矣，辛亥草创，让荐非人，以有癸丑讨袁之役。国人不察，坐视义师之仆，复从而非难之，其极乃致有丙辰洪宪之祸，国本几为所倾。及护国功成，而当局迷谬，非法解散国会，复酿复辟之乱。自是以还，南中护法，遂历年载。中间虽有冯、徐、黎诸氏僭据北庭一隅，阻抗义师；然不过为军阀傀儡，牵挽由人，未有明目张胆以贿窃国，举国骚然而犹悍然不稍顾藉，如曹逆今日之甚者。盖法律纪纲、道义廉耻至于今，伪廷为全绝矣。而仍欲恃其家奴义儿吴佩孚等所率残暴之孤军，鞭笞天下，以妄冀武力统一，此诚国民之奇耻大辱，文亦与有责焉者也。故今日之中国，非革命根本改造不为功，补苴罅漏，不足当国贼之屡蹶也。挽近国人了解斯义者，已不乏其俦，莘莘学子，尤为彻悟。嗟夫！以号称共和垂十三年之国家，曾无一度共和政治之试验，凡有血气，宁能忍之？中国之危而不亡，实赖少数贤哲维持正谊，锄奸伐暴，俾知正朔有在，不容等量齐观，则吾党之任也。

文则本此使命，不敢有爱，遂于今月□日誓率同义诸军，创立建国政府，务期平昔方略，一一征诸实现，三民主义、五权宪法亦得以次第发舒。今谨以此政府任务昭告国人：一曰统一全国；二曰发扬民治；三曰修明内政；四曰辑睦邦交。此四纲者，其节目乃未易更仆数。顾其要义，有可得纂栝而扬榷者，兹略试陈之。

国人薪向统一，匪伊朝夕矣，天下汹汹，徒以直军之故，若津段、奉张、浙卢诸公及西南诸将，皆知立国有本，非恃武力，举无不可从容商榷者。然直军亦非曹、吴一人一家之有，燕赵素多奇士，北方健儿，安知不更有明达如樊钟秀、高凤桂诸贤仗义来归者，一举足而国人皆将拜其赐矣。此统一之可期者一也。

民治万端，而切要当急者，莫如地方自治；自治不立，则民权无自而生，浅之如户籍无法，虽选举亦伪，他何论也。往时议员所以不能代表人民，亦以选民无精密调查，其被选皆混冒以攫得之，非人民本意也。此其尤大彰明较著者也。然自治之未及实行，则恶政府有以摧残之。今当于所辖境内，首施此制，扶植力行，共和之基，端在于此。此自治之可成者二也。

政治良否，视人与法。人治之系于长吏赏罚，与人民监督固也；法治之精，则首在权能分职，俾得各展其长不复重为民病。盖自官吏舍能用权，擅作威福，而吾民始有憔悴呻吟于虐政之下者。今知主权在民，官吏不过为公仆之效能者，然后乃有行政清肃之望。而教育，实业诸端，亦得以次第施行。此内政之欲促进人民幸福者三也。

当世恒言弱国无外交，此瞽论也。夫唯国弱，而外交乃綦要重。国际间之不平，基于强权尚矣；然亦常缘己国人民不振，官吏失态，有以致之。欧战以后，彼邦人士亦多悟强压之非，至华盛顿会议，彼且有为我鸣条约之不平者，我安可不力起直追，期于修改，以恢复已失之权利乎？是在吾人之好自为之耳。此邦交之欲增高国际地位者四也。

此荦荦数端大者，我建国政府期与吾民共勉以求达之。文以藐薄承乏，亦当竭吾驽钝，冀无辜海内之望。抑更有进者，文辈今兹所为，皆民治未立，民权无寄，革命短时期内，不恤牺牲一切，贡此微躯，思与吾民植不拔之基，成可久之业，似若不免尸祝越俎之嫌，而谬代大匠斫者。若至自治完成，民权确固，谨当奉还大政，退作平民。凡百皆以人民主权定之，既不主狄克推多之恒制，亦不尚开明专制之伪说。文爱自由若命者，耿耿此心，当与国人共见之也。

据杨庶堪代拟原稿，台北、中国
国民党文化传播委员会党史馆藏

为讨伐曹吴将大本营移驻韶关之布告

（一九二四年九月十二日）

大元帅布告

自曹、吴以武力统一，叛国干纪，侵扰闽粤，蹂躏川湘，抗奉天入关之师，以成非法贿选之罪，近复无故称兵犯浙，荼毒东南，宇内骚然，神人共恫。本大元帅怵于生灵之痛苦，国是之沦胥，思惟救亡必先讨贼，主义所在，夙夜是图，今当逆焰披猖，邦人嫉愤，本吊民伐罪之志，慰救灾恤邻之心，奖帅三军，共张北伐。大本营即日移驻韶关，躬亲麾驭，愿与海内同志，南北义师，攘除奸凶，戡定大难，誓于有众，咸使闻知。此布。

据抄件，台北、中国国民党文化传播委员会党史馆藏

宣布广东实行民治并勉人民
热诚扶助革命政府通令①

（一九二四年九月十三日）

最近数十年来，中国受列强帝国主义之侵略，渐沦于次殖民地。而满洲政府仍牢守其民族之特权阶级与君主之专制政治，中国人民虽欲自救，其道无由。文乃率导同志，致力革命，以肇建中华民国，尔来十有三年矣。原革命之目的，在实现民有、民治、民享之国家，以独立自由于大地之上。此与帝国主义，如水火之不相容。故帝国主义遂与军阀互相勾结，以为反动。军阀既有帝国主义为之后援，乃悍然蔑视国民，破坏民国，而无所忌弹〔惮〕。革命党人与之为殊死战，而大多数人民仍守其不问国事之习，坐视不为之所，于是革命党人往往势孤而至于蹉跌。十三年来革命所以未能成功，其端实系于此。

广东与革命关系最深，其革命担负亦最重。元年以来，国事未宁，广东人民亦不能得一日之安。九年之冬，粤军返旆，宜若得所藉手，以完革命之志事，而曾不须臾，典兵者已为北洋军阀所勾引，遂以有十一年六月之叛乱。至十二年正月，藉滇、桂诸军之力，仅得讨平；然余孽犹蜂聚于东江，新附复反侧于肘腋。曹琨〔锟〕、吴佩孚遂乘间抵隙，嗾赣军入寇北江一带，西江南路亦同时啸起，广州一隅几成坐困。文率诸军四围冲击，虽所向摧破，莫能为患。然转输供亿，苦我广东父老昆弟至矣。军事既殷，军需自繁，罗掘多方，犹不能给，于是病民之诸捐杂税，繁然并起，其结果人民生活受其牵制，物价日腾，生事日艰。夫革命为全国人民之责任，而广东人民所负担为独多，此已足致广东人民之不平矣。而间有骄兵悍将，不修军纪，为暴于民，贪官污吏，托名筹饷，因缘为利。驯致

---

① 孙文为统兵讨伐北方军阀，于一九二四年九月十三日将大元帅大本营自广州移设韶关。当时因连年用兵而造成广东社会经济状况恶化，广州商团武装势力不断对革命政府公然寻衅，迫使孙文一度有弃粤北进的打算，故在同日发表本宣言，宣布将广东交付人民实行自治。按孙文一贯主张，广州并不具备完全自治及直接选举官吏的条件，此举属不得已而为之。但在十月中旬成功镇压商团叛乱后，孙文随即取消离粤打算，自治计划亦未付诸实施。

人民之生命、自由、财产无所保障，交通为之断绝，廛市为之凋敝。此由〔尤〕足令广东人民叹息痛恨，而革命政府所由徨徬夙夜，莫知所措者也。

广东人民身受痛苦，对于革命政府渐形失望，而在商民为尤然。殊不知革命主义为一事，革命进行方法又为一事。革命主义，革命政府始终尽力以求贯彻；革命进行方法，则革命政府不惮因应环境以求适宜。广东今日此等现状，乃革命进行方法未善，有以使然，于革命主义无与。若以现状之未善，而谤及于主义之本身，以反对革命政府之存在，则革命政府为拥护其主义计，不得不谋压此等反对企图，而使之消灭。三十余年来，文与诸同志实行革命主义，不恤与举世为敌，微特满洲政府之淫威，不足撄吾怀抱；即举世之讪笑咒诅，以大逆无道等等恶名相加，亦夷然不以为意。此广东人民所尤稔知者也。故为广东人民计，为商民计，莫若拥护革命政府实行革命主义，同时与革命政府协商改善革命之进行方法。盖前此大病，在人民守其不问国事之习，不与革命政府合作；而革命政府为存在计，不得不以强力取资于人民，政府与人民之间遂生隔膜。今者革命政府不恤改弦更张，以求与人民合作，特郑重明白宣布如左：

（一）在最短时期内悉调各军实行北伐。

（二）以广东付之广东人民，实行自治，广州市政厅克日改组，市长付之民选，以为全省自治之先导。

（三）现在一切苛杂捐税悉数蠲除，由民选官吏另订税则。

以上三者，革命政府已决心实行。广东人民当知关于革命之进行方法，革命政府不难徇人民之意向，从事改组。惟我广东人民对于革命之主义，当以热诚扶助革命政府，使之早日实现，庶几政府人民同心同德，以当大敌。十三年来革命未就之绪，于以告成，中华民国实嘉赖之。

据《对粤重要宣言》（九月十三日），载中国国民党中央执行委员会宣传部编：《大元帅关于北伐之命令及宣言》，广州，民智书局一九二四年十月出版

中国国民党北伐宣言①

（一九二四年九月十八日）

国民革命之目的，在造成独立自由之国家，以拥护国家及民众之利益。辛丑〔亥〕之役，推倒君主专制政体暨满洲征服阶级，本已得所藉手，以从事于目的之贯彻。假使吾党当时能根据于国家及民众之利益以肃清反革命势力，则十三年来政治根本当已确定，国民经济、教育荦荦诸端当已积极进行。革命之目的纵未能完全达到，然不失正鹄，以日跻于光明，则有断然者。

原夫反革命之发生，实继承专制时代之思想，对内牺牲民众利益，对外牺牲国家利益，以保持其过去时代之地位。观于袁世凯之称帝，张勋之复辟，冯国璋、徐世昌之毁法，曹琨〔锟〕、吴佩孚之窃位盗国，十三年来连属不绝，可知其分子虽有新陈代谢，而其传统思想则始终如一。此等反革命之恶势力，以北京为巢窟，而流毒被于各省。间有号称为革命分子，而其根本思想初非根据于国家及民众之利益者，则往往志操不定，受其吸引，与之同腐，以酿成今日分崩离析之局。此其可为太息痛恨者矣！

反革命之恶势所以存在，实由帝国主义卵翼之使然。证之民国二年之际，袁世凯将欲摧残革命党以遂其帝制自为之欲，则有五国银行团②大借款于此时成立，以二万万五千万元供其战费。自时厥后，历冯国璋、徐世昌诸人，凡一度用兵于国内以摧残异己，则必有一度之大借款以资其挥霍。及乎最近曹琨〔锟〕、吴佩孚加兵于东南，则久悬不决之金佛郎案即决定成立。由此种种，可知十三年来之战祸，直接受自军阀，间接受自帝国主义，明明白白，无可疑者。

今者，浙江友军为反抗曹琨〔锟〕、吴佩孚而战，奉天亦将出于同样之决心

---

①　九月三日，孙文在广州主持国民党中央政治委员会第七次会议，决定发表此宣言。

②　即由英、法、德、日、俄五国组成的银行团，于一九一三年四月与袁世凯政府签订《善后借款合同》，贷款二千五百万英镑。

与行动①，革命政府已下明令出师北向，与天下共讨曹琨〔锟〕、吴佩孚诸贼。于此有当郑重为国民告且为友军告者：此战之目的不在覆灭吴、曹，尤在曹、吴覆灭之后永无同样继起之人，以持续反对革命之恶势力。换言之，此战之目的不仅在摧倒军阀，尤在摧倒军阀所赖以生存之帝国主义。盖必如是，然后反革命之根株乃得永绝，中国乃能脱离次殖民地之地位，以造成自由独立之国家也。

中国国民党之最终目的在于三民主义，本党之职任即为实行主义而奋斗。故敢谨告于国民及友军曰：吾人颠覆北洋军阀之后，必将要求现时必需之各种具体条件之实现，以为实行最终目的三民主义之初步。此次暴〔爆〕发之国内战争，本党因反对军阀而参加之，其职任首在战胜之后，以革命政府之权力扫荡反革命之恶势力，使人民得解放而谋自治；尤在对外代表国家利益，要求从新审订一切不平等之条约，即取消此等条约中所定之一切特权，而重订双方平等互尊主权之条约，以消灭帝国主义在中国之势力。盖必先令中国出此不平等之国际地位，然后下列之具体目的方有实现之可能也：

（一）中国蹈于国际平等地位以后，国民经济及一切生产力方得充分发展。

（二）实业之发展，使农村经济得以改良，而劳动农民之生计有改善之可能。

（三）生产力之充分发展，使工人阶级之生活状况，得因其团结力之增长而有改善之机会。

（四）农工业之发达，使人民之购买力增高，商业始有繁盛之动机。

（五）文化及教育等问题至此方不落于空谈。彼经济之发展使智识能力之需要日增，而国家富力之增殖可使文化事业及教育之经费易于筹措，一切智识阶级之失业问题、失学问题方有解决之端绪。

（六）中国在〔之〕法律，更因不平等条约之废除而能普及于全国领土、实行于一切租界，然后阴谋破坏之反革命势力无所凭藉。

凡此一切，当能造成巩固之经济基础以统一全国，实现真正之民权制度，以

————————

①　九月三日江浙战争爆发，"浙江友军"指对抗直系的皖系卢永祥（浙江军务善后督办）一方。十五日张作霖（东三省保安司令兼奉天督军）率奉军入关以助卢永祥，十八日曹锟（北京政府总统）下讨伐张令，吴佩孚（直鲁豫三省巡阅使）率直军迎战，第二次直奉战争爆发。下文"友军"兼指奉系张作霖一方。

谋平民群众之幸福。故国民处此战争之时，尤宜急起而反抗军阀，求此最少限度之政纲实现，以为实行三民主义之第一步。

十三年九月十八日

据《中国国民党宣布北伐目的》，载一九
二四年九月十九日《广州民国日报》（三）

制定《国民政府建国大纲》宣言①

（一九二四年九月二十四日）②

自辛亥革命以至于今日，所获得者仅中华民国之名，国家利益方面既未能使中国进于国际平等地位，国民利益方面则政治经济荦荦诸端无所进步，而分崩离析之祸且与日俱深。穷其至此之由与所以救济之道，诚今日当务之急也。

夫革命之目的在于实行三民主义，而三民主义之实行必有其方法与步骤。三民主义能及〔否〕影响于人民，俾人民蒙其幸福与否，端在其实行之方法与步骤如何。文有见于此，故于辛亥革命以前一方面提倡三民主义，一方面规定实行主义之方法与步骤，分革命、建设为军政、训政、宪政三时期，期于循序渐进，以完成革命之工作。辛亥革命以前每起一次革命，即以主义与建设程序宣布于天下，以期同志暨国民之相与了解。辛亥之役，数月以内即推倒四千余年之君主专制政体暨二百六十余年之满洲征服阶级，其破坏之力不可谓不巨。然至于今日，三民主义之实行犹茫乎未有端绪者，则以破坏之后，初未尝依预定之程序以为建设也。盖不经军政时代，则反革命之势力无由扫荡，而革命之主义亦无由宣传于群众，以得其同情与信仰。不经训政时代，则大多数之人民久经束缚，虽骤被解放，初不了知其活动之方式，非墨守其放弃责任之故习，即为人利用陷于反革命而不自知。前者之大病在革命之破坏不能了彻，后者之大病在革命之建设不能进行。

---

① 此为孙文以中华民国陆海军大元帅名义发表的宣言，文中"本政府"指陆海军大元帅大本营，亦即中华民国军政府。

② 宣言日期，据中国国民党中央执行委员会宣传部编《大元帅关于北伐之命令及宣言》（广州，民智书局一九二四年十月出版）中《制定建国大纲宣言（九月廿四日）》一文。

　　辛亥之役汲汲于制定《临时约法》，以为可以奠民国之基础，而不知乃适得其反。论者见《临时约法》施行之后不能有益于民国，甚至并《临时约法》之本身效力亦已消失无余，则纷纷然议《临时约法》之未善，且斤斤然从事于宪法之制定，以为藉此可以救《临时约法》之穷。曾不知症结所在，非由于《临时约法》之未善，乃由于未经军政、训政两时期而即入于宪政。试观元年《临时约法》颁布以后，反革命之势力不惟不因以消灭，反得凭藉之以肆其恶，终且取《临时约法》而毁之。而大多数人民对于《临时约法》，初未曾计及其于本身利害何若，闻有毁法者不加怒，闻有护法者亦不加喜。可知未经军政、训政两时期，《临时约法》决不能发生效力。夫元年以后，所恃以维持民国者惟有《临时约法》，而《临时约法》之无效如此，则纲纪荡然，祸乱相寻，又何足怪！

　　本政府有鉴于此，以为今后之革命，当赓续辛亥未完之绪而力矫其失。即今后之革命不但当用力于破坏，尤当用力于建设，且当规定其不可逾越之程序。爰本此意，制定《国民政府建国大纲》二十五条，以为今后革命之典型。

　　《建国大纲》第一条至第四条，宣布革命之主义及其内容。第五条以下，则为实行之方法与步骤。其在〈第〉六、七两条，标明军政时期之宗旨，务扫除反革命之势力，宣传革命之主义。其在第八条至第十八条，标明训政时期之宗旨，务指导人民从事于革命建设之进行。先以县为自治之单位，于一县之内努力于除旧布新，以深植人民权力之基本，然后扩而充之，以及于省。如是则所谓自治，始为真正之人民自治，异于伪托自治之名以行其割据之实者。而地方自治已成，则国家组织始臻完密，人民亦可本其地方上之政治训练以与闻国政矣。其在第十九条以下，则由训政递嬗于宪政所必备之条件与程序。综括言之，则《建国大纲》者，以扫除障碍为开始，以完成建设为依归。所谓本末先后，秩然不紊者也。

　　夫革命为非常之破坏，故不可无非常之建设以继之。积十三年痛苦之经验，当知所谓人民权利与人民幸福，当务其实，不当徒袭其名。傥能依《建国大纲》以行，则军政时代已能肃清反侧，训政时代已能扶植民治。虽无宪政之名，而人民所得权利与幸福，已非口宪法而行专政者所可同日而语。且由此以至宪政时期，所历者皆为坦途，无颠蹶之虑。为民国计，为国民计，莫善于此。本政府郑重宣布：今后革命势力所及之地，凡秉承本政府之号令者，即当以实行《建国大纲》

为唯一之职任。

据《大元帅之重要宣言》，载一九二四
年九月二十五日《广州民国日报》（三）

为苏联支持中国告国民书

（俄 译 中）

（一九二四年十月十一日）

你们不要忘记，在自由的俄国发出了这样的号召："禁止干涉中国"。欧洲的资本家对于这句口号，也许采取一种讥刺的态度，他们会想着，这句口号是没有什么用的，因为苏联距离中国很远。但不管怎样，从莫斯利传出的口号，是不存在着距离的，它闪电似地传遍了全世界，在每一个劳动者的心中得到了回响。我们知道苏联的同情，对于自由解放了的土耳其战胜其敌人的胜利，是起了怎样的作用。这种同情，比大炮更可靠。我们知道，苏联永不会站在不义的事情的一边。假使说，苏联支持我们，那就是说，真理是在支持我们，而真理是不可能不胜利的，是不可能不战胜暴力的。

据〔苏〕亚历山大·科冈:《苏联和中国》译
出，载《时代》杂志第一八一期（北泉译）

附载：中国国民党本部为庆祝总理北上

举行提灯欢送会的通告

（一九二四年十一月一日至八日间）①

现奉总理谕，定期于本月十二日首途北上②等因。是次我总理赴京主持大计，

---

① 通告日期不详。按：孙文北上的最终决定乃由一九二四年十月三十一日下午大本营高层会议作出，而发出该通告的信息则系十一月八日广州来函所提供，据此酌定为一日至八日之间。

② 孙文后改为十三日启程北上。

关系本党前途既远且大,凡在革命政府旗帜下之农工兵学各界,均有一种热烈表示。本会拟邀约各界于十二日下午六时在第一公园①集合,举行提灯欢送会,同伸庆祝。

据《孙中山北上与粤军反攻》,载一九二四年十一月二十一日天津《大公报》

中国国民党庆祝俄国十月革命七周年纪念宣言

(一九二四年十一月七日)

一九一七年的苏俄今日是革命大告成功之日,于今已是七年了。我们在国民革命的进程中,对此友邦的光荣纪念日,深感有重大之意义,为此意义,我们承认有庆祝之必要。

十月革命之成功,不独是苏俄革命的成功,并且是国际革命的开幕;不独是苏俄民族的解放,并且是国际民族的解放起点。俄国以前的革命,只有一种,就是政治革命;政治革命,革来革去,不过变一变政体之形式,口头上名为争自由、争独立,其实是为帝国主义者所欺骗。无论是法国革命、美国革命都是如此,最时髦的"德谟克拉西",何尝不是为少数资本家说法。直到俄国革命以后,才有一种革命,就是经济革命,把旧经济组织完全拆台,实行集产政策,发达国家的大企业,使无产者也解除经济之压迫。这种经济革命是普遍的,为全民利益的,和从前政治革命为少数人的、偏枯的,大相悬绝,这是人类真正的平等表现。因此之故,我们要纪念苏俄革命成功,这是庆祝之第一个意义。

俄国未革命之前,国际间只有两种国家,就是压迫人的国家和被人压迫之国家,前者是帝国主义的列强,后者是失了独立能力的弱小民族。直到俄国革命之后,才多一种国家,就是不压迫人也不被人压迫的国家,自己民族解放了,还不安乐,竟抱"己欲立而立人"之宏愿,来扶助弱小民族。要扶助弱小民族了,就公然的反对国际帝国主义。事实告诉我们,土耳其的独立,他的凯末尔将军,得

---

① 今改名为人民公园。

到苏俄不少的帮助。前月俄人仗义执言，在莫斯科举行"制止侵略中国"大会，揭露各国帝国主义在华的假面具，这是何等爽快、何种热肠的现象。他们已经看破，如果要扶助中国，首先须消灭在中国之各国资本主义，这是国民革命必由之路。因此之故，我们要纪念苏俄革命成功，这是庆祝之第二个意义。

任何民族、任何阶级，对于真正的自由平等与独立之要求，都是一致的。所以我们都应该同情于庆祝苏俄革命成功的纪念，并且应该联合战线，向压迫人的国家攻击，以实现国际革命之成功。

中国国民党中央党部

据《广州庆祝十月革命盛况》，载一九
二四年十一月十四日上海《民国日报》

北上前对时局之宣言

（一九二四年十一月十日）

本年九月十八日，本党对于出师北伐之目的曾有宣言。其主要之意义，以为国民革命之目的在造成独立自由之国家，以拥护国家及民众之利益。此种目的，与帝国主义欲使中国永为其殖民地者，绝对不能相容。故辛亥之役吾人虽能推倒满洲政府，曾不须臾，帝国主义者已勾结军阀以与国民革命为敌，务所以阻止国民革命目的之进行。十三年来军阀本身有新陈代谢，而其性质作用，则自袁世凯以至于曹琨〔锟〕、吴佩孚如出一辙。故北伐之目的，不仅在覆灭曹、吴，尤在曹、吴覆灭之后永无同样继起之人。换言之，北伐之目的不仅在推倒军阀，尤在推倒军阀所赖以生存之帝国主义。盖必如是，然后国民革命之目的，乃得以扫除障碍之故而活泼进行也。

国民革命之目的在造成独立自由之国家，以拥护国家及民众之利益，其内容为何，本党第一次全国代表大会宣言已详述之。盖以民族、民权、民生三主义为基本，而因应时势，列举救济方法，以为最少限度之政纲。语其大要，对外政策：一方在取消一切不平等之条约及特权；一方在变更外债之性质，使列强不能利用此种外债，以致中国坐困于次殖民地之地位。对内政策：在划定中央与省之权限，使国家统一与省自治各遂其发达而不相妨碍，同时确定县为自治单位，以深植民权之基础；且当以全力保障人民之自由，辅助农、工、〈商〉实业团体之发达，谋经济、教育状况之改善。盖对外之政策果得实现，则帝国主义在中国之势力归于消灭，国家之独立自由可保；对内政策果得实现，则军阀不致死灰复燃，民治之基础莫能摇动。此敢信于中国之现状，实为对症之良药也。

北伐目的宣言根据此旨，且为之说明其顺序："（一）中国跻于国际平等地位以后，国民经济及一切生产力方得充分发展。（二）实业之发展，使农村经济得以改良，而劳动农民之生计有改善之可能。（三）生产力之充分发展，使工人阶级之生活状况，得因其团结力之增长而有改善之机会。（四）农工业之发达，使人民之购买力增加，商业始有繁盛之动机。（五）文化及教育等问题至此方不落于空谈，以经济之发展使智识能力之需要日增，而国家富力之增殖可使文化事业及教育之经费易于筹措，一切智识阶级之失业问题、失学问题方有解决之端绪。（六）中国之法律更因不平等条约之废除而能普及于全国领土，一切租界皆已废除，然后阴谋破坏之反革命势力无所凭藉。"① 以上诸端，凡属国民，不别其为实业家、为农民、为工人、为学界，皆无不感其切要，而共同奋斗以蕲其实现者也。

国民革命之目的，其内容如此。十三年来帝国主义与军阀互相勾结，以为其进行之障碍，遂使此等关系民国存亡、国民生死之荦荦诸端，无由实现。为谋目的之到达，不得不从事于障碍之扫除，此北伐之举所以不容已也。

自北伐目的宣布以后，本党旗帜下之军队在广东者，次第集中北江，以入江西。而本党复从种种方面指示国民，以帝国主义所援助之军阀虽怀挟其武力统一之梦想，而其失败终为不能免之事实。今者吴佩孚之失败，足以证明本党判断之不谬矣。

军阀所挟持之武力，得帝国主义之援助而增其数量。此自袁世凯以来已然。然当其盛时虽有帝国主义为之羽翼，及其败也，帝国主义亦无以救之。此其故安在？二年东南之役，袁世凯用兵无往不利，三、四年间叛迹渐著，人心渐去，及反对帝制之兵起，终至于众叛亲离，一蹶不振。七年以来，吴佩孚用兵亦无往不

① 此引文与九月十八日《中国国民党北伐宣言》略有出入。

利，骄气所中，以为可以力征经营天下，至不恤与民众为敌，屠杀工人、学生以摧残革命之进行，及人心已去，终至于一败涂地而后已。犹于败亡之余，致电北京公使团，请求加以援助。其始终甘为帝国主义之傀儡，而不能了解历史的教训如此。由斯以言，帝国主义之援助，终不敌国民之觉悟。帝国主义惟能乘吾国民之未觉悟以求逞，军阀亦惟能乘吾国民之未觉悟以得志于一时，卒之未有不为国民觉悟所屈伏者。愿我友军将士暨吾同志，于劳苦功高之余，一念及之也。

吾人于此更可以得一证明：凡武力与帝国主义结合者无不败，反之与国民结合以速国民革命之进行者无不胜。今日以后，当划一国民革命之新时代，使武力与帝国主义结合之现象永绝迹于国内。其代之而兴之现象，第一步使武力与国民相结合，第二步使武力为国民之武力，国民革命必于此时乃能告厥成功。今日者，国民之武力固尚无可言，而武力与国民结合则端倪已见。吾人于此，不得不努力以期此结合之确实而有进步。

欲使武力与国民深相结合，其所由之途径有二：

其一，使时局之发展能适应于国民之需要。盖必如是，然后时局发展之利益归于国民，一扫从前各派势力瓜分利益及垄断权利之罪恶。

其二，使国民能自选择其需要。盖必如是，然后国民之需要乃得充分表现，一扫从前各派包揽、把持、隔绝群众之罪恶。

以上二者，为国民革命之新时代与旧时代鸿沟划然。盖旧时代之武力为帝国主义所利用，新时代之武力则用以拥护国民利益，而扫除其障碍者也。

本党根据以上理论，对于时局，主张召集国民会议，以谋中国之统一与建设。而在国民会议召集以前，主张先召集一预备会议，决定国民会议之基础条件及召集日期、选举方法等事。

预备会议以左列团体之代表组织之：一、现代实业团体；二、商会；三、教育会；四、大学；五、各省学生联合会；六、工会；七、农会；八、共同反对曹、吴各军；九、政党。以上各团体之代表由各团体之机关派出之，人数宜少，以期得迅速召集。

国民会议之组织，其团体代表与预备会议同，惟其代表须由各团体之团员直接选举，人数当较预备会议为多。全国各军皆得以同一方法选举代表，以列席于国民会议。于会议以前，所有各省的政治犯完全赦免，并保障各地方之团体及人民有选举之自由，有提出议案及宣传讨论之自由。

本党致力国民革命于今三十余年，以今日国内之环境而论，本党之主张虽自信为救济中国之良药，然欲得国民之了解，亦大非易事。惟本党深信国民自决为国民革命之要道。本党所主张之国民会议实现之后，本党将以第一次全国代表大会宣言所列举之政纲，提出于国民会议，期得国民彻底的明了与赞助。

本党于此敢以热诚告于国民曰：国民之命运在于国民之自决。本党若能得国民之援助，则中国之独立、自由、统一诸目的，必能依于奋斗而完全达到。凡我国民，盍兴乎来！

中华民国十三年十一月十日

中国国民党总理　孙文

据《大元帅对时局之重要宣言》，载一九二四年十一月十三日《广州民国日报》（三）

为派出国民会议宣传员致各省
公署公团学校通电

（一九二四年十一月二十日）

各省各公署、各公团、各学校公鉴：文主张召集国民会议，为解决目前中国问题之唯一办法，前已发表宣言通告全国，惟内地交通不便，每多隔膜。因特派同志分赴各地宣传，俾民众均得了解国民会议之真意，所派同志均给有委任书，到时务期惠予接洽为幸。孙文。

据《中山先生之通电》，载一九二四年十二月三日上海《民国日报》

赴日前致日本国民声明书①

（日 译 中）

（一九二四年十一月二十一日）

我这次访问日本，是想在赴天津之前到日本拜访旧友，并与朝野各界人士会见，开诚布公地交换意见。现在中国正迎来即将理顺统一头绪的重大时机，如何达成此事，是需要有识之士深思熟虑的。现今中国问题已不只是中国一国之事，实际上应作为世界性问题得到重视。际此时局，令我深深感到，不与日本提携就根本不可能解决。日中提携不仅仅是外交辞令，而是两国国民在真正相互了解之下拯救中国，确立东亚和平，并巩固黄色人种的团结，以此来对抗列强的非法压迫。

为此，日本方面对于时局有什么想法，今后要采取什么样的方针等，希望能够听取日本朝野的意见，以作为收拾中国时局的参考。有报道说，我提出了撤销日本"二十一条"的要求，有收回辽东半岛的意向等。就我现在而言，对这些问题还没有任何具体考虑。不论如何，到北京后召集国民会议，我会尽最大努力广泛听取国内舆论的意见。另外，对于此次中国时局的动荡，日本所采取的态度确是光明正大的，对此，我内心甚为钦佩。

> 据《日本と提携せねば時局解決は不可能——日本國民に對する孫文氏の聲明書》［《不与日本提携则不可能解决时局问题——孙文君对日本国民的声明书》］，载一九二四年十一月二十二日《大阪每日新闻》（二）②（蒋海波译，安井三吉校）
> 日文原文见本册第 809 页

---

① 孙文启程赴日本之前一日，委托《大阪每日新闻》和《东京日日新闻》向日本国民发表这篇声明书。

② 同日《东京日日新闻》刊登该件，内容文字完全相同。另见泽村幸夫所作《孙文送迎私記》（载东京《支那》第二十八卷第八号，一九三七年八月发行）中有一电文，据作者说明，此乃孙文离沪赴日前发至"《大阪每日新闻》的我"并嘱予发表者（按：澤村幸夫与孙文系旧识，此时任该报社支那课长），可见这与孙委托发表声明书同属一件事，该电文与底本为同一文件，而以往却常被误解为不同于声明书的致澤村本人另一电报。其实，该电文的内容与底本无异（不少字句完全相同），但颇多脱落，本集不予收录。

中国国民党最小纲领之宣言①

（一九二四年十二月七日）

在九月十八日所发表解释北伐之目的与用意之宣言书中，尝谓国民革命运动之志望乃在为人民之利益，而谋中国之自由与独立。帝国主义者陷我国为半殖民地，吾人起而反抗之，则抱负此种志望实属必要也。

一九一一年之革命将满洲专制政治推翻，其志望殆完全实现。然至今日，已为列强帝国主义立于背后之中国军阀所破坏，而使革命之志望归于无效。十三年共和政体，军阀派自袁世凯以至曹锟，从未变更其特质及行动。彼等之继续存在，实为反革命运动之器械。是故，倘使革命事业为中国国民发展之原动力而告完成，则毒恶相等之军阀与帝国主义必被毁灭而无疑。吾党之主义在北伐中为军事之表示，实欲以之创造一种局面，而使彼辈毒恶悉归灭绝也。

三民主义乃吾党主义之惟一基础，在此种基础之上，吾国各项问题可期恒久解决。三民主义乃作成于最大纲领之中者，业经国民党第一次会议加以采纳矣。然吾人现在预备拟成一最小纲领，以适应目前时局之需要。在此项最小纲领中，当提出对外政治之主要条件，即帝国主义列强加诸中国之不平等条约与协定，以及陷中国于经济奴仆地位之各种契约应即废除。至对内政治，则应分清中央政府与省政府之权限，并建设地方自治政府之基础。吾等实行上之对外对内政策，必可产生下列之结果：

（一）中国与其他各国间之国际时局必可变为平等，而使我国财政与生产量得以发展；

（二）实业与财政得以发展，则农业经济亦必获得一新的动力，而吾国之农民与工人之经济状况当亦有所进展；

（三）劳动的实业团体之进展，可使劳动之质量扩大增强，而劳工界之生活

---

① 孙文于本月四日自神户乘轮抵达天津，因身体不适而留津调养。此为抵津后发表的近期政治主张。

状况亦必大有进步；

（四）实业、农业与劳动阶级之经济状况既有进展，则商业必能兴盛；

（五）国家财政既发展，教育与文化等问题必能为实际的解决，而需用知识阶级亦必见诸事实；

（六）在华之领事裁判权废除，我国法律行使于全国，则复古运动与反革命运动必不久转为民国谋幸福谋利益。

十三年来军阀与帝国主义者之联结，实为实现上述目的与志望之主要障碍，此项障碍现当打破之。军阀派之得助于帝国主义者，仅能攫得一时的权力，袁世凯即如是。袁之颠覆，非帝国主义的扶助者所得使之避免也。共和成立之第二年，袁氏得为相当的胜利，然至人民洞悉彼军阀之罪恶时，袁之颠覆已无法防免。七年后吴佩孚似亦胜利，吴氏以实力压迫全国使归于统一，置人民利益于不顾，且欺骗人民谓"出于爱护之诚"，甚至以其武力惨杀工人、学生，以压抑国民革命运动。但吾党曩曾一再指示人民：军阀以帝国主义者之援助而实行武力统一政策，其结果必归于失败。吴佩孚之颠覆，已足证明吾党之言为不谬矣。

吴佩孚失败后已起生一新的时局，吾人为应付此项新的时局，仅欲谋吾人最小纲领之实现。此最小纲领乃以人民之需要为其根基，拒斥特别权利与特别势力之可能。盖特别权利与特别势力，俱足为颠覆国家之致命伤也。故为防阻帝国主义者与反对国民势力之活动，应准许人民就自身之所需而公决一切。

国民党提议召集一国民会议，国民会议之主要任务惟在谋国家之统一与重新建设。但在此国民会议可以召集之前，必须召集一预备会议，以决定各种主义与方法，而此项主义与方法乃用以约束国民会议之选举及其行动者也。

我等提议之预备会议，应由下列团体之代表组织之：各省实业、商业、教育机关、大学校及学生联合会。预备会议之代表必需由各该团体一一选派，人数无须过多，以利会议之进行。

关于国民会议之自身会员，应由上列各团体之代表组织之。惟各代表必须由各团体人民直接选出，军队亦得同样选出其代表列席国民会议。如果仅拘于国民革命运动之新形势，则军阀派必联结人民而为扰乱国家之真实工具。故为保障国民会议之成功起见，应宣布大赦政治罪犯，并须宣布全国人民与各团体应有宣传与选举之完全自由，俾各得应其所需，任意向国民会议建议一切。

十三年来吾党继续为国民革命之运动，乃以国民党之三民主义为其基础。最大纲领乃使三民主义合而为一。而实行之者，自党提出于国民会议，以期国家采纳、承认并实施焉。为准备提出最大纲领于国民会议而使之实现，特略述最小纲领于此宣言书中。

据《孙中山到津后之宣言》，连载一九二四年十二月八、九日天津《益世报》第十版

附载：汪精卫等代表孙中山驳斥"赤化"等中伤之声明

（一九二四年十二月十五日）

此次孙中山莅津，原系视此时为中国统一及改革之良机，而深愿与各方合作。乃不逞之徒相与造作蜚语，思有以中伤之，而破坏大局之和平。顷者民党中人，皆认此种谣言实有害中山之进行，特由汪兆铭等负责，发出一稿以辟谣。其文曰：

演集第一集、第二集暨实业诸演集等，其所郑重说明者，不外根据国民经济现象，以为中国今日处于经济落后之地位。其最要方策，在以全民革命，解除外国帝国主义之压迫，以期得以发展实业，俾国民经济能力，达于充裕之境。至于防止贫富不均，则平均地权，即节制资本。二者已足以行之无弊。若夫共产主义，以俄之革命，尚不能使其实现，而以新经济政策为救济之方法，则谓共产主义，可以行于中国，实为梦想。以上各种印刷品，皆以中国国民党名义发表，无论为中国人为外国人，苟寓目于此种印刷品，当不致对于中国国民党之主张，发生疑虑。然则"赤化"、"过激"等等名词，何以忽加于中山先生，及其所统率之中国国民党欤？请得而论之。

其一以中山先生主张亲俄也。然中山先生之主张亲俄，以其革命之后，全然放弃帝政时代之帝国主义，与中国缔结平等条约，维持国际平等之信义，故为中国计，为世界计，乐与为友亲。亲俄为一事，共产又为一事。不能以其亲俄，即目为共产。了然无可影者。

自中山先生抵津之后，因修正不平等条约之主张，而引起"赤化"、"过激"等等之风说，最近天津日日新闻，且采登香港传来之"共产祸国记"而声明欲得

中山先生方面之回答。中山先生现尚在病褥，故由其随行之中国国民党中央执行委员汪精卫、邵元冲，广州特别市党部执行委员孙科三人负责，为如左之声明。此三人者，一方为党中重要成员，一方为中山先生重要随员，共同负责声明中山先生之意思及中国国民党之意思，皆可于此显明矣。

据《汪精卫、邵元冲、孙哲生代表中山负责之宣言》，载一九二四年十二月十五日天津《大公报》

对国民党北京执行部及市党部之训令

（一九二四年十二月十八日）

近闻本党党员暨各团体对余入京筹备欢迎，至所感纫。惟闻所发传单有措词失检，如打倒某某云云，殊为不当。余此次入京，奉持主义与各方周旋，对于现执政及奉天军、国民军各方面均有向来友谊上之关系，前已最高党部训令党员，严定同志军、友军、敌军之分别。今若对于友军人物不能以诚恳之词互相勉励，良非本党应取之态度。着北京执行部及市党部通令党员，对于此种传单一律禁止；其各团体有用此种种传单者，亦应随时劝止，以期永维友谊，共济时艰。

据《孙先生训练党员》，载一九二四年十二月十八日上海《民国日报》

为派出国民会议宣传员致北方各省区通电

（一九二四年十二月二十一日）

各省各公署、各公团、各学校公鉴：文主张召集国民会议，为解决目前中国问题之唯一办法，前已发表宣言通告全国，惟内地交通不便，每多隔膜。因特派同志分赴各地宣传，俾民众均得了解国民会议之真意，所派同志均给有委任书，到时务期惠予接洽为幸。孙文。

据《中山先生之通电》，载一九二四年十二月三日上海《民国日报》

自津赴京致各省通电

（一九二四年十二月三十一日）

〈各省〉军民长官、各团体、各报馆均鉴：文此次北行目的，曾有宣言，谅蒙鉴察。抵津以来，执政招待殷渥，期望綦切，京津各团体盛意欢迎，所以勖勉之者良厚，至深感荷。原拟早日入都，共商救国，不意肝疾偶发，濡滞兼旬。兹承医生劝告，即日舆疾入京，选择医疗。在医疗期内，惟有暂屏万虑，从事休养，以期宿疾早愈，健康早复，俾得发抒志愿，仰副厚望。专此电达，敬希鉴察为荷。孙文。世。①

据原电译稿，台北、中国国民党文化传播委员会党史馆藏

入京宣言②

（一九二四年十二月三十一日）

中华民国主人诸君：

兄弟此来，承诸君欢迎，实为感谢。

兄弟此来不是为争地位，不是为争权利，是特为来与诸君救国的。十三年前，兄弟与诸君推倒满洲政府，为的是求中国人的自由平等。然而中国人的自由平等已被满洲政府从不平等条约里卖与各国了，以致我们仍然处于次殖民地之地位，所以我们必要救国。

关于救国的道理很长，方法也很多，成功也很易，兄弟本想和诸君详细的说，如今因为抱病，只好留待病好再说。如今先谢诸君的盛意。

中华民国十三年十二月三十一日

孙文

据《孙文昨日抵京盛况》"对于时局之主张"，
载一九二五年一月一日北京《益世报》第一版

---

① 韵目"世"代表三十一日。
② 孙文于是日下午自天津抵达北京。此宣言印成传单，到京时在车站发布。

中国国民党不赞同善后会议宣言

（一九二五年二月二日）

全国各法团、各报馆均鉴：

去岁十一月十三日，本党总理公布对于时局之宣言，主张开国民会议以解决时局，而先之以预备会议，以议定国民会议之基础条件、召集日期、选举方法等。预备会议之构成分子，为现代实业团体、商会、教育会、大学学生联合会、农会、工会，共同反对曹吴各军、各政党。国民会议之构成分子与之相同。惟选举方法及人数较预备会议为繁且密，以期得真正之民意。自宣言公布以来，海内外各民众团体群起响应，函电络绎，披露报端，为国人所共见。而各处国民会议促成会，更风起云涌，进行极猛。宣言所主张为人民心理之所同，于此可证。临时执政府所召集之善后会议及国民代表会议，其国民代表会议之组织方法未知何如？至于善后会议，则其组织方法并非以人民团体为基础。故本党总理于一月十七日覆电临时执政府，提出两条件：其一，善后会议加入现代实业团体、商会、教育会、大学学生联合会、农会、工会诸代表；其二，善后会议虽可讨论军制、财政诸问题，而最后决定之权当归于国民会议。并声明如临时执政府能容纳此两条件，则对于善后会议当表赞同，此为本党总理对于临时执政府最少限度之让步。

二十九日临时执政府覆电，对于此两条件未能容纳，而本党总理卧病未愈，未能亲决庶务。故中央执行委员会仰体本党总理意旨，议决对于善后会议不能赞同。凡读本党总理十一月十三日之宣言及一月十七日之覆电者，当知此议决实为本党必然之结果。惟本党尚有当郑重为临时执政府暨国民告者，本党总理一月十七日之覆电，一方表示尊重民意之坚决态度，一方表示对于临时执政府相当让步之精神。本党仍守此坚决及让步之旨，务期真正民意得以充分表现，以为解决时局之最高机关。本党惟竭其力之所能至，以观厥成焉。

中国国民党中央执行委员会

据《反对善后会议之宣言》，载广州《党声周刊》第五十三期，一九二五年二月二十三日出版

中国国民党反对由善后会议
制定国民会议组织法之宣言

（一九二五年二月十日）

全国各法团、各报馆均鉴：

国民会议为解决时局之唯一方法，亦即国民意思之最高机关，自本党总理提倡以来，已得海内外之一致响应。顾欲求国民会议之完全实现，必备下列条件：

（一）构成分子须如本党总理宣言所列，现代实业团体、商会、教育会、大学、各省学生联合会、农会、工会、各军、各政党，然后国民会议始得名称其实。

（二）选举方法务求普遍，形式务求公开，予选举人以充分之选举自由，严禁一切包揽把持营私舞弊等事。

（三）会议之际，务求国民意思得充分表现，无论何种势力均不得有干涉会议之嫌疑。

以上诸条件，欲求其具备，则国民会议组织法如何制定，实为先决问题。盖组织法为国民会议所由产出，若组织法不得其宜，则国民会议不但等诸告朔饩羊，且恐适以供人傀儡。本党经郑重之考虑，为严正之决议，国民会议组织法不得由善后会议制定，因善后会议之构成分子非以人民团体为主要，决不能以善后会议产生国民会议，甚望人民团体自动的制定国民会议组织法。盖惟人民团体所制定之组织法，乃能产生真正之国民会议也。

谨此宣言，惟共鉴之。

中国国民党　蒸①

据《关于会议组织法之蒸电》，载广州《党声周刊》第五十三期，一九二五年二月二十三日出版

---

①　韵目"蒸"代表十日。

附载：中国国民党关于"金佛郎案"之再次宣言

（一九二五年二月十六日）

　　自金佛郎问题发生以来，国民以其损失国家之权利甚大，故群起反对，迁延至今。近闻临时执政府已将与法国公使对于金佛郎问题磋商解决。本党为维持国家之权利起见，不得不对于临时〈执〉政府致其忠告，并促国民对此事之严重注意。

　　盖在从前帝国主义者胁迫中国所履行之庚子条约中，对法国之赔款交付，并无纸佛郎与金佛郎之区别。其后佛郎价格之跌落，完全由于世界大战所蒙之结果；此世界大战，又属于帝国主义之国家互相侵略而成，非中国所能负责。故佛郎价格之跌落，中国亦不能连带负责。今以庚子条约无明白声明之佛郎为纸为金，而遽责中国之必偿金佛郎，以增加中国国民莫大之担负，其将何以应付？

　　中国国民党曾以主张修改不平等条约之故，而备受帝国主义者种种压迫和破坏。今帝国主义者，对于条约所未载明，而足以增加其利益，及予中国国民以重大之担负者，则任意为之，而无所忌惮；势非至于中国现在及将来之财政命脉，悉为帝国主义者所把持涸竭不止。况一国政府对于解决与国家财政关系重大之问题，若金佛郎案者，必由全国国民或人民代表机关所产生之正式政府，始能有权办理。今临时执政府，既系临时性质，故对于办理此等重大之事，自以留待正式政府办理为宜。

　　闻法国政府对于要求吾国承认金佛郎之交换条件，即为不加阻挠于吾国修改关税税则之会议。无论此说犹为一幻想之事，即使可行，而所得仍不足以偿所失。盖承认金佛郎案，即无异增加无数之赔款。若是，则吾国即使能稍增关税，而大部分之关税收入，仍将付之于增加之赔款之中。吾人固知临时执政府之财政极为困难，然此决不足以作为帝国主义者牺牲本国之权利及国家主权之理由。吾人对于此等重大问题，认为必须由国民会议产生之正式政府，始有权以讨论决定之。而现在惟一之要务，即在从速召集国民会议，以产生一正式之政府，以解决吾国经济上种种困难之问题，而不至于妨害人民之利益及国家之主权。

　　中国国民党基于以上理由，故不得不再三郑重声明：即凡对于国家之重大问题之足以增加人民担负者，非经国民会议，及国民会议所产生之正式政府之讨论与决定，中国国民决不承认此等之担负。特此宣言。

据《总理遗教·宣言》，中国国
民党中央党部宣传委员会编印

附：外文版本

THE COMMERCIAL UNION OF CHINA

(BOND)

Jan. 22 , 1895

The Commercial Union of China

No. I one shares

This Certifies that Lee Toma is the owner of one paid up shares of the Capital back of the Commercial Union of China.

Transferable on the backs of the Company by endorsement hereon and suttenes of this certificate.

Lau Chong (Treasurer)

Sun Yat Sen (President)

Honolulu. H I

January 22 , 1895

R. Grieve , Pr. 209 Manohany St. , Honolulu

SUN YAN SEN : LIBERATOR OF CHINA

Chapter I " The Birthplace of Sun Yat Sen "

by Henry Bond Restarick

[…]

At the time when the United States annexed the Republic of Hawaii by treaty , an organic act was passed by Congress , in 1898 ; and under its provisions all who had been born in Hawaii prior to that date were recognized as citizens of the United States of America.

In view of the facts already given , how did the story originate that Sun Yat Sen was born in Hawaii? The answer is plain. In 1904 , Sun Yat Sen obtained a certificate that he was born in the Hawaiian Islands. The older Chinese in Honolulu knew at the time that it was secured by fraud; but out of sympathy for Dr. Sun and knowing that in traveling about he was in danger of his life, they kept quiet. A copy of the birth certificate is here given.

DEPOSITION OF HAWAIIAN BIRTH

Sun Yat Sen

Adult No. 25

Territory of Hawaii

Island of Oahu

I, Sun Yat Sen, being first duly sworn, depose and say that to the best of my knowledge and belief, I was born at Waimanu, Ewa, Oahu, on the 24th day of November, 1870; that I am a physician, practicing at present at Kula, Island of Maui; that I make my home at said Kula; that my father, Sun Tat Sung, went to China in 1874, and died there about eight years later; and that this affidavit is made for the purpose of identifying myself; and as a further proof of my Hawaiian birt, that the photograph attached is a good likeness of me at this time.

(Signed) Sun Yat Sen

Subscribed and sworn to before me this ninth day of March, A. D. 1904.

(Seal) (Signed) Kate Kelly

Notary Public, First Judicial Circuit, Territory of Hawaii.

This is to certify that I have made a thorough examination of the statements made here and am satisfied as to their accuracy, and that the photograph attached is a good likeness and that the signature was made by the applicant.

(Signed) A. L. C. Atkinson

Secretary of Hawaii

Yale University Press, New Haven, U. S. A. , 1931

TERRITORY OF HAWAII

OFFICE OF THE SECRETARY

CERTIFICATE OF HAWAIIAN BIRTH

To all to whom these presents shall come, Greeting:

THIS IS TO CERTIFY THAT Sun Yat Sen now residing at Kula Maui T. H. , whose signature is attached, has made application No. 25 for Certificate of Birth

AND that it appears from his affidavit and the evidence submitted by witnesses that he was born in the Hawaiian Islands on the 24th day of November A. D. 1876, and that the photograph attached is a good likeness of him at this time.

IN TESTIMONY WHEREOF, the Secretary of the Territory has hereunto subscribed his name and caused the Seal of the Territory of Hawaii to be affixed.

A. L. C. Atkinson [Signature of the Secretary of the Hawaiian Territory]

DONE in Honolulu, this 14th day of March

A. D. 1904

Signature Sun Yat Sen

"Territory of Hawaii, Office of the Secretary, Certificate of Hawaiian Birth" (http://sunyats-en. hawaii. org/images/doh/dh − 1. jpg).

TERRITORY OF HAWAII OFFICE OF
THE SECRETARY（影印照片）

CERTIFICATE OF HAWAIIAN BIRTH

AUTOBIOGRAPHY

Apr. 14，1904

My name is Sun Yat Sen，I was born in Honolulu and went to come back from Hong Kong to Honolulu in the early part of 1896 or the last part of 1895. I stayed at Honolulu for 4 or 5 months and then came on to San Francisco，arriving here shortly before July. I came in on student and traveler's Sect. 6 certificate which I procured in Shanghai. I came in as a subject of China. I went from San Francisco to London via New York and from there to Japan via of Canada.

From Japan I came back to Honolulu arriving there about Feb. 1901. They examined some witnesses and admitted me as a native born citizen. I had no papers，I always go to Honolulu without papers. Since I came in here as a Chinese subject in 1896 I have done nothing to again become a citizen of the U. S. excepting that I swore allegiance to the U. S. before I received my passport from the Gov. of Hawaii in March this year，at that time repudiating my citizenship of my other nation.

Sun Yat Sen

Sworn to before me this 14 day of April 1904.

Ward E. Thompson

DETENTION SHEDS PACIFIC MAIL DOCK

Apr. 21，1904

As further evidence of my right to enter the United State［sic］as a citizen of Hawaii by birth，and that I have never renounced allegiance to that Government，I submit the following additional statement to accompany the other papers in my case on appeal to the Department at Washington：

Some time after the annexation of the Hawaiian Islands to the United States, there was a registration taken of all the residents for the purpose of ascertaining the nationality and birth of such residents. I was registered in the Kula district, in the Island of Maui, as a Hawaiian-born Chinese, about March or April in the year 1901. That is the first thing that I did after the annexation of the Islands to show that I still claimed citizenship there, the next step being that taken just prior to my departure from the Islands for this country, in March of the present year, when I again proved my citizenship and received my passport from the Governor of the Territory. Although a Chinese by blood, I never claimed to be a Chinese subject nor in anyway asked the protection of the Chinese Government. On the contrary, my political views have always been opposed to the Chinese Government and I have been regarded as an enemy of that Government. The student papers I obtained from the official of the Government at Shanghai in order to enable me to enter the United States was given me merely as an act of personal friendship for me, and was not given me because of any allegiance I bore to the Chinese Government. This officer and myself were personal friends and as such a paper seemed to be necessary in order for me to come to the United States it was granted for that purpose.

Sun Yat-sen

Sworn to April 21, 1904.

This additional statement was made by the applicant on finding that his papers had not yet been forwarded to the Department and is forwarded at his request.

Mr. Macdonald（Inspector）

THE CHINESE REVOLUTIONARY GOVERNMENT

（BOND）

Jan. 1，1906

The Chinese Revolutionary Government

Promises to Pay the Bearer

One Hundred Dollars

After one year of its establishment in China on demand at the Treasury of the said Government in Canton or its agents abroad.

The President Sunwen

1st January 1906

No. 079，002

孫逸仙の方針

大正元年一月九日載

大統領孫逸仙の抱持せる對時局方針なりとして傳へらるゝ處左の如し

一、北京を攻擊して斷然全滅せしめずんば已まず兵を北京に入らしめずして天下二分説を唱ふるが如きは要するに姑息策にして更に天下の紛亂を豫想せしむるものなり

二、目下の急務は各國の承認を經て速に中央政府を確立するにあり其政府の組織に關しては無論共和政體を採るべし今や各自名を獲らんとするの時にあらず寧ろ時局の解決を急ぐべきの時なり

三、大に外債を募集すべし目下各省殊に雲南地方の如きは財政困難の窮境にあり之が救濟の資を獲るは實に至難の業といはざる可らずされど一朝茲に共和政府を確立せば外債募集に依りて之が救濟の方途を講ずることを得べく四分五厘の利子を以てすれば望むだけの金を借入れ得ること疑ふ可らずシカシ此際

支那人一般に外債募集に反對を抱く者多けれどもこれ蓋し左の覆轍を危ぶむものなり

（イ）滿朝は支那の國力を犧牲にするが如き條件の下に外債を募りし事

（ロ）滿朝は外債に依りて良好なる結果を獲得するに至らず徒に浪費し終りたること

（ハ）滿朝の外債については大なる抵當を要する事

今共和政府を新設せんがタトヒ外債を募集するも決して勢力を失ふことなく又抵當の必要もなかるべし試に其實例を舉ぐれば埃及は嘗て外債を募集して却て其國を失へりこれ國力を犧牲に供せしが故なり然るに亞米利加は獨立宣言以來一に外債に據りしも而も其勢力を維持し保全を失はざりきコハ國力の犧牲なかりしが故なり又近くは日露戰爭の當時兩國共外債を募集したる例に徵しても明かなりされば此際先づ外債に據りて全國に鐵道を敷設し以て運輪の便に依りて其工業の發達を助長することを主眼とせざる可らず鐵道敷設の結果地價の騰貴を來し延ては人民重税の負擔に應ずることを得ん一方此税に依りて外債償却の途を開かば何等の困難もなかるべしかくて六年間を以て全國に鐵道の敷設を見ると同時に鐵道を國有となすべし云々

大正元年一月九日『大阪毎日新聞』（一）

THIS IS NOT TIME TO TALK OF A PARLIAMENT
—SUN YAT SEN

"We Must Overthrow the Northern Enemy or

We Won't Have Anything," He Declares

Jan. 14, 1912

President Sun Yat-sen has issued the following in reply to an address of the Associated Society of the Chinese Republic urging to have a parliament with delegates elected by the people：—

Your address duly noted. Your society advocates organizing a parliament by electing delegates by the people's votes. It is really the best measures to take in establishing a proper Republic and without this there is no actual fact of a Republic. However, there are matters to be dealt with, in which either immediate attention is needed or not. At present we have a Council of delegates, who are sent here by the Military Governors of each Republican province. This is only a temporary measure. It is impossible to have this measure as a permanent one. Yet each military government of a Republican province is not able to have proper local administration as yet to convene a proper provincial council and to have delegates elected cannot be effective at this moment.

We will establish our proper legislative body only after we have a proper parliament with delegates elected by votes of peoples. We will not carry any permanent measures with the provisional government at all. About the question of the advance to the north, we have no other course but to push it on. We have frequent warnings from Kiangsu and Huai districts and the news from Hupeh is also wanting our attention. Therefore, the provisional government has to attend to these important and urgent affairs and all we are aiming at is to overthrow the northern enemy and after accomplishing this we may be able to discuss the parliament with delegates elected by people's vote. If we cannot accomplish this aim we cannot have anything.

When the situation is settled and there is no more warfare in China then we may have proper government with proper parliament. The things we desire at this moment to be done by the Republicans of this country are to supervise the actions of the provisional government and the armies and on the other hand to endeavour to maintain order so as to cultivate the capacity of the people as good citizens of a Republic.

There are many difficulties before us, the Republicans, and I mention my view as your reference. I hope your society will from time to time advise us whenever you have anything to teach us. You say we call our guards as "Chin Wei-chun" or Imperial Guards but it is a mistake as we call them "Ching Wei-chun" or Police Guards and please understand that we do not assume old abusive names in these matters.

The China Press (Shanghai), January 14, 1912, Page 2

孫文ノ入京ト其政見及影響

附　孫文鉄道経営案

在清国特命全権公使伊集院彦吉

外務大臣子爵内田康哉殿

孫文入京ニ関スル件

大正元年九月十六日

孫ノ鉄道論ハ鉱山開放論ト並ンテ所謂其民生政策ト相関連スルモノアレハ之ヲ孫ノ理想トシテ左略述紹介セントス孫ノ鉄道政策ニ関スル前記数次ノ所説ヲ綜合スレハ

・中外合資ノ組織ヲトシ一大鉄道会社ヲ組織スルコト

・京漢京奉粤漢川漢鉄道ノ例ニヨリ鉄道借款ヲ起スコト

・鉄道工事ハ何国人タルヲ問ハス工事請負ノ方法ニヨリ築造セシタルコト

而シテ其借款概算ハ六十億ト称スルコ現金ノ借入ハ其五分ノ一乃チ十余億ニ過キサル可ク他ハ材料等ノ供給ニ帰ス可シ而シテ米国領土ハ支那ニ及ハズシテ八十万哩ノ鉄道ヲ有シ又タ加奈太ニテ十万哩ノ鉄道修築ニ際シ支那工夫十五万人ヲ雇入レ三年ニシテ成工シタル実例等ニアレハ支那ニシテ二十万清里ノ鉄道ヲ十年内ニ修築セシトハ決シテ誇大ノ空想ニアラサルコト且ツ其ノ計画ニ因レハ会社ヲシテ四十年間営業ノ権利ヲ得セシムル代償トシテ四十年後ハ無償ニシテ之ヲ国有ニ帰シ又二十年以後ノ買収権ヲ留保ス可テレハ将来資本家ノ労働社会ヲ圧制スル等弊害ナキハ勿論米国鉄道収入ノ比例ニヨリ概算スレハ支那二十万清里ノ鉄道将来収入ハ毎年十億ニ上ル可ク大ヒニ全国財政ヲ維持シテ余リアルノミナラス必然之レニ伴ハサル可カラサル全国各地鉱山ノ開掘各種物産ノ発達ニ伴ヒ地価ノ騰貴ヨリスル国家収入等其利ヤ挙ケテ云フ可カラス而シテ孫ハ所謂二十万清里鉄道ノ線路ナルモノハ曽テ之ヲ深究シタル可ナカル勿論ナルモトテ伊レカ漠然トシテ云フ所ヲ見レハ左ノ三大幹線ニヨルモノナリ

（甲）南路　南海（カントン）ヨリ起リ広東広西貴州省ヨリ雲南四川省ヲ

経テ西蔵ニ至リ天山南路ニ繞到ス

　（乙）中路揚子江ニ依リ起リ江蘇安徽河南陝西甘粛新彊ヲ経テ伊犁ニ至ル

　（丙）北路　秦皇島ヨリ起リ遼東ヲ繞リ折シテ蒙古ニ入リ外蒙古ヲ貫通シテ烏梁海ニ達ス

　右ハ全国鉄道協会ノ商推書中ニ援引シアル所ナルモ亦タ九月十四日ノ記者団接待会席孫ノ声言シタル所ニシテ各新聞ノ掲載スル所ニ因レバ

　（イ）広州ヨリ成都ニ至ル一線

　（ロ）広州ヨリ雲南大理府ニ至ル一線

　（ハ）蘭州ヨリ重慶ニ至ル一線

　（ニ）長江ヨリ伊犁ニ至ル一線

　（ホ）太沽ヨリ広東香港ニ至ル一線

　（ヘ）天津ヨリ満洲各処ニ至ル一線

　袁孫両者カ人ヲ卻テ密談偶々外交問題ニ及ビ袁ハ詳カニ其聯米政策ノ□〔？歴〕史ヲ告クレハ孫ハ〔口美〕〔？賛〕嘆シテ遠謀ト云フ而シテ袁ハ人ニ向ヒ頻リニ孫ノ公正無私ヲ称揚シ其為人ヲ称シテ漂亮ト云ヒ孫亦人ニ向ヒ盛ンニ袁ノ雄才大略ニ敬服ス

（九月十六日稿）

GREAT ARMY LEADERS
OF THE WORLD RECOGNIZED HIM
AS A MILITARY PHILOSOPHER

——Dr. Sun's Tribute

Nov. 6, 1912

Unfortunately Mr. Lea was physically deformd but he possed a wonderful brain. Although not a military man, he was a great military philosopher, well poised in high military problems. He helped me in a general way on military strategem with reference to the revolutionary propoganda. He commanded a profound farsight and insight in affairs military and was the author of a couple of books on high millitary tactics and stratagem. Several of the prominent military men paid tribute to his professional production, General Roberts is one of his greatest admirers. He was a thoroughly sincere man and devoted his whole energy to the Chinese Revolution. Honest in his dealings, sympathetic in his opinions, frank and resolute, he had made a large number of friends among the Chinese. He helped me in Nanking until his death.

The China Press (Shanghai), November 6, 1912, Page 1

THE HASKIN LETTER
THE REPUBLIC OF CHINA
XI—SOCIALISM IN CHINA

By FREDERIC J. HASKIN

One of the famous Dr. Sun Yat Sen's great plans for his country is the practical application of socialistic principles in the future development of the Chinese republic as the creature and not the master of the people. The recent revolution was a startling usrprise [sic] to the world. Even those who thought they knew China best were carried off their feet. The establishment of a republic, though naturally a weak one at present in view of unsettled conditions, caused even greater astonishment. But the mere mention of China and socialism in the same breath might well cause a wave of incredulity to go billowing all over the world. One wonders what possible chance there can be for this new, custom-destroying, political faith in this most ancient of countries, hypnotized by reverence of the past and chained for centuries to ingrown precedent. As a matter of fact, China today offers a splendid opportunity for the working out of socialistic principles.

Before examining Dr. Sun's plan it is interesting to recall that a form of socialism was tried in China hundreds of years before the western world ever heard of it. Like many other things in China, the good scheme failed at first, and was consigned to oblivion. This particular project for the relief of the poor was thought out by one Wang Ngan-che, a philosopher of the Twelfth century. He was a friend of Emperor Chen-tsung, who gave his indorsement to the experiment. Aid to the poor, gouging of the rich, elimination of waste and standardizing of crops were its cardinal features.

To Manage All Resources.

The government was to manage all the resources of the country and to do the hiring of everybody. Official boards were to be in every section, authorized to make daily adjustment of wages, price of provisions and value of merchandize, as the local situation required. All necesary [sic] taxed were to be paid for several years by the rich, the poor and those below a certain grade of affluence to be exempt. A surplus over and above the cost of maintaining, the government was to be distributed among the unemployed, destitute and the aged.

All land was to be owned by the government, with a board of agriculture in every prescribed district. These boards were to allot the land. This was to be done every year, as required by the weather, arableness of the several patches, etc. Even the seed was to be given to the farmers. But, in order that the farmers might appreciate what was being done of them, and by deeds justify the confidence of the government, it was stipulated that after the harvesting the same amount of seed advanced, or produce of equal value be turned over to the government. The boards of agriculture were to see that only crops suitable to the soil and the climate were to be attempted. Crop failure in [⋯] one section was to be equalized by the shipment thereto of grain and vegetable and fruits from such other parts of the empire, as had been blessed with bumper crops. Wang Ngan-che, the theorist and the emperor both felt that this system would bring uniform prosperity and deep contentment to all of China's sweating millions. They thought the poor would become richer and the rich poorer until all stood upon an equal plane.

Plan Fails to Work.

Unfortunately, the plan failed. It was tried over large areas, but did not live long enough to be applied in all parts of the empire. Instead of planting the free grain doled out [···] government, the famers ate a good deal of it offhand. What they didn't eat was bartered for other kinds of food or wearing apparel. As the humble and peculiar Chinese never has any too much either to eat or wear, the temptation to exchange the seed grain for something which was needed instanter [sic] was too great to resist. Then, again, those farmers, who did plant the seed and raise crops wearied of well doing when they knew that the improvident ones would be cared for by the state, anyhow in situation to all this, there was the tremendous [···] of maintaining the [···] agriculture and buying large lots of seed. The bitter dispute over who should bear this burden, the government or the rural population, broke up the Wang Ngan-che system. When Emperor Chen-tsung died, this minister was cashiered. A decade or two later the plan was started again, but failed more miserable than before, and those back of it were exiled to Mongolia. The motive was all right, out the method was wrong.

After a lapse of eight centuries, Dr. Sun Yat Sen advocates another attempt to apply socialism in China. He is confident of success for there is to be no giving of something for nothing, no bureaucratic meddling in the personal affairs of the people, and absolutely no redistribution of wealth. In answer to criticism, he has repeatedly stated publicly that he [···] the last named feature aboard, and that it will not be attempted.

Cooperative Profit Sharing.

Cooperative sharing of profits with the wage earners, who are the real producers, and government ownership of public utilities are what Dr. Sun is after. He believes the government should own, and proceed to buy up as rapidly as possible railways, tramways, electric light power, gas works, water works and canals, besides keeping control of the forest. In this connection reforestation of the country would prove very beneficial, for woodless China is sadly in need of trees. Even Dr. Sun's tremendous railways plans, contemplating the building of 60000 miles of track by the aid of foreign capital provides for government ownership 40 years after completion, and he hopes to arrange for all of this great construction work within 10 years. In a recent issue of the China Press, Shanghai, Dr. Sun set forth his cooperative idea as follows—

"I favour the introduction of a system whereby the suppliers of physical necessities will be to derive mutual benefit upon a common ground of justice and fraternity. That after all, is the definition of socialism, I want to see the labourer obtain the full value of his hire, and to see the Chinese work upon a cooperative plan, so that in the new time coming we will be able to build up a nation politically and industrially democratic, each unit dependent upon the other, all living in a sense of mutual confidence, and good will. The ideal is difficult to obtain, but one should strive for the ideal and so secure some improvement of conditions which are far from the wished for stage of perfection.

Would Share Equally.

"By this system production would be enhanced and advanced to the maximum, with a minimum of poverty and labor slavery. All men would have their proportion of the products of the wealth now awaiting development of their hand, they would reap the full fruit of their toils; secure favourable conditions of labor, and obtain opportunity in leisure to think of other things than the daily grind in the mill or the mine. They would be able to cultivate the mind, have adequate recreation, and procure the blessings which should be in all men's lives, but which on the showing of other nations, are largely denied the worker and the poorer masses. A chance would be given to all in the race for livelihood and life, and the fullest measure of liberty would be provided. This is what I want to see. When I urge a socialistic system, I urge a system which will create for the citizen a direct interest in the country that is theirs. I want to see them participate in the results of its productiveness.

Certainly there will never be a better time than now or the immediate future to give socialism a fair trial in China, for better or for worse. Industrial development being in its infancy there, it can be applied as commerce grows and manufacturing concerns spring up. China's toilers are situated differently than their brothers of the western world, where combinations of capital and unearned increment have builded [sic] high and heave an industrial structure of which the laborers themselves are the cornerstones. The western system is [⋯] and may fall with damage, a 【 ⋯⋯ 】

"The Haskin Letter: The Republic of China-Xi—
Socialism in China", *Colorado Springs Gazette*
(U. S. A.), January 27, 1913, Page 4.

CHINA REVOLUTIONIZED
BY JOHN STUART THOMSON（Review）

Dr. Sun Yat Sen

Oct. 26, 1913

China Revolutionized, by John Stuart Thomson, $2.50, Illustrated. The Bobbs-Merrill Co., Indianapolis, Ind.

Over the world at large and in the United States of America in particular much interest exists as to what actually occurred in the recent change which caused China to be a Republic. There has been many reports printed from both sides of the question until the careful reader wishes some up-to-date, trustworthy information concerning the China of to-day. Here it is; 590 pages, profusely illustrated, the most important and newest book on the new China Republic. It is stated that the China Republican, the official organ of Dr. Sun Yat Sen, the real founder of the new republic, in an editorial recently said: "John Stuart Thomson has stirred the United States, England and China with his successful public work in behalf of recognition of the Chinese Republic, and against the opium importers."

From its uncertain start to triumphant finish, with shifty Yuan Shih Kai working for one side and then for the other the book lays bare the facts concerning the baptism of "blood and iron" of the new Chinese Republic. The style of writing is graphic and crisp and is sure to be enjoyed. The fighting which made possible the new China is shown to have been of the most desperate nature, with headlong bayonet charges, fire of machine guns and onset that meant next to certain death. Many of the regiments on both sides are shown to have had European or Western training.

"Neither Yuan or the North has yet explained to the world the reason why the nobility of the Manchus, Mongols, Tibetans, etc., expect titles and pensions unless it be the argument that now wearing out over the world, in nation after nation-that it is constitutional to maintain rule by a privileged minority over a taxed majority,＂writes our author. ＂Yuan says：'An agreement was made resulting in the present state of affairs,'but 'the present state of affairs' is no entirely satisfactory. At times it seems in China that Confucius has abdicated to confusion. The solution lies in three things, railways, education and a real republican congress, none of the three to be interfered with by either a riotous or office-greedy army, but rather dutifully served by a patriotic army.＂Hope for future deliverance is placed on Sun Yat Sen, but that individual has since lead an unsuccessful revolution against Yuan Shih Kai, the present president of the Chinese republic, and is now supposed to be a fugitive in Japan with a price on his head.

It is shown that in the fighting which resulted in the birth of the new republic, many foreign officers, especially Japanese and Germans incognito, served in the imperialistic ranks, rather than the rebel ranks.

The chapter heads：The Genesis of the Republic Revolution：Wit and Human in China; Industrial and Commercial China; Finance and Budge in China; Business Methods of Foreigners in China; Railways in China; Shipping and Water Routes in China; America in China; The Native Leaders; China's International Politics; Some Public Works in Old China; The Influence of Japan; Pressure of Russia and France in China; Some Foreign Types in China and Their Influence; The Manchu; China's Army and Navy; Modern Education in China; Literature and Language; Life of Foreigners in China; Foreign and Native Cities of China; Religious and Missionary China; Legal Practice and Crime in China; Chinese Daily Life; Climate, Disease and Hygiene; Chinese Womanhood; Agricultural and Forestry in China; Chinese Architecture and Art; Sociological China and Awakened Interest in America.

Mr. Thomson closes by making a fervent appeal for the recognition by the United States of the new Chinese Republic, which has since been done.

The Sunday Oregonian（U. S. A.）, October 26, 1913, Page 9

INTERROGATORIES

In the Court of First Instance for the Judicial

District of Man

May 6, 1915

1) What is your present abode?

26 Reinansaka, Akasaka, Tokyo.

2) What is your present occupation?

None.

3) Where did you reside formerly?

491 Ave. Paul Brunat. French Concession, Shanghai, China.

4) What was your former occupation?

President of the Republic of China, and later was the Director-General of the Chinese National Railway Corporation.

5) Why did you change your residence?

Because I opposed Yuan Shih Kai in his murder of Sung Chiao Jen, the minister of Agriculture and Forestry, and for his contracting the Quintuple Loan without the approval of the Parliament.

After the Provinces of Kiangsi, Kiangsu, Hunan, Anhwei, Fukien and Kwangtung had risen in protest by arms against Yuan Shih Kai, the consuls of Shanghai Concessions were asked by Yuan Shih Kai to demand my extradition, therefore I had to leave China.

6) Why did you leave your former occupation?

For the sake of peace and to avoid bloodshed I resigned the presidency in favour of Yuan Shih Kai, on condition that he would be loyal to his oath of allegiance to uphold the Republic of China, according to our Constitution.

After my resignation, I recommended Yuan Shih Kai to the National Assembly as my successor for the Presidency. I then left politics to take up the Directorship of the Railway

Corporation. But during the Southern Armed Protestation, Yuan Shih Kai cancelled the Charter of the Corporation, thus I left my post.

7) State what you know of the manner in which Yuan Shih Kai brought about his election to the Presidency of the Republic of China?

Yuan Shih Kai obtained his presidency by two means: first, by bribery, and second by force. During the time of presidential election, twice he failed to obtain sufficient votes, then he used force of arms by surrounding the Parliament with armed police, and threatened to massacre them if he was not elected. By these two means he at last procured a bare majority of votes in his favour.

8) State if you know how the following persons came to their death: the Commissioner of Police of the city of Canton, Chang Chin Wu, Fang Yi, and Sung Chiao Jen. If you do not know personally state if you know the general understanding in China and elsewhere is as to the manner in which each of the persons named came to his death.

Among the four persons named I know personally two of them: Chen King Wah, the Commissioner of Police of Canton and Sung Chiao Jen; the other two: General Chang and Fang Yi, I had met only once while in Wuchang. In regard to the death of these two generals, they were asked by Yuan Shih Kai to go to Peking to be given positions. When they arrived at Peking, they were invited to dinner at Hotel des Wagons-Lits. On their return home after dinner, as they passed out of the Legations Quarters, they were arrested and immediately executed on the same night.

Concerning the death of Chen King Wah, Canton Police Commissioner, on the 15th day of the eighth Moon, he received an invitation from the Governor-General of Canton to dine in celebration of the Moon Festival. When the dinner was finished, the Governor-General showed him a telegram from Yuan Shih Kai which ordered Chen to be shot, for the latter was suspected of conspiracy against the Government. Thus without getting the least satisfaction of being shown the proof, and without a trial of any sort Chen was shot immediately.

Sung Chiao Jen was the leader of the National Party. By telegram Yuan Shih Kai invited him to go up to Peking. As he was starting for Peking at the Railway station in Shanghai, he was shot and mortally wounded. A few days after he died in the Railway Hospital. About the same time the assassin Wu Shih Ying and the instigator Ying Kwei Shin were both arrested by the Police of the French Concession. All papers in Ying's house were seized at the time. Among the papers were found cipher telegrams sent from Peking by the Premier Chao Ping Chun, ordering Ying to kill Sung Chiao Jen and promising him a great reward. At the telegraph office in Shanghai were found telegrams from Ying to Chao, just before and after the crime. The whole affair had a preliminary trial at the Mixed Court in Shanghai, and the murderers were convicted and were handed to the Chinese authority for trial. During the trial in Shanghai, Counsels Douglas (English) and Jernigan acted as counsellors to Sung's Party.

After the assasin was handed over to the Chinese authority, the Governor of Kiangsu, Chen Tuh Chun, and the Chief Civil Administrator Yin Teh Hung reported the whole affair in detail to the President, saying that his minister Chao Ping Chun was the prime instigator of Sung's murder and demanded his minister and secretary to come to Shanghai for trial. Yuan Shih Kai highly resented the demand and he discharged these officers from their positions.

9) State what you know in relation to the manner in which Yuan Shih Kai exercised his authority as President of the Republic of China in relation to the executive of Laws?

Yuan Shih Kai made himself absolute ruler of China regarded nothing but his own will. Although he swore to support the Provisional Constitution, he himself annuled the Constitution and abolished Parliament, besides arresting members and killing those who protested against his manner of dealings.

10) State what you know about the flight of Chinamen from China and the causes therefore?

Under Yuan's government there is no security of laws; he can arrest men without process of law. Therefore people who hold different opinion from Yuan must get away from the country to save their lives.

11）State what you know about the unseating of members of the Chinese Parliament?

The Parliament advocated republican ideas and wanted to adopt democratic principles in the Constitution. Thinking it too much a restriction upon his power, Yuan Shih Kai abolished the Parliament, pure and simple, in a coup d'etat on the 10th of last November.

12）State what you know of the trials of Chinamen, the tortures of prisoners and the indignities upon those who are sentenced to death both before and after execution under the administration of the law by Yuan Shih Kai as President of the Republic?

During my administration as the first Provisional President of the Republic, I abolished all forms of tortures on trial, but after Yuan succeeded me, he restored all former methods of trial and forms of tortures and in addition to these he invented new ways, such as making prisoners kneel on red-hot bricks and on burning chains, or to hand up the accused by the four limbs, by tying the toes and the thumbs up, besides many other cruel forms of punishments which were not known during the former monarchical regime.

13）State what you know about the Constitutional Committee and what action Yuan Shih Kai took in relation to it?

The Constitutional Committee was abolished in the same manner as the Parliament, for Yuan accused them as rebels since they desired to uphold the democratic principles upon which the Republic was founded.

孫文の日支関係改善論

　　孫文は最近日支関係改善論と題し左の如き意見を發表せるが、此は廣東軍政府方面の對日意見を窺ふに足るべき好箇の資料として注目に値す。

　　日支の関係に就きては最近兩國民が漸次諒解し来たれる傾向は悦ばしき現象なり、由來日本人は餘りに國家觀念に富み往々にして排外的傾向を暴露する事あり、吾人は各友邦に對し一律親善を希ひ特に親日親米の見解を固守するの必要を認めず、然れども人文地理の関係よりすれば日支兩國は他に比し一層親密なる可きに事實はこれに反し過去十年間の兩國関係は事毎に疎隔せり、之が原因は別とし刻下の問題は如何にして兩國間の國交を改善し善隣の交誼を保つ可きかにあり、これに就き余の意見としては日本は從來の如き支那に對する政略企畫を捨て專ら對支經濟的施設に力を致す可きものなり、換言すれば賣恩利用的術策を用ひず商業道徳を基礎とし其の上に日支兩國民の經濟的提携を實現するにあり、此見地より日支實業家の接近を必要と認む、日本政府は曩に政略的借欵濫發の餘弊を享け、對支借欵に就きては自繩自縛の宣言を爲したる爲め純粹の經濟的投資までも一律其影響を蒙りたり、之に就ては余は日本實業家の覺醒を促すものなり、勿論對支投資は絶對に政略的ならざる事、双方の資格は對等なる可き事、支那國民の幸？を基礎とする事、右三要件は絶對に必要なり。

TO THE CENTRAL EXECUTIVE COMMITTEE OF THE UNION OF SOVIET SOCIALIST REPUBLICS PEKING, CHINA

MY DEAR COMRADES,

AS I LIE HERE, WITH A MALADY THAT IS BEYOND MEN'S SKILL, MY THOUGHTS TURN TO YOU AND TO THE FUTURE OF MY PARTY AND MY COUNTRY.

YOU ARE THE HEAD OF A UNION OF FREE REPUBLICS WHICH IS THE REAL HERITAGE THAT THE IMMORTAL LENIN HAS LEFT TO THE WORLD OF THE OPPRESSED PEOPLES. THROUGH THIS HERITAGE, THE VICTIMS OF IMPERIALISM ARE DESTINED TO SECURE THEIR FREEDOM AND DELIVERANCE FROM AN INTERNATIONAL SYSTEM WHOSE FOUNDATIONS LIE IN ANCIENT SLAVERIES AND WARS AND INJUSTICES.

I AM LEAVING BEHIND ME A PARTY WHICH I HAD HOPED WOULD BE AS-

SOCIATED WITH YOU IN THE HISTORIC WORK OF COMPLETELY LIBERATING CHINA AND OTHER EXPLOITED COUNTRIES FROM THIS IMPERIALIST SYSTEM. FATE DECREES THAT I MUST LEAVE THE TASK UNFINISHED AND PASS IT ON TO THOSE WHO, BY REMAINING TRUE TO THE PRINCIPLES AND TEACTINGS OF THE PARTY, WILL CONSTITUTE MY REAL FOLLOWERS.

I HAVE THEREFORE ENJOINED THE KUOMINTANG TO CARRY ON THE WORK OF THE NATIONAL REVOLUTIONARY MOVEMENT IN ORDER THAT CHINA MAY BE FREED FROM THE SEMI-COLONIAL STATUS WHICH IMPERIALISM HAS IMPOSED ON HER. TO THIS END I HAVE CHARGED THE PARTY TO KEEP IN CONSTANT TOUCH WITH YOU; AND I LOOK WITH CONFIDENCE TO THE CONTINUANCE OF THE SUPPORT THAT YOUR GOVERNMENT HAS HERETOFORE EXTENDED TO MY PARTY.

IN BIDDING FAREWELL TO YOU, DEAR COMRADES, I WISH TO EXPRESS THE FERVENT HOPE THAT THE DAY MAY SOON DAWN WHEN THE U. S. S. R. WILL GREET, AS A FRIEND AND ALLY, A STRONG AND INDEPENDENT CHINA AND THAT THE TWO ALLIES MAY TOGETHER ADVANCE TO VICTORY IN THE GREAT STRUGGLE FOR THE LIBERATION OF THE OPPRESSED PEOPLES OF THE WORLD.

WITH FRATERNAL GREETINGS.

Sun Yat-sen（手书）

Signed on March 11, 1925, in the presence of：（手书）

AMBULANCE LECTURES—First Aid to the Injured

FIRST AID.

LECTURE I.

Preliminary Remarks, Objects of Instruction, etc. ; A general outline of the Structure and Functions of the Human Body, including a brief description of the Bones, Joints, and Muscles ; The Functions of Respiration and of the Nervous System.

THE object of these lectures is to give you certain knowledge that upon an emergency you may be ready to assist any injured person, and to give immediate assistance ; that life may be saved through such timely aid, and suffering relieved until professional help is obtained.

The importance of ambulance training is now universally acknowledged, and amongst soldiers, sailors, policemen, railway officials and firemen, as well as amongst civilians, classes of instruction are constantly being formed.

The frequency of accidents amongst large gatherings, such as at race meetings, military tournaments, and public processions through the streets, has called into existence a St. John Ambulance Brigade, which is recruited from members holding certificates of efficiency, and which has already done excellent service.

The course of instruction will include the various means of arresting bleeding, the signs of a broken limb, and the necessary assistance to be given in these accidents, as well as the immediate treatment of suspended animation in cases of drowning.

That "accidents happen in the best regulated families" is well said ; and whilst accidents are of

B

2   FIRST AID.

daily occurrence, a knowledge of how to render first aid to the injured is of the greatest importance.

What you have to learn is, to render that assistance which must be immediate to be of any good. How many people die from there being no medical man at hand to save them! And this is what we aim at preventing, by the knowledge you will attain in these lectures. It behoves us also, as examiners, to be very strict in the examinations which are held at the termination of these lectures, as to whom we give certificates of efficiency; for to these persons do we intrust the lives of injured people, by placing in their hands a certain amount of surgical knowledge.

A little knowledge, they say, is a dangerous thing; and therefore it behoves us to see that you do no harm if you do no good.

But good, even great good, you can do; and that is why I am ready to teach you. Remember that these lectures are not given to make you amateur surgeons, nor to enable you to act independently of professional help, but merely to assist in saving life and relieving pain until that help can be procured.

The arrest of bleeding which would otherwise cause death in a very short time especially demands your attention. The flow of blood from some divided vessel cannot wait until a surgeon is procured, but a broken limb can. It is especially necessary then that all of you who present yourselves for examination know how to arrest the current of blood in the extremities by pressure with your fingers, how to apply a tourniquet, etc. Without you can do these efficiently you are not justified in holding a certificate of the St. John Ambulance Association.

In order that you should understand the different directions that will be given you, and the means for their adoption, a slight knowledge of the structure and functions of the human body is necessary.

We will begin with the framework of our human tenement, viz., the skeleton; and subsequently cover it with muscles, etc., and enclose within it the several important organs by which " we live and move and have our being."

The skeleton serves as the basis for the origin and insertion of the several muscles which move our limbs, as well as for forming cavities for the reception and protection of important organs, such as the heart, lungs, and nerve centres.

Bone, of which the skeleton is composed, is one of the hardest structures of the animal body, as well as being at the same time light and elastic.

Its lightness is obtained by the central portion of all bones being honeycombed or cancellated, and in which is contained the marrow and nutrient blood-vessels, whilst the external portion is more dense and of compact ivory-like structure. Lightness of some of the bones—those of the forehead for instance—is obtained by their being hollowed out to contain air. This is seen to greater advantage in the bones of birds, thereby enabling them to fly the more easily through the air. How heavy the forehead would be if made of solid bone, is experienced when suffering from a severe cold in the head; the weight and oppression being due to the accumulation of mucus in the frontal sinuses.

Elasticity of bone is seen especially well in the ribs, which easily bend in the process of respiration. This is well known to the little Arab children, who frequently make use of the ribs of camels for their toy bows.

Bone is made up of one-third of animal matter, and two-thirds of earthy matter ; the former predominating in the bones of young people, the latter predominating in those of the aged ; tending to rickets or curvature of bone in the former and to liability to fracture in the latter.

Strength and solidity to many of the long bones is given by a firm buttress or ridge of bone extending its whole length ; so that the bone is not cylindrical, as is

4 FIRST AID.

generally supposed, but prismatic, and of the same form as the spokes of a wheel, which are made of this shape so as to impart strength.

Beginning at the top of the skeleton is the head. In the skull (1), which to all external appearances looks like one bone, we find no less than eight bones entering into its formation, and fourteen into that of the face. They are all immoveably united together with the exception of the lower jaw or inferior maxillary bone (2), which is free, to allow of rotatory movements for the process of mastication, and the opening of the mouth in speech.* The splitting up of the skull into its several component parts is done by filling the skull with peas and then boiling it. As the peas swell the skull separates into the several parts entering into its formation.

The globe of the head is supported on the spine or vertebral column, which is made up of twenty-four bones called vertebræ. Each vertebra has a spine of bone projecting posteriorly, hence is derived the collective term "spine" applied to the whole. Those forming the neck (cervix) are seven in number, and are called cervical vertebræ (3); those for the back (dorsum) are twelve in number and called dorsal vertebræ (4); and those for the loin (lumbus) are five in number, and called lumbar vertebræ (5). They increase in size from above downwards, and for the most part take their name from their numerical order from above downwards. The first cervical vertebra receives, however, the name of the atlas, as Atlas supported the globe; and the second cervical vertebra is called the axis, as it is upon this bone that the head rotates, as it were, on a pivot. The other vertebræ are called third and fourth cervical, and so on downwards to the termination of the cervical region; then first and second dorsal vertebræ, and so on down to the commencement of the first lumbar.

* The numbers refer to the corresponding bone in the small diagram of the skeleton (Fig. 1).

AMBULANCE LECTURES.

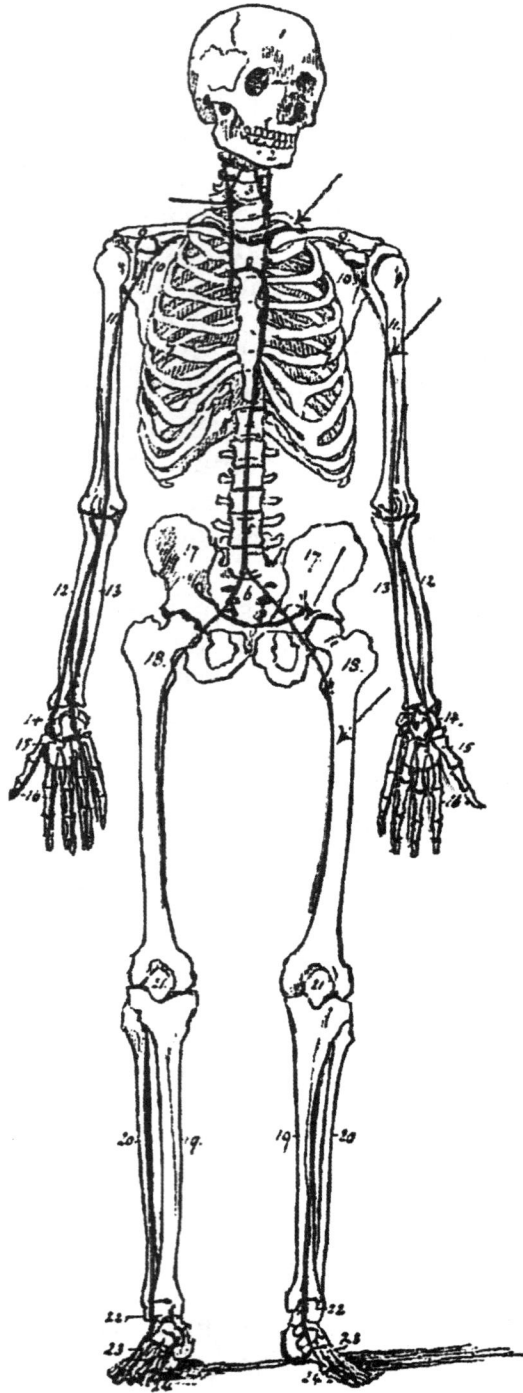

FIG I.

6   FIRST AID.

The presence of facets or articulating surfaces on the sides of the dorsal vertebræ helps to distinguish these from other vertebræ, and the largeness of the lumbar in comparison to the smallness of the cervical vertebræ distinguishes these from the others.

At the lower part of the vertebral column is a wedge-shaped bone called the rump bone or sacrum (6), and which forming the seat, is composed of five vertebræ welded together; beyond and below this again are four more rudimentary vertebræ, called the coccyx, and which is the counterpart of the tail in the lower animals.

Springing from either side of the dorsal vertebræ are the ribs or costæ (7), twelve on each side, twenty-four in all. The male subject has the same number of ribs as the female, although many are apt to say, on the strength of their Biblical knowledge, that the male has one less. The upper seven pairs of ribs are attached by gristle or cartilaginous prolongations to the breast-bone or sternum (8), and are called sternal or true ribs; the remaining five, not being so attached, are called asternal or false ribs, the two lowest of which, by reason of their being perfectly free, are spoken of as free or floating ribs.

The upper extremity is attached to the trunk by a very slender bony attachment in comparison to the lower extremity; the reason for this is that in the former great mobility is required, whereas in the latter strength and solidity are necessary to support the weight of the body.

The collar bone, or clavicle (9), is the only bone attaching the upper extremity to the trunk, which it joins at the upper and outer side of the sternum. As this is the most slender bone in the arm, it is the one most frequently broken by falls upon the out-stretched hand.

It is also important in keeping the upper extremity at the requisite distance from the body, to allow of that freedom and variety of movement which are so essential to its usefulness.

Lying upon the back of the ribs, and attached to the clavicle, is the wing-shaped bone called the blade bone or scapula (10), suspended from the rounded socket of which, is the upper arm or humerus (11).

From the elbow downwards to the wrist, forming the forearm, are two bones called the radius (12) and ulna (13); the former is on the outer side, and the latter on the inner.

When I speak of outer and inner, I mean with reference to a median line drawn through the centre of the body; and when standing at attention like a soldier, with the little finger touching the seam of the trousers, the radius or thumb-side will be outermost.

The wrist, or carpus (14), is made up of eight small bones placed in two rows; and beyond the carpus to form the palm are five bones called the metacarpal bones (15).

The finger bones or phalanges (16) are fourteen in number, three for each finger, and two only for the thumb.

The lower extremity shows much greater strength, and the bones are all much larger than those of the upper extremity on account of the increased weight they have to support.

Two large haunch-bones, or ossa innominata (17), spring out on either side of the sacrum, to form the pelvis, and join together in front. Fitting into a deep cup-shaped cavity, on the under surface of the os innominatum, is the largest and strongest bone in the skeleton, the thigh-bone or femur (18). Below this from the knee is the shin bone or tibia (19), on the outer side of which is the most slender and consequently most easily broken bone in the leg, the splint bone or fibula (20).

The tibia and fibula are firmly united together, and this fact accounts for the name of the latter bone, fashioned as it is after the pattern of the modern safety pin, or the old world fibula or brooch of the Romans.

8　　　　　　　　　FIRST AID

A small pan-shaped bone or patella (21) is placed over the knee-joint, and is what is generally known as the knee-cap.

Forming the instep are seven bones, collectively called the tarsus (22); and beyond these are the five metatarsal bones (23), to form the tread of the foot, and fourteen phalanges (24), three for each toe, with the exception of the great toe, which has only two.

Two arches are formed by these bones of the foot, a lateral and an antero-posterior one. These are frequently lost as the result of much standing at the period of growth, and "flat foot" produced.

You are well able now to see the great resemblance there is between the upper and lower extremities; one bone to form the upper part of the limb, two the lower; whilst in the one we find carpal, metacarpal, and phalangeal bones, in the other are tarsal, metatarsal, and phalangeal bones.

You see also that the bones thus joined together form certain cavities, two in number, one being again subdivided. The first is formed by the bones of the skull and the holes running down through the centres of the vertebræ, and contains the brain and spinal cord.

The other forms the trunk, and is divided into two compartments by a large muscular curtain called the midriff or diaphragm, which is attached to the lower margin of the ribs. The upper division is the thorax or chest cavity, the lower the abdomen or peritoneal cavity.

The boundaries of the thorax are the twelve dorsal vertebræ behind, the twelve ribs on either side, the sternum in front, and the diaphragm below; in the cavity thus formed is contained the heart and lungs.

The boundaries of the abdomen are the diaphragm above, the lumbar vertebræ and sacrum behind, and the ossa innominata and muscular walls of the abdomen in front and at the sides. The lower bony basin-like portion of this cavity is called the pelvis. Within the abdomen is contained the stomach, the intestines, the liver, the pancreas or sweetbread, the kidneys, the spleen and the genito-urinary apparatus.

The pelvis, besides more especially protecting the bladder and genito-urinary apparatus, supports the intestines and carries the weight of the trunk to the lower extremities.

When speaking of cavities, I do not wish you to understand that when filled with their contents there is any space left, because Nature abhors a vacuum ; consequently the elasticity of the walls of the chest and of the abdomen allows of any alteration in size of the contained viscera, whether by the entry of air into the lungs or by the entrance of food into the alimentary canal.

These three cavities have each a lining membrane to shut them off completely from external parts. The one for the brain and cord is called the meninges of the brain and spinal cord, that for the lungs the pleural membrane, and that for the abdomen the peritoneal membrane. These several membranes, when inflamed, take the familiar names of meningitis, pleurisy, and peritonitis. The function of their several contents, embracing the brain and nervous system, the lungs and respiratory system, and the heart and circulation, we shall discuss later on.

Bones are connected together by ligaments (1, Fig. 2), and a joint formed.

Joints are of three varieties.   1. Immovable, as in the joining together of the bones of the skull.

2. Movable, as at the elbow and hip joints.

3. Mixed, or a combination of the two preceding varieties, as found between the vertebræ forming the spine.

The construction of a movable joint varies according to the required movements, and consequently we find hinge joints, and ball-and-socket joints.

The elbow and ankle joints are the best examples of the hinge joint, as the shoulder and hip joints are of the ball-and-socket variety.

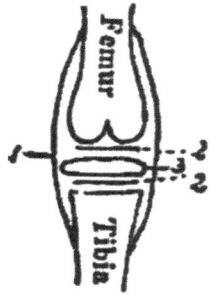

Fig. 2.

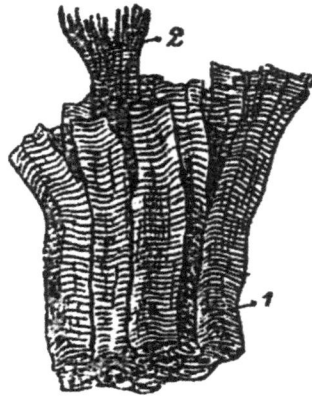

Fig. 3.

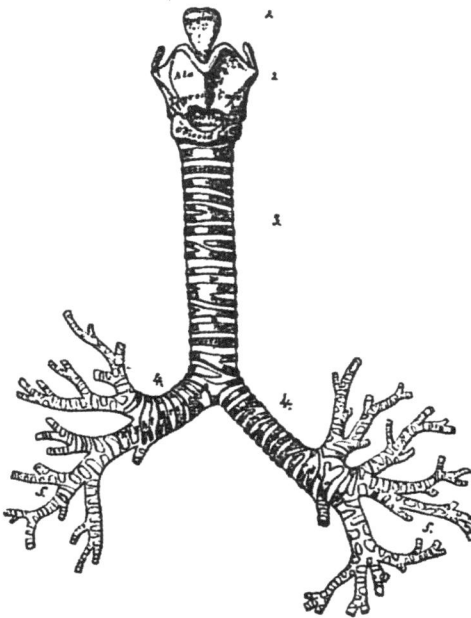

Fig. 4.

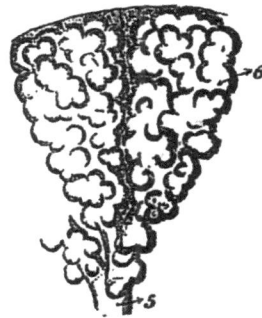

Fig. 5.

14 FIRST AID.

from above downwards is thus increased, and the air rushes through the trachea into the air-cells. Ordinary expiration is effected by the elastic recoil of these same muscles from a state of contractility; whereas in forced expiration other muscles are brought into action, the chief of which are the abdominal muscles.

The air which is continually being changed at each expiration (14 to 18 times per minute) is called ordinary breathing air; whilst the air which can be expelled over and above this by forced expiration is called complemental air, and that which remains after this, and which cannot be expelled, is called residual air. This last becomes purified by the law observed in the diffusion of gases.

Roughly speaking, fresh air consists of four parts of nitrogen gas to one of oxygen gas. This is the composition of the atmosphere which is constantly being carried into the air-cells of the lung.

The blood contained in the capillaries which are spread over the external surface of the air-cells takes up the oxygen, and gives off carbonic acid gas and watery vapour. This carbonic acid gas which is given off and got rid of by expiration is a product of decomposition, and its separation into the gaseous form in the lungs creates warmth, and keeps up the natural heat of the body.

You naturally will ask, Of what use, then, is the nitrogen present in the atmosphere? Probably you may at some time or other have seen at some chemical lectures that bodies burnt in oxygen gas burn with far greater brilliancy than in ordinary air. Well, we should do the same if only oxygen was present, and live our lives far too rapidly; and, consequently, nitrogen is present for the purpose of diluting the oxygen.

Inhalations of pure oxygen gas are sometimes medically prescribed in cases of venous congestion of the lungs.

Respiration produces changes in the blood and in the air. The former is changed from dark crimson

AMBULANCE LECTURES.

venous blood to bright scarlet arterial blood by the process of oxygenation, and fitted once more for the nutrition of tissues; whereas the air is robbed of its oxygen, and becomes impregnated with carbonic acid gas and watery vapour.　Be careful not to mistake the names of carbonic and carbolic, as is frequently done by candidates under examination.　The latter is of a very different character.

The function of the nervous system is for rendering that motor power by which voluntary motion, respiration, circulation and digestion are carried on.

Nerve tissue is made up of white threads, which we call nerve-fibres, and masses of nerve matter, which we call ganglia.　The fibres convey impressions to and from the ganglia in the same way as the wires convey electric shocks from a galvanic battery.　There are, however, two varieties of wires or nerves for conveying impressions, viz., motor and sensory nerves, both of which are perfectly distinct, and neither have the power of fulfilling the duties of the other.

Every nerve-centre or ganglion can originate a power which, transmitted by a motory nerve-fibre connected with it, accomplishes some required purpose or movement; whilst other sensory nerve-fibres have the power of conveying impressions to the nerve-centre from their terminal extremities. For instance, on a prick from a pin on the hand the sensation is brought to your knowledge by a nerve of sensation.　You immediately and involuntarily withdraw your hand, and this movement is accomplished by a nerve of motion.　Consequently, nerve fibres conveying sensations are called nerves of sensation, and nerves which transmit impulses of movement are called nerves of motion.

Knocking the funny bone is really a blow applied to a sensory (ulnar) nerve.

The nervous system is subdivided into the sympathetic or nerve system of inorganic life, and the cerebro-spinal nerve system of organic life, both of

16   FIRST AID.

which have ganglia and nerves of motion and sensation connected with them.

The sympathetic nerve system influences involuntary motion, digestion, secretion, and nutrition. On the entry of food into the stomach, for instance, the sympathic nerve causes the secretion of the gastric juice, which aids digestion.   In this case the food is the irritant to the terminal ends of the sensory nerves found in the stomach, whilst the secretion of the gastric juice is accomplished by the motor nerves.

Again, when any wound is present on the arm or leg the nerves of sensation are irritated by the same, and a larger supply of blood being required at that situation to heal the wound, the nerves of motion increase the dimension of the blood-vessels to allow of the required amount.

The cerebro-spinal system has, as its name implies, the brain and spinal cord as its central batteries, from which motor and sensory nerves are given off. Connected also with the cerebro-spinal system are the nerves of special sense, viz., smelling, seeing, hearing, and tasting.

The brain is a mass of nerve-ganglia and nerve-fibres, and is divided into three parts, called cerebrum, cerebellum, and medulla oblongata.

The cerebrum (1, Fig. 6), or larger brain, is the seat of intellect, the emotions, and will ; and occupies the front and upper portion of the skull.

The cerebellum (2, Fig. 6), or little brain, lies at the posterior part of the skull, and is the seat of co-ordination of movement, enabling us to walk regularly without necessarily taking cognizance of it. For instance, the removal of one half of it in a pigeon occasions the bird to fly lop-sided.

The medulla oblongata (3, Fig. 6) is the connecting medium between the brain and spinal cord. The nerve-fibres coming from each side of the brain here cross one another ; so that paralysis on one side of the body is not due to disease on the same side of the brain, but on the opposite side.

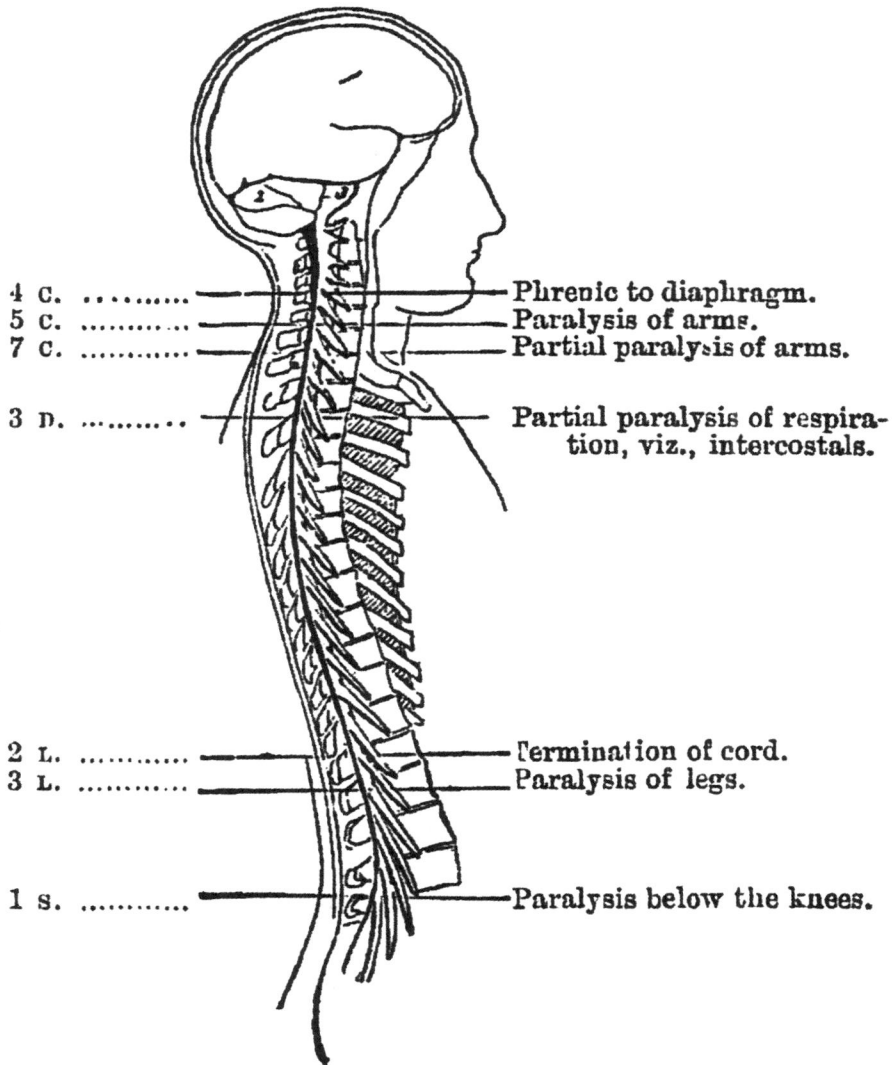

4 C. .... Phrenic to diaphragm.
5 C. .... Paralysis of arms.
7 C. .... Partial paralysis of arms.

3 D. .... Partial paralysis of respiration, viz., intercostals.

2 L. .... Termination of cord.
3 L. .... Paralysis of legs.

1 S. .... Paralysis below the knees.

FIG. 6.

18　　　　　　　　FIRST AID.

neck need not immediately cause death. Injury to the spinal cord contained therein is the element of danger.

Division of the spinal cord below the fourth cervical vertebra will not cause instant death, but it will be occasioned in the future by the impediment caused to perfect respiration. Division of the spinal cord above the fourth cervical vetebra, as is produced by hanging, will immediately cause death.

By referring to the accompanying sketch of the cerebro-spinal nerve system (Fig. 6) you will see at what region the several nerves are given off and the consequent paralysis which must take place according to the seat of injury.

The sciatic nerves are given off on a level with the upper sacral vertebræ (sacral plexus), and supply the parts principally below the knee. The nerves on a level with the lumbar vertebræ (lumbar plexus) supply the leg above the knee.

The nerves on a level with the upper dorsal vertebræ supply the intercostal muscles, and consequently, if the injury be above this point, respiration will be interfered with, as far as the intercostal muscles are concerned.

The nerves for the arms (brachial plexus) are given off on a level with the lower cervical vertebræ ; and then if the injury be above this point, paralysis of the arms would be present as well as paralysis of all the parts below.

The (phrenic) nerve which supplies the diaphragm comes off on a level with the fourth cervical vertebra, and consequently any injury above this would cause instantaneous death from stoppage of respiration ; as paralysis of the other respiratory muscles would be present—viz., the intercostal muscles, which are supplied by branches from the dorsal region, as well as paralysis of the diaphragm.

LECTURE II.

A brief description of the Blood, Heart, Arteries, and Veins
The function of the Circulation; The general direction of
the Main Arteries, indicating the points where the Circu-
lation may be arrested by Digital Pressure, or by the
application of a Tourniquet. The difference between
Arterial, Venous, and Capillary Bleeding, and the various
extemporary means of arresting it.

THIS, the second lecture of the course, will be of the
greatest use to you; it is, of all the lectures, the most
important. It deals with hæmorrhage and the various
means of arresting it; and when a patient may die in
a few moments from loss of blood, your knowledge
must be literally at your fingers' end to apply im-
mediately.

To compensate for the continual wear and tear of
the several parts of the body, some means must be
found by which the tissues are reformed and at the
same time the removal of the worn out material
effected. This is accomplished by the circulation of
the blood. Blood may be either arterial or venous
according to which of these two purposes it fulfils.
The red colour of arterial blood is due to the oxygen
it contains, and the purple colour of venous blood to
the presence of carbonic acid gas, as I described to
you in the last lecture when speaking of the function
of respiration.

Blood is composed of blood-corpuscles and a clear,
colourless fluid called liquor sanguinis, which is the
fluid portion of the blood in which the corpuscles
float.

The corpuscles are of two kinds, red and white.

FIG. 7.

The heart is situated slightly to the left side of the chest. The point or apex is about a couple of inches below the left nipple and one inch nearer the median line, and is seen to strike the chest wall between the fifth and sixth ribs. It is divided into four chambers; the two upper are called auricles (1 and 3, Fig. 9), and the two lower ventricles (2 and 4, Fig. 9).

The auricle and ventricle of each side communicate with one another, but the two ventricle halves of the heart are quite distinct; the blood on the right side having to pass through the lungs (6, Fig. 9) before reaching the left side. The two auricles contract or empty themselves simultaneously into the two ventricles, and these subsequently contract and empty themselves into the arteries springing from them. Two sounds are thus produced, sounding very much like the words lub-dubb if the ear is placed over the region of the heart. The blood passes from the auricles into the ventricles, the return of the blood back again into the former being prevented by the presence of valves situated between them and which are very similar in form to the semi-circular valves present in the interior of veins (A, Fig. 8), to be described hereafter. Similar valves are placed at the junction of the main arteries with the heart for the same purpose of preventing any return of blood into the ventricles when they dilate.

The two ventricles, I stated, contracted simultaneously. Each time the right ventricle contracts the dark purple blood contained therein is pumped into the lungs to be purified; and every time the left ventricle contracts a wave of red blood is sent onwards throughout all the systemic arteries in the body. This wave of blood is called the pulse; and although we are in the habit of associating the term " pulse " with the pulsation of one of the arteries at the wrist, you must at once get rid of the popular idea that there is only one pulse, that of the wrist; but remember that wher-

22　　　　　　　　　　　FIRST AID.

ever an artery is present a pulse is present also. The pulsation of the temporal artery on the temple of old people is exceptionally well seen and felt. The pulse, giving the number of contractions or beats of the heart per minute, shows the strength and regularity of the circulatory system.

In newly-born children its average rapidity is about 140 per minute; in the middle-aged, 70 to 75, decreasing in rapidity as age advances. In females it is always more frequent than in males.

The pulse is taken at the wrist simply for the sake of convenience, and is done by placing the *fingers lightly* over the (radial) artery.

The reason why the thumb is not used is that the arteries in it are larger than those in the fingers, and consequently one's own pulsation might be felt instead of that of the patient.

Care should be taken that only gentle pressure is used, or the current of blood in the vessel will be shut off altogether. It is usual to take the number of the pulsations in fifteen seconds, and then to multiply the same by four.

Arteries are cylindrical tubes, which serve to convey the blood from the lower part of the heart to all parts of the body. The walls of arteries are made up of (unstriped) muscular fibres and elastic tissue. The muscular fibre is for the purpose of regulating the size of the vessel, and the elastic tissue to allow of the tube dilating and contracting when blood is propelled along it, as well as for permitting the tube being bent when the limbs are in motion; for if the artery was hard and rigid it would be liable to break when the limb was moved or a joint flexed.

The blood, after leaving the arteries, has to traverse some very small vessels, called capillaries, before entering the veins. A capillary vessel is about $\frac{1}{3000}$ of an inch in diameter; and its smallness may be judged of when I tell you that only one small blood corpuscle can pass along it at a time.

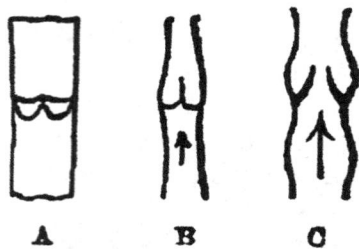

Fɪɢ. 8.

Fɪɢ. 9.

know the general arrangement and the situation of the main vessels.*

The main arteries of the body spring from the left ventricle of the heart by one common trunk called the aorta (*f*, Fig. 9).

The aorta arches upwards, and then descends in the middle line of the body; forming first an arch, then lying in the thorax, and afterwards in the abdomen, it receives the appropriate names of arch of the aorta, thoracic aorta, and (after perforating the diaphragm) abdominal aorta.

From the arch are given off three branches, going to the head and upper extremities; one, the innominate, for the right side, and the remaining two, left carotid and left subclavian, for the left side.

This is the only situation where any difference of arrangement exists between the two sides of the body. The innominate artery, situated on the right side only, goes to the sterno-clavicular joint and divides into the right carotid and right subclavian arteries; whereas the left carotid and left subclavian arteries spring directly from the arch of the aorta, without any intermediate innominate branch.

The further description of the arteries on one side of the body is identical with that on the other. The carotid artery passes upwards to a level with Adam's apple (thyroid cartilage), and divides into the internal and external carotid arteries, the former supplying the brain and internal parts of the skull, the latter the face and external parts.

The subclavian artery arches outward behind the collar bone; and, running down the middle of the axilla or armpit, is called the axillary artery after crossing the lower border of the first rib. At the lower border of the breast, or pectoral muscles, the axillary becomes the brachial artery, and lies close to the inner margin of the biceps muscle to about an inch below

---

* The red lines on Fig. 1 represent the general arrangement of these vessels.

26　　　　　　FIRST AID.

the bend of the elbow ; where the brachial divides into
two branches, the radial artery for the outer and the
ulnar artery for the inner side of the forearm.

The ulnar continues to the palm of the hand, and,
curving outwards, unites with a small branch from
the radial to form the superficial palmar arch.　If
the thumb is put at right angles to the hand,
a line drawn straight across the palm from the end
of the thumb will give the exact situation of this
arch, from which at right angles are given off digital
branches to the digits, or fingers.　This is an important
point for a surgeon to bear in mind when making an
incision into the palm of the hand ; not to cut down on
the superficial palmar arch, and to cut in a direction
parallel with the fingers.　The radial artery continues
straight down to the wrist, and then passes backwards
to go between the thumb and first finger.　It is an
injury to this artery, as it lies between the thumb and
the first finger, and not to a nerve, that is to be feared
in wounds of this situation ; and although this has
given rise to the popular fallacy that lock-jaw frequently
follows this injury, it is not more likely to be the case
here than elsewhere.

The radial artery finally arches inwards to join a
small branch from the ulnar to form the deep palmar
arch.　This arch lies about one inch above the super-
ficial palmar arch, nearer the wrist-joint.

To return now to the abdominal aorta, which
terminates at the lower border of the fourth lumbar
vertebra by dividing into the right and left common
iliac arteries.　The common iliac artery passes out-
ward to the sacro-innominate joint, where it divides into
internal and external iliac arteries.　The internal iliac
artery supplies the internal parts of the pelvis, whilst the
external iliac passes externally to supply the thigh and
leg.　On crossing the brim of the pelvis it is called the
femoral artery, and continuing down the middle of the
front of the thigh in its upper two-thirds, winds round
the inner side at the junction of the middle with the

lower third to get to the back, when it becomes the popliteal artery. The popliteal artery lies deeply placed at the back of the knee-joint, protected on either side by the hamstring muscles, and hence this part of the body is called the ham.

About a couple of inches below the knee-joint the popliteal artery divides into two branches—the anterior tibial artery and the posterior tibial artery. The former comes through the space between the tibia and fibula, to supply the anterior portions of the leg, whilst the latter continues onwards posteriorly deeply placed under the muscles forming the calf.

The anterior tibial artery lying on the instep gives off an arch to supply the toes before passing between the great toe and the next, to get to the sole of the foot; and the posterior tibial artery lying behind the inner ankle, passes on to the sole of the foot, and unites with the anterior tibial to form another arch (plantar) in a similar manner to what took place in the hand, and from which spring branches to supply the toes.

These arches, like everything else in the human body, have a definite purpose, although the presence of two sets may appear to you superfluous. Standing upon the feet with the weight of the body above or grasping an oar, racquet, or cricket-bat, would possibly be quite sufficient to shut off the blood in one of these arches; and, consequently, to prevent the fingers, or digits, becoming numbed and the hold relaxed, the blood is able to travel round by the other arch.

You see again what I previously told you, how the arrangement of not only the bones but also the vessels in the upper extremity correspond with those in the lower extremity. For, going from the trunk to the elbow or knee, there is one bone and one main vessel; from the elbow or knee to the hand or foot, there are two bones and two main vessels; whilst in the hands and feet these two vessels branch and unite together to form arches. The course of the arteries I have just described to you is the usual one, but you must bear in mind that occasionally they go irregularly. Observe also how the blood-vessels are placed out of harm's way, for instance behind bones and prominences of muscle.

Veins for the most part take the same names as the arteries they accompany; for instance, iliac, femoral, and popliteal veins for the leg, and innominate, subclavian, axillary, brachial, and radial and ulnar veins for the arm.

There are, however, a few exceptions; for instance, the vein accompanying the abdominal aorta is called the inferior vena cava, which receives the blood from the two innominate veins; and that accompanying the carotid is called the jugular. In some instances the veins are called venæ comites, on account of their accompanying arteries.

All the veins from the lower extremity converge to the inferior vena cava, whilst those from the head and upper extremities converge to the superior vena cava, both of which empty themselves into the right auricle (3, Fig. 9).

But the fact that veins contain impure blood makes it necessary that their contents are returned to the heart as speedily as possible. Therefore a double set of veins are present in both the arm and leg, viz., a superficial set and a deep set.

The superficial set are seen as dark blue lines on the surface of the body.

The two superficial veins in the leg are very important by reason of their being frequently affected with varicosity. The long saphena vein runs upwards from the foot on the inner side of the leg, to empty itself into the femoral vein at the groin, and the short saphena vein comes from the outer side of the foot and leg to empty itself into the popliteal vein at the centre of the ham. The anatomy of these parts should be well borne in mind, as they are of importance in discussing the much vexed question of gartering above or below the knee.

Without the perfect circulation of the blood throughout the body takes place, many complications arise. A deficiency of blood to the brain produces faintness, a rupture of a blood-vessel in the brain causes a " stroke " or fit of apoplexy. The cutting off completely of the supply of blood to the extremities will cause them to mortify or die; a rupture of some small blood-vessel underneath the skin constitutes a bruise, and a divided blood-vessel with an open wound will produce severe hæmorrhage. It is with hæmorrhage in its several forms that we have now to deal.

Having considered the direction of the main arteries in the body, it is necessary that you should know those points where the circulation can be most easily arrested. The means by which this is effected are either by the finger (digital pressure) or by the application of a tourniquet.

Something has to be said concerning the advantages and disadvantages of these two means of arresting bleeding. Digital pressure cannot be kept up for an unlimited time, because of the fatigue to one's fingers. Relays of assistants to relieve one another could be adopted, and this is occasionally done in hospitals for the cure of aneurism or diseased arteries. But when a patient has to be removed some distance, digital pressure is out of the question, and then a tourniquet must be applied, which, if efficiently done, will arrest all bleeding, and allow of the patient being safely moved from place to place.

Digital pressure is most useful, as in the absence of any appliance, one is enabled to put a finger immediately upon the artery above the point of bleeding and arrest the flow of blood until some other appliance of a permanent character is got ready.

So important is this knowledge of how to apply digital pressure, that I always refuse to grant a certificate of efficiency to any candidate under examination who fails in this particular, however well up he otherwise might be.

For digital pressure to succeed in shutting off the

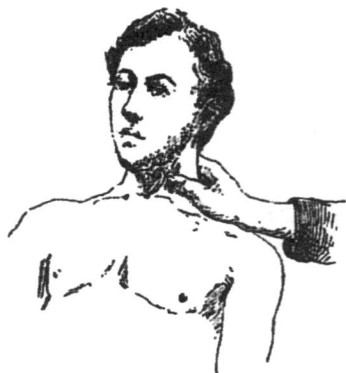

FIG. 10.

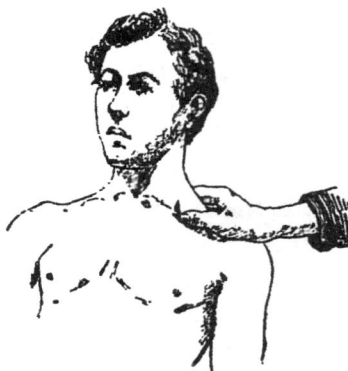

FIG. 11.

FIG. 12.

FIG. 13.

FIG. 14.

34   FIRST AID.

The presence or not of pulsation in the radial artery at the wrist will show whether compression is properly applied in the upper arm, and the presence or not of pulsation in the posterior tibial artery at the inner ankle will show whether the circulation is properly controlled in the thigh.

A tourniquet is an instrument made to keep up instrumental compression upon an artery, and many varieties are in use, viz., field, horse-shoe, and ring tourniquets ; but the most useful is the one you can improvise for yourself.

A piece of coal, a pebble, pocket-knife, or other substance, is tied in the centre of a handkerchief ; this pad is placed over the course of the blood-vessel, which will be either the brachial or the femoral artery, as those are the only vessels upon which a tourniquet is ever placed. The handkerchief is kept in position by being loosely tied on the outer side of the limb, and a drum-stick, umbrella, or walking stick is then tied into the handkerchief where it is being knotted. Several circular turns are then given to the stick, so that the handkerchief is tightened and the pad brought sufficiently close upon the blood-vessel to shut off the current of blood through it.

Be careful to place the pad over the blood-vessel and to bind it in that position. The application of this pad shows the examiner at once whether you know the position of the blood-vessel or not.

The free end of the stick is subsequently tied by another handkerchief to the lower part of the limb, to prevent its becoming untwisted when the patient is moved from place to place (Fig. 15).

This tourniquet you can easily apply with materials you may find ready to hand when any injury takes place, for instance, after some railway accident ; a piece of broken wood, a handkerchief or signalling flag and a pebble are all that will be required.

In applying a tourniquet to the femoral artery, remember to apply it to the upper half of the thigh,

Fig. 15.

or scarlet colour, and flows from the proximal end of the divided vessel. It comes away in spurts, which are due to the contractions of the heart; but between each spurt, the flow of blood does not entirely cease, for a continuous stream is kept up by the contractility of the blood-vessel.

Blood coming from a vein is dark purple in colour, wells up from the wound, and in a healthy vein flows only from the distal end of the divided vessel.

The only exceptions to arteries containing red, and veins purple blood, are found in the pulmonary arteries (*b*, Fig. 9) springing from the right ventricle, and in the pulmonary veins (*a*), bringing the arterial blood from the lungs (6) to the left auricle (1).

Capillary bleeding does not consist of a stream of blood coming from any one point, but is made up of a general oozing from the whole surface of the wound, the blood coming from a number of minute points.

Before passing on to the various modes of arresting bleeding, I wish to remind you of the structure of the walls of blood-vessels, viz., in their being composed of muscular and elastic coats as well as having an outer enclosing sheath; all of which play an important part in the closure of divided blood-vessels. When a vessel is divided, several things occur; the elastic coat retracts up inside the sheath; the muscular coat contracts and lessens the calibre, and the blood passing over the roughened end of the divided vessel, clots in the manner previously described. Frequently, when an artery is torn across, it will not bleed at all, on account of the sheath being so twisted round and round, and the vessel itself so retracted, that it is completely closed. This is the reason why gunshot wounds and railway accidents are not more frequently fatal, because the vessels are torn across and twisted, and not cleanly divided as they would be in sabre cuts. But, moreover, blood as it flows has increasing coagulating power, and the heart's action growing fainter, so large a quantity of blood is not sent onwards.

Thus does nature assist in the arrest of hæmorrhage. You see, therefore, the error of administering stimulants to a patient faint from loss of blood, as thereby the circulation of the blood and its outflow is increased.

The methods of arresting bleeding may be divided into temporary and permanent means.

Temporary
1. Direct pressure.
2. Compression of artery above the wound.　　Digital or instrumental.

Permanent
1. Application of cold.
2. Styptics.
3. Cauterisation.
4. Pressure.
5. Torsion.
6. Ligature.

Direct pressure means pressure applied directly upon the bleeding point, and no one need ever fear bleeding from any artery upon which he can place his finger.

For instance, in bleeding from wounds of the face, a pad will stop the hæmorrhage at once, or if it be the cheek, with one finger inside the mouth and one outside the bleeding is easily controlled.

Compression of the artery above the wound has been already described, both digitally and instrumentally.

The application of cold or ice causes contraction of the muscular coat of the blood-vessel, and therefore its calibre is lessened, and if already small in size, is blocked completely and hæmorrhage arrested.

Styptics act in the same way in causing contraction of the muscular coat. Those most easily obtainable are vinegar and water, alum or spirit and water, and if used as a gargle, are very useful in cases of bleeding from the mouth—for instance, after tooth drawing. Perchloride of iron, or a solution of iron filings in water, is also used, but it is disagreeable, as it tends to blacken the parts to so great an extent from the action of the iron.

38   FIRST AID.

Cauterisation, or the application of a red-hot iron, was the only mode of arresting bleeding known to the ancients, but at the present time is seldom adopted. A twisted piece of telegraph wire, or a hair-pin stuck in a cork and made red hot in the fire, will answer this purpose. This mode of arresting bleeding is applicable to soft parts that will not hold a ligature, or for capillary oozing.

Pressure is applicable chiefly in capillary oozing, the mere pressure of a bandage being oftentimes sufficient to arrest it. It is also used for the arrest of hæmorrhage from a ruptured varicose vein.

Varicose veins, looking like worms under the surface of the skin, occasionally burst, either from ulceration or from injury. Women, especially cooks from long-standing before great warmth, are peculiarly liable to this disease and to this form of hæmorrhage. Here pressure, either by a pad over the wound or a pad above and below it, with careful bandaging from the foot upwards, is the proper treatment. The blood in these cases comes mostly from the proximal end of the ruptured vein, because a varicose vein being a diseased and dilated one (c. Fig. 8), the valves no longer act, and therefore the blood can pour away from the upper as well as from the lower end of the opening in the vein. Elevation of the limb must be also adopted, for it should be borne in mind that fatal cases have occurred from the bursting of a varicose vein. The elongated and dilated vein being directly continuous with the right side of the heart, that organ can be very speedily emptied of its contents.

Bleeding from veins in a healthy wound seldom requires treatment, because the valves being perfect, no blood can flow backwards from the heart.

The common practice of binding a piece of raw meat to the subcutaneous capillary hæmorrhage, present in a black eye or bruise, is an example of treatment by pressure; the coldness of the raw meat adding another factor to the mode of treatment.

Again, in the serious and sometimes even fatal hæmorrhage which frequently follows the removal of a tooth. After mild measures, such as the application of cold or ice, and the use of styptics have failed, pressure must be adopted. This is carried out by plugging the cavity; and the very best answer I ever had given me, to the question of how to treat bleeding after the removal of a tooth, was from a carpenter, who said he should take a common screw from his basket, and, wrapping a piece of linen rag around it, push it into the cavity from which the tooth had been removed. A wedge-shaped pad, then, should be pushed into the tooth cavity, and kept in position by binding the upper and lower jaws together as in 10 (frontispiece). A lashing of string should be attached to the plug to prevent its dropping down the throat and choking the patient when asleep. The end of the string should be finally brought out of the corner of the mouth, made into a loop, and fastened round the ear.

Compression of the carotid artery in bleeding from the face or from a tooth cavity is useless, on account of the free communication with arteries from the other side of the head which are not influenced by the compression.

Torsion, or the seizing of a spurting artery with a pair of forceps and twisting the open end round and round, simulates what I previously told you as what occurs in railway accidents. This could only be performed by a surgeon.

Arteries may be ligatured, or the divided end tied and closed by this means. Silken thread and catgut are the ligatures usually used for this purpose, preference being given to the latter, because they become absorbed in the wound, like gelatine. In surgical operations, tying an artery is the general mode of arresting arterial bleeding, and the following definition, given by a medical student, of the manner in which an amputation is performed, is a very good one:—That "we saw through all the hards, cut through all the softs, and tie all the spurts."

40   FIRST AID.

Bleeding from the nose is a symptom of fracture of
the base of the skull, but severe and even serious
bleeding from the nose may occur without any injury.
In young and plethoric individuals it is of little im-
portance, in fact rather beneficial than otherwise, but
in the anæmic or in aged persons it demands im-
mediate attention, as it may be found necessary to send
for a surgeon and to have the front and back passages
of the nose accurately plugged.

The application of cold to the nape of the neck or
of an icebag to the forehead is often found sufficient to
arrest it, being particular at the same time that the
patient does not hang his head over the basin, but lies
flat upon his back. The elevation of the arm, on the
same side as the bleeding nostril, and placing the hand
at the back of the head, frequently succeeds in arrest-
ing the hæmorrhage.

Bleeding from the tongue, as when children fall
down with the tongue out of the mouth, occasionally
causes alarm. In one case I saw a triangular flap cut
in the centre of the tongue, sufficiently large to look
through. It is never found necessary to put stitches
into the tongue ; ice to suck, with cold milk and slop
diet, being all that is necessary in the way of treatment.
If hæmorrhage is troublesome, compress the tongue
between the finger and thumb.

Besides external hæmorrhage or the outpouring of
blood from some point on the surface of the body, such
as I have just described, you may also meet with in-
ternal hæmorrhage.

Internal hæmorrhage is the out-pouring of blood
into one of the cavities of the body, such as the head,
stomach, lungs, or abdomen, either as the result of
injury or of disease. In these cases you may see no
visible sign of bleeding, but you invariably find
extreme pallor of the skin, accompanied by a feeling
of faintness and the symptoms of severe shock,
especially if injury be the occasioning cause.

Bleeding into the cavity of the head will be dealt

with under the head of compression or apoplexy, according as to whether the cause is due to injury or disease.

Vomiting of blood from the stomach is called hæmatemesis, and the blood from this source is usually of a dark colour owing to the action of the gastric juice upon it ; whereas coughing up of blood from the lungs is called hæmoptysis, and the blood is then of a bright crimson colour.

The treatment of internal hæmorrhage consists in keeping the patient perfectly quiet, mentally as well as physically, with the head low, and all tight garments loosened about the body.

Lumps of ice should be given to the patient to suck, and if ice is not available, cold water with or without the addition of astringents. Cold applications or an ice-bag should be applied to the seat of the hæmorrhage, and no stimulants given, even if the patient feels faint.

LECTURE III.

Injuries to Joints; Treatment of Sprains; Wounds; Foreign
Bodies in the Eye and Ear ; The Signs of Fracture, and first
aid to be rendered in such accidents; The Application of
Splints or other restraining apparatus.

THE first subject I purpose discussing is wounds and
their treatment.

Wounds may be either —

1. Incised.
2. Punctured.
3. Lacerated.
4. Contused.
5. Poisoned.

An incised wound is that made by a clean cutting
instrument, such as a knife, a sharp piece of glass, or
razor, as in cases of cut throat, which, unfortunately,
are very common.

A punctured wound is one where the depth of the
wound exceeds the breadth, as in stabs and bayonet
wounds.

Lacerated wounds are those occasioned by blunt
instruments, and where the parts are torn, and the
edges of the wound rendered irregular.

Contused wounds are those where the surface of the
skin remains intact, but are nevertheless accompanied
by much bruising, and more or less injury to the sub-
jacent parts. The extravasated blood under the skin,
giving the colour to the bruise, changes in tint from
black and red to yellow as it undergoes absorption.
Buffer accidents on the railway are the most serious
form of this variety. Rupture of a solid organ, such as
the liver, frequently occurs in these cases, whilst the
collapsible organs, such as the stomach and intestines,

escape. An injury of this description shows itself by an extreme degree of shock.

Gunshot wounds constitute a species of contused and lacerated wound combined.

A poisoned wound more often partakes of the character of a punctured wound with the presence of a poison on the penetrating instrument, such as in snake bites and the stings of insects ; but any wound inflicted by an instrument in a foul condition may occasion a poisoned wound, such as a knife used for dissecting purposes, or for cutting up game, and any open wound may become secondarily poisoned by the action of verdigris, etc., getting into it.

Wounds are more or less serious according as to whether they are deep or merely superficial. A deep wound stands the chance of having involved some important sublying vessel or viscera, and the life of the patient is endangered accordingly. Penetration of the substance of the liver was the cause of death in the dastardly assassination of Mons. Carnot, President of the French Republic, who had been graciously pleased to accept the dedication of the French translation of this book. Such cases had better be left alone until the arrival of a surgeon.

A lacerated wound never heals as quickly as an incised one, and is more especially liable to be followed by erysipelas, etc. The edges of the wound being torn and jagged, suppuration must take place to get rid of this bruised tissue before a healthy healing surface is produced, whereas in an incised wound the edges being cleanly cut they unite together almost immediately, and by what is called "first intention."

From an incised wound one usually finds a greater amount of hæmorrhage than from a lacerated one, as in the former the vessels are cleanly cut through, whilst in the latter they are torn and twisted in a similar manner to that described in the operation of torsion.

The rules I will now give you are applicable to the treatment of all wounds, of any variety or of any severity.

44   FIRST AID.

The first and most important thing to do is to arrest any bleeding, whether it be venous or arterial in character, by those directions which were given you in the last lecture. This must, of course, take precedence of everything else, as until this is stopped the patient's life is in danger.

In slight wounds, the elevation of the limb and the application of cold water are generally sufficient to arrest all bleeding.

Next remove all foreign bodies from out of the wound, examining the instrument which occasioned it, whether it be a knife, a piece of glass, or a needle, to see whether it is entire ; and if not, search for the broken fragment. Sometimes gunwad or a piece of the clothing covering the body is carried into the wound. This should be removed, as well as any dirt, occasioned perhaps by the passage of a cart-wheel over the limb, as the presence of any foreign body in the wound will hinder the process of healing.

The practice of sucking a wound is a very good one. In former duelling days "suckers," who were often the drummer boys of a regiment, were employed for this purpose. Sucking the wound till the blood ceased to flow, removed all foreign bodies, and brought the edges of the wound close together, so that union took place very speedily.

Sponge the wounded part with the coldest water obtainable, letting a stream of cold water fall over the wound by squeezing the sponge held above it, and clean away all dried blood and dirt from round about it. A sponge, however, is not to be recommended for cleaning wounds, as there is a fear of its not being perfectly clean. Pieces of absorbent cotton wool are far better, which can be thrown away after use. When the wound has been thoroughly cleaned, what in the first instance looked a very serious injury may prove to be a very trivial one.

If it is a case of a punctured wound, not involving one of the great cavities of the body, and a syringe is available, syringe it out well with some cold water ;

but if a cavity is involved and water is syringed into it great harm will result, as the fluid will collect there, and it will be impossible to get it out again.

When the wound has been inflicted by an instrument which you believe to be foul, such as a knife that has been used for cutting up putrid meat or game, it is as well to apply a bread poultice to the wound, so as to assist in getting rid of any poisonous material that may be present previous to bringing the edges together.

Lastly, adapt the edges of the wound in as close proximity to one another as possible, so as to aid them in uniting together again. This may be done by strapping, stitches, accurate bandaging, or painting with collodion.

A pad of lint saturated with water, or better still olive oil, is then placed over the wound and bandaged in the appropriate manner to be hereafter described in the chapter on bandaging. Any piece of linen rag will do for a pad; but if lint is used, be careful to put the threadbare and not the fluffy side next the sore, as the small fibres of the lint cling to the wound, irritate it, and when removed cause the healing granulations to bleed.

Saturating the pad with olive oil or carbolic oil is a very useful mode of dressing a wound where there is any discharge, because the blood adheres so closely to a dry pad that when it has to be removed it sticks to the wound and there is a difficulty in removing it. This is obviated by using the oil.

Dry dressing is very useful where there is but little discharge, and in the form of charpie, consisting of unravelled linen, is the best mode of applying it.

In dressing wounds surgeons often speak of cold water dressing and warm water dressing. The first is applicable to the first dressing of wounds in general, the second to wounds of the abdomen, poisoned wounds, and to wounds taking on inflammatory action.

Cold water dressing is the frequent application of

46　　FIRST AID.

cold or iced water, or of an evaporating lotion. How to make an evaporating lotion will be described later on.

Hot water dressing is the application twice or three times a day of a piece of lint or linen rag saturated in either hot or cold water, and the same subsequently covered by a piece of oil silk or oil paper larger than the lint so as to prevent evaporation. The oil silk should overlap the edge of the lint by half an inch all the way round.

If the part to which strapping is to be applied is hairy, the skin should be shaved all round the wound, so that the plaster may stick more readily, and also when removed, it will not occasion pain by dragging upon the hairs. When the wound is on the scalp, some compunction should be felt in sacrificing the hair, as bare patches look as if consequent upon other diseases. Wounds of the scalp, especially when strapping is not immediately procurable, may be brought into close apposition by taking a lock of hair on either side of the wound, and tying them together across it.

When strapping is applied to a wound it should not entirely cover it, but spaces should be left between the strips of plaster to allow of the escape of matter or, as we usually call it, pus, which comes away from the wound.

There is a proper way of taking off plaster as well as of putting it on. Both ends of the strip of plaster should be loosened, and brought to the wound, so that the whole is removed at one time, and then there is no fear of opening up the wound, or breaking down the very slender granulations which hold it together. A person who does not know how to remove a strip of plaster usually takes hold of it by one end only, tears it across the wound, and opens the wound up again by separating the edges.

There are some wounds which demand special treatment, and of these I will now speak.

Wounds of the face bleed more readily than other parts of the body, but the bleeding is usually easily controlled by the simple pressure of a pad and bandage.

Such wounds ought to be brought together as soon as possible, especially if there is any division of the upper or lower lip, so as to prevent any subsequent disfigurement, such as traumatic hare-lip. Therefore stitches have generally to be put in, to keep the edges of the wound together. It is better that this should be done by a surgeon whenever possible; but if not, a fine sewing-needle, threaded with silken thread, or a long piece of human hair may be used for this purpose, tying the same across the wound with a reef knot (A, Fig. 41).

A punctured wound in the palm of the hand is very frequently met with from attempts to open a nut with a knife, or to split a biscuit by the same unsailorlike fashion.

This is best treated by a pad or graduated compress, which should be about an inch in thickness, and consist of pieces of folded linen or paper placed one above another, gradually increasing in size, so as to form a wedge-shaped pad. The point of the wedge is placed in contact with the wound, and the base uppermost. This pad is then bound in position, either by winding a bandage folded narrow across a stick as shown at 28 (frontispiece), or by flexing the fingers upon the palm.

A tennis or cricket ball may in the same manner be placed in the palm of the hand, and the fingers closed over it.

If oozing of blood continues from under the graduated compress, make a ruck of the sleeve in the flexure of the elbow-joint, and then tightly bind the fore-arm and upper-arm together. The elevated position of the hand, and the compression of the brachial artery at the bend of the elbow, cannot possibly fail to stop the bleeding.

The same variety of wound occurring in the sole of the foot should be also treated by a graduated compress and bandage, or by flexing the leg upon the thigh, and binding it in that position. The latter, however, is irksome if not painful to the patient, and cannot be borne for long.

48   FIRST AID.

All wounds, especially of the hands or of the feet, as in sailors who run about on deck bare-footed, should be kept covered up as long as there is any open or raw surface (this is especially applicable in what are known to sailors as " sea cuts "), because in cleaning copper or brass-work the wound might easily get poisoned, or some foreign body get into it, and subsequent poulticing have to be resorted to.

The remaining parts of the body are seldom exposed to punctured wounds, excepting, perhaps, the seat. A person may sit down upon an open knife, a pair of scissors carried in a tail-coat pocket, a pointed needle, or a cracked utensil may give way under the weight of the body. All these should be treated by the means I have already described to you, viz., removal of any foreign body and arrest of hæmorrhage by direct pressure by pads and bandaging.

One word as to the treatment of cases of cut throat, which would come under the head of incised wounds. They differ from other wounds as regards treatment in one important point, and that is, that no stitches or strapping are used in these cases to bring the edges of the wound together.

The first thing to be done is to stop the bleeding, which is always profuse, and sometimes immediately fatal if the large blood-vessels in the neck are divided. This, happily, does not always occur, as many of these foolish people, believing themselves to be constructed after the fashion of bellows, think that if the windpipe is opened and the air let out, it will prove fatal. Wounds of the windpipe alone are not serious, as the windpipe is frequently opened in the operation of tracheotomy for obstructed breathing. In some cases not only the windpipe and gullet are divided, but the bodies of the cervical vertebræ have been notched by a determined attempt at suicide.

Bleeding is controlled by direct pressure with the finger in the wound, pressing backwards against the cervical vertebræ and taking care not to press upon the windpipe.

The edges of the wound are kept together by bringing the chin down to the chest and keeping it in that position by means of a couple of tapes fastened one on either side of a head-cap, and attaching them by their other ends to a bandage going round the chest.

This method of bringing the edges together is adopted to allow of the wound being easily opened up again if the breathing is in any way interrupted, which could not be so quickly done if stitches had been used.

The opening into the windpipe should be protected by folds of muslin or gauze placed in front of it, to prevent the entrance of cold air and foreign particles into the lungs, and the same held in position by a gauze bandage simply passed twice round the neck as in 29 (frontispiece). The patient must likewise be kept in a warm and moist atmosphere by means of a bronchitis-kettle placed on the fire in the room. Ordinarily the air passing through the mouth is freed of all foreign bodies, moistened by the saliva, and warmed by its passage across the mucous membrane of the mouth and throat, and the above directions are carried out to supply these several deficiencies.

Penetrating wounds of the abdomen and thorax are especially serious, on account of the possibility of the contained viscera being injured. If such is the case, the wound should not be closed, but the patient left with the wound lightly covered over and the knees flexed, so as to relax the muscles forming the front wall of the abdomen, until surgical help is obtained.

In wounds of the abdomen there is always fear of the abdominal cavity being opened and some coil of intestine being opened also, with the result of allowing its fæcal or poisonous contents getting out into the abdominal cavity. If any intestine protrude from the wound, it should be washed with warm water, protected with warm flannels, and very gently returned into the abdomen. But if the intestine be injured and some of

E

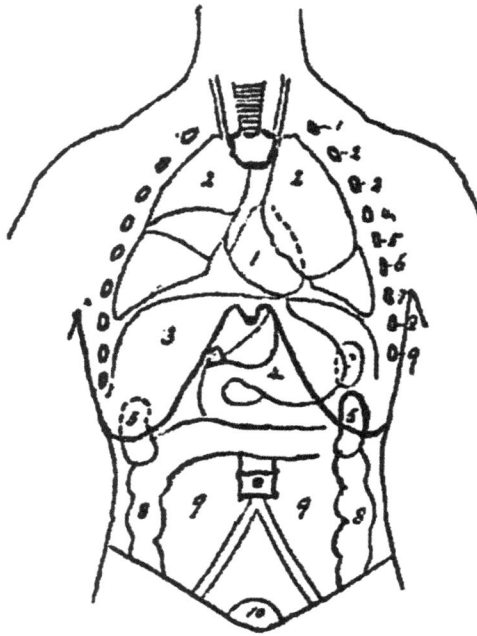

FIG. 16.

The importance of not indulging in any violent exercise after eating a heavy meal, or after drinking large quantities of fluid, is now seen. The stomach or bladder when distended stands a far greater chance of being ruptured than when empty, and this accident has occasionally occurred after violent throws in the football field.

Foreign bodies in the eye require to be taken out with some skill. The upper eyelids can be turned inside out, so that the whole of their inner surface can be thoroughly examined ; but as this operation requires some manual dexterity, it is best done by a surgeon.

A pencil or darning-needle, held in the right-hand, is placed flat on the upper eyelid, about half an inch above the eyelashes ; and whilst the eyelashes are drawn upwards by the finger and thumb of the left-hand the needle is kept steadily pressed against the eyeball, and the patient told to look down. This has the effect of everting the upper eyelid.

The lower lid can be easily examined by being simply depressed. The inner surfaces of the eyelids can, by the above means, be thoroughly cleaned with the corner of a fine cambric handkerchief or a camel's-hair brush.

Whenever any foreign body is present, remember to keep the eyelids closed and not to rub the eye.

The irritation set up in consequence will cause an increased flow of tears, which is the mode by which nature tries to get rid of the foreign body, and by means of which she is frequently successful. The flow of tears can be augmented by holding the face over a sliced onion.

Remember that the course of the tears is towards the nose, and therefore blowing that organ will draw the tears forcibly in that direction, and aid in the removal of a foreign body. The nostril on the side of the affected eye is directly connected with the inner corner of the same by means of the tear duct, and thus the foreign body is forcibly drawn to the inner corner of the eye.

FIRST AID.

The drawing down of the upper eyelid some three or four times over the lower lid will cause its inner surface to be swept by the lower eyelashes, and by this means the foreign body is frequently removed.

Small pieces of flint or steel are sometimes so firmly embedded in the eyeball that they have to be removed by a surgeon with a sharp-edged probe.

Cold water or cold tea applied by means of a small cup-shaped sponge are the best applications to subdue any inflammation present after the removal of the foreign body.

Lime, mortar, or plaster in the eye, if seen directly after the accident, should be treated by syringing with weak vinegar and water; but if some time has elapsed after the injury, then apply simple olive oil.

Foreign bodies in the ear are also best left to surgical skill.

The external canal of the ear is about $1\frac{1}{4}$ inches long, and stretched across the inner end of it is a delicate membrane called the drum of the ear.

On the opposite side of the drum is another canal called the Eustachian tube, which opens into the mouth. This is the reason so many people who are deaf sit with their mouths open, so that sounds may fall upon the inner surface of the drum as well as upon the outer.

Too forcible syringing, with the nozzle of the syringe so firmly pushed into the ear as to interfere with the return flow of the water, may break this membrane or drum.

A box on the ear, or heavy gun-firing will also do the same thing. After the latter, one frequently experiences singing noises in the ear, similar to those heard when a sea-shell is placed against it. This occurrence may be lessened by keeping the mouth open, so that the vibrations of air may be of the same strength on both sides of the drum. Placing cotton wool firmly in the ear is of no use in preventing it; if put in at all it should be put in very loosely, just at the orifice, to break any sudden vibration of sound.

Never syringe the ear if a pea, bean, or soft substance of any kind is in it, as the water will cause it to swell, and the chances of getting it out are much lessened.

Foreign bodies in the nose are sometimes very difficult of removal and are also best left to a surgeon. The giving of snuff to cause the patient to sneeze may be tried. Blowing the nose with the nostril which is unaffected, closed, will be of service if the obstruction is low down, but if high up it will have the effect of driving the foreign body further up-wards.

Joints may be injured by twists, blows, or kicks, causing them to swell up, from an increased secretion of that fluid (synovial fluid) which I told you was present in the interior of all joints, to allow of their moving easily and freely (Fig. 3). To this injury is given the name of a sprain or synovitis.

Joints may be so severely injured that the ligamentous structures which bind the opposed bone surfaces together may be stretched, or even partially torn through. This is a still more severe variety of a sprain.

You often hear a person say that a sprain is as bad as a broken bone, and so, in the latter instance, it is. It entails quite as long a period of rest; and after recovery necessitates care and support by means of elastic appliances, such as a knee-cap or anklet.

Cold applications and perfect rest are the best treatment for a sprain. Cold may be applied either by pouring cold water from a tap upon it, or in the form of an evaporating lotion made out of eau-de-Cologne and water, or any spirit and water (the evaporation of the spirit producing greater coldness), or what is better still is the application of an ice-bag, which can be speedily constructed by placing a lump of ice in a sponge-bag, sheep's bladder, or folded oil-silk, placing it upon the swollen joint, and keeping it there by bandaging, as at 11 and 27 (frontispiece).

When there is intense pain warm applications may be used, such as warm fomentations of hot water or a hot bran poultice, but otherwise it is better to use cold, as the swelling is thereby brought down more speedily.

Elastic support by knee-caps, or anklets, should always be adopted when any severe strain is going to be thrown upon the joints. This was done, as probably you are aware, by Gale, in his celebrated walking exploits, notably of 1,000 miles in 1,000 hours.

Joints may be still more seriously injured, the opposed bone surfaces being thrown out of apposition, and the ligamentous structures binding them together, torn through more or less. This is called a dislocation.

As regards the reduction of a dislocation, I will say but little, as the sooner you obtain surgical help the better ; for the reason that the sooner a dislocated joint is attempted to be put back again in its place, the more likelihood is there of its being accomplished. If a long time elapses, the bone may never be got back again into its place, and deformity and loss of power will be present for the remainder of life.

You may say, Then why may not we put the bone back again into its place ? Because in some instances it is a very difficult thing to do, and, without great care is used, vessels and other important structures may be torn across, or, as in one case, the entire limb dragged off by undue violence used in an attempted reduction.

Before passing on to fractures, I will tell you how to distinguish a dislocation from a fracture.

In both cases there is deformity and pain ; but whereas in fractures you find increased and unnatural mobility in any part of the limb, in dislocations you have a deficiency of movement in connection with some joint.

In a dislocation there may be shortening or lengthening of the limb, according to the position assumed by

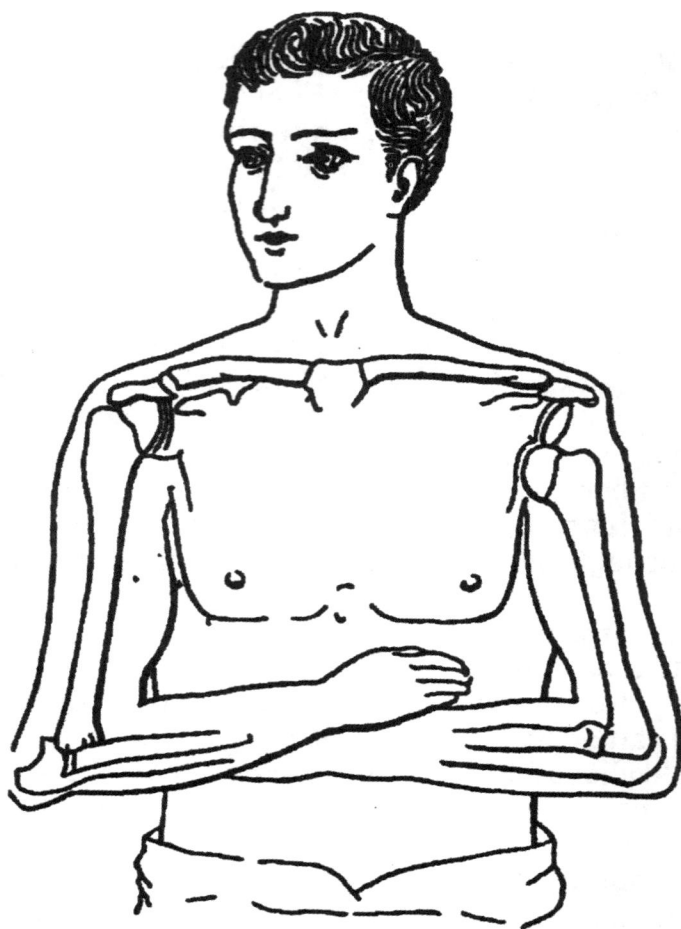

FIG. 17.

56　　　　　　　　FIRST AID.

The distinguishing symptoms of the two injuries are best shown in the following table :—

FRACTURES.	DISLOCATIONS.
Deformity and pain.	Deformity and pain.
Crepitus.	No crepitus.
Unnatural mobility.	Movement limited.
Easily replaced.	Replaced with difficulty.
Limb shortened.	Limb shortened or lengthened.
Seat of injury anywhere in the bone.	Seat of injury at a joint.

One piece of advice to you is that, no matter what the injury may be, whenever possible, compare the injured limb with the sound one on the opposite side of the body. You will by comparison see any irregularity in outline (see Fig. 17), or any deficiency of movement, as well as any alteration in the length of the two limbs.

Bones may be broken, or, as we usually call it, fractured. Fractures may occur from two causes, external violence or muscular action. External violence may be applied directly or indirectly. A kick from a horse fracturing the nasal bones is an example of a fracture by direct violence ; whilst a man thrown from his horse in the hunting field, falling on his out-stretched hand, and fracturing his collar-bone, is an example of a fracture by indirect violence.

Fracture by muscular action is best exemplified in a fracture of the knee-cap or patella. A person coming downstairs, and fancying he has arrived at the bottom of the flight, is mistaken, and fearing that he may fall forwards suddenly draws himself back, and the strong muscles on the front of the thigh snap the knee-cap across in a similar manner to the way in which you would snap any stick across your knee.

Age exercises considerable influence on the liability of bones to fracture. The bones of the aged are more brittle and earthy than the elastic and cartilaginous bones of young people, as I described to you in my first lecture. It has been known for an old person to break his thigh simply by turning over in bed ; whilst,

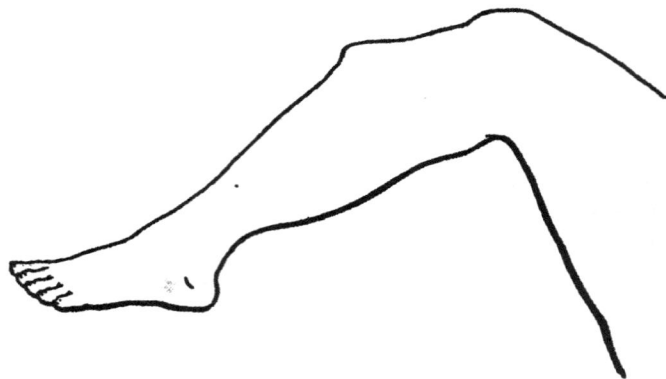

Fɪɢ. 18.

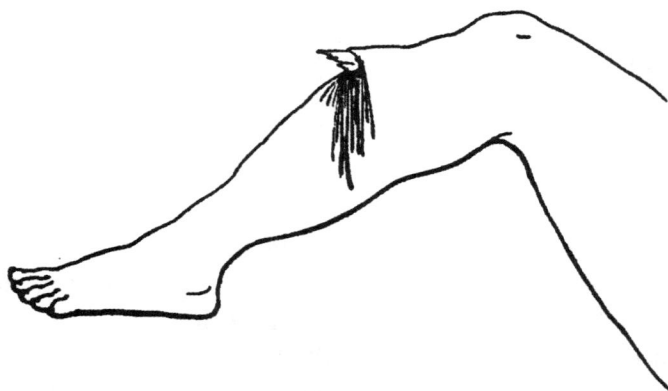

Fɪɢ. 19.

the broken bone (Fig. 18), and the limb may be more-
over shortened by the broken fragments overlapping
and riding one over the other.

Unnatural mobility in the continuity of a limb can
only occur in a case of fracture, and is caused by the
separation of the fragments from one another, and the
formation, as it were, of a false joint.

Grating of the roughened surfaces of the broken
bone can be felt as well as heard on moving or slightly
rotating the limb, and to this sensation is given the
name of crepitus.

The immediate treatment of a fracture is to keep
the limb immovable, so that the patient may be
removed to some permanent resting-place, where he
can remain until a cure is effected, and the broken bone
again united.

The importance of keeping the broken limb im-
movable cannot be too strongly impressed upon you;
for any incautious movement might very easily send
the sharp end of the broken bone through the skin,
and a simple fracture be transformed into a compound
one.　This is especially likely to occur in a fracture of
the tibia, where the skin covering the bone is so ex-
ceedingly thin (Figs. 18, 19).　This would be a very
serious matter, for instead of the sufferer being able to
resume his work in about four weeks, it would entail rest
probably for a corresponding number of months, and this
to a labouring man would be attended with great loss.

When a fracture occurs a quantity of new material,
called "callus," is thrown out around the broken ends
(Fig. 20 AB), so as to fix them together.　This new
material is at first soft, but gradually hardens into
bone, from two to six weeks being required for this
purpose, according to the size of the bone.

The callus surrounding the fractured ends even-
tually becomes absorbed, and the bone, if the limb
has been properly set, assumes its original form (Fig.
20 B).　This is how a fracture heals.

"To set a fracture" is to place the two ends of the

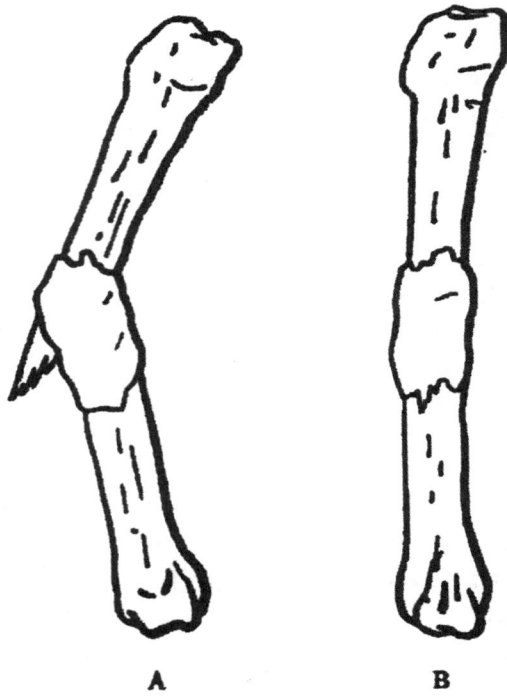

A   B

Fig. 20.

AMBULANCE LECTURES.

To ensure complete immobility of a broken bone, the joint above as well as that below the seat of fracture must be kept perfectly immovable, as movement of either joint would prevent this. Splints are therefore used to restrain all movement, and are usually padded; but in rendering first aid the clothing which surrounds the limb is generally sufficient to answer this purpose.

The treatment then to be adopted in all cases of fracture is perfect rest, with the broken ends of the bone in close apposition.

Improvised splints may be made of numerous things, such as walking-sticks, broomsticks, truncheons, umbrellas, folded newspapers, straw bottle cases, branches of trees, paper-knives, folded waistcoats, bayonets, scabbards, or rifles.

The splint, whatever it is made of, is bound in position by means of bandages. These bandages should never be placed over the seat of fracture, where there is always some swelling and inflammation, but by leaving the seat of injury uncovered, cold water dressings or ice can be applied to reduce the inflammation which is present. Keep also the knots fastening the ends of the bandages on the outer side of the limb over the splint, so that they do not press unduly upon the skin.

After having put up a broken leg in the requisite splints, it is a very good plan to bind the injured limb to the sound one by another bandage or two. This gives an extra support in moving the patient; and if possible never move a patient from the scene of the accident until the fractured limb has been properly secured by splints.

In cases of fracture there is never that urgency that there is in cases of hæmorrhage. The injured limb may be laid on a sofa pillow, or other soft cushion, which may be kept in position around the limb by a couple of handkerchiefs tied above and below the injury, and left to await the arrival of a surgeon. Sand-

62　　　　　　　　FIRST AID.

bags or the weight of the hand firmly pressed upon the upper part of the thigh will prevent the painful startings of the limb which so frequently accompany injuries to the leg. This applies equally to the time of the accident as in the subsequent treatment after the application of splints.

I will now describe the different modes of applying splints to the more important fractures, and how you are to act until you can obtain surgical help.

There are three fractures to which splints are never applied, viz., those of the skull, collar-bone, and ribs.

Fracture of the skull may be caused by a fall, or by a blow from some object.

It is usually accompanied by more or less prolonged insensibility, due either to concussion or compression, and consequently we shall have to speak about this later on, under one or other of these headings. It is a very serious accident, on account of the subjacent brain or its coverings being liable to injury, and to subsequent inflammation.

More serious still is a fracture of the base of the skull. A person falling upon a hard substance, or from a direct blow, will fracture the vault of the skull; whereas if falling upon a soft or yielding substance would fracture the base of the skull; for instance, if a man falls from a scaffold upon a heap of soft earth, the weight of the body in this case would drive in the base of the skull, and fracture it. Accompanying the profound insensibility, in these cases there is usually profuse bleeding from either the nose, mouth, or ear, patches of extravasated blood appear underneath the conjunctiva of one eye (subconjunctival hæmorrhage), and oozing of watery (cerebro-spinal) fluid takes place from the ear.

A fracture of the spine is known by the accompanying paralysis of motion and sensation of those parts below the seat of the fracture, as I described to you at the end of the first lecture. Fractures of the pelvis are usually complicated with injury to the bladder or urinary tract, and are most frequently the result of some railway injury. The patient is unable to stand when he attempts to do so, feeling as if the body were falling to pieces, and great pain in moving or in coughing.

In all these cases let the patient be carried on a stretcher or shutter, with his head slightly raised, to some quiet spot ; apply cold water or ice to the head, and insist upon his being kept perfectly quiet until surgical help arrives. Administer no stimulants, and if the lower extremities are cold apply to the feet hot water bottles or hot bricks, carefully protected by being wrapped up in flannel, for fear of their burning or blistering the skin ; for in consequence of being paralyzed, the skin has less vital activity and sensation is blunted.

Fractures of the ribs require no splint, as it is impossible to obtain perfect immobility on account of the constant movement which takes place in respiration. These fractures are occasioned by blows or squeezing of the thorax, and are especially liable to be followed by secondary complications, such as inflammation of the lungs or of the pleural membrane, either of which may have been injured at the time of the accident. By placing the hand over the seat of the injury and asking the patient to cough, crepitus is easily felt. A bandage, folded broad and passed around the chest, is the only first aid you can render. In those complicated cases where there is perforation of the lung tissue by the sharp end of a broken rib, known at once by bleeding from the mouth, with the coughing up of blood-stained frothy sputa, no bandage nor any tight constriction must be allowed around the chest, as the broken end of the rib would thereby be further driven into the lung tissue. Braces should be loosened, stays unfastened, and all impediments to free respiration removed, and if bleeding from the mouth ice should be given to the patient to suck.

Fracture of the lower jaw or inferior maxillary bone (10, frontispiece) may occur from blows or falls upon

FIG. 21.

to restrain movement as much as possible. If the patient is very broad shouldered, two bandages must be used, to make this form of figure of 8, and to keep the shoulders well back.

Some like this form of fracture treated by a large arm-sling with a pad in the armpit, and then another bandage over the arm-sling to bind the arm to the side. This is anything but secure, and with a restless child the pad soon drops from the armpit, and the bandage, binding the arm to the side, slips upwards, and the treatment rendered useless. The figure of 8 bandage is much to be preferred.

Fracture of the upper arm or humerus, 2 (frontispiece), occurs from direct blows or falls upon the elbow. Three splints should be put on the front, outer and back part of the limb, and reach from the shoulder to the elbow joint. The inner side is omitted, so that the blood-vessels lying on that side may not be compressed. The splints are bound in position by two bandages folded narrow, and the arm being semiflexed, the forearm is supported by a small arm-sling, 24 (frontispiece). A large arm-sling pushes the elbow too much upwards, and causes the ends of the fractured bone to overlap each other. Remember, then, that in all fractures of the upper arm, and in those involving the elbow joint, a small arm-sling is to be used; and in fractures of the forearm a large arm-sling is to be employed.

Be careful to put on the arm-sling, whether it is a small or a large one, with the elbow at right angles. Never allow the hand to drop, it is far better to have the elbow at an acute angle than to have the hand in a dependent position.

On the Esmarch handkerchief bandage this fracture is represented as being done up with the elbow joint extended, a most unusual and uncomfortable position; whereas, in the semiflexed position, it is comfortably supported in a sling. The arm would only be done up in an extended position in cases of burn, where

66   FIRST AID.

there might be a fear of subsequent contraction at the elbow joint from scars.

An expanding trellis flower-pot cover forms an excellent splint for this, as well as for other fractures of the limbs, and is exceptionally well adapted for this injury, but if put on too tightly, will arrest the flow of blood in the main (brachial) artery.

When the fracture is at the lower end of the humerus close to the elbow joint, and perhaps combined with some injury to the bones of the forearm, a rectangular splint should be applied to the inner side of the elbow joint, with the arm in a semiflexed position. Two pieces of wood can be lashed together by a bandage wound round them where they cross one another, and a rectangular splint easily constructed. Outside splints must be applied as well.

After these injuries to the elbow there is frequently some limitation of movement in the joint. Therefore, if such should happen, it is best to keep the arm semiflexed, in which position it would be of the greatest use to the patient.

Fractures of the forearm or radius and ulna, 12 (frontispiece), occur usually from falls. The arm should be placed in a semiflexed position, and two splints are required. The splint on the inner side should extend from the elbow to the tips of the fingers, and the outer one from the elbow to the wrist joint. Two bandages folded narrow keep the splints in position, and the arm is subsequently supported in a large arm-sling, 4 (frontispiece).

Fractures of the fingers, or phalanges, are caused by direct violence. They require a long narrow splint, which should extend from a little above the wrist to the tip of the injured finger, applied to its palmar surface. A long paper-knife answers the purpose admirably. The hand should be subsequently supported in a large or small arm-sling, 4, 24 (frontispiece). Another very comfortable plan of treating this injury is, to flex the fingers over a cricket ball and bind them there.

Fractures of the thigh bone or femur, 16 (frontis-piece)—(there are on the Esmarch handkerchief two 16's; I refer to the man lying down in the right hand corner) occurs from falls, and in the aged from the most trifling causes. It requires two splints : the one on the outer side should be a very long one, and extend from the armpit to the sole of the foot, while the shorter one is placed on the inner side of the thigh, and should reach from the fork to a little below the knee joint. Four bandages, folded broad, are required. One is applied in a figure of 8 form around the sole of the foot and ankle joint ; taking in at the same time the lower end of the splint, the bandage crosses itself on the instep. A second bandage should be placed below the seat of fracture and just above the knee-joint, and the third above the seat of fracture as close to the hip-joint as possible. The fourth bandage is applied round the abdomen, to keep the upper end of the splint in close proximity to the body. Finally bind both legs together, as great support is thereby given to the injured limb.

A rifle may be used as the outside splint in this injury. The butt end is placed in the armpit and the stock down the leg, with the barrel towards the ground on which the man is lying.

Remember what I previously told you in putting up any fracture to restrain all movement of the joint above as well as that below the seat of injury, and then you are quite certain of keeping the fractured part im-movable. Therefore, you see that on the Esmarch handkerchief for a case of fractured femur the second bandage is wrongly represented in being placed below the knee-joint, whereas it ought to be above the knee-joint, to prevent any movement in the lower end of the broken femur.

Fracture of the knee-cap or patella, 14 (frontispiece), occurs usually from muscular action, and occasionally by direct violence. A broad splint should be applied to the back of the knee-joint, extending some eight

68   FIRST AID.

inches above and below it. Two bandages, folded
narrow, are required ; the first is placed with its centre
below the knee-cap, carried to the back of the joint,
crossed behind the splint, and brought above the knee-
cap and tied in a knot. The second bandage is put on
in a similar figure of 8 manner, but is placed first above
the knee-cap, then crossed behind the splint, and
knotted below the knee-cap. The broken fragments,
generally very widely separated, are by this means,
assisted by elevation of the limb, brought close to-
gether. The front of the joint is left uncovered, so
that cold applications or an ice-bag can be applied to
the swelling, which is always considerable.

Fractures of the leg bones or tibia and fibula, 1
(frontispiece), are occasioned usually by direct vio-
lence, but sometimes by a sudden twist of the ankle.
Two splints are required of the same length, to extend
from just above the knee-joint to the sole of the foot.
One is placed on the inner and one on the outer side
of the limb, and bandaged in position by two bandages.
One bandage is passed in a figure of 8 form around the
sole of the foot and ankle-joint ; taking in at the same time
the two splints, the bandage crosses itself on the instep.
The other bandage is applied just below the knee-joint ;
thus all movement from above and below is prevented.

A scabbard may be used for the outside splint in this
injury, or a couple of bayonets, the point of each
bayonet fitting into the lock of the other.

When the fibula alone is broken, the tibia forms a
splint for it, and consequently, patients are able to walk
with this injury, and have been known to do so.
Splints should be applied in the same manner as if
both bones were broken.

Fractures about the foot are always caused by direct
violence. They require a special form of splint, made
rectangular, into which the heel fits ; the sole of the
leg resting against one support, and the calf of the leg
against the other. The first aid consists in elevating
the foot and applying cold water.

LECTURE IV.

First aid to those suffering collapse from injury, to those
stunned, to the apoplectic, inebriated, epileptic, hysterical,
fainting, and to those bitten by rabid animals or stung by
insects.   The immediate treatment of the apparently
drowned or otherwise suffocated.   Burns, what to do when
dress catches fire, scalds, and poisons.

COLLAPSE from injury is the severe shock given to the
nervous system by any serious accident that may have
taken place.   For instance, a patient may never recover
from a severe operation, on account of the shock to the
system; and formerly, before the days of chloroform,
this was far more frequent than it is at the present
time.   Shock may also occur in buffer accidents, and
be the only sign of some great internal injury such as
rupture of the liver.   Again, in a patient who has had
his limb smashed and subsequently has to undergo
amputation, the amount of shock is increased by the
twofold effect, viz., firstly, by the accident, and
secondly, by the amputation; and the nearer to the
trunk that an amputation is performed, the greater is
the amount of shock.   For instance, an amputation at
the shoulder-joint is attended with a greater amount
than one at the elbow.

Collapse, or shock, as it is more often called, varies
in degree in different individuals.   At times the severity
of the shock is quite out of proportion to the trivial
character of the injury, and death may occur from
shock alone.   Females, children, and persons of great
nervous susceptibility, show an extreme degree on the
receipt of but a trivial injury; whilst on the other
hand, men in a state of great excitement such as
soldiers upon the battle-field, with their feelings roused

to the highest pitch of enthusiasm, may receive some very severe injury, and yet be almost unconscious of it.

A person suffering from shock after the receipt of some injury becomes cold and trembling. The pulse is irregular and hardly to be felt. The breathing is feeble and laboured. The surface of the body is cold and clammy, the mind depressed, and the patient is anxious and restless, thinking perhaps that every moment will be his last.

Should such a case come under your notice, what are you to do? If the origin of the shock is a crushed limb or any injury attended with profuse hæmorrhage, you must not accelerate the circulation by giving stimulants until you have prevented all further loss of blood; because you would, by so doing, accelerate the patient's death. This having been guarded against, the administration of some warm tea or spirits and water may be given if the patient can swallow, or if not, some ammonia applied to the nostrils will stimulate the heart's action. The giving of fluids when the patient is unconscious and unable to swallow will result in sending some of it into the larynx, and cause choking.

The patient should be laid in a recumbent posture, wrapt up in warm blankets, and have hot-water bottles applied to the feet.

This is the treatment of shock, whether arising from severe injury, operation, fright, or any other cause.

We will now pass on to the consideration of the different causes of insensibility, whether stunned, apoplectic, epileptic, or faint, and how to decide that important question, "Drunk or Dying?" as we frequently see these cases styled in the newspapers.

They are extremely difficult of recognition, and when—not unfrequently—doctors make mistakes in their diagnosis, no one should blame you, or policemen either, for being occasionally in the wrong.

But what I wish to impress upon you is to err on

the right side, and that is the side of caution.　For it
is far better in all cases to give the patient the benefit
of the doubt, and to treat a drunken man with more
indulgence, perhaps, than he deserves, than to treat
another man with a fractured skull, but whose breath
may nevertheless smell of liquor, as being simply
drunk and fit only to be locked up.

Treat all cases of insensibility, then, with extreme
care, and get professional advice as soon as you pos-
sibly can.

During my residence as House Surgeon at St.
Thomas's Hospital, I never refused admission to any
case of complete insensibility, because a night's lodg-
ings in a hospital is, in the eyes of the general public,
a far better resting-place than a police-cell ; and if the
case turn out in the morning to have been only one of
drunkenness, you can discharge your patient with a
caution, and with the knowledge that you have acted
for the best.

Insensibility may be due to six causes.

1. Injury to the brain, with or without fracture of
the skull.

2. Diseases of the brain, as apoplexy, epilepsy, etc.

3. Narcotic poisoning, as from opium, morphia, etc.

4. Intoxication.

5. Blood poisoning from kidney disease.

6. Extreme shock from failure of the heart's action
or excessive hæmorrhage.

To distinguish the cause of the insensibility is of
the greatest importance, as the treatment to be
adopted will vary accordingly.　I will take, therefore,
each of these causes separately, so that you may be
able to tell one from another.

1. Injuries to the brain, with or without fracture of
the skull, sufficient to produce insensibility, may be due
either to concussion or compression.

Concussion, or bruising of the brain substance, may
be caused by blows or falls on the head.　The duration
of the insensibility corresponds with the extent of the

bruising, in some instances lasting a very short time, in others several hours, and sometimes proving fatal. The patient may experience only a temporary giddiness or may lie perfectly motionless and insensible. He will answer questions incoherently if roused, relapsing again into a condition of stupor.

The pupils of the eyes are generally contracted, the pulse is feeble, the breathing slow and sighing, and the surface of the body cold and pale. Restlessness and vomiting precede returning consciousness, and there is no paralysis.

Recovery may be complete if rest and care are taken, with the application of cold, such as an ice-bag to the head and warmth to the extremities; but no injury to the brain is too trivial to be thought lightly of, for fear of subsequent inflammation and brain softening. The same applies to concussion or bruising of the spinal cord; and if proper rest were taken also in these cases in the first instance, we should hear less of railway litigation.

Compression may be the result of blood or a portion of fractured skull pressing upon the brain.

The symptoms are the same as those of apoplexy, of which it is a traumatic variety.

General paralysis or paralysis of one side of the body, opposite to that of the seat of compression—as explained to you when speaking of the function of the nervous system, with the pulse slow and full, stertorous breathing, and inequality of the pupils, which do not act under the influence of light—are the chief symptoms present, just as in apoplexy; and the treatment is identical.

2. Diseases of the brain, as apoplexy and epilepsy. Apoplexy is by far the more serious of the two, and both are attended by a fit. By a fit I mean convulsions and contortions of the limbs and trunk, with congested face and foaming at the mouth. The fit may have occurred previous to your seeing the patient, who now lies in an insensible condition. This disease is usually

met with amongst persons advanced in life and of a plethoric condition.

Apoplexy caused by effusion of blood (consequent upon the rupture of a diseased blood-vessel) pressing upon the brain is attended with more or less paralysis of the body, snoring or stertorous breathing, one eye half opened, with the pupils unequal in size, the mouth drawn to one side. and the pulse full and quick.   If the patient is not quite insensible, he is rambling and incoherent in his speech.   If you attempt to raise the limbs on the paralyzed side, they will fall helpless and limp, and as the result of the paralysis there will be loss of motion and sensation in them.

Do not attempt to move him from the place in which he is without great care, and best under medical supervision.   Place him flat upon his back, with the head raised, and loosen everything about the neck. Apply cold or ice to the head, and act upon the bowels by means of a purgative, or by an enema if he be unable to swallow.   The feather part of a quill pen dipped in croton oil, so as to take up only one drop, and wiped across the back of the tongue is the best way of giving an aperient in these cases.   Never give stimulants, even allowing the patient could swallow them ; such a proceeding would accelerate the heart's action and cause a greater outflow of blood on the surface of the brain.

In epilepsy the fit is sometimes preceded by a sharp sudden cry, but which is not continuous, as in hysteria.

Patients are subject to fits of this character, and, knowing when they are coming on, place themselves in a position of safety.   Other times taken unawares they may fall, and in so doing injure themselves severely.

The convulsions are more marked than in apoplexy, and so violent at times that the tongue being jerked out of the mouth may be bitten by the sudden closure of the jaw, and as a consequence blood will then be mixed with the foam about the mouth. The eyes are staring or squinting, with the pupils equal in size, but which do not act under the influence of light. Insensibility is complete, and after the fit the patient falls into a heavy sleep.

Amongst soldiers the fits are often brought on by gorging the stomach with beer, and an emetic in these cases would be the best treatment.

The most important thing to do during the fit is to prevent the patient injuring himself, to put a piece of wood or a pad of linen between the teeth, get him into the fresh air, and loosen everything about the neck.

Be on your guard, however, about being imposed upon ; for at one time there was a man going about London shamming epileptic fits, with the object of obtaining money from sympathetic onlookers. It is related of one, where the crowd had kindly placed some straw on the ground for fear of the man injuring himself, that a doctor came up, and, fancying the man was shamming, said, in his hearing, that one of the chief signs of an epileptic fit was, that at a certain stage the patient would turn on his left side and scratch his right ear. The man, of course, wishing to do the thing properly, carried out this suggestion, which, I need hardly tell you, is not a symptom of epilepsy. So the doctor quietly set fire to the straw on which the man was lying, and he very speedily recovered and ran away.

Shamming epileptic fits was at one time more frequently met with in the army and navy, when men were desirous of getting invalided from either service.

Putting gin or snuff into the eyes, or pressing the thumbnail with force under that of the patient—an experiment productive of excruciating and harmless pain—were means adopted for the detection of impostors.

There are three other diseases to which the name of "fit" is given, although not necessarily accompanied by convulsions. I allude to fainting, hysterical, and ague fits.

Fainting fits occur from weakness or mental shock..
The patient first of all experiences flushes of heat
and cold, then a feeling of giddiness. The face be-
comes pale, the lips livid, and the pulse and respiration
almost imperceptible. The patient finally becomes.
insensible, or in other words faints, and is to all ap-
pearance dead. The very worst case of this kind I
ever saw was in a young man, who had come out of the-
water at a swimming bath, and was sitting propped up-
in his dressing-box, and nobody had had the wisdom.
to lay him down on the ground.

The cause of the loss of consciousness is due to a.
deficiency of blood in the brain, and this is rectified by
laying the patient flat upon his back on the floor and:
elevating his legs *slightly*. I say slightly advisedly,
because I know of one instance where a candidate-
made the patient almost stand upon his head, by
elevating his legs so much.

In the seats of a theatre, or in a pew at church,
where it is impossible to lay the patient down, or
to get him out into the fresh air immediately, the-
same effect may be produced by placing your hand at
the back of the patient's head and pressing it down-
wards between his knees. This will cause the blood to-
flow to the head, as you know when stooping for some-
little time, as in fastening your boots.

Stimulants such as sal volatile, tea, coffee, or wine-
are perfectly justifiable in these cases ; and if the-
patient is unconscious, moisten the lips with your finger
dipped previously in brandy.

When there is, as in some patients weakened by long-
suffering, a deficiency of blood in the body, what blood
there is present should be kept for the use of the brain
and heart, and consequently if flannel roller bandages.
are applied to the limbs to expel some of the super-
fluous blood in them, it will allow of a larger supply
being available for those parts which most need it.

Hysterical fits are much more common, and they are-
of all fits those you are most likely to meet with. They

partake somewhat more of the character of a fit, as the legs and arms are often thrown wildly about, with beating of the breast.

They almost invariably occur in females and in convenient situations, with the object of getting up a scene. The face is flushed, and the veins of the neck distended. Insensibility is apparent, but not real. The eyelids are closed, with occasional furtive glances. Raise one eyelid and touch the eye with your finger and the patient will flinch, showing there is no loss of sensibility.

A very frequent and sure sign of hysteria is loud and continuous screaming, or alternate crying and laughing.

Throw a bucketful of cold water over the face and neck, sufficient to make the patient very uncomfortable, and the rapidity of the return to convalescence is very remarkable. We always find with a patient in hospital, that if they ever do have an hysterical fit, they never have a second, which says much for the efficacy of the above treatment.

An ague fit is a very unlikely one for you to meet with, and I should not have mentioned it had I not seen such a case a short time ago in Oxford Street. A crowd had collected round a man, and on going up to the policeman in charge, he told me he had " diagnosed the man was not drunk." The policeman happened to be a pupil of a former ambulance class held at Albany Street station. The patient was cold and shaking with the effects of a shivering fit, but not convulsed. He was perfectly sensible, and when asked, told me that he was subject to ague.

A quinine pill from a neighbouring chemist, wrapping the patient up warmly, and sending him home in a cab, are the best remedies to adopt.

3. Narcotic poisoning, whether by opium, morphia, or hydrate of chloral, I shall have to speak of later on under the head of poisons.

The chief signs are a contracted state of both pupils,

and a lethargic condition going on to one of complete stupor.

4. Intoxication I need hardly describe to you. The odour of the liquor in the breath is the chief symptom to go by, and hence the liability to be mistaken, for it is quite possible for a person to have been drinking and to be immediately afterwards seized with an epileptic or other form of fit. Therefore be very careful before coming to a conclusion that it is only a case of intoxication.

The temperature of the body in intoxication is some two or three degrees lower than it should be, and this is a distinguishing sign between it and apoplexy, in which the temperature is above normal ($98 \cdot 4°$ Fah.).

The insensibility of drunkenness may merge from jovial stupidity on the one hand to complete helplessness and stupor on the other. The pupils of the eye are of equal size, largely dilated, and act under the influence of light. The breathing is slow but not stertorous. Skin cold and clammy.

Vomiting in these cases always assists a return to consciousness, and therefore emetics should be given. Nature frequently effects a cure for herself by means of vomiting, just as in the taking to excess of any poisonous material, therefore keep the head turned to one side in case of such happening. This is very important because with the patient lying flat upon his back in an insensible condition, should he vomit, the vomited matter might clog up the upper part of the larynx and cause suffocation. But if the head is placed on one side, the vomit will be able to run away from the corner of the mouth.

Intoxication is virtually a case of poisoning, and the same treatment by emetics (salt or mustard and water) or the stomach pump is applicable.

Apply friction to the surface of the skin, and wrap the patient up in warm blankets, as a drunken person is very susceptible to cold.

In some cases the galvanic battery has to be used,

78   FIRST AID.

whilst in others nothing will prevent their having a fatal termination.

5. In cases of insensibility from advanced kidney disease, the symptoms are even more obscure; but the chances of your meeting with one of these cases are very small.

The kidneys through disease fail to perform their proper functions, and consequently the urea gets carried into the circulation of the blood, and uræmic poisoning is the result.

The person is generally advanced in years, and bloated in appearance. The breath has the characteristic smell of urine, and there are present signs of dropsy, such as swelling and puffiness of the limbs. Removal to the nearest hospital as speedily as possible is the best thing to be done in these cases, or otherwise wrap the patient up in warm blankets, apply ice to the head, and give purgatives, and a hot air bath.

6. Insensibility from shock I have already described when speaking of collapse from injury.

Upon finding a person insensible, first of all feel the pulse to see if the heart still beats, and observe whether respiration continues. If both are present, notice if the former is strong or weak, and whether the latter is sighing, natural, or snoring.

Next examine the head, and search for any swelling or open wound, and if the latter is present, place the tip of the finger in it, and feel if the skull is fractured or not. Examine the ears and nostrils to see if any blood or other fluid is coming away from them, which would point to a fracture of the base of the skull.

Examine the pupils of the eyes to see if they are contracted, dilated, or unequal in size, and also whether they get smaller on raising either eyelid, that is, act under the stimulus of light. A policeman finding an insensible person at night time should make use of his lantern for this purpose.

Note the state of the mouth, whether froth or blood

is present anywhere about it, and notice whether the patient has vomited or not.

Smell and note the character of the odour of the breath or vomit. Compare the two sides of the body, whether both move, or whether one lies helpless and motionless.

Lay the patient flat upon his back with his head turned to one side, loosen everything about the neck and chest, and prevent the crowd from closing in around him.

Abstain, and prevent others, from giving brandy or other stimulant until you know the cause of the insensibility, and then act according to those directions that have been given you under the respective headings.

Bites of rabid animals are greatly to be feared on account of subsequent hydrophobia. This disease is usually seen in dogs, but it may also occur in cats, the male sex being more liable to it than the female.

The almost invariably fatal character of the disease, when once developed—and it may appear from six weeks to many months after the injury—necessitates that all bites from animals should be treated with precautionary measures. Less fear need be felt when the bite is through the clothing, as then the poison may be wiped off by the clothes.

The treatment of these cases is identical with that which should be adopted in snake bites, which are occasionally met with; some fatal cases having occurred at the Zoological Gardens amongst the keepers of the snake house.

The chief points in the treatment are, to prevent the entry of the poison into the system, and if this has already taken place, to counteract the depressing influence which results. You can, if you like, emulate the historic example set you by the wife of King Edward I., who is said to have saved the life of her husband by sucking the poison out of his wound. This, of course, may be very praiseworthy towards one to whom you are deeply attached, but not altogether

80 FIRST AID.

agreeable towards a comparative stranger. Care also must be taken that you have no sore or crack on your own lips or tongue.

The entry of the poison into the system (by the veins conveying the poisoned blood to the heart) should be prevented by tying a handkerchief tightly around the limb between the bite and the heart, to prevent the return of blood to that organ. The wound should be well washed with water and then scarified with a knife, cauterized, or well rubbed with caustic. Youatt, in his very excellent book on the dog, states that he has repeatedly inoculated himself with the poison from mad dogs, and immediately cauterizing the wound, had no subsequent ill effects. This is, I consider, conclusive evidence of the efficacy of the treatment.

To counteract the extreme prostration which ensues, the free use of stimulants, such as brandy and water or ammonia, should be resorted to.

Stings of insects are trivial, but at times extremely painful. The sting of a wasp or bee may be extracted by pressure, using the hole of a key for the purpose.

In gnat and mosquito bites the suffering may be materially lessened by the application of sal volatile.

Having been once very severely stung about the face and head by bees, I can strongly recommend the application of a thick coating of honey (vaseline will do equally well) over the whole of the bitten surface, which immediately relieves the pain. Those persons who keep bees know that the chief thing to do is to exclude the air, and mould mixed with water is always ready to hand for immediate application. Collodion or flour may also be used, or, as in Shakespeare :—

"Fetch some flax and whites of egg, to apply to his face."

The immediate treatment of the apparently drowned, or otherwise suffocated, is a subject of very great importance. So many spend their leisure hours upon the water, either in rowing, sailing, or skating, beside those who have their business upon the water, that accidents in this element are remarkably frequent.

To these occasioning causes must be added accidents occurring whilst bathing, and those cases of suffocation arising from noxious gases ; for instance, chloroform, charcoal fumes, &c.

Suffocation by coal damp, or any other noxious gas, is to be treated by removing the patient into the fresh air as soon as possible, loosening everything about the neck, dash cold water in the face, flick the chest sharply over the region of the heart with the wetted corner of a towel, and commence artificial respiration (which is presently to be described) at once.

Hanging may cause death in two ways, either by dislocation of the spine and rupture of the spinal cord, as I described to you at the end of my first lecture, or by producing suffocation with a certain amount of apoplexy.

Remember, the first thing is to promptly cut the body down. Many, and even sometimes policemen, go away and leave it, under the mistaken idea that the body must not be touched until seen by the coroner.

Remove all constriction about the neck and chest, throw open the window, that the patient may get plenty of air, and endeavour to restore respiration by artificial means.

Choking, or the lodgment of foreign bodies in the throat, such as a coin or a lump of meat, may produce asphyxia, or fear of suffocation from the impediment offered to free respiration. It must be borne in mind that a foreign body on its entrance into the trachea, falls, if sufficiently small, into the right bronchus, because that happens to be larger than the left (Fig. 4).

The patient becomes suddenly blue in the face, coughs violently accompanied by retching, eyes staring and general restlessness, terminating, if not relieved, in unconsciousness. Slap the child suddenly and sharply upon the back, and in this way the foreign body may

G

82

FIRST AID.

become dislodged; or pass the forefinger well to the back of the throat, and, if possible, hook up the obstruction; the very fact of pushing the finger down the throat will cause the child to vomit, and the foreign body may be removed by this means. This failing, send at once for surgical help, as probably tracheotomy or the opening of the windpipe in the middle line of the throat will have to be performed.

If the coin, or foreign body, has passed into the stomach, you are not to administer purgatives, but on the contrary to give things likely to confine the bowels so that the foreign body may not lodge anywhere in the coils of the intestines, but be passed " en masse."

In cases of drowning the time that a body can remain in the water, and subsequent artificial respiration prove of use, varies. If the patient, on immersion, struggles, and draws at every inspiration water and air into the lungs, the two are churned up into a froth, and the chances of bringing the patient to life again are diminished; but if on the other hand the patient becomes insensible from fright or shock at the time of falling into the water, the opening into the lungs is closed, no water is drawn in, and the chances of bringing the patient to life are much greater.

In suffocation from noxious gases (coal gas, chloroform, or ether) the chances of success are even still greater, as the temperature of the body has not been lowered by immersion in water, in addition to there being no fluid in the lungs.

Persons who fall into the Docks, so some of my ambulance pupils there told me, seldom recover; and this, they think—and very probably correctly so—to be due to the water being impregnated with copper from off the bottoms of the ships.

At all events, in all cases persevere with artificial respiration for one or two hours, or until a medical man tells you it is no longer of any avail.

In removing a body from the water, allow the head to be on a slightly lower level, so that the water in the

AMBULANCE LECTURES. 8₃

lungs may drain away from the mouth; and it is to effect the same object that, previous to artificial respiration being performed, the coat and waistcoat of the patient are taken off, rolled up, and put under the lower part of the chest, so that the water in the lungs may gravitate to the mouth, and with the head on one side, it can easily run away from the corner of the mouth.

Send off at once for medical help, warm dry clothing, and hot bricks, or hot-water bottles (any wine bottle, filled with hot water, will answer this purpose), whilst you yourself immediately commence artificial respiration

The damp clothes should be removed, and dry ones substituted; and the hot-water bottles or bricks, wrapped round with flannel, should be placed close to the limbs and trunk. Be careful these are not too hot, as I have known them applied so warm as to cause the superficial skin to come off.

Prevent persons crowding round the patient, undo the braces or stays, and loosen everything about the neck, chest, and abdomen, so that when you perform artificial respiration the air can enter freely into the lungs.

Clear the mouth and the back of the throat of all weed, dirt, etc., and the tongue (being paralyzed, and likely to drop back, and prevent the air passing into the lungs) must be drawn forwards, and held out of the mouth by the fingers, covered with a pocket handkerchief. The reason for holding the tongue with the fingers protected in this way is not on account of delicacy, but the saliva makes the tongue so slippery that it will easily slip from your grasp; and as it is difficult to catch hold of, when once held, it does not do to let it slip.

An india-rubber letter-band might be used to keep the tongue forward, passing it over the tongue and under the lower jaw; but ten chances to one if you happen to have it in your pocket at the time you want it—and the previous method is the better.

84　　　　　　　　　FIRST AID.

Artificial respiration, performed thirteen to fifteen times in the minute, is to imitate natural respiration ; the ordinary processes of expiration and inspiration taking place with the same frequency.

There are two methods of carrying this out, known by the names of Dr. Marshall Hall's, and Dr. Silvester's. There is something to be said in favour of both, and the former is sometimes tried first of all, and followed up by the latter.

In Dr. Marshall Hall's plan, the dependent position of the mouth is greatly in favour of any fluid in the lungs running away, but to perform this mode of artificial respiration properly requires three people ; whereas Dr. Silvester's method can be performed by one person, and is much easier and safer.

In Dr. Marshall Hall's plan the patient is laid upon his face, with one arm flexed and placed as a cushion for his forehead to rest upon, and his chest supported by folded articles of clothing. The opposite arm is then taken by the wrist by one hand, whilst the other hand rests on the patient's shoulder-blade of the same side. The body is then turned on its side, and a little beyond, and the arm which is being held by the wrist elevated above the head : by this means inspiration is effected. The body is then turned back on to its face, whilst pressure is made with the hand resting on the thorax sufficiently to drive the air out again, and expiration simulated. Two assistants, one taking the head and the other the lower extremities, follow the operator in his movements when turning the body backwards and forwards.

In Dr. Silvester's method the patient is put flat upon his back with some articles of clothing placed under the shoulder blades, so as to elevate the thorax and assist in the gravitation of any fluid in the lungs towards the mouth ; and then with the head placed on one side the fluid is able to run away out of the corner of the mouth. The operator goes to the head of the patient, and kneeling down, grasps the arms just above

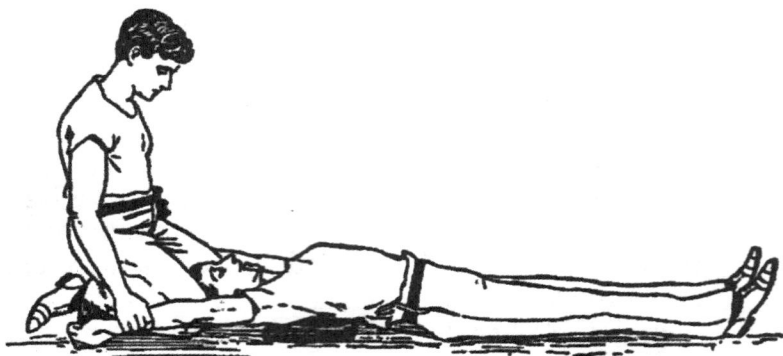

Fig. 22.

Fig. 23.

86　　　　　FIRST AID.

helpless condition, would flap wildly about when arti-
ficial respiration was being performed.

Expiration may be assisted during the performance
of artificial respiration by applying ammonia, burnt
feathers, or snuff to the nostrils; also by rubbing the
chest and face briskly, and by dashing hot and cold
water alternately on them. If a warm bath is pro-
curable, the patient may be placed in it whilst artificial
respiration is being carried on, as this supplies all the
requirements of warm external applications; but it had
better only be done under medical supervision.

When breathing begins to recommence, which it
does by a few deep sighs—and a more pleasing sight to
those who have been employed it is impossible to con-
ceive—the patients' limbs and trunk may be rubbed, to
produce as much warmth in them as possible.

The rubbing of the limbs should be upwards, so as
to assist in the return of the venous blood to the heart;
and the friction should be applied with a worsted glove
or a piece of flannel, but not with the rough hand on
the bare skin, for fear of chafing it.

When the patient is sensible and can swallow—and
not before, for fear of adding still more to the fluid in
the lungs—some warm tea, coffee, or brandy and
water may be given.

The patient, wrapped in flannel, should then be put
to bed, and a mustard plaster applied to his chest.

Burns and scalds are amongst the commonest of
accidents. The upsetting of boiling water or fat, the
bursting of boilers, and the results of poor children
drinking from kettles boiling upon the hob, are all of
daily occurrence.

Some excellent hints of " what to do when the
dress catches fire " were given by Professor John
Marshall, and are as follows :—

" A girl or woman who meets with this accident
should immediately lie down on the floor, and, so,
any one who goes to her assistance should instantly,
if she be erect, make her lie down, or if needful,

throw her down into a horizontal position, and keep her in it. Sparks fly upward, and flames ascend. Ignition from below mounts with fearful rapidity; and as a result well-known to experts, the fatality or disfigurement in these lamentable cases is due to the burns inflicted about the body, neck, face, and head, and not to injuries of the lower limbs. Now, the very moment that the person whose clothes are on fire is in a horizontal position on a flat surface, the flames still ascend, but only into the air, and not encircling their victim. Time is thus gained for further action, and in such a crisis in a fight against fire, a few seconds are precious, nay priceless. Once in the prone position, the person afflicted may crawl to a bell-pull or to a door, so as to clutch at the one or open the other to obtain help. The draught from an open door into the room would serve to blow the flames, if any, away from the body; or, again, still crawling, the sufferer may be able to secure a rug or table cover, or other article at hand, to smother any remaining flames. I say remaining flames, for as soon as the horizontal position is assumed they have no longer much to feed upon, and may either go out, as the phrase is, or may be accidentally or intentionally extinguished as the person rolls or moves upon the floor. In any case, not only is time gained, but the injury inflicted is minimised. In the event of the conditions not being those of self-help, but of assistance from another, if it be a man who comes to the rescue, having first and instantly thrown the girl or woman down, it is easy to take off his coat and so stifle the diminished flames with this or some other suitable covering, the flames playing now upward from the lower limbs or lower part of the body of the prostrate fellow creature. If it be a woman who rushes to give aid, this last-mentioned condition suggests that the safer mode of rendering it is to approach the sufferer by the head, and fling something thence over the lower part of the body, for fear of setting fire to herself.

88   FIRST AID.

"If, in these fearful accidents, the horizontal position be assumed or enforced there would be, in short, comparative immunity and limited injury. If not, what must happen? The fire will mount; the flames (and it is these which do the injury) will envelop the body, inside and outside the clothes, and will reach the neck and head, and then, indeed, they may be smothered by a coat or wrapper or rug, while the victim is frightfully disfigured or is doomed to perish.

"For many years I have urged these views while lecturing on injuries from burns; and once I had an occasion to illustrate them practically, though in a comparatively trivial accident. Some dressings of a very inflammable character caught fire at the bedside of a patient in one of my surgical wards; they were promptly seized by a student, who threw them into the middle of the ward, and endeavoured to stamp out the flaming material. But this containing paraffin and resin adhered to his boots, and his legs as he danced about were getting uncomfortably hot. To his astonishment, and to the undoubted surprise of everyone in sight, I caught him by the collar of his coat and tripped up his legs. Instantly the flames became harmless, and were extinguished by a nurse throwing a jug of water on them.

"I have often thought on the approach of the winter season, there should be at every school, whether board, voluntary, or private, whether for girls or boys, an address, if not an actual demonstration by means of suitable models, pointing out what should be done in these special calamities. If two upright models were prepared alike, and simultaneously set on fire, one being thrown down after two seconds, and one after thirty seconds, or at any other two different times, the memories of children would receive a lasting, and it might be a serviceable impression."

I now always adopt, when lecturing to ladies' classes, an excellent object lesson, and have two wax dolls dressed in muslin or other inflammable material, one of which is placed lying down, the other standing up, and the faces of the two dolls show well, after the dresses have been set fire to, the results which would occur to themselves under corresponding circumstances.

Scalds differ from burns only in intensity; the former consisting usually only of a reddening of the skin, with the formation of blisters, whilst the latter varies from a simple reddening of the skin to a blackened charred mass. Scalds, however, occasioned by hot fat or oil, on account of their adhering more closely to the skin than water, are always more severe.

There are six degrees of burns. 1st, simple reddening of the skin; 2nd, with formation of blisters; 3rd, destruction of cuticle; 4th, destruction of the entire skin, with formation of sloughs; 5th, sloughs involve muscle and deeper structures; 6th, the whole thickness of the limb is destroyed.

According to the severity of the burn or scald, so will you have a greater or less amount of shock.

The amount of shock does not, as you would suppose, depend upon the depth of the injury, as a man may have his entire foot charred and burnt off and not suffer so much shock as the man who has simple reddening of the whole surface of the chest and face.

But the greater extent of surface implicated the greater amount of shock; and this is to be treated by the directions I previously gave you under that heading.

As regards the treatment of the burnt surface: Remove very carefully the clothing—not dragging it off, but removing it piecemeal, and, if necessary, sacrificing it. Have ready to apply directly any portion is uncovered a mixture of olive oil and whiting or carron oil (which is a mixture of equal parts of linseed oil and lime water) upon strips of rag; and subsequently cover the oil dressings with a thick layer of cotton wool,

90　　　　　　　　**FIRST AID.**

with the object of excluding the air as much as possible, keeping the dressings in place with a triangular bandage.

If the burn is in the neighbourhood of a joint a splint should be put on, with the limb in an extended position, to prevent contracting scars, which would limit subsequent movement. When several fingers are flayed each finger should be bound up separately, for they may subsequently adhere together and your patient be web-handed.

Remember, if the accident occur in the kitchen, where they most frequently do, the presence of the flour in the dredger on the matelpiece, which, with the oil or hot fat already on the wound, will make an excellent paste for excluding the air, without running about to get further applications.

In scalds of the mouth get medical aid as soon as you possibly can, as these cases may speedily terminate fatally, from obstruction to the breathing. Oil or milk given to the child to hold in the mouth, and hot sponges applied externally to the throat, will greatly relieve the pain until a doctor arrives.

Blisters, whether arising from burns or from rowing, etc., should be pricked, the fluid allowed to escape, and the raised cuticle bound again in position. If blisters are not pricked, more fluid may be secreted into the blisters after the dressings are applied, and the dressings become unpleasantly tight. I have known them to have to be removed, and in consequence entail much unnecessary pain to the patient.

If the blister arise from injury, such as after rowing, the cuticle after being pricked should be kept in position by means of sticking plaster.

If the burn has been inflicted by oil of vitrol, or any caustic acid or alkali, wash the part first thoroughly with cold water, and remember that acids and alkalies are opposed to one another. So that in the case of acids mix soda or lime with the water, and for alkalies use vinegar and water; subsequently dressing the burn in the manner previously indicated.

Sunstroke occurs from undue exposure to heat in persons fatigued in any way, such as soldiers heavily accoutred on the march.

The symptoms comprise a feeling of sickness, intense thirst, giddiness, dryness of the skin, a quick pulse, and finally insensibility.

Remove the patient to some shady place, undo all tight clothing about the neck and chest. Keep the patient lying down with the head well raised, and apply cold to the head, and refrain from giving stimulants.

Frostbite, on the other hand, occurs from exposure to intense cold. The part becomes frozen and its vitality reduced to a low degree, assuming a bluish tint. This, if not remedied, becomes intensified, and the part finally dies. Constitutionally, intense cold produces a feeling of heaviness and stupor, with great disposition to sleep, which, if yielded to, terminates in coma and death. In the way of treatment bring about reaction gradually by rubbing with snow, place the patient in a cold room without a fire and administer a small quantity of brandy and water. If insensible use friction with flannel, and adopt artificial respiration.

Poisons are substances which, if taken in excessive quantity, are capable of causing death.

They are of different kinds, and to know the treatment to be adopted and the antidote to be employed it is necessary to ascertain what the poison is that has been taken. Therefore be careful to save any remains that may be present in the cup or bottle, which, by its appearance or smell, may be able to give some clue as to its composition; and save also any vomit, should such a favourable result as vomiting have taken place.

Poisons may be taken accidentally or intentionally. When accidentally they are usually occasioned by mistaking an external application for some internal medicine, or from eating some poisonous vegetable.

It would not be out of place here if I gave you a caution never to have medicine bottles or chests in

92   FIRST AID.

your bedroom.   You may get out of bed in the middle
of the night, and in the hurry of the moment take the
contents of one bottle instead of that of another, with
very serious results.   If you had to go downstairs to
get the medicine you would probably not go for it at
all, and be just as well without it.

Poisons when taken intentionally are generally those
productive of the least suffering, although fashion,
which influences all things, affects also the choice of
poisons, with the above reservation; and, therefore,
narcotics, being the least painful, are the favourite ones
to persons suicidally inclined.   Poisons are divided
into three classes—narcotics, narcotico-irritants, and
irritants.

Narcotics are opium, morphia, ether, chloroform, and
hydrate of chloral.

Narcotico-irritants, a class intermediate between the
other two, comprise strychnine, turpentine, poisonous
mushrooms, and belladonna.

Irritant poisons include the mineral acids—carbolic
acid, calomel, antimony, phosphorous rat poison, and
arsenic.

The symptoms of narcotic poisoning are drowsiness
going on to stupor and complete insensibility, with
death.   The patient, heavy with sleep and desirous of
giving way to it, is roused with difficulty and pain, and
the pupils of the eye are contracted to a pin's point.

An emetic should be given immediately, and a doctor
sent for to bring a stomach pump.   The patient must
be kept continually moving about; throw cold water
in his face, administer strong coffee, apply the galvanic
battery, and adopt every means in your power of keep-
ing him awake.   If insensibility becomes more marked,
artificial respiration must be adopted.

Some persons defeat their suicidal intent by taking
too large a quantity of the poison—the excess occasion-
ing the vomiting of the whole.   Such a result is most
desirable, and vomiting should be assisted by every
means in your power.   Mustard and tepid water, salt

AMBULANCE LECTURES.　　　93

and water, or tickling the back of the throat with
the finger or a feather will all assist in attaining this
object.

Sulphate of zinc in 20 to 30 grain doses, or a couple
of table-spoonfuls of ipecacuanha wine in water, are the
emetics usually administered by surgeons.

Irritant poisons produce intense inflammation of
the mucous membrane lining the mouth, throat, or
stomach, and in some cases completely destroy the
tissues with which they come in contact.

They produce pain and cramps in the stomach,
with purging and great nervous depression.　Olive or
castor oil, milk or raw eggs, should be administered
in these cases, to protect the gullet and walls of the
stomach.

If the patient has swallowed some mineral acid or
caustic alkali remember that acids and alkalies form
antidotes to each other.　Therefore bear in mind that
in poisoning by acids you give alkalies, such as soda,
potash, magnesia, or even the plaster or scrapings from
the ceiling, diluted with water; whilst in poisoning by
alkalies you give acids, such as vinegar, orange, lemon,
or lime-juice and water.

I think it well to append a list of poisons with their
antidotes, but the sooner you get medical help and the
stomach-pump used the better.

POISONS.	ANTIDOTES.
Alcohol	Emetics; warmth to the surface of the body; a dessert-spoonful of vinegar in water.
Alkalies (caustic potash, soda or lime).	Acids, vinegar and water; lime or orange juice; emetics; salad oil.
Antimony (butter of antimony and tartar emetic).	Tea; tannic acid. Encourage vomiting.
Arsenic.	Charcoal; milk; raw eggs; castor or salad oil; emetics.
Lead, salts of (sugar of lead, paint).	Emetics; Epsom salts.

94　　　　　　　　FIRST AID.

[handwritten left margin] for Oxalic acid, must not give potash or soda

POISONS.	ANTIDOTES.
Mercurial salts (corrosive sub-limate, calomel).	White of egg; milk; encourage vomiting.
Mineral acids :—sulphuric, nitric, or hydrochloric (oil of vitriol, aqua fortis, spirit of salt).	Magnesia, chalk, wall-plaster, soda or potash. Encourage vomiting.
Mushrooms.	Emetic of common salt; castor oil; milk; hot bottles to extremities.
Narcotics (opium, morphia, hydrate of chloral).	Emetics; charcoal; strong coffee; cold douches; exercise in fresh air.
Nitrate of silver.	Common salt and water.
Phosphorus (rat poison).	Magnesia in water. Encourage vomiting by large draughts of hot water. Avoid oils.
Prussic acid.	Cold douche; artificial respiration; brandy and ammonia.
Strychnia.	Emetics; brandy and ammonia; artificial respiration; and hot bottles to stomach and extremities.

[handwritten right margin] Barly wati

In poisoning by irritants never attempt to pass a stomach-pump. The mouth and gullet in these cases being already much inflamed, by the action of the irritant, would be much more injured by any such attempt. In fact, my advice to you is, never on any account to attempt to pass a stomach-pump yourself.

I know it is suggested in some books that you should get the patient to swallow a yard of flexible indiarubber tubing, and then to raise the free end and pour, by means of a funnel, about a pint of lukewarm water into the stomach; and then, by lowering the end, allow the water to run out again like a syphon. This is to be done several times, and the stomach thoroughly washed out.

Well, this is all very pretty in theory, but quite a different thing in practice. If you think it is an easy matter, try and swallow a yard of indiarubber tubing yourself. I have had to pass a stomach-pump a good many times, and I can tell you it is not such an easy matter as you may think, especially if the patient offers any resistance and a gag has to be put into the mouth to keep it open. And yet it is suggested that you should use a flexible tube, when the tube of an ordinary stomach-pump is almost a stiff one. I am quite sure of this, that you would have very great difficulty in getting it into the stomach, if you ever got it there at all; and, more likely than not, after you had passed it a certain distance it would turn upon itself, and the end come back and look you in the face at your stupidity for supposing you could do anything of the kind.

96   FIRST AID.

CHAPTER V.

The improvised methods of lifting and carrying the sick or injured. Methods of lifting and carrying the sick or injured on stretchers. Carrying upstairs. The conveyance of the injured by rail or in country carts.

AFTER the patient has received the proper treatment applicable as first aid, it becomes necessary for you to remove the patient yourself or to superintend his removal to his home, the hospital, or the nearest surgeon to receive proper surgical treatment, and relieve yourself of all responsibility.

The different methods of lifting and carrying the sick or injured vary according to the number of persons available for the purpose.

Firstly, when only one person is available.

(1.) A very young child (sensible or insensible) can be easily carried in an extended position by the bearer placing one of his arms under the child's shoulder-blades and the other arm below the buttocks. With people of larger growth this is, of course, impossible.

Instructions to firemen given by Captain Shaw show how two children can be carried down a ladder. Either by placing a child under each arm sufficiently high up above the elbow to be gripped by the upper arm, leaving both hands free; or, better still, by carrying one child under the left arm and another over the same shoulder, to be grasped by the left hand, thus leaving the right hand and arm perfectly free for use in descending.

(2). When the injury is to the foot or parts below the knee, the patient may, if of light weight, be conveyed pick-a-back, putting his arms around the neck of the bearer; but this would be impracticable if the

FIG. 24.

98　　　　　　　　　FIRST AID.

ing, and is the one adopted by firemen, to whom I am indebted for the following information, obtained when examining a very good ambulance class at the head-quarters at Southwark.

(4.) The insensible person is put flat on his face, with his arms extended in a line with his body. The bearer kneeling down at the head of the patient throws him up into a kneeling position. The bearer then places his right shoulder against the centre of the patient's body, whilst he places his right arm between the legs and around the right thigh ; at the same time he seizes the left wrist with his left hand, taking it around his own neck and under his left arm, passes it to the right hand, which grasps it by the wrist. The whole weight is then thrown upon the right shoulder, and the left arm is disengaged. This may be done in the reversed way, and the right arm left disengaged.

(5.) A slight modification of the above is some-times adopted as follows : The patient lying as before extended and flat upon his face is raised to a kneeling position by the bearer, who stands in front, putting one hand in each armpit. He then slips his hands and arms around the patient's waist and brings him into the erect posture with his head hanging over the bearer's shoulder. Then grasping either wrist, and passing it over his head to the opposite shoulder, he slips under the body and swings it over his shoulders, grasping the legs with the opposite hand.

(6.) Another method is to place the patient in a sitting posture, and to pass a soldier's belt, or any broad continuous strap, behind the thighs at the popli-teal space, and under the arms. The bearer then seats himself *dos à dos*, and passing the strap over his own forehead raises himself. The weight will then fall upon the shoulders and upper part of the back. The strap under the arms will prevent the patient falling through, as he will be somewhat wedge-shaped, the broader portion above, and the apex, formed by the

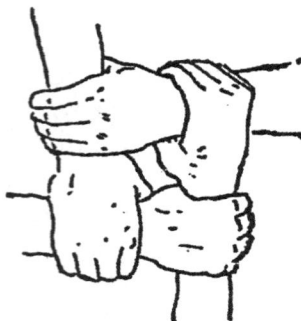

FIG. 25.

FIG 25.

100　　　　　　　FIRST AID.

described, with a back to it, may be made by the bearers locking opposite hands under the thighs, and placing their other two hands on each other's shoulders.

(6.) Two bearers may convey an insensible person by one (the stronger) of them lifting the upper half of the body by placing his arms under the armpits and locking his hands across the chest, whilst the other bearer goes between the patient's legs and turning his back to the first bearer lifts one leg of the patient under either arm; a third person should support the lower limb, if that is the part injured.

(7.) If the patient has to be carried in a more extended position the two bearers kneel down, one on either side of the patient, on their left knees only, and passing their hands underneath the patient lock them together. One pair of locked hands is placed below the shoulder-blades, and the other pair below the buttocks. The bearers then rise gradually to their feet, and move the patient by sideway paces, whilst the head is supported by a third person, and the legs by another. If only one other person is available then priority should be given to the head if the patient is insensible, or to the leg if that is the part of the body which is injured. This is the mode in which an injured person is placed upon a stretcher.

The reason for going down on one knee only is to prevent any oscillation of the patient when getting up again; because if kneeling upon both knees it is impossible to keep the patient steady when rising to the feet.

Then as to the manner the bearers should lock their hands; this is usually done wrongly. The bearer on one side should notice which way the other is going to pass his hands under the patient, so that he may pass his in exactly the reverse way. One passes his hands with the palms uppermost, whilst the other passes his with the palms downwards, keeping close to the body of the patient, so that the bearer at the one side may pass his hands beneath the hands of the bearer on the

FIG. 27.

FIG. 28.

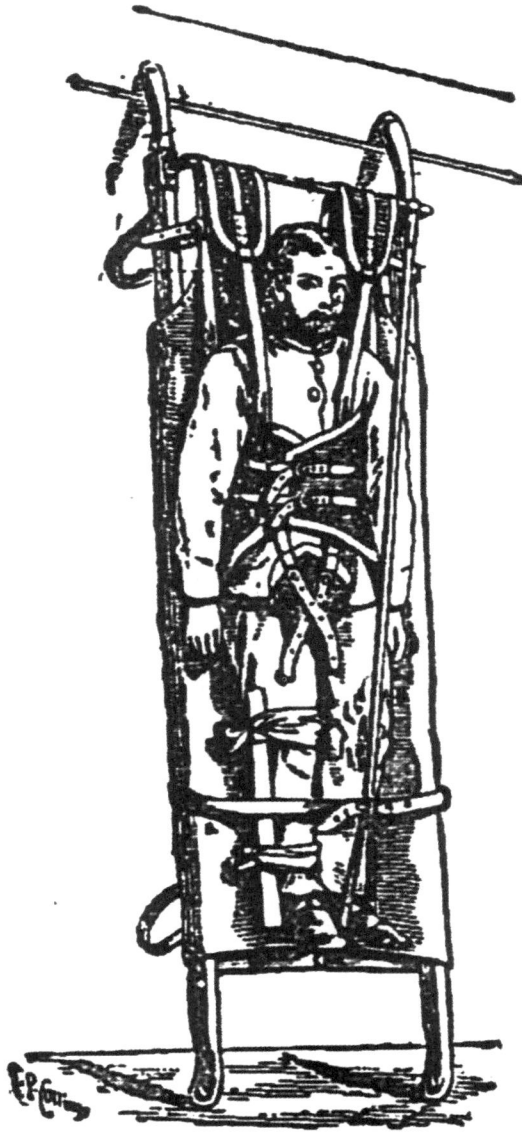

FIG. 29.

SHOWING IT OPEN.

FOLDED FOR TRANSPORT.

FIG. 30.

hole is made in each corner of the bottom, and the poles passed through the sack and out of the holes, the two mouths of the sacks being towards one another in the centre of the improvised stretcher.

A railway rug, or a blanket on which a person is lying, may be used as a stretcher by placing a pole or a rifle on either side of the patient, and rolling the sides of the rug around them. Two bearers on each side hold the poles with the rug on the stretch. The weight of the patient is more evenly diffused by the two bearers on each side placing their hands close together where the centre of each pole is being supported. When carrying a patient upstairs the patient should be conveyed head foremost, and another bearer should assist the one carrying the foot of the stretcher, so that the patient can be carried horizontally and not experience the fear of sliding off. The same applies when carrying a patient upstairs seated in a chair. The patient should go up backwards, and an extra bearer should follow and prevent the possibility of the patient falling forwards during the process.

The lifting of patients on to a stretcher, and carrying them thereon by words of command, is known by the name of "Stretcher Drill." These stretcher exercises have been drawn up by Mr. John Furley, and are purchasable at St. John's Gate, Clerkenwell. They are admirably compiled, and although not following quite the same lines as those supplied to the Army Hospital Corps, are, perhaps, better adapted for civil life.

When carrying a stretcher, two bearers are absolutely necessary—(if the stretcher is a door or hurdle, of course, then four will be required), and it is better if possible to have three, two (Nos. 1 and 2) to carry the patient, and one (No. 3) to support the injured limb when lifting the patient to and from the stretcher, to pay personal attention to the invalid whilst there, and to give orders or the words of command to the other two. When choice of bearers is possible, it is best to choose them of equal height, and then the adjusting of

724 孙文全集　第四册·杂著　译著　遗嘱　文告

shoulder-straps, or even shoulder-straps altogether, may be done away with. Otherwise the tallest and strongest should be No. 1, and take the head and shoulders of the patient, which is the heavier part of the body. The shoulder-straps may be used to carry off part of the weight and strain on the hands when the patient has to be carried some distance; but not with the idea of guarding against the fear of the bearers letting the patient drop. If a bearer accept the responsibility of moving a patient, he will know that he must exert all his energy to the task he has undertaken.

First of all, when No. 3 gives the word of command, " Place stretcher," No. 1 takes the head of the stretcher and No. 2 the foot, and places it in a line with the patient whenever it is possible to do so ; the foot of the stretcher being placed close to the head of the patient.

This necessitates that some considerable space is at your disposal, and, therefore, when this is not available the stretcher may be placed by the side of and parallel with the patient ; that side being chosen upon which the injured limb is situated.

When the stretcher is in a line with the patient, No. 3 gives the next word of command, " Fall in," and Nos. 1 and 2 place themselves on either side of the patient, No. 1 on the left and No. 2 on the right,* and at the word " Ready " raise him in the manner I previously described, kneeling on the left knee, and being particular to remember that the hands, or rather the wrists, are grasped in the way I told you, and not with the fingers interlocked. No. 3 attends to the injured limb, placing both hands beneath it, one on either side of the seat of fracture.

At the word " Lift " all three bearers rise to their

* I adopt the plan of making No. 2 go on the right hand side of the patient, and when on the " March " to step off with the right foot ; as it is the rule in gun practice for the even numbers to be on the right of the gun and the odd numbers on the left, and when teaching sailors, &c., this is of assistance to their memory.

106 FIRST AID.

feet, and at the word "March" take short side-paces till the patient's head is over the pillow of the stretcher; then "Halt," "Lower," and the patient is placed gently down. The order "Halt" is given when the head of the patient is directly over the pillow of the stretcher, and the bearers are not to lower till the order "Lower" is given.

When it is impossible to place the stretcher in a line with the patient, it is then placed by the side of and parallel with the patient, at the word of command "Place stretcher," which in the case of four bearers is given by No. 4. At the words "Fall in" Nos. 1, 2, and 3 take up their position on one side of the patient, at the head and neck, the middle of the body, and the legs respectively; No. 4 placing himself facing the other three, with the stretcher and patient side by side between them. At the order "Ready" Nos. 1, 2, and 3 kneel down and pass their arms beneath the patient, and at the next order "Lift" raise the patient sufficiently high that they can ease themselves by resting their right arms on their right knees, the one upon which they are not kneeling. No. 4 should grasp the far side of the stretcher with his right hand, and the side nearest to him with his left, as he places, not pushes it, under the patient when he gives the order "Lift." No. 4, seeing that the pillow of the stretcher is in a line with the head of the patient, gives the next order "Lower," when Nos. 1, 2, and 3, assisted by No. 4, carefully lower the patient down to the stretcher.

If only three bearers are available for carrying out this last method, Nos. 1, 2, and 3, after raising the patient at the order "Lift," execute the next order "Lower" by leaning forward, or shuffling forwards on their knees so as to bring the patient over the stretcher, there being no No. 4 present to place the stretcher for them. The words of command as in the first method are given by No. 3.

The patient having been placed on the stretcher by

one or other of these methods, at the next word of command, " Fall in," No. 1 bearer goes to the head of the stretcher and faces the head of the patient, whilst No. 2 goes to the foot of the stretcher and feet of the patient, with his back turned towards No. 1. At the words " Ready," " Lift," they stoop down and lift the stretcher. On the word " March " they start off, taking short paces about twenty inches in length, and in broken step, No. 1 starting off with his left foot, and No. 2 with his right. No. 3 walks on one side of the stretcher, viz., on that side upon which the patient is injured ; whilst No. 4 should he be present walks on the other side of the stretcher.

It is very important that the bearers do not keep step, so that the patient may be carried steadily, and not swung from side to side.

A good example of the effect which would be produced if the bearers were to keep step is seen in the mode of progression of a camel, whose legs on each side of its body advance together, and consequently give that rocking motion to this " ship of the desert."

An invalid should be conveyed by being as it were swung between the bearers by their arms ; whilst movements of progression are carried on, the hips must be kept perfectly steady—in fact, in a similar manner to that in which you see Italian image-men proceed when carrying statuettes upon a board poised upon their heads.

When the place of destination is reached, the words " Halt," " Lower " are given, and the stretcher is placed on the ground. Then at the words " Unload stretcher—Ready," the bearers kneel down, and at the word " Lift " the patient is lifted off the stretcher in a similar manner to that by which he was put on, then at the order " March " side paces are taken, so as to get the patient clear of the stretcher and over the bed, and finally at the words " Halt," " Lower," the patient is placed upon the bed where he is to remain.

A special stretcher exercise is given for use in mines

108   FIRST AID.

and narrow cuttings, where only two bearers can be employed. The bearers, with their faces turned towards that of the patient, stand over him with one foot on either side of his body, No. 1, as before, taking the upper part of the body and the greater weight; No. 2 the lower part. At the order "Ready," given by No. 1, they pass their arms beneath the injured man, and at the order "Lift and move forward" they raise him, and then by a series of forward movements lift him on to the top of the stretcher which has previously been put in a line with his head. If the patient is able he may greatly assist by passing his arms around the neck of No. 1.

A stretcher is never to be carried on the shoulders, for fear of the patient rolling off, and on account of his being out of reach of help by No. 3, if such should be required. When going up a hill with a laden stretcher the head of it should be in front, and when going down hill behind, in order that the patient's head should not be dependent. The only exception to this rule is in cases of a broken leg or thigh, where the weight of the patient pressing downwards upon the broken limb would increase the suffering.

It is well to avoid, if possible, crossing a ditch or a fence, but when necessary, No. 2, reaching the impediment first, places the front handles of the stretcher on the top of the fence whilst he jumps over. The stretcher is then taken across, and then resting the handles at the head of the stretcher on the top of the fence, to allow No. 1 to get over, the ordinary course can be resumed. However, if a No. 3 is present, he could relieve first one and then the other, but it is better that he confine himself to looking after the injured person.

In the case of a ditch, the stretcher is lowered about one pace from the edge, and Nos. 2 and 3 jumping into the ditch carry it forward assisted by No. 1, who remains at the head of the stretcher. The front handles having

Fig. 31.

Fig. 32.

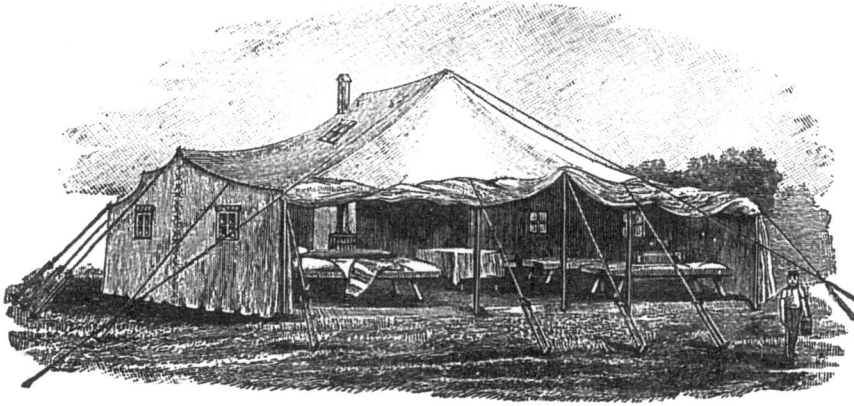

FIG. 33.

FIG. 34.

FIG 35.

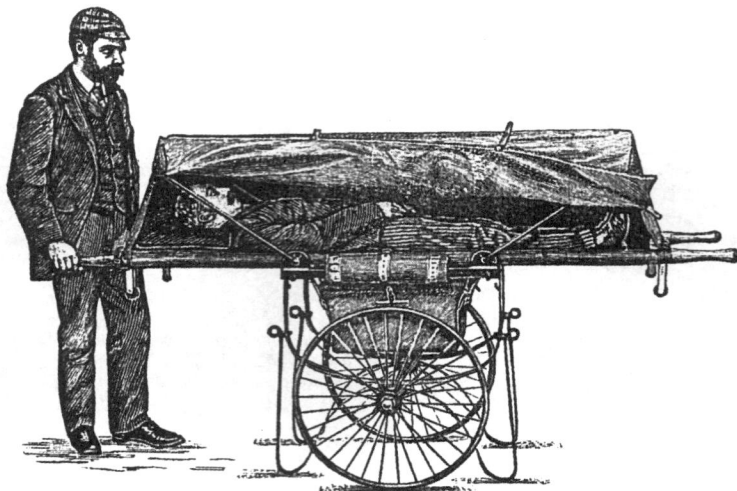

FIG. 36.

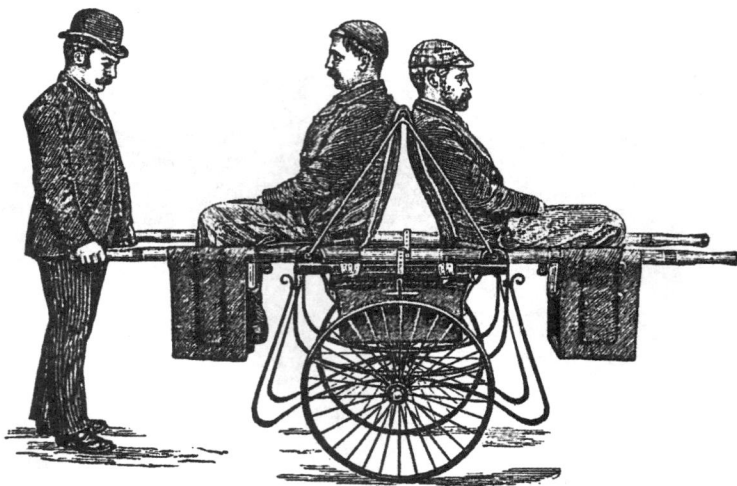

FIG. 37.

FIG. 38.

FIG. 39.

118　　　　　　　　FIRST AID.

Into some railway carriages it is impossible to get an ordinary sized stretcher. This may be obviated by slightly elevating one side of the stretcher. It is not a plan to be recommended, but when it is a hurdle or some large board I have found it to be sometimes absolutely necessary in order to get it into a luggage van.

There is here a great advantage in the "Furley stretcher," the ends of which are so made that the breadth of the stretcher can be lessened in passing through a doorway, and pushed back again into its place when inside the carriage. The handles are also made telescopic, which is another immense advantage in the confined space of a railway carriage.

When the stretcher is got into the carriage it is suspended at right angles to the line of carriages, and the ends of the stretcher are attached by ropes to the iron supports of the hat-rack on each side. The suspending ropes must not be taut, or too slack, as in the former they would transmit every movement to the stretcher, and if too slack any motion, once started, would cause the stretcher to oscillate like a swing.

If the stretcher is not to be slung, a second class carriage is the best, and then by means of two pieces of wood crossing from seat to seat, about a foot from each door, the stretcher, or even two stretchers, can be placed over each seat.

When the injured person is able to sit up, a first class carriage should be chosen, and one with arms to the seats for preference, and then placing boards across between opposite seats, and covering the same with cushions, a bed can be made, from which the patient will move but slightly from side to side by reason of the arms to the seats, and it will in addition be parallel with the line of carriages, which gives less oscillation than when lying at right angles to it.

When conveying an injured person in a country cart, a waggon with a tailboard to it should be chosen for the purpose. Some straw, furze, or bracken is

AMBULANCE LECTURES.

placed in the bottom of the cart if no stretcher is used, and the patient laid carefully upon it.

If a stretcher is to be slung in the waggon this can easily be done in the same way that a stretcher is suspended in a railway carriage, fastening it by ropes to the open sides of the cart. The front handles of the stretcher are first rested upon the tail of the cart, whilst No. 2 jumps up into the vehicle, to draw it into the body of the cart; to load or unload a waggon being identical with those directions already given for crossing a ditch or getting over a fence.

In a very serious accident, where many people are injured, a large furniture van forms an excellent ambulance waggon, as many can be placed along the floor, and the bottom of the waggon being but slightly elevated from the ground, allows of the patients being placed thereon with great ease, and with but little trouble to the sufferers.

120   FIRST AID.

LECTURE VI.   (*For Females only.*)

Surgical Nursing ; Preparation and choice of room ; the Bed ;
   how arranged ; Requisites for all emergencies treated of in
   the foregoing Lectures ; Temperature of room ; Reading the
   clinical thermometer ; Removing the Clothes ; Preparing
   the patient for bed ; Lifting into Bed ; Administering food,
   drink, medicine ; Making and applying poultices of bread,
   linseed, mustard ; Fomentations and Lotions ; Preparation
   for Surgeon.

IN this lecture I wish to give you a few hints on
Surgical Nursing ; but the subject of " Nursing," in
its entirety, will be fully gone into when you enter
upon the second or advanced course of lectures.
   The object now aimed at is to give you sufficient
information that you will be able to do ordinary
surgical dressing, with no idea of making you a
professional nurse.   This knowledge may be the
ground-work of your training to become a professional
nurse, but anyone thinking of adopting nursing as a
profession must remember that there is no work more
irksome, more trying, or more revolting than the
charge of the sick if the nurse has not that inborn love
of the work which is given but to few.   And even if
you have this, it does not follow that you have the
necessary mental and physical qualities to undertake
so arduous a task.
   Punctuality, order, and cleanliness are the main
principles to good nursing.   In surgical nursing the
latter is the most important of all, otherwise you have
in consequence of its neglect sloughing of wounds and
erysipelas.   Be accurate.   If you cannot trust to your
memory write down on a slate, or proper chart, the
several important points in the sick-room history of
your patient with which you think the doctor in attend-

ance should be made acquainted, and which you can show to him at his daily visit, such as amount of nourishment taken, hours of sleep, morning and evening temperature, action of bowels, etc.

The preparation of the room for a surgical patient does not require the same amount of care as when intended for a medical patient, the furnishing of bedrooms in the present day being, I am glad to say, towards the elimination of all superfluous furniture. As to the choice of room, his own bedroom, to which he is naturally accustomed, is undoubtedly the best place for him, as it does not subject him to strange surroundings. The room should be provided with a fireplace, for reasons which will be subsequently stated. It is well that the room should be easy of access, without long or tortuous passages, so that the stretcher on which the patient is carried can be got into the room without difficulty. See that all loose rugs, hall chairs, or any furniture in the passages leading to the room, which would be likely to be in the way of the bearers of the stretcher, are removed.

A sick-bed for an adult should not be too high or too broad—three feet six inches in width, two feet six inches in height, and six feet in length. It is thus better adapted for lifting the patient or changing the bed-linen ; and in children's cribs the sides should be made to let down for these same purposes. The bed should also stand out into the room, so that the patient can be attended to from either one side of the bed or the other. Iron bedsteads are best, and a hair mattress the best form of covering to the same.

In cases of fracture, it is best to place five or six deal boards, about a foot wide, under the mattress and across the bed, reaching from the head to the foot, so that no irregularities, but a plain, level surface is present, and the patient does not lie in a hollow. Each of these boards is perforated with some five or six holes to allow of ventilation to the under surface of the mattress. This is what is spoken of as a fracture bed.

wire mattress best for fractured femur

122　　　　　　　　　FIRST AID:

Over the mattress is placed the lower sheet; it is not necessary to have an under blanket, and when the patient is likely to be confined to bed for some time it is far better done away with. It generates heat, and by getting into rucks tends to produce bed-sores. A bolster should be used, and whether pillows will be required or not will depend upon the nature of the illness. The head should be placed low in cases of great debility and weakness, and high in injuries to the skull and brain, so as not to increase, but rather lessen the congestion.

Place the mattress and all the bed clothing before the fire to get them thoroughly well-aired previous to making the bed, which should be made up with a draw-sheet laid across its centre. A draw-sheet is an ordinary sheet folded into four thicknesses laid across the centre of the bed and reaching from the middle of the patient's back down to his knees, with the object of taking up any discharges which may come away from the patient, so that when in the least soiled it can be drawn away and a fresh portion of the same sheet substituted. A piece of waterproof sheeting should be placed beneath the draw-sheet as an extra precaution to the mattress.

After the bed is made, fold back the clothes on one side to their full length, and place hot water bottles in that half of the bed which remains covered by the clothes. All things are now ready to receive your patient. To change the underclothes of a bed from which the patient cannot be moved requires some skill. The clothes to be removed should be rolled up lengthwise to the centre of the bed, and the fresh clothes, with half their width rolled up, should be laid upon this portion, and then having moved the patient across the bed to the newly-made half, the dirty clothes are removed and the other half of the fresh bed completed.

Special forms of beds are required for certain cases. Where the patient is not allowed to move from the bed

or months, invalid beds with a central opening for
conveying away the evacuations must be obtained.
Again, in cases of paralysis of the lower limbs, as after
a fracture of the spine or compression of the brain, a
water or air-bed must be used, because these cases,
from the nature of the complaint, are more especially
liable to bed-sores.

As to any requisites for the emergencies treated of in
the foregoing lectures, they are but few. I would have
you trust principally to your own fingers for immediate
help, and to utilize surrounding objects as improvised
appliances. In the absence of your Esmarch handker-
chief or bandage, fold and use your own pocket-hand-
kerchief or neck wrapper. The use of this bandage is
taught with the express purpose of your being able to
utilize any similar piece of material; and what can be
done with properly constructed splints and tourniquets
can be equally efficiently done by improvised appliances.
Cold water rendered antiseptic by the addition of a
solution of mercury perchloride (1 in 1,000), absor-
bent cotton wool in pads surrounded by antiseptic
gauze to use in place of a sponge, antiseptic gauze
(antiseptic dressings should be kept in an air-tight tin
box), lint, oil-silk, carbolic oil, tow, sticking plaster,
and some safety pins may be said to comprise every-
thing that you are likely to stand in need of. Bags
filled with silver sand are very useful to place on either
side of a fractured limb, as they help to steady it, and
one placed over the upper part of the leg, above the
seat of fracture, will prevent any startings or jumpings
of the limbs, which are necessarily very painful. These
bags are only partially filled with sand, so that they lie
firmly and evenly. They are made of bed-tick, and in
shape are like those used for excluding draughts from
windows.

The weight of the upper clothes sometimes causes
pain by reason of their pressure upon the injured part.
A cradle should then be placed in the bed to support
the upper clothes; or if this is not procurable an

124　　　　　　　FIRST AID.

improvised one is easily made out of an old hat or
bandbox, from which the top and bottom have been
knocked out, and the side divided in half. A three-
legged stool placed in the bed, or a corkscrew passed
through the upper circles with its point protected by a
cork and suspended by string above the bed will answer
the same purpose.

Splints should never be applied close to the skin
without being padded. In first aid the splints are
generally applied outside the clothing, which forms the
padding; otherwise tow or cotton wool should be put
on the splint, and then the whole covered with linen or
lint, either sewn carefully on or held in place by three
strips of plaister, one placed at the top and bottom of
the splint and one across the middle. The pad should
be slightly broader and longer than the splint, so as to
overlap its edges. When applying splints with hand-
kerchief bandages, remember to tie the knots on the
outside splint, and not over the flesh of the injured
limb, as their pressure in the latter situation would be
productive of discomfort.

To know that an equable temperature in the sick
room is maintained night and day a thermometer must
be used, and this should be placed at the head of the
bed about a couple of feet above the pillow. The tem-
perature should be kept at about 60° to 63° Fahrenheit,
except in special cases—as in affections of the air
passages, for instance, as in surgical (tracheotomy)
and suicidal wounds of the throat—when the tempera-
ture should be some 3° or 4° higher. A warm but
yet moist atmosphere being required for these cases, a
bronchitis kettle, or an ordinary kettle to the spout of
which is attached a piece of india-rubber tubing to
convey the steam into the room, should be kept con-
tinually on the fire. The same effect may be more
easily produced by placing a towel, wrung out in cold
water, before the fire, the evaporation of the water in
the towel producing a moist atmosphere. The import-
ance of having a fireplace in the room is now seen.

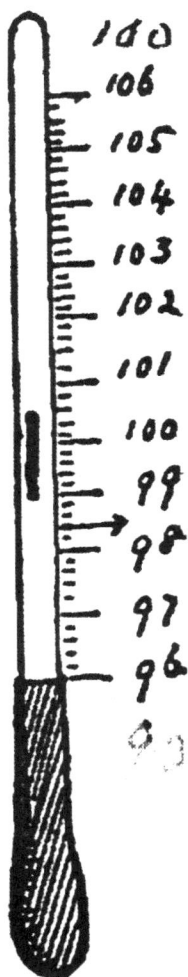

FIG. 40.

taken that the little indicator is well shaken down before attempting to take the temperature.   It is as well to shake it down one degree below the normal temperature, and then if the thermometer is working properly it must rise to that level.

The thermometer is then placed in the armpit, and the arm folded across the chest, the two surfaces of bare skin being brought into close apposition around the bulb, and the bed-clothes replaced over the patient's chest.   The temperature should be taken twice daily, between eight and nine o'clock in the morning, and between eight and nine o'clock in the evening, and the thermometer be left in the arm-pit at least five minutes. A note of what the temperature is should be made, and the daily record placed on a proper temperature chart.   This will subsequently prove a valuable aid as to the prognosis of the case.

When injured persons have to be undressed extreme care must be taken to give the sufferer as little pain as possible, and by no careless movement to aggravate the injury, for a simple fracture improperly handled may, as you know, very easily perforate the skin, and a compound fracture be produced and the period of recovery considerably retarded.   Take first the arm or leg of the unaffected side out of the clothing, then slit up the sleeve or leg of the trouser on the injured side, taking care to open up or go as close as possible to the outer seam ; and when putting clothes on, the injured side should be dressed first—in fact, reversing the order of procedure.

If the sufferer is a poor man there should be some compunction about destroying his clothes, but by keeping to the seam of the garment, or the mode of fastening the boot, neither are so injured but what they can subsequently be again made use of.   Remember always to cut the lacing or elastic sides of a boot, and not to drag upon the injured limb when taking the boot off. It is far better to sacrifice the clothing than to run any risk of increasing the injury.

In burns and scalds, where a large surface of skin is implicated, it is better to sacrifice the clothing and remove it piecemeal, applying immediately as each portion of the injured skin is exposed the carron oil or other application you intend to use. Never expose the whole of the burnt surface at one time.

The washing of patients is necessary, both for their own comfort and for their well-being. Frequently, when the patient is a labouring man, it is found necessary to wash him, especially his feet, immediately on admission, while lying upon his bed. When this has to be done wash only one part of the body at a time, placing waterproof sheeting beneath the part being operated upon, so as not to wet the bed, and do not expose more of the patient at a time than can be helped, thereby rendering him liable to take cold.

When placing the injured person upon his bed great care must be taken. If sensible, the patient is able to render great assistance by putting his arms around the necks of those who are lifting him ; but if unconscious, it is a good plan to lift him on to and across the bed, with his legs hanging over one side of it, and then afterwards shift him into position. If he is lying upon a rug or sheet, things are much easier, as assistants can each take one of the four corners and lift him on to the bed in this manner.

When brought in on a stretcher, the head of the patient as he lies upon the same should be brought, if space allows, in a line with the bed, and then lifted over the foot on to the bed in the manner taught in the last lecture. Should this be impossible, and the patient have to be brought to the side of the bed, then the stretcher may either be placed at right angles to the bed, and the patient lifted across it, as above described ; or with the stretcher parallel to the bed, two bearers stand on the far side of it, one with his arms placed beneath the head and shoulders of the patient, the other with his arms beneath the buttocks and thighs ; they then raise him, and with a short forward step place the patient upon the bed, whilst a third person withdraws the stretcher.

In the administration of food, as well as in the giving of medicines, be punctual. The dietary of the patient, as well as any medicine to be given, will be ordered by the surgeon in attendance.

When drink or fluid nourishment has to be given to a patient who is unable to sit up in bed, place the left arm at the back of the patient—if using a pillow place the arm at the back of the same—and gently raise him on the pillow whilst administering the food with the right hand. This is best given by means of a feeder, in form like a half-covered-in cup with a spout, or a small teapot will make a good substitute.

Feeding insensible patients is best done by turning their head to one side, and then pouring between the cheek and teeth of that side the fluid contents of the spoon. Then turning the head gradually to the other side, the fluid will flow gently down the throat.

Stimulants in some cases of illness are absolutely necessary, but none are to be given without the sanction of the surgeon.

The stimulant ordered should be given at intervals throughout the day, always reserving some for use during the night.

Remember that the sudden withdrawal of all stimulants from injured persons who have been in the constant habit of taking them tends greatly to the production of delirium tremens.

Never keep your dressings, medicines, or lotions in the sick-room, for fear of your patient in a state of delirium getting out of bed and drinking some poisonous dose. It would hardly appear necessary to say that loaded firearms or other dangerous weapons should be removed from the head of the bed or the patient's reach, but for the fact that in two noticeable instances this was not done, the patient in both cases whilst in a state of delirium taking his own life, to the discredit of both nurse and doctor alike.

AMBULANCE LECTURES. 129

Poultices are used to apply and retain heat and moisture, to assist the inflammatory process, to allay pain, and to clean suppurating and offensive wounds.

A bread poultice is made as follows :—Stale white bread crumbs are dropped into boiling water, and the cup in which the poultice is being made should be covered with a saucer, and allowed to stand for some minutes by the side of the fire. The water is then drained away, and the pulp applied upon a piece of linen. A small linseed poultice is best made in the following way :—Into a basin previously scalded place the ground meal, sufficient for the size of the poultice required; pour scalding water gradually upon it, stirring it well the whole time with a table-knife. If a large poultice is required, the linseed may then be sprinkled gradually into the scalding water until of proper consistence. Otherwise the former plan is the better, as it is impossible to judge by the water the size of the poultice you will make. The poultice is spread upon linen, cotton-wool, or better still, tow ; the tow is then folded around the edge of the poultice, so as to retain the heat as much as possible.

Before applying the poultice to the patient see that it is not too hot by first applying it to your own cheek. The hand being hard is no guide as to excessive heat, which, if applied to more tender parts of the body, would probably blister the skin.

When putting the poultice on, it should be carried on the palm of the left hand, and gradually placed upon the skin from below upwards ; and in removing one it should be taken hold of by the top, and, turning it inwards, gradually peeled off from above downwards. Then, if properly made, no fragments should be left adhering to the body. The skin should be subsequently wiped dry and covered up warm with a layer of cotton-wool.

A mustard poultice partakes more of the character of a counter-irritant. It may be made entirely of mustard or of equal parts of mustard and linseed.

The mustard should be made into a paste with cold

K

or tepid water, and spread in a thin layer on brown paper, and covered with muslin.

Fifteen to twenty minutes is about the usual length of time to keep on a mustard poultice, for if kept on longer blistering of the skin will take place.

Fomentations are, like poultices, employed when warmth and moisture are required. They are, more-over, lighter. Flannel is usually used for this purpose, on account of its retaining heat better than any other material.

The flannel is wrung out of boiling water or poppy fomentation and applied to the part, and another flannel substituted as soon as the first begins to cool. The heat may be retained longer by covering the flannel, after it has been placed on the body, with a large piece of oil-silk.

A lotion may be simply a cold evaporating lotion, such as I have previously described, or one containing lead, iodine, or opium, where special effect is to be produced by the medicament employed. Lotions differ from fomentations in being applied cold instead of warm.

When summoning a surgeon to any injury, mention the nature of the accident, that he may bring those things which are especially needful. Have ready the necessary dressings which will be required, according as to whether it be a wound, burn, or fracture that has to be attended to; plenty of hot and cold water; old towels and rags for wiping up blood, and a foot-bath to receive stained water or rags. Have also pen, ink, and paper ready, in case a prescription or some directions have to be written.

If an operation be necessary, see that no food is given to the patient for four hours previously, for fear of making him sick whilst under the influence of the anæsthetic; and obtain a good firm table which would serve as an operating table. A narrow kitchen table serves this purpose best, and let it stand upon a piece of oilcloth or kamtulicon to prevent the floor of the

AMBULANCE LECTURES.

apartment being in any way stained. The top of the table should be made up like an ordinary bed without the upper clothes, and with a piece of waterproof sheeting over that locality which is to be the seat of operation.

In conclusion, I wish to direct your attention to the specimen questions appended to this book, as they will be a guide to you as to the style of questions you will be asked at the examination.

NOTES ON BANDAGING.

THE TRIANGULAR BANDAGE.

IN rendering first aid, you are taught how to apply the triangular bandage only.

The roller bandage is left for the nursing or advanced class. This is as it should be, because if you know how to apply the triangular bandage, you can always utilize the handkerchief you have in your pocket or about your neck; whereas a roller bandage is not always obtainable.

The different modes of doing up fractures have been already described in the third lecture, and it only remains for me now to show you how the triangular bandage may be applied to wounds, or for keeping dressings on diseased or injured parts of the body.

There are one or two alterations which I should like to see made in the illustrated Esmarch handkerchief; so I have had a diagram drawn, which is to be found at the commencement of this book, containing those proposed alterations. I have adhered to the original as much as possible, and kept nearly to the same numbering, so that in my description of the different modes of applying the triangular bandage you can make reference to the illustrated Esmarch handkerchief.

The St. John Ambulance Association has now an illustrated triangular bandage of its own, and the St. Andrew's Ambulance Association another; but I have kept to the Esmarch handkerchief, as it was the first and the original one, and with some additions and alterations contains everything that is required.

The triangular bandage is a piece of linen or calico made by dividing diagonally into halves a piece of material about 35 inches square; and therefore a large-

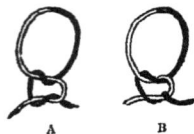

A   B
FIG. 41.

it is also much cooler. The lower border of the hand-kerchief, folded lengthways to form a hem 1½ inch wide, is placed on the forehead, close down to the eye-brows, with the handkerchief covering the head, and the point hanging down the back of the neck. The two ends are carried round the head above the ears, and, crossing one another over the point, are brought back to the forehead and tied there over the hem. The point is then drawn upon, to get the part covering the head perfectly tight and smooth, so that no horns or creases are present, and the bandage looks as smooth as a bald head. The point is subsequently turned up-wards and pinned on the top of the head.

For wounds of the forehead (22), side of the face (10), or for the eye (8), the bandage is simply folded narrow, and its centre being placed over the injured part, is tied on the opposite side of the head.

For wounds of the side of the head (17), with hæmorrhage from the temporal artery, a firm and hard pad, made of linen rag or paper, should be placed over the point of bleeding, and the bandage, folded narrow, is placed with its centre on the opposite side of the head to the wound, and being brought round to the pad, a half-twist is given to the bandage, to keep the pad in position. The ends are subsequently carried, one above the head and the other below the jaw, and tied on the side of the head where the bandage was first placed. This may be put on the reverse way if preferred, com-mencing with the centre of the bandage over the wound, and finishing with the knot at the same place, with the object of giving pressure.

For keeping dressings to a wound or poultices on the chest (20), the handkerchief is placed flat upon the body, with the point and one end downwards, the lower border being placed obliquely across the chest with one end going over one shoulder and the other under the opposite armpit ; the point and the two ends are then tied together in the centre of the back (19). The bandage may be applied in a similar manner to the back when dressings have to be applied there (13 on the Esmarch handkerchief). To make a pelvic covering (25), the lower border of the handkerchief is placed around the waist, and the point passed between the legs is tied at the back to the two ends which have encircled the waist.

For wounds of the shoulder, or for keeping on dressings in disease of the joint (5 and 32), a hem is made in the lower border of the handkerchief and placed around the upper arm, the middle of the handkerchief covering the shoulder, and the point touching the neck. The two ends are carried round the arm, crossed and brought back again and tied. A second bandage, folded narrow, is passed over the shoulder on the injured side and under the armpit of the opposite side and tied there (30). The point of the first bandage is carried under and over the second one, as it lies on the shoulder, and pinned on the top of the arm. Better still is to suspend the hand and arm on the injured side in a small arm-sling and pass the point of the first bandage under that part of the sling which rests on the injured shoulder.

For wounds of the hip, or for keeping on dressings in disease of the joint (31), the same arrangement as that just described is adopted, only the second bandage is passed around the waist and tied in front. The point of the first bandage is then passed under and over this and pinned on the outer side of the joint.

Wound of the throat (29) has been described under the head of wounds (page 48).

Wound of the upper arm (18), wound of the elbow (27), and wound of the forearm (26), are all treated alike. A bandage, folded broad, is placed with its centre over the wound, the ends are then carried round the limb, crossed and brought back again, and tied.

For wounds, or to keep on the dressing in a case of burn of the hand (3 and 7), the handkerchief is spread out, and a hem made of the lower border. The hand is then placed upon it, palm downwards, with the tips

136 FIRST AID.

of the fingers towards the point, and the wrist upon the hem. The point is then turned over the back of the hand, and carried to the wrist; and first one side of the bandage and then the other is folded over the back of the hand, and the ends carried round the wrist, and tied. The point is then brought on to the back of the hand, and pinned there.

For a large arm-sling (4) the handkerchief is taken by one of its ends, which is placed over the shoulder of the uninjured side, whilst the point is carried below, and to the outer side of the semi-flexed elbow. The other end is now brought up round the injured arm, and, carried over the shoulder on this side, is tied to the other end at the back of the neck. The point is then brought forward round the elbow, and pinned in front.

For a small arm-sling (24) the bandage, folded narrow, is passed in the same way—first over the shoulder on the uninjured side, then below the semi-flexed arm, and over the shoulder on the same side, to meet the other end at the back of the neck.

An improvised arm-sling or a " pin sling," as it is sometimes called, can be made by taking a corner of the coat and pinning it up so as to form a support for the arm ; or by utilizing the coat sleeve and pinning it to the body of the coat in two or three places will maintain the injured arm in an easy position and give it the necessary support.

For wounds of the thigh (6), or to keep dressings upon the knee (11), the bandage, folded broad, is applied in exactly the same way as for wounds of the upper arm and elbow.

For keeping dressings upon the foot (15 and 23), the handkerchief is spread out, and the foot placed upon it, with the toes towards the point. The point is brought up over the instep, and the lower border made into a hem, is carried up the back of the heel, and the ends, brought round the ankle in front of the point, are crossed and tied round the ankle. The point is then turned down on to the instep, and pinned there.

———

SPECIMEN QUESTIONS.

LECTURE I.

1. Give a brief description of the structure and functions of the human skeleton.

2. Describe the structure and composition of one of the long bones of the body.

3. What do you understand by the pelvis? Enumerate the bones which enter into its formation.

4. Enumerate the bones which enter into the formation of the thorax, and the chief muscles which help to close in that cavity.

5. Enumerate the several structures which close in the cavity of the abdomen.

6. How are bones joined together; or, in other words, explain the structure of a joint.

7. Describe the varieties of joints found in the human body.

8. Describe muscular tissue.

9. Describe the structure of the lungs.

10. Describe the function and mechanism of respiration.

11. Give the composition of ordinary air, and the changes produced in it by expiration.

12. What is meant by ordinary breathing, complemental and residual air?

13. Describe the function of the sympathetic nervous system.

14. What are the respective functions of the cerebrum and cerebellum?

138   FIRST AID.

15. Describe the function of the cerebro-spinal nervous system, and state what the result would be if the spinal cord was divided on a level with the third cervical, first dorsal, and the first lumbar vertebra respectively.

LECTURE II.

1. Give the composition of blood, and state how nature assists in the arrest of hæmorrhage.

2. Describe the heart ; its situation, structure, and function.

3. Give the circulation of the blood, from the left ventricle round again to its entrance into the left auricle.

4. The pulse. What is it, and how occasioned? Give its rapidity and relative frequency in infants and old people, stating whether it is present in both arteries and veins, and, if not, give the reason why.

5. What purpose is served by the circulation of the blood ?

6. What exceptions are there to arteries containing red blood and veins purple blood ? Explain why this is the case.

7. What are the differences between arteries and veins in structure, contents, and function ?

8. Name the chief points in the human body where digital pressure upon arteries can be most easily affected.

9. How would you improvise a tourniquet, say upon the femoral or main artery in the thigh ?

10. What is the difference between arterial, venous, and capillary bleeding ?

11. How would you know whether it is an artery, vein, or capillary that is wounded ? How would you stop severe bleeding from the palm of the hand ?

12. Violent bleeding takes place from the cavity from which a tooth has been removed. What different measures would you adopt to arrest it?

13. Mention the different modes of arresting bleeding.

14. How would you treat bleeding from a ruptured varicose vein? From which end of the divided vein would you expect the larger amount of bleeding? State why.

15. A child falls down and severely bites its tongue. What steps would you take to stop the violent bleeding that takes place?

LECTURE III.

1. Classify wounds and state how you would act in a case of punctured wound of the abdomen.

2. Describe the different varieties of wounds.

3. What first aid would you render to a case of cut throat?

4. Which would heal quicker, an incised or a lacerated wound; and from which would you expect the greater hæmorrhage? Stating your reasons in both cases.

5. Give the general treatment applicable to all wounds.

6. What is a sprain : and what immediate and subsequent treatment would you adopt?

7. How do you distinguish fractures from dislocations?

8. Describe the symptoms, the ordinary causes, and the classification of fractures.

9. How do you know when a bone is broken? What accident might arise in moving a broken bone carelessly? How do you fix a broken thigh?

140   FIRST AID.

10. Give examples of fractures caused by direct and indirect violence and muscular action.

11. What are the main points to be remembered in the treatment of fractures?

12. What is the first indication in the treatment of fractures; and how would you carry it out in the thigh, in the forearm, and in the lower jaw?

13. What do you understand by the following terms, as applied to fractures:—simple, compound, complicated, greenstick, comminuted, and impacted?

14. Why are fractures of the skull and of the ribs more generally serious than fractures in other parts of the body?

15. What do you mean by a simple fracture and a complicated one? Taking the ribs as an example, what would be the treatment you would adopt to each variety respectively?

———— ————

LECTURE IV.

1. What do you understand by shock, and what would be your treatment?

2. How would you distinguish between the following fits:—apoplexy, epilepsy, hysteria, and fainting?

3. What are the different causes of insensibility, and how would you distinguish one from another?

4. A man in a railway carriage has an epileptic fit. Describe his symptoms, and say what you would do.

5. What are the symptoms of concussion of the brain? How would you treat it?

6. Give the symptoms of, and the first aid to be rendered to, a case of fracture of the base of the skull.

7. A man falls from a stack of timber; he is quite sensible, but cannot walk, having lost sensibility in both legs. What do you suppose is the matter with him, and what assistance would you render?

8. What is the immediate treatment to be adopted in dog-bites ?

9. A boy, in attempting to take a wasps' nest, is severely stung about the head and neck. What first aid would you render in such a case ?

10. How would you render aid to a man, apparently drowned, who had just been taken out of the water ?

11. If a person's clothes catch fire, how would you extinguish the flames, remove the clothing, and dress the burns ?

12. A child attempts to drink from a kettle upon the hob, scalding the mouth and throat. What first aid would you render in such a case ?

13. Classify poisons and the first aid applicable to these varieties.

14. Give the symptoms and treatment of opium poisoning.

15. A person accidentally swallows some of the contents of a bottle labelled " Poison, Turpentine Liniment, for external use only." What first aid would you render in such a case ?

Lecture V. (*For Females only*).

1. What precautions would you adopt for warming and ventilating a sick-room in which there is a case of incised wound of the throat, opening into the air passage ?

2. Describe a fracture-bed, and the necessary nursing preparations to be made for such an injury.

3. State what preparations you would make in the bed and bedding for a case of fractured thigh, stating your reasons for every detail.

4. What preparations would you think it necessary to make in the bed for receiving a patient suddenly seized with apoplexy ?

142　　　　　　　　FIRST AID.

5. How would you pad a splint?

6. What is the proper temperature of a sick-room? Where would you place your thermometer, and how ventilate the room without lowering the temperature?

7. Describe a clinical thermometer. Explain its use, and how it is to be applied.

8. How would you lift a patient from the stretcher to the bed, supposing three or four people were available?

9. How would you undress a patient severely burnt, and what preparations would you make for dressing the burn?

10. How would you undress a man with a broken leg, and how wash him on his arrival at the bed-side?

11. What regulations would you make as regards the administration of stimulants for a patient who had been in the habit of taking them?

12. How would you make a bread poultice, a linseed poultice, and a mustard plaster?

13. Fomentations: how used and of what composed?

14. How would you make a cold or evaporating lotion?

15. How would you best change the under sheet of the bed on which a patient lies perfectly helpless?

INDEX.

———

144   INDEX.

INDEX.

146 INDEX.

INDEX.

148

INDEX.

SELECTED LIST OF BOOKS
IN
GENERAL LITERATURE

PUBLISHED BY H. K. LEWIS,

136 GOWER STREET, LONDON, W.C.
ESTABLISHED 1844.

*DWELLING-HOUSES, THEIR SANITARY CON*struction and Arrangement. By W. H. CORFIELD, M.A., M.D. Oxon., F.R.C.P. Lond., Professor of Hygiene and Public Health in University College, London. Fourth Edition, with Illustrations, cr. 8vo. *[In preparation.*

By the same Author.

*DISEASE AND DEFECTIVE HOUSE SANITA*tion. Being Two Lectures delivered before the Harveian Society of London. With Illustrations, crown 8vo, 2s.

THE SANITARY INSPECTOR'S HANDBOOK and Textbook for Students preparing for the Examinations of the Sanitary Institute, London. By ALBERT TAYLOR, Assoc. San. Inst. ; Holder of the Inspector of Nuisances Certificate of the Sanitary Institute ; Chief Sanitary Inspector to the Vestry of St. George, Hanover Square, London. With Illustrations, cr. 8vo, 5s.

ALCOHOL AND PUBLIC HEALTH.
By J. JAMES RIDGE, M.D., and M.D. (State Medicine) Lond., B.S., B.A., B.Sc. Lond., Medical Officer of Health, Enfield. Second Edition, cr. 8vo, 2s.

" Dr. Ridge's remarks are well worth considering."—*Spectator.*

" Dr. J. J. Ridge lucidly explains the unfavourable effects of alcohol."— *Christian World.*

" This book is a valuable addition to the literature of alcohol in its relation to public health, and would prove especially useful to anyone giving popular lectures on the subject."—*Birmingham Medical Review.*

INHERITED CONSUMPTION AND ITS REME-

DIAL MANAGEMENT. By WILLIAM DALE, M.D. LOND., M.R.C.P. ED., M.R.C.S. Crown 8vo, 1s.

" Every father of a family will be the better for the perusal of this admirable little work."—*Newcastle Daily Chronicle.*

" The above valuable little work is clear, concise, and of very readable form. We heartily recommend it to all our readers."—*Nursing Record.*

WANDERINGS IN SEARCH OF HEALTH: or

Medical and Meteorological Notes on Various Foreign Health Resorts. By H. COUPLAND TAYLOR, M.D. With Illustrations, crown 8vo, 6s.

THE TOWN DWELLER: HIS NEEDS AND

His Wants. By J. MILNER FOTHERGILL, M.D., with an Introduction by Sir B. W. RICHARDSON, M.D., F.R.S. Post 8vo, 3s. 6d.

" This book will be welcomed by a large circle of readers."—*Birmingham Medical Review.*

"The book is one we could wish to see very widely read by the people."—*Health.*

" The chapters on food and beverages will well repay a careful perusal."—*Saturday Review.*

HYGIENE OF THE NURSERY: including the

General Regimen and Feeding of Infants and Children; Massage, and the Domestic Management of the Ordinary Emergencies of Early Life. By LOUIS STARR, M.D., Physician to the Children's Hospital, Philadelphia, etc. Fifth Edition, with Illustrations, crown 8vo, 3s. 6d.

" This is one of the best books on the management of infancy we remember to have perused. Every mother should buy this volume, and after so saying, we can award it no higher praise."—*Health.*

"The book contains much information of great value to those entrusted with the nursing of children."—*Lancet.*

COSMIC EVOLUTION: being Speculations on

the Origin of our Environment. By E. A. RIDSDALE, Associate of the Royal School of Mines. Fcap. 8vo, 3s.

136 Gower Street, London. 3

NOTES ON MEDICAL NURSING

By JAMES ANDERSON, M.D., F.R.C.P., late Assistant Physician to the London Hospital, etc. Edited by E. F. LAMPORT, Associate of the Sanitary Institute. With an Introductory Biographical Notice by the late SIR ANDREW CLARK, BART. Third Edition, crown 8vo, 2s. 6d.

[Just Published.

HARROGATE AND ITS WATERS: Notes on

the Climate of Harrogate, and on the Chemistry of the Mineral Spring. By G. OLIVER, M.D., F.R.C.P. Crown 8vo, with Map of the Wells, 2s. 6d.

PHOTO-MICROGRAPHY; including a Description

of the Wet Collodion and Gelatino-Bromide Processes, together with the best Methods of Mounting and Preparing Microscopic Objects for Photo-Micrography. By A. COWLEY MALLEY, B.A., M.B., B.Ch., T.C.D. Second Edition, with Photographs and Illustrations, crown 8vo, 7s. 6d.

"The veriest novice may become proficient (of course after practice) if he will study Mr. Malley's little work with care and attention."—*Knowledge.*

THE HEALTH OF CHILDREN.

By ANGEL MONEY, M.D., B.S., F.R.C.P., late Assistant Physician to the Hospital for Sick Children, and to University College Hospital, etc. Crown 8vo, 6d.

"It is written in simple language, and the information, which is concisely put, is just that which is required by every one who has the care of young children......Every mother should possess a copy of this excellent treatise."—*Saturday Review.*

"Should be placed in the hands of every nurse and young mother."—*Public Health.*

"It gives sound, practical advice on everything that parents should consider in rearing their families."—*Literary World.*

"It is long since we have seen so much good advice packed into such a very small compass."—*Graphic.*

ON DIET AND REGIMEN IN SICKNESS AND

Health. By HORACE DOBELL, M.D., late Consulting Physician to the Royal Hospital for Diseases of the Chest, etc. Seventh Edition, 8vo, 5s. *nett*, post free.

4　　*Works Published by H. K. LEWIS.*

HYGIENE OF CHILDHOOD. Suggestions for

the care of Children after the period of Infancy to the completion of Puberty. By F. H. RANKIN, M.D., President of the New York Medical Society. Crown 8vo, 3s.

" It is certain to stand out conspicuously as a book to which mothers and nurses may turn with confidence as a court of appeal for consultation and advice. What Dr. Rankin has to say on the various points involved in his topic, from pure air, exercise, and diet, to school hygiene, puberty, and education, is worth perusal, and, still more, worthy remembrance. It is such a work as we should be glad to see in the possession of every mother."—*Health.*

LEWIS'S POCKET MEDICAL VOCABULARY.

Second Edition, 32mo, roan, 3s. 6d.

" It may be commended to the notice, not only of the profession, but also of anyone whose reading brings technical words to his notice with any frequency."—*Literary World.*

" A most useful pocket companion."—*Journal of Microscopy.*

" I have tested it thoroughly . . . . and have not found it wanting."—*Health.*

" For ready reference at the desk or elsewhere it should never be absent, as its diminutive size in no way interferes with its being printed in type so clear and legible as at once to catch the eye."—*Veterinary Journal.*

RECEIPTS FOR FLUID FOODS.

By MARY BULLAR and J. F. BULLAR, M.B. Cantab., F.R.C.S. 16mo, 1s.

DISINFECTANTS AND ANTISEPTICS: HOW

to Use Them. By E. T. WILSON, M.B. Oxon., F.R.C.P. Lond., Associate Metrop. Assoc. Medical Officers of Health, Physician to the Cheltenham General Hospital. New Edition, thoroughly revised, just published. In packets of one dozen, 1s, post free on receipt of 13 stamps.

" This little card is one of the most valuable aids in the diffusion of health knowledge that we remember to have seen. Clergymen, and all others interested in the welfare of the people, could not do a wiser thing than distribute them broadcast."—*Health.*

136 Gower Street, London.　　**5**

THE PARENT'S MEDICAL NOTE BOOK.

Compiled by A. DUNBAR WALKER, M.D., C.M. Oblong post 8vo, cloth, 1s. 6d.

•.• Compiled for the express object of enabling parents to keep a record of the diseases their children have passed through.—PREFACE.

"A record which would be of the utmost value to medical men. We heartily recommend this note-book to the use of parents."—*Health.*

SON REMEMBER. An Essay on the Discipline

of the Soul beyond the Grave. By the REV. JOHN PAUL, B.A., late Rector of St. Alban's, Worcester. Crown 8vo, 3s. 6d.

LEWIS'S NURSING CHART.

Carriage free, 20, 1s.; 50, 2s.; 100, 3s. 6d.; 500, 14s.; 1000, 25s. *Specimen Chart free on application.*

"For which I have nothing but praise, they are comprehensive, and yet occupy very little space."—*Nursing Record.*

"These charts form a convenient method of notifying the observations made on a case from day to day and from hour to hour."—*The Lancet.*

"Amongst the many charts sent to us few have pleased us so much as Lewis's Nursing Charts. They are very neat and concise, and sure to prove useful to nurses."—*Hospital.*

THE CONDITION OF GAOLS, HOSPITALS, AND

other Institutions as described by John Howard. By J. B. BAILEY, Librarian to the Royal College of Surgeons, Demy 8vo, 1s.

PRACTICAL ORGANIC CHEMISTRY; The

Detection and Properties of some of the more important Organic Compounds. By SAMUEL RIDEAL, D.Sc. (LOND.), F.I.C., F.C.S., F.G.S., Fellow of University College, London. 12mo, 2s. 6d.

"A great help to students who want to acquire more than a mere dexterity in identification."—*Lancet.*

ILLUSTRATED LECTURES ON AMBULANCE

Work. By R. LAWTON ROBERTS, M.D., M.R.C.S. Copiously illustrated, Fifth Edition, crown 8vo, 2s. 6d.

" Every part of the book is good. The lucid text is made clearer still by well-chosen and well-drawn wood-cuts, and in the 164 pages scarcely a super-fluous sentence is to be found."—*Athenæum.*

" This is a thoroughly practical and useful little book."—*Volunteer Service Gazette.*

" One of the best books on the subject that we have met with......especially adapted for those who live in the country."—*Guardian.*

Companion volume by the same Author.

ILLUSTRATED LECTURES ON NURSING AND

Hygiene. Second Edition, numerous illustrations, cr. 8vo, 2s. 6d.

" By his scientific rendering of homely problems, the author has produced a book of great value to the nursing world."—*British Medical Journal.*

AMBULANCE LECTURES: First Aid to the In-

jured. By SAM. OSBORN, F.R.C.S., Chief Surgeon of the Metropolitan Corps of the St. John Ambulance Brigade; Surgeon, Hospital for Women. Third Edition, with illustrations, fcap. 8vo, 2s.

" Well adapted for the purpose."—*Lancet.*

Companion volume by the same Author.

AMBULANCE LECTURES: Home Nursing and

Hygiene. Third Edition, with Illustrations, fcap. 8vo, 2s.

" A most useful handbook......"—*Society.*

DIAGRAMS FOR LECTURERS TO AMBULANCE

Classes and for Popular Lectures on Physiology. *Prospectus on application.*

WINES OF THE BIBLE.

By NORMAN KERR, M.D., F.L.S. Demy 8vo, 6d.

136 Gower Street, London. 7

MEMORABILIA LATINA: Selected Notes on

Latin Grammar. By F. W. LEVANDER, F.R.A.S., Classical Master in University College School, London. Post 8vo, 1s. 6d.

" .... Will be found an excellent summary of the principal points of Latin Grammar for those preparing for University examination. The arrangement is excellent and easy to be remembered."—*School Board Chronicle.*

" The various difficult points are here brought vividly to the front, and th ey are just those at which one under such an examination is likely to stumble."— *The Schoolmaster.*

By the same Author.

I.

TEST QUESTIONS ON THE LATIN LANGUAGE.

Cr. 8vo, 2s.

" Many of them are original, others have been taken from various papers ; altogether they furnish so great an abundance of ' tests ' of all degrees of difficulty, that the student who can answer the majority of them need have no fear as to the results of any ordinary paper in Latin."—*School Guardian.*

II.

SOLUTIONS OF THE QUESTIONS IN MAG-

netism and Electricity, set at the Intermediate Science and Preliminary Scientific Pass Examinations of the University of London, 1860-1884, together with Definitions, Dimensions of Units, Miscellaneous Examples, etc. Second Edition, fcap. 8vo, 2s. 6d.

" Undoubtedly a useful book, it gives a good idea ot what is required by the examiners."—*English Mechanic.*

" The answers given are models of conciseness and accuracy, and show the student exactly how questions should be answered."—*Education.*

Arranged and edited by MR. F. W. LEVANDER.

QUESTIONS ON HISTORY AND GEOGRAPHY,

Set at the Matriculation Examinations of the University of London, 1844-1886. Second Edition, fcap. 8vo, 2s.

" Mr. Levander has arranged and classified the papers with care and judgment."—*School and University Magazine.*

By the same Editor.

QUESTIONS ON THE ENGLISH LANGUAGE,

Set at the Matriculation Examinations of the University of London, 1858-1889. With Hints and Advice on the Examination, etc. Second Edition, fcap. 8vo, 2s. 6d.

8　　*Works Published by H. K. LEWIS.*

A TRANSLATION OF THE ANNALS OF TACI-

tus, Book I.　By EDWARD S. WEYMOUTH, M.A. Lond. Paper covers 1s., or in cloth 1s. 6d.

MATRICULATION CLASSICS, QUESTIONS AND

Answers.　By Rev. J. R. WALTERS, B.A., Assistant Master in University College School.　Second Edition, crown 8vo, 2s. 6d.

FROM HOSPITAL WARD TO CONSULTING

Room, with Notes by the Way.　A Medical Autobiography, by a Graduate of the London University.　Post 8vo, 3s. 6d.

SIMPLE INTEREST, WITH MODELS, HINTS

for Working, Cautions, and numerous Examples, with An-swers.　By Rev. F. W. COWLEY, B.A., late Assistant Master in University College School, London.　Crown 8vo, 1s.

" The most handy volume on Simple Interest we have seen."—*Schoolmaster.*

BOOKLETS:

THE GOSPEL OF THE FLOWERS.
　2d. each, or 1s. 6d. per dozen.

THE KING'S VISIT TO THE HEART OF THE CITY.
　A Parable.　1⅓d. each, or 1s. per dozen.

THE BIBLE AND THE POOR.
　By Caleb Morris, 6th thousand, 2d.

PRINTING AND PUBLISHING DEPARTMENT.

Mr. Lewis undertakes the complete production of Books, Pamphlets, etc., including printing, illustrating by the best methods, binding, etc.　All work receives the best care and attention in order to ensure accuracy in execution, and attrac-tiveness in appearance.

Estimates, specimens of types, and other information will be forwarded on application.

London : Printed by H. K. Lewis, 136 Gower Street, W.C.

To the Under Secretary of the State for the Colonies

Sir:

I have the honour to submit for your favourable consideration the following request. It may be within your knowledge that some years ago I incurred the displeasure of the Chinese Government in my attempt at doing something to modernize and reform my country. During my stay in London in 1896 I was imprisoned in the Chinese Legation in Portland Place, and it was only by the strenuous action in the part of the English Government that I was free. Since then I have been staying in Japan and Singapore. My wife and family reside in Hong Kong and I am anxious to visit them. In 1896 the Governor in Council passed an act of banishment for five years against my residing in Hong Kong. At the expiration of this period I revisited Hong Kong but the government of Hong Kong repeated the act in 1902, so that it has been impossible for me to again visit Hong Kong until this five years time is ended. This period is now expired and I wish your gracious permission to proceed to Hong Kong to visit my family. Lately I have been for nearly 18 months a resident in Singapore and at various times I have had interviews with the Governor Sir John Anderson K. C. M. G. There has been nothing in my conduct while in Singapore to cause any disturbance, and once I allowed to have the permission to visit Hong Kong I will guarantee that I will engage in no political affairs nor in any way utilize my presence there to make capital out of any permission that may be given me to reside there. I regard Hong Kong as my second home for I was educated at the College of medicine there and my family have now settled there.

I have the honour to be

Sir

Yours obedient servant

Sun Yat Sen

"Autographed Letter of Dr. Sun Yat-sen to the British Government in application for entry to Hong Kong", Courtesy of the National Archives, UK, August 13, 1909, 3 pages.

MARCH ON PEKIN TOMORROW
REVOLUTIONAREIS READY TO
MOVE ON THE CAPITAL

Strongly Reinforced the Republican Army Musters More Than 30000 Men.

［…］

Nanking, Jan. 5—The Republican troops begin today ［…］ railway ［…］ across the river to ［…］, where the advance northward is expected to begin tomorrow when ［…］. Winter clothing for the republican army is arriving today in carloads. The soldiers are being rapidly equipped in preparation for the march on Peking.

The revolutionary commander today received a reinforcement of 4000 men from Canton, who brought with their ［…］ new magazine rifles. It is estimated that the republican forces now amount to considerably more than 20000 men with many batteries of modern field guns and plenty of ammunition. The Imperialist troops in the neighbourhood under command of General Chang are not, it is believed, nearly so strong numerically as the republicans, and although many of them are soldiers trained on the European system, there are many, many untrained and undisciplined troops in the ranks.

Dr. Sun Explains and Appeals.

Shanghai, Jan. 5—Dr. Sun Yat Sen, provisional president, today issued a manifesto to the foreign powers in which he explains the public aims and policies of the republicans in China. In it he says that the present situation has been forced on China by Manchu misrule, which was ［…］ of remedy without revolution. "We now proclaim," he says, "the ［…］ overthrow of despair sway and the establishment of a republic."

"March On Pekin Tomorrow", *The Iola Daily Register* (Kansas, U. S. A.), January 5, 1911, Page 2.

REVOLUTIONISTS IN MANIFESTO

Policy of Rebellious Party in China Given To Foreign Nations.

New York, Oct. 14. —The policy which is being followed by the revolutionary party in China is outlined in a manifesto which was prepared in advance in this country several weeks ago by Dr. Sun Yat Sen, the revolutionary leader who, it is said, will be president of the republic if the revolution succeeds.

The Manifesto

The manifesto just made public is as follows:

"To all friendly nations, greeting:

"We, the citizens of all China, now waging war against the Manchu government for the purpose of shaking off the yoke of the Tartar conqueror by overthrowing the present corrupt state of autocracy and establishing a republic in its place and at the same time intending to enter upon a more close relation with all friendly nations for the sale or maintaining the peace of the world and of promoting the happiness of mankind, in order to make our action clearly understood, hereby declare,

"First, all treaties concluded between the Manchu government and any nation before this date will be continually effective up to the time of their termination.

"Second, any foreign loan or indemnity incurred by the Manchu government before this date will be acknowledged without any alteration of terms and will be paid by the maritime customs as before.

"Third, all concessions granted by the Manchu government to any foreign nation before this date will be respected.

"Fourth, all persons and property of any foreign nation in the territory occupied by the citizens' army will be fully protected.

"Fifth, all treaties, concessions, loans and indemnities concluded between the Manchu government and any foreign nation after this date will be repudiated.

"Sixth, all persons or any nationality who take part in the Manchu government to act against the citizens' army of China will be treated as enemies.

"Seventh, all kinds of war material supplied by any foreign nation to the Manchu government will be confiscated when captured."

"Revolutionists in Manifesto: Policy of Rebellious Party in China Given To Foreign Nations", *Waterloo Evening Courier* (Iowa, U. S. A.), October 14, 1911, Page 1.

SUN YAT SEN'S PLANS FOR CHINA REPUBLIC

Sails for Shanghai to Form a Provisional Government—Reform Schemes of New Regime

YUAN CAN'T RAISE LOANS

Ministers Decide to Increase Legation Guards—Bandits, Not Rebels, Attacked Shensi Missionaries.

(Special Cable to THE NEW YORK TIMES)

ARIS. Nov. 24. —After four days spent in Paris in the strictest incognito, the Chinese revolutionary leader, Sun Yat Sen, who was accompanied by the American, Gen. Homer Lea, sailed today from Marseilles on the liner Marta for Shanghai, where, after meeting the republican leaders, he will form a provisional Government for the Chinese Republic.

The Courrierd' Europe, a political weekly, will tomorrow publish a resume of Sun Yat Sen's political programme for the first Cabinet, which the periodical received from him while in Paris.

"China as a federal republic," he says, "will draw inspiration from the young democracies of America and Europe, without, however, abandoning the fruits of her experience of several thousand years.

"The republic will maintain its ancient language, but for the study of sciences, which will play a large part in the programme of the new regime, English will be added as an auxiliary to a simplified form of ideological writing. Just as she will have a common tongue, China will have a federal army and federal finances.

"As the Chinese Republic will be wide open to foreign commerce and enterprise, its first step will be to remove the limitations imposed on its trade relations with other nations. The republic will claim the right of regulating its customs and tariffs according to its own interests, and not those of foreign countries. This, of course, will be effected by an agreement with China's creditors, whose rights will be scrupulously respected.

"A profoundly pacific Chinese Republic will respect all engagements undertaken by the Manchu Government, even those entered into with Japan and Russia under pressure of force. Penetrated by the sentiment of national unity and dignity, the republic intends to command respect by the prestige of its Government, supported by the entire nation. Though free of imperialistic ambitions and military pretensions, there public will, if menaced, find in the self-sacrificing spirit of its people the means for irresistible action."

"Sun Yat Sen's Plans for China Republic", *The New York Times*, November 25, 1911, Page 5.

NATIONAL CONGRESS WILL DECIDE CHINA'S FUTURE

Dr. Sun Yat Sen, Elected First President of the Chinese Republic, is a Native of Canton—Something of His Past Record

By Associated Press.

Shanghai, China, Dec. 29—Immediately following receipt of word from Nanking that he had been elected president of the republic of China, Dr. Sun Yat Sen handed the following statement to the Associated Press with the request that it be transmitted to his friends in the United States：

"I consider it my duty to accept the presidency. My policy will be to secure peace and a stable government by the promptest methods possible. My single aim is to insure the peace and contentment of the millions of my fellow countrymen."

News of Dr. Sun Yat Sen's election to the presidency by delegates of the 18 provinces of China proper at their Nanking conference spread among the population. Crowds are on their way to the house in the French concession in which he has resided. When Dr. Sun appeared he was greeted with an enthusiastic ovation.

…

"National Congress Will Decide China's Future", *The Charlotte News* (N. Carolina, U. S. A.), December 29, 1911, Page 1.

Dr. Sun to Work for Peace

Court at Peking to be Treated as Thing of the Past by New Government Immediate Withdrawal of All the Manchu Troops to be Demanded

San Francisco, Dec. 29th. —A cablegram from Dr. Sun Yat-sen, newly elected president of China, urging the Chinese National Association of America to seek out talented and experienced Chinese in this country for service in the provisional government, was received there today.

Tonk King Chong, secretary of the association said that the request of Dr. Sun would be compiled with immediately. He was unable to say who would be selected.

Foreign Legislation to Shelter Royalty

Peking, Dec. 29th—The news of the selection of Dr. Sun Yat-sen as president of the Chinese republic reached the members of the cabinet tonight by means of the Associated

Press. No communication whatever arrived from Tang Shao Yi, who is at Shanghai attending the peace conference as representative of Premier Yuan Shih Kai.

It is believed that the members of the court will remain in Peking until the abdications of the empress dowager and the child emperor are announced, which is considered only a matter of days. It is said that some of the princes have taken houses within the foreign concessions at Tien Tsin and it is probable that secret arrangement has been made for the emperor and the empress dowager to take refuge in the legation quarter of Peking.

America to Stay Neutral in China

Washington, Dec. 29th—The United States will not formally recognize the new Chinese government at this moment or until it becomes clearly apparent that the imperialists are no longer capable of maintaining themselves in power. This attitude, however, will not prevent the representative of the state department in China from doing business with the provisional republic to the extent of safeguarding America lives and property.

State government officials have all along been expecting that Dr. Sun Yat-sen would be proclaimed provisional president of China soon after he landed in Shanghai. The point of interest at present is whether Wu Ting Fang, who has acted as the mouthpiece of the revolutionists, is prepared to recognize Dr. Sun in his capacity.

Assuming that he will do so, the installation of the new provisional president at Nanking probably will bring to a crisis the peace negotiations which have been in progress at Shanghai between Tang Shao Yi representing Yuan Shih Kai and the imperialists on the one hand, and Dr. Wu, representing the revolutionists, on the other. It is assumed that Dr. Wu's instructions will be to reject the last proffer of the imperialists to allow a national assembly to decide the form of the permanent government of China. Nothing less than the immediate recognition of the new republic is likely to be accepted.

"My Aim to Insure Peace" Says Dr. Sun

Shanghai, Dec. 29th—Immediately following the receipt of word from Nanking that he had been elected president of the republic of China, Dr. Sun Yat-sen handed the following statement to the Associated Press. With the request that it be transmitted to his friends in the United States：

I could consider it my duty to accept the presidency. My policy will be to secure peace and a stable government by the promptest methods possible. My single aim is to insure the peace of the millions of my fellow countrymen.

News Spread Rapidly

The news of Dr. Sun Yat-sen's election to the presidency by the delegates of the eighteen provinces of China proper at their conference at Nanking spread with extraordinary rapidity among the population. Crowds made their way to the house in the French concession, in which he resided since his arrival.

The city shows evidence of great activity. Members of the provisional cabinet, which was formed by Dr. Wu Ting Fang on November 6th, and delegates who were sent by both the imperialists and revolutionists to the peace conference, which is now regarded as having lapsed, pass frequently along the streets on their way to President Sun Yat-sen's headquarters.

To Extend Armistice

It is believed that President Sun immediately will demand the withdrawal of the so-called imperial troops from their strategical position in order to avoid the possibility of conflict with the troops will be ordered to lay down their arms or enter the service of the republic.

As soon as military arrangements have been completed negotiations will be opened on the subject of the pensions to be offered to the former princes and Manchu governors.

Conference Closed

Sun Yat-sen's election as president of the republic by the Nanking conference today means that the peace conference between Wu Ting Fang and Tang Shao Yi is closed. The president will assume charge of all negotiations.

The continuance of these negotiations with Yuan Shih Kai as the representative of the retiring Manchu royalty will depend entirely upon the immediate withdrawal of all imperial troops from all points of contact with the revolutionists. Under these conditions the armistice will be extended ten days in order to give President Sun Yat-sen time to issue the terms under which the Manchus must lay down their arms and decide upon pensions and other preliminary details.

The president as head of the military government now established, with the capital at Nanking, will treat the throne as a thing of the past, because eighteen provinces in a properly constituted convention already have voted in favor of a republic, and the edict recently issued at Peking says that if a representative convention favors a republic the throne will abdicate.

Dr. Sun in the Plot to Seize Canton

Dr. Sun Yat-sen, who has been elected by the delegates of the eighteen provinces of China proper as first president of the Chinese republic, is a native of Canton. He was educated at Honolulu, where his father was in business, and later studied medicine at Canton. Afterward he engaged in practice here.

He has been connected with the revolutionary movement for a considerable time and took a most radical point of view. He was one of the promoters of a plot to seize the city of Canton in 1895. The plans of the conspirators were discovered and several of them were put to death, but Dr. Sun Yat-sen escaped and reached the British colony of Hong Kong where he became a British subject. He was heard from next in England and the United States, where he lived for a short time, and delivered a series of lectures in order to convert the Chinese students to his revolutionary principles. While he was on a tour in England in 1900 he was enticed into the Chinese legation, where he told that he was on Chinese territory and would be deported to Peking. This, however, was prevented, as he claimed British citizenship, and was set free. At a later period he visited Japan and stirred up the Chinese there to revolutionary ideas. He also resided for some time at Singapore, where he was surrounded by a bodyguard of fellow revolutionists. He visited New York in April, this year, and spoke there against the Manchu dynasty.

"Dr. Sun to Work for Peace", *Oakland Tribune* (California, U. S. A), December 29, 1911, Page 2.

PRINCE CHUN FLEES WITH BOY EMPEROR,
IN GUISE OF COOLIE

[…]

Chinese Prosperity as Never Known in History Is Predicted by Dr. Sun

SHANGHAI, Dec. 30— "China is about to enter upon an era of prosperity and contentment that she has never enjoyed in all her long history."

This was the statement today of Dr. Sun Yat Sen, provisional president of the new republic of China [...]

[...] Huang Hsin, the former commander-in-chief of the rebel forces, who later relinquished his position to Gen. Li Yuan Hung, are said to be slated for the two highest positions in the new cabinet. Dr. Sun said today:

"There is no doubt in my mind that the action of the provisional military assembly in electing me president will be ratified by the national convention, which undoubtedly, will declare for a republic. I am receiving offers of support from many provinces. Even the imperialists will come over with us soon. Peace is assured for China and there will be a hundredfold increase in business within the next few months.

"The work of placing the new government on a solid basis naturally will be tedious, but we will overcome all obstacles."

"Prince Chun Flees with Boy Emperor, in Guise of Coolie",
The Washington Times, December 30, 1911, Page 3.

APPEAL TO WORLD FOR RECOGNITION
OF NEW REPUBLIC

Shanghai, Dec. 30— A fervent appeal for recognition of the new Chinese republic by the civilized world in general, the United States in particular, was made today by Dr. Sun Yat Sen, president of the revolutionary government.

"To work out the salvation of China is exclusively a duty of our own," he said, "but to avoid unnecessary sacrifice and to prevent misunderstanding and intervention, we must appeal to the people of the civilized world in general, and the people of the United States in particular, for your sympathy and support, either moral or material, for you are the pioneers of western civilization in Japan, because you are a Christian nation, because we intend to model our new government after yours, and, above all, because you are the champion of liberty and democracy. We hope we may find La-Fayettes among you."

Dr. Sun expressed the fear that, unless the new government is genuinely recognized by the outside world, China will become a field for strife of European powers such as Africa has been.

He declared that, notwithstanding the "hands off" policy of the United States, it has more genuine interest in China than any other nation. The passing of the Philippines into American control and the fact that China is a great market for American goods, he said, puts the United States first in being affected by changes in China.

He protested that the Manchus have trodden the Chinese under foot for centuries, preventing admission of foreign missionaries and traders into the country and forbidding education to the people. I, instead of the conquering Tartar, tribe of Manchus, the Chinese governed the country themselves, ignorance would cease, and extensive relation with other countries would be initiated, he said.

"We, the Chinese people," he said, "have determined to attain these objects, peaceably if we may, forcibly if we must. The downfall of the Manchu government is but a question of time. And the enlightenment of the Chinese would result, not in a 'yellow peril,' but in a 'yellow blessing.' Universal peace will surely follow the step of the regeneration of China, and a grand field hitherto undreamed of will be opened to the social and economic activities of the civilized world."

"Appeal to World for Recognition of New Republic", *The Charlotte News* (N. Carolina, U. S. A.), December 31, 1911, Page 1.

FERVENT APPEAL FOR RECOGNITION

Chinese Republicans Look to Other Nations for Sympathy.

DESIRE SUPPORT OF THIS COUNTRY

Only in This Way, New President Points Out, Can China Avoid Becoming Field of Strife and Meeting Fate of Africa— Promises for Future.

[…]①

Shearing Their Queques

[…]

He announced today that his plans for a military government had been completed and had been submitted to the Cabinet for approval. He said the scheme of the new government would be a strong central government, a parliament representative of the people, and a governor for each province chosen by popular election. The army and navy and the finances will be controlled by parliament and the fiscal system will be readjusted along modern lines.

> "Fervent Appeal for Recognition: Chinese Republicans Look to Other Nations for Sympathy", *The Times Dispatch* (Virginia, U. S. A), December 31, 1911, Page 23.

MANCHU RULE ENDED.　APPEAL TO NATIONS.

THE REPUBLIC GOVERNMENT OF CHINA ASKS
RECOGNITION FROM FOREIGN POWERS—THE REQUEST

PRESIDENT SUN GIVES VIEWS

Temporary Executive of the Newly Organized Republic is Convinced That Democracy

---

① 该部分请见 "Appeal to World for Recognition of New Republic", *The Charlotte News* (N. Carolina, U. S. A), December 31, 1911, Page 1.

is the Most Practical Form of Government and That Any Demonstration to the Contrary Will Be Met with Armed Resistance—Details

...

The ultimatum, according to the republican leaders, is the last word of the republicans. President Sun Yat Sen said today to the Associated Press: "I have taken an oath to oust the Manchu rulers and restore peace to the country before resigning. I have taken an oath to establish a republic in China, and if I consented to the propositions laid down by Yuan-Shi-Kai, I should be forsworn.

ALL FOR REPUBLIC

"I am convinced a republic is not only practicable, but that it would be the best thing for China. ①

"China cannot permit outsiders to dictate her form of government. This republic is now an established fact. Nothing can swerve me from what I consider my duty to my fellow countrymen. Undoubtedly the best thought of China unanimously supports the republic. There is no question of north or south I am firmly convinced that the people of eighteen provinces are in favor of a republic.

"We are now confident of the righteousness of our cause and of the superiority of our military strength. If Yuan Shi Kai persists in obstructing, our armies will be ordered to march northward."

President Sun Yat Sen declares that entire harmony exists within the ranks of the republicans.

...

"Manchu Rule Ended", *The Daily Northwestern* (Wisconsin, U. S. A), January 19, 1912, Page 1.

---

① According to the report published in *The New York Press*, Jan. 20, 1912, this sentence is followed "Those asserting otherwise know nothing about the Chinese."

孫逸仙の宣言

　　孫逸仙は再び言明して曰く予は何等大統領たらんとするの野心を有せざる
も新共和國政府が完全に組織せられ且一般・會の安寧秩序が回復せられたるや
否やを監視するの義務を有す滿洲朝廷顛覆の大業は既に成功せりされば若し袁
世凱にして眞に國民の利益を念とし力を國事に注ぐならんには今後の事業は容
易なるべし云々

《大阪每日新聞》1912/02/16/2〔《孫
文研究》第 23 號（1994/3）42 頁）〕

England Blamed for Curse of Opium
in Chinese Republic

（By United Press）

SHANGHAI, May 3. —The responsibility for the continuation of the opium curse in the world was today placed by Dr. Sun Yat Sen squarely at the door of the British government.

Stung by the implication contained in cabled criticisms from England that opium production has been resumed on an extensive scale in China, the former provisional president and revolutionary leader sent a cable to England today admitting the truth of the report. He stated, however, that if it were not for the British market, especially in India where the government pays a large part of its expenses with the money paid into the treasury through the imposition of an import tax on opium this could not be true.

"Until England absolutely prohibits the sale of opium in her possessions this curse cannot be stamped out," said Sun Yat Sen cable. He implored that British anti-opium league to put forth every effort to have the government do so.

"England Blamed for Curse of Opium in Chinese Republic",
The Des Moines News (Iowa, U. S. A.), May 4, 1912, Page 8.

DR. SUN YAT SEN.

AUTHORITATIVE REFUTATION OF SERIOUS ALLEGATIONS

The Presidency and Loans.

Mr. C. H. Lee writes to the Hongkong paper from the Chinese Club in that colony under date June 19, as follows: —

With reference to the allegations which have been given publicity in the Chinese and foreign press regarding the payment of a large sum of money—variously stated to be three millions, two millions and, recently, one million dollars—as a bribe or "bargain money," to Dr. Sun Yat-sen by Mr. Tang Shao-yi on behalf of the Peking Government, to procure Dr. Sun's evacuation of the Presidential office in favour of H. E. Yuan Shih-kai, I am requested by Dr. Sun Yat-sen to state that there is absolutely no truth in these allegations, and he authorises me to give, on his behalf, a categorical and unequivocal denial to them.

During his presidency, Dr. Sun Yat-sen, as Head of the provisional Government at Nanking, naturally was cognisant of the financial state of affairs, but all sums remitted to the Nanking Government by Peking direct, or through Premier Tang Shao-yi, were made over, not to Dr. Sun personally, but to the Board of Finance, and were applied solely for the purposes of the military and requirements of the Nanking Government.

No portion of these sums was diverted or converted by Dr. Sun Yat-sen to his own private and personal uses.

Prior to his departure yesterday for the North, Dr. Sun despatched a telegram to Peking of which the following is a translation: To Premier Tang, the newspaper press of Peking and the newspaper press of Shanghai, I have seen it mentioned in the Chinese and foreign newspapers recently that I have received one million dollars from Premier Tang, and that the National Advisory Council has questioned Premier Tang on the subject. We in the South being so far away from you in the North, I have had no means of finding out how the members of the Council have put their questions, nor in what terms Premier Tang has made his reply. The allegation being baseless, odious and libellous, Premier Tang is requested to at once clearly indicate the truth of the matter, and vindicate me in his statement—Sun Wen.

The Truth About the Loans.

In conclusion with the abovementioned allegations, obscure allusions have also been made to certain loans contracted by Dr. Sun Yat-sen. Dr. Sun has no reason for concealing the true facts from the public, and he authorizes me to state that during the Revolution he secured loans from several of his friends and supporters by means of his personal influence and on a guarantee from him ensuring their re-payment.

The total of these loans which he obtained from various sources amount to, roughly, one and a quarter million dollars. Of this sum, about half a million was borrowed from the Chao-Chew and Cantonese Merchant Guilds of Shanghai and the balance he obtained from various friends and supporters in America, the Straits Settlements and elsewhere. This amount of one and a quarter millions, the Government of the Republic has assumed as an obligation, and has undertaken to refund to Dr. Sun Yat-sen for re-payment to the lenders.

There has been no attempt at concealment over this matter of the loans, nor is there anything derogatory to Dr. Sun in openly acknowledging them. Now, although this sum of $1\frac{1}{4}$ millions should have been repaid within four months of the establishment of the Republic, Dr. Sun Yat-sen has not yet received on solitary dollar of it from the Government, owing, of course, to the existing financial stringency.

Dr. Sun has been pressed repeatedly by the lenders for the re-payment of these loans, and he has simply transmitted their requests to the Premier for his attention. The latest advices Dr. Sun has received from the Premier at Peking is to the effect that the Central Government has despatched a telegram direct to the above-named two Guides at Shanghai asking that the re-payment of the loans be allowed to stand over till a later date.

To those who know Sun Yat-sen, the present refutation is quite unnecessary, but as a matter of public duty, it has been decided to public this authoritative denial of the accusations which have been propagated so sedulously against the man and the Republic.

"Dr. Sun Yat Sen: Authoritative Refutation of Serious Allegations", *The Straits Times* (Singapore), June 29, 1912, Page 3.

Dr. Sun Yat Sen Sees China of the Future Unified, Prosperous, Powerful

(To Dr. Sun Yat Sen more than to any other individual or group the Chinese republic owes its existence. For twenty years he plotted the downfall of the monarchy and was the republic's first provisional president. He has recently been authorized by president Yuan Shi Kai to make plans for a national system of railways and to secure the necessary capital and to organize a Central Railway Association which will have charge of this work. In the following article he tells briefly what he thinks the future has in store for the Celestial republic—The Editors.)

By Dr. Sun Yat Sen.

After my sojourns of a few weeks in North China during which I have visited several important centers and have come in contact with the people of all classes, I feel more than ever before that a united China, a prosperous and independent China, is a certain thing of the future. There have been pessimistic critics who have predicted that there would be two China that the nation would be split between the North and the South, but I now feel that the country is one nation and will always be so. The republic has come to stay. I pointed out to the people that before—in the days of the Manchu—despots controlled the government and the people, but that now the despots had been busted and that now the despots had been ousted and that the people will run the government—which is as it should be. I found what was really unexpected, sympathetic enthusiasm.

China is rich in every way and needs only to be developed. Railways will bring the people closer together. They will sweep aside the provincial prejudices and do away with jealousies and cross-purposes which can not but help retarding progress toward our goal. The value of the products already grown will be increased many fold by the construction of lines which will bring to the door of the producer new and greater markets than he has had in the past. Mines can be opened and the great mineral resources of the nation overlooked.

The railways which China needs will soon be built—a great network of them, connecting all the great cities of the republic. This will mean commercial prosperity, increased riches, better and more markets, but most of all unity, and that is the most important, for unity means self-preservation. Once unified and prosperous China will stand as a great nation of the world, not to be trifled with nor imposed upon nor partitioned.

"Dr. Sun Yat Sen Sees China of the Future Unified, Prosperous, Powerful", *Syracuse Journal* (New York), November 13, 1912, Page 9.

To James Cantlie

May 2, 1913

Shanghai

Mr. Cantlie

140 Harley Street

London

Submit on my behalf following appeal to British Government, Parliament, Governments of Europe, and give same widest publicity in all press.

To Governments and peoples of foreign powers: As a result of careful investigation by officials appointed by Government to inquire intorecent murder of Nationalist leader Sung Chiao-jen in Shanghai, the fact is clearly established that Peking Government is seriously implicated in the crime. Consequently people are extremely indignant, and situation has become so serious that nation is on verge of most acute and dangerous crisis yet experienced. Government conscious of its guilt and enormity of its offence and realising strength of wave of indignation sweeping over nation as direct result of its criminal deeds and wicked betrayal of trust reposed in it, and perceiving that it is likely to lead to its downfall, suddenly and unconstitutionally concluded loan for pounds 25000000 sterling with quintuple group despite vigorous protests of representatives of nation now assembled in Peking. This high-handed and unconstitutional action of Government instantly accentuated intense indignation which had been caused by foul murder of Sung Chiao-jen, so that at present time fury of people is worked up to white heat and terrible convulsion appears almost inevitable. Indeed, so acute has crisis become that widespread smouldering embers may burst forth in devastating conflagration at any moment. From date of birth of Republie I have striven for unity, peace, concord, and prosperity. I recommended Yuan Shihkai for Presidency because there appeared reasons for believing that by doing so unification of nation and dawn of era of peace and prosperity would thereby be hastened. Ever since then I have done all I could to evolve peace, order, and government out of chaos created by revolution. I earnestly desire to preserve peace throughout republic, but my efforts will be rendered ineffective if financiers will supply Peking Government with money that would and probably will be used in waging war against people. If country is plunged into war at this juncture it will inevitably inflict terrible misery and suffering upon people who are just beginning to recover from dislocation of trade and losses of various kinds caused by revolution. For establishment of Republic they have sacrificed much and are now determined to preserve it at all costs. If people are now forced into life-and-death struggle for preservation of Republic not only will it entail terrible suffering to masses but inevitably also adversely affect all foreign interests in China. If Peking Government is kept without funds there is prospect of compromise between it and people being effected, while immediate effect of liberal supply of money will probably be precipitation of terrible and disastrous conflict. In name and for sake of Humanity which civilisation holds sacred I therefore appeal to you to exert your influence with view to preventing bankers from providing Peking Government with funds which at this juncture will assuredly be utilised as sinews of war. I appeal to all who have lasting welfare of mankind at heart to extend to me in this hour of need their moral assistance in averting unnecessary bloodshed and in shielding my countrymen from hard fate which they have done absolutely nothing to deserve.

Sun Yat Sen

THE UNITED STATES AND CHINA RECOGNITION OF THE REPUBLIC

(FROM OUR OWN CORRESPONDENT)

Washington, May 2.

The Chinese Republic was to-day formally recognized by the United States. The President's message of recognition and Yuan Shih-kai's reply are extremely cordial.

Peking, May 2.

Mr. Williams, the American Charged'Affaires, drove from the Legation to the Winter Palace in a Presidential carriage escorted by a Chinese guard of honour, while the route was lined with troops. He was accompanied by the staff of the Legation. Having been formally received by President Yuan Shih-kai Mr. Williams presented President Wilson's Message containing the United States' recognition of the Republic. The President replied, after which the visitors were entertained to luncheon and were shown over the historic Manchu quarters. Many high Chinese officials were present. Both President Wilson's Message and Mr. Williams's speech emphasized that the recognition was that of a Republic with which the Kuo-ming-tang leader were satisfied.

Mexico also recognized the Republic this afternoon, similar ceremonies being observed.

POSITION OF THE PRESIDENT.
DENUNCIATION BY SUN YAT-SEN

We have received from Dr. Cantlie a copy of a telegram sent by Dr. Sun Yat-sen to Mr. Diosy, charging the Chinese Government with complicity in the murder of the Nationalist leader Sung Chiao-jen and with unconstitutional action in concluding the Quintuple Loan, in spite of the protests of the representatives of the nation, and appealing to the civilized world to refuse to President Yuan Shih-kai and the Government funds which will be employed for waging war against the people. In the course of the telegram Dr. Sun Yat-sen says that in consequence of the Shanghai murder: —

People are extremely indignant, and the situation has become so serious that the nation is on the verge of the most acute and dangerous crisis yet experienced. The Government, conscious of its guilt and of the enormity of its offense, and realizing the strength of the wave of indignation sweeping over the nation... suddenly and unconstitutionally concluded a loan for £25000000 with the Quintuple group despite the vigorous protests of the representatives of nation now assembled in Peking. This high-handed and unconstitutional action of the Government instantly accentuated the intense indignation which had been caused by the foul murder of Sung Chiao-jen, so that at the present time the fury of the people is worked up to a white heat, and a terrible convulsion appears almost inevitable...

From the date of the birth of the Republic I have striven for unity, peace, concord, and prosperity. I recommended Yuan Shih-kai for the Presidency because there appeared reasons for believing that by doing so the unification of the nation and the dawn of an era of peace and prosperity would thereby be hastened. Ever since then I have done all I could to evolve peace, order, and government out of the chaos created by the Revolution. I earnestly desire to preserve peace throughout the Republic, but my efforts will be rendered ineffective if financiers will supply the Peking Government with money that would, and probably will, be used in waging war against the people... If the people are now forced into a life-and-death struggle for the preservation of the Republic, not only will it entail terrible suffering to the masses, but it will inevitably also adversely affect all foreign interests in China.

Dr. Sun Yat-sen concludes as follows: —

In the name and for the sake of humanity, which civilization holds sacred, I therefore appeal to you to exert your influence with a view to preventing bankers from providing the Peking Government with funds which at this juncture will assuredly be utilized as sinews of war. I appeal to all who have the lasting welfare of mankind at heart to extend to me in this hour of need their moral assistance in averting unnecessary bloodshed and in shielding my countrymen from the hard fate which they have done absolutely nothing to deserve.

"The United States And China", *The Times* (London), May 3, 1913, Page 7.

SUN YAT SEN ACCUSES YUAN OF TYRANNIES

Chinese Reformer Says Murder and Attempt to Subjugate South Caused Revolution

APPEALS TO POWERS TO WITHHOLD LOANS

Fighting Is Resumed and Southron General Proposes to Dismember Republic

NEW YORK, July 28. —Dr. Sun Yat Sen, who was the first provisional president of the Chinese republic and led the revolution against Manchu rule, cabled the following proclamation today to the Associated Press:

"Shanghai, China, July 27. —When three months ago Yuan Shi Kai unconstitutionally concluded the loan with the bankers representing the five powers, almost immediately after the discovery of documents implicating the Chinese government in the assassination of the nationalist leader, General Sung Chiao Jen, I appealed to the governments and peoples of Europe to withhold payment of the loan temporarily, knowing that the Chinese people would denounce Yuan Shi Kai for the murder and that Yuan Shi Kai would suppress their protest, by force of arms.

SUBJUGATION UNDERTAKEN

"My appeal fell on deaf ears, and Yuan Shi Kai, supplied with funds by the loan, sent troops into the southern provinces to dismiss the governors and subjugate the people because they did not approve of his high handed actions, and insisted on a thorough investigation of the murder of General Sung Chiao Jen.

"The province of Kiang Si resisted the invasion of the northern troops sent by Yuan Shi Kai, and other provinces rose and joined with Kiang Si to drive him away from office.

"The present war would terminate as soon as Yuan Shi Kai retired from the presidency, which he has disgraced. I can not bear to see my life work destroyed and the Despotism of the Manchus placed by that of Yuan Shi Kai.

WILL CONTINUE FIGHT

"I will fight for the people's righteous cause, which, notwithstanding great odds, must ultimately triumph.

"The powers, misinformed of the situation in China, have assisted Yuan Shi Kai with funds which caused the present war.

"I earnestly appeal to all desiring peace and an early cessation of a long and sanguinary conflict entailing much misery, to cease giving further financial assistance to Yuan Shi Kai. I make this appeal in the name of humanity and justice."

"Sun Yat Sen Accuses Yuan of Tyrannies", *The San Francisco Call* (U. S. A.), July 29, 1913, Page 1.

President Sun of China is in Sea of Trouble

(Special Correspondence)

(Copyright by Public Leader Co.)

Hong Kong, May 21st. —The political situation in Southern China is, at the time of writing, in a most interesting phase. The government at Canton, at which Dr. Sun Yat-sen has placed himself at the head with the title of the president of China, is finding itself more and more embarrassed as the time passes. Faced with the necessity of defending its territory against the attacking forces of the neighboring provinces, the government finds itself without funds and without a deal of the support on which it counted. But a brave show is being maintained and there are still those who think that President Sun is assured of a long tenure of his office.

Many schemes for the raising of money has been tried by the newly installed treasure, and the entertaining of wealthy merchants, labor leaders, philanthropists and others is a nightly feature of Canton life. A few lanks of dollars have thus been collected, but the soldiery is showing open indifference to fighting without a reward.

On the border itself the Kwangsi troops are reported to be in great strength, and it is the common expectation that fighting will soon develop on a considerable scale. At Wu-chow, the largest trading center between the two provinces, there is stagnation and distress. The Canton government has seized all the large towing launches used by the trading junks on the West River, as a result of which the trade of that district, which is of considerable bulk, has been almost entirely suspended. And in Canton itself there are growing indications of the costliness of the struggle.

Members of Parliament Leave City

Practically all the Canton members of Parliament have left the city on one excuse or another: Tang Shao Yi (one of Canton's big three) still refuses to join in the movement; General Luk Wing-Ting is being aided by Pekin in the prosecution of his military measures against Kwangtung, and countless indications exist to show that the Canton party is surrounded by a sea of trouble. The outcome can heartedly be doubted, though it may be delayed.

In his manifesto to the representatives of the foreign powers, President Sun reviewed at great length the history of the differences between the north and the south, saying that that had been a struggle between treason and patriotism, militarism and democracy.

"The government at Pekin has lost the last vestige of control and military satraps are plundering the people and ruining the country," he says. "These militarists wage war among themselves for power. The existence of China as a nation is in jeopardy... Since the unconstitutional dissolution of the National Assembly in June, 1917, no de jure government has existed in Pekin. The National Assembly, the only legally elected representatives of all the provinces and territories of the country, has established a formal government at Canton and has elected me to be the president of the republic."

"Being the founder of the republic, I cannot afford to see her in danger without making an effort to save her... It shall be my first duty to endeavor to unite all the provinces of the republic under one government, which shall be progressive and enlightened. The legitimate rights of foreign powers and their nationals shall be scrupulously respected. The vast resources of the country, natural and industrial, shall be developed so that the whole world suffering from the disasters of long years of war will be benefited. ”

“For this purpose foreign capital and expert knowledge will, in pursuance of the open-door policy, be welcomed... I appeal to the governments which is avowedly not de jure and which is proving itself not even de facto and, in the same manner in which they recognized the republic's government formed by the National Assembly in 1913, accord recognition to this government formed now by the same Assembly as the only government of the republic. ”

“Actuated by no desire of selfish gain, but by the sole motive of serving the republic to the best of the ability, the members of this government represent those ideals and those principles which must necessarily triumph, viz. liberalism, constitutionalism and devotion to the common weal. ”

Manifesto to the People

In a long manifesto to the people, President Sun made a full declaration of his motives and policy, in which he solemnly declared that he would do his utmost for the salvation of China and sweep away all obstacles for the speedy unification of the country.

A telegram of almost inordinate length was also sent by President Sun to President Hsu Shi Chang, in which Dr. Sun indulged himself with almost amazing frankness. Having referred to Hsu's following of Yuan Shih Kai, he said that Yuan was at least a villainous hero, while Hsu was only a commonplace official.

“Had you been born a few scores of years earlier,” he said, “you might perhaps have made some reputation by your conversation and manners in court, but unfortunately for you, you are placed in times unsuitable to you. That is the reason why the Ching dynasty fell when you stood in its court, and why Yuan Shih Kai fell when you stood in his court. You have not made any display of ability, and what can be expected of you in making up the heavy burden of the republic of China.

“No wonder the country is plunged into danger. Everybody knows that the reason for the rottenness of the government of China today lies in the brazen license of arrogant soldiers, truculent commanders, greedy ministers and corrupt servants, and today you rely on the protection of these and obey their commands. Nominally you are honored, but in reality you are a puppet... You should now be conscious that you cannot do good to the republic of China, but can only do her harm. You should this very day retire from office in order to apologize to your fellow citizens, who would certainly excuse your past and applaud your repentance. I address these lines to you, as I desire to appeal to your between nature. If you still remain obdurate and hesitate to exchange the vital existence of your country for empty honors for yourself, this will not be what I had hoped from you. ”

"President Sun of China is in Sea of Trouble", *Berkeley Daily Gazette* (California, U. S. A), June 29, 1921, Page 2.

Dr. Sun Pledges Reunited China by End of Year

Wires Tribune Jap Menace Grows

By Dr. Sun Yat Sen. President of the Republic of China.

Chicago Tribune Foreign News Service

Copyright: 1922: By the Chicago Tribune

Kweilin, Kwangsi Province, China, April 2. —As my expedition starts northward to redeem China in behalf of the people, I have received by telegraph from Charles Dailey in Peking a request for a statement for the Tribune regarding the position in which China is left as a result of the armament reduction conference in Washington and the possibility of the early restoration of an orderly government of the republic.

I answer with optimism that China will be reunited this year. Her government, instead of being a creature of the militarists, will derive its power and authority from the will of the people, as expressed in our constitution, which we are fighting to uphold. Civil supremacy must be established over military authority to insure peaceful development and progress in China.

Japan as Powerful

The Washington conference has not materially affected China's international or internal position. While the world is to be congratulated upon the agreement for the limitation of armaments that was reached, the fact must be pointed out that Japan's position of power preponderance in the far east is left relatively unchanged. In fact, her ability and power to prosecute her policy of ascendancy in China have been increased, not diminished, since the development of the American naval power as the only factor of restraint on her has been eliminated. This may well have an adverse effect on China.

It is a fact patent to all that in every struggle in China in recent years Japan has helped either one side or the other, her policy being to keep China in a constant state of turmoil.

Solution from within

The solution of the Chinese question must come from within. The movement for unification of the country under my leadership is daily gaining strength, owing to the impotency and corruption of the Peking administration, as well as the progress of reform and progress already made under my government. I believe this desired unification can be greatly hastened by the withdrawal of recognition by the foreign powers from the Peking government, which no longer functions as a national government, de jure or de facto, and which the Chinese people have openly repudiated.

My policy is to unite the country by all peaceful means available, but the diplomacy of the foreign powers in continuing to recognize the Peking group as the ruling body of China is rendering my northern expedition necessary.

The Political Situation in China
Essential Conditions of a Settlement

The Government has authorized the issue tonight of the following statement by President Sun Yat-sen with respect to the present political situation in China: —

There appears to be dawning upon the militarists in North China a realization that the violence which they did to the constitution in 1917 must be repaired before there can be peace in the country and that therefore the Parliament illegally dissolved in that year must be permitted to resume its functions. This is the ground which the Constitutionalists have maintained for five years with courageous consistency against overwhelming military odds on the one hand and uninformed or prejudiced public opinion on the other. No nation, much less a democracy, can hope to carry on orderly government when its fundamental laws can be subverted and its supreme institutions repudiated at the pleasure of men who ought to be and are the servants of these laws and institutions but who, merely because they chance to be placed in positions of military power, betray that trust and seek to be the masters and dictators. The rule of force must give way to the rule of law. If the proposal to have Parliament function again means a realization of those truths and principles, the Constitutionalists who have been fighting for five years for these same truths and principles feel deeply gratified. They see that those who were instrumental in dissolving Parliament and those who fought against them now admit their guilt and their error. They see that their struggles have not been in vain and that their cause has at last triumphed.

At the same time it behaves them to ascertain that the proposal does mean a realization of these truths and principles and not merely an expression of the pleasure of militarists. The present advocates for the restoration of Parliament are the same type of men, indeed in some instances are the same identical men, who demanded and effected the dissolution of this same Parliament five years previously. Have these men been transformed during this interval from arrogant dictators of Parliament to respectful servants of Parliament? Or is it that they have learned nothing, that in making the present proposal they are but expressing their will and pleasure, and that they are making a Parliament now as they unmade a Parliament in 1917? If such be the case, then there is no merit in this proposal. The Roman Praetorian Guard and the Turkish Janissaries enthroned and dethroned their rulers at will: the Chinese people do not want the Tu-chuns to make and unmake Parliament at their pleasure. For of what use is a Parliament which is the creature and exists by the sufferance of militarists? Indeed, what is there to prevent a Tu-chuns' dissolution of Parliament on the morrow of its convocation? It is therefore obvious that Parliament can only be effectively restored if its reassembly be accompanied by two conditions.

The first condition is that of Penalties. Certain men were responsible for the treasonable violation of the constitution in 1917 and yet have escaped punishment for their crime. Can there be any respect for the laws when those who break them can do so with impunity? Their crime is now self-confessed. National self-protection alone demands that the traitors to the constitution should be brought before the bar of justice.

The second condition is that of guarantees. Parliament must be safeguarded against further dissolution and the fundamental law must be safeguard against further violation. As militarism lies at the root of cur political upheavals, its abolition must be a condition precedent to any national settlement. It is proposed that the military forces of the entire country shall be reduced to dimensions which shall represent the minimum necessary for national security. Yet a disbandment of troops without due provision for their future would be the height of unwisdom and show a lack of practical statesmanship. It is evident that the construction of highways and railways and other industrial works is precisely the field where these able-bodied men can devote their energies, hitherto mis-spent, to productive enterprise. This Government intends that the men who have laid down their arms shall not be disbanded but shall be organized into labor corps under their own offers merely exchanging tools for arms on terms of a fair living wage and reasonable hours of work. Let these commanders who advocate the resumption of functions by Parliament but who have hitherto fought against the Constitutionalists demonstrate their good faith and sincerity by immediately forming one half of their troops into labor battalions. Thereupon orders will be issued throughout all the provinces for general disarmament and for the organization of labor corps. The peaceful unification of the country on a permanent basis will have then been accomplished.

The Government believes that these conditions are essential to the future peace and well-being of the nation. They are not difficult conditions, being dictated by plain common sense. They are not new conditions as they have been on general lines repeatedly proclaimed since 1917. They are necessary conditions to any reconstruction of China. If those who profess respect for Parliament are really sincere in their professions, they should accept them immediately and without hesitation. The Government owes it to the nation which has suffered during the last five years that the suffering has not been in vain and that the nation shall not be called upon to go through its horrors again. Entrusted by Parliament with the duties of upholding the Constitution and putting down disorders throughout the country, I would be failing in my assigned task were I to accomplish less than the permanent unification of the country on a basis of law and order. This, with the sympathy and co-operation of patriotic fellow citizens, I expect to be able to accomplish.

(Signed) Sun Yat-sen

President's Office

Canton, June 6th, 1922.

"The Political Situation in China: Essential Conditions of a Settlement", *The Hongkong Daily Press*, June 8, 1922, Page 5.

President Sun Yat-sen and the Treaty Powers Protest against Interference

The Government has authorized the issue tonight of the following manifesto by President Sun Yat-sen to the Foreign Powers:

Hsu Shih-chang's retirement removes the first of several obstacles to the effective restoration of Parliament as an agency of national unification. His illegal assumption of office as President of the Republic of China in 1918 gravely widened the political division which had been created by Li Yuan-hung's unconstitutional dissolution of Parliament in 1917. And his continuance in office has resulted in the utter disorganization and collapse of Government as well as in the lowering of the credit and prestige of China to an unprecedented degree.

It seems that the Treaty Powers are not wholly free from responsibility for this deplorable situation. Notwithstanding warnings and protests, they recognized and continued to recognize Hsu Shih-chang as President of China in circumstances which converted their recognition of him into what might be considered a concerted act of intervention in the internal affairs of this country. He was able, for instance, to draw upon these surplus national revenues which are collected under foreign supervision and the release of which the Great Powers claim to contract foreign loans. Without these surpluses and loans, Hsu Shih-chang might have succeeded in misruling China for four weeks but not for well-nigh four years.

As chief Executive of the sole *de facto* as well as the *de jure* governing body in this country that is fully constituted at this moment, I have the honor to remind the Treaty Powers of their repeated pledge of non-interference in our present internal struggles and to request them to observe the same in the spirit as well as in the letter. In reality, these struggles are a memorable effort at national readjustment. As in the case of every people in history who have had to change in order to live, we are now engaged in the work of readjusting the old life of China to an environment greatly changed in its political and economic aspects. If this readjustment is to be real, it must be effected by Chinese without interference by the Great Powers: A fresh recognition by the latter of some new puppet Peking President would be such an act of interference and would lead, if that were possible, to a more calamitous cycle of events that that originated by the international recognition of Hsu Shih-chang.

（Signed）Sun Yat-sen

By the President

（Signed）Wu Ting-fang

Minister of Foreign Affairs

Canton, June 6th, 1922

"President Sun Yat-sen and the Treaty Powers: Protest against Interference", *The Hongkong Daily Press*, June 8, 1922, Page 5.

Sun Yat Sen Talks on Chinese Finance

Shanghai, Sept. 16. (By the Associated Press) —Dr. Sun Yat Sen, former president of the southern Chinese government, who recently fled from Canton, today filed a statement to the Associated Press dealing with the financial situation in China.

"Confuting the attempt of the Peking government to exploit my amended finance I desire to emphasize my warning against further indiscriminate and disastrous laws to those holding nominal authority at Peking," he said. "It would be a grave disservice to China if foreign monies were advanced to an administration utterly incapable of enforcing authority beyond the walls of Peking. Such advances would be like pouring water into a sieve."

"Sun Yat Sen Talks on Chinese Finance", *The Escanaba Daily Press*, September 17, 1922, Page 1.

Joint Statement with A. A. Joffe *

Dr. Sun Yat-sen and Mr. A. A. Jofee, Russian Envoy Extraordinary and Plenipotentiary to China, have authorized the publication of the following statement:

During his stay in Shanghai, Mr. Joffe has had Several conversations with Dr. Sun Yat-sen, which have revealed the identity of their views on matters relating to Chinese-Russian relations, more especially on the following points:

(1) Dr. Sun Yat-sen holds that the Comunistic order or even the Soviet system cannot actually be introduced into China, because there do not exist here the conditions for the successful establishment of either Communism or Sovietism. This view is entirely shared by Mr. Joffe, who is further of (the) opinion that China's paramount and most pressing problem is to achieve national unification and attain full national independence, and regarding this great task, he has assured Dr. Sun Yat-sen that China has the warmest

sympathy of the Russian people and can count on the support of Russia.

(2) In order to clarify the situation, Dr. Sun Yat-sen has requested Mr. Joffe for a reaffirmation of the principles defined in the Russian Note to the Chinese Goverment, dated September 27, 1920. Mr. Joffe has accordingly reaffirmed these principles and categorically declared to Dr. Sun Yat-sen that the Russian Goverment is ready and willing to enter into negotiations with China on the basis of the renunciation by Russia of all the treaties and exactions which the Tsardom imposed on China, including the treaty or treaties and agreements relating to the Chinese Eastern Railway (the management of which being the subject of a specific reference in Article VII of the said Note).

(3) Recognizing that the Chinese Eastern Railway question in its entirety can be satisfactorily settled only at a competent Russo-Chinese Conference, Dr. Sun Yat-sen is of the opinion that the realities of the situation point to the desirability of a *modus vivendi* in the matter of the present management of the Railway. And he agrees with Mr. Joffe that the existing Railway management should be temporarily reorganized by agreement between the Chinese and the Russian Governments without prejudice; however, to the true rights and special interests of either party. At the same time Dr. Sun Yat-sen considers that General Chang Tso-lin should be consulted on the point.

(4) Mr. Joffe has categorically declared to Dr. Sun Yat-sen (who has fully satisfied himself as to this point) that it is not and has never been the intention or purpose of the present Russian Government to pursue an Imperialistic policy in Outer Mongolia or to cause it to secede from China. Dr. Sun Yat-sen, therefore, does not view an immediate evacuation of Russian troops from Outer Mongolia as either imperative or in the real interest of China, the more so on account of the inability of the present Government at Peking to prevent such an evacuation being followed by a recrudescence of intrigues and hostile activities by White Guardists against Russia and the creation of a graver situation than that which now exists.

Mr. Joffe has parted from Dr. Sun Yat-sen on the most cordial and friendly terms. On leaving Japan, to which he is now proceeding, he will again visit the South of China before finally returning to Peking.

Shanghai, January 26, 1923

* The statement apparently first appeared in the China Press of January 27, 1923. US- DS 761. 93/305, dispatch, Shanghai, Cunningham, Jan. 27 to Peking, Schurman, containing a clipping. *The New York Times* for January 27 carried a digest in an *Associated Press* article from Shanghai dated January 26, the date the declaration was issued.

Russia Will Renounce All Czarist Exactions on China, Dr. Sun Told

Southern Leader And Joffe, Moscow Representative, Reach Understanding On All Disputed Points

Will Give Up Chinese Eastern

Immediate Evacuation Of Outer Mongolia. Not Immedaitely Desirable, Both Agree, Because of Peking Situation

Dr. Sun Yat-sen and Mr. Joffe have authorized the publication of the following statements.

During his stay in Shanghai, Mr. Joffe has had several conversations with Dr. Sun Yat-sen, which have revealed the identity of their views on matters relating to Chinese-Russian Relations, more especially on the following points:

Dr. Sun Yat-sen holds that the Communistic order or even the Soviet system cannot actually be introduced into China, because there do not exist here the conditions for the successful establishment of either Communism or Sovietism. This view is entirely shared by Mr. Joffe, who is further of opinion that China's paramount and most pressing problem is to achieve national unification and attain full national independence; and regarding this great task, he has assured Dr. Sun Yat-sen that China has the warmest sympathy of the

Russian people and can count on the support of Russia.

Soviet's Attitude

In order to clarify the situation, Dr. Sun Yat-sen has requested Mr. Joffe for a reaffirmation of the principles defined in the Note to the Chinese Government, dated September 27th, 1920. Mr. Joffe has accordingly reaffirmed those principles and categorically declared to Dr. Sun Yat-sen that the Russian Government is ready and willing to enter into negotiations with China on the basis of the renunciation by Russia of all the treaties and exactions which the Tsardom imposed on China, including the treaty or treaties and agreements relating to the Chinese Eastern Railway (the management of which being the subject of a specific reference in article VII of the said Note).

Recognizing that the Chinese Eastern Railway Question in its entirety can be satisfactorily settled only at a competent Russo-Chinese Conference, Dr. Sun Yat-sen is of opinion that the realities of the situation point to the desirability of a *modus vivendi* in the matter of the present management of the Railway. And he agrees with Mr. Joffe that the existing Railway management should be temporarily re-organized by agreement between the Chinese and the Russian Governments without prejudice, however, to the true rights and special interests of either party. At the same time Dr. Sun Yat-sen considers that General Chang Tso-lin should be consulted on the point.

Not Imperialistic

Mr. Joffe has categorically declared to Dr. Sun Yat-sen (who has fully satisfied himself as to this) that it is not and never has been the intention or purpose of the present Russian Government to pursue an Imperialistic policy in Outer Mongolia or to cause it to secede from China. Dr. Sun Yat-sen, therefore, does not view an immediate evacuation of Russian troops from Outer Mongolia as either imperative or in the real interest of China, the more so on account of the inability of the present Government at Peking to prevent such an evacuation being followed by a recrudescence of intrigues and hostile activities by White Guardists against Russia and the creation of a graver situation than that which now exists.

Mr. Joffe has parted from Dr. Sun Yat-sen on the most cordial and friendly terms. On leaving Japan, to which he is now proceeding, he will again visit the South of China before finally returning to Peking.

Shanghai, January 26th, 1923.

"Russia Will Renounce All Czarist Exactions on China, Dr. Sun Told", *The China Press* (Shanghai), January 27, 1923, Page 1.

President Sun Yat-sen's Message
to the Japanese People

I have great admiration for the Japanese people for the rapid and marvelous progress they have made during the last half century. From a feudal state, deeply steeped in conservatism, and even more backward than China, Japan has suddenly but definitely changed into a world power. However, Japan is prominent in world affairs only as a militaristic power. My fervent hope is that Japan will be permanently identified as a great peaceful nation.

China has always been known as a peace-loving nation. I earnestly advocate the unification of China by peaceful means, but the process of this great task is arrested by the intrigues of the Peking government with warlord Wu Pei-fu, the chief obstacle to my peaceful measures. I am most reluctant to adopt warlike measure but by sheer necessity of self-defense. I am compelled to act in order to curb the destructive, selfish plans of the Northern militarists and their puppets in the South.

Japan and China must advance side by side in friendly cooperation for mutual benefit. Cooperation will mean progress while obstruction and selfishness will only result in stagnation and decay. To bring about a really friendly relationship between our two peoples, nothing will be more effective than the sympathy of the people for one another. So I hope that the public opinion in Japan will achieve wherein her government had failed.

Signed

Sun Yat-sen

"President Sun Yat-sen's Message to the Japanese People", Sun Yat-sen Memorial Hall (Japan), the photograph of this letter is provided by Hamano Kelo, May 19, 1923.

Sun's Letter to Jacob Gould Schurman

[...]

C. C. Wu, Secretary for Foreign Affairs of the new Canton government, send a copy of a Manifesto signed by Sun to the American Consulate at Canton with a request that it be forwarded to Minister Schurman. This Manifesto of June 29, 1923, represents one of the earliest of Sun's anti-imperialist statements. The document scored the effects of continued western recognition of the Peking Government:

Unconsciously perhaps, they have done something which they have professed they would not do, that is intervened in China's internal affairs by practically imposing on the country a government repudiated by it. They have, by supporting a government which cannot exist for a single day without such support, hindered China from establishing an effective and stable government which the Washington Conference agreed "to provide the fullest and most unembarrassed opportunity to China to develop and maintain for herself." ...On the other hand, it is absolutely certain that non-recognition of the Peking Government, involving as it does the loss of prestige and important sources of revenues, will compel the Militarists to agree to disbandment and unification.

[...]

"Sun's Letter to Jacob Gould Schurman", *Bulletin of the Institute of Modern History Academia Sinica* (Taibei), Vol. 8 (October, 1979) Pages 274-275.

TSAO KUN "THE USURPER"
Dr. Sun Yat Sen's Vigorous Note to the Powers

A series of telegrams from all parts of China have been reaching Canton, urging

Dr. Sun Yat Sen to express in some concrete act of statesmanship the nation-wide opposition to and repudiation of Tsao Kun as President. At a lengthy Cabinet meeting attended by all the military leaders and high civil officials it was decided to address a manifesto to the Foreign Powers on the subject. Later, the following statement was issued and handed to Sir James Jamieson, as Senior Consul at Canton, for communication to the Diplomatic Body at Peking and the Foreign Powers: —

"In connection with the so-called presidential election recently held in Peking, I have specially to call the attention of the Foreign Powers to the nation-wide opposition to Tsao Kun as president of China. Illiterate and uneducated, he is opposed and repudiated not only because he is the man who looted Peking in February, 1912, and is mainly responsible as the highest military officer of Shantung and other provinces for the Lincheng incident, but chiefly because his election has been brought about in circumstances of illegality and corruption which make it an outrage to any nation with civilized habits of thought and action.

"There have been sordid transactions in history, but one equal in shamelessness to his latest attempt to seize high Power. No people that tamely acquiresce in such an act can have the right to live as a self-respecting nation.

"The Chinese People as a whole, therefore, regards in the election of Tsao Kun as an act of usurpation and treason which must be and shall be resisted and punished. This determination of our People is immediately to find its concrete expression in a national government whose formation is now being worked out by representative leaders of the nation.

"I have to request the Foreign Powers and their representatives in Peking to avoid any act which could be construed by the new Peking usurper as an intimation or assurance of international recognition and support. The foreign recognition of Tsao Kun would perpetuate internecine strife and disorder and would be envisaged by the Chinese People as a frustration of their declared will regarding an act which cuts at the moral fibre of the national character.

SUN YAT SEN"

"Tsao Kun 'The Usurper'", Singapore Free Press and
Mercantile Advertiser, October 20, 1924, Page 5.

日本と提携せねば時局解決は不可能

——日本國民に對する孫文氏の聲明書

【上海特電二十一日發】孫文氏は渡日に先ち大阪毎日新聞、東京日日新聞に左の如き聲明書を送り日本國民に傳えられたしと依賴した

今回余の日本訪問は天津會議に赴くに先ち日本に於ける舊知を訪ひ且つ多數朝野の方々と會見し隔意なき意見の交換を行はうとするにある、現在の支那は將に統一の緒に就かうとする重大な時機に遭遇してゐるのであつて如何にして之を達成するかは識者の大いに考慮を要する所である、今や支那の問題は獨り支那一國の問題でなく實に世界の問題として重大視されてゐるのであるが余はこの時局に處するにはどうしても日本と提携せねば不可能であることを痛感してゐる、而してソハ單に外交辭令の日支提携ではなく日支兩國民眞の了解の下に支那を救ひ東亞の平和を確立せしめると共に黃色人種の團結を固くし以て列國の不法な壓迫に對抗せねばならぬ、これがためには日本朝野がこの時局に對し如何なる意見を有してゐるか、又今後如何なる方針をとらんとするかについて日本朝野の意見を聞き以て支那の時局收拾に資せんと欲する、一部では余が日本に對して廿一箇條の撤廢、遼東半島還附の意志を有してゐると傳ふるものがあるやうであるが現在における余は未だこれらの問題に對して何等具體的の考を有してゐない、何れ北京到着の上、〈國〉民會議を招集し大いに國論に聽いて最善を盡す筈である、尙今回支那の動亂に對して日本がとつた態度は實に公明正大で余が秘かに欽佩してゐる所である

《大阪毎日新聞》一九二四年十一月二十二日（二）